El pensamiento chino

Marcel Granet

El pensamiento chino

Marcel Granet

ANTIQUA SAPIENTIA

Traducido de:

La Pensée Chinoise

ISBN: 978-1-989586-77-8

Índice

Capítulo IV

Introducción

Al analizar el sistema de actitudes y comportamientos que rige la vida pública y privada de los chinos, ya he intentado dar una idea de su civilización. Ahora intentaré, para aclarar el esquema, describir el sistema de prejuicios, concepciones y símbolos que rigen la vida del pensamiento en China. De esta forma este libro sirve como un complemento de *La Civilisation chinoise*.[1]

Cuando publiqué esta última obra, indiqué que en se momento no veía la posibilidad de escribir un Manual de la Antigüedad China. Esta opinión dictó el plan de mi primer volumen. Un sentimiento similar inspiró el segundo; no habría aceptado la tarea de escribir un Manual de Literatura o Filosofía China.

Se han publicado muchas obras que pueden reclamar ese título. Remito inmediatamente a estos excelentes libros[2] a quienes deseen informarse sobre la clasificación de las obras o la filiación de las doctrinas chinas. Incluso si el inventario de documentos no me hubiera mostrado que intentar reconstruir en detalle la histo-

---

1   *La Civilisation chinoise*, publicada en 1929, es una de las obras sinológicas más célebres del siglo XX. El segundo volumen, al igual que el primero, abarca sólo el período antiguo que termina con la dinastía Han. El reinado de la ortodoxia y la escolástica comienza con el Imperio; los principales rasgos de la mentalidad china están ya fijados. Conservaré para este segundo volumen la bibliografía del primero. Se han añadido algunas obras recientes o especiales.

2   Giles, *History of chinese literature*; Grube, *Geschichte der chinesischen Literatur*; Mayers, *Chinese reader's manual*; (Leang K'i-tch'ao) Liang Chi-chao, *History of Chinese political thought*, trans. por L. T. Chen; Fr. Wieger, *Histoire des croyances religieuses et des opinions philosophiques en Chine, depuis l'origine jusqu'à nos jours*; Tucci, *Storia della filosofia cinese antica*; Forke, *Geschichte der alten chinesischen Philosophie*; Suzuki, *A brief history of early chinese philosophy*; Hackmann, *Chinesische Philosophie*; Hu Shih, *The development of logical method in ancient China*; Maspero, *La Chine antique* (Libro V, pp. 543-621).

ria de las "teorías filosóficas" era una empresa cuando menos prematura, me habría propuesto dejar entrever las reglas esenciales a las que obedece, en su conjunto, el pensamiento chino. Cabe señalar que para descubrir lo que constituye, por así decirlo, la base institucional del pensamiento chino, disponemos de una información bastante buena, pero que difícilmente podría autorizar la composición de una Historia de la Filosofía comparable a las que se han podido escribir para otros países distintos de China.

* * *

La antigua China, más que una Filosofía, poseía una Sabiduría. Esto se plasmó en obras de muy diverso carácter, que rara vez se expresaban en forma de declaraciones dogmáticas.

Sólo un pequeño número de obras atribuidas a la antigüedad han llegado hasta nosotros. Su historia es oscura, su texto incierto, su lenguaje poco conocido y su interpretación es viciada por glosas escolásticas tardías y tendenciosas.

Además, no sabemos casi nada positivo sobre la historia antigua de China.

Tanto si se trata de Confucio como de Mö tseu, Tchouang tseu, etc., apenas se vislumbra la personalidad de los pensadores más ilustres. La mayoría de las veces, tenemos poca o ninguna información útil o concreta sobre sus vidas. En general, sólo conocemos fechas, a veces discutidas; además, se refieren a épocas para las que la historia está especialmente desprovista de hechos. Algunos "autores", como Tchouang tseu o Lie tseu, ni siquiera tienen una leyenda.

Sobre las enseñanzas, rara vez tenemos testimonios directos. La tradición ortodoxa atribuye a Confucio la redacción de un gran número de obras, casi todos los clásicos. En cuanto escapan de las preocupaciones apologéticas o escolásticas, los críticos admiten que lo más que queda del Maestro es una colección de charlas (el *Louen yu*). No es seguro que esta colección, en su forma original, fuera obra de los primeros discípulos; en cualquier caso, no poseemos esta compilación, que es sin duda tardía; todo lo que ha llegado hasta nosotros es una edición re-elaborada, que data de unos quinientos años después de la muerte del Sabio.[3]

Todos los intérpretes coinciden en reconocer ciertos capítulos interpolados en las obras más auténticas y mejor editadas. El acuerdo cesa en el momento en que se trata de solucionarlos. Tchouang tseu[4] es un pensador vigoroso y el más original de los escritores chinos; un crítico reconocerá la manera y el estilo de Tchouang tseu en el capítulo sobre los espadachines, pero no en el capítulo sobre el bandido Che, mientras que otro erudito eliminará *los espadachines* para conservar *el bandido*. El *Han Fei tseu* es la obra de uno de los autores más conocidos; fue escrito poco antes de la formación del Imperio, y su transmisión temprana ha sido fluida. Sin embargo, uno de los mejores críticos contemporáneos, de las 55 secciones de la obra, sólo quiere conservar 7. Esto, además, no le impide, al analizar la doctrina, referirse a las secciones condenadas.

---

3   Sseu-ma Ts'ien, *Mémoires historiques* (*SMT*), V, pp. 441 y ss.

4   Para simplificar, escribo (por ejemplo) Tchouang tseu cuando hablo del autor (real o supuesto) de la obra que designo, por comodidad, escribiendo: el *Tchouang tseu*.

Después de esforzarse por asignar una fecha a las obras y establecer su aparición original, se suele llegar a conclusiones tan vagas y decepcionantes como éstas: "*En conjunto*, la obra *parece* datar de la segunda mitad del siglo III (a.C.), pero no es enteramente de la mano de Han Fei; como en el caso de Tchouang tseu, Mö tseu y la mayoría de los filósofos de *este período*, *una parte importante* se debe *a los discípulos* del Maestro... Sólo en *contadas* ocasiones es posible distinguir entre las partes que pueden remontarse al Maestro y las que deben atribuirse a su escuela".

Desde el siglo IV a.C., al menos, el papel que desempeñan las escuelas (*Kia*) o más bien la importancia que se da a las polémicas entre escuelas ha sido considerable. Las más encarnizadas de estas polémicas eran las que enfrentaban a los discípulos de un mismo patrón; tal era el caso, según el Tchouang tseu,[5] de los discípulos de Mö tseu; tal parece haber sido también el caso de los discípulos de Confucio.[6] Pero (y esto es un hecho significativo) hasta el período Han, cuando se piensa en las doctrinas, siempre se confunden todos los seguidores de Mö tseu (*mö*) y los seguidores de Confucio (*jou*) bajo una designación común (*jou-mö*); esta expresión se duplica muy raramente. Las polémicas entre escuelas reflejan conflictos de prestigio. No suponen la prueba de una oposición estrictamente doctrinal.

Además, si la costumbre es traducir la palabra *Kia* por Escuela, es importante advertir que los chinos le dan una aceptación muy amplia. La utilizan en relación con las diversas Artes (los cuerpos de recetas que poseen los maestros en matemáticas, astronomía, adivinación, medicina, etc.),[7] así como con los diversos Métodos de conducta (las recetas para vivir patrocinadas por tal o cual maestro de Sabiduría). Estos métodos, cuyo objetivo es regular el comportamiento, se enseñan con la ayuda de actitudes. Cada una de ellas presupone, ciertamente, una determinada concepción de la vida y del mundo, pero ninguna de ellas tiene como objetivo principal traducirse en un sistema dogmático.

La idea de la separación de las escuelas, como si su objetivo principal fuera proporcionar instrucción teórica, es relativamente tardía. Nació de preocupaciones prácticas, si no de inspiración mnemotécnica. La división de las obras y los autores en escuelas, que está en el origen de todas las clasificaciones propuestas, está tomada del *Tratado de Literatura* que se encuentra en la *Historia de los primeros Han*. Sin embargo, este tratado es una obra de bibliotecario, y la clasificación que ha logrado imponer es una mera clasificación de catálogo. Tras clasificar las obras conservadas, se aceptó que cada lote correspondía a la enseñanza de una Escuela o Escuelas afines cuya originalidad dogmática se consideró entonces.

---

5   P. Wieger, *Les Pères du système taoïste*, p. 501.

6   *Li ki*, C., I, pp. 133, 153, 164, 175, 212, 216.

7   El siguiente diagrama (ver la continuación de la nota en la próxima página) servirá para ilustrar este hecho: lo tomo prestado (simplificándolo ligeramente) de uno de los ensayos más ingeniosos (Hsu Ti-shan, dic. 1927, p. 259, del *Yenching Journal*, en chino) que se ha hecho recientemente en China para mostrar las relaciones entre escuelas o doctrinas (filosóficas o técnicas). El autor desea sobre todo mostrar los orígenes de la doctrina taoísta; no pretende ser completo y descuida, por ejemplo, la Escuela de las Leyes y la Escuela de las Denominaciones.

Incluso si pudiéramos suponer que las *Escuelas* o Autores de los que nos ocupamos interesan principalmente por sus concepciones teóricas, el proyecto de exponer los detalles y las relaciones de las teorías tendría que considerarse extraordinariamente aventurado, pues el estudio del "vocabulario filosófico" presenta singulares dificultades en China.

Más adelante demostraré que la lengua china no parece estar organizada para expresar conceptos. En lugar de los signos abstractos que pueden ayudar a precisar las ideas, prefiere los símbolos ricos en sugerencias prácticas, que en lugar de un significado definido, tienen una eficacia indeterminada; esto tiende a procurar –en lugar de una aquiescencia a los juicios simples que pretenden permitir identificaciones precisas, luego de un análisis– una adhesión global al pensamiento, una especie de conversión total de la conducta. Por lo tanto, es necesario romper con la tendencia, que aún prevalece, de expresar estos símbolos, llenos de juicios de valor en los que se expresa una civilización original, con términos tomados prestados (tras una rápida asimilación que no tiene en cuenta la divergencia de las mentalidades) del vocabulario –también convencional, pero que apunta expresamente a una precisión impersonal y objetiva– de los filósofos occidentales. De lo contrario, nos expondríamos a los peores anacronismos, como ocurre, por ejemplo, cuando traducimos el término *jen* (característico de la posición confuciana) como "altruismo"[8] o la expresión *kien ngaï*[9] (significativa de la actitud de Mö tseu) como "amor universal". Otra consecuencia grave sería traicionar, por así decirlo, en su propio espíritu (es el caso, por ejemplo, cuando se presta a los chinos una distinción entre "sustancia" y "fuerza"), una mentalidad filosófica que se aleja de las concepciones definidas, porque está comandada por un ideal de eficacia.

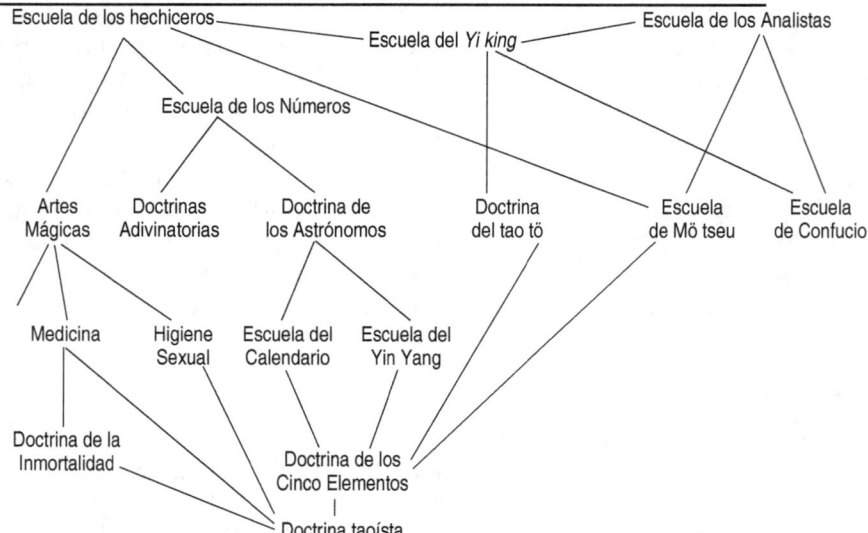

8   P. Wieger, *Histoire des croyances religieuses et des opinions philosophiques en Chine, depuis l'origine jusqu'à nos jours*, pp. 133, 134 y, siguiéndolo, Maspero, *La Chine antique*, p. 464.

9   Maspero *op. cit.* p. 473.

Por otra parte, incluso si pudiéramos suponer que los Sabios chinos construyeron un vocabulario destinado a permitir la expresión conceptual de las "teorías", cualquier intento de reconstruir una historia de las Doctrinas tropezaría (por el momento) con otra dificultad. Dependemos, para la lectura de los textos antiguos, de los comentarios con los que estaban dotadas todas las obras. Los comentarios más antiguos datan de la época cristiana. No son anteriores al movimiento de pensamiento que, en la época de los Han, orientó definitivamente a China hacia los caminos de la ortodoxia. Dan la "interpretación *correcta*", es decir, la que se exigía a los candidatos en los exámenes que daban acceso a los honores y a las carreras oficiales. Ningún lector (los chinos aún menos) lee un texto libremente. Se siente influido por las glosas, aunque sabe que se inspiran en un sistema de interpretación impregnado de preocupaciones académicas, morales y políticas. De hecho, nadie tiene acceso al texto, escrito en una lengua arcaica, salvo a través de los comentarios. El trabajo de ir más allá del comentario debe realizarse sin (por el momento) ninguna ayuda de un manual de estilística o al menos de filología china. Esta tarea, además, está dominada por la más grave incertidumbre; el espíritu ortodoxo, que inspira todos los detalles de las glosas, oscila entre dos pasiones: una pasión por la polémica, que inclina a atribuir un valor irreductible a las interpretaciones opuestas, y una pasión por la conciliación, que siempre impide una definición rigurosa. No es fácil, en el detalle de los casos, distinguir en las fórmulas ortodoxas el aspecto original de las ideas. Haría falta un constante deleite en la adivinación para devolver a las "teorías" su pureza y poder así definir sus relaciones ideológicamente. ¿Qué posibilidad hay de reconstruir, además, la historia de sus relaciones reales?

En la actualidad, no hay acuerdo entre los estudiosos sobre las líneas generales de la historia antigua de China.

Antes de haber tomado conciencia del carácter dogmático de las tradiciones chinas, y en especial de las relativas a la historia literaria, era posible aventurarse a contar la historia de las "Doctrinas". Se aceptaba que las obras conservadas, aunque fueran pocas, eran sin embargo las más importantes; no se pensaba que se habían convertido en clásicas por ser las únicas conservadas. Como la tradición las difundió a lo largo de varios buenos siglos (desde Yu el Grande hasta Confucio, pasando por el duque de Tcheou), no hubo dificultad para trazar la evolución de las concepciones chinas, o más bien para hablar de la grandeza y la decadencia de las Doctrinas, mientras se creía que se estaba haciendo un trabajo histórico.

¿Podemos mantener la misma ilusión hoy en día. cuando los críticos atribuyen a un breve periodo (siglos V-III a.C.) casi todas las obras que siguen considerando antiguas? Para justificar una respuesta negativa, baste señalar que, de todos los períodos de la historia china (tan poco conocidos en su conjunto), éste es uno de los menos conocidos y del que se tiene menos información histórica. Además, todos los hechos son dudosos, y el conjunto de los mismos se reduce a una cronología abstracta, a menudo incierta.

Sin embargo, los que ven en el período comprendido entre los siglos V-III a.C. la época de las "novelas históricas" y de las supercherías literarias siguen imaginando que el primer o único trabajo positivo es establecer una clasificación cronológica de las "Teorías". Esto se desprende de la clasificación que aceptan para las obras. No resisten la tentación de determinar la fecha de aparición de una determinada concepción; no consienten en ignorar a quienes la "inventaron". Saben, por ejemplo, que la invención de la "teoría filosófica" del Yin y el Yang (desarrollada, dicen, durante el siglo V a.C. y "adoptada generalmente por todos los filósofos" a finales de ese siglo) se debe a una "Escuela de Metafísicos", cuya "obra está contenida en un panfleto (el *Hi ts'eu*)".[10] Sólo hay que decir que el *Hi ts'eu* es el fragmento filosófico que consideran más antiguo de los que nombran el Yin y el Yang. No cabe duda de que la filosofía es propensa a confundir la historia de los hechos con la historia de los documentos, pero un historiador que se proponga fechar algo que no sean referencias, ¿no debería recordar constantemente que la prueba por ausencia le está vedada? Sólo puede constatar la ausencia de testimonios. Si se tratara de escribir la historia filosófica de una época conocida por testimonios sinceros y verificables, y si, además, estos documentos formaran un conjunto *supuestamente intacto*, nadie creería que la supuesta revisión completa de los *hechos registrados* le autorizara por sí sola a atribuir una especie de comienzo absoluto a tal o cual concepción. ¿Debemos aprovechar la proclamada mediocridad de los testimonios para hablar de invención y primer origen, tan pronto como creamos haber fechado la atestación que, en un vacío casi total de atestaciones, parece ser la más antigua?

Si, en este caso, la crítica literaria es tan presuntuosa, es porque parte de postulados que olvida explicitar. Es demasiado fácil admitir que una concepción (digamos, por ejemplo, la del Yin y el Yang) común a todos los pensadores de finales del siglo V (apenas se sabe de otros anteriores) se desarrolló en el transcurso del siglo V porque se postula que antes de Confucio y de principios del siglo V a.C. la filosofía china no había "salido de la infancia".[11] Este juicio sobre los hechos no es más que la transposición de una opinión sobre los documentos; no se cree que exista ninguna obra "metafísica" escrita antes de la época de Confucio. Concedamos, si así lo exigen, que *nadie*, en efecto, escribió ninguna antes de esa fecha… ¿Llegaremos a afirmar que tampoco existía la enseñanza oral antes de esa fecha? Las Obras del período comprendido entre los siglos V al III a.C. fueron (nadie lo niega para la mayoría de ellas) transmitidas oralmente al principio. Antes de que se produjera el escaso número de escritos que no se han perdido, ¿la enseñanza oral no "inventó" ninguna idea o "teoría"? Si uno escribe una historia en la que se esmera en atribuir al autor de un determinado documento conservado la invención de una determinada Doctrina, está dando (implícitamente) una respuesta negativa a esta pregunta; y, si responde negativamente, está obedeciendo, con una apariencia de libertad crítica, a una concepción ortodoxa de la historia china. Se parte (con los tradicionalistas) de que los siglos V al III a.C. fueron una época de anarquía; se postula entonces (en virtud de una idea prefabricada) que esta anarquía "favoreció el florecimiento" de la reflexión filosófica; se induce finalmente que antes del agitado período de los Reinos Combatientes los chinos no habían "filosofado", porque

---

10   *Ibid.*, p. 480.
11   *Ibid.*, p. 468.

poseían un régimen político estable y vivían en obediencia pasiva a un conformismo perfecto. Esto es simplemente admitir que las tradiciones de la historia oficial son correctas y que China una vez tuvo un estado homogéneo con una civilización firmemente establecida.

Yo, por mi parte, no acepto esta visión teórica de la historia china. Sin embargo, no opondré a ella ningún otro punto de vista. Por el momento, bastará con constatar que, incluso ignorando cualquier hipótesis sobre sus orígenes, el análisis de las opiniones formuladas por los pensadores que nos son conocidos por la palabra escrita corre el riesgo de ser singularmente inexacto y, sobre todo, mal orientado, si no se completa con un inventario de las ideas que pertenecen a una tradición anónima.

Las observaciones anteriores indican las razones por las que me he abstenido de dar a este ensayo sobre el pensamiento chino la forma de una historia continua de las doctrinas. He rechazado decididamente cualquier orden cronológico y no he intentado dar información sobre todo, es decir, sobre cualquier detalle de los debates tradicionales. No veo, por ejemplo, ninguna manera de determinar si Confucio consideraba que la "naturaleza" del hombre era buena o mala, y no encontraría, entrando en el debate, ninguna de las ventajas que tales o cuales mecenas de la sabiduría, misioneros importados a China o políticos nativos, creen obtener con ello; desempeñar el papel de árbitro en una melé de opiniones aventuradas es ganar, a lo sumo, una reputación de finura o incluso de erudición. Me propondré simplemente analizar un cierto número de concepciones y actitudes chinas de la manera más objetiva posible. Por otra parte, para poder examinarlos detenidamente, sólo he considerado los más significativos.

* * *

El Libro IV de esta obra se titula *Sectas y escuelas*. El propósito de los tres primeros libros es dar a conocer concepciones chinas que no era posible, ni ventajoso, presentar de otro modo que como *nociones comunes*, que denotan ciertos hábitos mentales a los que los chinos parecen atribuir poder imperativo. He reservado para el último libro aquellas concepciones que me ha parecido posible, no diré referir a un autor o a una "Escuela", sino estudiar *cómodamente* en relación con ciertas Obras que testimonian ciertas direcciones del pensamiento chino; estas concepciones señalan tendencias menos constantes o menos profundas y son notables, precisamente, por su diversa fortuna; su principal interés es que pueden contribuir a dar una idea de la orientación que ha adquirido el pensamiento chino en su conjunto.

Bajo el título de *Sectas y Escuelas*, daré los pocos datos que no parecen demasiado inciertos sobre los hombres y las obras. Por otra parte, no extraeré de las obras, para prestárselas a los autores, ningún tipo de declaración dogmática.

Todos los maestros de la antigua China añadían al "vasto conocimiento" la ciencia de "alguna especialidad".[12] Todos ellos podían hablar de todo, y muy pocos se preocupaban por dar un giro sistemático a su enseñanza en su conjunto. Cada

---

12   *SMT*, V, p. 414.

uno de ellos se preocupó por destacar la eficacia de la receta de la sabiduría que constituía el secreto de su "Escuela".

No trataré de definir las enseñanzas enumerando las ideas abrazadas por cada una de las Escuelas. Tales inventarios ni siquiera me permitirían concluir nada sobre las conexiones de las diversas "doctrinas". Todas las obras abundan en desarrollos puramente parasitarios; los escritor encontraban rentable hacer alarde de su información o conveniente argumentar *ad hominem*. Nadie se complace tanto como un chino en yuxtaponer temas tomados prestados (sin convicción) de las concepciones más divergentes, o en emplear, por pura estratagema y sin aceptar su legitimidad por sí mismo, razonamientos que atraen a otros. Por lo tanto, me cuidaré de afirmar, por ejemplo, que un escritor de la Escuela de los Legistas que a veces argumenta como "taoísta" es de alguna manera un adepto al taoísmo. El uso ornamental o dialéctico de ideas tomadas de una enseñanza competidora es, en sí mismo, un hecho significativo; merece ser señalado, no porque pueda ser tomado inmediatamente como una indicación de una conexión doctrinal, sino porque revela un rasgo de la mentalidad china. Es un testimonio tanto de la fuerza del espíritu sectario como del atractivo del sincretismo. Esta indicación general debe ser retenida de una vez por todas. Por otra parte, si se quiere llegar a la esencia de una "doctrina" china, no sería prudente centrarse en las ideas que sus seguidores parecen haber aceptado y que, sin embargo, no han intentado ajustar a sus concepciones.

Para no correr el riesgo de traicionar demasiado los hechos, nunca hay que olvidar que una "doctrina" china debe definirse, no tratando de determinar las articulaciones de un sistema dogmático, sino tratando de identificar una especie de fórmula maestra o receta central. Se dice que Confucio dijo: "Sin duda ustedes piensan que yo soy un hombre que ha aprendido muchas cosas y las recuerda. No es así, una *sola* (un solo principio me basta) *para abarcar* (todo)".[13] Estas palabras nos permiten percibir una nueva característica de la mente china: ninguna receta vale la pena si no parece poseer tanto una esencia singular como una virtud que obra como una panacea. Debe presentarse como algo específico, que al mismo tiempo se proclama omnivalente. Todo Maestro de Sabiduría pretende, pues, dispensar un Conocimiento de una calidad muy particular (es el Conocimiento de tal o cual Sabio) y de una eficacia indefinida (implica una comprensión total de la vida). Dar a conocer las concepciones o, más bien, las actitudes propias de una Escuela o, más bien, de una Secta, equivale a tratar de descubrir el secreto o la palabra maestra que fue revelada una vez a los adeptos mediante los procedimientos propios de las enseñanzas esotéricas.

Estos secretos, por supuesto –palabras o conceptos maestros–, eran adquiridos por los discípulos, no de forma discursiva, sino a modo de iniciación, tras un lar-

---

13   *Louen yu*, L., p. 159, (Legge traduce: *Busco una unidad que lo impregne todo*). SMT, V, p. 367. (Chavannes traduce: Sólo tengo el único principio que hace que todo sea comprensible). Los caracteres utilizados sugieren que Confucio (?) quiso expresar su pensamiento mediante una metáfora; una sola (vara o cuerda) es suficiente para enhebrar (para unir, atar, sostener todo un conjunto de objetos).

go entrenamiento. Así pues, no se puede presumir de alcanzar la esencia de una enseñanza mientras no se conozca el sistema de prácticas que (mucho más que un cuerpo doctrinal) permitió aprehender o, por decirlo mejor, realizar esa esencia. Algunos libros famosos, como el *Tao Tö King* o el *Yi king*, se componen de una serie de adagios; tomados en su sentido literal, parecen vacíos, extravagantes o insulsos; es un hecho, sin embargo, que durante muchos siglos e incluso hoy, estos libros han inspirado ejercicios de meditación o incluso una *disciplina* de vida. Pueden, no sin razón, parecer herméticos. Otros libros no lo parecen, sólo porque parecen prestarse a un análisis discursivo de las ideas, tendemos a suponer que las entendemos. La doctrina que pueden defender sigue siendo impenetrable hasta que podamos determinar las actitudes que ordena y que realmente la expresan.

Para restablecer el sentido de los diferentes cuerpos de prácticas y adivinar la fórmula magistral de las "doctrinas", hay que intentar primero reconocer el tipo de eficacia que los antiguos maestros atribuían a sus recetas. Hace tiempo que se ha observado que toda la sabiduría china tiene fines políticos. Precisemos diciendo que las Sectas o Escuelas se han propuesto todas ellas realizar una *ordenación* de la vida y de las actividades humanas tomadas en su *totalidad*, es decir, en la totalidad de sus extensiones, no sólo sociales, sino cósmicas. Cada Maestro profesa una Sabiduría que va más allá del orden moral e incluso del orden político; corresponde a una determinada actitud hacia la civilización o, si se quiere, a una determinada *receta de acción civilizadora*. De ello se desprende que no es imposible encontrar el significado preciso de una actitud determinada o de una receta específica si primero intentamos aclarar la posición que ocupan las distintas agrupaciones sectarias en la historia de la sociedad china, en el desarrollo de la civilización china.

La primera consecuencia es que el trabajo crítico debe estar dominado, no por la investigación filológica, ni siquiera por la historia pura (lo cual, dado el estado de los documentos y estudios, es, después de todo, muy afortunado), sino por el estudio de los hechos sociales. Nadie sabe mejor que yo lo novedosa que es la investigación sobre la sociedad china, y lo poco que se pueden dar por buenos los resultados. Sin embargo, se puede extraer un indicio lo suficientemente seguro como para servir de orientación; el período en que aparecieron las Sectas cuya "doctrina" podemos tratar de comprender fue el período en que el orden feudal se derrumbaba y se preparaba la unidad imperial. Esta simple observación, como veremos más adelante, proporciona un punto de partida desde el que podemos avanzar, por ejemplo, hacia una interpretación precisa de la actitud de Mö tseu o de la de los maestros taoístas.

Una segunda consecuencia es que tendremos que establecer la posición de las diversas agrupaciones sectarias en el mundo feudal tardío, en lugar de determinar (suponiendo que fuera posible) el orden cronológico de las "doctrinas". Por lo tanto, describiré las actitudes más significativas expresadas en las concepciones de las "Escuelas" chinas, sin pensar en presentarlas en un orden histórico. Las agruparé de forma que se vea que estas actitudes se corresponden con un cierto número de preocupaciones técnicas. Traicionan varios tipos de *mentalidades corporativas*. Indican la importancia de los impulsos que puede recibir el pensamiento chino cuando la sociedad se prepara para un nuevo conformismo; estas circunstancias favorables permiten entonces acoger la influencia de especialistas cuyo espíritu de cuerpo está momentáneamente animado por un aumento de la conciencia o de la imaginación creadora.

Dos "doctrinas" –debido a su continuidad y popularidad a través del tiempo– merecen especial atención: la que es llamada taoísta y la que reclama el patrocinio de Confucio. Estudiaré la "escuela taoísta" con más detenimiento que ninguna otra, y le dedicaré un capítulo entero a la ortodoxia confuciana.

Ambas "doctrinas" se destacan por la fuerza del espíritu sectario y, al mismo tiempo, por la fuerza de sus apetitos sincréticos. Ambas, en efecto, tienen la ambición de constituir una ortodoxia. En ambos casos, esta ortodoxia se caracteriza por una reivindicación de la Sabiduría que es a la vez universal y exclusiva, sin que se profese ningún dogma ni los artículos de la enseñanza estén en lo más mínimo ordenados en un sistema. Forman una especie de confederación invasora cuya masa se engrosa constantemente por un sesgo de anexión o conciliación. Este tipo de reuniones de ideas carecen (como el Imperio chino) de organización y articulación, pero (al igual que el Imperio se fundamentan en una unidad de civilización) el taoísmo y la ortodoxia derivan su poder de una fuerza de animación particular. Si su oposición parece ser la de dos sesgos (uno a favor de una especie de naturismo con fondo mágico-místico, el otro a favor de una especie de socio-centrismo de intenciones positivas), tanto el taoísmo como la ortodoxia confuciana se inspiran (de manera desigual pero igualmente profunda) en una doble tendencia, a la vez "universalista"[14] y humanista. Es esta doble y común tendencia la que explica su doble suerte y su oposición en la historia, así como su conciliación en las mentes.

* * *

Las opiniones profesadas por estas diversas sectas o escuelas indican ciertas orientaciones secundarias del pensamiento chino. Para vislumbrar, además de por contraste, su orientación más profunda, es necesario considerar los datos aportados por los mitos y el folclore con tanta atención como las pruebas tomadas de las "obras filosóficas". Los tres primeros Libros de esta obra tratan de nociones comunes que no era ventajoso considerar en un principio bajo el aspecto que les daba una u otra obra técnica de reflexión o mentalidad corporativa. Si empecé con ellas es porque me pareció que permitían llegar a una especie de fondo institucional – muy resistente– de la mentalidad china.

Esta resistencia invita ciertamente a suponer que este fondo es muy antiguo. No pretendo, sin embargo, con el lugar que les asigno, dar la impresión de que estas "nociones comunes" representan una especie de Sabiduría preexistente a la actividad de cualquier Escuela o Secta. Si la actividad de las sectas y las escuelas sólo se conoce en parte a partir de un periodo relativamente tardío (siglo V a.C.), los documentos que informan sobre el fondo institucional del pensamiento son, por su parte y por naturaleza, intemporales. No quiero sugerir, con esta calificación, que este fondo haya permanecido inalterado, ni que no se pueda conocer nada de

---

14   J.-J.-M. de Groot, *Universismus*.

su evolución; diré dentro de un momento cómo he creído poder dar una idea del progreso de las ideas chinas. Por el momento, quiero señalar que no es una visión de la historia, sino razones de conveniencia y, además, el estado y la naturaleza de los documentos, lo que me ha llevado a no empezar hablando de las Escuelas y Sectas. Creo que sería difícil comprender las actitudes de las distintas Escuelas si no se conociera primero un conjunto de actitudes mentales que –más directamente y mejor que las concepciones de las Escuelas– arrojan luz sobre las reglas fundamentales del pensamiento adoptadas por los chinos. Pero el lector está advertido: no estoy presentando las concepciones que me ocupan en primer lugar como un sistema de nociones que sería, globalmente y en todos sus aspectos, anterior al trabajo teórico de las primeras Escuelas conocidas.

En primer lugar, he dado algunas informaciones sobre la lengua y el estilo. No sería inútil, para empezar, insistir en las características de la *expresión* (oral o escrita) del pensamiento en China (Libro I). Cualquier intento de crítica o interpretación de obras e ideas debe tenerlo en cuenta. En particular, todo lo que se dice sobre las diferencias entre la lengua hablada y la escrita hace suponer que la lengua literaria ha sido una especie de lengua muerta o aprendida desde la antigüedad. Sin embargo, el chino, tal y como está escrito, busca sobre todo los efectos de la acción que parecen estar reservados a la palabra viva. Este hecho permite apreciar la importancia que durante mucho tiempo tuvo la enseñanza oral. Incluso parece indicar que en la época en que se concibieron las obras en las que muchas generaciones han buscado modelos de estilo, la escritura apenas se utilizaba fuera de los actos oficiales. Con el pretexto de que la invención de la escritura se remonta al menos al segundo milenio a.C., se tiene la tentación de atribuir orígenes antiguos a la literatura china, mientras que la fecha relativamente temprana atribuida a las redacciones conservadas lleva a menudo a declarar tardío el despertar del pensamiento filosófico o erudito. Este conjunto de postulados contradictorios conduce a intentos anárquicos de fechar "teorías" que desvirtúan una historia positiva de las ideas. Estos postulados y errores serán abandonados en favor de una investigación mejor orientada, en cuanto hayamos constatado que el lenguaje de los "filósofos" chinos, lejos de ser de formación libresca, procede de una tradición de enseñanza oral y pragmática.

Las observaciones que presento sobre la lengua y el estilo no se han inspirado en las preocupaciones de puramente lingüísticas o relacionadas con la crítica literaria, ni en la intención de ofrecer, a título preliminar, una descripción detallada de la lengua o un esbozo de la historia de los estilos. Si he agrupado estos capítulos iniciales bajo el epígrafe de la *expresión del pensamiento*, es porque he considerado el lenguaje *simbólico* como el punto de partida más conveniente para señalar ciertas disposiciones de la mentalidad china. El examen de los elementos del lenguaje y del estilo conduce a dos observaciones esenciales. Por una parte, los chinos parecen evitar todos los artificios que tienden a utilizar la expresión verbal de las ideas de manera que se economicen las operaciones mentales; desdeñan las formas analíticas; no utilizan ningún signo al que presten el simple valor de un signo; pretenden que todos los elementos del lenguaje, los vocablos y las grafías, los ritmos y las frases, desplieguen la eficacia propia de los *símbolos*. Quieren que la expresión escrita o hablada *represente* el pensamiento y que esta representación concreta imponga el sentimiento de que expresar o más bien representar no es simplemente evocar, sino suscitar o realizar. Si los chinos, por el contrario, exigen una eficacia tan perfecta a la lengua, es porque no la separan de un vasto sistema de actitudes destinado a permitir a los hombres representar en sus diversos aspectos la acción civilizadora que pretenden ejercer sobre todas las filiaciones humanas, incluido el Universo.

La misma idea del universo se encuentra en todos los autores chinos. La sobrecarga escolástica puede lastrarla en mayor o menor medida, pero procede directamente de las concepciones míticas. Los sabios no toman prestado de los eruditos; esta es probablemente la razón por la que no sabemos casi nada sobre el desarrollo del pensamiento científico en China. Sobre la base de esta falta de información, se ha argumentado que sólo después de las conquistas de Darío, o incluso de las de Alejandro, los "extranjeros" revelaron a los chinos "las propiedades del círculo y del cuadrado";[15] también serían extranjeros quienes les habrían introducido el compás, la escuadra y el gnomon[16]… Me costaría creer que el progreso de las técnicas autóctonas (recordemos la admiración de Biot por los carros y arcos chinos) no fuera acompañado, *en ciertos círculos*, de un esfuerzo de reflexión propiamente científico.[17] Pero el hecho es que no queda ningún rastro definitivo de esto. Y también es un hecho que, a la hora de argumentar sobre cualquier tema, los pensadores chinos sólo piensan en acreditar sus opiniones con la ayuda de historias venerables, leyendas y temas míticos. La historia del pensamiento es notable en China por la independencia que el conocimiento filosófico pretende mantener respecto a lo que llamamos ciencia. Dejar constancia de este hecho es más importante para nuestro tema que elaborar un inventario de conocimientos en el que se intente (sin mucha esperanza de lograr ninguna precisión) marcar el progreso del espíritu científico: sea cual sea este progreso, no ha ejercido ninguna influencia notable en el pensamiento chino en el pasado.

Por lo tanto, no me he ocupado del *Sistema del mundo* (Libro III) concebido por los chinos para dar a conocer los resultados que habían obtenido en diversas ciencias y para determinar a qué clasificación de las ciencias les habían conducido estos resultados. Sólo he tratado de descubrir qué espíritu animaba ciertas técnicas que no se cultivaban ni por puro conocimiento ni siquiera por adquirirlo; he señalado el sistema de todos los fines prácticos que estas artes tendían a alcanzar, y he tratado de determinar los principios de este sistema. Como no era mi intención enumerar conocimientos positivos cuyo orden de adquisición hubiera sido importante fijar, y como sólo tenía que dar ejemplos, cuidando (en la medida de lo posible) de distinguir entre las fórmulas míticas o escolásticas de un fondo homogéneo

---

15   Maspero *op. cit.*, p. 620.
16   *Ibid.*, pp. 616-620.
17   Sobre este punto, se pueden consultar las observaciones de A. Rey, *La Science orientale*, pp. 351, 352. Pero debo decir que, en cuanto a las posibilidades de conocer las ideas científicas de los antiguos chinos, no tengo el optimismo de Rey.

de *conocimientos*, para profundizar (cuando he podido), he tomado prestados mis ejemplos preferentemente del pensamiento mítico, pero no he descuidado en absoluto las formulaciones pedantes o comparativamente tardías que proclaman la autoridad *duradera* de estos antiguos conocimientos, que inspiran por completo el escolasticismo al que finalmente condujo el esfuerzo de pensamiento de *las Sectas y las Escuelas* (Libro IV). Por lo tanto, he reservado para el Libro III el examen del *Sistema del Mundo* imaginado por los chinos. Además, la idea principal del sistema no puede identificarse convenientemente hasta que el análisis de las *Ideas Rectoras del Pensamiento Chino* (Libro II) revele su fundamento. La representación china del universo se basa en una teoría del microcosmos. Esta teoría está vinculada a los primeros intentos de clasificación del pensamiento chino. Se deriva de la tenaz creencia de que el hombre y la naturaleza no forman dos reinos separados, sino una única sociedad. Este es el principio en el que se basan las diversas técnicas que regulan las actitudes humanas. Es a través de la participación activa de los seres humanos y del efecto de una especie de *disciplina civilizadora* como se logra el orden universal. En lugar de una Ciencia cuyo objeto es el conocimiento del Mundo, los chinos han concebido una *Protocolo* de la vida que suponen eficaz para establecer un Orden total.

La categoría de Orden o Totalidad es la categoría suprema del pensamiento chino; su símbolo es el Tao, un símbolo esencialmente concreto. Comencé el estudio de las categorías concretas de la mente tan pronto como demostré, al examinar los elementos del lenguaje, que los chinos prestaban a sus símbolos un poder figurativo que no distinguían de una eficacia realizadora. Algunos símbolos, notables por ser los más sintéticos de todos, parecen estar dotados de un poder de animación y organización que sólo puede calificarse de total. La función soberana que se les atribuye pone de manifiesto el hecho de que el pensamiento chino se ha negado a distinguir entre lógica y realidad. Ha desdeñado los recursos de claridad que una lógica de la extensión y una física de la cantidad aportan a la mente. No ha querido considerar los números, el espacio y el tiempo como abstracciones. Tampoco consideró útil constituir categorías abstractas como nuestras categorías de Género, Sustancia y Fuerza. La noción de Tao va más allá de las nociones de fuerza y sustancia, y el Yin y el Yang, que valen indistintamente como fuerzas, sustancias y tipos, son otra cosa, ya que la función de estos símbolos es clasificar y animar juntos los aspectos antitéticos del Orden universal; el Tao, el Yin y el Yang evocan sintéticamente, dan lugar globalmente al orden rítmico que preside la vida del mundo y la actividad del espíritu. El pensamiento chino parece estar totalmente impulsado por las ideas combinadas de orden, totalidad y ritmo.

La estrecha relación entre estas nociones y, más aún, la eficacia soberana que se les atribuye, bastaría para revelar el origen social de las categorías chinas. Este origen se confirma en cuanto analizamos el contenido de las *ideas rectoras*. Ya sea la noción china de Espacio o las de Tiempo, Número, Elementos, Tao, Yin y Yang, este contenido no puede explicarse únicamente por las concepciones de los pensadores o técnicos que las utilizaron. Para interpretarlas, no es ciertamente inútil considerar el uso que recibieron en tal o cual especialidad del saber que enseña a ordenar las ocasiones y los lugares; el arte geográfico o calendárico, la música o la arquitectura, el arte de los adivinos, la técnica de las mutaciones... Pero sólo se puede llegar al meollo de la cuestión, y la interpretación tiene alguna posibilidad de ser correcta y completa, cuando se consideran los conceptos rectores y se intenta determinar su relación con la estructura de la sociedad china. En consecuencia, si bien me he negado a fechar estas ideas por la (supuesta) fecha del fragmento "filosófico" en el que se mencionan por primera vez los términos que las señalan, he tratado de fijar el tiempo y el orden de su formación aprovechando que está vinculado a las circunstancias sociales. Las nociones a las que los chinos atribuyen una función de categorías dependen, en su mayor parte, de los principios sobre los que descansa la organización de la sociedad; representan una especie de fondo institucional del pensamiento chino, y su análisis se confunde (como veremos, por ejemplo, con las ideas de Tiempo, Espacio e incluso Número) con un estudio de morfología social. Pero no todas estas ideas clave se explicitaron en el mismo momento de la historia; también están marcadas por algunos rasgos que las sitúan o fechan. Si el Yin y el Yang forman una pareja y parecen presidir conjuntamente el ritmo que funda el Orden universal, es porque su concepción proviene de una época de la historia en la que un principio de rotación era suficiente para regular la actividad social repartida entre dos agrupaciones complementarias. La concepción del Tao se remonta a una época menos arcaica; sólo pudo hacerse explícita en una época en la que la estructura de la sociedad era más complicada y en círculos en los que se veneraba la autoridad de los líderes que se justificaban al presentarse como únicos autores del orden en el mundo; entonces y sólo entonces podía imaginarse la idea de un poder animador único y *central*.

Clasificar las nociones relacionándolas con círculos cuyo lugar y papel en la historia de la sociedad china son conocidos, es esbozar la historia de las ideas, e incluso indicar las fechas. Si estas fechas no pueden expresarse con cifras, sin duda no son nada precisas en términos concretos. Sin embargo, sé que algunas personas leerán con desagrado "ensayos" en los que, a falta de fechas abstractas y nombres propios, las ideas parecerán venir directamente de la multitud. ¿Qué puedo hacer al respecto? Me he abstenido de utilizar incluso denominaciones tan (obviamente convenientes pero ficticiamente precisas) como "la Escuela de los Adivinos". Las he evitado por pura prudencia y no, se podría pensar, por olvido del hecho de que, para producir ideas, se necesitan individuos. He podido demostrar que el contenido de las ideas rectoras se explica por la estructura de la sociedad china y que la evolución de estas ideas depende muy estrictamente de la evolución social. Por supuesto, es lamentable que no tengamos los medios para citar los nombres y las fechas de las personas que fueron testigos activos de estos acontecimientos paralelos. Sin embargo, lo principal es que podemos ver el paralelismo. Sea cual sea el genio de los sabios que conocieron los principios rectores del pensamiento y la organización chinos, la explicación de estos principios no reside tanto en este genio como en la historia del sistema social.

En China, esta historia es remarcable por una continuidad que no tiene parangón en ningún lugar. Los filósofos chinos de todas las escuelas nunca han dejado de pensar que el sistema nacional de símbolos, fruto de una larga tradición de sabiduría, no podía, en su conjunto, dejar de ser adecuado y eficaz; en otras palabras, profesan la misma confianza en él que nosotros en Occidente tenemos en la Razón.

Opinamos que esto corresponde a un conjunto de nociones rectoras de las que las nociones chinas parecen diferir profundamente. Como veremos, estas últimas están vinculadas a un sistema de clasificación muy cercano a las "clasificaciones primitivas". Sería bastante fácil atribuir a los chinos una mentalidad "mística" o "prelógica" si se interpretaran literalmente los símbolos que veneran.

Pero, si considerara estos productos del pensamiento humano como invenciones extrañas y singulares, estaría ignorando el espíritu humanismo, así como al principio de toda investigación positiva. Además, la injusticia que supondría un prejuicio desfavorable se demuestra con el análisis de las ideas rectoras; estos marcos permanentes del pensamiento están modelados en los marcos de una organización social cuya duración es suficiente para demostrar su valor; es necesario, pues, que estas reglas de acción y de pensamiento respondan de alguna manera a la naturaleza de las cosas.[18] Probablemente la sabiduría china no ha podido evitar desviarse hacia el puro escolasticismo; desde la fundación del Imperio, la ortodoxia impuso su reinado, y la principal preocupación del pensamiento erudito ha sido la clasificación mnemotécnica de los antiguos conocimientos; desde entonces, el sentido experimental ha estado ausente. Pero este conocimiento escolástico se había construido a partir de experimentos de los que surgió, junto con la propia noción de clasificación, la idea de que cualquier organización deriva su valor de una eficiencia observada. Arbitrarias hasta cierto punto, como todas las creaciones humanas, las disposiciones sociales que sirvieron de modelo para la disposición de la mente se basan, sin embargo, en un esfuerzo perseverante de adaptación experimental. El origen de las categorías chinas es un antiguo intento de *organizar la experiencia*; sería imprudente prejuzgar que están de algún modo mal fundadas. Parece que se oponen a las ideas que nos guían y pueden sorprendernos por su sesgo hostil hacia la abstracción. Pero los chinos han sabido desarrollar una lógica de jerarquía o eficiencia que encaja perfectamente con su gusto por los símbolos concretos. Y si, al negarse a dar un aspecto de entidades abstractas al Tiempo, al Espacio y a los Números, se apartaron de una física cuantitativa y se limitaron (no sin resultados provechosos) a la búsqueda de lo furtivo o de lo *singular*, nada les impidió –ningún prejuicio teológico les empujaba a imaginar que sólo el Hombre formaba un reino misterioso en la naturaleza– construir toda su sabiduría sobre una psicología del espíritu positivo. Tal vez se logre una apreciación más equitativa del pensamiento chino cuando se comprenda que el mérito de las nociones que le sirven de principios rectores no reside en la moda de tal o cual enseñanza, sino en la eficacia largamente probada de un sistema de disciplina social.[19]

---

18   Cf. Durkheim, *Les formes élémentaires de la vie religieuse*, pp. 633 y ss.

19   Puede ser (y no sería una novedad) que, desde diversos ámbitos, y, me imagino, como un cumplido, estas páginas parezcan indicar que he tratado de esclarecer los hechos chinos mediante "teorías sociológicas" o (igualmente) que he tratado de ilustrar la "teoría sociológica" mediante hechos chinos. ¿Debo afirmar que no sé nada de lo que se llama teoría o teorías so-

* * *

Tuve que dar a conocer el sistema de pensamiento que, junto con su sistema so-cial, define la civilización de los chinos; fue necesario efectuar lentos análisis, que tuve que presentar en forma de ensayos separados, ya que sólo disponía de infor-mación incompleta y basta. He tratado de agruparlos de manera que indiquen la estructura y el movimiento que caracterizan al conjunto de las "doctrinas" o reglas de actuación que he tenido que interpretar. La idea que parece animarlos es que la función del pensamiento humano no es el puro conocimiento, sino la acción civili-zadora; su papel es dar lugar a un orden activo y total. No hay concepto que no sea una actitud, no hay doctrina que no sea una receta para la vida. Definir, en esen-cia, el sistema de pensamiento chino es caracterizar todas las actitudes chinas. Así que la conclusión que he dado a este volumen es también válida para el volumen anterior. Si este título no implicara una ambición inapropiada, podría decir que su propósito es dar una visión del "espíritu de los modales chinos". Me he propuesto señalar el más notable de los sesgos de los que la civilización de China extrae su originalidad. Este resumen, por supuesto, es sólo un resumen de mi experiencia. Se reconocerá sin duda que si en estas conclusiones provisionales aparece un espíritu sistemático, es porque he tenido que definir el espíritu de un sistema.[20]

---

ciológicas? Desde que existen los sociólogos, ¿no ha sido su primer objetivo, cuando trabajan, descubrir hechos? Quizás he señalado algunos que no han llamado la atención. El principio de su descubrimiento se encuentra en la memoria de Durkheim y Mauss sobre las "clasificaciones primitivas"; me complace decir –y quizá no carezca de interés– que aunque pocos estudiosos los han citado (véase, sin embargo, Forke, Lun-Heng, Selected Essays of the philosopher Wang Ch'ung, (MSOS, 1911) t. II, p. 442), las pocas páginas de esta disertación que tratan sobre China deberían ser un hito en la historia de los estudios sinológicos. Añadiré también que, aunque he realizado el análisis de las categorías chinas con la única preocupación de extraer una interpre-tación correcta de los hechos chinos exclusivamente, la mejor razón que tengo para creer que este análisis es preciso es que pone de manifiesto la preeminencia de la categoría de totalidad en la que, tras una vasta investigación, Durkheim (Formes élémentaires, p. 630), había insistido mucho.

20   Las referencias son (en la medida de lo posible) a traducciones o publicaciones en lenguas occidentales; ayudarán a encontrar el contexto. – En la mayoría de los casos tuve que proponer una nueva traducción.

Libro I
LA EXPRESIÓN DEL PENSAMIENTO

l objetivo de estos primeros capítulos es proporcionar información sobre la lengua china, la escritura, la estilística y el ritmo. Estamos acostumbrados a considerar el lenguaje como un simbolismo especialmente organizado para comunicar ideas. Los chinos no separan el arte del lenguaje de los demás procesos de señalización y acción. Les parece que está vinculado a todo un conjunto de técnicas que sirven para situar a los individuos en el sistema de civilización formado por la sociedad y el universo. Estas diversas técnicas de actitud se dirigen principalmente a la acción. Cuando hablan y cuando escriben, los chinos, mediante gestos estilizados (vocales o de otro tipo), tratan de representar y sugerir conductas. Sus pensadores no tienen pretensiones diferentes. Se contentan perfectamente con un sistema tradicional de símbolos que es más poderoso para guiar la acción que para formular conceptos, teorías o dogmas.

Capítulo I
LENGUA Y ESCRITURA

l chino es una gran lengua de civilización que ha logrado convertirse y seguir siendo el instrumento de cultura de todo el Extremo Oriente. También ha sido el órgano de una de las literaturas más variadas y ricas. El idioma chino pertenece al tipo monosilábico y su escritura es figurativa.

I. SÍMBOLOS VOCALES

Por lo que sabemos, la evolución fonética y morfológica del chino sólo puede rastrearse desde el siglo VI de nuestra era hasta los tiempos modernos.[1] Para el período anterior, los documentos no proporcionan suficiente información sobre la pronunciación y la lengua hablada.

Los especialistas admiten que el chino es una lengua del llamado grupo *sino-tibetano*. Todas las lenguas de este grupo se caracterizan por una tendencia al habla monosilábica. ¿Era el "sino-tibetano común" una lengua monosilábica? Algunos piensan que "sería inexacto" definirlo así "si nos referimos a un idioma en el que todas las palabras tenían originalmente una sola sílaba".[2] No parece posible, por el momento, aislar las raíces primitivas. Sin embargo, se considera probable que en la antigüedad "muchas palabras fueran más largas que en la actualidad e incluyeran, además de la raíz, uno o varios afijos y quizá incluso una desinencia". A lo largo de los siglos, estos agregados se han ido reduciendo progresivamente. Karlgren ha

---

1   Przyluski, *Le sino-tibétain* (en *Langues du monde*, 1924, p. 374; Karlgren, Études sur la phonologie chinoise, y *Sound and symbol in China*; Maspero, *Le dialecte de Tch'ang-ngan sous les T'ang*, BEFEO, 1920.

2   Przyluski, *op. cit.*, p. 363.

intentado incluso demostrar que los chinos utilizaban antiguamente pronombres personales diferentes en caso de sujeto y de complemento.[3] Los documentos que estudió no son ciertamente anteriores a los siglos VIII-V a.C. Los chinos de la época feudal habrían hablado, por tanto, una lengua en la que había rastros de inflexión (declinación, si no conjugación).

Parece, por otra parte, que el chino arcaico era fonéticamente menos pobre que el chino moderno. Había más consonantes, tanto iniciales como finales. La serie de voces incluía un número bastante elevado de diptongos y triptongos. Cada palabra tenía un tono, que variaba según la inicial fuera muda o sonora, mientras que la inflexión parecía depender del final. Había ocho tonos de este tipo; cuatro en la serie baja, cuatro en la serie alta, que podían ayudar a diferenciar los homófonos.[4] Si, al pronunciar una palabra, se cambiaba el tono de la serie inferior a la superior o viceversa, se modificaba el valor de la palabra. De nuevo, hay (aparentemente) pruebas de un antiguo proceso de derivación.

Es imposible decir si los diversos procesos de derivación que se cree haber restaurado, y cuya importancia apenas puede determinarse, son una prueba de un estado arcaico del chino, o si deben considerarse como el comienzo de un desarrollo de la lengua, que por otra parte se detuvo rápidamente.

En cualquier caso, la lengua que se hablaba en el período más temprano de la historia de China[5] parece que era una lengua con una fonética muy pobre y una morfología extremadamente reducida.

Incluso si se postula que las palabras del idioma chino no eran originalmente monosilábicas, hay que reconocer que en ninguna parte era más fuerte la tendencia al monosilabismo. Si es cierto que los chinos utilizaban afijos, la función de éstos era, en cualquier caso, tan restringida que el hablante tenía pocos medios para conocer cualquier derivación. Tenía que utilizar palabras que, reducidas a monosílabos, desprovistas de toda flexibilidad, de toda fluidez, se le presentaban, prácticamente, como otras tantas raíces independientes.

Asimismo desconocemos la importancia de las variedades dialectales que podían distinguir las lenguas de los distintos países de la antigua China.

El hecho de que la misma lengua se encuentre en todas las canciones locales (*Kouo fong*: Canciones del país) que forman la primera parte del *Che king* demuestra poco. No es imposible que estas canciones hayan sido re-elaboradas en el momento de ser agregadas a una antología. Sin embargo, cabe suponer que todos los súbditos de la antigua Confederación China eran conscientes de que hablaban el mismo idioma.

Es probable que la costumbre de las reuniones inter-feudales favoreciera el desarrollo de una lengua común entre los nobles de los distintos señoríos, quienes consideraban que esta lengua común era la única digna de ellos. Un príncipe de Wei (señorío de Ho-nan), que regresó a su país tras un periodo de cautiverio, gus-

---

3   Karlgren, *Protochinese, an inflectional language*, JA, p. 1920. La demostración de Karlgren adolece de una dudosa clasificación de los textos antiguos. Por otra parte, las analogías que se pueden encontrar en el birmano parecen postularse a favor de la teoría que avanza.

4   Maspero, *La Chine antique*, pp. 18-19.

5   Siglos VIII a V a.C.

taba de imitar la forma de hablar de sus conquistadores, el pueblo de Wou (Ngan-houei). Inmediatamente exclamaron: "¡El príncipe de Wei no evitará el Destino! ¿No debe morir con los bárbaros? Ha sido su prisionero. Se complace en hablar su idioma. ¡Está atado a ellos para siempre!"[6]

Hay que admitir que, desde la época feudal, el chino es la lengua de la civilización.[7] Merece serlo porque es el órgano de una cultura original y porque tiene ciertas cualidades. Estas cualidades, de hecho, son muy diferentes de las que estaríamos tentados de pedir a una lengua elegida para garantizar la correcta transmisión del pensamiento.

Las palabras, excesivamente breves y cuya escasa fonética dificulta a menudo su distinción, podían, en su mayor parte, utilizarse indistintamente como sustantivos, verbos o adjetivos, sin que su forma se modificara sensiblemente.[8] Unas pocas partículas, cada una de las cuales cumplía varias funciones y se utilizaba principalmente como signo de puntuación oral, ayudaban a transmitir el significado de la frase. Pero sólo una construcción rígida podría aportar algo de claridad a la expresión de las ideas. Cuando la gente escribía, solía hacer un uso estricto de la regla de posición que fijaba el papel sintáctico de cada palabra. Pero al hablar, el orden de las palabras estaba determinado por la sucesión de emociones. Este orden no hace más que subrayar el grado de importancia emocional y práctica que se atribuye a los distintos elementos de un conjunto emocional.

La lengua ofrecía pocas facilidades para la expresión abstracta de las ideas. Sin embargo, su suerte como la lengua de la civilización ha sido prodigiosa.

El chino, es cierto, tiene un poder admirable para comunicar una conmoción sentimental, para invitar a tomar partido. Una lengua áspera y fina a la vez, concreta y poderosa en la acción, está claro que se formó en discusiones donde chocaban astutas voluntades.

No era importante expresar las ideas con claridad. Uno quería, sobre todo, poder hacer oír sus deseos (discreta e imperativamente). – Un guerrero, antes de comenzar la batalla, se dirige a un amigo que tiene en el otro bando. Quiere darle un consejo prudente, instarle a huir a través del barro de la llanura inundada, hacerle ver que en este caso podría ayudarle... Sin embargo, se limita a decirle: "¿Tienes levadura de trigo?" – "No", responde el otro (que quizás no lo entienda). – "¿Tienes levadura (de plantas) de las montañas?" – "No", vuelve a responder el otro. (A pesar de la insistencia en la palabra *levadura* –la levadura se consideraba un excelente preventivo contra la influencia perniciosa de la *humedad*–, sigue sin entender –o finge no entender–; sin duda quiere recibir, con un consejo más explí-

---

6 *Tso tchouan*, C., III, p. 682. El mismo mal destino se predice (*Ibid.*, II, p. 565) para un príncipe que ha hecho construir para él una casa de arquitectura extranjera. (Comp. *Civ. Chin.*, p. 270). Uno define su personalidad, fija su destino por la lengua que adopta, la arquitectura (ritos, música, bailes, etc.) que prefiere. La lengua y todos los demás sistemas de símbolos tienen la misma virtud: son indicativos de un determinado orden de civilización.

7 El éxito posterior del chino como lengua de civilización se debe en gran medida a su transcripción figurativa unificada y fija. En el periodo feudal, la escritura china no puede considerarse ya absolutamente uniforme. El chino, como lengua hablada, fue, en primer lugar, una lengua civilizadora.

8 Hemos visto que el tono puede variar.

cito, el compromiso de que será ayudado). El amigo continúa (de nuevo evitando la palabra esencial, pero sugiriéndola con fuerza): "Los peces del río tendrán dolor de barriga. ¿Qué remedio les vas a dar?" Y el otro (que finalmente se decide): "Mira los pozos *sin agua*. Lo sacarás." Así que, después de la batalla, se esconde en un pantano fangoso y, cuando el peligro ha pasado, su amigo lo encontró allí. El que da el consejo ha centrado la atención en una palabra que se ha cuidado de no pronunciar, al tiempo que ha sabido darle todo el valor de un imperativo complejo ("¡Piensa en el agua! ¡Cuidado con el agua! – ¡Utiliza el agua! = ¡Sálvate a ti mismo, utilizando, con precaución, la inundación!").

La lengua es, sobre todo, de acción. No pretende tanto informar con claridad como dirigir la conducta. "El arte de la expresión (*wen*) hace que el discurso sea poderoso".[9] Este arte, tal y como aparece en los relatos antiguos de transacciones o conversaciones, no tiene que ver con nociones explícitas o razonamientos formales. Para ganar el control sobre un adversario, para influir en la conducta de un amigo o de un cliente, basta con acumular fórmulas para imponer a la mente una palabra, un verbo, que la posea por completo.

La palabra, en chino, es mucho más que un signo utilizado para señalar un concepto. No corresponde a una noción cuyo grado de abstracción y generalidad queremos fijar de la manera más definida posible. Evoca un complejo indefinido de imágenes particulares, haciendo aparecer primero la más activa de ellas.

No hay ninguna palabra que signifique simplemente "anciano". En cambio, hay un gran número de términos que representan diferentes aspectos de la vejez: el aspecto de los que ya necesitan una dieta más rica (*k'i*), el aspecto de los que tienen una respiración afanosa (*k'ao*), etc. Estas evocaciones concretas conducen a una serie de visiones, todas ellas igualmente concretas; todos los detalles, por ejemplo, del modo de vida propio de aquellos cuya decrepitud exige una dieta cárnica –son los que deben estar exentos del servicio militar–, los que ya no pueden ser obligados a ir a la escuela, aquellos para los que, en previsión de su muerte, hay que tener preparados todos los enseres funerarios, cuya preparación requiere un año de trabajo, los que tienen derecho a llevar un bastón en medio de la ciudad, al menos cuando ésta no es una capital, etc. Tales son las imágenes que despierta, entre otras, la palabra *k'i*, que, en conjunto, corresponde a una noción casi singular, la de un anciano de sesenta a setenta años. A los setenta años, uno se vuelve específicamente viejo. Uno entonces merece ser llamado *lao*. Esta palabra evoca un momento característico de la vida que es la llegada a la vejez. No es equivalente al concepto "viejo". Hace que aparezcan una serie de imágenes que no se funden en una idea abstracta. Si no se detiene esta corriente de evocaciones, la representación abarcará todos los aspectos que distinguen a las diferentes categorías de personas para las que el período activo de la vida ha terminado. Cuando haya alcanzado su máxima extensión, esta representación seguirá dominada por una visión característica, la de la entrada en la jubilación o, más exactamente, la del gesto ritual por el que se despide del jefe. Así, la palabra *lao*, como la mayoría de las palabras chinas,

---

9   *Tso tchouan*, C., II, pp. 437-439.

conserva una especie de valor vivo incluso cuando se utiliza nominalmente. No deja de evocar una acción y sigue siendo básicamente un verbo (declararse viejo; ser declarado viejo; jubilarse).

La palabra, al igual que no corresponde a un concepto, tampoco es un simple signo. No es un signo abstracto al que sólo se le da vida mediante dispositivos gramaticales o sintácticos. En su forma monosilábica inmutable, en su aspecto neutro, conserva toda la energía imperativa del acto del que es el corresponsal vocal, del que es el símbolo.

Este poder de las palabras y su carácter de ser consideradas no como meros signos, sino como símbolos vocales, se muestra en ciertos términos, que suelen utilizarse dos veces y forman auxiliares descriptivos.

La importancia de estas ayudas descriptivas es una de las características de la poesía antigua. También desempeñan un papel considerable en la poesía china de todos los tiempos, y la propia prosa no las ignora. Cuando un poeta describe los juegos de dos clases de saltamontes con la ayuda de los auxiliares *yao yao* y *t'i-t'i*, no pretende (nos dicen sus intérpretes) limitarse a describirlos con palabras. Quiere aconsejar –pretende *ordenar*– a sus oyentes que obedezcan un conjunto de reglas de las que los gestos de los saltamontes son el *símbolo natural*, del que los auxiliares que los describen son el *símbolo vocal*. Estas normas son muy particulares y, sin embargo, guían en gran medida la conducta. No es concebible (no puede serlo) que, por una especie de efecto directo, los símbolos vocales *yao-yao* y *t'i-t'i* no impongan, por su sola fuerza, el respeto de las obligaciones (matrimonio fuera de la familia y de la residencia, entrada en el hogar después de la temporada de trabajo agrícola, etc.) que implican toda una disciplina de vida (separación de los sexos, ritos de la vida doméstica, etc.).[10] El auxiliar *siu* describe el particular ruido que hacen las parejas de gansos salvajes con sus alas; el auxiliar *yong* describe el grito de estos mismos gansos cuando la hembra responde a la llamada del macho. Incluso hoy en día, basta con evocar estas pinturas vocales (se puede simplemente inscribir los caracteres correspondientes en un signo, el *símbolo escritural* ocupando el lugar del *símbolo vocal*, que es a su vez el equivalente del *símbolo natural*), para tener la seguridad (al menos si este signo se lleva, en el lugar apropiado, a la cabeza de una procesión nupcial) de que la novia se imbuirá inmediatamente de la virtud de una oca femenina; seguirá, sin alcanzarlo nunca, al jefe de la casa, y, en adelante, sometida a todas sus órdenes, le responderá en el tono de una armonía unísona.[11] ¿Tendrían los conceptos abstractos de modestia, sumisión y pudor efectos más poderosos si los utilizara la retórica más hábil?

Algunas de las ayudas descriptivas se asemejan a las onomatopeyas. La mayoría son pinturas con palabras, pero no en el sentido realista de la palabra. *K'i-k'i*, que pinta el canto del gallo así como el de la oropéndola, sigue evocando las ráfagas del viento del norte.[12] Los monosílabos homófonos abundan en el chino, que es muy pobre en sonidos y muy rico en palabras; dos homófonos, cada uno con la misma

---

10   Granet, *Fêtes et chansons...*, pp. 117 y ss.
11   *Id.*, Algunas peculiaridades de la lengua..., p. 118.
12   *Ibid.*, p. 119; *Id., Fêtes et chansons...*, p. 41, y *Che king*, C., p. 189.

fuerza de sugestión, tanto singulares como indefinidos, pueden despertar la más disímil serie de imágenes. No hay nada en su vocabulario o gramática que sugiera que los chinos sintieran la necesidad de dar a las palabras un aspecto claramente individualizado para indicar su significado o función. A veces se puede pensar en encontrar en ciertas palabras una especie de música imitativa. No es de ahí de donde derivan tal poder evocador que su enunciado por sí solo es convincente. Si en cada una de ellas permanece, con una especie de eficacia, un valor latente de imperativo, esto se debe a una actitud global hacia la palabra. No parece que los chinos se preocuparan por crear un material de expresiones claras que sólo fueran válidas como signos, pero que, en sí mismas, fueran indiferentes. Parece que quieren que cada palabra de su lengua les invite a sentir que el discurso es un acto.

El término chino para la vida y el destino (*ming*) no es muy diferente del término (*ming*) para los símbolos del habla (o gráficos). No importa que los nombres de dos seres sean tan parecidos que exista la posibilidad de confundirlos, cada uno de estos nombres expresa plenamente una esencia individual. Es un eufemismo decir que la expresa: la llama, la lleva a la realidad. Conocer el nombre, decir la palabra, es poseer el ser o crear la cosa. Toda bestia es domada por quienes saben nombrarla. Sé cómo pronunciar el nombre de esta pareja de jóvenes: enseguida asumen, faisán macho y hembra, la forma que se ajusta a su esencia y que me da un asidero. Tengo tigres por soldados si los llamo "tigres". No quiero convertirme en un impío, así que detengo el coche y vuelvo atrás, porque acabo de enterarme de que el nombre del siguiente pueblo es "la madre oprimida". Cuando hago un sacrificio, utilizo la palabra correcta, y los dioses aceptan inmediatamente mi ofrenda: es perfecta. Conozco la fórmula correcta para pedir una novia: la chica es mía. La maldición que exhalo es una fuerza concreta: asalta a mi adversario, sufre sus efectos, reconoce su realidad. Vengo de sangre principesca, pero me convertiré en mozo de cuadra, pues me han llamado mozo. Me llamo Yu, tengo derecho al feudo de Yu, la voluntad del soberano no puede quitármelo no puedo ser desposeído de la cosa, ya que poseo el símbolo de la misma. He matado a un señor: ¡no se ha cometido ningún crimen si nadie se ha atrevido a decir "¡es un asesinato"! Para que mi soberanía perezca, basta con que, violando las reglas del protocolo del lenguaje, me haya designado a mí mismo con una expresión que no era apropiada, descalificando, no sólo a mí mismo, pero a mi país.[13]

Es en el arte de la palabra donde se exalta y culmina la magia del *aliento* y la virtud de la *etiqueta*. Asignar un nombre es asignar un rango, un hechizo, un símbolo. Cuando hablamos, nombramos, designamos, no nos limitamos a describir o clasificar idealmente. El término califica y contamina, provoca el destino, da lugar a la realidad. Como realidad emblemática, la palabra ordena los fenómenos.

El vocabulario antiguo incluye un cierto número de estos términos gastados que los gramáticos modernos llaman "palabras vacías" o "palabras muertas". Las otras, las "palabras vivas", son infinitamente más numerosas, son aquellas en las que hay una fuerza capaz de resistir el desgaste. Ya sea que expresen una acción, un

---

13   Véase *Civ. Chin*: pp. 276-277, 287, 322, 376.

estado (cualquier tipo de apariencia fenoménica), todas estas palabras dan lugar, por así decirlo, a una esencia individual. Todas ellas participan de la naturaleza de los nombres propios. Son válidas como *denominaciones*, como denominaciones singulares. De ahí esta proliferación de palabras que contrasta de forma tan extraña con la pobreza del fonetismo. Hay muchos términos, de significados muy diferentes, que se pronuncian *peng, hong, sseu, tsou*; en cambio, no hay ninguna expresión que, fonéticamente bien individualizada y clara al oído, exprese la idea general, abstracta y neutra de "morir". No se puede expresar la idea de "morir" sin calificar y juzgar al difunto, sin evocar (mediante un solo monosílabo) todo un conjunto de prácticas rituales, todo un orden de la sociedad. Dependiendo de si se ha dicho *peng, hong, sseu* o *tsou*, el difunto habrá muerto (es decir, habrá sido apropiado, en lo que respecta al luto, tratarlo) como un Hijo del Cielo, como un orgulloso señor, como un gran oficial o como un hombre común. Por el efecto de una sola palabra, habrás dispuesto de la suerte del difunto, fijado su destino en la próxima vida, clasificado a su familia, a menos que, incapaz de emitir un juicio válido, te hayas descalificado a ti mismo –pues la fuerza de un símbolo se vuelve en contra de los que no saben asignarlo bien. La vida china está dominada por la etiqueta. El vocabulario se ha ampliado desmesuradamente, de modo que para cada situación hay un término protocolario que es correcto y, por tanto, eficaz. Este inmenso vocabulario no corresponde a un inventario en el que se apunte a la claridad; forma un repertorio de juicios de valor, juicios singulares y dotados de eficacia. Constituye un sistema de símbolos cuyo uso, como símbolos activos, debe permitir alcanzar un orden regulado por la Etiqueta.

El chino antiguo, con su abundante vocabulario, no dispone de un gran número de signos fácilmente reconocibles que señalen nociones diferentes, sino de un rico repertorio de símbolos vocales. Poco importa darles una individualidad sensible, un exterior concreto, un aspecto que aparezca o se distinga. Cada uno, en función de las circunstancias –y de la mímica– que dirigirá las inquietudes de los interlocutores en una determinada dirección, puede encontrar, en su conjunto, un particular poder de sugestión. La lengua china no se ha preocupado más por conservar o aumentar su riqueza fonética que por desarrollar su morfología. No ha buscado perfeccionarse en el sentido de la claridad. No ha sido moldeada para que parezca hecha para expresar ideas. Ha procurado seguir siendo rica en valores concretos y, sobre todo, no permitir que el poder emocional y práctico de cada palabra disminuya en la medida en que se sienta como un símbolo.

II. Los símbolos gráficos

Los chinos, cuando se expresan, parecen más preocupados por la eficacia, más que por obedecer a necesidades de carácter estrictamente intelectual.

Esta orientación mental explica sin duda el hecho de que la escritura nunca haya dejado de ser una forma emblemática en China.

Esta escritura se describe a menudo como ideográfica, porque se asigna un carácter especial a cada palabra. Los caracteres son más o menos complicados, y se resuelven en una serie de elementos gráficos, desprovistos de significado, que corresponden simplemente a un determinado movimiento de la herramienta utilizada por el escritor. Estas líneas, agrupadas en mayor o menor número, forman pequeñas figuras. Las figuras que pueden descomponerse en trazos elementales se llaman símbolos o imágenes. Algunas representan una cosa (un árbol); otras parecen evocar una idea (expresada). Estos llamados caracteres simples son relativamente pocos. Los llamados caracteres complejos son mucho más numerosos. Si consideramos que un carácter complejo sólo está formado por componentes (imágenes o símbolos), que en su totalidad contribuyen a indicar el significado (vestido + cuchillo = comienzo), admitimos que seguimos estando en presencia de un ideograma. La mayoría de las veces, el análisis gráfico lleva a aislar dos partes. La primera parte (simple) se califica entonces como *radical*; se supone que da una indicación de su significado. La segunda parte (considerada más o menos compleja) se llama *fonética* y se supone que da una indicación de la pronunciación. Los caracteres de este tipo, conocidos como complejos fonéticos, no se presentan como ideogramas. Evocan una palabra, haciendo pensar primero (a través de su radical) en una categoría de objetos, y luego especificando (a través de la fonética) este objeto; será la categoría indicada, a la que (o una de las que) corresponde (aproximadamente) a dicha pronunciación {forro (*li*) = prenda (radical) + *li* (fonética; el signo que tiene a esta pronunciación significa pueblo)}.

Mou: madera (fig. de un árbol); escritura conocida como del sello.	*Mou:* madera; escritura conocida como escritura de los escribas.	*Tch'ou:* salir; escritura del sello.	*Tch'ou:* salir; escritura de los escribas.
Yi: vestido.	*Yi:* vestido (en la composición, como clave).	*Tao:* cuchillo.	(Ropa + cuchillo =) comienzo.
Li: pueblo.	*Hábito* + *li*, (pueblo), =] forro (*li*).	Parar (imagen de un pie).	Figura (desprovista de trazos) que representa una lanza.	Detener (las) lanzas = guerrero.
Perro: escritura del sello.	Perro: escritura de los escribas.	Mano derecha: escritura del sello.	(Dos manos derechas=) amistad; escritura del sello.	Amistad: escritura de los escribas.

圅	寒	馬	長	开
Frío: escritura del sello.	Frío: escritura de los escribas.	Caballo: escritura de los escribas.	Largo, jefe (= hombre con cabeza de caballo o pelo largo sujeto por un broche).	(Cabello sujetado por un broche=) largo, jefe; escritura del sello.

Leibniz escribió[14]: "Si hubiera (en la escritura china)... un cierto número de caracteres fundamentales de los que los demás fueran sólo combinaciones", esta escritura "tendría cierta analogía con el análisis de los pensamientos". Basta saber que la mayoría de los caracteres se consideran complejos fonéticos, para comprender cuán falsa es la idea de que los chinos habrían procedido a la invención de su escritura como si fuera un álgebra, combinando signos elegidos para representar las nociones esenciales.

Los méritos de la escritura china son de otro orden; prácticos, no intelectuales. Puede ser utilizada por personas que hablan diferentes dialectos –o incluso modismos– y el lector lee lo que el escritor ha escrito a su manera, pensando en palabras que tienen el mismo significado, pero que podría pronunciar de forma muy diferente. Independientemente de los cambios en la pronunciación a lo largo del tiempo, esta escritura es un órgano admirable de la cultura tradicional. Independientemente de las pronunciaciones locales, que tolera, su principal ventaja es que es lo que podríamos llamar una escritura civilizadora.

Ella ha servido poderosamente para difundir la civilización china. En parte por esta razón, todavía no se ha sustituido por una escritura fonética. Por otra parte, pudo conservarse porque la tendencia de la lengua al monosilabismo no disminuyó sensiblemente, y para escribirla, sólo era necesario representar las raíces. No era necesario anotar las inflexiones. Además, se puede pensar que el hábito de la escritura figurativa fue un obstáculo para cualquier desarrollo de la lengua que hubiera conducido al uso de los diversos procesos de derivación posibles.

En los idiomas que admiten estos procedimientos, la conciencia de las derivaciones puede predisponer y ayudar al análisis de las ideas. Al contrario de lo que imaginaba Leibniz, la escritura china no está diseñada para prestar un servicio análogo. Las combinaciones de trazos, que propiamente se denominan radicales, no son en absoluto caracteres que simbolicen nociones fundamentales. Bastará con señalar que uno de estos supuestos radicales pretende representar los dientes caninos y otro los incisivos, pero que no hay ninguno que corresponda a la idea "general" de los dientes. De hecho, estos radicales corresponden a rubricas destinadas a facilitar, no una clasificación con pretensión de objetividad, sino una búsqueda práctica en los léxicos y, sin duda, un aprendizaje más fácil de la escritura.

Ts'in Che Houang-ti,[15] para imponer en todo el Imperio la escritura oficial utilizada en el país de T'sin, hizo que su ministro Li Sseu publicara una colección que

---

14   Leibniz, ed. Dutens, V, p. 488.
15   *Civ. Chin.*, pp. 119, 120.

contenía, según se dice, tres mil caracteres, cuyo uso se hizo obligatorio para todos los escribas. La proscripción de los manuscritos de las "Cien Escuelas" fue, quizás, entre otras razones, promulgada para impedir la conservación de los modos de escritura propios de los Seis Reinos destruidos por Ts'in. Por otro lado, el desarrollo de la burocracia imperial favoreció el uso de una escritura cursiva (conocida como escritura de la corte) que los estudiosos consideraban una escritura moderna, derivada *por simple deformación* de la escritura correcta, la única en uso, según se afirmaba, en la antigüedad.[16] Favorecidos por la necesidad de interpretar en caracteres *modernos* los manuscritos con escritura arcaica o arcaizante que los eruditos Han pudieron encontrar o restaurar, reconstituyeron las obras clásicas;[17] la labor lexicográfica continuó y dio como resultado (hacia el año 100 d.C.) la composición de una gran colección conocida como *Chouo wen*. Su autor trató de aislar en cada carácter los elementos componentes que presentaba para indicar el significado o la pronunciación. Entre los elementos significativos, determinó 540 signos gráficos que sirvieron de epígrafes para clasificar todos los caracteres estudiados, que son unos 10.000. De estas rubricas, reducidas en número, se extrajeron los radicales que, en los diccionarios modernos, permiten buscar una palabra, a la manera de las iniciales de nuestros diccionarios fonéticos. Deben llamarse llaves, y no deben confundirse con las *raíces gráficas*. Sin embargo, la idea de que el desarrollo de la escritura fue unilineal y de que el análisis del *Chouo wen* era válido para los diferentes tipos de simbolización gráfica, dio a este análisis el crédito de una explicación etimológica. *A partir de entonces, se trató de explicar los caracteres a partir de un conjunto de formas primitivas de las que se derivaron por vía de combinación.* Y se aceptó, sin discusión, que dado que los caracteres primitivos originalmente eran dibujos realistas, los caracteres complejos deben entenderse como un jeroglífico.

La idea de que los caracteres tienen el valor de un jeroglífico parece ser antigua. Un jefe victorioso, al ser urgido a erigir un monumento triunfal, responde que su primer deber es volver a poner las armas en sus vainas, pues "el carácter *wou* (guerrero) está formado por los elementos: *detener* (imagen de un pie) *las lanzas* (imagen de una lanza)".[18] Esta anécdota deja entrever el valor práctico de la explicación del jeroglífico. Para justificar la conducta o los juicios que la motivan, se recurre a una especie de experiencia, registrada por escrito.

Esta experiencia se considera perfectamente adecuada a la realidad de las cosas. Con esto se quiere decir que está llena de eficacia, o, si se prefiere, llena de sabiduría divina. Según la tradición, la escritura fue inventada por un ministro de Houang-ti, el primero de los soberanos, tras examinar las huellas que dejaban los pájaros en el suelo. El origen de las figuras adivinatorias también se explica a partir de los

---

16   Meštre, *Quelques résultats d'une comparaison entre les caractères chinois modernes et les siao-tchouan*; Laloy, *La musique chinoise*; Grube, *Die Religion der alten Chinesen*; Karlgren, *Sound and symbol in China*; Karlgren, *Philology and ancient China*.

17   *Civ. Chin.*, pp. 61-63.

18   *Tso tchouan*, C., III, p. 635. Es a este texto al que se suele atribuir el uso de la adivinación con ayuda de personajes. Proporciona una primera indicación de la relación entre los símbolos gráficos y las figuras adivinatorias.

augurios. Estos últimos también se explican a partir del uso de cuerdas anudadas, y precisamente el sistema de escritura más antiguo (al que se le atribuye el valor de un sistema de gobierno) consistía en el uso de nudos o tallas (*fou*). Las tallas se utilizaban como talismanes (su nombre aún se utiliza para designarlos). Los signos gráficos (como demuestran estas tradiciones) no son fácilmente distinguibles de los símbolos con propiedades mágicas. Además, su uso por parte de sus hombres demostró su perfecta eficacia. En cuanto se inventaron los símbolos gráficos, los demonios huyeron con un gemido;[19] los humanos los tenían controlados.

El primer deber del Jefe es proporcionar a los hombres los símbolos que les permitan domesticar la Naturaleza, porque señalan, para cada ser, su personalidad, así como su lugar y rango en el Mundo. En los primeros tiempos de la civilización china, Houang-ti adquirió la gloria de un héroe fundador, pues se preocupó de dar a todas las cosas una designación (*ming*) correcta (*tcheng*), "con el fin de ilustrar al pueblo sobre los recursos que podía utilizar". "Hacer que las designaciones sean correctas (*tcheng ming*)" es, de hecho, la primera de las obligaciones gubernamentales. La tarea del Príncipe es poner en orden las cosas y las acciones; ajusta las acciones a las cosas. Lo consigue desde el principio fijando los nombres (*ming*: la pronunciación de las palabras) y los signos de escritura (*ming*: los caracteres).[20]

Houang-ti, el primer soberano, comenzó por fundar el orden social; asignó a las distintas familias un nombre destinado a distinguir su virtud. Se dice que lo consiguió tocando la flauta. Se sabe que la virtud específica de una raza señorial se expresaba mediante una danza cantada (con un motivo animal o vegetal). No cabe duda de que es conveniente reconocer el valor de los antiguos nombres de familia como una especie de lema musical, que se traduce gráficamente en una especie de escudo de armas, permaneciendo toda la eficacia de la danza y las canciones tanto en el símbolo gráfico como en el vocal. Pero los hombres no forman un reino aparte en la naturaleza, y las mismas reglas que se aplican a los que quieren definir las familias humanas también se aplican cuando se trata de adaptar un signo a cada cosa. El deber esencial de todo gobierno es obtener una distribución armoniosa de todos los seres. Para ello, distribuye símbolos, lemas orales y gráficos. Su principal función es supervisar el sistema de designaciones. Cualquier designación viciosa en el lenguaje o en la escritura revelaría una insuficiencia de la Virtud soberana. Por ello, cada nueve años[21] el soberano debe convocar una comisión para comprobar si los símbolos visuales o auditivos no dejan de constituir un simbolismo acor-

---

19   *Lu che tch'ouen ts'ieou*, 17, § 2. *Chouo wen*, pref. Los nudos y las muescas sirven para captar realidades; igualmente los signos vocales o figurados.

20   *Li ki*, C., II, p. 269. Más adelante estudiaremos los aspectos filosóficos de la doctrina de las denominaciones correctas. Digamos de antemano que, para los defensores de esta doctrina, nombrar es clasificar y juzgar; es dotar de una determinada virtud, benéfica o maléfica.

21   También se dice que cada nueve años debía hacerse la distribución de cargos (y, sin duda, de tierras). También se dice que los funcionarios eran examinados cada nueve años.

de con el genio de la dinastía. Esta comisión se ocupa tanto de las palabras como de los caracteres; por eso está compuesta por escribas y músicos ciegos.[22]

Los símbolos igualmente poderosos, los signos de escritura y los signos vocales, que se denominan con el mismo término (*ming*), se consideran estrictamente interdependientes. Esta concepción permite comprender por qué los signos en los que reconocemos "*complejos fonéticos*" no son menos *representativos de la realidad* que los caracteres, llamados ideográficos, en los que sólo queremos ver dibujos. Sorprendentemente, la llamada parte *fonética* de estos complejos la mayoría de las veces es el elemento estable. El *radical*, en cambio, es inestable y se suele eliminar. Es el elemento menos significativo. A lo sumo, desempeña el papel de un especificador. Normalmente, su único uso práctico es facilitar una clasificación (técnica) de signos (y no una clasificación de conceptos). Estos llamados radicales aparecen como elementos superfluos. Por otra parte, cada una de las agrupaciones de trazos, que suelen llamarse "fonéticos", forma un símbolo completo en sí mismo y suele corresponder, mucho mejor que el radical, a lo que podríamos estar tentados de llamar una raíz. En conjunción con un signo vocal en el que se quiere ver un valor emblemático, el signo gráfico se considera en sí mismo como una figuración adecuada, o más bien, por así decirlo, como un apelativo eficaz.

Teniendo en cuenta estas actitudes, la escritura no tiene por qué ser ideográfica en el sentido estricto de la palabra. Por otro lado, no puede prescindir de la figuración. En consecuencia, el discurso está vinculado, con el mismo propósito, a la escritura. De ahí la importancia de esta última en el desarrollo de la lengua china y el hecho de que (como un amuleto que se refuerza con un talismán) la virtud de las palabras se sustenta en la virtud de la escritura. La palabra hablada y el signo escrito son –unidos o separados, pero siempre tendiendo a apoyarse mutuamente– correspondientes simbólicos que se consideran exactamente adecuados a las realidades que anotan o evocan; en ellos reside la misma eficacia, al menos mientras siga vigente un cierto orden de civilización.

Este orden no difiere del sistema general de simbolización. Existe, por tanto, una completa identidad (o, más bien, se quiere pensar que ella realmente existe) entre el sentido de la corrección de la lengua (escrita o hablada), el sentimiento de civilización y la conciencia del *valor etimológico* de los signos.

Estas concepciones y doctrinas, que dejan entrever la actitud china ante los procesos expresivos, no implican que la simbolización vocal fuera un arte realista del canto y la simbolización gráfica un arte realista del dibujo.

Se dice que Confucio declaró que el signo del perro era el dibujo perfecto del mismo.[23] De este signo se desprende que, para el Sabio, una representación puede ser adecuada sin tratar de reproducir todas las características del objeto. Es adecuada cuando, de forma estilizada, muestra una actitud considerada característica

---

22   *Tcheou li*, Biot, El "*Tcheou li*" o los *Ritos de los Tcheou* (Clásico de los Ritos), II, p. 120. Se sabe (*Civ. Chin.*) que al nacer se elige el nombre personal después de que la calidad de la voz del recién nacido haya sido determinada con la ayuda de un tubo de bronce por un músico: a veces se reconoce como el de un animal cuya naturaleza posee el niño.

23   P. Wieger, *Caractères* (Rudimentos, V,12), p. 364.

o significativa de un determinado tipo de acción o relación. Lo mismo ocurre con las ideas figurativas. La idea de un amigo o de la amistad se sugiere mediante la representación esquemática de dos manos unidas (un carácter llamado simple). Los distintos contratos (compromiso, compañerismo militar, afiliación) que creaban vínculos extra-familiares estaban unidos por la mano. El signo de la escritura pone en escena un tipo de *idea con valor general* al evocar un *gesto consagrado rico en consecuencias diversas*. También es sugerente el carácter (conocido como complejo) que desencadena la serie de representaciones que conducen a la idea del frío. Encontramos varios signos elementales que nos hacen pensar en el hombre, la paja y la casa. Todo ello evoca el *gesto inicial* del invierno. Cuando los campesinos chinos regresaban a su pueblo (abandonado durante la temporada de trabajo en el campo y las fuertes lluvias), empezaban por rellenar con paja las paredes de adobe y los techos de paja de sus chozas.

El símbolo gráfico registra (o pretende registrar) un gesto estilizado. Tiene un correcto poder evocador, porque el gesto que representa (o pretende representar) es un gesto con valor *ritual* (o, al menos, sentido como tal). Provoca la aparición de un flujo de imágenes que permite una especie de *reconstrucción etimológica* de las nociones.

Esta reconstrucción, de la que las nociones, al igual que los signos, derivan una especie de autoridad, no tiene nada en común (¿es superfluo decirlo?) con lo que un erudito llamaría una investigación etimológica. La diversidad de opiniones formuladas por los paleógrafos es una prueba de ello. Cada uno, o más bien cada escuela, aísla, define y agrupa a su manera los elementos cuya combinación ha formado, según se afirma, el carácter; cada uno, según la orientación de su pensamiento o según las necesidades del momento, encuentra el sentido del jeroglífico. En el carácter que se pronuncia *tchang* (crecer, agrandarse) o *tch'ang* (largo, jefe), algunos ven el pelo lo suficientemente largo como para sujetarlo con un alfiler; en el mismo carácter, otros distinguen sin esfuerzo a un hombre con cabeza de caballo.[24] De hecho, estas dos explicaciones etimológicas están fácil y sugestivamente relacionadas. El doble significado y la doble etimología se explican por la relación de dos danzas antiguas. Una de ellas es la danza del jefe (y de sus esposas), que se hace girando y con el pelo extendido. La otra es una danza a caballo; los jinetes cabalgan en círculos, con el pelo y las *crines* desplegados. Un relato significativo muestra que se pensaba que se podía atrapar a un genio de la vegetación haciéndolo rodear de jinetes con el pelo suelto y, también (pues el símbolo gráfico no es menos poderoso que la danza ritual), que el genio podía ser reducido a la piedad por la mera representación de una cabeza con el pelo suelto.[25] Cuando, al bailar, el jefe tiene que mostrar su poder sobre la naturaleza y cuando, en plena acción, deja escapar una fuerza divina de la larga cabellera que luego extiende, el *jefe* se califica como tal y, al mismo tiempo, hace *crecer* y *desarrollar* la vegetación y los rebaños. La escritura figurativa tiende a conservar algo del valor etimológico. Pero no im-

---

24   *Ibid.*, p. 322; Mestre, *op. cit.*, p. 8.
25   Granet, *Danses et légendes...*, pp. 364-365.

porta si realmente conserva el significado original; no importa si la reconstrucción etimológica es imaginaria o precisa; lo principal es que las grafías proporcionan la sensación de que los conceptos siguen unidos a símbolos reales.

El principal mérito de la escritura figurativa reside en que permite que los signos gráficos y, a través de ellos, las palabras, den la impresión de valer como fuerzas actuantes, como fuerzas reales.

Dado que la lengua china se preocupaba tan poco por la riqueza fonética como por el enriquecimiento que proporcionaba el uso de las derivaciones, se recurría a la escritura para aumentar el vocabulario. En cuanto se aceptó la idea de que los signos se formaban por combinación, y en cuanto se aprendió a descomponerlos en elementos con significado, los recursos para crear caracteres se hicieron ilimitados. Para obtener un nuevo término con una pronunciación definida, bastaba con combinar uno de los antiguos conjuntos gráficos con una u otra pronunciación similar con un determinado radical. A partir de entonces, la invención gráfica pudo funcionar a la manera de un proceso de derivación, pero multiplicando los homófonos, lo que a menudo enmascaraba la relación real de los conceptos. Cada nuevo carácter (así como cualquier *complejo fonético*) podría representar una realidad concreta. El gusto por lo concreto, unido a la pasión por la etiqueta, dio lugar a una extraordinaria proliferación de signos gráficos.

En el año 485 d.C., los léxicos fueron aumentados por decreto imperial con mil nuevos términos.[26] El concepto de que el jefe de Estado es el dueño del sistema nacional de símbolos permanece intacto. Al mismo tiempo, sigue siendo válida la idea de que los signos gráficos en su conjunto están vinculados a un determinado orden de civilización y que cada uno de ellos posee el poder de realización propio de los símbolos.

No hay constancia de tales enriquecimientos masivos en la antigüedad. Pero la proliferación de caracteres es ciertamente un hecho antiguo. Desde muy pronto, el arte de los escritores, y especialmente el de los poetas, parecía depender de la abundancia de signos gráficos utilizados en sus manuscritos. Este hecho indica la acción dominante que el sistema de escritura ha ejercido sobre el desarrollo de la lengua. Hay que suponer que los poemas, en el curso de su recitación, hablaban a los ojos, por así decirlo, gracias a la puesta en marcha de una memoria gráfica que duplica la memoria verbal. Es difícil imaginar el proceso, pero está claro que tuvo un efecto decisivo: las palabras nunca se convirtieron en meros signos.

La escritura figurativa ayudó a que la mayoría de las palabras conservaran, con una especie de frescura y el carácter de *palabras vivas*, todo el poder de la expresión concreta. Conservada, si no elegida, en virtud de una disposición de la mente china que parece profunda, ha impedido que el vocabulario forme material abstracto. Parece adaptarse a una forma de pensar que no se propone economizar en las operaciones mentales.

---

26   *SMT*, V, p. 380.

Capítulo II
EL ESTILO

Sabemos poco sobre la estilística chino, incluso menos que sobre la lengua. El arte de la escritura apenas ha sido objeto de "estudios" precisos en China. Cuando los sinólogos occidentales se ocupan de las cuestiones de estilo, si no se limitan a formular valoraciones, se dedican casi exclusivamente a datar o localizar las obras.[1] Además, pretenden conseguirlo con los medios ordinarios de la simple filología y apenas llegan a la investigación estilística. Además, la historia literaria de China aún no se ha rehecho por completo; sigue dominada, incluso en nuestro país, por los postulados de la ortodoxia autóctona. Por ejemplo, a menudo se expresa la idea de que la prosa china deriva, por un lado, del arte de los escribas y, por otro, del arte de los adivinos;[2] se dice que los primeros establecieron los principios del estilo histórico o documental, y que los segundos crearon el estilo filosófico o científico. De los primeros se dice que han establecido los principios del estilo histórico o documental, de los otros que han creado el estilo filosófico o científico. Nos limitamos a caracterizar estos dos estilos afirmando que el primero es conciso hasta la oscuridad, el segundo simple, árido, preciso y seco. Estas generalidades prescinden de la necesidad de demostrar que escribas y adivinos formaban escuelas distintas, corporaciones opuestas. Los hechos parecen imponer la opinión contraria, pero no importa si se pretende seguir creyendo que el pensamiento de Confucio, el gran patrón de la escuela histórica, estaba sólo remotamente influenciado por los técnicos de la magia y la adivinación; frente al dogma, ¿qué importan los hechos? Si, a partir de estos hechos, uno se liberara de

---

1   Este es el primer objeto del intento de Karlgren, que es nuevo e interesante, sobre la autenticidad y la naturaleza del *Tso chuan*.

2   Por ejemplo, *La Chine antique*, de Maspero, pp. 432 y ss.

los prejuicios dogmáticos que aún rigen la clasificación de las obras y los personajes, una observación podría orientar positivamente la investigación de la estilística
china. Las obras antiguas (sea cual sea la escuela a la que se decida adscribirlas)[3]
contienen numerosos pasajes en verso, tan poco separados del contexto que los
críticos a menudo sólo han discernido muy tarde su carácter poético. Por lo tanto,
hay algunas razones para suponer que las formas de decir de la prosa literaria china
no difieren mucho de las utilizadas en la poesía antigua. Al sugerir que la prosa
arcaica (un modelo de prosa culta cuyo prestigio radica en el uso de una lengua
escrita tan distinta de la vulgar que parece casi sagrada o que pasa por una lengua
muerta) no es una creación enteramente de los doctos o de los sabios, se corre
ciertamente el riesgo de exponer una opinión que será recibida como herética;[4] el
ataque se agravará si añadimos que la poesía de la que deriva sus procedimientos la
prosa arcaica o arcaizante aparece, no como poesía culta, sino simplemente como
poesía de orden religioso. Sin embargo, estas hipótesis explican, como veremos, las
características más notables del estilo chino.

Los chinos, cuando hablan y cuando escriben, se expresan uniformemente utilizando fórmulas consagradas. Componen sus discursos con la ayuda de frases
que enlazan rítmicamente. Los ritmos y las frases contribuyen a la autoridad de
los desarrollos y las frases. Estos últimos (al igual que las palabras valen su peso en
oro) apuntan sobre todo a un efecto de acción.

I. LAS SENTENCIAS

La literatura china es una literatura de combinaciones. Cuando quieren demostrar o explicar, cuando se les ocurre contar o describir, los autores más originales
utilizan historias estereotipadas y expresiones consensuadas, sacadas de un fondo
común. Esta colección no es muy abundante y, además, hay pocos intentos de re-
novarla. Muchos de los temas que han gozado de un favor permanente se encuentran en las producciones más antiguas y espontáneas de la poesía china.

Un importante conjunto de poemas antiguos se ha conservado en el *Che King*.[5]
No tenemos ninguna obra china auténtica que sea significativamente más antigua. Este clásico contiene probablemente sólo piezas anteriores al siglo V a.C. La
elección de los poemas, si hemos de creer a la tradición, se debe a Confucio. El
Maestro sólo habría admitido en su antología poemas inspirados en la más pura
sabiduría. En su colección se agrupan en cuatro secciones. Todas pertenecen al
género de la llamada poesía regular (*che*); los versos, que suelen ser de cuatro caracteres (cuatro sílabas), están divididos en coplas que ofrecen esquemas de rima

---

3   Hay pasajes en verso tanto en el *Chou king* como en el *Yi King* (considerado el uno
obra de escribas, el otro obra de adivinos), en el *Lao tseu* así como en el *Tso tchuan* o las Memorias Históricas.

4   Los críticos chinos modernos que, por sentimiento democrático, defienden el uso de
la lengua hablada (*pai houa*) tratan de fundamentar sus opiniones mostrando la importancia de
esta lengua en la literatura antigua.

5   Granet, *Fêtes et chansons anciennes de la Chine*, Introd.

poco variados. Las tres últimas secciones contienen piezas a veces muy cortas, pero a veces bastante largas; las de la primera parte (*Kouo fong*) tienen en su mayoría sólo tres coplas (generalmente doce versos en total). En general, ni la composición ni los procedimientos rítmicos difieren mucho de una sección a otra. La tradición ortodoxa, en cambio, afirma la unidad de la inspiración. Todos los poemas del *Kouo fong* fueron compuestos y cantados con motivo de circunstancias históricas concretas y conocidas. Se dice que todos ellos tienen tanto un interés político como un valor ritual, ya que su finalidad es dictar a los príncipes su conducta y hacer que esté conforme con las buenas costumbres.[6] Esta doctrina tradicional tiene el mérito de resaltar el carácter religioso común a todos estos poemas. Este carácter es esencial; sólo él explica la conservación de estos poemas y el uso que se ha hecho de ellos en el curso de la historia china, pues el *Che king* es el clásico que inspira más respeto; en él se encuentran, mejor que en los propios rituales, principios de conducta. Incluso hoy en día, las opiniones comunes en la crítica occidental son mucho más simplistas. Los occidentales sólo suelen reconocer un sentido religioso en algunas "odas" de las últimas secciones; enseguida afirman que, por ser extremadamente banales, su valor poético "no es muy alto",[7] y dan más interés a los poemas, que llaman fácilmente "elegías" o "sátiras", porque intuyen en ellos una inspiración totalmente profana. En cuanto a los poemas del *Kouo fong*, los ven, como los chinos, como obras de circunstancia, pero no comprenden que podrían, igualmente, haber tenido un interés ritual. Por eso los llaman *lieder* o "poemas de imitación popular" y así creen que se liberan felizmente de la tradición autóctona.[8] A menos que esto último inspire una fe ciega, hay que renunciar a la pretensión de determinar, uno por uno, el sentido de unos poemas que en su mayoría son reelaborados, aunque estén compuestos de elementos antiguos. Por otra parte, si centramos nuestra atención en estos elementos y consideramos estos temas en su conjunto[9] surgen claramente algunos hechos importantes, y en primer lugar esto: la antigua poesía china pertenece al tipo gnómico. Le gusta adornarse con toda la sabiduría y el prestigio de los proverbios.

Le importan poco las expresiones nuevas, las combinaciones inéditas, las metáforas originales. Las mismas imágenes aparecen una y otra vez. Todas ellas tienen una inspiración muy similar y, además, se basan en un número muy reducido de modelos. "¡Aquí llegan las ciruelas! – ¡Contempla cómo canta la oropéndola! – ¡Las gaviotas gritan al unísono! –"¡Respondiendo unos a otros, los ciervos rebuznan! Estas imágenes no se han inventado en aras de una nueva expresión, destinada a desvanecerse con el tiempo; son refranes del calendario. Una buena parte de ellos se encuentra en los calendarios rústicos que los chinos han conservado.[10] Se refieren principalmente a los períodos de primavera y otoño. Sabemos que en aquella época se celebraban grandes festivales, cuya tradición se ha mantenido en

---

6   *Ibid.*, pp. 18 y ss, 78 y ss.
7   Maspero, *La Chine antique*, p. 429.
8   *Grube Geschichte der chinesischen Literatur*, p. 46; Maspero, *op. cit.*, p. 430.
9   Granet, *op. cit.* pp. 27 y ss, 31.
10   *Ibid.*, pp. 53 y ss.

algunas partes de Asia. La finalidad de estas fiestas es renovar un buen acuerdo entre los hombres y la naturaleza, del que parece depender el destino de todos los seres. Todos los seres, de la misma manera, contribuyen al festival. La fiesta transcurre entre cantos y bailes. Mientras el rocío primaveral brilla sobre las flores o los frutos maduros y las hojas marchitas caen sobre la tierra helada con el viento otoñal, mezclando sus voces y gestos con las llamadas de los saltamontes machos y hembras, de los ciervos y de las gaviotas cuando se persiguen unos a otros, los chicos y chicas de los campos forman coros de baile que se responden en versos alternos. Los hombres y las cosas, las plantas y las bestias fusionan sus actividades como si conspiraran hacia un mismo objetivo. Parece que, unidos por el deseo de obedecer de forma concertada una orden válida para todos, se envían señales o responden a órdenes.[11] Son estas señales y mandatos los que, recogidos en los versos, son válidos como temas poéticos y como dichos del calendario. En cada festival, como lo hacían sus antepasados, todos los actores se esfuerzan por colaborar con la Naturaleza. El mismo paisaje ritual propone imperiosamente las mismas imágenes a todos ellos y siempre lo ha hecho. Cada uno las reinventa y cree que está improvisando. Todos piensan que colaboran eficazmente en la obra común, en cuanto han redescubierto, mediante el esfuerzo libre, las fórmulas cuyo poder comprobaron los antepasados. Frescos como centones restaurados, los temas que pueden inspirar los juegos de esta improvisación tradicional[12] perduran, en forma de proverbios, pero, libremente recreados, son elegidos por su perfecta adecuación. Son válidos como señales apropiadas porque corresponden exactamente a las señales que la naturaleza repite e inventa en la celebración, mientras que en sus justas cantadas, los hombres compiten con el conocimiento tradicional y el espíritu inventivo. Conservando en ellas todo el genio creador que hubo que gastar a lo largo del tiempo para perfeccionarlas, ricas en eficacia, valen como símbolos.[13]

Compuestos por refranes calendáricos, los poemas del *Kouo fong* han sabido conservar, al mismo tiempo que el poder gnómico afirmado por la tradición china, un aire de frescura y de gracia libre que puede invitarnos a llamarlos "lieder". En estos dichos permanece, junto a una esencia de necesidad que es la virtud primaria de todos los ritos, la espontaneidad que es la fuerza motriz de todos los juegos. Poseen la plena eficacia y la juventud siempre creciente de los juegos y los ritos. Nunca tomarán el aspecto de metáforas desgastadas a las que se pueda dar un significado definido y abstracto. Son símbolos vivos, desbordantes de afinidades, rebosantes de poder evocador y, por así decirlo, de omnivalencia simbólica. No

---

11   *Civ. Chin.*, p.187.

12   Esta mezcla de inspiración tradicional e invención libre puede observarse todavía hoy. En febrero de 1922, durante un festival anamita en Tonkín, los protagonistas cantaron versos tomados prestados del *Che king* y luego improvisaron en canciones alternas.

13   Véanse (*Civ. Chin.*, pp. 191, 204, 212) los ejemplos de danzas emblemáticas con motivos animales. Los bailes con símbolos florales no debían ser menos importantes. Una de las danzas mejor conservadas de la tradición cortesana reproduce los movimientos de las flores y las ramas. El *Houai-nan tseu* (cap. XIX) dice de una bailarina: "Su cuerpo es un iris otoñal en el viento".

pueden dejar de dictar a los hombres, con un primer gesto, toda los actos apropiados para ayudar a la naturaleza y, a la cual ellos siempre saben recordar, con un solo signo, todos sus deberes tradicionales. En las fiestas de primavera, los jóvenes que pasan por el río, bailando y con las ropas levantadas, cantan estos versos:

> ¡Es la inundación en el vado donde sube el agua!
> ¡Es la llamada de las perdices llorando![14]

El tema de la inundación primaveral tiene eco en esta canción en el tema de la búsqueda del amor. Pero en la realidad de la fiesta, estos signos de solidaridad se originan mutuamente, y ambos se despiertan mutuamente en cuanto la danza y el canto de las jóvenes parejas realizan simbólicamente uno u otro; es esta danza y este canto los que, al provocar el apareamiento de las perdices y la crecida de la estación, conseguirán hacer aparecer *todos* los signos de la primavera. La cierva que se mata para ofrecer su piel como regalo de bodas, el lecho blanco de hierba sobre la que se debe presentar este regalo cuando llega el momento de contraer matrimonio en otoño, las peticiones de los muchachos movidos por la influencia del *Yin* (el principio femenino) al acercarse el invierno y, en el caso de las jóvenes, el recuerdo de los días de primavera en los que tuvieron la oportunidad de casarse, el recuerdo de los días de primavera en los que debían obedecer la llamada del *Yang* (el principio masculino), todos estos temas que se suscitan entre sí, pero que también evocan un sinfín de temas correspondientes, pueden, en un solo verso, sugerir todas las emociones e invitar a todos los actos que los ritos y los juegos de las fiestas estacionales presentan como un todo enlazado. Pero, en lugar de cantar:

> ¡En la llanura está la cierva muerta!
>
> ¡Envuélvela en hierba blanca!
>
> ¡Una niña sueña con la primavera!
>
> *Buen joven, pregunta por ella*[15]

bastará, *en dos palabras*, recordar el tema "soñar con la primavera", para que los juegos y los ritos, los gestos humanos y las correspondencias naturales aparezcan en su conexión necesaria y prevista. Y si un poeta utiliza incluso la palabra "primavera" sola, no sólo sugerirá, con su procesión ritual de imágenes, todas las alternativas de la angustia amorosa, sino que pensará en obligar al oyente a sentir, en pleno acuerdo con las voluntades de la naturaleza y las costumbres del cielo, un sentimiento tan activo que debe tener el valor de un voto y una orden. Podemos ver por qué la palabra, como la propia fórmula, no es, en chino, un simple signo, sino un símbolo, por qué la palabra correcta no es un término con un significado claro y distinto, sino una expresión en la que irrumpe la fuerza de solicitar y obligar. La palabra, aislada, sigue apareciendo como el verbo más activo de una frase que evoca en su omnipotencia de señal y símbolo. Conserva, condensadas en ella, todas las virtudes (la energía realizadora del imperativo, la ingeniosa piedad del

---

14   Granet, *Fêtes et chansons anciennes de la Chine*, p. 102.
15   *Ibid.*, p. 123.

optativo, el inspirado encanto del juego, el adecuado poder del rito) que posee el tema poético en primer lugar, rito, oración, orden, juego.

Algunos de los poemas del *Kouo fong* permanecen, en la forma en que nos han sido transmitidos, bastante cercanos a las canciones improvisadas de las antiguas fiestas rústicas. Pero la mayoría de ellas, ya sean canciones populares reelaboradas o composiciones basadas en préstamos, se presentan como obras más o menos conocidas. No hay ninguna razón para rechazar la tradición que los presenta como poesía de la corte. Nada es más instructivo que la explicación detallada basada en esta tradición. Los chinos dan por sentado que los temas poéticos, los refranes del calendario, puestos en coplas por sabios poetas o fieles vasallos (todo es uno), tenían el poder de instruir y corregir.[16] Sentencia alegórica, toda comparación consagrada revela el orden de la naturaleza y, en consecuencia, revela y provoca el Destino. La perdiz que canta, llamando al macho en la época de las inundaciones primaverales, puede –sin necesidad de nombrarla, y sin embargo dándole consejos, lanzándole una invectiva– evocar a la princesa Yi Kiang. Esta dama, que se casó con el duque Siuan de Wei (718-699 a.C.) después de haber sido la esposa de su padre, estaba destinada a terminar mal. Se suicidó en cuanto el duque la sustituyó en su favor por la supuesta esposa de su propio hijo. El tema de la búsqueda del amor está vinculado a todo un conjunto de costumbres naturales y observancias humanas. En este caso (y por efecto de una intención que ni siquiera necesita ser expresada), las perdices cantoras le indican a Yi Kiang que tendrá que pagar su unión irregular con el duque Siuan con el desafortunado destino que corresponde a quienes contravienen el orden de las cosas.[17] Una metáfora consagrada le da al poeta la fuerza para maldecir con precisión y vincular a un determinado culpable con su destino. El uso ocasional de un tema poético no le resta, como vemos, poder de convocatoria. Esto sigue siendo cierto aunque el tema se desvíe completamente de su significado original. La princesa Siuan Kiang, inicialmente destinada al hijo mayor del duque Siuan de Wei, se casó con el propio duque y luego, como una auténtica madrastra, hizo matar a su primer prometido. Más tarde se uniría a un hermano menor de su desafortunado pretendiente y regularizaría por fin su situación. Para invitarla a casarse correctamente, se dice que un poeta le cantó:

Las codornices van en parejas

¡y las urracas vienen en pareja!

Ahora bien, los mismos versos se utilizaron (en el año 545 a.C.) en un torneo de canto dado con motivo de un banquete diplomático. Los diplomáticos de estas reuniones no inventan nada, ni versos ni temas. Se contentaban con dar un sentido indirecto a los versos proverbiales mediante una insinuación que las circunstancias hacían evidente. De este modo, creen que están seduciendo voluntades y forzando decisiones. Cuando, en beneficio de un ministro de asuntos exteriores, un hombre ambicioso cantó:

16   *Ibid.*, pp. 78 y ss; 140 y ss; 235 y ss.
17   *Ibid.*, pp. 101 y ss; *Id., Civ. Chin.*

Las codornices van en parejas

¡y las urracas van en pareja!

el tema de la búsqueda del amor fue utilizado, en virtud de una transposición latente, para inducir a un estadista a no casarse, sino a vincularse secretamente con un conspirador.[18] Por el mero hecho de hablar con autoridad, el tema poético puede decir cualquier cosa. Si los autores hablan mediante proverbios, no es que piensen de una manera común, sino que la manera más adecuada y refinada de hacer claro su pensamiento es deslizarlo en una fórmula probada de la cual tomará crédito. Los centones tienen una especie de fuerza neutra y concreta que puede particularizarse de forma latente hasta el infinito, conservando en las aplicaciones más singulares un verdadero poder de invitación a la acción.

Las expresiones convencionales, poderosas para sugerir la acción, también pueden utilizarse para describir, incluso con singular vigor. Hay un "pasaje narrativo" en el *Che King* donde el gusto europeo ha podido descubrir una pequeña "imagen vívida". Se trata, según se dice, de una escena de bebida en la que vemos "a los cortesanos borrachos discutiendo".[19] De hecho, se trata de que los vasallos se emborrachen como deber durante una fiesta ofrecida a los Ancestros; no son éstos los que menos tienen que beber, o al menos la comparsa, cuyas almas los espíritus han poseído. Todos se agitan, inspirados por un frenesí tradicionalmente regulado, "*volcando jarrones y ollas*" (después de haberlos utilizado en una orgía santificadora, hay que romper los platos sagrados),[20] "*bailando sin descanso, tambaleándose*" (así deben actuar los que trabajan para entrar en trance y pretenden llevar el peso de un espíritu santo),[21] "*levántandose y turnándose*" (la danza de relevos es necesaria en las ceremonias en las que se busca la circulación de las almas),[22] "*los gorros inclinados a punto de caerse*" (por supuesto, la expresión puede resultar pintoresca; en realidad, tiene un valor ritual; un rito esencial de las fiestas orgiásticas obligaba a los actores a arrancarse mutuamente los tocados, pues los cabellos liberados debían desplegarse "como rígidas banderas" en el torbellino que precedía a la postración final) "*bailando sin descanso en un torbellino*" (esta danza giratoria, que debía ejecutarse con el cuerpo inclinado, la cabeza invertida y el bailarín pareciendo despegar como aspirado por el viento, se representa aquí mediante un auxiliar descriptivo que forma un tema repetido, en prosa y en verso, en cuanto se evoca la danza extática). Si los críticos occidentales encuentran que esta descripción "pintoresca" ofrece una agudo contraste con los pasajes de las odas "estrictamente religiosas", que consideran "extremadamente banales", es porque olvidan que nada, aparte de la danza, tiene más valor ritual que la embriaguez –que ningún acto implica tanta piedad como bailar en estado de embriaguez–, y, por último,

---

18   Granet, *Fêtes et chansons anciennes de la Chine*, p. 36; *Id., Civ. Chin.*

19   Maspero, *La Chine antique*, p. 430.

20   Sobre la destrucción de instrumentos rituales, véase *Li ki*, C., II, p. 218.

21   De Groot ha dado una excelente descripción de los movimientos característicos de los portadores de espíritus (*Fêtes d'Emouy*, p. 289).

22   *Tch'ou tseu*, 2 (*Li houen*).

que los ballets que preparan el éxtasis son los más meticulosamente regulados de todos. Así, al describir una danza orgiástica, el autor no se ha entregado a la fantasía más que si se hubiera comprometido a evocar un ceremonial de apariencia más compasiva. En las recepciones solemnes, un maestro de ceremonias supervisa cada detalle de los saludos, mientras que un cronista se apresura a registrar las más pequeñas faltas en el vestir. Pero en las fiestas sagradas de la bebida también hay un cronista y un oficial de ceremonias que están obligados a llamar al orden y a señalar con la infamia a los que, emborrachándose de mala manera o tambaleándose inapropiadamente, eluden los más mínimos deberes de la embriaguez extática.[23] Mientras los actores, mediante una correcta gesticulación, perfeccionan la ceremonia, el poeta que evoca la escena, no para pintar un "cuadro" sino *para proporcionar un modelo*, se aplica, *si es sincero* (si pone *todo su corazón* en obedecer la costumbre), utilizando las fórmulas tradicionales que son las únicas adecuadas. Se puede pensar que su descripción es pintoresca, pero sólo pretende ser eficaz.

La eficacia de las fórmulas es también el objetivo principal de los poemas que se cantan durante las ceremonias sagradas. Declarar banales las "odas" del *Che king* (cuyos temas han sido retomados indefinidamente por la poesía religiosa) es malinterpretarlas; no son menos ricas que cualquier otra pieza en vigor descriptivo y matiz de sentimiento. Para conferir la mayoría de edad, utilizando el poder de realización que poseen las fórmulas acordadas, se desea (se hace capaz) al joven noble de alcanzar la gran edad en la que "las cejas se alargan", en la que "el pelo se vuelve amarillo".[24] Son deseos muy concretos, cuyas repercusiones son infinitas. Cada vez que se formulan, despiertan una emoción singular. Un poeta que, por ejemplo, quiera dar suerte al príncipe de Song[25] utilizará los mismos centones. Además del poder benéfico que conserva en su totalidad y de un aire de grandeza impersonal del que el poema toma su vuelo lírico, el tema de los cabellos amarillentos y de las largas cejas puede servir perfectamente (las glosas lo afirman) para expresar un deseo impregnado de una efusión muy íntima y particularizado por la intención más decidida. No conviene que la oración, el voto, el mandamiento parezcan demasiado particularizados. Perderían en eficacia lo que parecen ganar en precisión. Por el contrario, las fórmulas estereotipadas, cuyo poder de sugestión concreta es indefinido, tienen la fuerza de indicar, por alguna extensión secreta, los matices más finos del deseo; esos mismos matices que, en términos analíticos, serían inexpresables. Las oras del *Che king* que están escritas en el lenguaje más proverbial son ciertamente aquellas (la opinión pública lo atestigua) donde se indican los pensamientos más sutiles. La misma regla se aplica a las obras de todos los tiempos, de todos los géneros. Las odas más ricas en expresiones consagradas son las más admiradas. En ninguna de ellas se agolpan tanto las fórmulas convencionales como en ese tipo de meditaciones místicas[26] donde el lirismo chino da su nota más

23   *Che king*, L., p. 395 y notas en la p. 399.
24   *Yi li*, Steele, *I Li, or the Book of Etiquette and Ceremonial*, vol. II, pp. 14 y 15. El traductor ha perdido toda la concreción de estas expresiones.
25   *Che king*, C., p. 461.
26   Pertenecen al género denominado *fou*, del que se hablará más adelante.

alta. La densidad en centones no sólo mide el conocimiento tradicional del poeta; la mayor densidad es la marca del pensamiento más profundo.

Las antiguas formas de improvisación lírica nos hacen comprender el valor de los dichos poéticos como símbolos, su poder de sugestión, su vigor descriptivo. El hecho esencial a tener en cuenta es que el papel de los centones no es menos importante en la prosa que en la poesía, en el estilo culto que en la lengua vulgar. La tarea del historiador parece ser la de registrar hechos singulares. Es cierto que mediante nombres y fechas sitúa los acontecimientos. Pero para ubicar, fechar y nombrar, hay formas acordadas; ellas solas implican una especie de sentencia; el historiador ya ha emitido un juicio cuando parece comenzar una narración. Esta narración, además, no será más que una serie de juicios, emitidos por medio de fórmulas consagradas y, en consecuencia, decisivas. Confucio fue un maestro en el uso hábil de estas fórmulas; también consiguió mostrar "lo que son los ritos y la equidad"; tal es el ideal del historiador, según Sseu-ma Ts'ien, muy versado en este campo.[27] Sin embargo, el mismo Sseu-ma Ts'ien compuso narraciones que dan a los occidentales la impresión de una "fotografía maravillosamente clara", como el pasaje de las *Memorias históricas* donde muestra cómo la emperatriz Lu se vengó de un rival.[28] Sería fácil demostrar que, al estar compuesta por elementos folclóricos, esta narración está escrita enteramente con expresiones estereotipadas. El caso es tan poco excepcional que un lector atento de los Anales chinos duda constantemente: ¿pretenden presentarle hechos particulares y singularizados, o enseñarle lo que debe o no debe hacer? ¿La escritura en términos rituales es simplemente un sesgo estilístico, o la historia es simplemente una sucesión de incidentes rituales? No es necesario decidir; de hecho, el gusto por las fórmulas prefabricadas es sólo un aspecto de la adhesión general a una moral conformista. Las expresiones proverbiales pueden servir para dibujar el retrato físico y moral de personajes cuyo ideal constante era marcar su parecido con tal o cual héroe típico. También pueden servir para relatar adecuadamente los acontecimientos si las acciones de los hombres buscan siempre ajustarse a las formas del ceremonial. Las biografías se consideran, *con razón*, las partes más vívidas e informativas de los Anales chinos. Lo más probable es que la mayoría de ellas procedan de *panegíricos*.[29] Es cierto, en cualquier caso, que parecen tanto más exitosos cuanto más ricos son en centones. Una de las piezas más alabadas de la historia, la biografía de Kouan tseu de Sseuma Ts'ien, no es más que un "discurso chino", un mosaico de proverbios. En él encontramos, de manera sorprendente, el principal mérito de los relatos históricos: enseña actitudes. – Supongo que ya se puede adivinar que, de todos los autores, los que deben poseer el genio del refrán en mayor grado son los filósofos. Pero (y esto es un hecho notable), el genio del proverbio es indispensable no sólo para los adherentes de la tradición ortodoxa, sino también, y sobre todo, para los maestros del pensamiento místico, para aquellos cuyo objeto es expresar lo inexpresable. Con

---

27 *SMT, Introd.*, p. LIX. Se dice que el libro de Confucio (el *Tch'ouen ts'ieou*) es el código del verdadero gobernante.

28 *SMT, Ibid*, p. CLXIV, y t. II, p. 410; *Civ. Chin.*

29 Sobre esto último, véase *Civ. Chin.*

la ayuda de los refranes registran los sentimientos más fugaces de una experiencia extática que presentan como estrictamente individual. En Lao tseu o Tchouang tseu, la efusión mística se expresa por medio de locuciones tradicionales, bastante análogas a las ayudas descriptivas cuyo carácter proverbial he señalado anteriormente, al tiempo que señalaba su indefinido poder de sugestión.

Al igual que los escritores de los anales, los filósofos chinos son narradores. En obras de todo tipo, se utilizan las mismas anécdotas una y otra vez, de modo que el lector occidental que lee una obra china por primera vez siente casi siempre que ya la ha leído antes. A veces las anécdotas difieren en algún detalle de la disposición o el estilo; a veces los temas se mantienen, variando el paisaje, el tiempo y el lugar, y los personajes; más a menudo se repiten textualmente, y su forma parece estereotipada. En este caso, los críticos no dudan en hablar de préstamos. Afirman, por ejemplo, que un cierto número de anécdotas comunes al *Tchouang tseu* y al *Lie tseu* proceden de una contaminación de las dos obras. En realidad, ni siquiera es seguro que el uso de un mismo material de expresiones demuestre una comunidad de doctrina o de pensamiento. Una misma anécdota, contada en los mismos términos, puede servir para defender opiniones muy diferentes. Cuando habla de los monos que, condenados por un criador empobrecido a una dieta menos abundante, rechazaron con indignación una cena de cuatro judías de taro[30] y un almuerzo de tres, y luego comieron con satisfacción cuatro judías de taro por la mañana y tres por la noche, el objetivo de Lie tseu es menospreciar el orgullo humano y destacar las profundas analogías entre el hombre y el animal. La misma fábula, sin el menor cambio, defiende, en Tchouang tseu, la tesis de que todo juicio es subjetivo; esto es un hecho afortunado: si se sabe aprovechar la variabilidad de los juicios, que puede, afortunadamente, llegar hasta el absurdo, se tienen los medios para adiestrar a los monos y gobernar a los hombres.[31] Cada autor, para componer su mente, toma prestado de la tradición, pero basta que el espíritu de los desarrollos en los que se inserta difiera para que el relato tradicional sirva para provocar los más diversos movimientos de pensamiento. Las anécdotas estereotipadas forman un fondo del que beben los autores más originales. El éxito de estas fábulas radica en el poder neutro que se desprende de ellas; es, como en el caso de las fórmulas simples y también de las palabras, tanto más activas cuanto que, desde el exterior, estas fábulas son más comunes en apariencia. No se trata tanto de hacer que expresen ideas, *una por una*, como de utilizar su prestigio para dotar de autoridad a *todo* el desarrollo. Su virtud no es definir el pensamiento en sus elementos, sino acreditarlo como un todo. Disponen la mente para aceptar una sugestión. No hacen que la mente penetre, en un orden lógico, con ideas determinadas desde el principio. Ponen en marcha la imaginación y la hacen dócil, mientras que el movimiento general del desarrollo la invita a moverse en una dirección definida. El pensamiento se propaga (más que se transmite) del autor al lector (digamos del maestro al discípulo; digamos mejor: del líder a los fieles) sin que a estos últimos se les ahorre

---

30   Nombre común de varios tubérculos alimenticios tropicales (*colocasia, alocasia amorphophallus, xanthosoma*) (N. del T.).

31   P. Wieger, *Les Pères du système taoïste*, pp. 103 y 219.

el menor esfuerzo, sin que, por otra parte, se les permita la más mínima facilidad de escape. No se les pide que acepten las ideas, en su detalle y su sistema, después de haberles permitido controlarlas analíticamente. Dominados por una sugestión global, se encuentran aprehendidos de inmediato por todo un sistema de nociones.

El conjunto de anécdotas que daban autoridad a las ideas, lejos de diversificarse, tendía a reducirse, mientras que cada anécdota se expresaba en forma más atractiva en términos invariables. Es fácil comprender que la elección de despertar el pensamiento en lugar de informarlo tenía grandes ventajas tanto en la vida de la corte como en la enseñanza de las sectas. En estos círculos, lo principal es llevarse bien con los demás, aumentar el ingenio intelectual y desarrollar la intuición. Además, en las relaciones entre las personas, gracias al mimetismo que acompaña a las fórmulas y al arte que se puede utilizar para liberar las palabras, se pueden insinuar las sugerencias más precisas en la más neutra de las fórmulas. Pero el hecho significativo es que la literatura escrita se ha conformado con un fondo limitado de historias esquematizadas, que ha tendido a reducirlas en número y asimismo reducir cada una de ellas a un simple dicho de forma invariable.[32] En lugar de contar, con detalles anecdóticos, que K'ouei, bailarín *de una sola pierna* (*yi tsiu*), se bastaba por sí solo (*yi tsiu*) para animar con un movimiento irresistible las fiestas sagradas de la corte real, se prefería, en uno u otro desarrollo, limitarse a escribir *K'ouei yi tsiu* o incluso a evocar el nombre de K'ouei. De este modo, se señalaba que un ministro bien elegido era suficiente para dirigir los asuntos del Estado con eficacia, o que un unípede no era superado en el arte de moverse por los seres sin patas ni los milpiés. Y se imponía uno u otro sentido según que el desarrollo global pretendiera despertar la idea, a veces, de que en virtud de la equivalencia de los diversos estados de la naturaleza la eficiencia resulta de la simple conservación de los caracteres naturales, y por el contrario de que una estricta adecuación a la función es el verdadero principio de la eficiencia.[33] La idea, en ambos casos, toma su fuerza del mismo tema místico vinculado a una práctica ritual. Bailar sobre un pie es uno de los grandes deberes del jefe; encargado de fecundar la naturaleza, provoca la subida de la savia bailando.[34] Como vemos, la autoridad de un complejo mítico ligado a un sistema de prácticas rituales permanece intacta y múltiple en el centón donde este complejo tiende a cristalizar.

Así, el esquema mítico, el tema literario, la palabra misma, han podido conservar, en su frescura, la plasticidad omnivalente de los símbolos, incluso cuando, sin la ayuda directa del mimetismo, son empleados por la literatura escrita. Variada,

---

32   Los escultores y dibujantes chinos (que también se proponen enseñar) no necesitan un gran número de motivos, como tampoco lo necesitan los poetas y los filósofos. Las que utilizan pueden tener frecuentemente como leyenda una anécdota estereotipada, una concreción de un tema mítico (Cf. Granet, *Danses et légendes…*, p. 598; *Id.*, *Fêtes et chansons anciennes…*, nota 2 en la p. 236, y *Civ. Chin.*).

33   Granet, *Danses et légendes…*, pp. 505 y 509.

34   La tradición de los reyes a la pata coja se mantuvo en Siam y Camboya hasta el siglo XIX. Después de arar un surco (profanación del suelo por parte del jefe al inicio de una campaña agrícola), debían apoyarse en un árbol y ponerse de pie sobre un pie (el pie derecho colocado sobre la rodilla izquierda). (Cf. Leclère, *Le Cambodge*, p. 297). Cfr. *infra*, Libro II, cap. IV.

poderosa, refinada, esta literatura se preocupa poco por las formas discursivas. La prosa más culta conserva el mismo ideal que la poesía más arcaica. Prefiere los símbolos que hablan con más autoridad. No importa que apenas puedan evocar conceptos claros y definidos; lo principal es que sugieran con fuerza y provoquen adhesión. La palabra escrita (con la ayuda de la escritura emblemática) busca en primer lugar conservar toda la eficacia de la palabra viva; se esfuerza por preservar la fuerza de los cantos que se acompañan de la mímica ritual.

II. Los ritmos

La mímica y el ritmo, junto con el uso de ayudas descriptivas, son los principales medios de acción de los que dispone un hablante del chino. Incluso en la prosa escrita, el ritmo no es menos esencial que en la poesía. El ritmo es lo que une el discurso y lo hace comprensible.

Al igual que las palabras, los vocablos con apariencia de raíz, que aparecen en las locuciones, se yuxtaponen simplemente, sin que ninguna de ellas se modifique sensiblemente en su forma por el uso que se hace de ellas o por su contacto con las palabras vecinas, así las historias, que se mantienen voluntariamente en su forma tradicional, se suceden en una obra sin necesidad de marcar sus conexiones; del mismo modo, las fórmulas estereotipadas que se alinean para formar una frase se suceden sin influirse y se disponen en el mismo plano. Todos los elementos del discurso parecen, intangibles en su forma y aislados en la composición, conservando una especie de celosa independencia. Las fórmulas, elementos de la frase, comprenden sólo un pequeño número de palabras. Nada, salvo su posición, determina el papel y las relaciones de estas palabras; aun así, la regla de la posición no es válida en todos los casos; el valor sintáctico de las palabras sólo se percibe cuando se ha captado primero el sentido global de la fórmula; este sentido se aprehende enseguida, pero a condición de que la fórmula sea breve. En cambio, las frases cortas se encuentran a veces en un número bastante elevado en una misma frase. Simplemente se colocan de punta a punta, separadas, en algunos casos, por palabras que merecen el nombre de puntuación oral. Indican diferentes tipos de detención del pensamiento más que señalar diferentes modos de conexión y relación. Aisladas por ellas, más que conectadas, las fórmulas de forma fija se suceden; parecen mucho menos proposiciones que locuciones adverbiales. En el chino escrito (si se leyera simplemente con los ojos) a menudo no hay nada que permita distinguir, como dominante, una locución entre las demás; tampoco se verían, de forma clara, las distintas subordinaciones de éstas. Para comprender, la voz debe puntuar y encontrar el movimiento de la frase.

Esta es la razón por la que, desde la antigüedad, la enseñanza ha consistido en una recitación cantada por el maestro, asumida por los alumnos, que eran entrenados para "dividir las frases de los autores según su significado".[35] Este proceso de aprendizaje se repetía casi para cada autor, y siempre mediante el único proceso de recitación cantada, sin ningún ejercicio comparable al análisis gramatical o lógi-

---

35   *Li ki*, C., II, pp. 30 y 34.

co. Para encontrar el significado, lo esencial es, por tanto, conocer la puntuación. Parece (uno imagina) que, para facilitar la lectura, los chinos debieron pensar en publicar libros puntuados desde muy pronto. De hecho, les llevó más tiempo llegar a esta conclusión que a las personas que escriben una lengua en la que hay poca dificultad para discernir el final de las frases. E incluso hace unos años, todavía reservaban su genio tipográfico para la invención de signos (a veces multicolores, en las ediciones de lujo) utilizados para marcar pasajes importantes y palabras notables en textos sin puntuación.

Estas prácticas son significativas. Demuestran que, en ese ejercicio de la mente que es la lectura, lo importante es no escatimar esfuerzos al lector, y, tal vez aún, conseguir que, no habiendo escatimado su esfuerzo, otorgue su admiración o su asentimiento con más abandono. En las conferencias esotéricas, o incluso en la simple palabrería, el objeto primordial del orador es deslizar en un cúmulo de fórmulas ricas en solicitaciones neutras y urgentes una locución o un verbo actuante, cuya fuerza y trasfondo precisos el vulgo no merece adivinar, pero que tal vez será percibido por las mentes despiertas por algún gesto o entrega convenidos. Del mismo modo, el escritor, sus exegetas y sus editores, si se ponen de acuerdo para marcar las palabras activas y las locuciones dominantes, se abstendrán de indicar los movimientos de detalle y las articulaciones secretas del pensamiento. Este pensamiento, en toda su riqueza, sólo se comunicará al lector, quien, si su mente despierta a la poderosa y furtiva señal que una fórmula o un verbo le habrán hecho oír, podrá, mediante un esfuerzo comparable al de un adepto que busca la iniciación, penetrar en la esencia rítmica de la frase.

Para componer en chino, no hay otra forma (ya que esta lengua se ha negado a pedir cualquier apoyo a una sintaxis variada y precisa) que recurrir a la magia de los ritmos. Sólo se consigue expresarse después de haberse entrenado para utilizar, en toda su eficacia, no sólo las fórmulas proverbiales, sino también los ritmos consagrados.

Las obras chinas se dividen en géneros, que los críticos nativos consideran claramente definidos. La clasificación viene determinada por el tipo de inspiración (que parece estar vinculada a una determinada actitud moral) y, al mismo tiempo, por el sistema rítmico; este último parece imponerse como una actitud general y corresponde a una determinada forma de ver el mundo y la vida. Por ejemplo, todas las *fou* antiguas que se presentan como meditaciones elegíacas muestran una propensión a una cierta calidad de efusión mística; este tipo de inspiración se traduce rítmicamente por una especie de suspiro que se coloca necesariamente al final de cada verso. El ritmo particular de los *fou* podría, por supuesto, caracterizarse por muchas otras reglas. Nadie ha sentido nunca la necesidad de definirlas; uno aprende a componer un *fou*, no porque le enseñen los detalles de las reglas, sino porque se entrena para captar la esencia rítmica del género. Esta esencia se considera significativa de un modo particular de actividad espiritual. No se puede transmitir dialécticamente. Ni la comprensión de una determinada lengua, ni el sentido de la lengua, ni la comprensión de determinados ritmos, ni el sentido del ritmo pueden enseñarse en capítulos mediante un curso de retórica. El genio de las frases y el genio de los ritmos no pretenden decorar y diversificar el discurso. Ambas se funden siempre con un poder de inspiración que no se distingue del conocimiento tradicional.

Estas características del aprendizaje literario son comprensibles, así como la importancia del ritmo y el éxito de ciertos ritmos, en cuanto conocemos las antiguas condiciones de la invención lírica. Algunas de las canciones del *Kouo fong*, a pesar de su reelaboración, dan una buena idea de estas condiciones. La invención de las frases poéticas que las componen se debe a una improvisación tradicional; corresponde a una verdadera prueba de conocimientos impuesta a los jóvenes en el momento de su iniciación. La iniciación tiene lugar durante los festivales estacionales. Formando coros que compiten en el canto, los chicos y las chicas se enfrentan y se contestan por turnos. Cada uno de los versos intercambiados forma una estrofa o más bien una copla; una copla se hace en cuanto se intercambian dos versos. Las siguientes coplas apenas contienen más que variantes de los dos temas que se oponen en la primera copla.[36] Por lo general, uno de estos temas registra una señal dada por la naturaleza, el otro da la fórmula de los gestos con los que los humanos responden a esta señal. Este intercambio de líneas pone de manifiesto la solidaridad que establece el festival entre todos los actores delegados por la sociedad y la naturaleza. Los temas (tema humano, tema natural) se emparejan por su simetría y adquieren el valor de símbolos; se llaman, se provocan, se provocan. El ritmo es inherente a las frases y es uno de los elementos de su eficacia, porque la equivalencia simbólica de las realidades evocadas por las coplas gemelas se hace sensible por su analogía rítmica.

Pero la analogía rítmica también aumenta el poder de los símbolos; multiplica sus afinidades y su poder de evocación. Cuando llega el final de las asambleas equinocciales, y el Yang y el Yin, los principios masculino y femenino de la alternancia de las estaciones, se oponen y se llaman a jugar cara a cara, los signos conmovedores que preludian su matrimonio se multiplican en el Mundo. Estas múltiples señales son retomadas en versos alternos por coros opuestos. Sirven para componer letanías gemelas, conjuros acoplados que vinculan las voluntades y hacen concordar los deseos.[37] Las fuerzas antitéticas cuya unión da vida al universo celebrarán disciplinadamente sus nupcias equinocciales, tan pronto como, al son de las panderetas de barro, los coros de danza, evocando el rodar del Trueno y el rugir de las Aguas, hayan, en una procesión que pisa fuerte, atravesado lentamente el paisaje ritual, o saltado, sin cansarse, sobre el montículo sagrado. A veces, en las canciones, los temas se suceden en una progresión a trompicones, y a veces, como un estribillo saltarín, se retoma el mismo tema sin descanso, apenas matizado por algunas variaciones. Tanto si las frases se repiten como si se acumulan, se añade el mismo efecto de martilleo para disciplinar los estribillos a su eficacia original.[38]

---

36   Granet, *Fêtes et chansons…*, p. 224 y ss.

37   Tenemos un lamento de este tipo; la tradición le atribuye el valor de un encantamiento procesal. Se combatía en la corte enlazando rítmicamente los proverbios. Granet, *op. cit.* pp. 261 y ss.

38   *Ibid.*, pp. 235, 266, 267.

En todos los géneros, incluso en la prosa, donde, buscando la nobleza y la fuerza, quieren actuar comunicando primero la sensación de un equilibrio ordenado y poderoso (tales son las características del estilo *kou-wen*, el ideal de la prosa culta), los autores chinos componen utilizando frases cortas estrictamente equilibradas y enlazadas entre sí por analogía rítmica. Las acumulan sin temor a la redundancia, repitiendo a veces, como un estribillo, una fórmula dominante que adquiere el valor de un motivo central (y que nosotros traduciríamos en forma de proposición principal); o bien, gracias a sutiles procesos de paralelismo, sustituyen un tema principal por fórmulas afines; la idea aumenta entonces su fuerza, sostenida más que diversificada por el desarrollo de estas variaciones temáticas.

El ritmo en la prosa china tiene la misma función que la sintaxis en otros lugares. Los ritmos preferidos de esta prosa derivan de la poesía coral. Sin embargo, a veces utiliza ritmos más bruscos, si no más libres, que también fueron creados para la poesía. Los versos espasmódicos y las estrofas sin aliento del *fou* contrastan con los versos regulares (*che*) y las coplas del *Che king*. Mientras que estas últimas tienen la lenta majestuosidad de las danzas de conjunto y la tranquila simetría de las canciones corales, las otras llevan la marca de una danza y una música muy diferentes. Algunos de los *fou* más antiguos acompañaban ceremonias de carácter mágico más que religioso.[39] El objetivo era evocar a las almas (*tchao houen*), no como en las ceremonias regulares del culto ancestral, para que vinieran a tomar posesión de sus descendientes, como es justo y apropiado, sino para que entraran en contacto con un mundo de energía espiritual a través de su intermediario; se trataba de adquirir un aumento de vida, de poder personal y de prestigio mágico. El rito esencial de estas ceremonias era una danza a cargo de las mujeres, las esposas del jefe, o brujas. Desnudas y perfumadas, atraían y capturaban a las almas seducidas, girando por turnos una flor en sus manos y pasándose el alma y la flor una a la otra cuando, con los ojos hinchados, cansadas de llevar al dios, el cansancio las arrojaba al suelo. Sin embargo, apretujados en una sala cerrada donde zumbaban los tambores de luz acompañados de cítaras y flautas agudas, los asistentes, sintiendo que el "viento que aterroriza" soplaba sobre ellos, escuchaban voces sobrenaturales que se elevaban. Estos graciosos sabbats no son ballets menos afinados que los otros, pero la evocación de los espíritus, sin aliento, puntuada por suspiros moribundos, llamadas frenéticas, forma un canto tumultuoso donde las fórmulas consagradas chocan sobre el ritmo espasmódico propio de las jaculatorias místicas.

Este ritmo ha seguido siendo particular en el *fou*. Sin embargo, cabe pensar que, bien conocido por los escritores de la escuela mística, no ha dejado de influir en su prosa más variada y nerviosa. En esta prosa abundan los matices rítmicos, que sustituyen en chino a lo que llamamos matices sintácticos. Sirven para organizar el discurso. También sirven para dar a las frases una vibración particular; esto, al situarlas en un determinado mundo de actividad mental, califica su inspiración y les da una eficacia específica.

---

39 Las piezas más características son (en el *Tch'ou tseu*) el *Yuan yeou* y el *Tchao houen*.

Difícilmente se puede entender a un autor chino hasta que no se ha penetrado en los secretos rítmicos por medio de los cuales señala y emite la última palabra de su pensamiento. Por otra parte, ningún autor podría hacerse oír si no supiera utilizar la virtud de los ritmos. En este punto, nadie ha poseído la maestría de Tchouang tseu. Ahora bien, Tchouang tseu nos parece el menos impenetrable de los pensadores chinos. Al mismo tiempo, da la impresión de ser también el más profundo y el más refinado. Su potencia y soltura rítmicas parecen corresponder al libre juego de una inteligencia muy concreta. ¿No deberíamos deducir que, en su expresión, el pensamiento chino, en cuanto se eleva un poco, es de naturaleza estrictamente poética y musical? Para transmitirse, no busca apoyarse en un material de signos claros y distintos. Se comunica, plásticamente y, por así decirlo, subrepticiamente –no de forma discursiva, detalle tras detalle, mediante los trucos del lenguaje–, sino en bloque y como por movimientos coincidentes, inducidos, de mente a mente, por la magia de los ritmos y los símbolos. También, en las escuelas donde ha florecido el pensamiento más profundo, se ha podido proponer como ideal de enseñanza verdadera y concreta una enseñanza sin palabras.[40]

* * *

El lenguaje chino ha podido convertirse en una poderosa lengua de civilización y en una gran lengua literaria pese a sus limitaciones en cuanto a su riqueza fonética y su comodidad gráfica, sin pretender crear un material abstracto de expresión ni poseer herramientas sintácticas. Consiguió preservar un valor simbólico totalmente concreto para las palabras y las frases. Supo organizar la expresión del pensamiento mediante el ritmo. Como si quisiera, sobre todo, salvar a la mente del temor de que las ideas se vuelvan estériles si se expresan de forma mecánica y económica, se negó a ofrecerles esos convenientes instrumentos de especificación y coordinación aparente que son los signos abstractos y los dispositivos gramaticales. Se resistió obstinadamente a la precisión formal, por gusto a la expresión adecuada, concreta y sintética. El poder imperioso del verbo entendido como gesto completo, orden, voto, oración y rito, eso es lo que esta lengua ha tratado de retener, abandonando sin esfuerzo todo lo demás. La lengua china no parece estar organizada para registrar conceptos, analizar ideas o exponer doctrinas de forma discursiva. Está enteramente configurada para comunicar actitudes sentimentales, para sugerir comportamientos, para convencer, para convertir.

Estos rasgos no parecerán carecer de interés, si no olvidamos que el chino es la lengua de la civilización o, si se quiere, el instrumento de la cultura que más fácilmente ha resistido la prueba más larga.

---

40   Observemos aquí el vínculo entre la doctrina de la enseñanza muda y la práctica de confirmar al converso mediante la sonrisa. También es por la sonrisa que un padre reconoce a un hijo como suyo, en el mismo momento en que le da un nombre, es decir, una personalidad y un alma. Podemos ver la relación entre las técnicas y doctrinas de expresión y la magia de las respiraciones. Las palabras, las fórmulas y los ritmos son a la vez símbolos y cosas.

Libro II

LAS IDEAS DIRECTRICES

Un chino, sobre todo si es filósofo y pretende enseñar, nunca recurría a otras fórmulas para detallar sus opiniones, excepto aquellas cuya eficacia estaba garantizada por su antigüedad. En cuanto a las nociones que parecen destinadas a ordenar el pensamiento, están indicadas en todos los autores por símbolos que, más que otros, parecen estar dotados de una eficacia indeterminada. Rechazando por este mismo hecho toda abstracción, estos símbolos denotan ideas rectoras cuyo principal mérito reside en su carácter de nociones sintéticas. Desempeñan el papel de categorías, pero son categorías concretas.

Nada sugiere que algún sabio de la antigua China haya sentido la necesidad de apelar a nociones comparables a nuestras ideas abstractas de número, tiempo, espacio y causalidad... Es, por otra parte, con la ayuda de un par de símbolos concretos (el Yin y el Yang) que los Sabios de todas las "Escuelas" tratan de traducir un sentimiento de *Ritmo* que les permite concebir las relaciones del Tiempo, el Espacio y los Números concibiéndolos como un conjunto de juegos concertados. El Tao es el emblema de una noción aún más sintética, totalmente diferente de nuestra idea de causa y mucho más amplia; no puedo decir que por ella se evoca el Principio único de un orden universal; más bien debo decir que por ella, se evoca, en su totalidad y su unidad, un Orden a la vez ideal y actuante. El Tao, la categoría suprema, y el Yin y el Yang, las segundas categorías, son Símbolos activos. Ordenan tanto el orden del Mundo como el del Espíritu. Nadie piensa en definirlos. Por otra parte, todos les otorgan una cualidad de eficacia, que no parece distinguirse de un valor racional.

Estas nociones cardinales inspiran una confianza unánime en los chinos. La mayoría de los intérpretes occidentales, sin embargo, las ven como productos de uno u otro pensamiento doctrinal. Las tratan como concepciones aprendidas y, por tanto, susceptibles de ser definidas o calificadas de forma abstracta. Suelen empezar por buscar equivalentes en el lenguaje conceptual de nuestros filósofos. Suelen acabar, en cuanto los presentan como entes escolásticos, con afirmaciones tan curiosas como inútiles. Parecen atestiguar que el pensamiento chino pertenece a una mentalidad que puede calificarse de "prelógica" o "mítica"[1] (por utilizar expresiones de moda).

Para analizar estas nociones, he tenido que utilizar temas míticos o rituales; esto se debe a que he querido respetar lo que las hace originales, es decir, su calidad de nociones sintéticas y eficaces. Sin intentar definirlas ni calificarlas, he intentado reconocer su contenido y mostrar sus múltiples usos. El análisis requería cierta meticulosidad. Tanto peor si puede parecer lento... Tanto peor si requiere algunos desvíos... Difícilmente se puede indicar el papel de las nociones de Yin y Yang sin decir primero cómo se imaginan el Tiempo y el Espacio. También era necesario aportar información sobre la concepción que los chinos tienen de los Números, a los que atribuyen sobre todo funciones clasificatorias y protocolarias, antes de abordar la noción de Tao, categoría suprema del pensamiento, y el análisis de las actitudes propias de los chinos en materia de física y lógica. El tema impone este proceso de aproximaciones sucesivas. Sólo así se puede poner de manifiesto que las ideas rectoras del pensamiento chino, aunque concretas, tienen el valor de categorías; su calidad de nociones concretas no les impide en absoluto introducir en la vida de la mente, o señalar en ella, un principio de organización e inteligibilidad.

---

1   Hackmann, *Chinesische Philosophie*, p. 35.

Capítulo I
EL TIEMPO Y EL ESPACIO

En China, el pensamiento, ya sea erudito o vulgar, obedece a una representación del Espacio y del Tiempo que no es puramente empírica. Es distinta de las impresiones de duración y extensión que conforman la experiencia individual. Es impersonal. Se impone con la autoridad de una categoría. Pero el Tiempo y el Espacio no aparecen como lugares neutros para los chinos; no tienen necesidad de albergar en ellos conceptos abstractos.

A ningún filósofo se le ha ocurrido concebir el Tiempo como una duración monótona que consiste en la sucesión, según un movimiento uniforme, de momentos cualitativamente similares. A ningún filósofo le ha parecido interesante considerar el Espacio como una simple extensión resultante de la yuxtaposición de elementos homogéneos, como una extensión de la que todas las partes serían superponibles. Todos prefieren ver el Tiempo como un conjunto de *eras*, estaciones y épocas, el Espacio como un complejo de *dominios*, climas y direcciones. En cada dirección, la extensión se singulariza y adquiere los atributos particulares de un clima o un dominio. Al mismo tiempo, la duración se diversifica en períodos de distinta naturaleza, cada uno con las características de una estación o una época. Pero, mientras que dos partes del Espacio pueden diferir radicalmente entre sí, y, del mismo modo, dos porciones del Tiempo, cada período está vinculado a un clima, cada dirección a una estación. A cada parte individualizada de la duración le corresponde una porción singular de la extensión. La misma naturaleza les pertenece en común, indicada, para ambos, por un conjunto *indiviso* de atributos.

Una era, un mundo, ambos nuevos, se constituyeron, tan pronto como, manifestando la virtud de los *Tcheou*, apareció un cuervo rojo. El rojo (entre otros símbolos) caracteriza la Era *Tcheou*, el Imperio *Tcheou*, y sigue caracterizando tanto el

Verano como el Sur.[1] La virtud de la sociabilidad (*jen*) es un atributo del Este. Un etnógrafo que se dedica a describir las costumbres de los países orientales constata, para empezar, que existe una bondad ejemplar. Enseguida cuenta el final del héroe más famoso de estas regiones. Era un ser sin rigidez, sin huesos, todo músculo, y pereció por la misma razón de que era demasiado bueno. Los músculos pertenecen a Oriente, como el hígado y el color verde, que es el color de la primavera; es la estación en la que la naturaleza manifiesta su bondad, la virtud de Oriente.[2] Las jorobas, al igual que las montañas, abundan en el Oeste, al que califican, al igual que la cesta de la cosecha evoca el Otoño. Una joroba es una excrecencia de la piel; la piel depende del pulmón, el pulmón del otoño, e igualmente del color blanco. Pero la piel significa cuero y coraza, que significa guerra y castigo. Así, se dice que los bárbaros de Occidente tienen ganas de luchar, mientras que las ejecuciones, ya sean criminales o militares, se reservan para el otoño y el genio del castigo, notable por su pelo blanco, reside en Occidente. El pelo es como la piel y el blanco es el emblema significativo del Oeste y del Otoño, como lo es de la era Yin. Esto fue inaugurado por el reinado de T'ang el Victorioso, un héroe famoso por los castigos que infligía y por la forma en que caminaba con el cuerpo encorvado.[3]

Estos ejemplos bastarán para mostrar que, al tener que localizar en el Tiempo y el Espacio, no conceptos definidos y distintos, sino símbolos ricos en afinidades, los chinos no tenían ninguna disposición a concebir, como dos ámbitos independientes y neutros, un Tiempo y un Espacio abstractos. Por el contrario, para albergar sus juegos simbólicos, les convenía conservar una solidaridad favorable a la interacción de los símbolos entre las representaciones vinculadas del Espacio y del Tiempo, con un máximo de atributos concretos.

Mientras no veamos en el Espacio y el Tiempo dos conceptos independientes o dos entidades autónomas, ellos pueden constituir un medio de acción que es también un medio receptivo. Discontinuos y solidarios, asumen cualidades conjuntamente, a la vez que reciben determinaciones. Cualquier localización, espacial o temporal, es por tanto suficiente para particularizar, y de la misma manera imponer al Tiempo como al Espacio una u otra características concretas. Podemos actuar sobre el Espacio mediante símbolos temporales; sobre el Tiempo, mediante símbolos espaciales; sobre ambos a la vez, mediante los múltiples y enlazados símbolos que señalan los aspectos particulares del Universo. ¿Acaso un guitarrista quiere recuperar el verano en pleno invierno? Si conoce bien su arte, sólo tiene que hacer resonar la nota de la escala que es el emblema del Verano, del Rojo, del Sur.[4] Para captar la energía masculina del Yang en su fuerza, hay que enfrentarse al Sur; un general sabio (sea cual sea la ruta que le dé a su ejército) siempre sabe cómo

---

1   *Civ. Chin.*, p. 222.
2   *Heou Han chou*, p. 115; *Houai-nan tseu*, p. 4.
3   *Houai-nan tseu*, p. 4; *Song chou*, p. 27; *Kouo yu*, p. 8; Granet, *Danses et légendes...*, p. 258.
4   *Lie tseu*, P. Wieger, *Les Pères du système taoïste*, p. 141.

captar esta energía; sólo necesita hacer desplegar el estandarte del Pájaro Rojo[5] en la vanguardia.

El tiempo y el espacio no se conciben nunca independientemente de las acciones concretas que ejercen como complejos de símbolos solidarios, independientemente de las acciones que se pueden ejercer sobre ellos mediante símbolos llamados a singularizarlos. Las palabras *che* y *fang* se aplican, la primera a todas las porciones de la duración, la segunda a todas las partes de la extensión, pero cada vez consideradas, como las otras, bajo un aspecto singular. Estos términos no evocan ni el Espacio *per se*, ni el Tiempo *per se*. *Che* apela a la idea de circunstancia, la idea de oportunidad (favorable o no para una determinada acción); *fang*, a la idea de orientación, de sitio (favorable o no para un caso particular). Formando un complejo de condiciones simbólicas a la vez determinantes y determinadas, el Tiempo y el Espacio se imaginan siempre como un conjunto de agrupaciones, concretas y diversas, de ritos y ocasiones.

Estas agrupaciones son el objeto de un conocimiento que, por la materia sobre la que se ejerce, así como por sus fines prácticos, se distingue de las ciencias de la extensión y de las de la duración. Los antiguos chinos fueron admirados durante mucho tiempo por su cronología astronómica. Hoy en día, se dice que recibieron tardíamente del extranjero sus primeras nociones geométricas y toda la precisión de su astronomía.[6] No es necesario entrar aquí en un debate en el que la falta de información se hace sentir cruelmente. Bastará señalar, por una parte, que las técnicas chinas difícilmente habrían alcanzado la perfección que tienen si no se hubieran basado en conocimientos geométricos elementales; por otra parte, la especulación filosófica siempre se ha basado, si no se ha limitado, en *conocimientos cuya finalidad es clasificar, desde el punto de vista de la acción y por su eficacia particular, los lugares y las ocasiones*. Los sabios esperaban descubrir los principios de un arte supremo. El objeto de este arte, que ocupa el lugar de la física así como de la moral, es ordenar el Universo al mismo tiempo que la Sociedad. Estas últimas preocupaciones de los filósofos permiten vislumbrar el carácter fundamental de las ideas chinas relativas al Espacio y al Tiempo. Las representaciones colectivas de las que derivan no son más que la traducción de los principios que presidieron la distribución de las agrupaciones humanas; el estudio de estas representaciones se funde con un estudio de morfología social.

* * *

La virtud propia del Tiempo es proceder por revolución. Este carácter cíclico lo asemeja a lo redondo y lo contrasta con el Espacio, cuyo primer carácter es ser cuadrado. Tales son, por así decirlo, las formas puras de duración y extensión. Cada una de las formas intermedias, combinaciones de lo redondo y lo cuadrado –como, por ejemplo, lo ovalado[7]–, son sólo el símbolo de una interacción parti-

---

5   *Civ. Chin.*, p. 292.

6   Véase al respecto Biot, *Astronomie chinoise*; D'Oldenberg, *Nakshatra und Sieou*; De Saussure, *Les Origines de l'astronomie chinoise*; Maspero, *La Chine antique*, pp. 607 y ss; Rey, *La Science orientale*, pp. 333 y ss.

7   *Tch'ouen ts'ieou fan lou*, p. 7.

cular del Espacio y el Tiempo. Hemos visto que la convexidad de las montañas y las espaldas arqueadas es el emblema de una extensión de carácter otoñal; todo el Espacio está formado por su conexión con una especie de Tiempo. Pero el Espacio, en principio, es cuadrado; cualquier superficie, por tanto, es, en sí misma, cuadrada (de modo que para dar la dimensión del área iluminada por la luz producida, por ejemplo, por una gran linterna, bastará con indicar la dimensión de uno de sus cuatro lados).[8] La Tierra, que es cuadrada, está dividida en cuadrados. Las murallas exteriores de los principados deben formar un cuadrado, así como las murallas de las ciudades que encierran, siendo también cuadrados los campos y los campamentos.[9] Cada lado de la tierra corresponde a una dirección. Los campos, los edificios y las ciudades, igualmente, deben estar orientados. La determinación de las orientaciones, así como la de los emplazamientos (la palabra *fang*,[10] orientar, emplazar, sigue teniendo el significado de plaza y cuadrado) corresponde al Jefe, ya que preside las asambleas religiosas.[11] Las técnicas de división y planificación del espacio (agrimensura, urbanismo, arquitectura, geografía política) y las especulaciones geométricas que implican están aparentemente relacionadas con las prácticas del culto público.

Los fieles, en efecto, se formaban en cuadros. El Altar de la Tierra, en torno al cual se solían hacer las grandes reuniones, era un montículo cuadrado; su parte superior estaba cubierta de tierra amarilla (el color del Centro); sus lados (frente a las cuatro direcciones), revestidos de tierra verde, roja, blanca o negra. *Esta plaza sagrada representa a todo el Imperio.* Se obtenía una propiedad en el momento en que se recibía un terrón de tierra tomado del Altar de la Tierra. Este terrón sería blanco y se tomaría del lado de Occidente si el feudo concedido pertenecía a Occidente, verde si estaba en Oriente.[12] Pero cuando sobreviene un eclipse, por ejemplo, que los hombres ven como como una amenaza de destrucción, entonces los vasallos se precipitan al centro del país, para salvarlo, para reconstituir, en su integridad, el Espacio desquiciado (y el Tiempo como él), se agrupan y forman la plaza. Consiguen alejar el peligro si cada uno de ellos se presenta con las insignias que expresan, si así podemos decirlo, su naturaleza espacial y la de su feudo. Para los del Este, que se alinean en el Este, será una ballesta, ropa verde y un banderín.[13] El espacio es restaurado en todas sus dimensiones (e incluso en el reino de las estrellas), por la mera fuerza de los símbolos correctamente dispuestos en el lugar sagrado de las reuniones federales.

Podemos ver que la idea de una Tierra cuadrada, de un Espacio cuadrado parece estar vinculada a un conjunto de reglas sociales. Una de estas reglas, el orden de las asambleas, debió de desempeñar un papel decisivo a la hora de sensibilizar e imponer a todos los detalles de los símbolos que componen la representación

---

8   *Chan hai king*, p. 12; Granet, *Danses et légendes…*, nota 1357.
9   *Civ. Chin.*, p. 272.
10   Esta palabra se utiliza en la expresión *fang che* = mago, hechicero.
11   *Civ. Chin.*, p. 265.
12   Chavannes, *Le T'ai chan*, pp. 451 y ss.
13   Granet, *La religion des Chinois*, p. 55; Id, *Danses et légendes…* p. 233.

del Espacio. Esto explica la forma cuadrada, significativa de la extensión. También explica el carácter heterogéneo de estos últimos; los símbolos de los distintos tipos de espacio se funden con los símbolos activos de los distintos grupos sociales que pertenecen a estos espacios. Pero no sólo se distinguen por las particularidades correspondientes a los atributos de los grupos humanos que comparten el mundo. Además de estas diferencias específicas, hay una diferencia de valor.

La expansión no se mantiene indefinidamente. Más allá de los cuatro lados del Espacio, hay, formando una especie de franja, cuatro regiones imprecisas llamadas los Cuatro Mares. En estos diversos mares viven cuatro especies de bárbaros. Estos, relacionados con diferentes animales, comparten la naturaleza de las Bestias. Los chinos –los humanos– no pueden residir en las Fronteras del Mundo sin perder inmediatamente su condición de hombres. Los desterrados, a los que queremos descalificar, adoptan, en cuanto los expulsamos, la apariencia parcialmente animal que señala a los seres de estos confines desiertos.[14] El espacio no cultivado sólo admite seres imperfectos. Es sólo un espacio diluido, una extensión que se desvanece.

El Espacio Pleno sólo existe cuando la extensión se socializa. Cuando un jefe encargado de ordenar el mundo promulga sus órdenes, más allá del cuadrado formado por los fieles que se aglomeran a su alrededor; un cuadrado más grande es dibujado por los jefes salvajes convocados a la ceremonia para representar la barbarie y las olas lejanas donde el Universo se desvanece. Pero los bárbaros de los Cuatro Mares deben alinearse fuera del recinto ritual que sólo llenan los fieles, quienes son los únicos que forman parte de la sociedad constituida.[15]

Así se manifiesta y se establece la jerarquía de las extensiones. La extensión es enteramente ella misma, posee, por así decirlo, su densidad integral sólo en el recinto donde se federan todos sus atributos. El lugar sagrado de las reuniones federales es un mundo cerrado que equivale al Espacio total y al conjunto del Espacio. Es el lugar donde, reuniendo los símbolos de sus diferentes partes, el grupo social conoce su diversidad, su jerarquía, su orden, y donde toma conciencia de su fuerza única y compleja.

Sólo ahí el grupo federado experimenta su unión, la extensión, compacta y plena, concentrada, coherente, puede aparecer como una sola. La Capital, donde se reúne, debe ser elegida (tras una inspección de la extensión) en un sitio que resulte estar cerca de la "residencia celestial", en un sitio que, por la convergencia de los ríos y la confluencia de los climas, resulte ser el centro del mundo.[16] Sólo en sus proximidades las medidas de distancia permanecen constantes allí, "para traer el tributo de los cuatro lados del mundo, las *li* del camino son uniformes".[17] El Jefe vive en un medio de Espacio puro donde la extensión es, en cierto modo, *homogénea*, pero no porque esté *vacía de atributos*; en este punto de convergencia

---

14   Granet, *Danses et légendes…*, pp. 245 y ss; 257 y ss.

15   *Ibid.*, p. 249; *Id*, *La religion des Chinois*, p. 52; *Li ki*, C., I, p. 726.

16   *SMT*, I, pp. 242, 243; *Tcheou li*, Biot, *Le* Tcheou li, *ou les Rites des Tcheou*, I, p. 201 y notas.

17   *SMT*, I, p. 247; *Civ. Chin.*, p. 281.

y unión, el Espacio se constituye en su totalidad, pues allí recibe el *conjunto de sus atribuciones.*

El espacio se imagina a veces como compuesto de sectores, *espacios singulariza-dos* que corresponden cada uno a una estación y que, tocándose en los puntos, se unen en el centro de un cuadrado; a veces como formado por cuadrados anidados, *espacios jerarquizados* que se distinguen, por así decirlo, una diferencia de tensión más que de contenido.[18] Estos cuadrados son cinco; en el centro está el dominio real; en los bordes, las fronteras bárbaras. En los tres cuadrados centrales viven los vasallos, llamados a la corte con mayor o menor frecuencia debido a la distancia de sus dominios. Su dignidad, como la del espacio en el que mandan, se expresa por la frecuencia de sus comuniones con el jefe; van cada mes, cada estación o cada año al centro intacto del espacio que es la capital; allí, el soberano les delega un cierto poder de animación del que procede la *cualidad de cohesión* particular de su do-minio.[19] Este poder de animación espacial, si se quiere ejercer en una porción más central y noble de la zona, debe restablecerse con mayor frecuencia en la fuente de toda convivencia. La dignidad de los espacios resulta de una especie de *creación rítmica*, la capacidad de coexistencia que subyace, por así decirlo, a toda extensión, en función de una capacidad de hacerla durar; el Espacio no puede concebirse independientemente del Tiempo.

La necesidad de una renovación periódica del Espacio no es menos necesaria cuando se trata de imprimir un carácter singular a sus diferentes porciones. El Rey pasa cuatro años recibiendo visitas de sus vasallos; después devuelve las visitas y viaja por los feudos. No puede dejar de hacer una gira por el Imperio cada cinco años. Regula su viaje para estar en el Este en el equinoccio de primavera, en el Sur en el solsticio de verano, en el Oeste en pleno otoño, en el Norte en pleno invierno. En cada una de estas estaciones cardinales, el soberano da audiencia a los feudata-rios de una de las cuatro Direcciones. Reuniendo a su alrededor un cuadrante del Imperio, celebra primero una corte totalmente verde, luego una totalmente roja, después una blanca y luego una negra, pues debe, en tiempos y lugares consecuen-tes, verificar las insignias que proclaman y establecen la naturaleza propia de cada uno de los cuartos del Universo.[20]

El Jefe se esfuerza por ordenar el Espacio adaptando las extensiones a las du-raciones, pero la razón de su circulación soberana se encuentra en primer lugar en la necesidad de una reconstitución rítmica de la Extensión. La reconstitución quinquenal reaviva la cohesión que inauguró al llegar al poder. En cada adhesión, los cinco cuadrados entrelazados que componen el Imperio vuelven a la Capital, donde todo el Espacio debe recrearse durante un tiempo. El Rey abre entonces las puertas de su ciudad cuadrada y, expulsando a los malvados de las cuatro fronteras del mundo, recibe a los invitados de las cuatro direcciones. Incluso en los confines del Universo, califica los diferentes espacios. Del mismo modo que los singulariza

---

18 Granet, *Danses et légendes...*, pp. 231 y ss.
19 *Kouo yu*, 1, SMT, I, pp. 251 y ss; 746 y ss; *Tcheou li*, Biot, *op. cit.*, p. 167 y p. 276.
20 SMT, I, p. 62.

distribuyendo símbolos en función de los distintos lugares, los jerarquiza confiriendo las insignias que revelan dignidades desiguales.[21]

Es mediante la clasificación y distribución de los grupos que componen la sociedad humana en momentos determinados que el Jefe consigue *instituir y mantener* un cierto orden del Espacio. Este orden puede calificarse de feudal; de hecho, fue concebido por una sociedad feudal, y es sin duda porque esta sociedad ha seguido siendo feudal en esencia que el Espacio no ha dejado de imaginarse como una federación jerárquica de zonas heterogéneas. Caracterizada por una especie de diversidad coherente, no es igual *en todas partes*. Tampoco es *siempre* lo mismo. Sólo hay un espacio vacío donde la extensión no se socializa, y la cohesión de la extensión disminuye[22] como el recuerdo de las asambleas federales donde, en un recinto sagrado que los reúne en un tiempo rítmico, los hombres consiguen dar al mundo una especie de unidad, porque es entonces cuando se refuerza en ellos el orgullo de pertenecer a una sociedad que forma un todo y parece ser una. Así, la representación de un Espacio complejo, cerrado e inestable va acompañada de una representación del Tiempo que hace de la duración un conjunto de retornos, una sucesión de épocas cerradas, cíclicas, discontinuas, completas en sí mismas, cada una centrada, como el Espacio, en torno a una especie de punto de emanación temporal.

* * *

Ningún filósofo chino quiso ver en el Tiempo un parámetro. Para todos ellos, la extensión aparece a veces diluida, a veces concentrada. La duración tampoco se imagina siempre igual a sí misma. La discontinuidad que se le atribuye no es en absoluto el efecto del curso variable de la actividad de la mente en los individuos. No es anárquico ni total. Los chinos dividen el Tiempo en periodos, al igual que dividen el Espacio en regiones, pero definen cada una de las partes que lo componen mediante un conjunto de atributos.[23] Esta definición es aceptada por todas las mentes; a cada tipo de Tiempo le corresponde una noción impersonal, aunque concreta. Este carácter concreto se manifiesta en el hecho de que cada período está marcado por los atributos propios de una estación del año, de una hora del día. No hay que concluir inmediatamente que los chinos construyeron su concepción de la duración al no distinguir el Tiempo (en sentido absoluto) del tiempo atmosférico (el clima) o del tiempo astronómico. Las estaciones sólo han proporcionado símbolos para la concepción china del Tiempo. Si se le pide que los proporcione, es porque (el Espacio se representaba como cerrado) el Tiempo parece tener una naturaleza cíclica y el año, con sus estaciones, ofrece la imagen de un ciclo, así como símbolos capaces de caracterizar varios ciclos.

La representación china del Tiempo se confunde con la de un orden litúrgico. El ciclo anual de las estaciones no es el prototipo. Este orden abarca un momento de la historia (dinastía, reinado, parte de un reinado) que se distingue por un conjunto de reglas o, si se quiere, una fórmula de vida que singulariza este periodo de

---

21 *SMT*, I, pp. 79 , 62; Granet, *Danses et légendes*.... pp. 249 y ss.

22 A una dinastía decadente le corresponde un espacio trastornado.

23 *Civ. Chin.*, pp. 27, 28, 48, 49.

la civilización. Este conjunto de convenciones incluye, en primer lugar, los decretos que, junto con una disposición particular del Espacio, dan lugar a una disposición particular del Tiempo. La promulgación de un *Calendario*, el decreto inaugural de un reinado, es el acto decisivo de una ceremonia de llegada al trono. Pero antes de que pueda establecerse un nuevo orden del Tiempo, el viejo orden debe ser abolido. Toda etapa de duración presupone un desalojo vinculado a una creación. Esto es así en las diferentes etapas de la vida humana.[24] Una mujer no pasa del estado de hija al estado de esposa, un hombre no deja la vida para entrar en la muerte, un niño recién nacido no deja el mundo de los antepasados para entrar en la parte viva de la familia a menos que los gestos de despedida hayan precedido a los festejos de bienvenida. Inicial en apariencia, el rito inaugural del nacimiento, el matrimonio y la muerte tiene el valor de un rito central. La potencia que desprende es como la propagación de una onda. Tanto hacia delante como hacia atrás, marcando, por así decirlo, las cimas de una serie de ondulaciones concéntricas, las ceremonias, separadas por períodos de internamiento, trabajan hacia el mismo resultado que el rito central. Este tipo de propagación rítmica, que controla la organización de un conjunto litúrgico, se indica mediante el uso de ciertos números. Para marcar el valor total de cualquier liturgia, se parte de la unidad, porque es el emblema del total; pero, como debe ser posible desglosarlo, lo consideramos bajo el aspecto de la decena o la centena. 10 puede descomponerse en 3 + (2 + 2) + 3, 100 en 30 + (20 + 20) + 30. En los dos extremos de la serie, 3 o 30 indican la duración de los periodos que bordean inmediatamente la entrada o la salida; 7 {= 3 + (2 + 2) o (2 + 2) + 3}, o 70, la de los periodos liminales o terminales (de los cuales 50 o 5 marcan a veces un momento importante). Así, los términos de las ceremonias distribuidos en torno a un gesto central suelen estar indicados por los números 3 (=30), {5 (=50)} y 7 (=70), que sirven para dar ritmo al Tiempo.[25] Las duraciones propiamente litúrgicas no son las únicas que se sienten como rítmicas y totales. El tiempo histórico no parece estar constituido de otra manera. Los estudiosos, cuando reconstruyen el pasado, están convencidos de haber alcanzado la verdad cronológica en cuanto consiguen situar los hechos en el marco rítmico de una liturgia.

Chouen, apenas cumplidos los treinta años, se convirtió en ministro de Yao. A los cincuenta años, ejerció el poder que, tras una nueva ceremonia, le cedió su señor. Tras subir al trono, él mismo debía ceder la dirección del Imperio a un ministro sucesor. La regla (conservada en el uso doméstico) es que un gobernante renuncia al poder a la edad de setenta años. Para que la historia pareciera correcta en todos los aspectos, se nos debería haber dicho que Chouen, al dejar el gobierno a los setenta años, como hizo Yao, pudo reservarse una jubilación de treinta años (ya que el tiempo que pasó, al principio de su vida, fuera del cargo había durado treinta años), pues (un gobernante perfecto y cuya virtud iba a beneficiar a cien generaciones de descendientes), Chouen vivió exactamente *cien* años. Lo esencial ha sido dicho, sin embargo, si no se dice en el caso de Chouen, cuya carrera, en

---

24 Sobre el uso litúrgico del tiempo, véase Granet, *Le dépôt de l'enfant sur le sol (Rev. arch.*, 1922), pp. 34-46.

25 *Id.* en *Ibid.* p. 35.

todos los demás aspectos, es tan regular, al menos se da en el caso de Yao, que ha alcanzado la verdadera edad de la jubilación.[26] Un reinado es una parte de la duración en sí misma, y los historiadores están convencidos de que debe organizarse con una organización rítmica idéntica a la de un conjunto litúrgico.

El reinado de Chouen merecía la regularidad de una liturgia perfecta. Este gobernante es conocido por una hazaña que le permitió renovar la duración. Inauguró los nuevos tiempos procediendo, para empezar, con una ceremonia de expulsión. Desterró a los márgenes del mundo a los infestados por una virtud nociva: los vástagos degenerados, los restos malignos de dinastías cuyo tiempo había pasado. Cualquier orden de duración desfasado debe terminar de desvanecerse en la vaga distancia donde la extensión se diluye y termina.[27]. Dos dominios no pueden permanecer contiguos, simplemente separados por una frontera ideal, deben estar aislados por un abismo. Dos épocas no pueden sucederse sin romper la continuidad, son dos ciclos que no pueden entrelazarse. Sin embargo, un ciclo, cuando se completa, no está condenado a la destrucción definitiva; basta con que un orden desfasado del tiempo sea puesto fuera de servicio, para que no contamine el orden imperante.

En el momento en que una dinastía china proclamaba su advenimiento promulgaba el calendario destinado a particularizar su período de dominación, se ocupaba de separar del Imperio los feudos destinados a los descendientes de las dinastías caídas. Estos últimos se encargaban de preservar en estos *dominios cerrados* las regulaciones significativas de un *ciclo histórico pasado*.[28] Asimismo, los Altares del Suelo de las dinastías caídas no eran destruidos, sino simplemente tapiados.[29] Si la conservación de estos "testigos" se consideraba necesaria, era porque se preveía un retorno de la fortuna para el orden de la civilización cuya memoria y –si así podemos decirlo– su semilla, conservaban.

Concepciones similares se encuentran en las reglas del culto ancestral.[30] Sólo los antepasados pertenecientes a las cuatro generaciones inmediatamente anteriores a la del líder del culto tienen derecho a un lugar reservado en el templo doméstico. Allí están representados por tablillas conservadas en capillas orientadas y dispuestas en un cuadrado. En estas tablillas, que conservan su memoria, debe inscribirse su nombre personal. Ninguno de los nombres de los familiares fallecidos puede ser retomado por los parientes mientras las tablillas que los llevan permanezcan en una de estas capillas. Pero cuando el jefe del culto muere y hay que dar un lugar a la lápida de este nuevo antepasado, hay que retirar la lápida en la que está inscrito el nombre de su tatarabuelo. Inmediatamente se puede dar este nombre a un niño de la familia. Con este niño reaparece una de las virtudes que presiden el orden

---

26   *Id.* en *Danses et légendes…*, pp. 286 y ss.

27   *Id.* en *Ibid.* pp. 238 y ss. Los márgenes del Universo forman una especie de espacio inactual que corresponde a los tiempos mitológicos; este mundo no humanizado está fuera del tiempo histórico.

28   *Civ. Chin.*

29   Chavannes, *Le T'ai chan*, p. 462.

30   *Civ. Chin.*; Granet, *Danses et légendes…*, pp. 21 y ss

doméstico; esta virtud se conservaba en el retiro del templo ancestral, donde se sometía a una especie de pasantía que la preparaba para renacer, mientras *cuatro* generaciones de jefes de familia se sucedían en el ejercicio de la autoridad.

Del mismo modo, a la hora de hacer historia y poner en orden el pasado, los chinos admiten que las dinastías se turnan en el poder animadas por diferentes virtudes y se suceden de forma cíclica. Mientras reina una de las cinco virtudes que pueden caracterizar una época, las otras cuatro, destinadas a reaparecer, se preservan por efecto de una especie de cuarentena reparadora. La idea del retorno cíclico de las Cinco Virtudes Soberanas sólo está atestiguada, como teoría, a partir de los siglos IV-XIII. Desde entonces inspiró plena confianza, pues fue entonces cuando sirvió de marco a los estudiosos deseosos de reconstituir las antigüedades nacionales.[31] En cuanto a los sentimientos de los que procede esta idea, se encuentran en el corazón de los antiguos datos míticos. Cuando Chouen expulsó las virtudes caducas, las envió a los márgenes del universo, no para destruirlas, se nos dice, sino para permitirles renovarse. Mientras que él mismo, una nueva virtud dispuesta a dominar, tomó posesión de una capital cuadrada en el centro del Espacio humanizado, era en las cuatro fronteras de la extensión donde se alojaban, para una larga penitencia, las virtudes temporalmente agotadas, que casualmente eran cuatro.[32]

La concepción de un Tiempo que se descompone en épocas, completas en sí mismas, tanto finitas como en número finito, está de acuerdo con una concepción del Espacio que descompone un mundo cerrado en una confederación de sectores. Ambos se basan en un orden federal de la sociedad. Un soberano, cuya autoridad descansa en un poder de delegación, no aparece revestido de una Majestad que le confiere poderes indefinidos. Tiene compañeros, y estos compañeros esperan tener su turno de dominación. El poder de animar el Tiempo y el Espacio sólo se confiere para una época cuyo fin llegará y cuyo retorno debe preverse, pues el prestigio de una dinastía o de un jefe está sujeto a los juegos regulados de la fortuna feudal.

Las épocas dinásticas están marcadas por los mismos conjuntos de símbolos que las estaciones y las direcciones del espacio. ¿El ritmo estacional inspiró directamente la idea de su sucesión cíclica? Esto es difícil de admitir si se tiene en cuenta la importancia de la idea del Centro; juega un papel igual en las representaciones del Tiempo y en las del Espacio. Considerada desde el punto de vista de la extensión, corresponde a la idea de federación. Por otra parte, parece estar vinculada a una concepción litúrgica de la duración; el orden litúrgico que caracteriza una época y que tiene su fuente en un poder regulador de esencia finita parece emanar de una especie de centro emisor que está determinado simultáneamente por la proclamación de un calendario y la inauguración de una capital federal. La idea de que toda duración no es concebible sin un centro no ha pasado sin artificio de las unidades de tiempo de carácter propiamente social (como son las épocas) al año, unidad de duración convencional, pero ligada a datos vivenciales. Sólo era posible

---

31   *SMT, Introd.*, pp. CXLIII y ss; *Civ. chin.* Cfr. *infra*, en este mismo Libro, cap. IV.
32   *Granet, Danses et légendes…*, p. 241.

aplicarla a una duración definida por el curso de los astros en virtud de un vínculo preestablecido entre las representaciones del Tiempo y del Espacio.

Como hemos visto, una antigua tradición[33] cuenta que los gobernantes de antaño hacían periódicamente un recorrido por el Imperio, comenzando por Oriente y siguiendo el curso del Sol, para adaptar el Tiempo exactamente a los Espacios. Estos gobernantes sólo estaban obligados a imitar al sol cada cinco años. Una vez realizada esta conmemoración quinquenal de la promulgación del calendario, podían permanecer en su capital durante cuatro años enteros. A continuación, indicaban el centro del Espacio tras haber trazado su perímetro. También definían el ciclo de las estaciones, al tiempo que conmemoraban la fundación de una era. Pero en el curso de su circunvalación, no podían fijar el centro del año.

Según otra tradición,[34] una capital sólo merece este nombre si tiene un *Ming t'ang*. El *Ming t'ang* es una prerrogativa propiamente real y la marca de un poder firmemente establecido. Es una Casa del Calendario, que se ve como una concentración del universo. Construida sobre una base cuadrada, porque la Tierra es cuadrada, esta casa debe estar cubierta con un techo de paja, redondo como el Cielo. Cada año y a lo largo de todo el año, el gobernante circula bajo este techo. Al situarse en la orientación adecuada, inaugura las estaciones y los meses sucesivamente. La parada que hace, en el segundo mes de la primavera, vestido de verde y situado en el centro del Oriente, equivale, ya que no se engaña ni en el sitio ni en el símbolo, a una visita equinoccial al Levante. Pero el jefe no puede continuar indefinidamente con su circulación periférica so pena de no llevar nunca la insignia que corresponde al Centro, lo que es prerrogativa del soberano. Por eso, cuando termina el tercer mes de verano, interrumpe el trabajo que le permite singularizar las distintas duraciones. Luego se viste de amarillo y, dejando de imitar la marcha del sol, se dirige al centro del *Ming t'ang*. Si quiere animar el Espacio, debe ocupar este lugar real y, en cuanto se detiene en él, es desde donde parece animar el Tiempo; ha dado un centro al año. – Para que el soberano pueda ejercer su acción central, es necesario, entre el sexto mes, que marca el final del verano, y el séptimo, que es el primero del otoño, instituir una especie de período de descanso que se cuenta como un mes, aunque no se le atribuye una duración definida.[35] Sólo tiene una duración razonable; esto no quita nada a los doce meses ni a las estaciones, y sin embargo está lejos de ser cero; equivale a todo el año, pues en él parece residir el motor del año.

El tiempo está constituido por la sucesión cíclica de épocas, todas las cuales –dinastías, reinados, quinquenios, años propiamente dichos– deben asimilarse a una liturgia, y todas ellas, incluso el año, tienen un centro. Ningún orden, en efecto, ya sea litúrgico o geográfico, temporal o espacial, se recibe sin suponer que tiene, si así podemos decirlo, como garante, un poder eminente cuyo lugar, visto en el Espacio, aparece como central. Esta concepción refleja el progreso de la organización social, que ahora se orienta hacia un ideal de jerarquía y relativa estabilidad.

---

33   *SMT*, I, pp. 58 y ss.
34   Granet, *op. cit.* pp. 116 y ss; *Civ. Chin.*
35   *Yue ling, Li ki*, C., p. 371.

La noción de centro, cuya importancia refleja este progreso, está lejos de ser primitiva, ha sustituido a la noción del eje. El papel que desempeña este último sigue siendo sensible en los calendarios de la época feudal, donde vemos que los días que rodean a los dos solsticios merecen un respeto particular.[36] Este papel es aún más notable en varios mitos de espíritu arcaico. En ellos se ha conservado el recuerdo de una época en la que la concepción de un orden jerárquico del Espacio y del Tiempo tendía a sustituir una representación del Universo y de la sociedad basada simplemente en las ideas de oposición y alternancia.

Yao, sin pensar en visitar el Imperio ni circular en un *Ming t'ang*, puso orden en el mundo con sólo enviar cuatro delegados astronómicos a los cuatro polos; Chouen, a su vez, logró establecer un nuevo orden con sólo enviar cuatro desterrados a las cuatro montañas polares. – Los delegados de Yao[37] eran los dos hermanos Hi y los dos hermanos Ho. Hi-ho es el Sol, o, mejor dicho, la Madre de los Soles, que son diez (uno por cada uno de los días del ciclo denario). Hi-ho es *uno*, ya que es diez, pero primero es *una pareja*, ya que la Madre de los Soles está casada. Así que Hi y Ho son una pareja astronómica. Una pareja compleja, en efecto: hay 3 Hi y 3 Ho. Sin embargo, forman un total, no de 6, sino de 4, en cuanto se les distribuyen las estaciones y las orientaciones. Esto se debe a que Yao, eliminando a sus jefes de estos grupos opuestos, ha tenido el cuidado de mantener en la Capital –emanaciones cercanas de su poder regulador– al mayor de los 3 Hi y al mayor de los 3 Ho. Con estos ancianos forma una tríada, augusta y central. Si queremos contarla por 1, se forma un centro en el medio del cuadrado. Como un Sol central y fijo, la eminente autoridad del Jefe irrumpe allí, mientras se manifiesta, repartida por las cuatro direcciones, bajo el aspecto particular que conviene a cada uno de los cuadrantes del mundo. A continuación, el año se distribuye en sectores a los que podemos prestar símbolos tomados de las estaciones. Estos sectores irradiantes parecen emanar de un Maestro-Sol condenado a desviarse, porque debe gobernar los diferentes espacios. Sin embargo, es el 6 y no el 4 (o el 5) el verdadero número de una familia solar, al igual que es la simple confrontación por bandas y no la distribución en cuadrados lo que indica la división primaria del Espacio.

Conocemos otros hijos del Sol además de Hi y Ho; no sólo eran seis como éstos, sino que también sabemos que salieron del vientre de su madre, 3 *por la izquierda* (= Oriente) y 3 *por la derecha* (= Occidente).[38] Al igual que los Hi y los Ho, los desterrados de Chouen,[39] que renuevan sus virtudes en las cuatro direcciones, parecen al principio contar como cuatro, y sin embargo también forman una doble banda de tres. Uno de ellos se llama Trois-Miao. Los demás forman un trío en el que dos compañeros flanquean a una poderosa figura. Este último, llamado Kouen, debía transformarse en una tortuga de *tres* patas e ir a gobernar en el Lejano Oriente (= izquierda), en una montaña de los pájaros. Frente a él, y también en un Monte de las Aves, pero en el Extremo Oeste (= derecha), se encontraban los Tres-Miao, un

---

36   *Id.* en *Ibid.*, pp. 303 y 402.
37   *Granet, Danses et légendes…*, pp. 252 y ss.
38   *Ibid.*, p. 254.
39   *Ibid.*, pp. 241 y ss; pp. 250 y ss; pp. 257 y ss.

búho de *tres* cuerpos. Culpables de haber perturbado el Tiempo, los Tres-Miao fueron, en el curso de una fiesta de baile, domados por un Héroe al que esta hazaña –él mismo bailó vestido de plumas–, le valió el trono.[40] En cuanto a Kouen, que sólo podía bailar una danza impotente, fue sacrificado por Chouen, a quien había disputado el Imperio.[41] Ahora bien, en los ballets de antaño, los bailarines, según nos cuentan, se agrupaban de tres en tres.[42] Incluso sabemos, por un ejemplo significativo, que las fiestas de inauguración de una nueva era consistían en un combate ritual entre dos jefes, cada uno flanqueado por dos segundos.[43] Representaban dos grupos *complementarios*, dos *mitades* de la sociedad que, *por rotación*, compartían la autoridad.[44]

Este principio de alternancia simple explica la oposición cara a cara de los actores. En lugar de formar el cuadrado, se disponían en el área ritual a ambos lados de una línea axial que separaba los dos campos. La representación del Tiempo y del Espacio, que los supone descompuestos en sectores ligados a un centro del que se deriva su poder de perdurar y coexistir, permitía tomar prestadas las estaciones y orientar los símbolos destinados a particularizar las duraciones así como las extensiones. Esta concepción procede de una representación más antigua. Los elementos de esta última derivan por completo, no de simples sensaciones individuales o de la observación de la naturaleza, sino de usos puramente sociales. Se toman prestados de la imagen que ofrecen, en circunstancias especialmente conmovedoras, dos bandas enfrentadas en una justa ritual. Antes de que los juegos de la política feudal hubieran alternado en la sede soberana a los representantes de las diversas virtudes que expresaban los aspectos particulares de la duración y la extensión, se trataba de un combate ritual que llevaba por turno al poder a los representantes de dos grupos complementarios. Un ritmo de dos tiempos, basado en la oposición simple y la alternancia simple, comandaba la organización social. También comandaba las representaciones gemelas del Tiempo y el Espacio.

Este sencillo ritmo es el que se impone en la vida de la sociedad por una necesidad periódica de renovación. El espacio se compone de extensiones a veces llenas y a veces diluidas; se vacía y se agota allí donde parece faltar toda vida social; parece residir enteramente en el recinto sagrado de las reuniones federales. La duración se compone de tiempos débiles y fuertes; parece refugiarse por completo en los periodos de fiestas y asambleas plenarias. Las palabras *houei* y *ki* significan ambas tiempo, pero en el sentido de ocurrencia; *ki* evoca sobre todo la idea de una cita o un término; *houei*, las de una reunión (mercado, feria, fiesta), de una congregación, de una sociedad. La duración sólo es realmente ella misma, intacta y densa, en esas ocasiones enriquecidas por la vida en común que hacen una cita y parecen fundar el Tiempo.

---

40 *Ibid.*, pp. 243, 244, 248.
41 *Ibid.*, pp. 245, 248, 268.
42 *Ibid.*, p. 270.
43 *Ibid.*, p. 271; *Civ. Chin.*, p. 221.
44 *Civ. Chin.*, pp. 231 y ss.

La estación que los rituales eruditos imponen una vez al año al Soberano de pie en el centro del *Ming t'ang*, como si fuera el pivote del año, parece corresponder a un período de retiro durante el cual los antiguos jefes debían recluirse en las profundidades de su morada.[45] En cuanto a la duración de este retiro, los distintos datos míticos no coinciden; se dice que duraba doce días, o que terminaba el séptimo día. Hay razones para pensar que los seis o doce días de retiro estaban dedicados a los seis animales domésticos o a los doce animales que son los símbolos de los doce meses.[46] Estos días se utilizaban para realizar rituales y observaciones[47] que permitían predecir (o, para decirlo mejor, determinar con la ayuda de los presagios) la prosperidad del ganado y el éxito de la cosecha. Los doce días, por ejemplo, se consideraban una prefiguración de los doce meses del año. Este periodo privilegiado se consideraba una especie de tiempo concentrado, equivalente a todo el año. La duración variable que se le atribuye se explica por el concurso de dos definiciones eruditas del año y la existencia de un calendario lunisolar. Se calcula que el año solar tiene 366 días; el año religioso sólo tiene 360 días. Los 12 meses lunares tuvieron primero 29 días (el decimoquinto día se consideraba siempre la luna llena y el centro del mes), y luego seis de ellos se ampliaron a 30 días. La duración total de las 12 lunaciones {(348 o) 354 días} era 6 (o 12) días menos que el año religioso, y 12 (o 18) días menos que el año solar. En la práctica, esto condujo a la adopción del sistema de *ciclos quinquenales* y meses intercalares; se atribuían 354 días y 12 meses al primer, segundo y cuarto año de cada ciclo, y 13 meses y 384 días al tercer y quinto año.[48] Sin embargo, el pensamiento religioso no dejó de conceder una especie de existencia separada a los doce primeros días del año.[49]

A estos días de carácter particular parece haberse unido una fiesta cuyo nombre puede entenderse con el significado de fiesta de *la noche* (más larga). Este significado se impuso desde que nació la idea de hacer pasar el eje del año por los solsticios, y se consideró el solsticio de invierno como punto de partida. Pero el comienzo del año chino es, en principio, variable; es fijando las horas, los días y los meses iniciales, que las diferentes dinastías determinaban sus insignias y su calendario para singularizar el tiempo de su dominación. Sorprendentemente, el comienzo del año sólo ha oscilado entre los distintos meses de la estación fría. La fiesta del invierno no era, desde el principio, una fiesta del solsticio; su nombre puede significar fiesta del alargamiento de las noches, y es cierto que tiene todas las características de una fiesta de la cosecha. Su duración, al principio muy larga, estaba de hecho determinada por términos reales, los de la congelación y la descongelación.[50] Se extendía, con sus ceremonias iniciales y finales, a todo el período de invierno, de modo que

---

45   *Civ. Chin.*, pp. 223 y ss.

46   Granet, *Danses et légendes…*, pp. 305 y ss.

47   *SMT*, III, p. 400.

48   *SMT*, I, p. 49; *Yi king*, L., pp. 365 y 368. {5 x 366 = (384 x 2) + (354 x 3) = 768 + 1062 = 1830}.

49   Y quizás (también) los 6 días que rodean a cada uno de los dos solsticios. *SMT*, III, p. 320 ss; *Yue ling*, 5º y 11º mes.

50   Granet, *Danses et légendes…*, pp. 330 y ss; pp. 470, 476.

podían diferenciarse numerosos episodios rituales; atribuidos al octavo y al segundo mes[51], marcaban los dos extremos de un eje equinoccial del año. Las ceremonias de la liturgia anual tendían entonces a distribuirse teniendo en cuenta tanto este eje equinoccial como el del solsticio; así, ajustándose a una división del Espacio en cuadrantes, un orden litúrgico, basado en la división del año en cuatro estaciones, servía para dar ritmo al Tiempo. Sin embargo, hay que señalar que uno de los fines de la cruz ha quedado casi vacío de valor religioso, corresponde simplemente a las vacaciones de verano, un simple tiempo de descanso y abstención. Las vacaciones de invierno tienen un significado diferente. Incluso reducidas a un periodo de seis o doce días, parecen valer tanto como todo el año.

Deben este valor al hecho de que han terminado por absorber en su interior toda la fuerza liberada por las fiestas de la temporada baja.[52] Esta última, que cae entre dos años reales, entre dos campañas agrícolas, encierra en sí misma el único Tiempo que *marca una fecha*. Es el periodo en el que los hombres que ya no están dispersos por la vida en el campo se reúnen en las aldeas y pueblos. A un tiempo secular, egoísta, monótono y sin emociones le sigue un tiempo lleno de esperanzas religiosas y de la actividad creativa de los ejercicios comunitarios. Un ritmo simple opone –como un tiempo débil a un tiempo fuerte– el periodo de vida dispersa en el que sólo queda una actividad social latente, al periodo de congregación dedicado enteramente a la reparación de los vínculos sociales. Este ritmo no se basa directamente en el ritmo estacional. Si parece depender del conjunto de condiciones naturales que rigen la existencia de una sociedad que vive principalmente de la agricultura, es porque la estación durante la cual la Tierra ya no acepta el trabajo humano es el momento en que los hombres pueden ocuparse más convenientemente de intereses que no son profanos. La naturaleza ofrece la señal y proporciona la oportunidad. Pero la necesidad de aprovechar la oportunidad y percibir la señal tiene su origen en la propia vida social. Una sociedad no puede durar sin recrearse. Los chinos creían que la duración no podía subsistir sin renovaciones periódicas, porque ellos mismos se sentían obligados a reunirse periódicamente en asambleas. Como las fiestas en las que el grupo humano volvía a la vida se celebraban en cada temporada baja, imaginaban que la renovación del Tiempo debía tener lugar cada año. De ahí, con la idea misma de un ciclo anual y el deseo de encontrar su equivalente en la Naturaleza, el deseo de vincular cada una de las manifestaciones de la vida social a una señal externa proporcionada por las manifestaciones naturales. Pero las antiguas fiestas de la temporada baja sólo expresaban, en principio, necesidades humanas, necesidades propiamente sociales.[53] La prueba de ello radica en que su primer y principal objetivo no era merecer temporadas felices o un buen año, sino obtener la perpetuación de la agrupación social.

Para lograrlo, el grupo ponía en marcha todas las fuerzas a su disposición. Lo gastaba todo y se gastaba complemtamente; vivos y muertos, seres y cosas, bienes y productos de todo tipo, humanos y dioses, mujeres y hombres, jóvenes y viejos,

---

51   O los meses noveno y tercero.
52   Granet, *op. cit.* pp. 327 y ss, *Civ. Chin.*
53   *Id. Fêtes et chansons anciennes de la Chine,* pp. 178 y ss.

todos mezclados en una orgía feroz y vigorizante. Las justas que preparaban esta comunión total buscaban sobre todo enfrentar a los muertos con los vivos, a los viejos con los jóvenes, a todo el pasado con todo el futuro, de todas las maneras posibles. De este modo se establecía una continuidad entre las generaciones, de la que se beneficiaba el propio Tiempo, hasta el punto de que su renovación parecía un *rejuvenecimiento*. Era fácil imaginar que la fiesta se celebraba con la intención de inaugurar el nuevo año y preparar el éxito de la próxima campaña agrícola. Sin embargo, los festejos terminaban con una ovación que se repetía indefinidamente desde cerca y desde lejos: "¡Diez mil años! ¡Diez mil años![54] Cuando la fiesta se celebraba en beneficio de los jefes investidos del poder de hacer perdurar y convivir, esta aclamación parecía corresponder a una aclamación de advenimiento, a un deseo dinástico, a la inauguración de una era. Cuando se utilizaba para designar al jefe, también servía para concentrar en su persona un poder vital que implicaba esperanzas ilimitadas de perpetuación.[55] En una época en la que la fiesta de la larga noche era todavía la asamblea de invierno de una comunidad campesina, el grito de"¡Diez mil años!" significaba sobre todo la confianza de una raza en el éxito de sus trabajos, un éxito que se renovaba constantemente y que garantizaba al grupo humano una puerta a la perpetuidad. Vacía y como sin fuerza en la corriente de los días, la duración, durante las asambleas de la temporada baja, se llenaba repentinamente de realidad viva. Rica en esperanzas y recuerdos, estaba impregnada de ese poder de realización que señala los deseos exaltados por la acción en común. Todo el pasado, todo el futuro, todo el Tiempo (con todo el Espacio) parecían condensarse en las ocasiones sagradas (adscritas a lugares sagrados) en las que un grupo humano llegaba a concebirse como una unidad permanente y total.

* * *

En las civilizaciones en las que la actividad social apenas cesa de ser intensa, la continuidad parece ser un carácter esencial de la duración. La vida social de los antiguos chinos era más intensa durante el retiro invernal, pero tan pronto como la reanudación del trabajo secular obligaba a los hombres a dispersarse, repentinamente se reducía a la nada. El tiempo (y el espacio) parecían, pues, plenamente densos sólo en los momentos (y lugares) reservados a las asambleas y las fiestas. Vinculados a espacios llenos, los tiempos fuertes se alternan con los tiempos débiles vinculados a espacios vacíos. La necesidad de una reparación rítmica del sentimiento social condujo a la idea de que el Espacio y el Tiempo tenían una constitución rítmica común. Esta constitución rítmica, cuyo principio se encuentra en la antítesis de los períodos de dispersión y de concentración, se expresó por primera vez en las ideas conjuntas de la simple oposición y de la alternancia, y la representación del Espacio y del Tiempo implicó desde el principio el sentimiento de una diferencia de valor entre dos cualidades de extensión y de duración.

Por otra parte, la duración y la extensión parecían existir plenamente sólo allí donde estaban socializadas; sujetas a la necesidad de creación periódica, parecían

---

54   *Id. La religion des Chinois; Civ. Chin.*
55   *Civ. Chin.*, pp. 45, 228. "10.000 años" equivale a "Hijo del Cielo". Estas dos expresiones designan al soberano.

emanar de algún tipo de centro. Esto permitía que las representaciones espaciales reaccionaran sobre la representación del Tiempo que las había dado forma en primer lugar. A la idea de que tanto las extensiones como las duraciones tenían un valor desigual se añadió la de que tanto las duraciones como las extensiones eran de naturaleza variada. Este progreso se realizaba en cuanto se ordenaba la representación del Espacio, ya no por el espectáculo de dos campamentos llenos de bandas enfrentadas cara a cara, sino por el de una formación cuadrada, habiéndose reabsorbido la línea axial que separaba las partes en un centro ocupado por un Jefe. Esta última disposición tiene como principio el aumento de la complicación de la estructura social. Ya no se basa en una división en dos grupos complementarios que dominan por turnos. Se basa en una organización federal. Situado en un punto de convergencia, el soberano cuya virtud gobierna la confederación parece estar ocupado en unificar lo diverso. Durante las celebraciones federales, esta diversidad aparece dividida en cuatro cuadrantes; también toma prestados sus símbolos de las cuatro direcciones. El espacio se diversifica así en extensiones orientadas; el tiempo aparece inmediatamente descompuesto en duraciones con atributos estacionales. Si los grupos de una confederación ya no se alternan en el poder según el simple ritmo que conviene a dos grupos complementarios, un principio de rotación sigue rigiendo la organización feudal. Por ello, el tiempo parece estar formado por épocas que, sucediéndose de forma cíclica, se imaginan a su vez en forma de ciclos. Esto explica la teoría de las Cinco Virtudes Soberanas, a veces situadas en un puesto de mando central, a veces relegadas a la cuarentena en los cuatro extremos del Imperio. Pero el Espacio, después de haber impuesto un ritmo quinario al Tiempo a causa de su división en cuadrantes, debe tomar él mismo prestado este ritmo. Esto explica la división de la extensión en cinco cuadrados entrelazados, espacios jerarquizados que se distinguen por su grado de cohesión; esto se indica, para cada uno de ellos, por la periodicidad característica del ritmo de reparación que les es propio.

Los chinos no se molestaron en concebir el Tiempo y el Espacio como dos entornos homogéneos capaces de albergar conceptos abstractos. Los han desglosado en *cinco* secciones principales, que utilizan para distribuir los símbolos que indican la diversidad de ocasiones y lugares. Esta concepción les proporcionaba el marco para una especie de arte total; basado en un conocimiento que nos parece completamente escolástico, este arte tiende a lograr, mediante el simple uso de símbolos eficaces, una ordenación del mundo que se inspira en la ordenación de la sociedad. Por otra parte, los chinos han evitado ver en el Espacio y el Tiempo como dos conceptos independientes o dos entidades autónomas. Ven en ellos *un* complejo de *secciones* identificadas con conjuntos activos, con agrupaciones concretas. Lejos de parecer incoherente, el juego de estas secciones les parece ordenado por un principio de orden; este principio se confunde con el sentimiento de la eficacia del ritmo. Esta eficacia, que es evidente en el ámbito de la organización social, no parece tener menos valor cuando se trata de organizar el pensamiento. – Veremos que este mismo sentimiento de la eficacia universal del ritmo se encuentra en el corazón de la concepción del Yin y el Yang.

Capítulo II
EL YIN Y EL YANG

La filosofía china (al menos en la parte conocida de su historia[1]) está dominada por las nociones de Yin y Yang. Todos los estudiosos lo reconocen. Además, todos ellos consideran estos símbolos con el matiz de respeto que acompaña a los términos filosóficos, que exige que sean considerados como la expresión de un pensamiento erudito. Se inclinan por interpretar el Yin y el Yang con el rigor que parece propio de las creaciones doctrinales, y se apresuran a calificar estos símbolos chinos tomando prestados términos del lenguaje definido por los filósofos occidentales. Así, declaran a la vez, unas veces, que el Yin y el Yang son fuerzas, otras, que son sustancias. Los que las llaman fuerzas –ésta es la opinión general de los críticos chinos contemporáneos– consideran ventajoso acercar estos antiguos símbolos a los símbolos utilizados en la física moderna.[2] Los otros –son occidentales– pretenden reaccionar contra esta interpretación anacrónica.[3] Por lo tanto, afirman (muy por el contrario) que el Yin y el Yang son sustancias, sin pensar en preguntarse si, en la filosofía de la antigua China, hay alguna apariencia de distinción entre sustancias y fuerzas. Para evitar cualquier sesgo, han dado al Tao el

---

1   Hay que recordar que no ha llegado hasta nosotros ningún fragmento (que contenga una preocupación filosófica) que pueda estimarse como significativamente anterior al siglo V a.C.

2   Hu Shih. *The development of logical method in ancient China*, y (siguiéndolo) Tucci, *Storia della filosofia cinese antica*, p. 15, y Suzuki, *A brief history of early Chinese philosophy*, p. 15.

3   Maspero, *La Chine antique* pp. 482-483. En las páginas 273 y siguientes del mismo libro se expresan ideas muy diferentes, que parecen inspiradas en otra interpretación. Comp. Wieger, *Histoire des croyances religieuses et des opinions philosophiques en Chine, depuis l'origine jusqu'à nos jours*, p. 127.

nombre de una realidad suprema análoga a un principio divino,[4] y están dispuestos a descubrir en el Tao una tendencia a un dualismo sustancial.

Para evitar cualquier sesgo, conviene repasar los usos antiguos de los términos *yin* y *yang*, evitando cualquier pedantería cronológica y teniendo en cuenta los peligros de la prueba por ausencia. – La tradición china remonta el concepto del Yin y el Yang a los primeros astrónomos[5] y, de hecho, los símbolos se mencionan en un calendario cuya historia se remonta al siglo III a.C.[6] Está de moda hoy en día atribuir a los teóricos de la adivinación la primera idea de una concepción metafísica del Yin y del Yang; estos términos aparecen, en efecto, con bastante frecuencia en un folleto relativo al arte adivinatorio. Durante mucho tiempo se pensó que este tratado era obra de Confucio (principios del siglo V a.C.). Hoy en día, se prefiere datarlo entre los siglos IV y III a.C.[7] Los teóricos de la música nunca han dejado de basar sus especulaciones en el tema de una acción concertada (*tiao*) atribuida al Yin y al Yang. Este tema es uno de los que Tchouang tseu, un autor del siglo IV a.C. cuyo pensamiento está vinculado a la corriente taoísta, es especialmente aficionado a evocar.[8] Una breve y precisa alusión a esta acción concertada se encuentra en un pasaje de Mö tseu;[9] al igual que la doctrina de Confucio, la de Mö tseu está vinculada a una tradición de pensamiento humanista. Su obra data de finales del siglo V a.C. Además, los términos *yin* y *yang* aparecen en la nomenclatura geográfica, que, al menos en lo que respecta a los lugares sagrados y las capitales, se inspiró sin duda en principios religiosos. – Desde el periodo comprendido entre los siglos V y III a.C., los símbolos del yin y el yang fueron utilizados por teóricos de muy distintas orientaciones. Este amplio uso da la impresión de que estos dos símbolos indican nociones que inspiran una amplia gama de técnicas y doctrinas.

Esta impresión se confirma en cuanto se piensa en comprobar el uso de las palabras *yin* y *yang* en el *Che king*, cosa que suele pasarse por alto. Se supone que sólo pueden ser usos vulgares a los que se les niega cualquier interés filosófico. Sin embargo, cuando se trata de un estudio de términos y nociones, el *Che king* proporciona el fondo más sólido; esta colección poética, cuya compilación no puede ser posterior a principios del siglo V a.C., es, de todos los documentos antiguos, el que mejor ha resistido las interpolaciones. En el lenguaje del *Che king*, la palabra

---

4   Maspero, *op. cit.* p. 483, nota 1, y pp. 499 y ss.

5   *Ts'ien Han chou*, 30, p. 15b.

6   Este tratado, el *Yue ling* (Cf. *Li ki*, C., I, pp. 330 y ss), ha llegado hasta nosotros en tres ediciones conservadas por el *Lu che tch'ouen ts'ieou*, el *Houai-nan tseu* y el *Li ki*.

7   Este tratado, el *Hi ts'eu*, es un apéndice del manual adivinatorio llamado *Yi king* (Cf. *Yi king*, L., p. 348 y ss). Véanse los *Prolegómenos* de Legge (*Ibid.*, pp. 26 y ss; pp. 36 y ss), y Maspero, *op. cit.* p. 480.

8   *SMT*, III, pp. 301 y ss. y P. Wieger, *Les Pères du système taoïste*, p. 321.

9   *Mö tseu*, 7. Véase Forke: *Mo Ti, des Socialethikers und seiner Schiller philosophische Werke*, p. 324. Maspero profesa que los autores del *Hi ts'eu* son los inventores de la teoría del Yin y el Yang; por ello admite (el *Hi ts'eu* se juzga posterior a la obra de Mö tseu) que este pasaje está interpolado, aunque reconoce que forma parte de un capítulo de esta obra considerado auténtico.

yin evoca la idea de tiempo frío y nublado,[10] de cielos lluviosos;[11] se aplica a lo que es interior (*nei*)[12] y, por ejemplo, califica el retiro oscuro y frío donde, durante el verano, se guarda el hielo.[^163] La palabra *yang* evoca la idea de sol[13] y calor;[14] también puede utilizarse para representar el aspecto masculino de un bailarín en acción;[15] se aplica a los días de primavera, cuando el calor del sol comienza a hacerse sentir[16] y también al décimo mes del año, cuando comienza el retiro invernal.[17] Las palabras *yin* y *yang* indican aspectos antitéticos y concretos del Tiempo. También indican aspectos antitéticos y concretos del Espacio. Se dice de las laderas sombrías, del norte de la montaña, al sur del río, son *yin*; pero las laderas soleadas (al norte del río, al sur de la montaña), el *lado soleado*[18], son *yang*, un buen emplazamiento para una capital.[19] Ahora bien, cuando se trataba de determinar el emplazamiento de la ciudad, el Fundador, con sus vestimentas sagradas, comenzaba por inspeccionar los lugares, seguido de operaciones adivinatorias; esta inspección se describe como un examen del Yin y del Yang (o, si se quiere expresar de otra forma, un examen de las vertientes oscuras o soleadas).[20] Puede ser útil recordar aquí que el décimo mes del año, descrito como un mes yang por el *Che king*, es el mes en el que los ritos ordenaban el inicio de la construcción; debemos pensar que entonces se elegía el emplazamiento. Los primeros días de la primavera son aquellos en los que las construcciones deben ser completadas y, sin duda, inauguradas;[21] el epíteto *yang* también es apropiado para estos días. Estos testimonios, los más antiguos y seguros de todos los que tenemos, no pueden ser descuidados. Señalan la riqueza concreta de los términos *yin* y *yang*. Estos símbolos parecen haber sido utilizados en una variedad de técnicas, pero todas son técnicas rituales y están relacionadas con un conocimiento total. Este conocimiento es aquel cuya importancia y antigüedad se puede intuir a partir del análisis de las representaciones del Tiempo y

---

10   *Che king*, C., p. 35.

11   *Ibid.*, pp. 39, 159, 254.

12   *Ibid.*, p. 144.

13   *Ibid.*, p. 197.

14   *Ibid.*, p. 161.

15   *Ibid.*, p. 78.

16   *Che king*, C., p. 161.

17   *Ibid.*, pp. 185, 190; *Civ. Chin.*, pp. 171, 189.

18   *Che king*, C., pp. 23, 104, 143, 202, 324; Granet, *Fêtes et chansons*, p. 246, n.1.

19   *Ibid.*, pp. 349, 463.

20   *Ibid.*, p. 362. *Civ. Chin.* Nótese que el pasaje del *Che king* donde se menciona esta inspección establece la antigüedad de las prácticas de las que surgió el famoso arte chino de la geomancia. El objetivo de la geomancia (*fong chouei*) es determinar el valor de los lugares teniendo en cuenta las aguas que fluyen (*chouei*) y las corrientes de aire (*fong*); éstas siempre están relacionadas con las montañas; es fácil ver el interés que podrían tener términos como yin y yang, cuyo significado principal parece ser lado norte o sombreado (de un valle) y lado soleado (de un valle). Nótese también que la inspección de las sombras y la luz se expresa en este pasaje con la palabra *king*. Esta misma palabra significa *gnomon* y es similar en ortografía y pronunciación a la palabra *king*: capital.

21   *Civ. Chin.*, p. 265.

del Espacio. Su objeto es el uso religioso de los lugares y las ocasiones. Ordena la liturgia y el ceremonial, el arte topográfico y el arte cronológico.

* * *

De este conocimiento depende el conjunto de las técnicas conocidas como adivinatorias. No es de extrañar, por tanto, que resulte (tengamos en cuenta lo fortuito de la conservación de los documentos) que los desarrollos más antiguos que se conocen sobre el Yin y el Yang estén contenidos en el *Hi tseu*, un pequeño tratado anexo al *Yi king* (el único manual de adivinación que no se ha perdido). Tampoco es sorprendente que el autor del *Hi tseu* hable del Yin y el Yang sin pensar en dar una definición.[22] De hecho, basta con leerlo sin prejuicios para sentir que procede por alusión a nociones conocidas. Veremos incluso que el único aforismo que contiene las palabras yin y yang en el que podemos adivinar la idea que tenía de estos símbolos aparece como una fórmula preparada, como un verdadero centón; incluso en este hecho reside la única posibilidad que tenemos de interpretar este aforismo.

"*Un* (tiempo) *Yin, un* (tiempo) *Yang* (yi Yin yi Yang), ¡eso es el Tao!",[23] dice el *Hi tseu*. En este refrán, todo queda librado a nuestra imaginación. La traducción más literal corre el riesgo de distorsionar su significado. La que acabo de dar ya es tendenciosa, sugiere la interpretación: "un tiempo de Yin, un tiempo de Yang…". Sin duda, existe la posibilidad de que un autor preocupado por la adivinación considere las cosas desde el punto de vista del Tiempo; sin embargo, tomada en sí misma, la fórmula podría leerse con la misma facilidad: "un (*lado*) Yin, un (*lado*) Yang…". Lo que hemos aprendido sobre la conexión entre las representaciones del Espacio y el Tiempo ya nos permite rechazar ambas interpretaciones como parciales. Hay razones para suponer que las ideas de alternancia y oposición son sugeridas, ambas (*lei*) juntas, por la conexión de los símbolos Yin, Yang y Tao. Pero eso no es todo; la sola transcripción ya es interpretativa, pues implica el uso de mayúsculas o minúsculas. Debería escribirse:

$$\left\{ \begin{array}{l} \text{Primero el Yin, luego el Yang,} \\ \text{Aquí está el Yin, allí está el Yang,} \end{array} \right\} \qquad \text{¡esto es el Tao!}$$

o:

$$\left\{ \begin{array}{l} \text{Una vez Yin, otra vez Yang,} \\ \text{Un lado Yin, un lado Yang,} \end{array} \right\} \qquad \text{¡esto es el Tao!}$$

---

22   Maspero, *La Chine antique*, p. 482. Este hecho –desconcertante para ellos– debería haber sido señalado por los intérpretes que atribuyen al autor del *Hi tseu* la invención de un sistema "metafísico" del que las nociones de Yin y Yang formarían el centro. Estos intérpretes, en cambio, no dudan en suponer que estos términos son objeto de dos frases en las que el autor del *Hi tseu* no los menciona. Maspero ha tenido la precaución, al traducir estas dos frases, de poner entre paréntesis las palabras *yin* y *yang*, que el texto chino no contiene, pero que no duda, basándose en los glosadores, en restituir.

23   *Yi king*, L. p. 355.

¿Son Sustancias o Fuerzas (o, digamos para ser más prudentes, Principios) alternos u opuestos? ¿O se trata de aspectos opuestos y alternados? Es imposible decidir nada tratando de fijar el significado de la palabra *tao* de una vez; todo lo que el *Hi ts'eu* puede enseñarnos es que esta palabra indica una noción relacionada con las ideas de *yi* (mutación), *pien* (cambio cíclico) y *t'ong* (interpenetración mutua). Sólo tenemos un camino abierto. El aforismo del *Hi ts'eu* se destaca por su forma; quizás podemos esperar aclarar su significado si lo comparamos con fórmulas de constitución similar.

El *Hi ts'eu* proporciona dos fórmulas de este tipo. Al principio del tratado, hay un pasaje destinado a dejar clara la correspondencia exacta entre las manipulaciones adivinatorias y las operaciones de la Naturaleza. El aforismo *"una (vez) frío, una (vez) caliente"* o *"un (tiempo de) frío, un (tiempo de) calor"* sigue inmediatamente a una fórmula que evoca las revoluciones del Sol y la Luna. Precede la indicación de que el Tao, bajo el aspecto de *K'ien* (*K'ien tao*), constituye lo masculino y que, bajo el aspecto de *K'ouen* (*K'ouen tao*), constituye lo femenino. Toda la tradición reconoce en *K'ien* y *K'ouen* (que son, líneas indivisas o partidas, los símbolos primordiales de la adivinación) la representación gráfica del Yang y el Yin. El *Hi ts'eu*, en otro lugar, equipara a *K'ouen*, el símbolo femenino, con la puerta cuando está cerrada {la hembra permanece oculta e internamente forma (*nei*) un escondite para el embrión} y a K'ien, el símbolo masculino, con la puerta cuando está abierta {el macho se extiende y produce; produce, crece y crece (*cheng*); se exterioriza (*wai*)}.[24] Después, el autor añade:"una vez cerrado, una vez abierto, ¡este es el ciclo de la evolución (*pien*)! un ir y venir (*wang lai*) sin fin, ¡esto es la interpenetración mutua (*t'ong*)!".[25] La combinación de estas fórmulas sugiere que las nociones de Yin y Yang forman parte de un conjunto de representaciones dominadas por la idea de ritmo. Incluso pensamos que esta idea puede tener como símbolo *cualquier imagen* que registre dos *aspectos* antitéticos.

El *Kouei tsang* ofrece una fórmula similar. Este es el nombre de un manual de adivinación perdido hace mucho tiempo.[26] Es probable que el *Kouei tsang* estuviera relacionado con las antiguas tradiciones religiosas en una forma mucho más estrecha que el *Yi king*. A juzgar por los fragmentos conservados, abundaba en temas mitológicos.[27] Hemos conservado dos pasajes en los que se menciona a Hi-ho. Fue a los astrónomos Hi y Ho a quienes la tradición, en tiempos de los Han,[28] atribuyó la concepción del Yin y el Yang. Pero sabemos que Hi-ho es la madre de los Soles o el Sol mismo. El *Kouei tsang*, que nos habla de él en verso, lo conoce como tal. Describe su ascenso a lo largo de la morera hueca, una morada solar y real, que se

---

24 Esta es la interpretación tradicional recogida por las glosas. Nótese el carácter sexual de estas representaciones. Volveremos sobre este punto.

25 *Yi king*, L., p. 372.

26 El *Kouei tsang*, según la tradición, era el libro adivinatorio de los Yin (conservado por los príncipes de Song, sus descendientes); el *Yi King*, el libro de los Tcheou, sucesores de los Yin.

27 El *Yi king* está casi desprovisto de temas míticos, de ahí su favor entre la escuela de moralistas que se reclaman confucianos, y por consiguiente su conservación.

28 *Ts'ien Han chou*, 30, p. 15b.

encuentra en el Valle del Levante (*yang*).[29] Es allí, dice, donde Hi-ho "(al) *entrar*, (al) *salir* (hace) *oscuridad* (o la) *luz* (*houei ming*)". El *Kouei tsang* dice en otro lugar: "¡Mira cómo asciende al cielo – un (tiempo de) *luz*, un (tiempo de) *oscuridad* (*yi ming yi houei*) – es el hijo de Hi-ho – ¡*saliendo* del Valle del Levante!" Estos dos fragmentos son dignos de atención. Revelan el trasfondo mítico y la estrecha correspondencia de los temas del ir y venir (puerta abierta y cerrada, dentro y fuera) y de la oposición de la sombra y la luz. También muestran que se trata de fórmulas estereotipadas, con refranes ricos en poesía.

He mostrado anteriormente que estos centones destacan por una especie de equivalencia simbólica que les permite elicitarse mutuamente. El dicho:

"yi ming yi houei"   { ¡primero la luz, luego la oscuridad!
                         { aquí la luz, allí la oscuridad

– tan cercano en forma y significado (al menos si no se olvidan los significados originales de los términos *yin* y *yang*) en el aforismo del *Hi ts'eu*:

"yi yin yi yang"   { primero la sombra, luego el sol
                      { ¡aquí lo sombrío, allí lo soleado!

– puede encontrarse, tal cual, en un pasaje de Tchouang tseu.

Se coloca allí (como en el aforismo del *Hi ts'eu* "*un* (tiempo) *frío, un* (tiempo) *caliente*") junto a una fórmula que evoca las revoluciones del Sol y de la Luna. En este desarrollo, que no tiene nada de propiamente taoísta, Tchouang tseu pretende describir explícitamente la interacción del Yin y el Yang.[30] Los describe con mayor amplitud en otro pasaje,[31] en el que abundan dichos de la misma forma: "un (tiempo de) plenitud, un (tiempo de) decadencia… un (tiempo de) refinamiento, un (tiempo de) engrosamiento… un (tiempo de) vida, un (tiempo de) muerte… un (tiempo de) hundimiento; un (tiempo de) subida…". Tchouang tseu multiplica estos dichos en una página muy poética en la que intenta dar una transposición literaria de una antigua sinfonía (es posible que haya utilizado el libreto); esta sinfonía estaba precisamente relacionada con el mito de Hi-ho: celebraba el Estanque Sagrado, donde, cada mañana, la Madre de los Soles lava al Sol Naciente.[32]

Uno de los refranes que aparecen en este tipo de poemas merece especial atención. Es el dicho: "*yi ts'ing yi tchouo*". Lo he traducido con la fórmula: "un tiempo de refinamiento, un tiempo de espesamiento". *Ts'ing* da la idea de lo puro, lo tenue; *tchouo*, la idea de lo mixto, lo pesado. Estos términos opuestos evocan la imagen de los *posos* que se depositan debajo de la parte clarificada de una bebida fermentada. Pueden utilizarse para evocar los dos aspectos antitéticos de lo que llamaríamos materia o sustancia. Pero *tchouo* también se utiliza para referirse a los sonidos tur-

---

29   Granet, *Danses et légendes*…, p. 253. Se podría traducir: el valle del Yang.
30   *Tchouang tseu*, Wieger, *Les Pères du système taoïste*, p. 383.
31   *Ibid.*, p. 321.
32   Granet, *op. cit.*, p. 435.

bios y apagados, a las notas bajas y graves; *ts'ing* a los sonidos claros y puros, a las notas altas y agudas.[33] Por lo tanto, el dicho debe leerse como si significara

indistintamente:
$$\left\{ \begin{array}{cc} \text{Aquí lo liviano, allí lo pesado} \\ \updownarrow \qquad\qquad \updownarrow \\ \text{primero agudo, después grave} \end{array} \right.$$

Y, en efecto, cuando Tchouang tseu, queriendo revelar la constitución de todas las cosas, escribe, con muchos centones, una especie de sinfonía cósmica, no parece que tenga la menor idea de distinción entre materia y ritmo.[34] No piensa en fuerzas o sustancias opuestas como entidades independientes; no supone ninguna realidad trascendente a ningún principio; simplemente evoca una selección de imágenes contrastadas. Ahora bien, al centón *"yi ts'ing yi tchouo"* le sigue una fórmula (que también parece implicar una metáfora musical) que tiene sobre todo el valor de un resumen: "El yin y el yang se conciertan *(tiao)* y se armonizan *(ho)*", tal es la fórmula que enuncia Tchouang tseu tras enumerar algunos de los contrastes significativos que revelan la constitución rítmica del universo. La antítesis del Yin y del Yang puede, al parecer (sin duda porque es particularmente conmovedora),[35] servir para evocar todos los contrastes posibles; de ahí la tendencia a encontrar en cada uno de ellos la antítesis del Yin y del Yang, que parece resumirlos a todos. Esta antítesis no es en absoluto la de dos Sustancias, dos Fuerzas, dos Principios. Es simplemente la de dos Símbolos, más rica que todas las demás en poder de sugestión. Entre ellos, saben evocar, agrupados por parejas, todos los demás símbolos. Los evocan con tal fuerza que parecen darles origen y acoplamiento. Así, el Yin y el Yang adquieren la dignidad y la *autoridad* de un par de *Secciones-maestras*. Es por esta autoridad que se atribuye a la pareja Yin-Yang esta unión armónica, esta acción concertante *(tiao ho)* que se imagina asida al fondo de toda antítesis y que parece presidir la totalidad de los contrastes que constituyen el Universo.[36]

Por una significativa coincidencia (demuestra la credibilidad de los centones y que los filósofos se inspiran en la sabiduría común), *Mö tseu* evoca también esta acción concertante *(tiao)* en el único pasaje en el que nombra al Yin y al Yang. Este fragmento (si no ha sido interpolado) es el más antiguo que menciona estos símbolos.[37] Es interesante en otros aspectos. Mö tseu habla del Yin y el Yang (después de haber indicado también la antítesis del frío y el calor) en un desarrollo que trata del Cielo y del curso del tiempo y que, por otra parte, destaca por el uso de metáforas

---

33   Obsérvese que, al igual que la sustancia (= alimento), el ritmo se evoca mediante una imagen proporcionada por la bebida.

34   No sólo se confunden las ideas de ritmo y de sustancia, sino que la oposición entre los términos antitéticos que se imaginan tanto en el Tiempo como en el Espacio implica la idea de una yuxtaposición además de una alternancia. Ya he indicado la similitud de las ideas de *pien* (evolución cíclica) y *t'ong* (interpenetración).

35   Este es el punto que hay que explicar. Intentaré hacerlo, véase más abajo.

36   Obsérvese que la expresión *ho tiao* (las mismas palabras invertidas) significa: "Armonizar y poner en armonía (los sabores primordiales que componen los alimentos)". El ritmo y la sustancia son objeto de una intuición global e indistinta.

37   *Mö tseu*, 7.

tomadas de la música. La acción concertada del Yin y el Yang (no menos notable) no se da como teniendo su principio en el Yin y el Yang mismos. Su origen es el *orden social*. El ritmo tiene, no un autor, sino una especie de *regente responsable* que pertenece al mundo humano. La cualidad de regulador del ritmo universal es una prerrogativa principesca, pues es en el Jefe donde la sociedad delega la *responsabilidad* plenaria, la *autoridad*. "Un Rey Santo hace que las cuatro estaciones surjan a su debido tiempo (*tsie*);[38] hace que el Yin y el Yang, la lluvia y el rocío, coincidan (*tiao*)". Vemos que los dos grandes símbolos se sitúan aquí en el mismo rango que la lluvia y el rocío.[39] Esta es sin duda la característica más interesante de este pasaje. Confirma lo que sugerían los análisis anteriores: el Yin y el Yang son válidos como símbolos, y expresan aspectos concretos. Lo que Mö tseu desea evocar, en este caso, es precisamente la imagen que, tomada en su significado inicial, evocan estos dos símbolos; cuando se menciona junto a la oposición del rocío y la lluvia, la oposición del Yang y el Yin señala ciertamente la antítesis de los aspectos sombrío y soleado. Habrá que explicar por qué esta antítesis, entre otras muchas, proporcionó los símbolos llamados a desempeñar el papel de las secciones maestras. Habrá que recordar entonces que el contraste del Yin y el Yang compone una especie de espectáculo que un orden musical parece regular. Lo esencial, por el momento, es constatar que nada nos invita a ver, en el Yin y el Yang, Sustancias, Fuerzas o Principios; sólo son Símbolos dotados de un poder de evocación verdaderamente indefinido y, para decirlo mejor: total.

La "teoría" del Yin y el Yang debe, sin duda, mucho a los músicos, quizá incluso más que a los astrónomos y adivinos. Pero, ciertamente, adivinos, astrónomos y músicos partían de una representación que, traducida en mitos,[40] formaba parte del pensamiento común. Este pensamiento parece estar dominado por la idea de que el contraste de dos aspectos concretos caracteriza al Universo así como a cada una de sus apariciones. Cuando (por alguna preocupación técnica) se considera el contraste desde el punto de vista de la duración (es el caso de las ciencias es-

---

38   La palabra *tsie* significa "*articulación, unión*" y evoca la imagen de un nudo de bambú. Designa el instrumento utilizado para marcar el compás (*el Rey hace coincidir el Yin y el Yang marcando el compás en las cuatro estaciones*) y las divisiones del tiempo que sirven para dar ritmo al curso de las estaciones. También es el emblema de la lealtad y la castidad y, en definitiva, de la medida. Los distintos aspectos concretos de la noción de medida parecen implicar una imagen musical que parece estar vinculada a la representación de un instrumento (de bambú) *medido* por el número de sus *articulaciones*.

39   La lluvia y el rocío constituyen temas poéticos que sirven de símbolo a determinados períodos del año. La lluvia y el rocío son opuestos. La idea de la lluvia está vinculada a representaciones de naturaleza femenina (*yin*); el rocío despierta la idea de beneficencia principesca (masculina, *yang*). Hay que señalar que el Yang se opone a la Lluvia *en la lista de los Cinco Signos proporcionada por el* Hong Fan (*SMT*, IV, p. 228), lo que demuestra además: 1° *que "la teoría" del Yin y del Yang es conocida por los redactores del* Hong Fan; 2° *que, para ellos, (el Yin y el) Yang son categorías concretas.* Cf. *infra*, Libro II, cap. IV, y Libro III, cap II.

40   El más interesante es el de *Hi-ho*. Según la tradición, el mayor *Hi* y el mayor *Ho*, astrónomos principales que *asisten* al soberano, fueron asignados, uno al Yin y el otro al Yang. *SMT*, pp. 43 y 44, y nota 1; *Granet, Danses et légendes...*, p. 253.

trictamente adivinatorias en cuanto se distinguen de la ciencia de los lugares y se ocupan sobre todo del conocimiento de las ocasiones), la oposición de los aspectos conduce a la idea de su alternancia. Por tanto, es concebible que el mundo no presente ninguna apariencia que no corresponda a una *totalidad cíclica* (*tao, pien, t'ong*) constituida por la conjugación de *dos manifestaciones alternas y complementarias.* Pero esta conjugación no se produce menos en el dominio del Espacio que en el del Tiempo. La idea de alternancia puede ser sugerida tanto por una disposición espacial como por una disposición temporal. La yuxtaposición de sectores radiantes lo evoca tan bien como una sucesión en forma de ciclo. Incluso, como hemos visto, es en virtud de su conexión con el Espacio y no por una extensión abusiva de las características del tiempo concreto que el Tiempo se descompone en unidades cíclicas, algunas de las cuales (el reinado o la era) se distinguen claramente del año. Esta observación lleva a suponer que el Yin y el Yang, como símbolos utilizados por los astrónomos, pueden haber sido tomados por entidades cosmogónicas, pero que no correspondían, en principio, a representaciones simplemente temporales. El pensamiento chino, ya sea común o técnico, nunca separa la consideración del tiempo de la de la extensión. El hecho de que los términos adoptados para expresar la oposición cíclica de los aspectos constitutivos de toda realidad impliquen imágenes espaciales da una nueva prueba de ello. El aforismo del *Hi t'seu:* "*yi yin yi yang*"[41] puede traducirse con seguridad por la fórmula "*un* (tiempo) *yin, un* (tiempo) *yang*", cuando se interpreta desde el punto de vista de los adivinos. Pero también implica la idea: "*un* (lado) *yin, un* (lado) *yang*".[42] La única manera de evitar una interpretación demasiado parcial es, pues, leer: "*un* (aspecto) *yin, un* (aspecto) *yang*" –sin olvidar que esta oposición despierta una imagen concreta y compleja, la de un aspecto de sombra combinado con un aspecto de luz–, y dar a entender, por último, que estos aspectos antitéticos siempre se perciben como alternados; parecen alternarse no sólo cuando contemplamos la sucesión de periodos de oscuridad (noche, invierno) y periodos de luz (día, verano), sino también cuando evocamos simultáneamente el doble espectáculo de un paisaje en el que podemos pasar de una ladera sombría (*yin*: lado sombreado) a una ladera soleada (*yang*: lado soleado).

* * *

Es difícil, como vemos, considerar los términos *yin* y *yang* como términos asignados arbitrariamente por los astrónomos o adivinos a entidades inventadas por ellos. Estas palabras evocan, en primer lugar, una imagen, y ésta es notable porque implica una representación vinculada de Espacios y Tiempos. Sin embargo, la idea

---

41   Transcribo sin usar mayúsculas; no se trata de la oposición de dos principios, sino del contraste de dos aspectos.

42   Una de las tradiciones relativas a los símbolos utilizados en las técnicas adivinatorias (símbolos que el *Yi king* representa gráficamente mediante líneas sólidas y continuas o huecas en su centro) es que los adivinos utilizaban fichas, una de cuyas caras se mantenía intacta y probablemente abultada (yang = masculino = saliente) y la otra estaba hueca (yin = femenino = hueco). – La mejor traducción de la fórmula *Hi t'seu* en términos adivinatorios sería por tanto: "una (vez *la cara*) yin, una (vez *la cara*) yang".

de alternancia parece haber prevalecido (aunque sea ligeramente) sobre la idea de oposición. Este hecho no debe pasarse por alto. Señala uno de los servicios que han prestado los símbolos del Yin y el Yang. Los sabios que organizaron el Calendario los utilizaron como principios rectores. Los chinos ven en el Calendario una ley suprema.[43] Creen que esta ley rige las prácticas de la Naturaleza porque es la norma que domina todo el hábito humano. En el uso del calendario, el Yin y el Yang aparecen como los principios del ritmo de las estaciones. – Si los eruditos han podido atribuirles este papel, es porque estos símbolos tenían el poder de evocar la *fórmula rítmica del régimen de vida* adoptado antiguamente por los chinos.

Inmediatamente después de hablar de la acción concertada del Yin y el Yang, Tchouang tseu cita el dicho: "Los animales que hibernan comienzan a moverse". Siempre vinculado (como en este pasaje del *Tchouang tseu*) a la idea de un despertar primaveral de la actividad del Trueno, este tema se repite en todos los calendarios, eruditos o no. Según el *Yue ling*, el Trueno comienza a oírse, y los animales que hibernan salen de sus escondites –se encierran y el Trueno deja de manifestarse– en dos momentos precisos del año solar; son los dos equinoccios, momentos dramáticos en los que, se dice, las energías del Yin y las del Yang se equilibran exactamente, preparándose, una u otra, para triunfar o declinar. En el *Yue Ling*, un calendario erudito con base astronómica, el Yin y el Yang aparecen como dos entidades antagónicas: una corresponde a todas las energías destructivas (Invierno), la otra a todas las energías vivificantes (Verano).[44] El yin y el yang no se mencionan en los calendarios más antiguos, en los que tampoco se indica la necesidad de dividir el Tiempo mediante marcadores proporcionados por la marcha del sol. Las épocas del año que los chinos consideraron por primera vez dignas de mención fueron sólo aquellas que los centones bastaban para indicar. Estas observaciones campesinas sobre los hábitos de la Naturaleza pueden, sin ayuda de ninguna precisión astronómica, indicar perfectamente a los hombres la sucesión de las tareas útiles. Por otro lado, hacen visibles las principales normas que rigen la actividad social. Así, por ejemplo, la desaparición y reaparición de los animales que hibernan marca el inicio y el fin de la temporada baja, respectivamente. Los humanos pasan este dramático periodo escondidos en sus refugios de invierno. De hecho, el tiempo de reclusión nunca duró desde el equinoccio de otoño hasta el de primavera. Así, lejos de pensar en relacionar la salida de los hibernadores con un término del año solar, un calendario antiguo hace, *por el contrario*, que el año comience en el momento fijado por esta señal natural.[45] Lo ve como el punto de partida de un ciclo litúrgico, cuyos tiempos están determinados concretamente por las señales (gestos de los animales, hábitos de la vegetación) que los rústicos centones saben registrar. Si los calendarios antiguos eran válidos como leyes, era porque estaban formados por proverbios. Las anotaciones astronómicas no se impusieron hasta más tarde. El arte culto del Calendario debía entonces distribuir, en relación con los hitos celestes, las observaciones campesinas que antes se consideraban suficientes para

---

43   *Civ. chin.*
44   *Li ki*, C., I, pp. 345, 348, 377, 382.
45   *Pequeño calendario de los Hia*, Ta Tai Li ki, 47.

organizar la actividad social.[46] Fue también en esta época cuando este arte recurrió explícitamente a los símbolos del Yin y el Yang. Meros conceptos, productos artificiales de una concepción doctrinal, estas nociones no habrían tenido la virtud de establecer una correspondencia entre las observaciones proverbiales y los hitos astronómicos. A pesar de la nueva fe que les inspiraba la astronomía, los técnicos del calendario no pensaban deshacerse de una rústica notación del tiempo hecha de venerables señales. Al parecer, es en el mismo patrimonio de esos símbolos donde encontraron, aunque fuera para transformarlos poco a poco en principios escolásticos, las nociones que, al principio totalmente concretas, podían servir efectivamente de principios clasificatorios.

El Yin y el Yang estaban llamados a organizar el material del calendario, porque estos Símbolos evocaban con especial fuerza la conjugación rítmica de dos aspectos concretos antitéticos. De hecho, la característica más notable del conjunto de temas utilizados por los calendarios es que se combinan por parejas, acoplándose de la misma manera que el Yin y el Yang. Los hibernadores entran o salen de sus refugios; los gansos salvajes vuelan hacia el norte o el sur. Según la teoría mantenida por los glosadores, los movimientos de ir y venir, de entrada y salida, que expresan estos dichos opuestos, están controlados por el ritmo de la actividad solar; merecen como tales señalar los juegos y triunfos alternados del Yin y el Yang. El punto de vista del pensamiento mítico era muy diferente. Tenemos buenas pruebas de ello. Regulando su vida sobre la marcha del sol, las golondrinas, según los estudiosos, marcan exactamente, con sus llegadas y salidas, los dos términos equinocciales. Sin embargo, los calendarios rústicos nos dicen que las golondrinas no se mueven sin más. En otoño se retiran a sus escondites en el mar, mientras que los hibernadores (es decir, roedores, osos y también leopardos) vuelven a sus escondites subterráneos.[47] La información de los mitos era aún más precisa y concreta. Las golondrinas *dejan* de ser golondrinas cuando llega el momento de pasar el invierno; cuando entran en sus refugios acuáticos, *se convierten* en mariscos. Los calendarios más eruditos no han olvidado que a los gorriones se les impuso una fórmula de vida similar a la de las codornices. Al final de los días buenos, los gorriones se sumergen en el mar o en el río Houai; durante la estación fría, donde se esconden, no son más que ostras. Del mismo modo, la codorniz es un ratón que se transforma en primavera. Después de haber cantado todo el verano, se entierra y permanece como un ratón hasta la nueva estación.[48] Todo cambio de hábitat está ligado, como vemos, a la adopción de un nuevo régimen de existencia, que implica un cambio sustancial de apariencia; no digo un cambio de sustancia, pues en realidad es sólo una mutación. Esta mutación es bastante análoga a las que conciernen al arte adivinatorio cuando considera las alternancias que se obtienen sustituyendo uno por otro los símbolos gráficos que representan el Yin o el Yang. Precisamente porque registran esas mutaciones, los centones de calendario son valiosos como señales. La caza y la pesca están prohibidas hasta que la temporada de cacería y pesca se inaugura con

46   Granet, *Fêtes et Chansons anciennes de la Chine*, pp. 53 y ss.
47   *Ta Tai Li ki*, 47.
48   *Yue ling* y *Calendario Hia*.

un sacrificio de una nutria y un halcón. En el mismo momento en que el halcón se sacrifica, sufre una mutación; desde el cierre de la caza, vive con los hábitos y la apariencia de una paloma torcaz. Los hombres, en cambio, sólo vuelven a ser cazadores en el momento en que, mediante un sacrificio que provoca una mutación de los símbolos, la señal del halcón sustituye a la de la paloma torcaz en los cielos. A la inversa, para que las mujeres se ocupen de los gusanos de seda, es necesario que en las moreras se oiga el grito del halcón que persigue a su presa, y no el canto de la paloma torcaz.[49] Las mutaciones animales son las señales y los símbolos de las transformaciones de la actividad social. Estas últimas, al igual que las propias mutaciones, van acompañadas de cambios de hábitat y variaciones morfológicas. Sabemos lo importante que ha seguido siendo el tema del ir y venir, e incluso en el *Hi ts'eu* está vinculado a las ideas de *entrar y salir*. También se sabe que el retiro y la vida oculta tienen como emblema el Yin, mientras que el Yang simboliza todas las manifestaciones activas. La tradición filosófica nunca ha dejado de ver en el uno el símbolo de las actividades que se extienden, en el otro el emblema de las energías plegadas y latentes. ¿No parece que (mucho antes de la época en que el pensamiento erudito intentó otorgarles el valor de entidades cosmogónicas), las nociones de Yin y Yang estaban incluidas en los dichos antitéticos que daban la fórmula de la vida a los animales, servían de señales a la actividad de los hombres, marcaban los tiempos del ritmo universal, y finalmente merecían proporcionar los símbolos elegidos para presidir la organización del Calendario?

Los técnicos del Calendario han distribuido las señales rústicas a lo largo del año. Con mayor o menor destreza, las han unido una a una a toda la secuencia de términos del año solar. No se encuentra una distribución similar en los calendarios más antiguos.[50] Por el contrario, las señales abundan y se agolpan en períodos en los que los hombres cambiaron tanto su forma de vida como su hábitat. Además, estos antiguos calendarios apenas se distinguen de los cantos de esperanza o de acción de gracias, enlazando, en verdaderas letanías, un sinfín de temas rústicos. Conservamos uno de estos himnos y sabemos que se cantaba en las asambleas campesinas de la temporada baja. Todas las señales que la Naturaleza les había prodigado generosamente en los años pasados, los hombres las repetían a su vez con la esperanza de obligar a la Naturaleza, por la eficacia de su canto, a repetirlas de nuevo en los años venideros.[51] Estas letanías de proverbios debían una eficacia adicional a la disposición de los cantores y al arreglo de la fiesta. Se trata de detalles que sólo conocemos a través de descripciones eruditas de los rituales. Se indica que los participantes tenían que formarse en grupos orientados. Los coristas representaban los aspectos alternos y opuestos que constituyen el Espacio y el Tiempo; representaban el Cielo y la Tierra, el Sol y la Luna, el Sur y el Verano, el Invierno y el Norte, la Primavera y el Este, el Oeste y el Otoño. Todos los actores, una vez terminada la justa, comulgaban comiendo la carne de un perro, que había sido hervida en Oriente (ya que Oriente es la primavera), punto de partida, según

49 *Id.* en *Ibid.* y *Wang tche, Li ki*, C., I, pp. 283, 332, 340, 389.
50 Granet, *op. cit.* p. 54.
51 *Che king*, C., p. 160; Granet, *op. cit.* p. 56; *Civ. Chin.*

se nos dice, de la actividad del Yang.[52] En estas descripciones o interpretaciones tardías se han introducido, sin duda, una serie de refinamientos teóricos. Ciertamente, no fue una concepción *elaborada* del Yin y el Yang la que ordenó por primera vez la celebración del festival. Por el contrario, lo que permitió desarrollar esta concepción fue el trabajo de reflexión para el que esta disposición proporcionó el material. Las reuniones fuera de temporada, en las que los hombres recordaban en verso y probablemente imitaban con sus gestos los hábitos de los animales,[53] se celebraban en un refugio subterráneo, una especie de casa común, cuyo recuerdo se conserva en las tradiciones relativas al *Ming t'ang* y en mitos como el de Hi-ho y el Árbol de Moras Huecas. Los hibernadores y las aves migratorias llevan una vida lenta y recluida en un escondite adecuado a su aspecto invernal. Los hombres, por su parte, mientras esperaban que la llegada de la primavera rompiera el hielo que aprisionaba las aguas y la tierra y las encerraba en un sombrío escondite,[54] se sometían, en la sombra, a un retiro; preparaban, para los días de renovación, el despertar de sus energías. Estas prácticas y los sentimientos que las acompañan explican una de las ideas que dominan la concepción académica del Yin y el Yang. Los filósofos admiten que, durante todo el invierno, el Yang, circunvenido por el Yin, se somete, en el fondo de las fuentes subterráneas,[55] bajo la tierra helada, a una especie de prueba anual de la que sale vigorizado. Escapa de su prisión al comienzo de la primavera golpeando el suelo con el talón; es entonces cuando el hielo se agrieta por sí mismo y los manantiales se despiertan.[56] Sin la menor metafísica, los antiguos chinos sabían escuchar esta señal de liberación. Sólo tenían que escuchar el baile de los faisanes. Los hombres tenían buenas razones para no ignorar los hábitos y gestos de estas aves. Habían aprendido a bailar la danza de los faisanes ellos mismos poniéndose las plumas. Sabían, por tanto, que los faisanes se habían preparado para dar el impulso a la renovación, para hacer subir la savia, para liberar las aguas, para liberar el Trueno, pasando la temporada baja confinados en retiros subterráneos o acuáticos, aquí bajo la forma de ostras, allí bajo la forma de serpientes.[57] – "¡*Un* (aspecto de) *dragón*, *un* (aspecto de) *serpiente*!" exclama Tchouang tseu[58] cuando quiere dar la fórmula de una vida bien regulada; nadie puede escapar a la ley universal del ritmo; el Sabio sabe seguir un régimen alternativo de actividad liberada y retiro reparador. Este es el régimen que seguían los antiguos chinos, cuya vida social estaba controlada por una necesidad perió-

---

52   Granet, *Fêtes et Chansons*, p. 184; *Li ki*, C., pp. 652 y ss. El perro es un animal yang.

53   Granet, *op. cit.* p. 181; Id., *Danses et légendes…*, pp. 305 y ss.

54   *Civ. Chin.*, pp. 189 y ss, 281.

55   Se trata de las moradas de los muertos (cf. Granet, *La vie et la mort, croyances et doctrines de l'antiquité chinoise*, pp. 15 y ss). La temporada baja es la temporada de los muertos (cf. Granet, *Danses et légendes…*, pp. 321 y ss). Los filósofos hacen de esta estación del Yin la estación de la muerte, y del Yin el símbolo de las energías destructivas.

56   Granet, *La vie et la mort…*, pp. 15 y ss; *SMT*, III, p. 305.

57   Id., *Danses et légendes*, pp. 570 y ss.; *Calendario Hia*, 10º mes.

58   *Tchouang tseu*, P. Wieger, *Les Pères du système taoïste*, p. 369. Este precepto se glosa con la fórmula: "Una (tiempo) de elevación, una (tiempo) de descenso". Tchouang tseu dice poco después "Una (vez) arriba, una (vez) abajo".

dica de renovación. Los mitos imponían el mismo régimen a los dragones que a los faisanes: el faisán podía proporcionar a los hombres señales para la acción y el dragón consejos para la sabiduría. – Pero, ¿no es llamativo que el precepto con el que Tchouang tseu resume toda la experiencia de su nación esté tomado del tema de las mutaciones rítmicas y que adopte la forma exacta del aforismo del *Hi ts'eu*: "*Un* (aspecto) *yin, un* (aspecto) *yang*"?

Las nociones de Yin y Yang podrían servir para organizar el Calendario, porque, al igual que los refranes que lo componen, estas nociones se basan en *un orden rítmico de la vida social que es la contrapartida de una doble morfología*. Esta doble morfología se tradujo, en el ámbito de los mitos, por el tema de la alternancia de formas. La necesidad de señales naturales llevó a atribuir a las cosas una fórmula de vida en la que pudiera encontrarse el ritmo que animaba a la sociedad. Por una vía paralela, esta fórmula de vida se determinó atribuyendo a las realidades elegidas para proporcionar señales *formas alternas* destinadas a servir a su vez de símbolos de los *aspectos contrastados* que adquiere sucesivamente la vida social, tanto en las ocupaciones como en el hábitat. El universo, tal como lo hacía aparecer este conjunto de notaciones míticas, parecía consistir en un conjunto de formas antitéticas que se alternaban de forma cíclica. A partir de entonces, el orden del mundo parecía resultar de la *interacción de dos* conjuntos *de aspectos complementarios*. Bastó que el Yin y el Yang fueran considerados como los símbolos maestros de estas dos agrupaciones opuestas para que los eruditos les atribuyeran el valor de dos entidades antagónicas. Los adivinos vieron en ellos los principios de toda mutación. Los astrónomos, con la misma facilidad, hicieron de ellos dos principios cosmogónicos considerados responsables del orden de las estaciones y del ritmo de la actividad solar. Incluso en estos usos técnicos, el origen social y el valor concreto de estos dos símbolos siguen siendo sensibles. La oposición clásica del Yin y el Yang, tomados como símbolos de las energías latentes o activas, ocultas o manifiestas, recuerda exactamente la antigua fórmula de la vida social, que a veces se gastaba en los campos soleados y a veces se restablecía en la oscuridad de los retiros invernales.

* * *

Para dar la fórmula e indicar el tiempo del ritmo que rige el que rige la actividad de los hombres y parece presidir la vida del Universo, se eligió un conjunto de refranes que indican aspectos alternativos. Estos dichos tienen la apariencia de fórmulas poéticas. ¿Por qué se tomaron prestadas de la poesía y por qué nos suele gustar expresar la idea del ritmo de las estaciones con la ayuda de metáforas musicales? ¿Y por qué el Yin y el Yang merecen ser tratados como los símbolos maestros de esta colección de símbolos antitéticos?

Los términos *yin* y *yang*, incluso cuando se utilizan en el pensamiento académico y técnico, no designan simplemente entidades antagónicas. También sirven de rubricas para dos clases opuestas de símbolos. Si tendemos a verlos como principios eficientes, también tendemos, simultáneamente y en la misma medida, a verlos como rubricas eficientes. Forman tanto un par de actividades alternas como una agrupación bipartita de formas alternas. Presiden la clasificación de todas las cosas. Los chinos, en efecto, han conseguido organizar su pensamiento sin pensar realmente en la constitución de especies y géneros. Se conforman con diversas divisiones numéricas y dotan, por así decirlo, a la simple bipartición de una especie de poder soberano en materia de clasificación. Sin embargo, en su lengua (y el contraste es digno de mención), la idea de género (en el sentido gramatical de la palabra) no parece desempeñar ningún papel. El chino ignora la categoría gramatical de género, mientras que el pensamiento chino está totalmente dominado por la categoría de sexo. Ninguna palabra puede calificarse de masculina o femenina. En cambio, todas las cosas, todas las nociones se dividen entre el Yin y el Yang.

La tradición filosófica coincide en que todo lo que es *yin* tiene una naturaleza femenina, y todo lo que es *yang* tiene una naturaleza masculina. Así es como, por ejemplo, los símbolos adivinatorios *K'ien* y *K'ouen* se oponen como masculino y femenino, considerándose que el primero representa el Yang y el segundo el Yin. Esta representación sexual del Yin y el Yang no es propia de los teóricos de la adivinación. El *Hi ts'eu*, para interpretar un pasaje del *Yi king* relativo al matrimonio humano, utiliza el dicho "el macho y la hembra mezclan sus esencias (*tsing* = licores sexuales) y se producen los diez mil Seres".[59] La crudeza de la expresión es significativa. Hay que recordar, sin embargo, que las expresiones "diez mil seres", "macho y hembra" sólo se refieren, en este caso, a símbolos adivinatorios. De hecho, uno de los principales esfuerzos de la tradición ortodoxa ha sido eliminar cualquier significado realista de la oposición sexual del Yin y el Yang. Lo ha conseguido hasta el punto de que los chinos han sido elogiados durante mucho tiempo por no haber dado nunca el más mínimo lugar a la "sensualidad" en sus concepciones o prácticas religiosas.[60] Incluso hoy en día, hay exégetas que discuten sobre el Yin y el Yang sin señalar que la fortuna de estos símbolos se debe a la importancia de la categoría del sexo.[61]

Esta categoría, a pesar de las apariencias impuestas por una creciente preocupación por la probidad, no ha dejado de regir el pensamiento filosófico. Debe este imperio al hecho de que primero gobernó el pensamiento mítico; el tema de la hierogamia domina toda la mitología china. Los ritualistas, por su parte, siempre han mantenido que la armonía (*ho*) de todas las cosas *yin* y *yang* (Sol y Luna, Cielo y Tierra, Fuego y Agua) dependía de la vida sexual de los gobernantes y de una regulación de la moral que excluyera los excesos de libertinaje y, más aún, de la cas-

---

59   *Yi king*, L., p. 393. La expresión "diez mil seres" (más exactamente: las diez mil —la totalidad de— realidades emblemáticas) indica las 11.520 realidades Yin o Yang representadas por los 64 hexagramas adivinatorios.

60   Véanse a este respecto las afirmaciones categóricas de J.-J.-M. de Groot (*Fêtes d'Emouy*, p. 745 de la traducción francesa). Una moda más reciente consiste en encontrar representaciones fálicas en todas partes, incluso en los caracteres de la escritura (por ejemplo, Karlgren, *Some fecundity symbols in ancient China*, en "Bulletin of the Museum of Far Eastern antiquities", nº 2, Estocolmo, 1930). Los temas sexuales abundan en la literatura china. Sin embargo, no hay ninguna razón para creer que los chinos hayan pensado alguna vez en divinizar el sexo. En cualquier caso, se abstuvieron de oponer el Yin y el Yang al considerar que uno era un principio femenino y el otro masculino.

61   Maspero, *La Chine antique*, pp. 480 y ss; pp. 270 y ss.

tidad. La multiplicación de las especies animales y vegetales se debe, como la salud del mundo, a la práctica de la hierogamia regular.[62] Los Jefes, que al principio llevaban el título de Grandes Entremeses, tenían como primera función presidir las fiestas sexuales. Estas fiestas pretendían establecer, en momentos determinados, la armonía de dos grupos antagónicos. Uno representaba la sociedad de los hombres, el otro la de las mujeres, pues la oposición de los sexos era la regla cardinal de la organización china.[63] Nunca ha dejado de serlo. La categoría de sexo tampoco ha perdido nunca su prestigio.

Sólo considerando las antiguas formas de la oposición de los sexos podemos llegar a comprender las nociones del Yin y el Yang, su contenido, su papel, su fortuna y sus nombres propios. En la antigua China, los hombres y las mujeres se oponían entre sí a la manera de dos corporaciones competidoras. Una barrera de prohibiciones sexuales y técnicas los separaba. Aradores y tejedores formaban grupos que, por sus diferentes estilos de vida, intereses, riqueza y atractivos, eran rivales, pero también solidarios. Estos *grupos complementarios* se repartían el trabajo entre ellos, repartiendo las distintas tareas, así como los tiempos y *lugares* en los que debía realizarse. Cada uno tenía una fórmula de vida, y la vida social era el resultado de *la interacción de estas dos fórmulas.*

Los tejedores, que nunca salían de su pueblo, aprovechaban el invierno para preparar la tela de cáñamo para la nueva temporada. El invierno era la temporada baja para los hombres. Se tomaban un descanso antes de ir a trabajar al campo. El Yin y el Yang se turnan para trabajar de la misma manera: el primero en invierno, el segundo en la estación cálida. – Los hombres y las mujeres, que se enriquecían a su vez con su industria, se reunían al principio y al final de la temporada del invierno. En estas reuniones se celebraban ferias (*houei*) y citas (*ki*) en las que cada corporación, los tejedores en primavera, los labradores en otoño, se turnaban para ser protagonistas. El Yin y el Yang también se citan (*ki*) y se reúnen (*houei*), dicen los estudiosos, en los términos equinocciales, antes de que uno u otro cese o comience su reinado. – Se sabe que el Yin y el Yang tienen la puerta como símbolo; la puerta es también el emblema de las fiestas sexuales.[64] En primavera se abrían las puertas de los caseríos y los labradores salían a pasar el verano trabajando en el campo; el Yang evoca la imagen de una puerta que se abre, trayendo consigo la idea de generación, producción y fuerza que se manifiesta. En invierno, las puertas de los pueblos se mantenían cerradas; el invierno es la estación del Yin, cuyo símbolo es una puerta cerrada. – Los eruditos dicen que durante la estación fría, el Yang está condenado a vivir en un refugio subterráneo, rodeado por todos lados por el Yin. Hay razones para creer que la casa común donde se reunían los hombres durante la temporada baja era una especie de bodega situada en el centro de la aldea y rodeada de todas las viviendas privadas; éstas, al principio de la vida de la aldea, pertenecían a las mujeres. – Los hombres, una vez recuperadas sus energías, se ponían a trabajar al sol en el campo abierto. Las tejedoras, en cambio, sólo trabajaban

---

62   Granet, *Fêtes et chansons anciennes*, p. 79; *Civ. Chin.*, pp. 196, 209 y ss.
63   *Civ. Chin.*
64   *Kouan tseu*, 3; Granet, *Fêtes et chansons anciennes…*, p. 132.

en lugares oscuros; en cuanto empezaban a tejer prendas festivas, tenían que huir del sol.[65] Los dos sexos estaban sometidos a una disciplina antitética. Sus dominios respectivos eran el interior (*nei*) y el exterior (*wai*); así son también los dominios respectivos del Yin y el Yang, de la sombra y la luz. Así, la oposición de los sexos se tradujo míticamente en la oposición del Yin y el Yang.

Estas oposiciones simétricas se manifestaban conjuntamente en el espectáculo ofrecido en primavera y otoño por las asambleas de las fiestas sexuales. Estas fiestas se celebraban en valles donde el río marcaba una especie de frontera sagrada. Era al cruzarlo cuando los representantes de las dos corporaciones rivales comenzaban a mezclarse y a preludiar la hierogamia colectiva que ponía fin a los festejos. Pero comenzaban formando coros antagónicos. A ambos lados de un eje ritual, se provocaban en verso, alineados cara a cara. Si el campo femenino se perturbaba entonces al reconocer un aspecto verdaderamente masculino (*yang-yang*) en el campo contrario,[66] era aparentemente porque el yang (lado soleado) estaba reservado para el grupo dedicado a trabajar a pleno sol. A los hombres les correspondía el lado soleado (*yang*) y a las mujeres el lado sombreado (*yin*). El campo festivo presentaba un espectáculo, con el lado de la sombra tocando el lado de la luz, grupos sexuales enfrentados para unirse, el conjunto del Yin y el Yang.[67]

"El Yang llama, el Yin responde"; "los chicos llaman, las chicas responden".[68] Estas dos fórmulas señalan la disciplina antitética que rige la relación de los dos símbolos antagónicos, al igual que rige la competencia de las dos corporaciones rivales. Los términos utilizados son significativos; sólo pueden explicarse como alusiones a los ritos y juegos de las fiestas sexuales. Se dice que el Yang llama y comienza el canto (*tch'ang*); esto es lo que realmente hacen los chicos durante el festival de canto. Se dice que el Yin responde dando una respuesta armoniosa (*ho*); este era en realidad el papel de las chicas. Las chicas y los chicos prefieren su unión (*ho*) con una justa (*king*); el Yin y el Yang también justan (*king*) antes de unirse (*ho*), y lo hacen, como los delegados de los dos gremios rivales, cada primavera y otoño. La palabra (*ho*), que designa estas uniones simétricas, se sigue aplicando a las réplicas cantadas que marcan la perfecta concordancia de los actores; también se utiliza para expresar la armonía (*ho*) que resulta de la acción concertada (*tiao* o *tiao ho*) del Yin y el Yang. Ahora podemos entender por qué se estila evocar mediante metáforas musicales la competencia rítmica de los símbolos del Yin y el Yang; tanto la concepción como el nombre de estos símbolos derivan del espectáculo de las asambleas en las que, alineados frente a la sombra o el sol, dos coros de cantores se daban la réplica. Competían en talento inventivo y conocimiento proverbial, par-

---

65   *Civ. Chin.*

66   *Che king*, C., p. 78.

67   Granet, *Fêtes et chansons anciennes…*, pp. 244 y ss.

68   *Id.* en *Ibid.*, p. 43. Las dos fórmulas son intercambiables; ambas sirven para indicar el ritmo universal y el ritmo social. La iniciativa atribuida a Yang, así como a los chicos, es un indicio de la primacía que la adopción de una organización agnaticia ha otorgado a los varones. Hay que tener en cuenta que, en el pasado, la iniciativa en el matrimonio correspondía a las chicas; la fórmula clásica de la acción alternante del yin y el yang evoca en primer lugar el "aspecto yin".

ticipando en la improvisación tradicional. Así se inventaron la mayoría de los centones poéticos que formaron el material del calendario; estos centones evocan las imágenes que ofrece el paisaje ritual de las fiestas en los cambios de estación; de ahí su valor como símbolos y señales. Su origen también explica el vínculo que, desde el principio, los une a los símbolos del Yin y el Yang. Es en virtud de esta conexión primaria que este par de símbolos pudo presidir la sabia organización del calendario. Una teoría del Tiempo se constituyó tan pronto como la masa de centones poéticos, que se oponían por parejas como tantas parejas antitéticas, se distribuyó entre las estaciones clasificadas bajo una u otra de estas columnas maestras. En este conjunto de símbolos contrastantes proporcionados a su vez por el paisaje de las asambleas de otoño y primavera, la oposición esencial, la más visible, la más conmovedora, la única que evocaba instantáneamente todo el drama, era la oposición de los coros antagónicos enfrentados como la luz y la sombra. Así, el Yin y el Yang merecían ser considerados como símbolos que resumían, evocaban y provocaban todos los demás. De este modo, constituían un par de rubricas efectivas responsables de la clasificación de todos los aspectos de la alternancia y, asimismo, un par de símbolos efectivos responsables de la alternancia universal.

La concepción del Yin y el Yang se esbozaba con ocasión de espectáculos dramáticos en los que jugaban y se comunicaban dos corporaciones solidarias y rivales, dos grupos complementarios. El público parecía incluir a todo el grupo humano, y la totalidad de las cosas de la naturaleza, presentes o evocadas, figuraban en el festival. El campo en el que se reunían estas asambleas representaba la totalidad del espacio, toda la duración sostenida en la justa en la que los centones poéticos recordaban las señales sucesivas del Universo. Este espectáculo total era un espectáculo *animado*. Mientras duraba el combate de la danza y la poesía, los dos partidos rivales tenían que alternar sus canciones.[69] Mientras que el campo de la justa, repleto de coros antagónicos, parecía estar compuesto por extensiones enfrentadas de género opuesto, el tiempo de la justa, ocupado por una alternancia de cantos y bailes antitéticos, parecía estar constituido por la interacción de dos agrupaciones rivales de género opuesto. Esto explica, junto con la diversidad de extensiones y duraciones, la *vinculación rítmica* del Espacio y el Tiempo bajo el dominio de las categorías Yin y Yang. Distribuyéndose en duraciones o extensiones opuestas y alternas, ni el Espacio ni el Tiempo son uno, ni pueden concebirse por separado, sino que juntos forman un todo indisoluble.[70] Este mismo conjunto abarca tanto el mundo natural como el humano; es, para decirlo con más precisión, idéntico a la *sociedad total* que agrupa, en dos campos opuestos, todas las realidades concebibles. – La oposición de los sexos aparecía como el fundamento del orden social y servía de principio para la distribución estacional de las actividades humanas. Del mismo modo, la oposición del Yin y el Yang aparecía como el fundamento del orden universal; se veía como el principio de una distribución rítmica de las obras naturales. Nunca se podía percibir más perfectamente la *unidad* del

---

69   *Id.* en *Ibid.*, pp. 92, 146 y ss; pp. 261 y ss; *Civ Chin.*
70   Granet, *Fêtes et chansons anciennes...*, pp. 244 y ss.

Universo, ni sentirse mejor como un todo, que en aquellos momentos sagrados en los que, procediendo a una distribución coherente de los lugares, las ocasiones, las actividades, los trabajos y los símbolos, se restablecía un orden total pensando en celebrar las nupcias colectivas, mientras el Yin y el Yang también se unían y comunicaban sexualmente. Si el Tiempo, el Espacio, la Sociedad y el Universo deben un *orden bipartito* a la categoría de sexo, no se debe en absoluto a una tendencia metafísica hacia un dualismo esencialista.[71] La idea de *pareja sigue asociada a la idea de comunión, y la noción de totalidad manda sobre la regla de la bipartición.* La oposición del Yin y el Yang no se concibe en principio (y nunca se ha concebido) como una oposición absoluta comparable a las del Ser y el No Ser, el Bien y el Mal.[72] Es una oposición relativa y de *carácter rítmico*, entre dos agrupaciones rivales y solidarias, complementarias del mismo modo que dos corporaciones sexuales, que se alternan como ellas en la tarea y pasan a su vez al primer plano. La base de esta alternancia se encuentra en el hecho de que, en la época en que se formó la concepción del Yin y el Yang (y esto es una prueba decisiva de la antigüedad de esta concepción), el orden social descansaba, no en un ideal de autoridad, sino en un principio de rotación.[73] Así, el Yin y el Yang no se imaginan ni como Principios ni como Sustancias. Si se dice que para restablecer el orden universal deben celebrar su boda en cada equinoccio, no es por implicar que un Principio masculino se una entonces con un Principio femenino. Son bodas reales, pero su realidad es simbólica. Corresponden, en el mundo natural, a las fiestas que, cada primavera y otoño, reavivan, en los grupos humanos, el sentimiento de una *unidad comunitaria.* Las bodas del Yin y el Yang, como las de los campesinos, son *bodas colectivas.* Son visibles en el arco iris. El arco iris en sí no es más que un emblema o una señal. El festival se refleja en él. Por lo tanto, se compone de bandas de colores opuestos, oscuros y claros.[74] Estos colores antitéticos no señalan dos sustancias diferentes; son simplemente *pertenencias* de los grupos femenino y masculino, pues *la sombra pertenece a las mujeres y la claridad a los hombres.* Incluso cuando se enfrentan y se unen, debemos ver en el Yin y el Yang sólo los *rubricas-maestras de dos conjuntos de símbolos.* No son dos realidades antagónicas, sino *dos agrupaciones rivales.* Mucho más que agrupaciones de realidades o fuerzas, son *agrupaciones de aspectos y usos*; son, de hecho, dos *clases de atributos o atribuciones compartidas entre las dos mitades del cuerpo social.*

* * *

---

71   Véase en sentido contrario Maspero, *La Chine antique*, p. 482.

72   Su concepción está dominada por la idea de recambio: el padre es yang; pero el hijo, yin frente a su padre, es yang frente a sus propios hijos. El ministro es yin, y se convierte en el yang cuando tiene éxito y toma el título de gobernante. Si decimos que Yin es un principio de muerte y castigo (*hing*), Yang un principio de beneficencia (*tö*), es porque uno expresa la virtud del Jefe, el otro la del Ministro. El ministro y el jefe forman una pareja. Véase Granet, *Danses et légendes de la Chine ancienne*, pp. 117-421.

73   *Civ. Chin*, pp. 183, 231 y ss.

74   Granet, *Fêtes et chansons anciennes de la Chine*, pp. 272 y ss.

El yin y el yang no pueden definirse ni como entidades lógicas puras ni como meros principios cosmogónicos. No son ni sustancias, ni fuerzas, ni géneros. Para el pensamiento común son todas estas cosas indistintamente, y ningún técnico las considera bajo uno de estos aspectos con exclusión de los otros. No se realizan ni se trascienden ni se abstraen. Dominado por completo por la idea de eficacia, el pensamiento chino se mueve en un mundo de símbolos compuesto por *correspondencias* y *oposiciones* que, cuando se quiere actuar o comprender, sólo hay que poner en juego. Sabemos y podemos en cuanto tenemos la doble lista de símbolos que se atraen o se oponen. La categoría de sexo revela su eficacia en la ordenación de las agrupaciones humanas. Se impone, pues, como principio de una clasificación global. A partir de ahí, la totalidad de los aspectos contrastados que conforman la sociedad formada por los hombres y las cosas se ordena en dos franjas enfrentadas de filiación masculina o femenina. Símbolos de *oposiciones* y *comuniones* sexuales, el Yin y el Yang parecen liderar la justa concertada en la que estos aspectos se llaman y responden como tantos símbolos y señales. Los suscitan por parejas y forman ellos mismos una pareja de rubricas.

Los chinos no son dados a clasificar por *géneros y especies*. Evitan pensar con la ayuda de conceptos que, alojados en un Tiempo y Espacio abstractos, definen la idea sin evocar la realidad. En lugar de conceptos definidos, prefieren símbolos ricos en afinidades; en lugar de distinguir en el Tiempo y el Espacio dos entidades independientes, albergan los juegos de sus símbolos en un entorno concreto constituido por su interacción; no desligan el Yin y el Yang de las realidades sociales cuyo orden rítmico evocan estos símbolos. El imperio que conceden a la categoría de sexo implica el desprecio de la categoría de género.[75] Uno permite una clasificación neutral de las nociones que las aleja de la duración y la extensión; el otro conduce a clasificaciones de los símbolos que están dominadas por la visión de sus relaciones concretas, es decir, sus *respectivas posiciones* en el medio activo del Espacio y el Tiempo. Al principio los vemos oponerse enfrentándose entre sí, regidos por una simple ley de alternancia, y los agrupamos en parejas; esto se debe a que la categoría de sexo reina sola, a la manera de una *categoría de pareja*. En este sentido, es la primera de las *categorías numéricas*. Permite constatar la más simple disposición en el Espacio y en el Tiempo de una totalidad que no puede concebirse como *indivisible*, pues lo que ha permitido imaginarla es el espectáculo de las asambleas plenarias de una agrupación humana; *si esta agrupación fuera enteramente homogénea, no tendría necesidad de rehacer su unidad.*

El sentido de orden armónico que las justas daban al conjunto de los seres confería a la clasificación bipartita tal prestigio religioso que ninguna otra podía superarla en autoridad. Los chinos no se condenaron a encontrar el orden sólo donde reinaba la bipartición; pero el principio de sus diversas clasificaciones no ha variado. Todas ellas implican el análisis de un sentido *total* más o menos complejo, y este análisis procede siempre de una *imagen*; esta imagen, a la vez *rítmica* y *geométrica*, muestra la distribución, en el Espacio y en el Tiempo, de los elementos

---

75   En el sentido lógico de la palabra.

entre los que se descompone el total, de modo que sigue un *símbolo numérico* para indicar el modo de agrupación de estos elementos y, por consiguiente, para detectar la naturaleza íntima del total. De ahí la importancia de las nociones relacionadas de *Número* y *Elemento*.

Capítulo III
LOS NÚMEROS

La idea de cantidad no juega ningún papel en la especulación filosófica china. Los números, sin embargo, tienen un interés apasionante para los sabios de la antigua China.[1] Pero, sean cuales sean los conocimientos aritméticos o geométricos[2] de ciertos gremios (agrimensores, carpinteros, arquitectos, carreteros, músicos, etc.), ningún sabio se avino a utilizarlos, salvo en la medida en que estos conocimientos facilitaban los juegos numéricos, sin obligar nunca a realizar operaciones cuyos resultados no podían ser controlados. Todo el mundo pretendía manipular los Números como manipulaba los Símbolos; y, para los chi-

---

1 Según Chavannes, "una filosofía de los números" ha brillado, "como la doctrina pitagórica, en China". Ciertamente, es más fácil presumir de la brillantez de esta "filosofía" que determinar su influencia y captar sus principios. Las observaciones que he ido recopilando durante muchos años me permiten, a lo sumo, presentar algunas observaciones sobre la actitud de los chinos hacia los números. No incluiré ninguna hipótesis ni buscaré el origen de los números –cuestión prematura–, sin siquiera apuntar ninguna comparación, me ceñiré a las ideas chinas. He tratado de interpretarlas tratando varios temas (cuestiones de lugares, de los Elementos, de símbolos adivinatorios, de tubos musicales. .) elegidos por la importancia que los chinos les atribuyen y que tienen, efectivamente. Tenía que descubrir los hechos y el orden histórico de los mismos, y tenía, además, que mostrar cómo se pueden descubrir. También tuve que interpretarlos en nuestro idioma, que no se presta a expresar las concepciones chinas. No necesito disculparme por la minuciosidad del análisis y la extensión de un capítulo en el que he tenido que explicar uno de los rasgos fundamentales del pensamiento chino, a saber: un respeto extremo por los símbolos numéricos que se combina con una indiferencia extrema hacia cualquier concepción cuantitativa.

2 Sobre este punto, véase la discusión iniciada por A. Rey en las pp. 389 y ss. de *Science orientale*.

nos, los Números son, en efecto, notables, como los Símbolos, por una versatilidad propicia a las manipulaciones eficaces.

Sabiendo, por ejemplo, (y queriendo, en primer lugar, justificar este conocimiento adjuntándolo a un conocimiento global), que, para la especie humana, la vida embrionaria dura 10 meses, un filósofo[3] razonó así: "(El) Cielo (*vale*) 1; (la) Tierra (*vale*) 2; el Hombre (*vale*) 3; 3 (*veces*) 3 (*hacen*) 9; 9 (*veces*) 9 (*hacen*) 81 {= (ochenta y) 1}; 1 rige el Sol; el número del Sol es {1 (diez) =} 10; el Sol rige al Hombre; por eso (todo) hombre nace en el décimo mes (de gestación)[4]". Y el sabio continuó, enseñándonos {*pues* 9 x 8 *hacen* (*setenta y*) 2} que el caballo, gobernado por la Luna que *vale* 2, necesita –hay {2 (+ una diez) =} 12 lunaciones[5]– de 12 meses de gestación. Entonces (y simplemente continuando la multiplicación de 9 por 7, 6, 5, etc.),[6] todavía encontró necesario enseñar que las perras tienen un embarazo de 3 meses {9 x 7 = (sesenta y) 3} ; las cerdas de 4 meses {9 x 6 = (cincuenta y) 4}; las monas de 5 meses {9 x 5 = (cuarenta y) 5}; las ciervas de 6 meses {9 x 4 = (treinta y) 6}; las tigresas de 7 meses {9 x 3 = (veinte y) 7}… De ello se desprende: por un lado, que una *equivalencia simbólica* acerca el 81 al 10, pero también el 72 al 12, mientras que el 63 o el 54 significan el 3 o el 4; y, por otro lado, que el 2 (intercambiable con el 12 o el 72) gobierna la Luna y (*vale*) la Tierra, mientras que el 10 (intercambiable con el 1 y el 81, que a su vez equivale al 9 y al 3) gobierna el Sol y (*vale*) el Cielo.[7]

Un símbolo numérico *comanda* toda una cantidad de realidades y símbolos; pero, a este mismo conjunto, se le pueden adjuntar varios números, que se consideran, *en este caso particular*, como *equivalentes*. Además de un valor cuantitativo que los distingue, pero que tiende a ser descuidado, los Números poseen un valor simbólico mucho más interesante, porque, al no ofrecer resistencia al genio operativo, pueden prestarse a una especie de alquimia. Los números son susceptibles de mutación. Lo son por la eficacia múltiple de la que parecen estar dotados y que se deriva de su función principal; sirven y valen como *rubricas simbólicas*.

Los números permiten clasificar las cosas, pero no a la manera de los simples números ordinales, ni tampoco definiendo cuantitativamente las colecciones. Los chinos no se preocupan por asignar un rango que sólo es un rango, ni por establecer un recuento desde el único punto de vista de la cantidad. Utilizan números para expresar las *cualidades* de determinadas agrupaciones o para indicar un orden *jerárquico*. Además de su *función clasificatoria* y vinculada a ella, los Números tienen una función *protocolaria*.

---

3   *Houai-nan tseu*, 4. Cf. *Ta Tai Li ki*, 81.
4   Las jornadas se cuentan con la ayuda de un ciclo denario. Míticamente hay 10 Soles.
5   También hay 12 lunas.
6   Se ve que los Números sirven para realizar una cierta forma de inducción.
7   La equivalencia: 1 (*yi*) y Cielo (*T'ien*), es tan perfecta que se escribe: *T'ien yi*, sin cópula. También se debe escribir (*vaut*) entre paréntesis.

I. Números, signos cíclicos, elementos

La distinción entre un uso cardinal, ordinal o distributivo de los Números no es de interés esencial para los chinos. Los números se utilizan para clasificar porque sirven para situar y representar concretamente. Son símbolos. En primer lugar, se les atribuye un verdadero poder descriptivo.

* * *

Para describir numéricamente, los chinos disponen de tres series de signos: a) denaria; b) duodenaria[8] y c) decimal. De hecho, los signos de estas tres series se llaman números (*chou*), sin distinción.

Los números de la serie denaria y duodenaria están representados por símbolos que rara vez se consideran sin darles un valor de imágenes.

Jen (uno de los términos de la serie de diez) sugiere a Sseu-ma Ts'ien la idea de una carga (*jen*);[9] este signo muestra las diez mil especies de seres en el momento en que son llevadas y alimentadas en las profundidades del Mundo. El *Chouo wen*, por su parte, reconoce en *jen* la figura de una mujer gorda (*jen*), que lleva su carga, que alimenta un embrión. Igualmente, según el *Chouo wen*, *tch'en* (de la serie duodenaria) indica el temblor (*tchen*) producido por el Trueno; muestra, dice Sseu-ma Ts'ien (las hembras) de las diez mil especies que acaban de concebir (*tchen*).[10] Se trata de imágenes complementarias, ya que otro signo (que también se pronuncia *tchen*) evoca a la mujer *conmovida* por la fecundación o a la Tierra *sacudida* por el Trueno.[11]

Los valores atribuidos a estas imágenes son notables; revelan una íntima concordancia entre los gestos de la Naturaleza y el comportamiento humano. Podemos suponer que, como tales, pueden utilizarse como señales del calendario. Estos, como es natural, incluyen una indicación topográfica.

Tch'en, de hecho, es el emblema del Este-Sur-Este, así como del tercer mes de la primavera; sólo después de que haya pasado el equinoccio deben escucharse los primeros estruendos del Trueno. El Trueno, entonces, abriendo y agitando la tierra, escapa del refugio subterráneo donde el invierno lo ha confinado; de ahí en más los hombres podrán abrir la tierra y moverla mediante el arado fructífero; pero, si no quiere que, apenas fecundada, su fruta se le escape y no madure, toda mujer tendrá que vivir retirada en cuanto oiga la señal del Trueno o el aviso repetido por

---

8   Los signos del ciclo denario se llaman los diez tallos (*kan*); los del ciclo duodenario, las doce ramas (*tche*). Aunque *kan* se contrapone a *tche* como el tronco a las ramas, *tche*, al igual que *kan*, designa un poste plantado verticalmente. *Kan* o *tche*, ramas o tallos, se utilizan para localizar, para marcar posiciones (los geómetras utilizan signos denarios para marcar los ángulos de sus figuras), pero los tallos y las ramas también se utilizan para comparar magnitudes; *tche* (rama) significa: medir, contar, número, cantidad, y la expresión *jo kan* (*Jo* = tal, *kan* = tallo) significa *tal número, tanto o tanto*.

9   *SMT*, III, p. 305. Chavannes tradujo erróneamente este *jen* como bondad.

10   *SMT*, III, p. 308.

11   Todas estas imágenes están vinculadas a una representación de la Madre Tierra.

un badajo de madera haciendo vibrar una campana.[12] Asimismo, como emblema del Norte y del solsticio de invierno, *jen* preside el *nacimiento* del yang, indicado en el ciclo duodenario por el signo *tseu* (cuyo significado es "*niño*"), que está enmarcado por *jen* y *kouei* en el ciclo denario. Mientras que *jen* significa "gestación", *kouei* representa las Aguas que penetran en la Tierra desde las cuatro direcciones. La Tierra se abre para ellas hacia el Polo Norte; así, *kouei*, al tiempo que marca sus emplazamientos, designa los humores fértiles que permiten a las mujeres concebir y alimentar a su carga; las épocas favorables a la concepción son tanto el pleno invierno como la media noche, y el pleno norte es la orientación favorable.[13]

Los signos de las series denaria y duodenaria dan lugar a grupos de imágenes (que no son arbitrarios, pues en su ensamblaje se expresa el vínculo fáctico que une tal o cual categoría de usos a su entorno natural). Estos símbolos –que consideramos como números– sirven así de rubricas para conjuntos concretos que parecen *especificar*, por el mero hecho de situarlos en el Tiempo y el Espacio.

El Mundo es un universo cerrado; como él, tanto el Espacio y el Tiempo son finitos. Por lo tanto, los signos numéricos asignados como rubricas a los sectores del Espacio-Tiempo son en número finito. Cada uno de ellos corresponde a un lugar del Tiempo así como a un suceso espacial y están ordenados, orientados, en forma de ciclo.

Mientras que los números del ciclo duodenario se disponen uno a uno, alrededor de la circunferencia de un círculo, los números del denario se agrupan en cinco pares, siendo cuatro pares los puntos de una cruz y el quinto el centro. Como indica esta disposición, la concepción de un ciclo de diez rubricas numéricas está vinculada a un sistema de clasificación por **5**; conocemos la importancia de este sistema que completa, por oposición, un sistema de clasificación por **6**. Ahora bien, la disposición transversal presupone una representación del cuadrado y la escuadra. El cuadrado y la escuadra se consideran significativos del Espacio y del orden terrestre. En cambio, el **2** (par) es, como veremos enseguida, el emblema de la Tierra y del cuadrado (al menos cuando consideramos el perímetro sin pensar en el centro); el **3** (impar) es, en cambio, el símbolo del Cielo y del círculo (o, más bien, del semicírculo que, inscrito en un cuadrado de lado 2, tiene 2 como diámetro). En efecto, el Cielo (*masculino*, yang, **3**, *impar*) tiene el número **6** (= **3** x 2), mientras que la Tierra (*femenina*, yin, **2**, *par*) tiene el número **5** {= (2 + 2) + 1}, ya que, si pensamos en una cruz, no podemos descuidar el centro; así, en cuanto les hemos asignado un símbolo numérico, la Tierra y el Cielo (femenino y masculino) se encuentran intercambiando sus atributos (par e impar). Simétricamente, los signos denarios (*kan*), dispuestos en forma de cruz, se califican, sin embargo, como

---

12   *Li ki*, C., I, p. 342 El *Yue ling* fija el tercer día después del equinoccio como el momento de los primeros estruendos de los truenos y la proclamación por el heraldo con la campana de madera de las prohibiciones impuestas a las mujeres. Debo insistir en el valor ritual de las imágenes que evocan los signos cíclicos según los intérpretes chinos; demasiados sinólogos han intentado ver en estas interpretaciones sólo juegos de palabras pedantes. Véase *SMT*, III, p. 303, N. 1 y notas de las páginas siguientes.

13   Granet, *La vie et la mort...*, pp. 12 y ss.

celestes (*t'ien kan*: troncos celestiales), mientras que los signos duodenarios (*tche*), dispuestos en círculo, se califican como terrenales (*ti tche*: ramas terrenales). Esta importante inversión demuestra la interdependencia de los dos ciclos. Hay razones para suponer que, ligada a la clasificación por **6**, la concepción de un ciclo duodenario se refiere a las representaciones del Cielo y del Tiempo, del mismo modo que, integrante de la clasificación por **5**, la concepción de un ciclo denario deriva de las representaciones de la Tierra y del Espacio. Pero, entre el Espacio y el Tiempo, el Cielo y la Tierra, no es concebible ninguna independencia, y la conexión de los dos ciclos no es menos importante que su oposición. Ambos son el conjunto de sitios y ocasiones que cada uno de ellos permite disponer en un orden tal que conviene a la Tierra y se impone al Cielo o que, significativo del Cielo, gobierna la Tierra.

Mientras que los signos denario o duodenario presiden, como rubricas, diferentes conjuntos de realidades que sus situaciones en el Espacio y el Tiempo bastan para *identificar*, los ciclos constituidos por estos signos evocan dos modos *complementarios* de distribución geométrica. Corresponden a *dos análisis numéricos* que pretenden revelar *conjuntamente* la composición del total ordenado que forma el Universo.

Es en virtud de su poder descriptivo (y porque, al sugerir composiciones y disposiciones, pueden indicar distribuciones y situaciones) que los diferentes ciclos poseen la eficacia característica de los Números, merecen su nombre y, en consecuencia, son similares a los símbolos de la serie decimal.

Para que el Universo se presente como un todo *ordenado*, es necesario y suficiente que un Calendario promulgado rija, en un Mundo renovado, una nueva Era. El Mundo se recrea de nuevo en cuanto un Jefe digno de ejercer una misión civilizadora ha merecido que se le "confíen los *Números* del Calendario del Cielo (*T'ien tche li chou*)".[14] A la inversa, el Universo se desmadra cuando una Virtud decadente hace *que los Números del Calendario* (*li chou*) *pierdan su orden*.[15] Los Números (*chou*) a los que se refieren estas fórmulas consagradas son símbolos que pasan por indicar situaciones (*tseu*)[16] distribuidas en el Tiempo (así como en el Espacio); no difieren, al menos en cuanto a su objeto, de los signos de los ciclos denario y duodenario. Precisamente el último de estos signos se ha asignado a la notación de las horas y el primero a la designación de los días.[17] Pero también se utilizan en combinación. Los signos de las dos series se disponen a veces de manera que forman una rosa de 24 vientos que corresponde a 24 medios meses de quince días.[18]

---

14   *SMT*, III, p. 325.

15   *SMT*, III, p. 326.

16   *Tseu* significa: orden, serie, lugar, estación. Los intérpretes reconocen en los "Números" del Calendario los símbolos de sitios o posiciones astronómicas (o solares).

17   No tengo (cuestión prematura) que tratar aquí la cuestión del origen (extranjero o chino) del sistema de las doce horas dobles (concebidas como enmarcando, cada una, una de las puntas de una rosa con doce direcciones). La mitología china admite la existencia real de 12 lunas y 10 soles.

18   Para obtener 24 sitios con 10 + 12 signos cíclicos, se empieza por sumar 4 términos (asignados a las 4 direcciones del ángulo), luego se utilizan los 12 signos duodenarios y sólo 8 signos denarios, los 2 signos denarios restantes forman un binomio siempre reservado para el

La mayoría de las veces se utilizaban combinándolos por parejas para constituir un ciclo de 60 binomios, utilizándose **6** veces los caracteres de la serie denaria (primeros términos de cada binomio) y **5** veces los de la serie duodenaria (segundos términos).[19] Estos pares numéricos se utilizaban en la antigüedad para identificar los días y, más recientemente, los años, los meses y las horas. Así, mediante cuatro binomios del ciclo sexagenario, se han podido caracterizar situaciones temporales (y espaciales) con extrema precisión. Se sabe que los ocho caracteres {*Pa tseu* (los cuatro binomios cíclicos)} que sitúan el nacimiento de los individuos, aún deben ser examinados hoy en día, antes de cualquier matrimonio, también se sabe que el principio de todas las reglas de elección, en materia matrimonial, es la exogamia del *nombre*.[20] La práctica del *Pa tseu* (notable por su persistencia) no se remonta a la antigüedad,[21] pero recuerda dos prácticas que se encuentran entre las más antiguas atestiguadas. Por un lado, el *Yi li* ordena al novio que pregunte por el nombre personal (*ming*) de la futura esposa, para, según se dice, poder consultar la suerte y no arriesgarse a contravenir la regla de la exogamia.[22] Por otra parte, bajo la dinastía Yin,[23] el nombre personal se elegía entre los signos de la serie de los deudos; el emblema del día de nacimiento servía como emblema individual. Por el hecho mismo de que sitúan a los seres (*wou*), los signos cíclicos los *identifican*; al igual que los nombres, definen las individualidades, las esencias (*wou*).

---

centro. Véase *Houai-nan tseu*, 2 y Granet, *op. cit.* p. 13, n. 2. Obsérvese que la división en 24 orientaciones se corresponde con una división administrativa en 24 departamentos (divididos en 4 direcciones) confiados a jefes designados por nombres de aves (estas aves, al menos, aparecen en las señales calendáricas). El jefe de estos departamentos (fénix) preside el calendario. Cf. *Tso tchouan*, C., t. III, pp. 276 y 277, y Granet, *Danses et légendes…*, p. 236, n. 1. Obsérvese que los 24 meses de 15 días cada uno se subdividen en 3 períodos de 5 días; a los 72 períodos de 5 días que componen el año (360 = 72 x 5) se les asignan 72 refranes calendáricos, rótulos concretos (cf. Granet, *Fêtes et chansons anciennes*, p. 54), existe otra división de los días del año en 30 (= 5 x 6) períodos de 12 días (cf. Granet, *op. cit.*, pp. 54 y 132, *Kouan tseu*, 14; Granet, *Danses et légendes…*, p. 270, n. 1, y nota 902). En estas diversas disposiciones se puso de manifiesto la solidaridad de las clasificaciones por 5 y por 6.

19   Obsérvese esta acción imbricada de 5, multiplicador de 12 (= 6x2) y 6, multiplicador de 10 (= 5x2).

20   Asociado a la exogamia territorial, pero sabemos (cf. *Civ. Chin.*, pp. 178, 204, y Granet, *Danses et légendes…*, fin de la nota 341) que debía haber una consonancia entre el dominio, el hábitat, el sitio y el nombre.

21   El *Pa tseu* se utilizaba desde la época de los T'ang, si no desde la época de los Han. En cualquier caso, el *Tcheou li* (Biot, *Le Tcheou li, ou les Rites des Tcheou*, t. II, p. 307) muestra que en el pasado se tenían en cuenta el año, el mes, el día de nacimiento y el nombre personal en los emparejamientos.

22   Granet, *Danses et légendes…*, p. 159. Este uso supone que el nombre personal (por el que se pregunta, porque es secreto) guarda una relación con el apellido (conocido) similar a la que existe entre una esencia (*wou*) y una especie (*lei*). Los nombres de familia revelan una virtud (*tö*) específica (*lei*), susceptible de cuatro particularizaciones que (debido a las ideas sobre la reencarnación) parecen haber correspondido a un conjunto de cuatro nombres (*ming*) que distinguen cuatro generaciones sucesivas. (Cf. Granet, *op. cit.*, pp. 368 y ss). El nombre personal (*ming*) sitúa (en tal o cual familia) la generación, expresa una especie de rango.

23   Cf. *SMT*, I, pp. 169, 175, 176. La arqueología parece haber confirmado la tradición.

Supongamos que se produce una aparición divina y que tenemos (como en el caso de un nacimiento) que determinar, de forma que podamos propiciar sin error sacrílego, la personalidad que acaba de revelarse; el problema parecerá susceptible de dos soluciones, básicamente indistintas: descubrir el *nombre* del genio que se ha manifestado o fijar el lugar de la manifestación. Tenemos, para un caso de este tipo, un doble relato.[24] Por un lado, se nos dice que el cronista encargado de la identificación reconoció que se trataba de Tan-chou; tal era el nombre del hijo de Yao el Soberano, antepasado de la familia Li. Por lo tanto, era responsabilidad de la familia Li proporcionar el sacrificador {y las ofrendas; estas últimas sólo son agradables si, por el dominio y la cocina de la que proceden, pertenecen a una especie simbólica (*lei*) a la que también pertenece el receptor}.[25] En el otro relato en el que se consideró innecesario dar el nombre del genio aparecido, el cronista, después de haber enunciado al principio: "Hay que hacerle una ofrenda utilizando su esencia (*wou*)", precisa añadiendo: "¡El día de su aparición, ésta es, en verdad, su esencia!" Una vez determinado el signo cíclico que sitúa la manifestación a propiciar, se fija la naturaleza de las ofrendas que debían pertenecer al mismo sector del mundo {y al mismo tiempo, aparentemente, del sacrificador, ya que ambos pertenecen a la misma especie (*lei*)}.

Como vemos, existe una *equivalencia* entre una especie (*lei*) o esencia (*wou*), es decir, un nombre (*ming*), y un lugar o sector del Espacio-Tiempo. Pero también ocurre que los signos cíclicos que evocan especies y sectores, lugares y esencias –y que tienen el valor de un nombre, de un apelativo– sugieren al mismo tiempo representaciones directamente numéricas. Basta con decir de una aparición que se refiere a un sitio *kia yi* (el primer binomio denario) para que se sepa inmediatamente que las ceremonias deberán realizarse (lo que determinará la elección de las víctimas, los colores, etc.) bajo el signo de la primavera oriental, sector al que este binomio sirve de rubrica.[26] Pero también sabemos que todo el orden de la liturgia (dimensiones del protocolo, duraciones, cantidades, etc.) tendrá que ser ordenado por el número 8.[27] En otras palabras, las situaciones caracterizadas por la rubrica *kia yi* corresponden necesariamente a disposiciones regidas por el clasificador 8; 8 y *kia yi* se contemplan conjuntamente bajo el aspecto de *rubricas numéricas*. La rubrica numérica (tomada de la serie cíclica), a la vez que indica (revelando una esencia específica) un lugar concreto que remite a una disposición global que implica una composición definida, evoca un conjunto de símbolos que se caracterizan, por otra parte, por un modo de composición definido; éste se señala mediante

---

24 Véase Granet, *op. cit.* p. 158. Los dos relatos proceden de obras de fecha, inspiración y estilo similares.

25 *Ibid.*, p. 157 y ss. El principio ritual es que los espíritus no comen nada excepto lo que (por la naturaleza del oferente y la naturaleza de la ofrenda) es de su clase (*lei*).

26 *Ibid.* p. 158.

27 Cf. *Tch'ouen ts'ieou fan tou*, cap. 13. Todo, en un sacrificio hecho en primavera (Oriente), se ordena por 8 (por 7 en verano, por 9 en otoño, etc.), y si se quiere entonces, por ejemplo, hacer llover, será necesario hacer bailar a 8 danzantes, ofrecer 8 peces, construir un montículo de 8 pies de lado, hacer 8 dragones: 1 grande (8 pies de largo) + 7 pequeños (8/2 pies de largo), etc.

un *número maestro* (tomado de la serie decimal). Este número maestro tiene el papel de *clasificador* y es capaz de imponer presentaciones significativas (geométricas o rítmicas) de tal o cual situación y esencia emblemáticas.

Así, como nos dice Sseu-ma Ts'ien, a un sitio S-S-E, marcado por el signo duodenario *sseu* (que expresa la perfección del Yang) le corresponde el número 7 (pues, *dice* el historiador, los números Yang alcanzan su perfección en el 7); por lo que la constelación característica de este sitio está formada por 7 (*ts'i*) estrellas y se llama *Ts'i sing*: las Siete Estrellas.[28] Del mismo modo, si el desarrollo masculino está marcado por el número 8, y el femenino por el número 7, es porque, se nos dice, los lugares de los nacimientos masculinos o femeninos son respectivamente "los *Números*" (del ciclo duodenario) *yin* (E-N-E = 8) y *chen* (S-S-O = 7).[29]

Los signos duodenarios y denarios no se utilizan para establecer recuentos, ni para indicar un *rango abstracto* como los números ordinales; merecen el nombre de números (al igual que los signos de la serie decimal) porque sirven de emblema para situaciones específicas que representan en términos concretos. Cada uno de ellos puede evocar –en su lugar en una organización global (caracterizada por un determinado modo de división en sectores singularizados)–, una *agrupación local* cuya esencia (*wou*) se expresa mediante una organización (de carácter rítmico o geométrico) también especificada por un divisor característico.

* * *

Los chinos han dado el nombre de Números a los signos cíclicos destinados a designar no rangos sino lugares y capaces de evocar ordenaciones más que *totales*. Para contar y numerar, tienen otro sistema de símbolos que constituyen una serie decimal ordenada linealmente (1, 2, 3... 11, 12... 101...). Los números de esta tercera serie se consideran, sin embargo, como símbolos, notables, tanto como los otros, por su poder descriptivo. También ellos forman una imagen, y en las representaciones que sugieren, las ideas de *adición* y *unidad* son mucho menos importantes que una especie de análisis concreto destinado a especificar el tipo de división u organización que parece apropiado para una *agrupación* determinada.

Aunque parecen utilizarse para numerar y contar, los números de la serie decimal se utilizan para representar las modalidades concretas de ordenación. Un pasaje del *Tso tchouan*[30] lo manifiesta; la indiferencia a la hora de distinguir entre una función cardinal y una ordinal de los números es claramente evidente.

Este pasaje, singularmente instructivo, tiende, por la simple enumeración de una serie de tipos de clasificación, a sugerir la sensación de una progresión rítmica. Se inserta en un desarrollo sobre la armonía (*ho*), donde se pretende hacer sensi-

---

28   *SMT*, III, pp. 308-309.

29   Granet, *La vie et la mort...* pp. 1 y ss. Siete, que equivale a *chen* (S-S-O) en este ejemplo, equivale a sseu (S-S-E) en el ejemplo anterior. Adjuntos a un mismo conjunto de símbolos, números diferentes (72, 12, 2), pueden considerarse equivalentes; asimismo, un número puede, unido a dos conjuntos diferentes, cambiar su valor emblemático; es una simple consecuencia de la competencia de los distintos sistemas de clasificación.

30   *Tso tchouan*, C., III, p. 327. Extracto de un discurso atribuido a Yen tseu, contemporáneo de Confucio.

bles las íntimas correspondencias que unen sabores y sonidos, alimentos y música; en definitiva, lo que llamaríamos sustancia y ritmo.[31] Todo es armonía, es decir, dosificación, y las diferentes dosificaciones no son sino una misma armonía cuyas modalidades, *en orden de complicación creciente*, se expresan mediante una serie de símbolos numéricos. Estos símbolos rigen una clasificación por categorías, a la vez que muestran la *disposición interna* que conviene a cada una de las realizaciones (siempre totales y siempre específicas) de la armonía universal.

Se expresa mediante nueve palabras, cada una de ellas precedida por uno de los nueve primeros números. No se puede traducir como: "1° el aliento... 9° las canciones" ni por "1 (es) el aliento... 9 (son) las canciones". Debe entenderse como: "1 (= Uno y en primer lugar es el) Aliento (*k'i*). 2 (= Dos y en segundo lugar están los) Conjuntos {(*ti*) que forman, enfrentándose como el Yang y el Yin (pareja antitética), las danzas civiles y militares; estas danzas son adecuadas tanto para el Verano (Sur) como para el Invierno (Norte) (simple oposición)}. 3 (= Tres y en el tercer lugar están los) Modos {poéticos (*lei*) que, distribuidos entre los señores, el rey-jefe supremo y los dioses, se ordenan jerárquicamente (en una línea centrada); situado entre los dioses y los feudatarios, el jefe supremo ocupa una situación intermedia y eminente a la vez central}. 4 (= Cuatro y en cuarto lugar están los) Símbolos {de danza (*wou*), pues las cuatro direcciones (disposición cuadrada, significativa de la forma propia del Espacio y de la Tierra) proporcionan, con los bailarines y sus insignias, los cuatro tipos de danzas}. 5 (= Cinco y en el quinto lugar están los) Sonidos {primordial (*cheng*): esencia de la música, los sonidos llaman al clasificador 5 (emblema del Centro) y merecen ocupar en la progresión (entre el 1 y el 9) el lugar central; asignados a las cuatro estaciones-direcciones y al Centro, permiten clasificar el conjunto de las cosas de la música en el Espacio-Tiempo (disposición cruzada)}. 6 (= Seis y en el sexto lugar están los) Tubos {musicales (*liu*) o, más bien, las seis parejas de tubos musicales (6 tubos yin que duplican los 6 tubos yang); entre ellos, recuerdan los doce meses y realizan la distribución de la armonía en el Tiempo (simétricamente a los cuatro Símbolos que la realizan en el Espacio) (disposición hexagonal –o dodecagonal– que evoca el Tiempo, el Cielo, lo redondo)}. 7 (= Siete y en el séptimo lugar, están las) Notas {de la escala (*yin*) figurando ya sea el total de las Influencias ejercidas por los Siete Rectores Astronómicos, o una semana de siete días. El siete (como el cinco) da la idea de un total centrado, a saber: o bien (6 + 1) un hexágono (= círculo) previsto con su centro, o bien (4 + 3) un cuadrado (4) dispuesto en torno a un eje perpendicular (3) que marca el Arriba (Cenit), el Abajo (Nadir) y el Centro del mundo}. 8 (= Ocho y en el octavo lugar están los) Vientos {(*fong*), que corresponden, junto con ocho instrumentos de *materia* diferente (los timbres entran en consideración después de los intervalos), a las ocho regiones concretas del Espacio, a saber, los ocho cuadrados exteriores de la extensión (cuadrada y subdividida en nueve cuadrados)}. 9 (= Nueve y en el noveno lugar se encuentran los) Cantos {(*ko*), es decir, la música y la danza en sus

---

31   Comp. *Yo ki*, en *Li ki*, C., II, p. 83. Estas correspondencias se establecen en el marco de los distintos sistemas de clasificación, en particular el sistema de clasificación quíntuple.

manifestaciones más sensibles; los bailarines y los músicos trabajando evocan las nueve actividades (todas las actividades reales); el conjunto de las realizaciones (*kong*) que posibilita una actividad ordenada, totalmente jerarquizada, ocupa todo el espacio concreto (8) más su centro ideal (1); este conjunto está representado por tres líneas que, centradas y jerarquizadas, valen cada una por tres y que, juntas, componen la figura de un cuadrado subdividido en nueve y presidido, por así decirlo, en su centro, por un cuadrado maestro (dominio del Jefe)}.

El Aliento se sitúa al principio de la progresión, porque se considera el elemento único y primario, simple y *total*, del ritmo, y los Nueve Cantos lo terminan, porque marcan la realización plena y suprema, última y *completa*, de todo lo que el ritmo contiene en sí mismo. ¿Queremos mostrar cómo se constituyen las realidades (de todo tipo) y cómo se agrupan? ¿Queremos, para indicar concretamente su rango, su esencia, revelar la forma típica en que están constituidas? Basta con indicar que las cosas de la música están ordenadas en categorías bajo símbolos tomados de la serie de los Números. Estas etiquetas numéricas no sólo marcan los lugares en la progresión, sino que también determinan la composición y la figura que distinguen a cada categoría; lo que, por ejemplo, *ocurre* y se *dispone* en el cuarto lugar, *se dispone* en un cuadrado y se *presenta* de a cuatro, constituyendo una agrupación de realidades cuya esencia es ser a la vez cuarta y cuádruple.

El orden ontológico y el orden lógico se traducen juntos en imágenes rítmicas y geométricas. Se fusionan tan bien que parece posible clasificarlas y caracterizarlas mediante expresiones numéricas. Por su poder descriptivo, los Números, índices de un análisis concreto, están llamados, como clasificadores, a identificar agrupaciones reales. Pueden utilizarse como rubricas, porque son significativos de los diversos tipos de organización que se imponen a las cosas cuando se realizan en su lugar en el Universo.

El mundo es un universo cerrado. Asignados a la designación de lugares, los signos cíclicos evocan disposiciones. Simétricamente, los números de la serie decimal parecen estar destinados a especificar disposiciones, pero también se les otorga el poder de representar lugares.

Prácticamente indefinida, la serie decimal parece estar dispuesta linealmente. De hecho, cuando queremos comunicar la sensación de una progresión, aparentemente utilizamos los números en su secuencia lineal. Pero, como acabamos de ver, entre el principio y el final de la progresión no se imagina otra distancia que la que separa un total, previsto al principio sólo en su unidad, de un todo susceptible de análisis, pero siempre considerado como completo. Para dar la idea de una progresión similar, fundamentalmente estática, por así decirlo, e imaginada con vistas a distribuir entre *categorías jerárquicas* los aspectos significativos de un universo finito, no hay razón para apelar a los números haciendo ver que pueden formar una secuencia *ilimitada*; se preferirá imaginarlos como componiendo un conjunto de series *finitas*, una de las cuales, la de las unidades simples, puede representar enteramente.

Como imagen de la progresión de los números, la primera decena adquiere así el carácter de un *ciclo*; de ahí la posibilidad de relacionar sus símbolos con los símbolos cíclicos, especialmente los del ciclo denario. Los signos cíclicos simples, sin embargo, son símbolos de agrupaciones cuyos emplazamientos fijan sin intentar (en principio) indicar su jerarquía. Por el hecho de anotar una progresión, los primeros números, por el contrario, al servir de encabezamiento de categorías, permiten imaginar un orden jerárquico. Ahora bien, la idea de jerarquía se traduce en el pensamiento chino por la representación realista de un centro. Situado *en medio* de los nueve primeros números, el 5 es el símbolo del centro.

A partir de la atribución del centro al 5, los signos vecinos, escapando de su formación lineal, se distribuyen en el Espacio y asumen a su vez atribuciones espaciales. En consecuencia, si parecen en un primer momento adecuados para caracterizar los lugares a la manera de los símbolos cíclicos, los símbolos de la serie decimal también pueden, como veremos pronto, ser llamados a representar, en relación con un conjunto centrado, el ajuste de los diferentes sectores; componen entonces una especie de imagen en la que el orden del mundo se representa numéricamente.

El pasaje del *Tso tchouan* que acabamos de analizar ha demostrado que los 5 sonidos primordiales, la esencia del ritmo, tienen derecho a un lugar central que les confiere o es conferido por el clasificador 5. El mismo tema se encuentra, ilustrado de forma aún más significativa, en un venerable documento.

El *Hong fan*,[32] un pequeño tratado que suele considerarse el ensayo más antiguo de la filosofía china, trata del conjunto de recetas que debe conocer un soberano digno. Esta suma de sabiduría se concreta en 9 puntos, cada uno de los cuales está numerado o, mejor dicho, caracterizado por un número.

Se ha escrito[33] que no existe ninguna relación entre los números asignados a las secciones del *Hong fan* y las ideas expresadas en ellas. Si esta relación es efectivamente inexistente en la mayoría de los casos, es evidente en la séptima sección. Se dedica a cosas de adivinación. El 7 debe clasificarlos, porque el 7 los rige; para practicar su arte, los adivinos manejan 49 (= 7 x 7) varitas mágicas y consideran (dice el *Hong fan*) 7 categorías de índices. – Pero la quinta sección es aún más interesante. Habla de "la más alta perfección del Soberano (*Houang ti*)".[34] El soberano, como sabemos, es la fortuna del país. Por lo tanto, se nos dice que debe, *en su Capital*, trabajar para recoger y luego difundir la totalidad de la Felicidad a todos los fieles. Por lo tanto, él y "su perfección" tienen derecho a la *sección central*. Es la que se rige por el clasificador 5, y, de hecho, la felicidad total que el jefe dispensa y posee se divide en 5 Felicidades.

---

32   *SMT*, IV pp. 219 y ss. El *Hong fan*, insertado como un capítulo en el rey *Chou king*, también fue incorporado por Sseu-ma Ts'ien en su obra. La tradición la sitúa como una obra del tercer o segundo milenio antes de Cristo. Los críticos modernos lo atribuyen al siglo VIII o III antes de Cristo. La escritura del *Hong Fan* difícilmente puede situarse por debajo de los siglos VI y V a.C. Me parece que data de los primeros inicios de la literatura escrita.

33   P. Wieger, *Histoire des croyances religieuses et des opinions philosophiques en Chine...* p. 57.

34   *SMT*, V, p, 221. He conservado provisionalmente la traducción dada por Chavannes. Cfr. en este Libro, el cap. IV.

La etiqueta numérica, en este caso también, es algo más que un simple número, pero, además, parece que la concepción de un orden expresado por clasificadores numéricos conlleva la representación de un *dispositivo espacial*.

Esta fue, además, la idea que inspiró a los antiguos intérpretes cuando explicaron el *Hong fan* en su conjunto y también cuando explicaron la primera sección, en la que se enumeran los 5 Elementos.

Veían en el *Hong fan* una especie de meditación sobre la estructura del Universo, de la que un Sabio podía derivar los principios que rigen toda la Política. Debido a un prejuicio estrechamente racionalista, los modernos se niegan a confundir la ciencia de los antiguos sabios con el simple sentido común. Quieren descubrir en el *Hong fan* sólo una serie –más o menos bien ordenada– de consejos provechosos, de informaciones útiles. ¿Cómo podrían admitir que el autor del tratado, *coordinando los antiguos sistemas de clasificación*, pudiera haber tenido la idea de poner de manifiesto la organización del Universo *por medio de Números y disposiciones de Números?*[35] Por ello, rechazan las tradiciones y, para empezar, o bien dan poco interés a la mención de los 5 Elementos *colocada a la cabeza* del *Hong fan*, o incluso se esfuerzan por afirmar que es interpolada.[36] Pero, por un lado, el lugar es significativo y, por otro, no hay derecho a descuidar las indicaciones proporcionadas por el diálogo que sirve de exordio al tratado:[37] "¡Ah, es de manera misteriosa que el Cielo fija para los hombres aquí abajo los *dominios donde* vivirán en armonía unos con otros! Y no sé nada del orden que rige las relaciones regulares (de los seres)!" – "Cuando Kouen obstruyó las Grandes Aguas *y causó problemas en los cinco Elementos*; el Soberano, temblando de ira, no le entregó las nueve Secciones del *Hong fan*, las relaciones regulares (de los seres) se pervirtieron. Pero Kouen fue ejecutado en las Fronteras del Mundo y Yu llegó al poder. *El cielo, entonces*, entregó a Yu las 9 secciones del *Hong fan* y las relaciones regulares de los seres recuperaron su orden." ¿No hay que comparar este pasaje con las antiguas fórmulas que indican que a los Héroes civilizadores se les confían "los Números del Calendario del Cielo" a los que una Virtud decadente puede hacer *"perder su orden"*? Hemos visto que los "Números del Calendario" no parecen diferir mucho de los signos cíclicos; al igual que éstos, representan lugares.

El diálogo que abre el Hong fan *expresa ciertamente la idea de que la ordenación del Universo implica una distribución de las cosas y de los hombres, lo que puede traducirse tan bien por una ordenación en 9 Secciones como por una distribución en 5 Elementos.*

A los 5 elementos se les asigna la rubrica 1. No olvidemos que (1) la unidad simple no difiere de (10) la decena, una unidad completa. Los 5 elementos consti-

---

35   *SMT*, IV, p. 219, nota 5. Cf. Maspero, *La Chine antique*, p. 440, nota 4.

36   NAITO, *On the compilation of the Shoo king* y HONDA, *On the date of compilation of the Yi king*.

37   Diálogo entre el fundador de la dinastía Tcheou y el hermano del tirano *Cheou-sin*, cuya virtud decadente provocó la ruina de la dinastía Yin; coloquio correspondiente a la inauguración de un nuevo mundo tras la transmisión de una familia a otra de los principios o *protectores* del poder.

tuyen un total. A cada una de ellas debe[38] corresponder un valor numérico. Esto es precisamente lo que dice la sección I del *Hong fan*.

Chavannes traduce así: "(I) De los cinco elementos, el primero *se llama*[39] agua; el segundo, fuego; el tercero, madera; el cuarto, metal; el quinto, tierra. (La naturaleza del) agua es[40] humedecer y descender; la del fuego, arder y ascender; la de la madera, ser capaz de ser doblada y enderezada; la del metal, ser obediente y cambiar de forma; la de la tierra, ser sembrada y cosechada". Chavannes traduce, en el primer elemento de la frase, el carácter *yue*, como "*se llama*",pero en el segundo elemento lo traduce como "es". *Yue* puede significar, efectivamente, "es", pero cuando aparece en una enumeración (como es el caso aquí y en todo el *Hong fan*), *yue* no es más que una simple partícula. Atribuirle plenamente un valor de cópula ya conduce a una distorsión del significado. El texto no dice: "(*La naturaleza del*) agua es humedecer y descender..."; dice: "(El agua) humedece (y) tiende hacia abajo; (el fuego) flamea (y) tiende hacia arriba...". Pero el significado se distorsiona mucho más gravemente cuando se presta a *yue* en la primera frase –sin poder retenerlo en la segunda– el significado de "se llama". Sólo se puede caer en este error por una idea preconcebida y si se presupone que, en el *Hong fan*, los números sólo se utilizan como números ordinales. Pero en el mismo *Hong fan* y, de hecho, en otros lugares, hemos encontrado pruebas de que a los chinos no les gusta distinguir entre una función cardinal y una ordinal en los números.

Ahora traduciremos, estrictamente, palabra por palabra: "I: 5 Elementos. 1: Agua; 2: Fuego; 3: Madera; 4: Metal; 5: Tierra", entendiendo que el Agua va en primer lugar y el Fuego en segundo porque 1 y 2 expresan de forma simbólica su esencia y rango. 1, 2, 3, 4 y 5 deben considerarse como índices que especifican el *valor* de los diferentes elementos.

Y, en efecto, si los chinos, bajo la influencia de diferentes preocupaciones doctrinales, varían a veces la secuencia de los Elementos, nunca les atribuyen valores numéricos que puedan considerarse diferentes de los que les asigna el *Hong fan*.

Al servir de índices sobre los lugares que los sitúan en un esquema global, estos valores por sí solos –incluso cuando la *secuencia* adoptada para la enumeración varía– atestiguan el *orden* verdadero y *primario* de los Elementos.[41] En el *Yue ling*, por ejemplo, los Elementos se presentan en la secuencia: Madera, Fuego, Tierra, Metal,

---

38   Los 5 Elementos, como veremos, valen respectivamente 1, 2, 3, 4, 5, es decir, por su conjunto (5, símbolos del centro, que no hay que contar, como veremos) 1 + 2 + 3 + 4, es decir, un total precisamente de 10 (que equivale a 1).

39   Énfasis mío.

40   *Idem*.

41   Chavannes (*SMT*, IV, p. 219, nota 5) declara que el orden seguido por el *Hong fan* es singular. Por ello, no duda en proponer la corrección del texto. Esto se debe a que comenzó admitiendo que "las primeras enumeraciones" (que él reporta al siglo III) seguían un orden diferente (Introducción, p. CXLIII), el llamado orden triunfal. Dado que atribuye al *Hong fan* una fecha anterior al siglo III a.C., debe encontrar en la enumeración del *Hong fan* (la más antigua, de hecho) un error que corregirá para asemejarlo a las enumeraciones que primero se afirmaron como más antiguas. Los sucesores de Chavannes abandonan su corrección, que consideran inaceptable, porque otro texto confirma la redacción de este pasaje en el *Hong fan*.

Agua.[42] Sin embargo, el *Yue ling* los asimila respectivamente a los números 8, 7, 5, 9, 6. Ahora bien, el 1 y el 6 (= **1** + 5) que el *Hong fan*, por un lado, y el *Yue ling*, por otro, asignan al Agua se consideran equivalentes por su valor simbólico, porque ambos son congruentes con el **5**. Lo mismo ocurre con el 2 y el 7 (= 2 + 5), con el 3 y el 8 (= 3 + 5), con el 4 y el 9 (= 4 + 5). Además, si el *Yue ling* asume una equivalencia emblemática entre el Agua, por ejemplo, y, en la serie decimal, *sólo* el número 6 (el número fuerte del par congruente 1-6), también afirma que, en la serie denario, es un *par* de números cíclicos a los que corresponde el agua. Observemos aquí que, al analizar los *pares cíclicos* de la serie denaria, el *Chouo wen* presenta el *primero* de los dos signos como símbolo de una Orientación y el *segundo* como símbolo de la Estación correspondiente.[43] El *Hong fan* y el *Yue ling*, que asignan a los Elementos, el uno el primero de los números de un *par congruente* y el otro el segundo de estos números (el número fuerte), consideran aparentemente las correspondencias numéricas desde puntos de vista diferentes, pero que se complementan: ambos se inspiran en un sistema general de clasificación cuya antigüedad y prestigio están atestiguados por numerosos mitos.

Elementos	Agua	Fuego	Madera	Metal	Tierra
Hong fang	1	2	3	4	5
Yue ling	6	7	8	9	5

Este sistema consiste en una combinación de equivalencias establecidas entre las Estaciones, las Orientaciones…, los Colores, los *Sabores*… y los Elementos, así como los Números. El *Yue ling* relaciona el número 6 y el sabor salado (*hien*) con el Invierno (= Norte), que sitúa bajo la influencia (*tö* = virtud) del Agua; el número 7 y el sabor amargo (*k'ou*) con el Verano (= Sur), que sitúa bajo la influencia del Fuego; el número 8 y el sabor ácido (*siuan*) con la Primavera (= Este), que sitúa bajo la influencia de la Madera; el número 9 y el sabor picante (*sin*) en el Otoño (= Oeste) que él sitúa bajo la influencia del Metal; el número 5 y el sabor dulce (*kan*) en el Centro que él identifica con la Tierra; mientras que (designando los sabores cardinales por las mismas palabras que el *Yue ling*) el *Hong fan* reza: "(Lo que) humedece (y) tiende hacia abajo (Agua: 1), produce lo salado; (lo que) flamea (y) tiende hacia arriba (Fuego: 2) produce lo amargo; (lo que) se dobla (y) endereza (Madera: 3) produce lo agrio; (lo que) es dúctil (y) multifacético (Metal: 4) produce lo picante; (lo que) se siembra (y) se cosecha (Tierra: 5) produce lo dulce". El *Yue ling* y el *Hong fan* se refieren sin duda al mismo sistema de clasificación. Sin embargo, como tratado sobre el Calendario, el *Yue ling* se ocupa de mostrar la función de los Números en la organización del año. Sólo considera los números fuertes (*segundos*

Pero se abstienen de investigar el posible significado del orden indicado, limitándose a afirmar que las interpretaciones numéricas que pueden darse son anacrónicas.

42   Esta secuencia corresponde al llamado orden de producción de los Elementos.

43   Excepto el par *meou ki* (centro), cuyos dos signos se dice que son símbolos del "Palacio Central". Nótese que el *Yue ling* define la Tierra por el centro y le da, como al *Hong fan*, el 5 (y no el 10) como símbolo.

números) de los pares 1-6, 2-7, 3-8, 4-9, porque su suma $(6 + 7 + 8 + 9)$ totaliza 30. 30 (uno de los principales divisores de 360) puede, por sí mismo, evocar el perímetro del año; 6, 7, 8, 9 (al mostrar cómo se descompone el total 30) merecen así servir de clasificadores de las cuatro estaciones que componen el año[44] (y que están simbolizadas por los segundos números de los pares cíclicos). El *Hong fan*, en cambio, se propone, evocando una progresión de categorías, revelar la constitución del universo. Cuando, para empezar (sección 1), indica una división en elementos, es un *dispositivo espacial* que se compromete a describir, y lo describe marcando, por así decirlo, las etapas de su construcción. Utiliza sólo los números débiles de los pares congruentes (forman los *primeros* términos; son los *primeros* términos de los pares cíclicos que se asignan a los diferentes sitios del Espacio). Estos números pueden utilizarse como rubrica para los sitios del dispositivo porque, colocados al principio de la serie numérica (1, 2, 3, 4), son especialmente adecuados para indicar el *orden de las asignaciones* que identifican a un sitio determinado con una rubrica determinado.

En efecto, la enumeración que determina tanto el dominio como el valor numérico de los diferentes elementos *reproduce la disposición de un templo y marca los tiempos de la operación*. El Agua {= Norte = $1 (= 1 + 5 = 6)$} y el Fuego {= Sur = $2 (= 2 + 5 = 7)$} se oponen entre sí en los dos extremos de la rama que se dibuja primero y que se traza verticalmente, partiendo de la Parte inferior (= Norte) {*a la que tiende el Agua (como afirma expresamente el Hong fan)*} hasta la Parte superior (= Sur) {*a la que tiende el Fuego (como afirma el Hong fan)*}; La Madera {Este = 3 $(= 3 + 5 = 8)$} y el Metal {= Oeste = $4 (= 4 + 5 = 9)$} se enfrentan en los dos puntos de la segunda rama que corta perpendicularmente a la primera y que debe trazarse horizontalmente desde la Izquierda (= Este = Madera) a la Derecha (= Oeste = Metal);[45] la Tierra {= Centro = 5 (que equivale a $10 = 5 + 5$)} ocupa el punto central que la encrucijada sirve para determinar y que define el lugar del Jefe.[46]

El agua se nombra en primer lugar porque su dominio espacial es el sitio (Norte) que es el primero que se constituye –porque la rubrica 1 lo gobierna– mientras que el clasificador 6 comanda su dominio temporal (Invierno). El fuego, igualmente, es llamado el segundo porque debe ocupar su lugar en el segundo lugar del dispositivo donde debe ocupar el Este, (Sur) cuya rubrica es 2; 7 constituye un clasificador a la estación correspondiente (Verano).

---

44 El 5, conservado como símbolo del Centro por el *Yue ling*, está reservado a los días (no contados, pero quizás 6 –no el 5–, ya que el año solar tiene 366 días) que marcan el pivote del año.

45 Las equivalencias son: Abajo: Norte: Agua – Arriba: Sur: Fuego – Izquierda: Este: Madera – Derecha: Oeste: Metal, son datos esenciales en el sistema chino de clasificaciones y correspondencias. Las fórmulas del *Hong fan*: "El Agua humedece y tiende hacia Abajo; el Fuego flamea y tiende hacia lo Alto" prueban claramente: 1° que el *Hong fan* se refiere a este sistema explícitamente; 2° que la enumeración de los Elementos implica un dispositivo espacial; 3° y finalmente (ya que los Elementos están caracterizados por símbolos numéricos) que la ciencia de los números no está desligada de un conocimiento geométrico.

46 *Houang ki*: 5. Los dos términos de la pareja de la muerte que corresponden al Centro sirven indistintamente como símbolos del Palacio Central.

Vinculados a los Elementos, los Símbolos numéricos no pueden imaginarse sin vincularlos a Espacios y Tiempos concretos. Estas conexiones, y la propia
conexión de Tiempos y Espacios, tienen como primer efecto hacer irrelevante
la distinción de ordinal, cardinal e incluso de la distribución; estas funciones, en
Números, permanecen indiferenciadas, hasta el punto de que en ellas prevalece
la función clasificatoria. Pero, además, la imposibilidad de concebirlos fuera del
Espacio-Tiempo concreto que forma la urdimbre y la trama de un Universo finito,
tiene la consecuencia de arrancar los símbolos numéricos de la disposición lineal
abstracta que parece exigir el carácter ilimitado de su secuencia. Se ven obligados
a organizarse en forma de ciclo; ricos en representaciones geométricas y rítmicas,
pueden, mucho mejor que los simples símbolos cíclicos, servir de encabezamiento
a grupos de realidades que identifican indicando su situación y su orden, su forma
y su composición.

II. Números, lugares, símbolos adivinatorios

Es por medio de los números que deben representarse los sectores lógicos, las
categorías concretas que componen el Universo. Y si queremos representarlos de
acuerdo con su esencia y con el orden constitucional que el *Hong Fan* llama "las relaciones regulares de los seres", pensaremos que podemos hacerlo mediante disposiciones numéricas. Al elegir tal o cual disposición de estos números que permite
representar su interacción, creemos que hemos conseguido que el universo sea a la
vez inteligible y ameno.

Yu el Grande poseía todas las virtudes que permiten a un héroe arreglar el
mundo. Así fundó la dinastía Hia, y se dice que el Cielo le confió "las 9 secciones
del *Hong fan*".

Esto no significa que el Cielo le haya dado a Yu una disertación de nueve puntos. En la composición literaria que un príncipe de la casa caída recitó al fundador
de los *Tcheou*, tras el fin del los Yi, se expresaba, sin duda, el conocimiento supremo
recluido en el *Hong fan* de Yu. Pero las meditaciones que este documento celestial
pudo haber inspirado difieren de él de la misma manera, aparentemente, que las
glosas literarias que parecen componer este libro sagrado de los adivinos. Sesenta
y cuatro dibujos, los Hexagramas, constituyen por sí solos el verdadero texto del *Yi
king*; todo el resto son meros comentarios, ampliaciones y leyendas que ayudan a
descifrar los símbolos adivinatorios. En estos 64 símbolos gráficos está contenido
el conocimiento, un poder total. De la misma manera, sin duda, antes de que se
pusiera de manifiesto en los nueve puntos de la disertación recitada al rey Wou,
tal Suma de Sabiduría ya estaba en las nueve secciones del *Hong fan* –tal como
Yu la poseía. *Hong fan* significa "gran modelo" o "plan supremo". ¿Qué podrían
representar las Secciones del Gran Plan, sino una agrupación de símbolos capaces
de suscitar en la realidad así como de imponer en la mente las disposiciones de las
categorías que evocan el orden universal? Dispuestas en torno al número 5 (emblema del puesto soberano y centro del Espacio), ¿qué podrían ser estas 9 secciones
numeradas, si no, simplemente, los 9 primeros símbolos numéricos?

Ciertamente, lo que el Cielo le dio a Yu no fue la glosa del texto, sino su propia letra, o más bien su número; era un modelo a descifrar, una *imagen hecha de números*, el Mundo mismo.

Mientras los eruditos no se molestaron en criticar las tradiciones para dar a la historia antigua un aspecto razonable y correcto, los chinos identificaron el *Hong fan* concedido a Yu por el Cielo con un diagrama mítico, llamado *Lo chou*, en el que intentaban ver una ordenación de los números.

Las tradiciones relacionadas con Yu y el *Hong fan* se refieren a un conjunto de mitos demasiado coherentes para ser ignorados. Se sabe que Yu el Grande, como corresponde a un Fundador o Demiurgo, era a la vez un maestro forjador y un maestro agrimensor.[47] Viajó y midió las 9 Montañas, los 9 Ríos, las 9 Marismas, trazando la tierra que finalmente fue puesta en cultivo, es decir, dividida en campos, que eran cuadrados, que a su vez se *dividían en 9 cuadrados*; en resumen, se nos dice, Yu *dividió el Mundo en 9 Regiones*.

También tenía 9 calderos de tres patas. Los 9 Pastores ofrecieron metal como tributo, y en sus calderos Yu pudo dibujar los "símbolos" de los seres de todos los países, pues estos "símbolos" le fueron entregados como tributo por las 9 Regiones. El poder encarnado en estos símbolos era tal que los 9 Calderos valían el Mundo; gracias a ellos, reinaba el orden y la paz en todo el Universo; los distintos seres se mantenían tranquilos en sus dominios, por lo que era posible viajar sin peligro por los 9 Pantanos, los 9 Ríos y las 9 Montañas… De este modo se aseguraba la "unión de lo Alto y lo Bajo" y se recibía "el favor del Cielo".[48] A Yu, que poseía con sus 9 calderos de tres patas una *imagen del Mundo* y el poder sobre el Mundo, el Cielo le transmitió las 9 Rubricas.

Fue una tortuga la que se las trajo. Todopoderosas en el Mundo, las tortugas son una *imagen del Universo*. Si los adivinos pueden conocer a través de ellas los indicios eficaces que aconsejan los actos efectivos, es porque participan en la longevidad del Universo, y si el Universo les da *larga vida*, es porque toman parte íntima en la vida universal, viviendo estrechamente envueltas en un hábitat acondicionado según el modelo del macrocosmos; sus caparazones, en efecto, son cuadrados en la parte inferior, y redondos en la parte superior. Las tortugas representan tan bien el Mundo que aparecen necesariamente en los mitos en los que vemos a un Héroe trabajando para consolidar el orden universal. Si algún Genio malvado, rompiendo una de las columnas del Mundo, y dejándolo con sólo tres, hace que el Cielo y la Tierra se derrumben y entrega el Universo al Diluvio, un Genio benéfico puede restaurar la estabilidad devolviendo al Mundo cuatro columnas hechas con las patas cortadas de una tortuga,[49] pues a las tortugas no se les debe permitir moverse y nadar libremente, o de lo contrario las Tierras se alejarían y las Aguas se las tragarían.[50] Después de que Kouen, el monstruo malvado y tortuga de tres patas,

---

47   Granet, *Danses et légendes de la Chine ancienne*, pp. 482 y ss.
48   *Ibid.*, p. 489.
49   Cfr. Libro III, cap. I.
50   *Lie tseu*, Wieger, *Les Pères du système taoïste*, p. 131.

desatara las Grandes Aguas que amenazaban con engullir el Cielo y la Tierra,[51] Yu, que era su hijo, pero un Héroe perfecto tanto en la virtud como en el cuerpo, restauró el buen orden. Supo encontrar la gloria en las obras míticas relacionadas con el tema del Mundo salvado de las Aguas; una tortuga debía figurar, pues, en su historia. Yu el Grande, de hecho, redujo las Aguas a su servicio y disciplinó los Ríos. Ahora, por lo tanto, un caballo-dragón o el propio río, un dios con cuerpo de pez o de tortuga,[52] tenía que salir del río Amarillo y presentarle la Tabla del Río (*Ho t'ou*); y una tortuga tenía que salir del río Lo para presentarle el *Lo chou* (Escritura del río Lo) que es –según la tradición– el *Hong fan*.

Imagen del Mundo, una tortuga le trajo esta imagen a Yu; a Yu, quien, él mismo, por su voz, su tamaño y su paso, podía servir de patrón para todas las medidas; para todo lo que los números pretenden evocar. Al igual que los nueve calderos de tres patas de Yu, las imágenes que salieron de las Aguas se conservaron, según cuenta la historia, en el tesoro de los Reyes, Hijos del Cielo; se encontraban entre las muestras y los principios de su poder; cuando la Realeza pereció, los Trípodes se desvanecieron en las Aguas y nadie sabe qué le pasó entonces al *Ho t'ou* y el *Lo chou*… El *Lo chou* y el *Ho t'ou* no volvieron a aparecer hasta la dinastía Song, en el siglo XII. Esto ocurrió bajo el reinado de un emperador que favorecía la geomancia y coleccionaba grimorios taoístas; y que también hizo fundir nueve Trípodes[53]…

Los estudiosos no tienen más que desprecio por el *Lo chou* y el *Ho t'ou* de los Song. Sin embargo, estas obras no carecen de interés; son simplemente disposiciones de números; tras largos siglos de brillante civilización, los eruditos chinos no dejaron de atribuir a los símbolos numéricos la función de representar el universo. Lo más importante para nosotros es observar este sesgo. Su persistencia nos invita a considerarla como una actitud fundamental de la mente china. Pero, por otro lado, ¿por qué culpamos a "los falsificadores"? No inventaron nada, sólo eran eruditos; se limitaron a traducir gráficamente ideas que no queremos remontar a Yu, el héroe mítico, pero que, sin embargo, son lo suficientemente antiguas como para merecer nuestro interés. Como muestra la siguiente figura.

El *Ho t'ou* de los Song muestra {mediante círculos blancos (*yang*) o negros (*yin*), según sean pares o impares} los diez primeros números dispuestos de forma entrecruzada, con el 5 y el 10 en el centro; como hemos visto, ésta es la disposición que el *Yue ling* y la primera sección del *Hong fan* asumen para los símbolos numéricos de los Elementos, las Direcciones y las Estaciones. En cuanto al *Lo chou*, el diagrama que pretende restaurarlo se basa en datos formalmente atestiguados ya en el periodo Han.[54] Este diagrama, si no es menos interesante que el otro, no está hecho para sorprender mucho más. Los primeros 9 números están dispuestos en un cuadrado mágico (alrededor del 5); como podría esperarse de una carta del

---

51   Granet, *Danses et légendes…*, pp. 568, 244.

52   *Ibid.*, notas 1284 y 1285.

53   Se trata del emperador *Houei-tsong* de los Song (1101-1125).

54   Más adelante se verá que parecen remontarse al menos al *Hi ts'eu*, una obra apenas menos antigua que el *Hong-fan*.

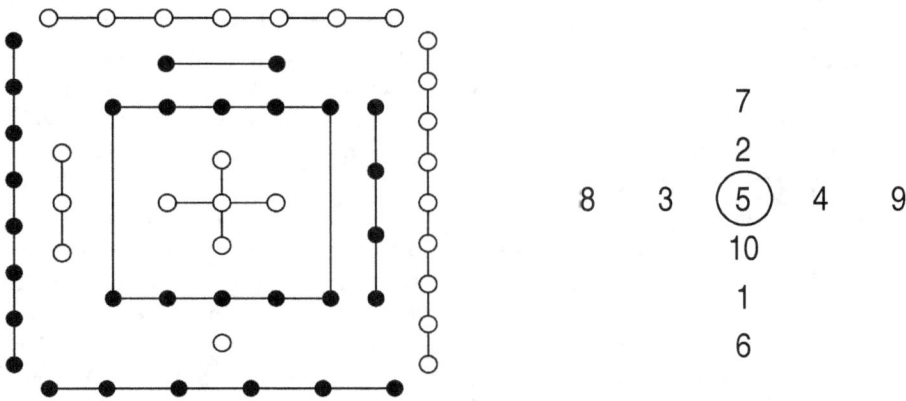

Mundo ofrecida (a través de una tortuga) a un Héroe que dividió la Tierra (cuadrada) en 9 Regiones (cuadradas):

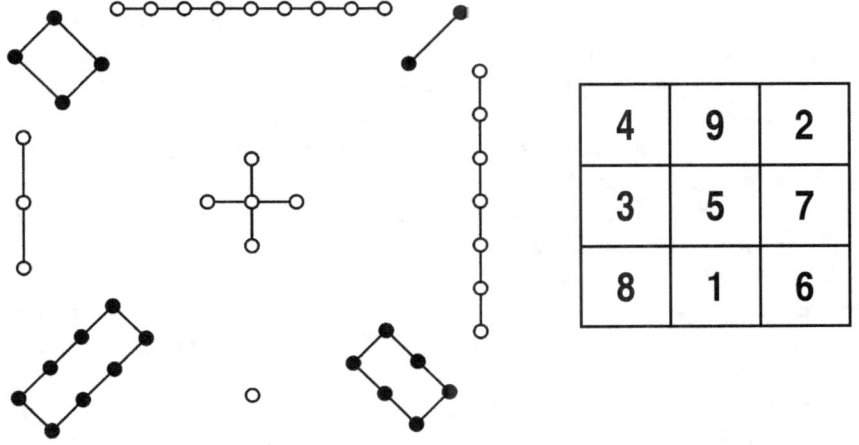

Yu, para organizar el Mundo, lo inspeccionó. En efecto, lo recorrió. Los gobernantes que no son Fundadores se contentan, como sabemos, con circular por la Casa del Calendario. Su circunvalación en el lugar sagrado del *Ming t'ang* es suficiente para ordenar el Espacio y el Tiempo y mantener una conexión exacta de las Estaciones y las Direcciones.

Redondo por su techo de paja y cuadrado por su base, el *Ming t'ang* es una imagen del Mundo; tan perfecto como puede ser una tortuga.

Los adivinos[55] pueden conjurar a partir de un caparazón de tortuga un ciclo completo de signos: 360 tipos de grietas les informan de todas las circunstancias de tiempo y lugar. Las hacen aparecer {utilizando el Fuego (= Alto = Cielo)} en la parte inferior {y cuadrada (= Tierra)} de la caparazón. Las divisiones de esta parte inferior de la caparazón son las que permiten la caracterización de las grietas (ver la figura contigua). Una línea axial que va de atrás hacia adelante {atrás

---

55   *Tcheou li*, Biot, *op. cit.*, II, pp. 75, 70.

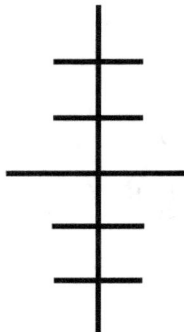

es el fondo (= norte) y el frente es la parte superior (= sur)}
divide el plastrón en dos mitades que son la izquierda (= este)
y la derecha (= oeste); este eje está cortado por 5 franjas que
representan los 5 elementos; determinan (6 a la izquierda y 6 a
la derecha) 12 sitios (que son los sitios de los 12 meses), pero
encierran sólo 8 dominios, que (acoplados por dos) se disponen formando 4 sectores alrededor del Centro marcado por el
cruce del eje medio y la línea central.[56] Así, (después de haber
trazado (considerando 1 eje y 5 trayectorias transversales) una
encrucijada para evocar una distribución por 5), se llega {aun-
que se opere, se dice, distinguiendo **6** categorías (o más bien,
tres pares de categorías, a saber: el Arriba y el Abajo, la Izquierda y la Derecha,
y –también– el Yang y el Yin)} a distribuir el Espacio –donde los 360 signos podrán aparecer y especificarse– sólo entre 4 dominios (dobles), que, por sí solos,
merecen llevar un nombre.

Del mismo modo, en el *Ming t'ang*,[57] el Espacio –donde la circulación real debe
dar lugar a la aparición del ciclo completo de días que componen un año– está
dividido en sólo **5** dominios nombrados (y dedicados a los **5** Elementos), uno de
los cuales corresponde sólo al Centro y al pivote del Tiempo, mientras que los
otros 4 representan la Orientación y las Estaciones reales. Sin embargo, también en
el *Ming t'ang*, 8 lugares están dispuestos para corresponder a 12 estaciones reales
adecuadas para la promulgación de las ordenanzas (*yue ling*) apropiadas a los 12
meses, 4 de las cuales ocupan posiciones angulares y las *otras 4* (*las únicas nombra-
das*) posiciones cardinales. Esta disposición del espacio sagrado puede expresarse
en dos disposiciones arquitectónicas; ambas fueron defendidas en el periodo Han
por eruditos que pretendían proporcionar a los emperadores los verdaderos planos
de un *Ming t'ang*. Según algunos, la Casa del Calendario debía estar dividida en 9
habitaciones; según otros, sólo comprendía 5 edificios o 5 habitaciones.

Formado por habitaciones contiguas o edificios independientes, el *Ming t'ang*
de 5 habitaciones dibuja una simple cruz inscrita en un cuadrado (o en un rectángulo); el *Ming t'ang* de 9 habitaciones ocupa este cuadrado por completo; pero,
incluyendo ambos una habitación situada en el centro y, por así decirlo, sin vistas, ambos tienen también 12 vistas en el exterior; en efecto, cada una de las salas
cardinales del *Ming t'ang* en forma de cruz tiene tres fachadas exteriores (4 x 3 =
12), mientras que, en el *Ming t'ang* cuadrado, estas mismas salas sólo tienen una
fachada, las 4 salas de las esquinas, en cambio, tienen una fachada doble {(4 x 1) +
(4 x 2) = 12}. Ambas disposiciones arquitectónicas son igualmente adecuadas si se
quieren disponer 12 vistas o 12 estaciones cíclicas alrededor de un centro.

---

56   El eje medio se llama el camino (*lou* o *tao*) de las 1000 etapas (*li*).
57   Granet, *op. cit.*, notas en las páginas 116-119.

De hecho, los *dos sistemas* de construcción sólo se oponen porque pretenden reflejar *dos disposiciones diferentes de los números.*

Una de estas disposiciones está implícita en el *Yue ling.* Este tratado sobre el calendario indica las posiciones que debe ocupar el Hijo del Cielo en el lugar del *Ming t'ang* al emitir las ordenanzas mensuales (*yue ling*). Para los meses iniciales o terminales de las distintas estaciones, basta con que el gobernante se sitúe a la izquierda o a la derecha de uno de los cuatro cuartos cardinales. Por otra parte, es en estos mismos salones donde debe ocupar su lugar en los meses (solsticiales o equinocciales) que forman el centro de las cuatro estaciones. Se sabe que el *Yue ling* asigna a los tres meses de cada estación un mismo número {6 para el Invierno (Norte), 8 para la Primavera (Este), 7 para el Verano (Sur), 9 para el Otoño (Oeste) y 5 para el Centro)}. El *Ming t'ang* de 5 habitaciones está diseñado, como puede verse, para evocar la sencilla disposición en cruz de los números que el *Ho t'ou* de los Song pretendía ilustrar, y que el *Hong fan* ya insinuaba.

VERANO				FUEGO				S				
		7				2				7		
										2		
PRIMAVERA	8	5	9	OTOÑO / MADERA	3	5	4	METAL / E	8	3	5	4	9	O
		6				1				1		
										6		
INVIERNO				AGUA				N				
Yue ling				*Hong Fan*				*Ho t'ou de los Song*				

La disposición cuadrada también tiene una base numérica. La tradición del *Ming t'ang* de 9 habitaciones es defendida por el *Ta Tai Li ki.*[58] Esta obra, precisamente, asigna a cada una de las 9 habitaciones (como el *Hong fan* hace con cada una de las 9 secciones) uno de los 9 primeros números, y, estos números, los enun-

---

58   *Ta Tai Li ki,* 66.

cia en un orden (2,9,4; 7,5,3; 6,1,8) que presupone una disposición de cuadrado
mágico.

4	9	2
3	5	7
8	1	6

Esta disposición (que es la del *Lo chou* de los Song) tenía así –por lo menos
desde la época Han– un valor ritual; desde entonces, parecía constituir una imagen
del Mundo que debía encontrarse en el plano del *Ming t'ang*; todo un conjunto de
tradiciones que invitaban, por otra parte, a pensar que un Héroe podría haberlo
descifrado en un caparazón de tortuga.

Las tradiciones relativas al *Ming t'ang* lo demuestran de nuevo; la función principal de los Números es caracterizar los lugares y expresar la organización del Espacio-Tiempo.

La disposición del cuadrado mágico, cuyo prestigio se impuso a los técnicos del
Ming t'ang, no fue menos favorecida por los teóricos de la adivinación. Veremos
esta moda y, al mismo tiempo, podremos entender la razón de la misma. Además de dividir la escala adivinatoria en sectores, al disponer los números en un
cuadrado, podemos evocar el Total[59] de las circunstancias de tiempo y lugar que
condicionan el trabajo de los adivinos; así como el trabajo de los Hijos del Cielo en
la Casa del Calendario.

* * *

El punto de partida de la moda de los cuadrados mágicos se encuentra en un
antiguo sistema de especulaciones relativas a los Símbolos Divinos y también a los
Números.

La esencia de este sistema quedó registrada, varios siglos antes de los Han, en
el *Hi t'seu*. Ninguna obra, salvo el *Hong fan*, está más cerca de los inicios de la tradición escrita.

El *Hi t'seu* forma parte del ciclo del *Yi king*. Los maestros del *Yi king* operaban
con señales proporcionadas por la milenrama. La adivinación por milenrama, según los eruditos que la practicaban, no se basaba en ningún otro conocimiento
que la adivinación por la tortuga. Estos dos métodos de investigación parecían
ser interdependientes y estar destinados a complementarse; el propio *Hi tseu* lo
afirma, al igual que el *Hong fan*, y el *Tcheou li*.[60] Los mitos relacionados con la tortuga sugieren que el arte de preparar el caparazón dividiéndolo en dominios está
relacionado con las técnicas utilizadas por los *topógrafos geómetras* para dividir las
tierras. El conocimiento de la identificación del tiempo (y del lugar) con las vari-

---

59   *Ta Tai Li ki*, 66, glosas (HTKKSP, 828, p. 11a y HTKK, 705, p. 9b); *Wou li t'ong k'ao*,
XXVI, pp. 20 y ss.
60   *Tcheou li*, Biot, *op. cit.* t. II, p. 70; SMT; IV, pp. 226-227; *Yi king*, L., nota 369 y p. 371.

llas de milenrama, en cambio, parece estar relacionado con una técnica de cálculo. Pero los antiguos chinos evitaban distinguir entre aritmética y geometría. Los números y las cifras proporcionaban a los sabios símbolos, prácticamente intercambiables e igualmente poderosos, que facilitaban la identificación y la manipulación de realidades de todo tipo.

La palabra que designa las fichas adivinatorias también designa las fichas de cálculo. Cuando dibujaban hechizos y hacían sus conjeturas, los adivinos debían mantener, entre el cuarto y el quinto dedo de la mano izquierda, una de estas varillas que representaban al Hombre situado entre el Yin y el Yang.[61] Cuando uno dudaba sobre el camino a seguir, también debía tener una de estas fichas en la mano; entonces le servía de bastón guía.[62] El carácter que representa estos palillos se escribe añadiendo la clave del bambú a un grupo gráfico que representa, según se dice, las huellas que un arado deja en el suelo. Si añadimos a este grupo de trazos la clave que representa los campos cultivados, de forma *cuadrada*, obtenemos un carácter de idéntica pronunciación (*tch'eou*). Significa "cultivar la tierra, los límites de la tierra, los dominios hereditarios". Este signo se utiliza para designar a los eruditos (astrónomos, astrólogos, maestros del calendario) que se dedican hereditariamente al arte del cálculo… El genio de los números, el genio de las cifras, el genio del gobierno, el genio de la adivinación se funden… Es precisamente la palabra *tch'eou* la que se utiliza para designar las 9 secciones del *Hong fan*, las 9 rubricas o los 9 dominios del Gran Plan, que la tradición identifica con el *Lo chou* que la tortuga trajo a Yu, el topógrafo.

Pero no es bajo el patrocinio de Yu que se coloca el *Hi ts'eu*, es bajo el de *Fou-hi*. El atributo de *Fou-hi* es la escuadra, y el de su mujer el compás. Siempre se les representa abrazados, pues sus cuerpos terminan en un *nudo* de serpientes.[63] *Fou-hi* fue preconizado por los paladines del *Yi king* como uno de los primeros autores de la civilización; inventó el sistema de cuerdas *anudadas*, así como la adivinación mediante *varillas* de milenrama, que fueron los primeros medios de gobierno. Tuvo un nacimiento milagroso; algunos dicen que su madre lo concibió por el efecto de un *palo* flotante; otros (ésta es la versión común) que fue parido en un pantano famoso por los dragones que lo rondaban. Tenía la apariencia de un *Dragón*…[64] Por eso, según la tradición más extendida, fue a él a quien un *Dragón* llevó el *Ho t'ou*, y no a Yu, el fabricante de calderos de tres patas… Pero los dragones y los calderos de tres patas no son muy diferentes. Si son preciosos, los reflejos cambiantes de los Dragones[65] pueden encontrarse en los calderos de tres patas. Y cuando un Santo merece atraer a los Dragones, comienza por tomar posesión de un caldero de tres patas. Éste, además, le promete la llegada del Dragón sólo si le acompañan las *varillas de milenrama*… La historia no dice que *Fou-hi* haya encon-

---

61   *Yi king*, L., p. 365.
62   *Ts'ien Han chou*, 98, p. 7b.
63   *SMT*, I, pp. 3-7.
64   *SMT*, I, pp. 3-7.
65   *SMT*, III, p. 484.

trado o fundido 1 o 9 calderos de tres patas. Sólo se sabe que este inventor de los Trigramas dividió, mucho antes que Yu, el Mundo en 9 Regiones.

Es incluso con motivo de esta hazaña que los anotadores de los Anales sobre el bambú se toman la molestia de informar de una glosa de Tcheng Hiuan en la que este famoso erudito del periodo Han indica el *orden de creación* de los Trigramas adivinatorios.

Los especialistas de las varillas de milenrama operaban manipulando un juego de palillos de manera que se obtuviera un resultado par o impar. Tradujeron este resultado gráficamente dibujando una línea continua ▬ (impar, *yang*, masculina) o partida ▬ ▬ (par, *yin*, femenino). Detenían sus operaciones cuando habían dibujado una figura formada por 6 líneas superpuestas. Superponiendo 6 líneas discontinuas o continuas, se pueden componer 64 Hexagramas diferentes. Con 3 líneas, se pueden componer sólo 8 Trigramas. Es fácil observar que cada uno de los (8^2 =) 64 Hexagramas está formado por dos Trigramas superpuestos;[66] los 8 Trigramas resumen así los 64 Hexagramas. Se considera que éstos representan la totalidad de la realidad; proporcionan, por así decirlo, una representación concentrada del Universo.

Para que esta imagen del Mundo se considere perfecta, debe incluir una orientación de los Trigramas.

Asociados míticamente a los 8 Vientos, los 8 Trigramas sirven, de hecho, para formar, dispuestos en un octógono, una rosa de los vientos con ocho direcciones. El *Lo chou* se opone al *Ho t'ou*, y conocemos, tanto para el *Ming t'ang* como para los Números, dos disposiciones que compiten entre sí; también hay dos disposiciones de los Trigramas. Ambas eran famosos en la antigüedad. Lejos de parecer mutuamente excluyentes, parecían prestar servicios complementarios. El *Chouo koua* (que es uno de los principales tratados del ciclo del *Yi king*), se refiere, según la ocasión, unas veces a una y otras a otra de estas disposiciones. Una de ellas destaca por la búsqueda de la simetría gráfica; es la que la tradición acerca al *Ho t'ou* y atribuye a *Fou-hi*, inventor de los Trigramas.

La otra se atribuye al rey Wen, fundador de los Tcheou. Se dice que el rey Wen inventó los Hexagramas, y también se hizo famoso por la construcción de un *Ming t'ang*. La llamada disposición del rey Wen suele estar vinculada al *Lo chou*. Dato curioso: aunque la glosa de Tcheng Hiuan se utiliza en relación con la división

---

66   No sostengo que los trigramas fueran dibujados antes que los hexagramas. Este es un punto imposible de decidir. Pero no creo que se pudiera, una vez formados los 8^2 hexagramas, no haber visto que se reducían a 8 trigramas. Maspero cree en la anterioridad de los hexagramas. Justifica esta hipótesis (en contra de las tradiciones chinas) con la ayuda de razonamientos que no consigo entender y cuyo punto de partida es un grave error de observación. Maspero afirma que, excepto la primera pareja de hexagramas, todas las demás parejas se forman por inversión, siendo el segundo hexagrama de cada pareja el primero invertido. Pero las parejas 27-28, 29-30 y 61-62, difícilmente se forman por inversión. Están formados por hexagramas perfectamente simétricos que, si se les da la vuelta, siguen teniendo la misma forma. Además, sería fácil, pero un poco largo y fuera de nuestro tema, demostrar que el orden seguido por el *Yi king* implica la idea de que los hexagramas están hechos de dos trigramas superpuestos.

Disposición de Fou-hi

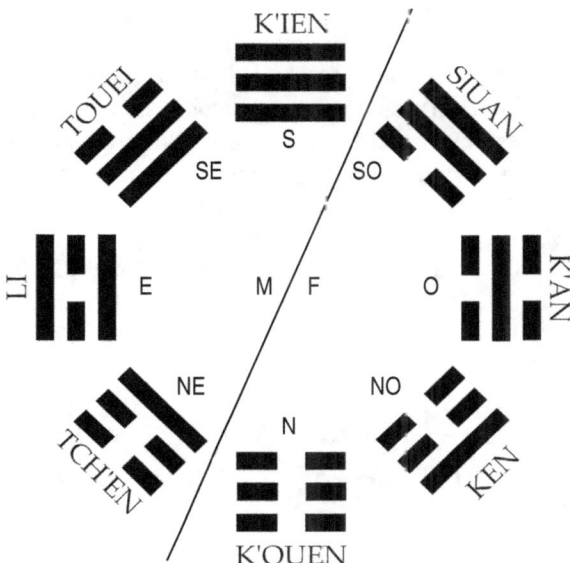

Figuras y nombres de los Trigramas en la llamada disposición de Fou-hi. La línea separa los trigramas masculinos (M) {aquellos cuya línea inferior (girada hacia el centro) es continua (*yang*)} de los trigramas femeninos (F) {cuya línea base está partida (yin)}.

Disposición del rey Wen

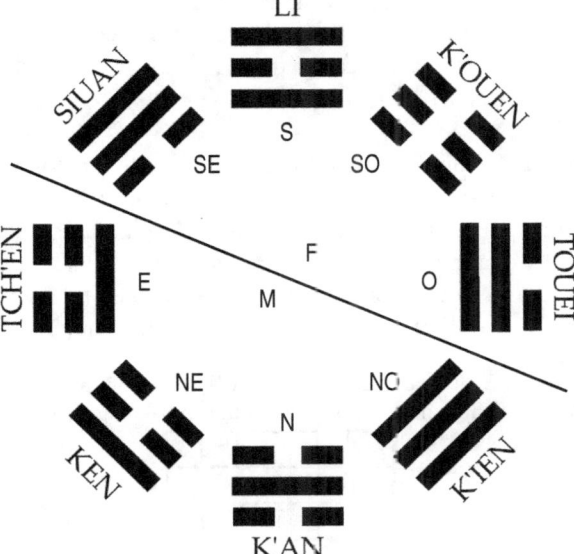

Figuras y nombres de los Trigramas en la llamada disposición del Rey Wen. La línea separa los trigramas masculinos (M) (el formado por 3 líneas continuas y los tres que contienen una sola línea continua) de los trigramas femeninos (F) {los que tienen un número impar (3 o 1) de líneas discontinuas}.

del Mundo en 9 Regiones que fue obra de Fou-hi (el maestro del *Ho t'ou*), es a la disposición del rey Wen (el constructor del *Ming t'ang*) a la que se refiere esta glosa.

Según las tradiciones recogidas bajo los Han por Tcheng Hiuan, es la Unidad Suprema (*T'ai Yi*) la que dispone cada uno de los 8 Trigramas en el lugar apropiado (*kong* = palacio, habitación); cada vez que ha colocado cuatro de ellos, la Unidad Suprema vuelve a descansar en el Centro. Este es el camino {*hing*: esta es la palabra que, en la expresión *wou hing* (los 5 *hing*), se traduce por: Elemento} que viaja. Partiendo (1) de K'an (N), pasa (2) por K'ouen (SO), luego (3) por Ch'en (E), después (4) por Siuan (SE) y desde allí –tras tocar el Centro (5) (que es su propia casa)–, llega (6) a K'ien (NO) desde donde, pasando (7) por Touei (O), luego (8) por Ken (NE), llega (9) a Li (S), desde donde volverá al Centro (10 = 5).

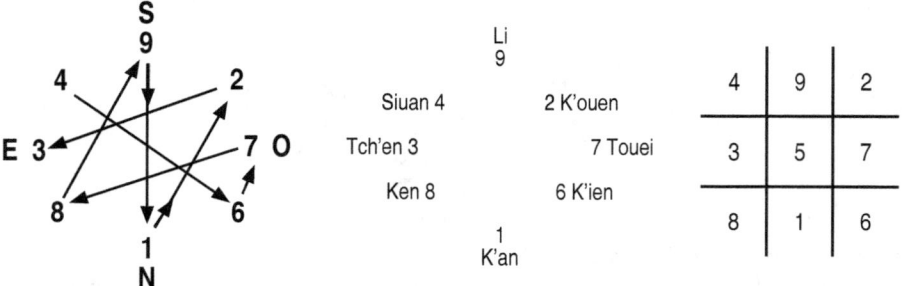

El orden seguido es el que permite ordenar los números de un cuadrado mágico[67] empezando por el más pequeño y terminando por el más grande; y, en efecto, si sustituimos los Trigramas por el clasificador numérico[68] que corresponde a su rango de producción, obtenemos un cuadrado mágico con centro 5; los números reciben allí una orientación idéntica a la que se les atribuye cuando se utilizan para calificar las 9 divisiones del *Ming t'ang*.

* * *

Al igual que los Elementos (cuando están dispuestos de forma entrecruzada), a los Trigramas, en cuanto se orientan, se les asigna un valor numérico; también ellos tienen como símbolo los números que sirven de índices de su ubicación en el Espacio-Tiempo, y es a través de estos números que se revela su orden constitucional. El mismo sistema de postulados está, pues, en la base de las dos disposiciones (cuadrado numérico o cruz) que proporcionaban a los antiguos chinos imágenes

---

67   Esto no se aplica a los cuadrados mágicos del tipo que se muestra a continuación (de los que no he encontrado ningún rastro en la literatura china antigua).

4	11	3
5	6	7
9	1	8

68   La idea de que los Trigramas son, *al mismo tiempo, Direcciones, y Números* no es un juego de eruditos; inspira todavía hoy un método de investigación extendido por todo el Extremo Oriente, y por ejemplo entre el *Hombre* de Tonkín (cf. *BEFEO*, VII, p. 109; el autor de la observación no vio todo el interés en ello porque pensó que era la disposición de Fou-hi).

del Mundo consideradas complementarias y no opuestas. Ya en la época del *Hong fan*, el orden constitucional de los Elementos se traducía dibujando una cruz numérica; el cuadrado mágico que pone de manifiesto el orden constitucional de los Trigramas no debe gozar de un prestigio menos antiguo.

Este prestigio es evidente en las tradiciones recogidas bajo los Han[69] por el *Ta Tai Li ki* y por Tcheng Hiuan, pero es el *Hi tse̱u* el que nos permite comprender las razones de ello.

Llamados por su profesión a manejar cartas adivinatorias, que son también cartas de cálculo, los Maestros del *Hi tse̱u* habían desarrollado una teoría de la adivinación basada en una ciencia de los números. Para ellos, el arte de disponer y

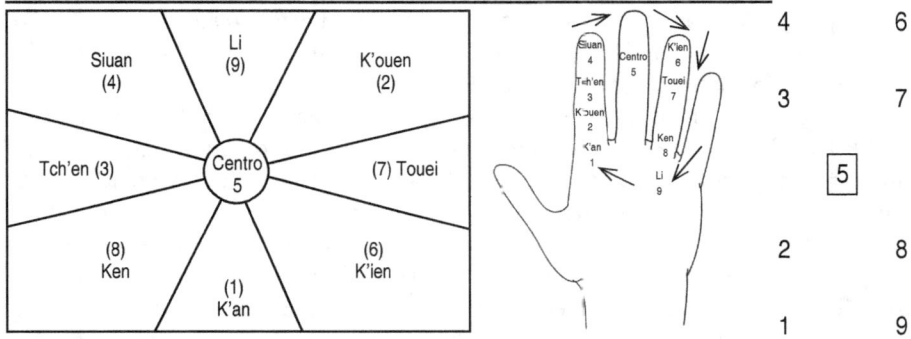

¿Cómo podemos determinar, por ejemplo, la parte de la casa en la que una mujer embarazada debe abstenerse de poner clavos, so pena de clavar sus frutos? Se empieza por dividir la casa en nueve lugares designados por el carácter central y los nombres de los ocho trigramas (*orientados según la disposición del rey Wen*). A continuación, se escriben en la mano estos ocho nombres y la palabra centro; esta última se coloca en la segunda falange del dedo corazón; a cada lado (por un lado, en el segundo metacarpiano y las tres falanges del dedo índice; por otro, en las tres falanges del dedo anular y el cuarto metacarpiano) se inscriben los nombres de los ocho Trigramas (*que se colocan así en el orden que les asigna la numeración de Tcheng Hiuan*). Siguiendo este orden (dirección de las flechas), se cuentan –a partir de un punto determinado por el hecho de que el año de la concepción sea *yin* o *yang* (es decir, que ocupe un lugar par o impar en el ciclo sexagesimal)– tantas estaciones como unidades contenga el número del mes en el que tuvo lugar la concepción; el trigrama en el que uno se detiene revela la orientación prohibida. Consideremos un niño concebido en el sexto mes del primer año (impar) del ciclo; partimos del centro (impar: 5) y, como en la sexta estación del orden de las flechas (y de la progresión de los números), llegamos a K'an, el Trigrama del Norte, sabemos que la parte norte de la casa debe ser tabú. Observemos que los números de las dos columnas enfrentadas suman 10 (el 5 está en el centro); esta disposición de doble columna tiene el mismo valor que la disposición del cuadrado mágico, salvo que, por sí sola, no indica ninguna orientación.

69   El final de la dinastía Han Anterior (Occidental) y el principio de la dinastía Han Posterior (Oriental) forman un periodo (en torno a la era cristiana) en el que, por razones políticas (como por ejemplo bajo los Song), abundaban las obras sobre el *Yi king* y los diagramas mágicos. Estas obras (calificadas como *wei*) constituyen una tradición que los estudiosos, indígenas o no, consideran impura; sería poco crítico seguirlas y fechar en los Han todo lo que no esté atestiguado antes de los Han. Además, el *Ta Tai Li ki* pertenece a la tradición ortodoxa, y dado que *Tcheng Hiuan* corrobora su testimonio, existe una presunción a favor de la tesis de que el prestigio del cuadrado mágico es anterior a los Han.

combinar los símbolos adivinatorios se confundía con el arte de las combinaciones numéricas.

En un pasaje referido a la disposición octogonal de los trigramas, en el que se los asimila expresamente a los números, el *Hi tseu* los presenta agrupados de tal manera que son diametralmente opuestos, estando todas estas oposiciones, al parecer, ordenadas por la fórmula 3 x 5. Los comentaristas ortodoxos sólo dan una glosa de este pasaje que aparentemente carece de sentido.[70] Por otra parte, algunos intérpretes nativos quisieron ver en él una alusión al cuadrado mágico con 5 como centro, donde los pares de números exteriores diametralmente opuestos siempre suman 10, de modo que el total de los 3 números {incluido el central (5)} dispuestos en la misma línea es necesariamente igual a 15.

El pasaje es demasiado oscuro para poder afirmar esta interpretación seductora, pero hay que retener la importancia atribuida al número 15. Así lo confirman hechos que forman parte de una tradición inmemorial.

Los adivinos que utilizaban el *Yi king* para descifrar los símbolos adivinatorios utilizaban el número 9 para denotar las líneas *yang* de las distintas figuras y el número 6 para denotar las líneas *yin*. Esto se explica por el hecho de que la relación entre el Yin y el Yang representa la relación entre la Tierra y el Cielo y, por lo tanto, entre lo cuadrado y lo redondo. Esta relación, que es de 2 a 3, puede expresarse con los números 6 y 9. Pero otros adivinos, los de los Song, utilizaban para sus desciframientos no el *Yi king*, sino el *Kouei tsang*, un manual que se consideraba más antiguo, porque se consideraba el libro de adivinación en uso bajo la dinastía Yin. Para estos adivinos, las líneas pares (*yin*) valían **8**, y las impares (*yang*) **7**. De hecho, parece que en el periodo *Tchouen tseou* se utilizaban simultáneamente ambos sistemas de símbolos numéricos. Como muestra un pasaje del *Tso tchouan*,[71] optar por uno u otro de estos sistemas permitía a un operador astuto elaborar oráculos más adecuados.

Es necesario hacer una doble observación; la oposición del Yin y el Yang es esencialmente la de los pares (8 o 6) y los impares (7 o 9), y, por otra parte, 8 + 7, como 9 + 6, son iguales a 15.

Observemos aquí que en el origen de las figuras adivinatorias, el *Hi tseu* coloca, después de los dos símbolos elementales (de los que se dice que están constituidos por una línea partida o continua), cuatro símbolos secundarios, a los que toda la tradición atribuye las designaciones de Gran Yang (o Viejo Yang), Pequeño Yin (o Joven Yin), Pequeño (o Joven) Yang y Gran (o Viejo) Yin.[72] A cada uno de estos símbolos le corresponde un emblema numérico: el Viejo Yang y el Joven Yang (impares) valen respectivamente 9 y 7, el Gran Yin y el Pequeño Yin (pares) valen 6 y 8.

Ahora bien, si el Gran Yin (6) corresponde al Norte-Invierno, cuyo Elemento emblemático es el Agua (6), y si el Yin Joven (8) se asimila (normalmente) al Este-Primavera cuyo Elemento es la Madera (8), el Joven Yang (7) corresponde al Oeste-

---

70   *Yi king*, L., p. 369.
71   *Tso tchouan*, C., II, p. 236.
72   *Yi king*, L., p. 375.

Otoño, aunque el Metal, emblema de este cuarto del universo, vale 9, mientras que el 9 es el número del Viejo Yang, que comanda el Sur-Verano, cuyo Elemento (Fuego) vale sin embargo 7.

Los valores numéricos atribuidos a los 4 símbolos secundarios del *Hi t'seu* implican una orientación de los números diferente de la que reciben cuando, connotando a los Elementos, están dispuestos de forma transversal, como supone el *Hong fan* y como ha representado el *Ho t'ou*. La orientación impuesta a los números del Gran Yang y del Pequeño Yang (así como a los del Gran Yin y del Pequeño Yin) por las asignaciones espaciales de estos símbolos es, por el contrario, la del cuadrado mágico, donde el 9 y el 4 (números congruentes) están dispuestos en la cara Sur y el 7 y el 2 (números congruentes) en la cara Oeste, estando el 6 (y el 1) así como el 8 (y el 3) respectivamente colocados en las caras Norte y Este.

En las figuraciones, por otra parte tardías, que se han dado, los cuatro símbolos secundarios se representan formados por dos líneas.[73]

Gran Yang	Pequeño Yin	Pequeño Yang	Gran Yin
▬▬ ▬▬	▬ ▬ ▬▬	▬▬ ▬ ▬	▬ ▬ ▬ ▬
9	8	7	6

Es muy probable que esta representación se deba a un trabajo de abstracción derivado de una clasificación de los Trigramas sobre la que el *Chouo koua* insiste largamente y cuyo principio proclama el *Hi ts'eu*.[74] Este principio debía ser muy importante para personas que, por su profesión, jugaban constantemente con los pares y los impares.

Se basa en la observación de que el número par se obtiene uniendo pares de números impares (así como sumándose a sí mismo), mientras que el número impar se crea por una adición o más bien una síntesis (hablando exactamente: una hierogamia) de los pares y los impares. También se consideraban *yin* (pares) los Trigramas hechos de dos líneas *yang* (par de impares = pares) y de una línea *yin* {par (de impares) + pares = pares}, y como *yang* los Trigramas hechos de dos líneas *yin* (par de pares = pares) a los que se añadía una línea *yang* {par (de pares) + impares = impares}. Los cuatro Trigramas pares incluían un Trigrama (formado por tres líneas discontinuas) en el que se veía el emblema de la *madre* y al que se oponían tres Trigramas, llamados las tres *hijas*, todos ellos formados por dos líneas masculinas y una femenina. Suponiendo (como parece indicarse) que cada línea femenina *par* vale **2**, y cada línea masculina impar vale **3**, los tres últimos Trigramas podrían expresarse como **8** {= (3 + 3) + 2} y el primero como 6 (= 2 + 2 + 2). De la misma manera, con los tres Trigramas *yang*, llamados los tres *hijos* (hechos de una línea *yang* y dos líneas *yin*), fue apropiado el valor 7 {= (2 + 2) + 3}; y el valor **9** (= 3 + 3 + 3) con el último Trigrama enteramente hecho de *yang*, es calificado como *padre*.

---

73   *Ibid.*, pp. 58, 423.
74   *Ibid.*, pp. 388, 422.

Podemos ver que los números expresados gráficamente por los símbolos del *padre* y de la *madre* son respectivamente los del Viejo Yang y del Viejo Yin, y podemos deducir que los símbolos numéricos atribuidos al Joven Yang y al Joven Yin dependen de la figuración de los Trigramas calificados como *hijos* e *hijas*.

La clasificación de los trigramas que parece corresponder a estas equivalencias numéricas es la utilizada en la ordenación inventada, según se dice, por el rey Wen –famoso por su *Ming t'ang*–; ahora bien, se dice que el orden del *Ming t'ang* se inspira en el cuadrado mágico, mientras que la ordenación del rey Wen está relacionada con el *Lo chou*, que se figura con la ayuda de este cuadrado.

En esta disposición,[75] los cuatro trigramas masculinos se extienden del Noroeste al Este y los cuatro femeninos del Sureste al Oeste, separados por un eje E-S-E – O-N-O. Si orientamos los símbolos numéricos del Yang joven y viejo y del Yin viejo y joven según su equivalencia tradicional, el grupo impar (S-O) estará separado del grupo par (N-E) por un eje de dirección similar. Por el contrario, en la disposición conocida como de *Fou-hi*,[76] los trigramas *yang* {definidos, esta vez, como tales por el sexo (masculino) de su línea inferior (línea interior en la disposición del octógono)} se extienden del Sur al Noreste, y los trigramas yin (caracterizados por su línea inferior rota) del Norte al Suroeste. El eje que los separa en este caso sigue la dirección S-S-O – N-N-E.

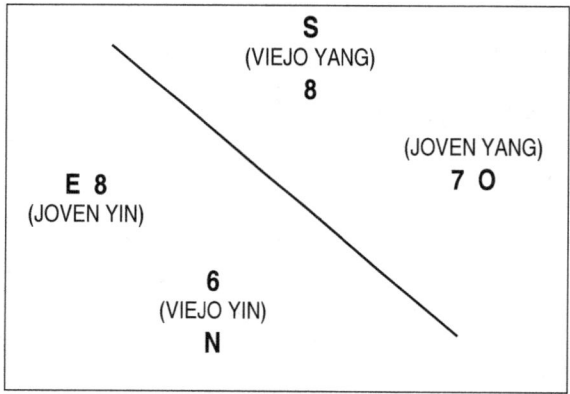

Esta última distribución coincide quizás con la disposición de los números cuando representan los Elementos y forman una cruz, porque, en este caso, la pareja 7-8 (S-E) está separada de la pareja 9-6 (O-N) por un eje cuya dirección es análoga a la de la línea de separación de los dos grupos de Trigramas en la disposición atribuida a *Fou-hi*. Este diagrama quiere sin duda mostrar el equilibrio del Yin y el Yang representado por parejas numéricas de valor equivalente (9 + 6 = 8 + 7 = 15). La misma idea se ilustra probablemente con la disposición del rey Wen.

---

75 Véase la figura que muestra la disposición del rey Wen, en la pág. 115.
76 Véase la figura que muestra la disposición de Fou-hi, en la pág. 115.

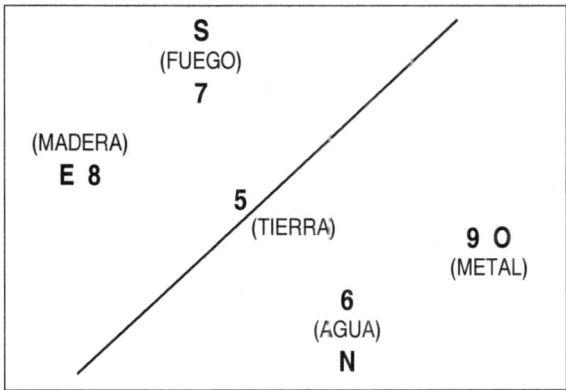

En efecto, si sustituimos los trigramas (*madre* e *hijas; padre* e *hijos*) por sus equivalentes numéricos, vemos que los grupos *yang* y *yin* siguen equilibrándose {(8 x 3) + 6 = (7 x 3) + 9 = 30}. Pero, en la disposición en el que sólo aparecen los números significativos de los 4 símbolos secundarios de *Hi t'seu*, colocados en los puntos cardinales, es el eje E-S-E – W-N-O, el que separa los números impares (9-7) de los pares (6-8). Los dos pares así distinguidos tienen, esta vez, un valor desigual; uno vale 16 y el otro 14, es decir, 8 x 2 y 7 x 2, lo que, quizás, justifica la atribución de los valores **8** y **7** a los símbolos elementales del Yin y el Yang. Pero, además de la proporción **8/7**, esta disposición evoca la proporción **9/6**.

En efecto, una tradición incorporada al *Po hou t'ong* permite considerar que el número central 5 (= Tierra) debe estar unido al grupo impar 9-7. El *Po hou t'ong*[77] afirma que hay 2 (*pares*) Elementos *yang* (impares), a saber el Agua y la Madera cuyos valores (6 y 8) son (sin embargo) *pares*, y 3 (*impares*) Elementos *yin* (*pares*), a saber los 3 Elementos (de valor *impar* sin embargo) 5, 7, 9: Tierra, Metal, Fuego (1). Esta teoría aparentemente paradójica contiene una nueva ilustración de un tema que ya he mencionado: los juegos del Yin y el Yang (femenino y masculino) se basan en una inversión de atributos (pares e impares) resultante de un inter-cambio hierogámico. La clasificación del *Po hou t'ong* implica presumiblemente una intención de destacar el valor global de los dos grupos desiguales (3 frente a 2) de Elementos. Los considerados como *yin* (dándoles símbolos impares y agrupán-dolos por 3) valen 21 (= **3** x 7), mientras que los elementos calificados como *yang* (agrupados por 2 y dándoles símbolos pares) valen 14 (= **2** x 7); la relación (*inver-tida*) entre el yang (3) y el yin (2) se muestra así como 14/21, es decir, 2/3. Existe una gran posibilidad de que la clasificación de los Trigramas del Rey Wen sea una ilustración del mismo tema, ya que la orientación de los Símbolos secundarios de

---

77   *Po hou t'ong*, 4. Los elementos se enumeran entonces en el orden, Metal, Madera, Agua, Fuego (Tierra), un orden derivado de las equivalencias establecidas por el *Chouo koua* (*Yi king*, L., pp. 430-432). Los Trigramas se enumeran en un orden que presupone la disposición de Fou-hi; entre K'ien y el Metal; Siuan y la Madera, K'an y el Agua, Li y el Fuego (lo que presupone que K'ien y Siuan son opuestos; así como K'an y Li; pero esto sólo es cierto en la disposición del Rey Wen, prueba de que las dos disposiciones se implican mutuamente, lejos de ser considera-das como contradictorias)

los que parece estar vinculado también opone el 6 y el 8 (*total*: **14** = **2** x 7) al 9 y al 7, a los que hay que añadir, sin duda, el **5** (emblema del centro) total: **21** = **3** x 7.

Notablemente, la relación (*invertida*) del Yin y el Yang se evoca de forma análoga en el cuadrado mágico que, según Tcheng Hiuan, da testimonio del orden constitucional de los Trigramas. Hemos visto que este orden aparece precisamente en la disposición atribuida al rey Wen.

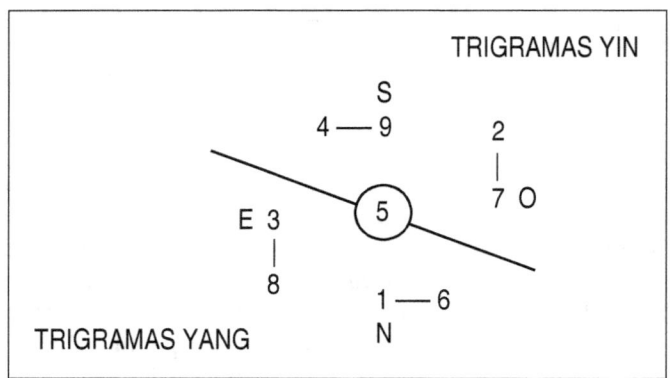

A los Trigramas Yang (N-E) corresponden los pares congruentes 3-8 y 1-6, cuyo total es de 18 (= **2** x 9); a los Trigramas Yin (S-O), los pares 4-9 y 2-7, que, si se añade el **5** central, valen 27 (= **3** x 9): esto fija de nuevo en 2/3 la proporción (*invertida*) de Yang y Yin representada por las dos familias de Trigramas.

Ahora bien, si el cuadrado mágico puede evocar esta relación, veremos que es precisamente bajo los aspectos en los que es particularmente interesante para el *Hi ts'eu*.[78]

* * *

El *Hi ts'eu* contiene un desarrollo importante sobre los números. Este desarrollo pretende demostrar que los símbolos adivinatorios son capaces de evocar la totalidad de las cosas, lo que los chinos llaman los Diez Mil Seres o Esencias (*wan mou*).

Los adivinos pudieron precisar el número, que dijeron que era 11.520. En efecto, los 64 hexagramas comprenden 384 líneas (= 6 x 64), es decir, 192 líneas pares y 192 impares. Ya que los pares valen 2/3 de los impares, se admitía que 192 líneas pares representaban 4.608 (= 192 x 24) Esencias femeninas, mientras que las 192 líneas impares representaban 6.912 (= 192 x 36) Esencias masculinas, de modo que el total de las cosas *yang* y *yin* era 11.520 (= 4.608 + 6.912). 10.000 es un gran total popular. 11.520 es el número más cercano a 10.000 que es múltiplo tanto de 360 (el número teórico de días del año) como de 384 {que representa tanto el total de las líneas emblemáticas como el total de los días de un año embolismal):[79] 11.520 = 384 x 30 y 360 x 32 o (216 + 144) x 32}.

---

78   *Yi king*, L., p. 365.

79   El mínimo común múltiplo de 360 y 384 es 11520/2. Siendo el año lunisolar (6 meses de 29 y 6 meses de 30 días) de 354 días, y estimando los chinos el año solar en 366 días (diferencia de 12 días), se intercalaban 2 meses de 30 días (30 x 2 = 60) cada cinco años (12 x 5 = 60); el

A una división del total de las cosas en 5 partes que permite oponerlas según la relación 3/2 (= 6.912 / 4.608 = 192 x 36 / 192 x 24), según la observación 60 = 5 x 12 (= 36 + 24), corresponde una división de este total que es el año en 5 partes, cada una de las cuales vale **72** (= 6 x 12). Se llega así a una división de 360 según la proporción 3/2, oponiendo 216 (= **3** x 72), emblema del Yang (*impar*), a 144 (= 2 x 72), emblema del Yin (*par*).

Además de los pasajes en los que expresan la proporción 3/2 en términos que les parecen significativos, los autores del *Hi tseu* yuxtaponen observaciones sobre los diez primeros números inspiradas en la intención de oponer lo par y lo impar.

Después de afirmar que los 5 primeros números impares son producidos por el Cielo y los 5 primeros números pares por la Tierra, indican que estos diez números están dispuestos en el Espacio de tal manera que forman parejas pares-impares. Estos 5 pares pueden ser –y esta es la opinión de los glosadores– los pares constituidos por 2 números congruentes con el 5 (1-6, 2-7, 3-8, 4-9, 5-10); sabemos que estos pares se encuentran, *orientados*, tanto en el *Ho tou* como en el cuadrado mágico (*Lo chou*). En el *Ho tou*, se disponen en el centro y en las ramas de una cruz. Basta con doblar los cuatro extremos de la cruz en ángulo recto para obtener la disposición en cuadrado mágico, si se tiene la precaución de dedicar las posiciones cardinales a los números impares, e invertir los pares 7-2 y 9-4.

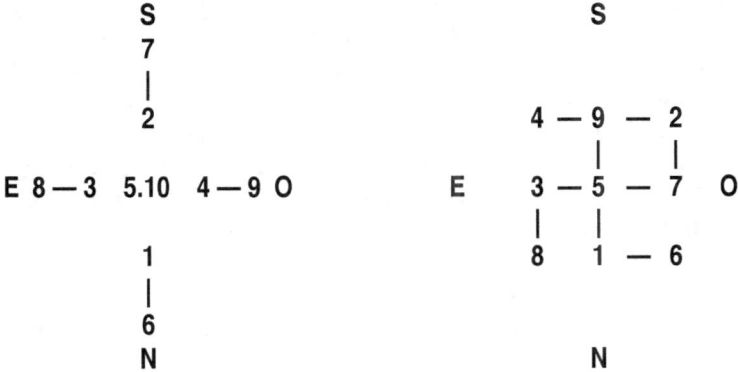

Expresada por autores visiblemente preocupados por las divisiones en 5 partes, la idea de disponer 5 pares de números congruentes en los sectores del Espacio puede tomarse como una alusión a la disposición en cruz donde se representan los símbolos de los 5 Elementos con su orientación. Pero, sin negarse a admitir esta tesis, no hay que olvidar que la interpretación tradicional del *Hi tseu* atribuye al Viejo Yang, símbolo del Sur, el emblema 9, y al Joven Yang, símbolo del Oeste, el emblema 7. Sólo en el cuadrado mágico hay 7-2 en el Oeste y 9-4 en el Sur.

Ahora bien, el *Hi tseu*, recalca la posibilidad de formar 3 pares impares con los 10 primeros números, pero también insiste en el valor total de estos diez números

---

3° y 5° año de un ciclo quinquenal contaban así (354 + 30 =) 384 días. Obsérvese la importancia del ciclo de 5 años, la importancia de la intercalación de 60 días y el hecho de que la relación entre el número de años normales y los años de embolia es de 3 a 2.

que es 55. 55 vale 5 veces 11, *y se pueden formar 5 parejas par-impar* (1-10, 2-9, 3-8, 4-7 y 5-6) teniendo cada una 11 por suma. El *Hi ts'eu* no deja de señalar que los 5 primeros números pares valen 30 (= 5 veces **6**) y los 5 primeros números impares 25 (= 5 veces **5**). La oposición de lo par y lo impar, tal como se manifiesta en los 10 primeros números considerados como representativos de toda la serie numérica, tiene por tanto como símbolo la relación 6/5, que debe prestar al número 11 (= 5 + 6) un prestigio igual al del número 5 {= 3 (Cielo, redondo) + 2 (= Tierra, cuadrada)}. La importancia atribuida al 11 no puede sorprender cuando se conoce el papel de clasificador privilegiado que corresponde al **5**, símbolo de la Tierra (cuadrada), como al **6**, símbolo del Cielo (redondo).

Además, este valor de 11 es afirmado por un notable adagio citado por el *Ts'ien Han chou*.

El autor de la *Historia de los primeros Han*,[80] después de calificar la opinión tradicional de que el **6** es el Número del Cielo (y sus Agentes) y el **5** el Número de la Tierra (como de los Elementos), recuerda el dicho: "Ahora bien, el 5 y el 6 es la Unión central (o, también, la Unión en su Centro (*tchong ho*) del Cielo y de la Tierra". Los glosadores se contentan con decir que el 5 está en el centro de la serie impar (1, 3, 5, 7, 9) *creada por el Cielo*, el 6 en el centro de la serie par (2, 4, 6, g, 10) *creada por la Tierra*. Esta nota, que nos devuelve a las especulaciones numéricas del *Hi ts'eu* de la manera más precisa, podría ser sorprendente, ya que explica que el 5 (*impar*) pertenece a la Tierra (*yin*), mientras que el 6 (*par*) pertenece al Cielo (*yang*). Sólo es comprensible si se da a entender que la Tierra y el Cielo, *cuando se unen*, intercambian sus atributos, y una de las intenciones de los textos reconciliados por el *Ts'ien Han chou* es afirmar *explícitamente* que *este intercambio resulta de una hierogamia*. Pero el autor continúa afirmando que el 11 {el resultado de la unión (*ho*) de los números centrales (*tchong*)} es el número por el que la Vía (Tao) del Cielo y la Tierra se constituye en su perfección (*tch'eng*).

Esta *Vía*, calificada simbólicamente por el 11, va desde el 5, colocado en el centro, es decir, en la encrucijada de los números impares, hasta el 6, colocado del mismo modo en la encrucijada de los números pares, une claramente por su centro (*y de forma bastante parecida a un gnomon erigido, como un árbol, en el centro del Universo*) dos cuadrados mágicos superpuestos.[81]

---

80   *Ts'ien Han chou*, 21a, p. 9a.
81   Digo cuadrado, pero el Cielo es redondo, y hay razones para suponer que la distancia celeste de los números debe evocar de algún modo el círculo. La disposición octogonal de los trigramas tiene sin duda el mérito de implicar una participación del círculo y del cuadrado.

En el cuadrado mágico con centro 5, mientras que los números pares, colocados en las esquinas, marcan el final de las ramas cuadradas de la esvástica, los números impares ocupan las posiciones cardinales, y el 5 está en el centro de 1, 3, 7, 9. Pero, *si sustituimos cada uno de los números de este cuadrado por el número que, sumado a él, da* 11, obtenemos un nuevo cuadrado mágico (centro 6; valor total, en todas las direcciones, de los números colocados en la misma línea: 18). Los números impares ocupan los cuatro extremos de la esvástica y, distribuidos en las posiciones cardinales, los números pares enmarcan el 6.

Empezaremos por observar que, al pasar el 6 (que representa la pareja 6-1) al Centro, éste intercambia sus atributos (5-10) con el Norte, y que, de forma similar, el Oeste y el Sur intercambian sus símbolos numéricos (2-7 y 4-9). Cabe señalar que, aparte del pasaje citado del *Ts'ien Han chou,* la literatura china no parece contener ninguna alusión al cuadrado mágico con 6 en el centro. Esto debe llevarnos a pensar, no que este cuadrado no gozara de ningún prestigio, sino que, por el contrario, que buena parte de la antigua ciencia de los números era misteriosa; sólo las alusiones furtivas a este conocimiento esotérico pueden atestiguarlo.

La figura formada por la superposición de cuadrados con 5 y 6 en el centro es notable porque está formada por 9 pares e impares, cada uno de los cuales vale 11, lo que hace un total de 99.

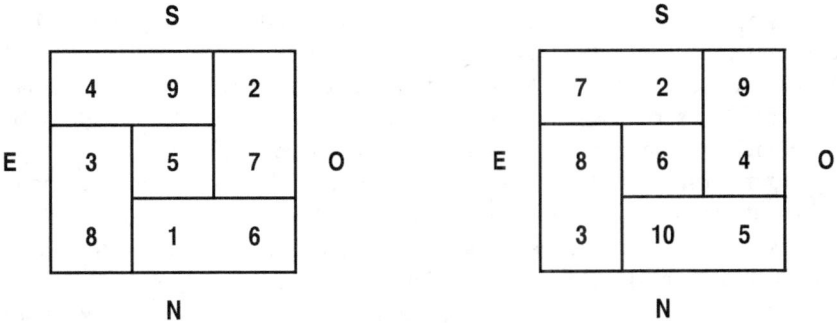

Esto era admirablemente adecuado para proporcionar una representación total del Universo, así como una justificación numérica de una teoría esencial, la de la acción recíproca y entrelazada de los Agentes y Dominios celestes (los 6 *Tsong*) y los Agentes y Dominios terrestres (los 5 *Hing*) en las 9 Provincias de la Tierra y el Cielo.

Sabemos, además, que los adivinos utilizaban un instrumento cuyo trazado recuerda a esta figura. Se menciona en el *Tcheou li,*[82] y las excavaciones japonesas en *Lo lang*[83] han descubierto una copia realizada antes de la era cristiana. Este

---

82   *Tcheou li*, Biot, *op. cit.* t. II, p. 108.

83   Yoshito Harada, *Lo Lang*, p. 39 del resumen inglés; p. 61, del texto japonés, figura 27 y lámina CXII. El hecho de que las planchuelas giratorias sean de madera dura y blanda sugiere que el instrumento imita un antiguo utensilio para hacer fuego. Esta observación quizá no carezca de importancia, ya que diversas tradiciones literarias o rituales conservan el recuerdo de un instrumento utilizado para obtener fuego por fricción gracias a un movimiento giratorio.

instrumento consiste en dos tablas, una de madera dura (*yang*), la otra de madera blanda (*yin*), una redonda (Cielo), la otra cuadrada (Tierra); están hechas para superponerse y pivotar independientemente una de la otra, pues están perforadas en el centro por un pequeño agujero destinado probablemente a servir de muesca para una varilla perpendicular que forme un pivote. En ambas se inscriben diversos símbolos clasificatorios: símbolos de los meses, signos cíclicos, constelaciones y trigramas, estos últimos colocados, *en la disposición del rey Wen*, en la tablilla *cuadrada* (*Tierra*). Si hay razones, como creo, para establecer una conexión entre este utensilio adivinatorio y el doble cuadrado mágico, debemos concluir que este último, a la vez que evoca la idea de ángulos rectos y de la *escuadra*, debe haber sugerido la idea de un *movimiento circular*.

Ya hemos visto que los cuadrados mágicos, en cuanto nos ocupamos de unir los pares congruentes, reproducen una *disposición en forma de esvástica*; por sí mismo, esto sugiere la idea de un movimiento giratorio. El *Hi ts'eu* sugiere que los dos signos inscritos en cada rama de la esvástica deben leerse no como un par de signos numéricos, sino como un número.

El *Hi ts'eu*,[84] en efecto, aunque insiste en el número 55, atribuye un papel privilegiado al 50 (emblema de la Gran Expansión). A partir de este hecho, podemos adivinar la importancia que, para una mente preocupada por el 5 y el 6, y también por el 50 y el 55 (5 por 11), podría presentar una serie numérica formada por números que se diferencian entre sí por la adición no de 1 unidad, sino de 11 unidades y que, partiendo del 6 {sin llegar al 105 (= 55 + 50; pero el 105 que incluye el 1 y el 5 puede asimilarse al 6, punto de partida de la serie)} incluía –además del 50, centro de la serie–, 8 números que se podían oponer de 2 en 2, de modo que su diferencia era siempre 55. Esta serie {6, 17, 28, 39, (50), 61, 72, 83, 94 (105)} era tanto más digna de atención cuanto que era posible formar con ella 4 pares de números de modo que el total de cada uno de ellos fuera 100, sucediéndose los números de la columna de las unidades en el orden en que aparecen en la serie. Los cuatro mayores de estos números siguen siendo notables porque cada uno de ellos se escribe con un par de números congruentes {61, 72, 83, 94 (y, de forma similar, 105)}. Estos son los números que se pueden leer en las distintas ramas de las esvásticas numéricas inscritas en los cuadrados mágicos.

Este instrumento se utilizaba quizás todavía en ciertos casos en la época feudal; debo limitarme aquí a señalar (reservando un estudio detallado para otro trabajo) la existencia de todo un conjunto de datos míticos que atestiguan el vínculo entre el tema del fuego y los temas del giro, la rueda y el pivote, junto con los temas del columpio, el poste y el gnomon. Se indica la relación de algunos de estos temas con la noción de Tao y con las prácticas hierogámicas. Añadiré simplemente que la invención de la disposición de los trigramas conocida como del rey Wen (en relación, como acabo de mostrar, con el cuadrado mágico, es decir, con una disposición de números que evoca la esvástica), está vinculada por la tradición a una prueba a la que se somete el aprendiz de jefe. Esta prueba, que se realiza durante las fiestas de la larga noche, conduce a la renovación del año y de las virtudes reales, y las fiestas terminan cuando se vuelven a encender las antorchas. El tema de las antorchas encendidas parece estar vinculado a todo un conjunto de prácticas y metáforas relacionadas con la idea de la hierogamia.

84   *Yi king*, L., p. 365.

39	94	39	61
28	83	28	72
[50(105)]		[50]	
17	72	17	83
6	61	6	94

El propio *Hi ts'eu* invita a esta lectura. Ciertos detalles míticos vienen, de forma inesperada pero no sorprendente, a atestiguar su legitimidad.

Los soberanos que fundaron las sucesivas dinastías, según les animara la Virtud del Cielo o la de la Tierra, fueron alternativamente altos o bajos, pues el Cielo se extiende en altura, y la Tierra en anchura.[85] Los chinos han guardado con devoción el recuerdo de este tema esencial. Incluso han conservado un recuerdo preciso de la altura de los Héroes que más veneraban.[85] Chouen, que poseía la Virtud de la Tierra, era fornido y sólo medía 6 pies[87] y 1 pulgada (61 pulgadas), mientras que Yao, su predecesor, tenía un cuerpo (o tal vez una cabellera) que medía 7 pies y 2 pulgadas (72 pulgadas). Puede pensarse, ya que el cuerpo de un Fundador sirve de patrón para una dinastía, que estos números comandaron el sistema de pesos y medidas que estos soberanos establecieron, mientras que, dando un nuevo calendario a una nueva era, reorganizaron las dimensiones del Tiempo. Estos mismos números –un hecho curioso, aunque no inesperado– comandaron en todo caso las divisiones del tiempo de su reinado o existencia. Este tiempo, cuando se trata de un Soberano perfecto, es de 100 años. Por lo tanto, bastará con remitirse a la tabla anterior para saber que Chouen, que vivió 100 años, tuvo 39 años de reinado; este Héroe de 6 pies y 1 pulgada tomó el poder a los 61 años de edad. En cuanto a Yao (72 pulgadas), que reinó durante 100 años, sólo conservó la autoridad efectiva durante 72 años; vivió 28 años como gobernante retirado. No disponemos de información precisa sobre la estatura de los fundadores de las tres dinastías reales. Sobre el rey Wen, fundador de los Tcheou, se han conservado pocos detalles míticos. Sin embargo, sabemos que cedió parte de sus 100 años de vida a su hijo. El rey Wen era gordo y bajo; quizás 50 era una mejor medida de su estatura que 100. En el caso de Yu el Grande, fundador de los Hia (cuya alta estatura ha seguido siendo famosa aunque se le atribuye la Virtud de la Tierra), vivió 100 años, reinó 17 años y, dado que subió al trono a los 83 años, todo parece indicar que medía 8 pies y 3 pulgadas. Penetrado por la influencia del Cielo, el fundador de los Yin, T'ang el Victorioso, tenía aún más razones para ser muy alto. La historia no ha olvidado su altura. Esto, que no es el caso de Chouen y Yao, se expresa en números enteros de pies; T'ang,

---

85   *Tch'ouen ts'ieou fan lou*, 7.

86   Información extraída del *Tchou chou ki nien* y del capítulo 27 del *Song chou*.

87   En el sistema de medidas chino, el pie (*tch'e*), tiene 10 *pulgadas* (*ts'ouen*) (aunque los Yin lo dividían en 9 pulgadas y los Tcheou en 8 pulgadas), y no 12 como en el sistema anglosajón (N. del T.).

se nos dice, tenía 9 pies de altura, es decir, 90 pulgadas; por lo tanto, parece que le faltan 4 pulgadas, ya que Chouen y Yu tenían 61 y 72, y, puesto que los números 83 y 50 (o 100) parecen desempeñar un papel en la vida de Yu y del rey Wen, el único de los 5 números inscritos en la esvástica que queda disponible es el 94. Pero, por una notable coincidencia, si a T'ang se le dan sólo 90 pulgadas, se le atribuyen o bien brazos largos –de 4 codos– o bien brazos con 4 codos. Ahora bien, la palabra que la iconografía mítica, entendiéndola como "codo" o "cúbito", ha aprovechado para representar, más vivamente, el poder de T'ang, no difiere sensiblemente de la palabra que significa "pulgar"… Es muy probable que, para dotar al Héroe de brazos de cuatro codos de largo, o con cuatro codos, se le quitaran cuatro pulgadas de su altura.

Este conjunto de hechos míticos es demasiado coherente como para no concluir que los pares de números congruentes inscritos en los cuadrados mágicos se leen como los números 94, 83, 72, 61, 50 (o 105: 5-10 o 10-5). En los dos cuadrados, las ramas opuestas de la esvástica forman dos pares, uno Sur-Norte, el otro Este-Oeste, perfectamente equilibrados ya que sus pesos numéricos, por así decirlo, son equivalentes, como es apropiado en las figuras hechas para sugerir la idea de *rotación*. Parece, además, que el movimiento de rotación que se quiere representar es el del año. Las dos cifras, de hecho, evocan numéricamente 360.

El cuadrado de centro 5 tiene un mérito particular; evoca este número destacando la oposición (3/2), tan querida por los autores del *Hi ts'eu*, de 216 y 144. En efecto, 83 + 61 se oponen a 72 + 94, a lo que habría que añadir 50 representado por el 5, sustituto de la pareja congruente 5-10[88] colocada en el centro de la cruz.

El cuadrado con centro 6 no es menos rico en poder figurativo. La suma de los números inscritos en su perímetro, que es igual a 354 (= 2 x 177), expresa el número de días del año lunisolar, mientras que el 6, colocado en el centro, permite recordar el total de 360 (= 354 + 6) y, sin duda también (porque el 6 es el sustituto del par congruente 6-1 y 61 x 6 = 366), el número total de días del año solar (366), lo que sugiere la idea de las intercalaciones necesarias y puede indicar el ritmo de las mismas, siendo el 6 una reminiscencia de los 60 (= 12 x 5) días que, en un período de 5 años, deben distribuirse entre los dos meses adicionales.

Estas observaciones imponen la idea de que este cuadrado (así como el cuadrado con un 5 en su centro) era conocido por los Maestros del *Hi ts'eu*, y que estas dos disposiciones (que de hecho son interdependientes) de los primeros números eran consideradas por ellos como traducciones numéricas de la disposición octogonal de los símbolos adivinatorios. El *Hi ts'eu*, de hecho, en relación con estos símbolos y el manejo de las fichas que se utilizaban para construirlos y también para calcular, alude expresamente a la práctica de la doble intercalación quinquenal.[89]

---

88 El 5 (x) y el 10 (+) se escribían antiguamente con una cruz.
89 *Yi king, Ibid.*, p. 365 y nota p. 368. Legge escribe: "Pero, ¿cómo podría un proceso de este tipo ser de algún valor para determinar los días necesarios para ser intercalados en cualquier año en particular?"

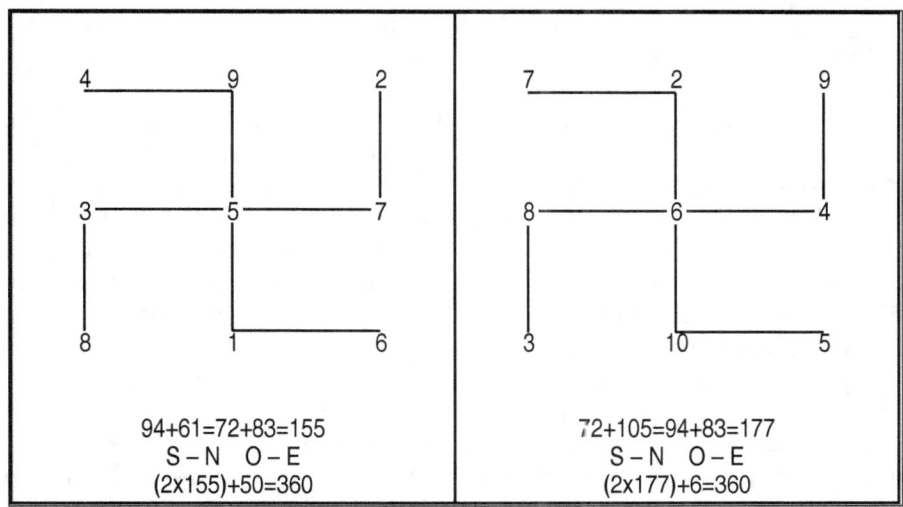

94+61=72+83=155
S – N   O – E
(2x155)+50=360

72+105=94+83=177
S – N   O – E
(2x177)+6=360

El reverendo Legge negó con indignación cualquier atisbo de sentido común en este pasaje del tratado. No se ve –dijo– cómo formando agrupaciones pares e impares de varillas se podría determinar el número de días intercalares y el ritmo de las intercalaciones. Es cierto... No es por medio de cortes en un juego de palillos, ni por la construcción de cuadrados mágicos que se establecieron las leyes del calendario. Pero no correspondía a los adivinos establecer estas leyes. Les bastaba con hacer brillar la eficacia de una institución que regulaba su profesión.

Tenían que tener en cuenta las representaciones sociales del tiempo y el espacio y los sistemas de clasificación entrelazados. También debían dotar a todas estas convenciones de un prestigio que sedujera el pensamiento y justificara la acción. Para ello utilizaban símbolos geométricos y aritméticos. Estos, como todos los símbolos, tenían el poder de evocación simbólica. Pero, más abstractos, en cierto sentido, que los demás, estos símbolos también debían inspirar un tipo de confianza particular; de hecho se prestan a una multitud de juegos útiles para conectar las más diversas clasificaciones entre sí, incluso cuando se juegan arbitrariamente, parecen dominar el juego. Al ser utilizados para representar el orden del universo, la imagen del mundo que permitían construir daba a estos símbolos un aire de necesidad. Parecía garantizar la eficacia de las manipulaciones que, sin embargo, facilitaba.

Al dejar claro que los símbolos adivinatorios que debían manejar se referían a dispositivos en los que los Números adornaban con su propio prestigio las divisiones convencionales del Espacio y las leyes tradicionales del Calendario, los adivinos potenciaban su arte. Este arte parecía estar dominado por la ambición de hacer que el mundo fuera a la vez inteligible y amable. Cuando asimilaron la rosa octogonal de sus Trigramas al cuadrado mágico e hicieron así manifiestas las interacciones del Cielo y la Tierra, el Yang y el Yin, lo Redondo y lo Cuadrado, el Par y el Impar, los Maestros adivinos podían presumir de cooperar con el Orden Universal del mismo modo que los Jefes, cuando, desplazándose en su cuadrado

Ming t'ang, se esforzaban por poner en movimiento la esvástica constituida por los símbolos numéricos de Oriente y de las Estaciones.

* * *

Las observaciones anteriores muestran el valor de las tradiciones recogidas (o reconstruidas) por los estudiosos de la época Han o incluso de la época Song. Los diagramas de *Lo chou* y *Ho t'ou* son, sin duda, reconstrucciones, pero realizadas por intérpretes bien informados o que razonaron correctamente. Un dispositivo numérico está ciertamente en la base de la teoría de los Cinco Elementos, que el *Hong fan* expone, y las Nueve Secciones del *Hong fan* también se derivan de un dispositivo numérico. Tanto la cruz simple como la disposición de los números en forma de esvástica sirvieron –como muestra el *Yue ling* y como hay que suponer al interpretar el *Hi ts'eu*– para proporcionar una Imagen del Universo y sus diversas divisiones en Sectores. Los mitos relativos a la disposición del mundo están en consonancia con las tradiciones del arte adivinatorio; las divisiones del caparazón de la tortuga, la agrupación orientada de los Trigramas, el plano del *Ming t'ang* sólo pueden entenderse si los relacionamos con la teoría de las Nueve Provincias o la división de los campos en *nueve cuadrados*, y si reconocemos que los Números, como su atributo esencial, tienen una función clasificatoria.

Esta función no les fue asignada tardíamente, por simples razones de conveniencia mnemotécnica, y siguiendo el desarrollo del espíritu escolástico. Los caracteriza desde sus primeros usos míticos y no ha dejado de hacerlo. Las primeras especulaciones sobre los números están dominadas por el hecho de que se consideran rubricas simbólicas que controlan los sistemas tradicionales de clasificación. Esta actitud hacia los números, que aparece tanto en el *Hong fan* como en el *Hi ts'eu*, está atestiguada desde los primeros inicios de la literatura académica.

Los usos que las distintas técnicas han dado a los números, lejos de modificar esta actitud fundamental, la han reforzado. Asimilados a las ubicaciones, y siempre considerados en relación con Tiempos y Espacios concretos, el papel esencial de los Números no es el de permitir *adiciones*, sino el de representar y enlazar diversos modos de *división*, válidos para tales o cuales agrupaciones. En lugar de calcular diferentes cantidades, se utilizan para anotar las *organizaciones variables* que pueden atribuirse a tal o cual conjunto. Las diferencias cualitativas de estas agrupaciones y su valor total absoluto tienen mucho más interés que su valor aritmético, tal como lo entendemos. Se prefiere dividir en sectores en lugar de pensar en sumar unidades.

De ahí la importancia de los números, como el 5 o el 6, que se asignan al centro y que, considerados como expresiones privilegiadas del total, sirven sobre todo, cuando se utilizan como divisores, para simbolizar *modos de distribución*; en cambio, los números grandes, como el 360, que son fáciles de dividir, aparecen como expresiones *periféricas* del total. Sin duda, estas disposiciones de la mente china han ganado en fuerza como resultado del uso que los técnicos del Calendario y la Música han hecho de los Números. Como las utilizaron para expresar –no digo para medir– relaciones, sectores o ángulos, la aritmética, quedando al servicio de una geometría adaptada a un Espacio-Tiempo concebido como medio concreto, no se ha transformado en una ciencia de la cantidad.

III. Los números y las relaciones musicales

Las Nueve Secciones del *Hong fan* fueron confiadas por el Cielo a Yu, cuyo cuerpo merecía ser tomado como patrón para todas las mediciones, mientras que su voz podía servir de diapasón... El tubo que dio la nota inicial nunca se separó del utensilio adivinatorio,[90] formado por dos tablas, imágenes del Cielo y de la Tierra, superpuestas como dos cuadrados mágicos...

Sería difícil demostrar que la teoría china de los tubos musicales está directamente vinculada con las especulaciones sobre los cuadrados mágicos. Sin embargo, algunas conexiones son significativas. Para ilustrar su teoría musical, los chinos habían imaginado una disposición prestigiosa para sus tubos, ya que enfatizaba las relaciones de pares e impares (2/3 o 4/3) evocando la gran unidad 360 (= 216 + 144). El prestigio de la disposición cuadrada de los números se debe a un hecho similar. Por este prestigio, el *Ming t'ang*, al igual que la rosa octogonal de los Trigramas, se relacionaba con un cuadrado mágico; en el *Ming t'ang* se proclamaban las reglas de cada uno de los 12 meses del año, y eran los 12 meses los que estaban representados por los 12 tubos, que, al igual que los meses (y por la observación: 12 x 2 = 24 = 8 x 3), también estaban relacionados con los Ocho Vientos, de los que los Ocho Trigramas son los símbolos. El año (360) se divide en 12 meses (y también en 24 medios meses de 15 días) agrupados en 4 estaciones alrededor de un centro o pivote; se dice que los 8 Trigramas derivan de los 4 Símbolos secundarios asimilados a las 4 Estaciones Orientales; en el *Ming t'ang*, aunque se le atribuyan 9 salas, 4 salas cardinales tienen, además de la sala central, una importancia particular, ya que están dedicadas a los meses de los equinoccios y los solsticios, de modo que, la disposición en *cruz simple* se encuentra en la disposición de la *esvástica*; por su parte la disposición del cuadrado mágico permite evocar la clasificación en 5 Elementos. La teoría musical yuxtapone igualmente una clasificación de Doce Tubos, que se utiliza para construir una Rosa de Doce Vientos, y una clasificación de Cinco Notas, que se utiliza para simbolizar el Centro y las Cuatro Estaciones-Direcciones.

Los juegos numéricos (y gráficos) sirven para unir estas clasificaciones y pasar de una a otra; basta con que permitan estas conexiones y pasajes para que, al jugar estos juegos, se tenga la impresión de que se logra revelar el Orden del Mundo y colaborar en él.

Desde que, gracias al padre Amiot,[91] la teoría china de los Doce Tubos y las Cinco Notas se conoce en Occidente, se ha acercado a las teorías musicales de los griegos y se ha subrayado su carácter científico.

Pero Chavannes observó que los teóricos chinos no se habían apegado con total respeto a la exactitud de las relaciones numéricas. Esta observación le llevó a concluir que el carácter científico de la teoría pronto había dejado indiferentes a los chinos y que, por tanto, no la habían inventado sino que habían recibido el princi-

---

90 Ambos fueron llevados a la guerra en el mismo carro: *Tcheou li*, Biot, *op. cit.*, vol. II, p. 108.

91 Volumen VI de las *Mémoires concernant l'histoire... des Chinois.*

pio de los griegos.[92] Chavannes ha defendido esta hipótesis, contraria a la opinión de la mayoría de los demás estudiosos del origen de la música china, mediante un razonamiento filológico que no parece irreprochable y que tiene un defecto importante: deja de lado todos los datos míticos del problema y apela únicamente a los documentos de los que se espera derivar hechos históricos, porque pueden ser fechados.

Si nos atenemos a estos documentos, parece que los instrumentos a los que los chinos aplicaron la teoría eran campanas sonoras; con estos instrumentos, las mediciones son infinitamente delicadas y, en consecuencia, las observaciones sobre las relaciones numéricas son casi imposibles;[93] la teoría aplicada era, pues, una teoría ya hecha... Está claro que los chinos la habían recibido de los griegos. De hecho, las tradiciones chinas sitúan la invención de los instrumentos de cuerda y viento en el origen de las invenciones instrumentales. En el mito que explica la división esencial de los Doce Tubos en 6 Tubos masculinos y 6 Tubos femeninos, se utiliza, es cierto, una expresión geográfica en la que Chavannes quiso ver el recuerdo de una influencia de los países alcanzados por la civilización griega.[94] Pero la división en tubos *yin* y *yang*, sobre todo cuando se basa (como es el caso, como veremos) en la proporción (3/2 o 3/4) del Cielo y la Tierra, está vinculada con las concepciones –míticas o eruditas– del Universo, que son peculiares de los chinos, de una manera demasiado perfecta para que la idea de préstamo se imponga. Por otra parte, el mito relativo a los Doce Tubos alude expresamente a las danzas sexuales, y de manera significativa; en cuanto los doce tubos de bambú fueron cortados y ensamblados, se utilizaron para hacer bailar a una *pareja* de fénixes (que es sin duda la transposición mítica de una pareja de faisanes). Ahora bien, en todo el Extremo Oriente existe un instrumento muy extendido, el *cheng*,[95] cuya invención los chinos atribuyen a Niu-koua (*hermana* o *esposa* de Fou-hi), que también inventó el matrimonio. El *cheng*, que aún hoy se utiliza para acompañar las danzas sexuales, existe en dos formas: existe un *cheng* masculino y un *cheng* femenino; en todos los casos la disposición de los tubos se hace, según se nos dice, para representar las dos alas de un pájaro (fénix o faisán). Cuando se baila al son del *cheng*, es realmente la pareja de fénixes o faisanes la que baila; es (pues los intérpretes bailan mientras tocan el *cheng*) el *cheng* el que baila y es bailado.[96] Esta característica es demasiado arcaica, y el prestigio del *cheng* es demasiado grande en el Extremo Oriente, para que parezca legítimo considerar el relato mítico de la invención de los 12 tubos masculinos o femeninos como una fábula enteramente soñada por los eruditos para justificar un préstamo.

---

92   Ap. 2 del vol. III de *SMT*, pp. 630-645.
93   *SMT*, III, p. 640.
94   *SMT*, III, p. 643.
95   *Lu che tch'ouen ts'ieou*, 5. El *cheng* es una especie de armónica. Se dice que el mismo solía tener (19 o) 13 tubos. El *cheng* de 13 tubos está formado por 6 tubos, colocados a la derecha de un tubo central, y 6, colocados a la izquierda, dispuestos para imitar las dos alas de un pájaro.
96   Granet, *Danses et légendes...*, p. 577.

Al mismo tiempo (sea cual sea la importancia de los instrumentos de percusión en la música china), la observación de Chavannes sobre la dificultad que habrían tenido los chinos para establecer relaciones numéricas desaparece por completo.

Por el contrario, los instrumentos fabricados con bambú invitaban a realizar estas observaciones. Recordemos aquí que la palabra china (*tsie*), que se utiliza metafóricamente para expresar la idea de medida,[97] tiene el significado concreto de "junta, *nudo* de bambú". Sin duda, los chinos no inventaron la teoría en la que basaron su técnica musical realizando delicadas mediciones en campanas de bronce. Por otra parte, podrían muy bien haber fundado el arte de la Música en el arte de los Números expresando la longitud de sus diversas flautas de bambú por su Número de articulaciones; también podrían haberlo hecho evaluando numéricamente las cuerdas (me refiero a las cuerdas reales de los arcos reales); no se pensará que los dos métodos se excluyen mutuamente si se considera que, según los chinos, su primer y más venerable sistema de simbolización consistía en cuerdas *atadas*.[98]

Además, como espero mostrar en un momento, los números que se utilizaron por primera vez para expresar la longitud de los tubos sonoros eran números enteros y pequeños. La serie que formaban fue sustituida posteriormente por varias series competidoras compuestas por números mayores pero aún enteros, teniendo estas sustituciones como principio ciertos cambios en el sistema de cálculo. Diferentes números, utilizados (*sucesivamente*, o *concurrentemente*) para determinar las divisiones de las unidades de medida, sirvieron también para multiplicar los primeros símbolos numéricos de los tubos musicales. Parece que fue comparando –y, además, interpenetrando– las series obtenidas mediante estas multiplicaciones como se derivó el principio aritmético de la escala. Pero, si esto se logró, fue como resultado de juegos numéricos controlados por la autoridad del total de 360 y el prestigio de la oposición de 216 y 144.

Dejando de lado cualquier debate sobre su origen (que es irrelevante para nuestro tema), nos negamos a seguir a Chavannes. No diremos: los chinos no descubrieron por sus propios medios el principio aritmético de su teoría musical, pues no comprendieron ni su rigor ni su perfección. Sino que diremos: si los chinos lograron basar su técnica musical en un principio aritmético que, además, no les pareció necesario aplicar rigurosamente, es porque el motivo de su descubrimiento fue un juego realizado mediante símbolos numéricos (considerados no como signos abstractos, sino como símbolos eficaces), cuyo propósito no era formular una teoría exacta que justificara rigurosamente una técnica, sino ilustrar esta técnica vinculándola a una prestigiosa Imagen del Mundo.

* * *

La teoría de los 12 tubos de sonido parece ser tan antigua como la literatura académica en China. Sseu-ma Ts'ien[99] le dedicó un importante capítulo en el que se indica el entrelazamiento de la clasificación por 12 (12 Tubos y 12 Meses) y la

---

97   Cfr. *supra*, en este Libro, cap. II.

98   *SMT*, I, p. 6. Ya he señalado la importancia de los nudos en la teoría de la adivinación, cuya relación con las especulaciones sobre los números he mostrado en otro lugar.

99   *SMT*, III, pp. 293 y ss.

clasificación por 8 (8 Vientos y 8 Trigramas). Muchos años antes, Lu Pou-wei[100] había dado, en términos breves y muy claros, la fórmula aritmética en la que se basa esta teoría. Además, la autoridad de esta fórmula fue reconocida cuando se compuso el *Yue ling*.

Este tratado sobre el Calendario ya relaciona los tubos con los meses, relación que implica para cada uno de ellos (a través del ciclo duodenario) una *orientación* definida. Hay muchas referencias a los tubos de sonido en la literatura antigua; algunas atestiguan que se imaginan orientados; las orientaciones son las del *Yue ling*.

Entre estas alusiones literarias, una es significativa. Relaciona el tubo inicial llamado *houang tchong*, la *campana amarilla*, con las Fuentes Amarillas. El mito arcaico de las Fuentes Amarillas, la Tierra de los Muertos –que eran enterrados en el norte de las ciudades, con la cabeza vuelta hacia el norte– sitúa estas Fuentes en el fondo del Septentrión. Esto se indica en el ciclo duodenario con el carácter *tseu*, que significa "niño"; al mismo tiempo que el pleno norte, este signo cíclico marca el solsticio de invierno y la media noche, momentos propicios para las concepciones. Un importante conjunto de temas míticos o rituales demuestra que las Fuentes Amarillas, el País de los Muertos, constituían una reserva de vida.[101] Los chinos admitían así que, refugiándose en las Fuentes Amarillas, en los bajíos (el Fondo es *yin*) del Septentrión (*yin*), el Yang pasaba el invierno (*yin*) aprisionado y envuelto por el Yin (Agua). Allí recuperaba toda su fuerza y se preparaba para emerger golpeando el suelo con el talón; esta imagen se encontraba[102] en la expresión *houang tchong*, que designa el tubo inicial. El *houang tchong* merecía bien –asignado al undécimo mes (mes del solsticio de invierno)– representar el Yang en el nivel más bajo de su potencia; el tubo inicial, que es el más largo de todos, da la nota menos aguda; ahora bien, el Yang es agudo (*claro*), mientras que el Yin es grave (*oscuro*). La atribución de los tubos a los diferentes meses ilustra el crecimiento continuo del Yang a partir del solsticio de invierno. En la rosa de los 12 vientos, donde está marcada la orientación de los meses y los tubos, éstos se suceden desde el norte en orden decreciente.

Para obtener esta disposición, implícita en el *Yue ling* así como en los mitos antiguos, es necesario construir una estrella de 12 puntas. Ahora bien, esta construcción presupone el conocimiento de la regla aritmética cuya fórmula fue dada por Lu Pou-wei y que ha acercado la teoría china a la griega.[103]

Lu Pou-wei y todos los autores chinos enuncian esta regla diciendo que los tubos se generan (*cheng*) los unos a los otros, pero distinguen entre lo que llaman generación superior (*chang cheng*) y generación inferior (*hia cheng*), es decir, aquella en la que el tubo producido es más largo (*chang*: superior) que su productor, y aquella en la que es menos largo (*hia*: inferior). Se produce una generación inferior

---

100 *Lu che tch'ouen ts'ieou*, 5 (siglo III a.C.).

101 Granet, *Coutumes matrimoniales de La Chine antique* (*T'oung pao*, 1912).

102 *SMT*, III, p. 304.

103 *SMT*, III, p. 631. El sistema de 12 tubos corresponde a "una progresión de 12 quintas justas llevadas al intervalo de una sola octava y, por tanto, tocando sucesivamente los 12 semitonos de una escala cromática no temperada".

Estrella de 12 Puntas

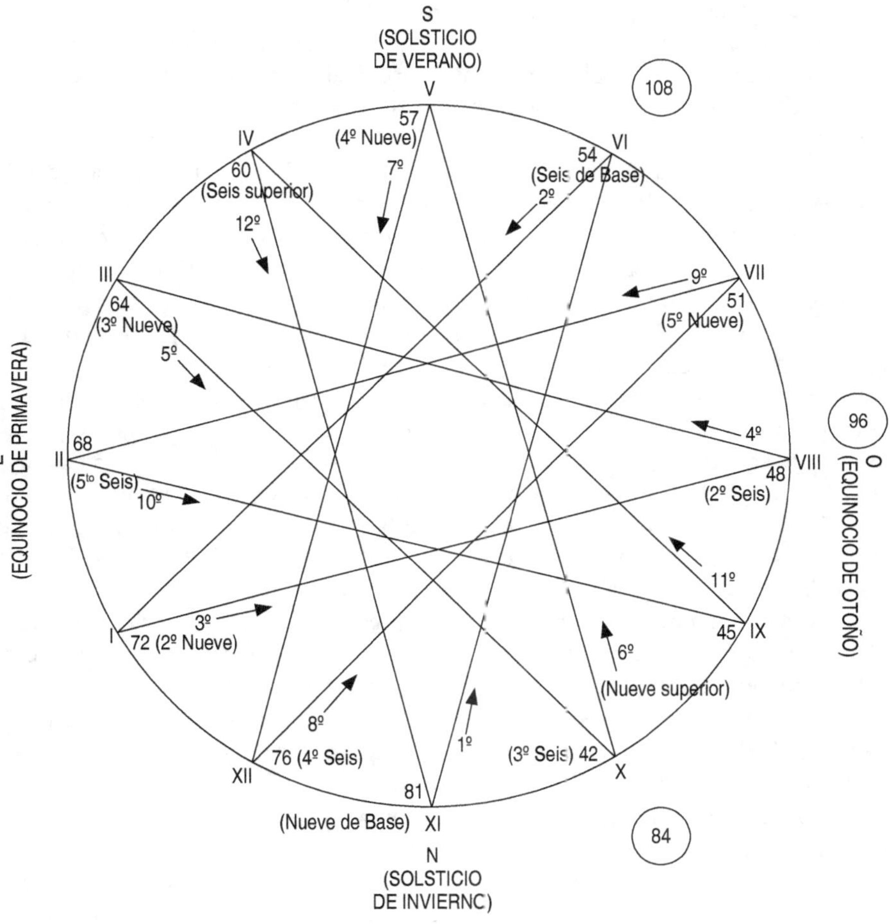

Las cifras en números romanos indican los meses.
Los números en cifras arábigas indican la longitud de los tubos de sonido.
Los signos 1°, 2°, indican el rango de los tubos en el orden de su creación.
El número dentro de un círculo indica las dimensiones que tendrían los tubos de 2ª, 4ª y 6ª si la nota emitida por ellos no estuviera rebajada en una octava.

cuando la longitud se reduce quitando un tercio de la longitud del tubo anterior; es el caso, por ejemplo, cuando el tubo inicial es de 81 (= **3** x 27) y el segundo tubo es de 54 (= **2** x 27). Se produce una generación superior cuando se aumenta la longitud añadiendo un tercio a la del tubo anterior; es el caso cuando pasamos del segundo tubo que es de 54 (= **3** x 18) al tercero que es de 72 (= **4** x 18). El tercer tubo (72) crea por generación inferior el cuarto (48), éste, por generación superior, el quinto (64) y así sucesivamente hasta el séptimo tubo. Este último, aunque creado a su vez por generación superior, crea, de nuevo por generación superior, el octavo tubo; de este último son, pues, los tubos de rango *par* (y ya no los de rango *impar*) los que producen por generación inferior.

Esto no impide considerar todos los tubos de rango impar como tubos masculinos {= Yang = *Impar* = Cielo = Redondo = **3** (valor de la circunferencia inscrita en un cuadrado de lado 1)} y todos los tubos de rango par como tubos femeninos {= Yin = *Par* = Tierra = Cuadrado = **2** (valor del semiperímetro del cuadrado que circunscribe la circunferencia de valor 3)}.[104] Los chinos tenían buenas razones para esta decisión. Si los tres primeros tubos impares valen 3/2 de los tres primeros tubos pares, los tres últimos tubos impares valen 3/4 de los tres últimos tubos pares respectivamente; 3/2 expresa la relación entre la circunferencia (= Cielo) y el semiperímetro del cuadrado (= Tierra) que la circunscribe; 3/4 expresa la relación entre la circunferencia y el perímetro: así como 3/2, y aún mejor, 3/4 puede expresar la relación del Yang con el Yin.

Es posible que los chinos atribuyeran primero a sus tubos símbolos numéricos que ilustraban la relación única 3/4; se dice, en efecto, en un pasaje del *Kouan tseu*,[105] que los cinco primeros tubos valían respectivamente 81, 108 (= 54 x 2), 72, 96 (= 48 x 2), 64, de lo que podemos concluir, al parecer, que el sexto valía 84 (= 42 x 2). Los chinos parecen haber dividido las dimensiones de los tres primeros tubos de la serie par por 2, mientras que evitaron cambiar las dimensiones de los tres últimos tubos de esta serie.

Esta reforma puede ser un signo de progreso en la técnica musical;[106] pero lo que nos importa destacar es que si los tres primeros tubos *yin* no se hubieran hecho más pequeños en longitud que los tres últimos al reducirlos a la mitad, *no habría sido posible asignar a los tubos* la orientación que el *Yue ling* les atribuye al construir una estrella de 12 puntas (ver la figura de la página anterior).

Representados por los números enteros que indican sus dimensiones tradicionales, los 12 tubos ocupan en la figura las orientaciones asignadas a los signos cíclicos y a los meses que les corresponden. Están dispuestos alrededor del perímetro de un círculo empezando por el Norte (11º mes; solsticio de invierno; tubo inicial) en orden decreciente de tamaño; sus símbolos numéricos presentan la imagen del crecimiento continuo del Yang (agudo). También vemos que ocupan las 12 puntas de una estrella. *Esta estrella se dibuja en cuanto los símbolos de los tubos* (yang o yin, yin o yang; creadores o productos) *que, en el orden de producción, son contiguos.*

---

104 *SMT*, III, p. 632 y p. 637. Lu Pou-wei cuenta 7 tubos producidos por la generación superior frente a 5 producidos por la generación inferior; los cuenta por orden de tamaño e incluye entre los últimos sólo el 2º tubo y aquellos cuya longitud es menor.

105 *Kouan tseu*, 58.

106 Invención de las notas 6ª y 7ª con dos reducciones sucesivas a la octava. Notemos lo cerca que está la serie 108, 96, 84, 72, 64 de la serie 105, 94, 83, 72, 61, (50) (*Intervalo*: 11) *inscrita en los bordes de los cuadrados mágicos*. El número que, en esta última serie, viene después del 50 es el 39. Ahora (39 + 81) / 2 = 40 *y el* Lu che tch'ouen ts'ieou, *en el pasaje en el que relata la invención de los doce tubos, indica que el tubo inicial* (considerado como central) *vale 39*. Los glosadores, avergonzados, señalan que el 39 debe explicarse por una imbricación (*kiao*) con el 81: *es decir, supongo, por el hecho de que el 81 + 39 reducido a la mitad hace el 40* (13º tubo, *tubo central que da, con la diferencia de una octava, la misma nota que el 1º tubo*).

Orden de producción de los tubos

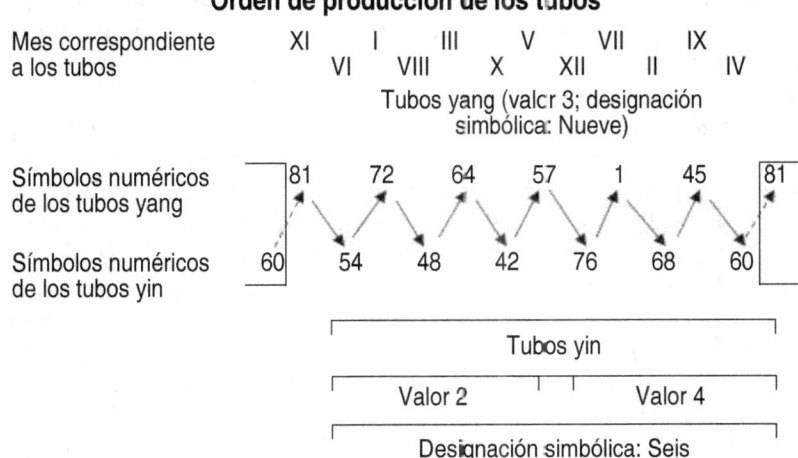

Mes correspondiente a los tubos	XI		III		V		VII		IX	
		VI		VIII		X		XII	II		IV

Tubos yang (valor 3; designación simbólica: Nueve)

| Símbolos numéricos de los tubos yang | 81 | | 72 | | 64 | | 57 | | 1 | | 45 | | 81 |
| Símbolos numéricos de los tubos yin | 60 | | 54 | | 48 | | 42 | | 76 | | 68 | | 60 |

Tubos yin

Valor 2   Valor 4

Designación simbólica: Seis

(Los números dan las dimensiones de los tubos según *Houai-nan tseu*.
Se ha añadido 60 al principio de la serie y 81 al final, porque, debido a su disposición cíclica, el 12º tubo, 60, produce el primero, 81).

Esta construcción gráfica pone de manifiesto, por un lado, el orden de producción de los tubos y, en consecuencia, la fórmula que controla sus relaciones numéricas; por otro, la *disposición cíclica* de los tubos así como las orientaciones de las que resulta su correspondencia con los distintos meses. Pero, si se puede obtener la figura simétrica formada por la estrella de 12 puntas, es porque dos líneas rectas trazadas consecutivamente (y que, en consecuencia, deben unir los símbolos de los tres tubos siguientes en el orden de producción) cortan siempre un arco de 60°; y también porque primero se unieron dos puntos distantes en la circunferencia por 210° en un lado (a la izquierda, en este caso, porque, en la disposición adoptada por los chinos, los signos cíclicos se suceden en el orden de la sucesión de tiempos que van a la izquierda), y por 150° en el otro. El tubo inicial (81, serie *yang*) se asigna al XIº mes (mes impar), el 2º tubo (54, serie *yin*) debe asignarse al VIº mes (mes par), el 3º (72, serie *yang*) al Iº mes (meses impares), el 4º (48, serie *yin*) al VIIIº mes (mes par), el 5º (64, serie *yang*) al IIIº mes (mes impar), el 6º (42, serie *yin*) al Xº mes (mes par), el 7º (57, serie *yang*) al Vº mes (mes impar), (es decir colocado a 180° del tubo inicial)(81)…, etc. Pero, como se decidió dejar la sección más grande del círculo a la izquierda de la primera línea trazada, los símbolos numéricos de los tubos 4º y 6º deberían, como el del 2º (son los tres primeros tubos de la serie *yin*), estar en la parte derecha del círculo y encontrarse allí con los símbolos de los tubos 9º y 11º, que están a su vez a la derecha del 7º, colocados a 180° del tubo inicial. Ahora estos tres tubos son los últimos y más pequeños de la serie *yang*. Los símbolos numéricos de los Doce Tubos no se habrían sucedido en orden de tamaño decreciente si los tres primeros tubos de la serie par hubieran tenido dimensiones (108, 96, 84) basadas en la relación 4/3 entre los tubos *yin* y *yang*. Para obtener este resultado, hubo que reducirlos a la mitad, bajando la nota que daban en una octava, al mismo tiempo que se conservaban las dimensiones de acuerdo con la relación 4/3 para los tres últimos tubos pares, los símbolos de estos últimos debían colocarse en la mitad izquierda del círculo, intercalados entre los símbolos de los tres primeros tubos *yang*, más grandes.

La figura geométrica que, para *ilustrar* el crecimiento continuo del Yang a partir del solsticio de invierno, justifica el sistema de correspondencias establecido entre los meses y los tubos, sólo puede construirse, como vemos, a condición de dar a los tubos unas dimensiones tales que los seis primeros ilustren la relación 3/2 (= 81/54 = 72/48 = 63/42)[107] y los seis últimos la relación 3/4 (= 57/76 = 51/68 = 45/60). Toda alusión a una equivalencia entre tubos y meses según el sistema *Yue ling* presupone esta construcción y, por tanto, implica el descubrimiento previo de la regla aritmética en la que se basa la teoría musical china.

Esta observación puede tener un significado histórico, pero su verdadero interés es demostrar que los chinos no se equivocan cuando afirman que sus antiguos Sabios consideraban los problemas relativos a la teoría musical y la ordenación del Calendario como cuestiones relacionadas. ¿No se nos invita a deducir que el descubrimiento de la fórmula aritmética de la balanza deriva de las especulaciones numéricas de los técnicos y de ese arte supremo que tenía por objeto ordenar el Espacio y el Tiempo y cuyo problema esencial era revelar las relaciones de lo Impar y lo Par?

La construcción de la rosa de 12 puntas no sólo tenía la ventaja de mostrar el crecimiento continuo del Yang desde las Fuentes Amarillas. También tenía el mérito de justificar, por la alternancia de los tubos *yin* y *yang*, la alternancia de los meses *pares* e *impares* a los que el año lunar de 354 días atribuía a veces 30 días y a veces 29. La división de los tubos en dos grupos iguales de diferentes tipos, al tiempo que permitía nuevas clasificaciones, servía de otra manera para ilustrar las leyes del Calendario. El significado mítico de esta división puede verse en los diversos nombres simbólicos utilizados para los tubos. Se les llama padres e hijos, porque se considera que se engendran (*cheng*) mutuamente; la oposición de las generaciones que se alternan en el poder puede reflejar la oposición rítmica del Yin y el Yang. Por otra parte, los símbolos de los tubos del yin y el yang se alternan en la circunferencia del dodecágono, lo que permite agruparlos por parejas; se decía que dos símbolos vecinos eran "*esposa y esposo*". Representaciones metafóricas similares permitieron reunir los 6 tubos masculinos y los 6 tubos femeninos de las 12 líneas, masculinas o femeninas, que componen el primer par de Hexagramas. Esto explica otra manera de nombrar los tubos de sonido; consiste en identificarlos con las líneas sólidas o partidas de los Hexagramas, evocando de nuevo las relaciones de los Pares y los Impares. Los tubos *yin* fueron designados por el *Seis* y los tubos *yang* por el *Nueve*. Para recordar mejor los Hexagramas (que se analizaban numerando las líneas de abajo a arriba), se llamaba al primer tubo *yang* y al primer tubo *yin* (como la primera línea masculina o la primera línea femenina de un Hexagrama):

---

107 La exactitud de esta última relación desaparece en cuanto se le da al 5° tubo el valor 64 {= 48 x (4/3)}.

Nueve básico y *Seis básico*; los tubos intermedios: (2º o 3º…) *Nueve* o *Seis* y los dos últimos tubos: *Nueve superior* y *Seis superior*.

Un pasaje de *Sseu-ma Ts'ien*, cuya importancia señalaremos pronto, garantiza la antigüedad de estas denominaciones.[108] Están vinculadas a un desarrollo de la técnica musical que, por lo tanto, también debe considerarse antiguo. Como cada uno de los tubos podía tomarse a su vez como tubo inicial y dar la primera nota de la escala, era posible constituir 12 escalas.[109] Estas escalas, formadas cada una por cinco notas, se caracterizaban por los símbolos numéricos de los tubos que las emitían; pero cuando había que hablar de ellas, bastaba con dar la designación simbólica (*Seis Básico… Nueve 3º… Nueve Superior…*) del tubo tomado, en este caso, por el tubo inicial. Con estas 12 escalas así constituidas, se tenía, en total, 60 notas que se relacionaban con los 60 binomios cíclicos formados por la combinación de los 12 (= 6 x 2) signos duodenarios (que –como los 12 tubos– evocan una disposición redonda) y los 10 (= 5 x 2) signos denarios (que –como las notas de la escala– evocan una disposición transversal).

Este nuevo sistema de correspondencias conduce de nuevo, combinando los símbolos (5 y 6) de la Tierra y del Cielo, al gran total 360 (= 12 x 5 x 6). ¿No parece, una vez más, que la teoría musical debe su desarrollo a las especulaciones numéricas de los maestros de ese arte supremo que es el calendario?

* * *

Los autores de la teoría, en cualquier caso, eran personas poco preocupadas por la exactitud de las relaciones numéricas en detalle y que pretendían, sobre todo, destacar una relación global obtenida mediante totales significativos.

Es cierto que Sseu-ma Ts'ien se encargó de expresar las longitudes de los tubos mediante números fraccionarios más o menos acordes con la teoría.[110] Esta preocupación por la exactitud permitió a Chavannes suponer que los chinos habían aplicado, al principio, sin negligencia el principio de la construcción de la escala griega. Hay que señalar: 1º que antes de anotarlos en su Historia, Sseu-ma Ts'ien, como miembro de la Comisión del Calendario, y *con motivo de una impor-*

$$\frac{60}{80} = \frac{3 \times 20}{4 \times 20}$$

$$*\begin{cases} \dfrac{81}{54} = \dfrac{3 \times 27}{2 \times 27} & \text{1º relación} \\[2mm] \dfrac{54}{72} = \dfrac{3 \times 18}{4 \times 18} & \text{2ª relación} \\[2mm] \dfrac{72}{48} = \dfrac{3 \times 24}{2 \times 24} & \text{3º relación} \\[2mm] \dfrac{48}{64} = \dfrac{3 \times 16}{4 \times 16} & \text{4ª relación} \end{cases}$$

$$*\begin{cases} \dfrac{63}{42} = \dfrac{3 \times 21}{2 \times 21} & \text{5ª relación} \\[2mm] \dfrac{42}{56} = \dfrac{3 \times 14}{4 \times 14} & \text{6ª relación} \end{cases}$$

$$*\begin{cases} \dfrac{57}{76} = \dfrac{3 \times 19}{4 \times 19} & \text{7ª relación} \end{cases}$$

$$*\begin{cases} \dfrac{75}{50} = \dfrac{3 \times 25}{2 \times 25} & \text{8ª relación} \end{cases}$$

$$*\begin{cases} \dfrac{51}{68} = \dfrac{3 \times 17}{4 \times 17} & \text{9ª relación} \end{cases}$$

$$*\begin{cases} \dfrac{69}{46} = \dfrac{3 \times 23}{2 \times 23} & \text{10ª relación} \end{cases}$$

$$\frac{45}{60} = \frac{3 \times 15}{4 \times 15} \quad \text{11ª relación}$$

$$\frac{60}{80} = \frac{3 \times 20}{4 \times 20} \quad \text{12ª relación}$$

El asterisco indica los casos en los que el número que debe aparecer en 2 relaciones consecutivas aumenta o disminuye en una unidad.

---

108 *SMT*, III, p. 316.
109 *Li ki*, C., I, p. 519 "5 notas, 6 tubos masculinos, 12 tubos que dan sucesivamente la nota inicial (*kong*)".
110 *SMT*, III, p. 314.

tante reforma de éste, tuvo que rehacer cuidadosamente todos los cálculos; 2° que, más o menos en la misma época, Houai-nan tseu[111] indicó las dimensiones de los tubos utilizando sólo números enteros. Fueron estos números, siempre reproducidos, los que realmente interesaron a los chinos; para entender su pensamiento, es de estos números de donde debemos partir.

Como es fácil de ver, con los 12 números (81, 54, 72, 48, 64, 42, 57, 76, 51, 68, 45, 60) de la lista transmitida por Houai-nan tseu, sólo es posible establecer relaciones conformes a la regla admitiendo para estos números el juego de una unidad, excepto en tres casos,[112] para 54 que vale 2/3 de 81 y 3/4 de 72, para 72 que vale 4/3 de 54 y 3/2 de 48, para 48 que vale 2/3 de 72 y 3/4 de 64. Debemos admitir que el 5° tubo vale 64, ya que es 4/3 de 48, y que también vale 63, ya que debe ser 3/2 de 42. Asimismo, el 7° tubo es a la vez 56 y 57, el 8° 76 y 75, el 9° 50 y 51, el 10° 68 y 69, el 11° 46 y 45. Pero los 12 tubos forman un ciclo. El 12° debe, por tanto, ser 3/4 del primero (si se produce por generación superior).[113] 60, un múltiplo de 3, se puede aumentar fácilmente en 1/3. Para que se respete la regla, el 1° tubo debe ser, por tanto, 80 (= 60 x 4/3), al mismo tiempo que 81 (=54 x 3/2); aquí también es necesario el juego de una unidad.

En detalle, las dimensiones atribuidas a los tubos son, como puede verse, inexactas.

Es notable que para las dimensiones de los últimos tubos se hayan elegido 57, 76, 51, 68, 45, 60. Si se hubieran tomado las dimensiones 75, 69, 60 para los tubos *yin*, el total de los tres números (204) no se habría modificado. Pero si, para los tubos *yang*, en lugar de 57, 51, 45, se hubiera tomado 56, 50, 46, el total de los tres números habría sido 152 en lugar de 153. Los números elegidos expresan inexactamente la relación 3/2, que debería existir entre el 8° tubo (75) y el 9° (51), entre el 10° tubo (69) y el 11° (45), pero expresan, en cambio, exactamente todas las relaciones iguales a 3/4 (= 57/76 = 51/68 = 45/60); y 3/4 *es también la relación del valor total de los tres tubos* yang (153) con los tres tubos yin (204) {153/204 = (3x51)/ (4x51)}. La suma de los 6 últimos tubos es 357; síntesis del Yin (**4**) y del Yang (**3**) {cuyas relaciones la segunda mitad de la serie de tubos debe indicar en forma de 3/4, ya que el primero (57) de sus seis tubos vale los 3/4 del segundo (76)}, 357 es un múltiplo de 7; es, entre los múltiplos de 7, el que más se acerca al gran Total 360 y 354, el total de los días del año lunisolar.[114]

---

111 *Houai-nan tseu*, 3. Houai-nan tseu, al igual que Lu Pou-wei, indica que los tubos 6° y 7° se producen por generación superior; da, sin embargo, la distribución por meses dando a entender que el 6° es un tubo femenino.

112 Se podría, en un momento dado, decir 4 casos, ya que 42 es 2/3 de 63 y 3/4 de 56. Pero el 42, tomado del 63 y no del 64, se ve afectado por su origen inexacto.

113 Chavannes (*SMT*, III, p. 633, n. 1) supone la existencia de un 13° tubo cuya "longitud era exactamente la mitad del primero". Si se supone que el primero da la nota *fa*, el duodécima da el *la sostenido*, la decimotercera el *mi sostenido* que los chinos, según Chavannes, consideraban equivalente a *fa*.

114 357 aparece entre las dimensiones características del Universo, que los chinos decían haber obtenido con la ayuda del gnomon. Aparece junto a 360.

La serie de los 6 primeros tubos comienza, por el contrario, con un tubo que vale 3/2 del siguiente; sería conveniente que la suma de estos 6 símbolos numéricos fuera un múltiplo de 5, síntesis del Yang (3) y del Yin (2); cabría esperar que este múltiplo de 5 fuera 360 y la relación 3/2 escrita globalmente en la forma 216/144. Si el total de los primeros tubos *yin* es 144 (= 54 + 48 + 42), el de los tubos *yang* (81 + 72 + 64) es 217, de modo que la suma total no es 360, sino 361. No hubo ninguna dificultad para obtener el número 216; para el 1º y 3º tubo *yang*, se podía elegir entre 80 y 81, 64 y 63; sumados al 72 (2º tubo *yang*), 80 + 64 (= 144) así como 81 + 63 (= 144) dan 216. Pero tomamos 81 y 64. En lugar de 80 (= 60 x 4/3), *que habría hecho más evidente el carácter cíclico de la serie de tubos, elegimos 81*. Por lo tanto, la primera relación (81/54) es estrictamente igual a 3/2. La adopción del 63 parecía, pues, necesaria para el 5º tubo, ya que el 63 es exactamente 3/2 del emblema numérico del 6º (42). Sin embargo, nos hemos condenado a hacer el gran total de 360 y la relación típica de 216/144 menos aparente, ya que, después de haber atribuido 81 al primer tubo, hemos atribuido 64 al quinto Así como 81 es exactamente 3/2 de 54, 64 es exactamente 4/3 de 48 (4º tubo). Si se adoptaron el 81 y el 64 es porque, gracias a esta adopción, los 5 símbolos numéricos asignados a los primeros tubos (81, 54, 72, 48, 64) eran –*a condición de considerarlos aisladamente y sin pensar en su relación con el 6º o el 12º*– absolutamente conformes al principio de la teoría.

Un examen de los símbolos numéricos que los chinos, *gracias al uso casi constante de una unidad*, han considerado suficientes para expresar el principio de su teoría musical, conduce a una triple observación:

1º La exactitud, en detalle, de las relaciones aritméticas no importa; a casi todos los símbolos numéricos corresponde un doble valor, uno de los cuales aparece solo en la lista, quedando el otro implícito; así como 81 y 63 pueden leerse como significando de nuevo 80 y 64, 361 parece ser bien sentido como significando 360. Todo esto sugiere que (a través de mutaciones implícitas de otros símbolos, y, por ejemplo, como resultado de una equivalencia latente entre 60 y 63), 357 bien puede significar también 360. Sobre todo, parece que la serie de 12 números no se estableció mediante verdaderas operaciones aritméticas, sino mediante manipulaciones de símbolos inspiradas en una ambición concreta.

2º Los totales 357 y 361 que resultan de las sumas de los 6 primeros o de los 6 últimos números son, en cualquier caso, demasiado cercanos a 360 para que hayan sido obtenidos por azar. La yuxtaposición de dos conjuntos de símbolos, que sugieren ambos el Gran Total, al evocar una división en 5 secciones (proporción 3/2) y una división en 7 secciones (proporción 3/4), parece derivar de preocupaciones análogas a las que dieron lugar a la idea de yuxtaponer un cuadrado con centro de 5 y un cuadrado con centro de 6, recordando dos divisiones de 360, una en 5 secciones de 72, la otra en 6 secciones de 60. Tales preocupaciones atestiguan que la teoría de los 12 Tubos se debe a los Maestros del Calendario.

3º Esta teoría aparece como *una construcción artificialmente superpuesta a una construcción anterior que debe ser la de la escala de 5 notas*. Sea cual sea su deseo de subrayar 360, los Maestros del Calendario prefirieron mantener los 5 primeros tubos, a los que se suelen asignar las 5 notas, como símbolos numéricos que implican relaciones exactas. Cuando elaboraron la teoría de los 12 Tubos, pensando en hacer de ellos los símbolos de los 12 meses, se trataba para ellos de completar una teoría de la escala. Las cinco notas de la escala representaban las cuatro estaciones y el centro del año, y estaban dispuestas en forma de cruz. Al adaptar la imagen de la encrucijada, que recordaba a un *cuadrado*, a la imagen de un dodecágono en cuyo perímetro se disponían los símbolos de los tubos y los meses en un círculo con un orden *regular*, los Maestros del Calendario intentaron dar una representación más detallada y coherente del universo.

* * *

La escala china consta de 5 notas, denominadas *kong, tche, chang, yu* y *kio*.

Según la tradición, el rey Wen, fundador de los Tcheou, inventó dos nuevas notas. Sólo las cinco primeras notas se consideran *puras* y tienen un nombre. Los nombres de las notas 6ª y 7ª, *pien kong* y *pien tche*, muestran que no había mucha diferencia entre ellas y las notas 1ª y 2ª. Además, en la práctica, sólo cuentan las cinco notas puras. Para definirlas, nos limitamos a decir que corresponden a los sonidos emitidos por los tres primeros tubos. Así, al dar las dimensiones de los tubos de 6ª y 7ª, se definieron las notas 6ª y 7ª. La teoría musical de los chinos tiene su punto de partida en la construcción de los *primeros 5 tubos*.

Una vez indicadas las dimensiones de estos tubos y la relación de las notas entre sí, no hay, técnicamente hablando, nada más que decir sobre la escala. Sin embargo, si queremos entender las ideas de los chinos y no apresurarnos a hablar de posibles préstamos de los griegos, debemos tener en cuenta dos hechos:

1° Al *mismo tiempo* que asignan a cada una de las 5 notas un símbolo numérico que muestra que es emitida por uno de los 5 primeros tubos, los chinos le asignan otro símbolo, que también es un número, y un número entero: *kong*, que tiene como símbolos pequeño y grande 5 y 81 (dimensión del 1° tubo); *tche*, 7 y 54 (dimensión del 2° tubo); *chang*, 9 y 72 (dimensión del 3° tubo); *yu*, 6 y 48; *kio*, 8 y 64;

Direcciones	Centro	Sur	Oeste	Norte	Este
Estaciones	Central	Verano	Otoño	Invierno	Primavera
Notas	Kong	Tche	Chang	Yu	Kio
Símbolos de los tubos y notas	81	54	72	48	64
Símbolos de las Estaciones-Direcciones y notas	5	7	9	6	8
Números de orden de los elementos	5	2	4	1	3
Pares de números congruentes	5 - 10	2 - 7	4 - 9	1 - 6	3 - 8
Elementos	Tierra	Fuego	Metal	Agua	Madera

2° 5, 7, 9, 6 y 8 son los símbolos del Centro y de las 4 Estaciones-Direcciones (así como de los 5 Elementos). Las 5 notas, –así como las Estaciones a las que estos símbolos numéricos las relacionan– forman aparentemente un *ciclo*, a la manera de los 12 Tubos que se relacionan con los 12 Meses. Estos datos suelen descuidarse, bajo el pretexto de que las correspondencias chinas (especialmente cuando incluyen números) son juegos tardíos y *arbitrarios*, y porque no se advierte ninguna relación entre las dimensiones de los Tubos y los números comúnmente utilizados como símbolos de las Notas, las Estaciones y los Elementos.

Tal vez una observación menos descuidada revelaría una relación entre los símbolos grande y pequeño (ambos expresados por números enteros), que, para los chinos, definen una nota. Ordenémoslos, conservando las equivalencias, colocando los grandes símbolos por orden de tamaño. Aparte del 5 (¿acaso el 5 no puede representar el 10, *el segundo miembro del mismo par congruente?*), los pequeños símbolos también están dispuestos en el mismo orden.

81	72	64	54	48
5	9	8	7	6

Pero al asignar un pequeño símbolo a las diferentes notas, ¿se pretendía únicamente indicar el orden de magnitud de los tubos que les corresponden? Ordenemos las dos series de símbolos teniendo en cuenta el orden de producción de los Tubos:

81	54	72	48	64
5	7	9	6	8

Los tres últimos símbolos pequeños son el 9, el 6 y el 8. Estos números, *en el orden en que se suceden*, son suficientes para expresar la regla aritmética que rige la construcción de la escala, como la de los 12 Tubos (una disminución de 1/3 seguida de un aumento de 1/3).

9, 6, 8, multiplicados por 9 dan las dimensiones de los tubos 1º, 2º y 3º; multiplicados por 8, las de los tubos 3º, 4º y 5º; multiplicados por 7, las de los tubos 5º, 6º y 7º. 72 (3º tubo), al ser un múltiplo de 9 y 8, asegura una unión perfecta, y los 5 primeros tubos parecen corresponder a dimensiones rigurosamente exactas: hay 5 notas *puras*. 64, un múltiplo de 8, no es un múltiplo de 9. Debe asimilarse a 63 (producto de 9 por 7) para pasar a la serie de múltiplos de 7. Así, a las cinco notas *puras*, podemos añadir las dos notas suplementarias. A partir del 56-57, los números se obtienen multiplicando 9, 6, 8, no, como al principio, por los números enteros 9, 8, 7, sino por los mismos números aumentados en 0,5 (9,5, 8,5, 7,5). El 7º tubo, producido *por generación superior* (56), produce a su vez (57 = 6 x 9,5) por generación superior el 8º tubo (76 = 8 x 9,5). Todo sucede como si se hubieran yuxtapuesto dos escalas de 5 notas (81, 54, 72, 48, 64, y 76, 51, 68, 45, 60). La unión de la 2ª escala a la 1ª, resultante de la asimilación a 81 (1º tubo) de 80 {que puede, siempre que haya de nuevo una *generación superior*, producir 60 (12º tubo) que se deriva del 45 por generación superior}, la transición de la 1ª escala a la 2ª es asegurada *por la adición de los tubos 6º y 7º, que corresponden a las 2 notas adicionales.*

Estas observaciones revelan el papel de los números 9, 6, 8, símbolos, como hemos visto, de las notas 3ª, 4ª y 5ª. Muestran, por una parte, que la teoría de los 12 tubos está vinculada a la invención, atribuida al rey Wen de los Tcheou, de las 2 notas adicionales, una de las cuales (el 6º tubo) tiene como emblema el 42, y, por

1º tubo	80	8 x 10		
	81	9 x 9	Productos de 9 por	9
2ª tubo	54	6 x 9		6
3º tubo	72	8 x 9		8
	72	9 x 8		
4º tubo	48	6 x 8	Productos de 8 por	9
5º tubo	64	8 x 8		6
	63	9 x 7		8
6º tubo	42	6 x 7	Productos de 7 por	9
7º tubo	56	8 x 7		6
	57	6 x 9,5		8
8º tubo	76	8 x 9,5	Productos de 9,5 por	6
	76,5	9 x 8,5		8
9º tubo	51	6 x 8,5	Productos de 8,5 por	9
10º tubo	68	8, 8,5		6
	67,5	9 x 7,5		8
11º tubo	45	6 x 7,5	Productos de 7,5 por	9
12º tubo	60	8 x 7,5		6
	60	6 x 10		8
1º tubo	80	8 x 10	Productos de 10 por	6
				8

otra parte, que sólo se podría imaginar una yuxtaposición de las 2 escalas si el 1º tubo *pudiera estar representado* por el 80 así como por el 81.

Este es el momento de utilizar la observación de que, asimiladas a las Estaciones, las 5 Notas de la escala forman un ciclo.

Como en el caso de los 12 Tubos, una figura puede representar este ciclo, destacando el orden de producción de las notas. Dispongamos sus símbolos (81, 72, 64, 54, 48) a intervalos regulares alrededor del perímetro de un círculo, empezando por el 81 (a la izquierda), siguiendo el *orden de magnitud*. Si ahora, para representar el *orden de producción*, unimos mediante líneas rectas 81 a 54, 54 a 72, 72 a 48 y 48 a 64, formaremos una estrella de 5 puntas (ver la siguiente figura), pero el dibujo sólo será perfecto si unimos 64 a 81; es decir, si, desde el 5º tubo, volvemos al 1º. Reducido en 1/3, 64, en cuanto se asimila a 63, produce 42. Si 42 fuera la mitad de 81, las notas emitidas por los dos Tubos –estando a una octava de distancia– podrían asimilarse, lo que daría derecho a cerrar la figura. *Como las 5 notas forman un ciclo y la figura debe ser cerrada*, hay que admitir (o bien que, doble de 42, al símbolo numérico del 1º tubo se le asigna el valor 84,[115] o) que, *representando 80*,

115 Observemos que, en el sistema de los 12 tubos, el primero debería ser evocado por 84 si el emblema del último se sintiera equivalente a 63 para completar a 360 el total (357) de los valores numéricos atribuidos a los 6 últimos tubos.

este 1° tubo, se considera que de 64-63 se pasa, por generación inferior, a un *valor del que 40 podía ser el símbolo*.[116]

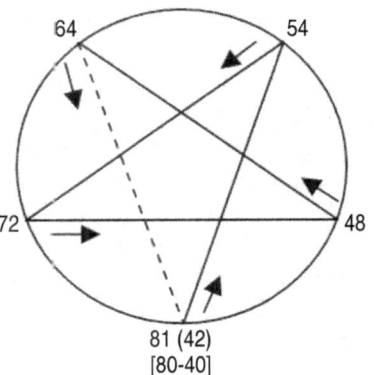

Aunque es difícil imaginar, con los símbolos numéricos, 81, 72, 64, 54, 48 (elegidos para ilustrar la regla que puede resumir la secuencia 9, 6, 8), la construcción de la estrella de 5 puntas, necesaria para la representación de un ciclo, eso se vuelve bastante simple si los números a disponer en el perímetro del círculo son los mismos que sirven de símbolos para las notas (ver la siguiente figura), *con la única condición de suponer que el 5 representa la pareja congruente 10-5.*

Esto nos lleva a formular una hipótesis: *los símbolos numéricos de las notas*, lejos de ser arbitrarios, *comenzaron por significar dimensiones reales*. La observación de que entre 10 y 5, la mitad de 10, hay cinco intervalos, explica la constitución de una *escala de cinco notas*, cuyas relaciones se simbolizan con los números 7, 9, 6, 8 y el par 10-5 *que dio la idea de la octava.*

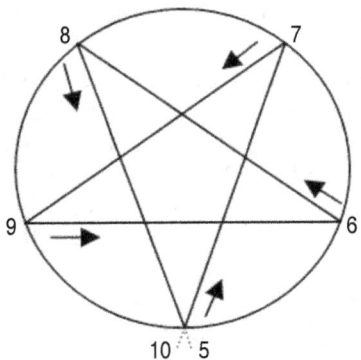

Para los chinos, que prestaban más atención –como hemos visto– a la exactitud de las relaciones globales que a la de las relaciones detalladas, la serie 10, 9, 8, 7, 6, 5 tenía un gran mérito.

Permitió establecer –porque 10 + 9 + 8 = 9 x 3 y 7 + 6 + 5 = 9 x 2– entre el conjunto de notas *yang* {10 (1ª nota), 9 (3ª nota), 8 (5ª nota)} y el conjunto de notas *yin* {7 (2ª nota), 6 (4ª nota), 5 (1ª nota de la octava)} una relación igual a 3/2 (que es la relación del Cielo y la Tierra), y se encontró esta relación, típicamente expresada en la relación (9/6) de la 2ª nota *yang* a la 2ª nota *yin*.

La serie 10, 9, 8, 7, 6, 5 tiene otro mérito, quizá mayor, a los ojos de los chinos. Vale un total de 45, que multiplicado por 8 da 360. Dado que 5 es la mitad de 10, era ciertamente posible presentar la imagen de un ciclo colocando los números 9, 8, 7, 6 y 10 alrededor del perímetro de un pentágono, evocando 10-5. Era aún mejor sustituir estos números por 72 (= 9 x 8), 64 (= 8 x 8), 56 (= 7 x 8), 11 (= 6 x 8) y 80 (= 10 x 8) asociados mentalmente a 40 (= 5 x 8) que es la mitad. Así se evoca el gran emblema del ciclo, el 360, y, *con la ayuda de 5 números, que presuponen un 6°*, la división característica del 360 en 5 partes, así como la prestigiosa relación de 216 (= 80 + 72 + 64: símbolos de los 3 tubos *yang*) a 144 {= 56 + 48 + 40, símbolos

---

116 Chavannes, para explicar la teoría de los 12 tubos, supone un decimotercero que sería exactamente la mitad del primero (*SMT*, III, p. 463).

de los 2 tubos *yin* y del tubo (40 = 80/2) que, a diferencia de una octava, permite volver a la 1ª nota **yang**}.

Las serie 80, 56, 72, 48, 64 sólo se diferencia en sus méritos simbólicos de la serie 10, 7, 9, 8, 6 (y 5). Se diferencia de las series clásicas 81, 54, 72, 48, 64 sólo en el número 56. Es el prototipo de esta última, pero deriva de la fórmula 10, 7, 9, 8, 6 (5), cuyo recuerdo se conserva en los símbolos numéricos de las notas.

Si postulamos que los números de la serie 10, 7, 9, 6, 8 (de los que la serie 80, 56, 72, 48, 64 no es más que otra expresión) eran adecuados para servir de emblema a las dimensiones reales de los tubos, nuestra hipótesis no implica que a esta traducción numérica, que parece incorrecta, correspondiera una práctica igualmente incorrecta.

Supongamos, de acuerdo con las tradiciones chinas, que los primeros tubos de sonido fueron tubos de bambú. Sus dimensiones podrían representarse mediante un pequeño número entero obtenido contando las articulaciones (= *tsie*, que también significa "medida") de cada uno de los 5 bambúes que dan las 5 notas de la escala primitiva. Es fácil ver que, para obtener intervalos correctos, atribuyendo a los tubos dimensiones que implican relaciones inexactas, bastaba con que el artesano eligiera, para los tubos 1º y 2º, bambúes cuyos nudos estuvieran, para el 1º, un poco más separados, y un poco menos distantes para el 2º.[117]

Así se legitimó una práctica correcta, al principio, mediante una teoría inexacta, pero que tenía, al menos, un mérito: *tradujo el significado de la octava.*

Los defectos de la teoría no tenían importancia –y podían no ser aparentes– mientras, contando por articulaciones, se permitiera a los artesanos un cierto margen de maniobra para evaluar las dimensiones reales. Pero, para dar a la teoría una mayor perfección simbólica, y con la intención de combinar *la idea de octava con la de ciclo evocando* 360,[118] los chinos fueron llevados a sustituir las series 10, 7, 9, 6, 8 (5) por las series 80, 56, 72, 48, 64 (40). Esto equivale a prestar 8 divisiones[119] a todos los intervalos (prácticamente desiguales) entre dos nodos.

Al contar por subdivisiones, en lugar de por articulaciones, los chinos se expusieron a sustituir un sistema de *unidades abstractas* por uno de *unidades concretas.*

En cuanto midieron sus tubos mediante un sistema de subdivisiones iguales, la inexactitud de la teoría tuvo que aparecer en la práctica. Este es, sin duda, el principio del perfeccionamiento que llevó a la adopción de los números 81 y 54 para los símbolos numéricos de los primeros tubos en lugar de 80 y 56, permaneciendo inalterados los números 72, 48 y 64 (que se ajustan a la secuencia 9, 6, 8).

La fecha de este perfeccionamiento está por determinar, lo que, por cierto, brindará la oportunidad de comprobar esta hipótesis.

---

117   O que eligió bambúes de secciones ligeramente diferentes.

118   Consideramos 5 tubos y damos nombres a 5 notas, pero la octava (en este caso) abarca 6 notas: una maravillosa combinación de 5 (Tierra, cuadrada) y 6 (Cielo, redondo).

119   Esto es lo que *parece* decir *Houai-nan tseu* (cap. 3): "*Las notas se generan unas a otras con la ayuda del 8; así el hombre tiene 8 pies de altura*".

Esta hipótesis da cuenta de todos los datos pero, al postular que la serie 81, 54, 72, 48, 64 es posterior a las dos series (equivalentes) 10, 7, 9, 6, 8 y 80, 56, 72, 48, 64, supone un orden histórico entre los hechos.

Cualquier hipótesis de este tipo puede ser fácilmente invertida. La nuestra no se aparta de los hechos; lleva a la conclusión, suficientemente satisfactoria en sí misma, de que la teoría de los tubos y la escala expuesta por los chinos es parte integrante de su práctica musical y está estrictamente relacionada con el sistema de nociones que expresa sus puntos de vista sobre el Universo. Pero no se podría decir: los chinos conocieron por primera vez –por préstamo– formulada en términos abstractos o traducida (es posible) por la secuencia 9, 6, 8, la regla aritmética de la escala –inventada por los griegos–; la expresaron por la secuencia 81, 54, 72, 48, 64, que tenía (eso sí) el mérito, grande para ellos, de evocar aproximadamente 360 y la proporción 216/144; entonces notaron la proximidad de esta secuencia con la serie 80, 56, 72, 48, 64, enteramente formada por múltiplos de 8; indiferentes al rigor de los hechos matemáticos, derivaron de esta última la fórmula 10, 7, 9, 6, 8, y esto les permitió atribuir a las notas símbolos numéricos, que (se reconoce) no son enteramente arbitrarios.

Si se interpretaran los hechos de esta manera, el orden que se establecería para su historia no sería descabellado. Eso es cierto. Y también es cierto que, al hacerlo, nos reservaríamos la ventaja de postular un origen por la vía del préstamo; este es el tipo de hecho histórico que a un buen filólogo le gusta establecer; al decidir que hay préstamos, uno pasa a otros especialistas la preocupación de encontrar la verdadera explicación de los hechos. Las cuestiones de origen no nos interesan aquí. Nos bastaría con estar de acuerdo en que la teoría de la escala se desarrolló en China bajo la influencia de una visión del mundo, si no hubiera una importante cuestión de hecho. Admitir el orden histórico que implica la hipótesis aquí defendida permite comprender la esencia misma de la actitud china hacia los Números. Se trata de constatar la dificultad que tenían los chinos para concebir la idea de *unidad* en su aspecto aritmético y de indicar las razones de ello.

Debemos, pues, establecer la primacía de la serie 10, 7, 9, 6, 8, y lo haremos precisamente mostrando que el desarrollo de la teoría musical se debe a la *competencia de varios sistemas de cálculo que imponían divisiones variables a la unidad* y que, al retrasar el progreso de la noción abstracta de unidad, se oponían a una *concepción cuantitativa de los números*.

A este respecto, debemos mostrar en primer lugar que nuestra opinión sobre el paso de las series 10, 7, 9, 6, 8 a las series 80, 56, 72, 48, 64 no es una mera opinión teórica. Ahora bien, es un hecho que la relación existente entre los símbolos comunes a las Notas, las Estaciones, los Elementos y las dimensiones de los 5 Tubos todavía se sentía en la época de Sseu-ma Ts'ien.

La prueba está en una frase insertada por el historiador en la conclusión de su capítulo sobre los tubos de sonido. Esta frase está compuesta por los caracteres que designan las 5 Notas, cada una de ellas asociada a un número; los números son los que el *Yue ling* da como símbolos de las Notas, pero no se respetan las equivalencias del *Yue ling.*[120] Así que los comentaristas, sin decidirse a corregir un texto venerable, declaran estos números *inexplicables*. Esta afirmación fue suficiente para que Chavannes decidiera no buscar un sentido a la frase de su autor. Es cierto que no había entendido las dos palabras con las que se abre. Los tradujo (literalmente) como "Novena Superior", lo que no tiene ningún sentido inteligible. Estas dos palabras "Nueve Superior" designan, como hemos visto, una escala; es aquella cuya nota inicial es producida por el último (*Superior*) Tubo Yang (*Nueve*).

Las dimensiones de los tubos correspondientes a esta escala son 45 (11º tubo), 60 (12º tubo), 81 (1º tubo), 54 (2º tubo), 72 (3º tubo). Todos ellos (excepto 60, pero 60, el valor del último tubo, debe considerarse como equivalente a 63, si el total de los seis últimos símbolos numéricos de la serie de tubos ha de ser igual a 360) son múltiplos de 9. Dividiéndolos entre 9, se obtendría: para el 72 (3º tubo), 8 (5ª nota); para el 54 (2º tubo), **6** (4ª nota); para el 81 (1º tubo), 9 (3ª nota); para el 63 (en sustitución del 60, 12º tubo), 7 (2ª nota); y para el 45 (11º tubo), 5 (1ª nota), es decir, *precisamente* los valores simbólicos atribuidos a las notas por el *Yue ling*.

Sseu-ma Ts'ien escribió esta frase después de haber colaborado en una reforma del Calendario. Esta reforma condujo a la atribución de nuevos símbolos numéricos a los 12 Tubos. El principio fue la adopción de un gnomon de 9 pulgadas vinculado a una *división de la pulgada en 9 secciones*, lo que dio lugar a que el primer tubo de sonido, *de longitud igual al gnomon*, tuviera una longitud medida en 81 divisiones de pulgada. No cabe duda, ante este hecho, de que estamos justificados al restablecer el orden de las correspondencias que ha sido perturbado por un error *inexplicable* debido a un copista. No hay posibilidad de malinterpretar la frase de Sseu-ma Ts'ien traduciéndola así: "(es en la escala que comienza) *con el* (11º tubo, 45) *Nueve Superior* (que la nota inicial) *kong* (tiene el valor de) 5 (que es su símbolo porque 45/9=5); (que la 2ª nota) *tche* (tiene el valor de) 7 (porque 60/9, o más bien 63/9 = 7); (que la 3ª nota) *chang* (tiene el valor de) 9 (porque 81/9=9); (que la 4ª nota) *yu* (tiene el valor de) 6 (porque 54/9=6; (que la 5ª nota) *kio* (tiene el valor de) 8 (porque 72/9=8)."

La importancia de este pasaje de Sseu-ma Ts'ien, cuyo significado original se puede recuperar con certeza, es muy grande. Demuestra, en primer lugar –como hemos supuesto– que los símbolos numéricos asignados a las notas no se consideraban arbitrarios; se pensaba que estaban relacionados con los números que fijaban la longitud de los tubos correspondientes a una determinada escala. También conduce a una observación esencial: si la relación entre los símbolos de las notas y las dimensiones de los tubos se percibía en la época de los Han, su historiador sólo podía señalarla refiriéndose, *no a la primera escala*, sino a la undécima. Esto demuestra la antigüedad de la teoría de las 12 escalas y confirma un hecho. A partir de la undécima escala, ya no es posible obtener el 10 para el emblema de la primera nota; se obtiene el 5, y el *Yue ling* también atribuye el emblema 5 a la primera nota. Por lo tanto, hay que suponer que, ya en la época (a más tardar en el siglo III a.C.)

---

120 *SMT*, III, p. 316: La novena superior es ésta: "*chang*, 8; *yu*, 7; *kio*, 6; *kong*, 5; *tche*, 9". Es necesario, como veremos, corregirlo así: "*kong*, 5; *tche*, 7; *chang*, 9; yu, 6; kio, 8".

en que se escribió el *Yue ling*, se había establecido la teoría de las 12 escalas. Pero el hecho tiene consecuencias más importantes.

La sustitución del 10 por el 5 en el inicio de la serie de 5 símbolos no implicaba una falta de comprensión de su significado. Sin embargo, ocultó el principal mérito de esta secuencia, que es dar la sensación de la octava. ¿Por qué, a pesar de sus ventajas, se abandonó la fórmula 10, 7, 9, 6, 8, (5)? Aparentemente, no era posible relacionarla como tal con ninguna escala, mientras que (gracias a la identificación de 60 y 63) la undécima escala ofrecía un recurso para poner de manifiesto el significado de los símbolos de las notas mediante una fórmula que no empezaba por 10 sino por 5. Hay que concluir que, desde el momento en que el 5 se presenta como símbolo de la nota inicial, la serie formada por los símbolos numéricos de las dimensiones atribuidas a los 5 primeros tubos (1ª escala) ya no podía conciliarse con la secuencia tradicional que indicaba el valor de las notas.

Esto es precisamente lo que debe ocurrir en cuanto las dimensiones de los tubos se expresan en obediencia a una decisión que fija las secciones de la unidad en 9.

A Sseu-ma Ts'ien (no más, sin duda, que a los teóricos que inspiraron el *Yue ling* antes que él) no le molestó la dificultad de obtener 7 dividiendo 60 por 9. Podría muy bien, a partir de la fórmula clásica (81, 54, 72, 48, 64) de los tubos correspondientes a la *primera escala*, haber obtenido, *sin mayor vergüenza*, el 7 de 54, *si hubiera dividido este número por 8*, y habría obtenido, sin mayor inexactitud, *con el mismo divisor*, y aún a partir de la fórmula clásica, la serie 10 (=81/8), 7 (=54/8), 9 (=72/8), 6 (=48/8), 8 (=64/8). Esto es, en efecto, lo que debería haber sucedido si, como dije, fue a partir de la fórmula *aritmética* (*original*) que da las dimensiones (*reales*) de los tubos (81, 54, 72, 48, 64) que se derivó la fórmula (únicamente simbólica y no original) de la escala (*jugando con un divisor que podría haber sido elegido arbitrariamente*). Pero, como podemos ver, Sseu-ma Ts'ien no procedió así. *Por lo tanto, se le impuso el divisor 9.*

Por lo tanto, podemos concluir que la fórmula de las notas no se derivó de la forma de los tubos *mediante una división*. Por el contrario, son las distintas fórmulas de las longitudes de los tubos las que se derivaron de la forma de las notas *mediante la multiplicación* (y al principio sin ningún compromiso), habiéndose impuesto el multiplicador por un sistema de convenciones, siendo 8 el primer multiplicador impuesto.

El artificio que consistía, para encontrar la fórmula emblemática de las notas, en referirse a la undécima escala –que sólo tiene interés teórico, pero poco valor en la práctica– se hizo necesario por la adopción (anterior a este artificio) del índice 9. La serie clásica (81, 54, 72, 48, 64) no es original. Se confirma el orden de los hechos asumido por nuestra hipótesis.

Retomemos, pues, esta hipótesis. A partir de la regla primitiva expresada por la secuencia 10, 7, 9, 6, 8, (5), se construyó la fórmula 80, 56, 72, 48, 64, preferida por sus virtudes simbólicas e imaginadas en tiempos o en círculos que habían adoptado el índice 8 para la división de la unidad.

En otras épocas o en otros círculos, este índice fue sustituido por el índice 9, que los Han volvieron a poner en honor.[121]

Asignando 9 secciones a cada uno de los intervalos entre dos nodos de bambú, sigue siendo posible representar la octava, pero las dimensiones de los tubos se simbolizan entonces con los números 90, 63, 81, 54, 72, (45) cuyo valor total es superior a 360. Para representar correctamente 360, hay que eliminar 45, la mitad de 90. En la lista así reducida aparecen 81, 72, 63, cuyo valor total es 216, que es también el total de 80+72+64; como 80, 72 y 64 de los que difieren poco, 81, 72 y 63 merecen pues proporcionar las dimensiones de los 3 tubos *yang* (1°, 3° y 5° tubos). Quedan, para los tubos *yin*, 90 y 54, cuyo total es 144. Pero 90 es demasiado fuerte para un tubo *yin* (que debe ser 2/3 de un tubo (*yang*), ya que el más fuerte de ellos es 81; 54, en cambio (es 2/3 de 81), puede medir el primer tubo *yin*. Por otro lado, para representar la octava, es necesario poder indicar 6 longitudes de tubos. Por lo tanto, queda dividir 90 en dos partes desiguales. En la fórmula que se va a construir, el 72 está predispuesto a servir de emblema para el 2° tubo *yang*, puesto que ya tiene este papel en la fórmula anterior, donde el 2° tubo *yin* (48) vale precisamente 2/3 del 72. Por lo tanto, tomaremos el 48 como emblema del 2° tubo *yin* en la fórmula que estamos construyendo, y el emblema 42 (= 90-48) quedará para el 3° tubo *yin*, que debería rendir, en el intervalo de una octava, la nota *kong* emitida por el 1° tubo (81).

Ahora bien, 42, por una parte, difiere demasiado significativamente de 81/2 para que un tubo de este tamaño no dé una nueva nota (la sexta) y, por otra parte, 42 vale 2/3 de 63, como 54 vale 2/3 de 81 y 48 vale 2/3 de 72. De ahí la idea de convertirlo en el símbolo de un tubo *independiente, el sexto*.

Al mismo tiempo, considerándose 81, 54 y 72 como los símbolos de los tubos 1°, 2° y 3°, y 72, 48, 63 como los de los tubos 3°, 4° y 5°, era fácil darse cuenta de que la secuencia 9, 6, 8 podía encontrarse en ambas series, *siempre que se escribiera 64 como en la época en que el subíndice 8 era obligatorio*. Sin embargo, si se escribía 63, como exigía ahora el índice 9, el emblema numérico del 5° tubo aparecía como múltiplo de 7, así como 42, que valía 9/6. Por tanto, bastó con multiplicar 7 por 8 para obtener un número (56) que se convertiría en el emblema de un séptimo tubo.

La sustitución del índice 8 por el índice 9 llevó:

1° A destacar la secuencia 9, 6, 8. Esta observación hizo posible la fórmula de la regla aritmética que basa la escala china en una progresión por quintos y, en consecuencia, permitió constituir la teoría de los 12 Tubos.

2° A inventar –porque el sexto tubo ya no da una nota que era una octava más alta que la nota inicial– dos nuevas notas emitidas por tubos de dimensiones tales que aseguran la unión entre los 5 tubos primordiales y otros 5 tubos (75, 51, 68, 45, 60) proporcionando otra escala de 5 notas conectadas directamente a la primera ya que el 12° tubo (60) es (aproximadamente) 2/3 del 1° (81). A la primera de las dos notas inventadas se le dio el nombre de *pien kong*, que sigue siendo testigo del

---

121   Escribo "en otros momentos o en otros lugares" porque, de hecho, como veremos, los divisores 9 y 8 se utilizaron simultáneamente, pero para *unidades diferentes*.

sentimiento de la octava, y la segunda recibió el nombre de *pien tche*, emitida por un tubo cuyo símbolo numérico era el 56, *antiguo símbolo del (2º) tubo*, que emite la nota *tche*, en una época en la que los símbolos numéricos de los tubos primordiales estaban proporcionados por la fórmula (80, 56...) constituida por medio de múltiplos de 8.

Ahora podemos resumir la hipótesis. La fórmula 10, 7, 9, 6, 8, (5) constituye la primera expresión numérica de la escala china. Esta fórmula, cuyos términos aritméticamente inexactos no obstaculizaron la práctica, es el origen de una teoría correcta.

La teoría llegó a ser correcta como resultado de un progreso en dos etapas. Las longitudes de los tubos, que se estimaban de forma concreta *contando los nodos*, se determinaban mediante símbolos numéricos derivados de la primera fórmula. Estos símbolos variaban al igual que el *sistema convencional* de divisiones adoptado para la unidad.

Siendo así distinguidos de los símbolos asignados a las notas, los símbolos numéricos asignados a los tubos comenzaron, sin embargo, como simples productos de los primeros. Al utilizar el índice 8 como multiplicador, los chinos dieron a los tubos las longitudes indicadas por los números 80, 56, 72, 48, 64, (40). Estos números tenían el mérito de recordar, con el total de 360, la imagen de un ciclo vinculándolo al principio de la *octava*. Por lo tanto, las divisiones de los tubos ya no se fijaban por un número determinado que indicaba divisiones concretas, como las juntas de bambú, sino por un número determinado de subdivisiones abstractas. Esto tuvo una doble consecuencia: técnica y práctica. En la fabricación de instrumentos, era prácticamente difícil no considerar iguales las subdivisiones cuyo recuento indicaba la longitud de los tubos sonoros; por ello, como los instrumentos fabricados con los números elegidos para cada tubo no podían dar notas correctas, la práctica musical hizo que los chinos se dieran cuenta de la inexactitud de la fórmula original. Lo corrigieron felizmente cuando adoptaron una división para la unidad, ya no en 8 sino en 9 secciones. Una vez hecha la corrección, pudieron empezar a perfeccionar la práctica inventando dos nuevas notas; y sobre todo, pensaron en desarrollar la teoría construyendo una serie de 12 Tubos que les permitieran, una vez más, representar concretamente su concepción del Universo.

Esta hipótesis explica todos los hechos y parece estar en conformidad con su orden histórico.

También es coherente con las tradiciones chinas. Bajo la dinastía Yin, las unidades se dividían en ocho secciones. Los Tcheou adoptaron la división por 9.[122] También se dice, y esto es notable, que la invención de las dos notas adicionales se debe al rey Wen, fundador de los Tcheou.

* * *

---

122 Pero *de este hecho no se puede extraer ninguna conclusión histórica.* Los Yin medían con un *sin* de 8 pies, pero dividían el pie en 9 pulgadas, mientras que los Tcheou, si medían en esteras de 9 pies de largo, dividían el pie en 8 pulgadas. Los índices numéricos adoptados por las dinastías sirven para dividir unidades de medida que no son iguales, de modo que los números pueden diferir sin que los tamaños difieran (cfr. *infra*, en este mismo capítulo, ap. IV).

Las tradiciones chinas son preciosas; señalan conexiones de hechos que, *la mayoría de las veces*, no son arbitrarias. En este caso, todos los datos sugieren que la invención de las dos notas adicionales resulta de la sustitución del índice 8 por el índice 9. Sin embargo, conocer el orden histórico de los hechos no nos permite relacionar estos hechos con fechas precisas. Las tradiciones chinas registran fielmente las conexiones, pero las transmiten en forma de mitos o leyendas. No es para atribuir al rey Wen (o a sus contemporáneos) un papel en el desarrollo de la teoría musical que recordamos otra tradición; los chinos afirman, como hemos visto, que un descendiente del último Yin recitó al hijo del fundador de los Tcheou el verdadero texto del *Hong fan*. Si mencionamos este detalle, es porque debemos volver al *Hong fan* y a su primera sección. No podemos olvidar un hecho importante: las cinco notas de la escala están relacionadas con los cinco elementos.

Recordemos que la primera sección del *Hong fan* enumera los elementos en un orden determinado. Asigna a cada uno de ellos un número que no es, como he demostrado, un simple número de orden. Los números indicados por el *Hong fan* señalan el orden de las asignaciones que permiten identificar, trazando un **templo**, cada Elemento a un sitio en el Espacio-Tiempo. Estos números son los primeros términos de una pareja congruente cuyo segundo término sirve, en el *Yue ling*, como emblema de las Estaciones-Direcciones. El agua (elemento 1) es el primero que se nombra en el *Hong Fan* y es asignada por éste a la parte inferior, que es el norte (sitio 1). Como atestigua toda la mitología china, corresponde al norte (inferior) y al invierno, al que el *Yue ling* atribuye el número 6 (= 1 + 5) como clasificador; es lo mismo para el Fuego {Elemento 2, sitio Sur-Verano, clasificador 7 (= 2 + 5)} para la Madera {Elemento 3, sitio Este-Primavera, clasificador 8 (= 3 + 5)}, para el Metal {Elemento 4, sitio Oeste-Otoño, clasificador 9 (= 4 + 5)} y para la Tierra (Elemento S, sitio del Centro, clasificador 5), *porque para el Centro (Tierra) el* Yue ling *indica para el clasificador 5, no 10, así como para la primera nota indica el valor 5 y no 10.*

Por otro lado, asigna la nota *yu* (6) al Norte-Invierno (6, Agua, Elemento 1); la nota *tche* (7) al Sur-Verano (7, Fuego, Elemento 2); la nota *kio* (8) al Este-Primavera (8, Madera, Elemento 3); la nota *chang* (9) al Oeste-Otoño (9, Metal, Elemento, 4). Tanto peor para los eruditos –tan aficionados a lo que llaman métodos filológicos, a los que ven como el instrumento privilegiado de la investigación arqueológica, pretendiendo, con su sola ayuda, descubrir (fechando textos) no sólo el orden de los hechos, sino también la fecha de los mismos–, tanto peor para ellos si (después de haber sostenido que los chinos recibieron su escala en su forma perfecta y matemática de los griegos,[123] o que cualquier interpretación del *Hong fan* que insista en la importancia de los números en las primeras formas de la teoría de los Elementos es anacrónica,[124] o que los Elementos fueron concebidos por primera vez

---

123 *SMT*, III , p. 644.
124 Maspero, *La Chine antique*, p. 440, nota 2. Maspero escribe: "Para la explicación por correspondencia con los puntos cardinales, cf. Granet, *Religion des Chinois*, pero la introducción en la discusión de los pasajes numéricos del *Hi ts'eu* me parece un anacronismo". No he

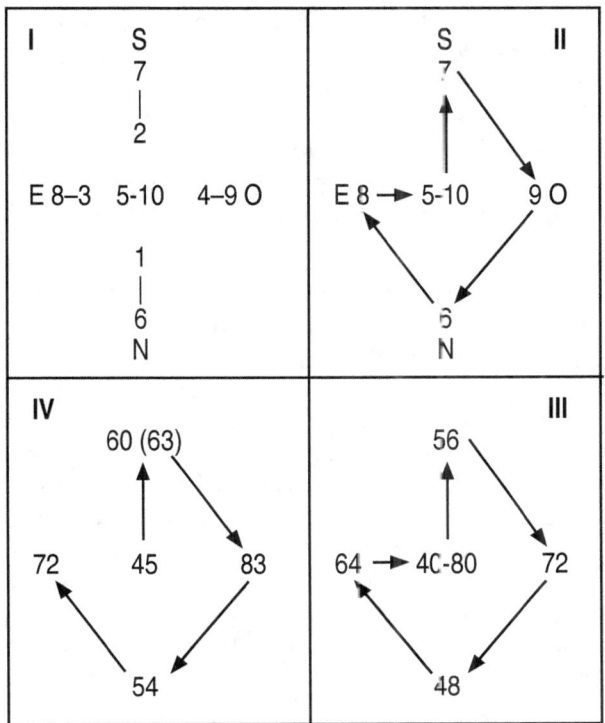

I: Disposición transversal de los elementos (*Ho t'ou*).
II: Disposición orientada de los símblos de la notas.
III: Dimensiones de los tubos (orientados como las notas correspondientes) de la Iª escala (dimensiones derivadas *mediante una multiplicación por 8* de los símbolos numéricos de las notas).
IV: Dimensiones de los tubos (orientados de la misma manera) de la IIª escala conectada por Sseu-ma Ts'ien, *mediante una división por 9*, con los símbolos numéricos de las notas.

como triunfantes y no como productores de los demás,[125]) se les ofrece el siguiente problema:

Dado que:

a. El orden de los Elementos, cuando se suceden, no es absolutamente arbitrario {hay cierta coherencia en las metáforas de los chinos que dicen: el Agua produce la Madera (dándole su savia); la Madera produce el Fuego (que alimenta); el Fuego produce el Metal (que libera del mineral); el Metal produce el Agua (ya que puede licuarse)};

b. El orden de los Elementos no es en absoluto arbitrario una vez asimilados a las estaciones (éstas se suceden en un orden fijo);

c. El orden de las notas está totalmente controlado {está controlado por la longitud de los tubos que emiten estas notas. Si admitimos que estos tubos

instituido una discusión (en este pasaje de la Religión de los chinos), ni he utilizado en esta ocasión los datos del *Hi ts'eu*. En este caso no es necesario.
125 *SMT, Introducción*, p. CXCI y siguientes.

tienen como símbolos numéricos 10, 7, 9, 6, 8, (5), se deduce imperativamente que la nota *tche*, emitida por el 2° tubo, debe ocupar el segundo lugar,
después de la nota *kong*, emitida por el 1° tubo, ya que (hablando como los
chinos) el 2° tubo es producido por el 1°, y podríamos decir igualmente,
mientras no haya diferencia entre los símbolos numéricos de los tubos y las
notas, que la 1ª nota produce la segunda; lo mismo puede decirse de las notas
3ª, 4ª y 5ª, y hay que recordar que después de la 5ª volvemos a la 1ª nota (10),
que es también la 6ª (5)}.

¿Cómo explicar la asimilación entre ellos de los Elementos, las Notas, las Estaciones, y su asimilación común a los símbolos numéricos indicados por las parejas
congruentes 1-6, 2-7, 3-8, 4-9, 5-10?

¿Cómo se puede explicar esto si se ha postulado de antemano: que la *numeración*
de los Elementos en el *Hong fan* no tiene interés? Que las equivalencias chinas son
meros juegos arbitrarios? Y que los símbolos numéricos de las notas son también
arbitrarios (esta última suposición es requerida por la hipótesis de que los chinos recibieron primero su escala en la forma aritméticamente perfecta de la escala griega).

Como una de las 5 notas (si se quiere orientarlas) debe ir al Centro ya que hay 5
Elementos y 5 Sitios del Espacio-Tiempo, la primera nota, 10 (5), podría colocarse
allí sin dificultad, y es claro que se podría elegir para la segunda un lugar arbitrario
en la intersección. *Pero una vez asignada esta 2ª nota al Sur y al Verano, que produce el Otoño, la 3ª nota, emitida por un tubo considerado como producido por el 2°
tubo, sólo podría asignarse al Otoño y al Oeste.* Por las mismas razones, las notas
4ª y 5ª no podían dejar de asignarse, por orden, una al Norte-Invierno, la otra al
Este-Primavera.

La asimilación de las Notas, las Estaciones-Direcciones y los Elementos sólo
puede explicarse admitiendo la primacía de la secuencia de notas 10, 7, 9, 6, 8, (5).
Es de esta fórmula que las Estaciones recibieron los símbolos numéricos destinados a servir de clasificadores de los sitios del Espacio-Tiempo, y es aún de esta fórmula que se deriva –junto con la teoría de la producción de Elementos entre sí– el
orden de los Elementos que manda la disposición del **templo**, su disposición en la
intersección y la numeración que el *Hong fan* les atribuye.[126]

Si no podemos encontrar otra respuesta satisfactoria al problema planteado,
tendremos que convenir en que la secuencia 10 7, 9, 6, 8, (5) –que está en el origen
de la teoría musical china– está también en el origen de su "teoría" de los Elementos, tal como lo supone el *Hong fan*, y, en consecuencia, que es anterior al *Hong fan*.
Siempre quedará, es cierto, la libertad de suponer que el *Hong fan* es una obra de
un período tardío o que el texto de su primera Sección está interpolado o falseado.

Pero, ¿qué se hará con el *Yue ling*, rico en tantos datos arcaicos, perfectamente
coherentes? Además, no importa. No nos importa fechar cualquier progreso en la
teoría musical al rey Wen, inventor de las dos notas adicionales, o del rey Wou, su
hijo, auditor del *Hong fan*. Ni siquiera queremos afirmar que la secuencia 10, 7, 9,
6, 8, (5) fuera autorizada antes de los siglos V-IV a.C., la época más probablemente

---

126 Cf. *infra*, en este mismo Libro, cap. IV.

asignada a la redacción del *Hong fan*. No nos interesan las fechas llevadas a una cronología carente de hechos concretos. El hecho que la fórmula 81, 54, 72, 48, 64, no es primitiva, sino que deriva de la secuencia 10, 7, 9, 6, 8, (5) –cuya autoridad está atestiguada por un pasaje en el *Hong fan*–, quizás hace difícil suponer que los chinos recibieron la teoría griega de la escala omnipresente por un efecto indirecto de las expediciones de Alejandro. Pero nada excluye la posibilidad de relaciones más antiguas entre China y los países occidentales, donde también se especulaba con los Números y los Elementos. Este debate tiene poca importancia. Lo importante para la historia de las ideas es el orden histórico de los hechos, y las conexiones que por sí solas pueden ayudarnos a entenderlos.

La conexión establecida entre el orden de los Elementos y la secuencia de las Notas, que se reducen a la misma fórmula numérica, es de interés primordial para nosotros. Aporta una probabilidad adicional a nuestra hipótesis. Puesto que los símbolos numéricos de los Elementos atestiguan el orden en que ocurren (*cheng*) uno tras otro, tenemos una nueva razón para pensar que los números conservados como símbolos a las notas, indicaban primero las dimensiones de los tubos en el orden en que ocurrían (*cheng*). Estos números se convirtieron en símbolos de las notas solo como resultado de un desarrollo de la teoría y la técnica musical que la hipótesis es suficiente para explicar.

Sin embargo, aquí está el principal interés de la comparación. Muestra que la teoría de los Elementos, o al menos la expresión numérica que recibió, fue ordenada por la teoría original de la escala. Esta observación puede ser valiosa. La teoría de los Elementos, como resultado de la asimilación de éstos a las Estaciones-Direcciones, era una con el Conocimiento supremo que consiste en ordenar los Tiempos y los Espacios. Lo mismo debió ocurrir con la teoría de la balanza, y en este punto la mención del *Hong fan* está, en sí misma, llena de significado. La primera Sección de este tratado, que trata de los Elementos, se refiere ciertamente a una división del Mundo en 4 Sectores (cuadrado de lado 2, subdividido en 4 cuadrados) obtenida por el dibujo de una cruz, mientras que las 9 Secciones del *Hong fan* (el gran Plan) están relacionadas por la tradición con una división del Mundo en 9 Provincias (cuadrado de lado 3, subdividido en 9 cuadrados) y con una disposición de los Números en un cuadrado mágico; esta división y esta ordenación comandaban, según se nos dice, el plan del *Ming t'ang*, la Casa del Calendario, donde el Jefe aseguraba una justa distribución de los lugares del Espacio-Tiempo y distribuía, en momentos determinados, entre sus seguidores, los dominios de todos los distritos del Imperio. Tal vez encontremos nuevas conexiones que nos permitan comprender mejor la actitud de los chinos hacia los Números, si pensamos en confrontar sus ideas sobre las relaciones musicales y las proporciones arquitectónicas.

IV. Números y proporciones arquitectónicas

La relación entre el 1º y el 5º tubo, en la fórmula (80, 56, 72, 48, 64) compuesta por múltiplos de 8, es igual a **10/8**. Se convierte en **9/7** en la fórmula (81, 54, 72, 48, 63), que resulta de la adopción del índice 9 como multiplicador. Al igual que las reglas musicales, los cánones arquitectónicos están dominados por la oposición o equivalencia de los cocientes 9/7 (=81/63) y 10/8 (=80/64), y es la geometría de los constructores la que revela las virtudes que los chinos atribuían a los pares correlativos 80-64 y 81-63.

* * *

Dos elementos son fundamentales en las construcciones chinas. El edificio en sí es menos importante que la base que lo sostiene y el techo que lo cubre. El Cielo "cubre" y el techo representa el Cielo; la Tierra, que "sostiene", está representada por la base. Un edificio aparece como una imagen del Universo, en cuanto las proporciones dadas al perfil del tejado y al plano de la terraza evocan, el primero lo redondo (impar, **3**, *yang*), los otros lo cuadrado (*fang*, lo rectangular, par, **2**, *yin*). Estos principios rigen, en particular, la construcción del *Ming t'ang*. Según la tradición, la Casa del Calendario consistía antiguamente en un recinto cuadrado (rectangular) cubierto (unido a él por algunas columnas) por un tejado circular de paja.

Sólo tenemos información tardía sobre el perfil del techo. La base del tejado del *Ming t'ang* debía medirse con el número 144, y su contorno con el número 216, siendo la altura representada por el 81. Como se ha indicado, estas dimensiones suponen que el perfil del tejado de paja es un triángulo isósceles cuya base (2 x 72) representa la Tierra (144) y los otros dos lados (2 x 108 = 216) la curvatura del Cielo (3 x 72). Esta construcción se basa en un cuadrado cuyo lado largo es 9 x 9, cuyo lado corto es 8 x 9 y cuya hipotenusa es 12 x 9. Este cuadrado (8, 9, 12) se estima correcto, *gracias al juego de una unidad*, en virtud de la fórmula $9^2 + 8^2 = 12^2 (+ 1)$ o *81 + 64 = 144 (+ 1)*.

Tengamos en cuenta que:

1° La información[127] data de la dinastía Souei (589-618), es decir, de una época en la que los conocimientos matemáticos (autóctonos o importados) habían alcanzado un alto nivel en China. {Pero el juego de una unidad no pretendía entorpecer a los carpinteros en el ensamblaje de vigas y columnas, ni tampoco la obligación de dar a π el valor 3. Lo esencial era utilizar números que pudieran evocar la proporción (3/2 o 9/6) del Cielo y la Tierra;}

Proporciones arquitectónicas

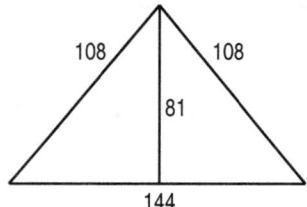 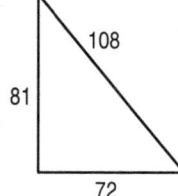 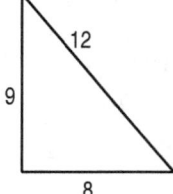

127   *Ta Tai Li ki*, 66, glosas (HTKKSP, 828, p. 11a y HTKK, 705, p. 9b); *Wou li t'ong k'ao*, XXVI, pp. 20 y ss.

2° La obtención de los números, terrestres y celestes,

$$144 \{= (8 \times 2)\ 9\} \text{ y } 216 \{= (12 \times 2)\ 9\}$$

del cuadrado 8, 9, 12, supone el uso, como multiplicador, del índice 9. (Del uso de este índice resulta, para la escala, la fijación en 9/7 de la relación entre los tubos 1° y 5°);

3° El cuadrado 8, 9, 12, proporciona la secuencia (9, 6, 8) que rige la construcción de los 12 tubos de sonido. {El 2° tubo (6 x 9) vale la mitad de la hipotenusa (12 x 9); se sabe que Kouan tseu, que no lo redujo a la mitad, le atribuyó el valor 108}.

4° La altura (81) tiene la dimensión dada al gnomon, cuando el índice adoptado para el seccionamiento de la unidad es 9.

El *Ta Tai Li ki*[128] proporciona una indicación sobre el plano del *Ming t'ang* que encaja muy bien con esta información tardía sobre el perfil del tejado. El área ritual habría comprendido 9 (longitudes de) esteras de este a oeste y 7 (longitudes de) esteras de sur a norte. 9 (el multiplicador convencional) mide la longitud de las esteras. El área (cuadrada, *fang*) del *Ming t'ang* forma, pues, un rectángulo (*fang*) de lados 81 y 63. El semiperímetro es 144, que es un tamaño adecuado ya que 216 mide la circunferencia y el perímetro del techo. Se trata del *Ming t'ang* de los Tcheou; el multiplicador adoptado es 9, y la relación entre la anchura (E-O) y la profundidad (S-N) de la zona es **9/7** (expresada como 81/63).

Las afirmaciones del *Ta Tai Li ki* son confirmadas por un pasaje del *K'ao kong Ki*, una preciosa colección de información técnica que hoy forma el sexto libro del *Tcheou li*.[129] Da las dimensiones del *Ming t'ang*, medido en esteras de 9 pies (de largo), que tienen 9 x 9 de ancho y 9 x 7 de profundidad. El pasaje es especialmente interesante porque también pretende dar información sobre la Casa del Calendario en la época de los Hia y los Yin. La proporción, en ambos casos, ya no es **9/7** sino 5/4 (= **10/8**).

En el caso de los Hia, la primera dinastía real, el *K'ao kong ki* indica expresamente que la proporción es de 5/4. El área ritual medía 2 x 7 (*p'ou*) de profundidad y un cuarto más de longitud; el multiplicador (que está implícito) es el *p'ou* o escalón de 6 pies; el área era, por tanto, 7 escalones dobles de 6 pies de profundidad, o 7 x 12 o 84 pies (= 4 x 21) y 105 pies de ancho (= 5 x 21). Para la segunda dinastía Yin, sólo se da la profundidad, que es de 7 *sin*, lo que, dado que el *sin* mide 8 pies, da el número 56. 56 mide la profundidad de una especie de vestíbulo contiguo al área ritual de los Hia; las dimensiones de este vestíbulo son 2/3 de las dimensiones del área, es decir, 56 de profundidad y 70 de anchura. Por tanto, se supone[130] que el área de los Yin medía 70 x 56 (es decir, 5 x 4). *Tcheng Hiuan*, sin embargo, el más ilustre de los intérpretes, por la razón de que los Yin son intermedios entre los Hia

---

128 *Ta Tai Li ki*, 66.

129 *Tcheou li*, Biot, *op. cit.* t. II, pp. 556-561.

130 *Ibid.*, vol. II, p. 560, nota 1. Biot escribe ingenuamente: "siendo su longitud 7 *sin*, su anchura era aproximadamente un cuarto más, lo que hace 9 sin (más exactamente la longitud era de 56 pies, la anchura de 70 pies)".

y los Tcheou, afirma que la anchura era de 9 *sin*, es decir 72 pies; lo que implica la proporción 9/7 y no 5/4 y da al medio perímetro

$$(72 + 56 \text{ y no } 70 + 56)$$

un valor igual a dos veces 64 y no a dos veces 63. Esta vacilación entre 70 y 72 es un dato precioso: muestra que el sentimiento de oposición o de equivalencia entre los cocientes 5/4 (o 10/8) y 9/7 iba acompañado de un sentimiento similar con respecto a los números 63, 64.

La opinión de *Tcheng Hiuan* sobre la amplitud del área de los Yin se basa en el deseo de encontrar algún tipo de vínculo o medida común entre las áreas rituales de las tres dinastías. Siguiendo a *Tcheng Hiuan*, parece que el rectángulo sagrado de los Yin (8 x 7 por 8 x 9) contenía 8 x 8 pequeños rectángulos de 9 por 7 pies, mientras que el *Ming t'ang* de los Tcheou (9 x 7 por 9 x 9) contenía 9 x 9 esteras de 9 por 7 pies. De este modo, las superficies de las dos áreas pueden indicarse mediante los cuadrados 64 y 81. Para poder comparar el área sagrada de los Hia con ellos, debe ser posible medirla con esteras; de hecho, el *K'ao kong ki* afirma que era en esteras como se debían medir las áreas de este tipo.[131] Para que esto sea posible, basta con modificar ligeramente –como se hizo en el caso de los Yin– la dimensión de la anchura del área y estimarla no en 105 sino en 108. Por lo tanto, el rectángulo (12 x 7 por 12 x 9) contendrá 12 x 12, es decir, 144 esteras, de 9 por 7 pies. Observemos el procedimiento de medición; equivale, por así decirlo, a tratar como cuadrados los rectángulos cuyos dos lados parecen tener la misma mismo símbolo numérico (12, 9 u 8).[132] *Mientras que la unidad de superficie* (**9** x 7) *es un rectángulo que es* (63), *hasta la unidad, un cuadrado,* (64) *las tres áreas rectangulares se miden por cuadrados* (12^2, 9^2, 8^2). *Estos cuadrados son especialmente notables por el hecho de que la relación que indican entre las tres áreas rituales deriva de la fórmula del cuadrado (considerada válida para la estructura) 8, 9, 12.* Pero, aunque parezca que se empeñó en encontrarla en las superficies, Tcheng Hiuan podría haber subrayado la misma relación, sin modificar la anchura del área de los Yin. Basta con considerar las profundidades que son iguales a 12 x 7 para los Hia, 8 x 7 para los yin Yin y 9 x 7 para los Tcheou. Muestran, en sí mismas, que el 12 (o el 6), el 8 y el 9 valen como símbolos de las tres dinastías reales. Sus relaciones son las de tres tubos musicales consecutivos –de acuerdo con la fórmula 9, 6, 8, que lleva, como sabemos, a fijar la relación del 1º y 2º tubo en 9/7–, mientras que 9 x 7 da la medida de la unidad de las superficies rituales.

* * *

Si *la unidad de superficie* valiera (no 9 x 7) sino (5 x 4 o) 10 x 8 (10/8 es la relación original del 1º tubo con el 2º), sería necesario, para comparar las tres superficies rituales, modificar muy ligeramente las dimensiones de la superficie de los Tcheou. Esto se haría con menos daño que en el caso del área de los Yin; se haría sin modificar el valor del semiperímetro, que es particularmente sagrado en este caso: 80/64=5/4 o 10/8 y 80 + 64, ya que 81 + 63 hacen 144. Así modificada, la

---

131 *Ibid.*, vol. II, p. 561.
132 Este emblema es, en este caso, el emblema o clasificador dinástico.

superficie de los Tcheou (8 x **8** por 8 x **10**) contiene 8 x 8 unidades de superficie (8 x 10), y la de los Yin (7 x **8** por 7 x **10**) contiene 7 x 7; la unidad de superficie (8 x 10) está indicada por un número (80) igual, dentro de una unidad, a un cuadrado (9^2) y las superficies de las dos áreas (**64** y **49**) se reducen a cuadrados (8^2 y 7^2). Se puede ver que, para los chinos, la importancia de los pares 81-63 y 80-64 radica en que, siendo 81 el cuadrado de 9 y 64 el cuadrado de 8, 63 es un múltiplo de 9, mientras que 80 es un múltiplo de 8.

El prestigio de la división del cuadrado en 9 cuadrados más pequeños es bien conocida; tales fueron las divisiones que los agrimensores dieron al dominio más pequeño, el *tsing*; pero agruparon los *tsing* por 4, 16, 64... para formar las divisiones administrativas.[133] El 9, el 8 o el 4 eran los números preferidos en la técnica topográfica. Si, por un lado, el plano de las áreas rituales no es ajeno a esta técnica, por otro, los números que miden estas áreas muestran los vínculos que existían entre el arte de los arquitectos y el de los adivinos. Los cuadriláteros de lado 8, con sus **64** divisiones, recuerdan los 8 Trigramas, o los 8 Vientos, y los **64** Hexagramas. Y pronto veremos que el cuadrilátero de lado 7, con sus **49** divisiones, al tiempo que recuerda las varillas 50-1 que manejaban los adivinos, tiene el mérito primordial de evocar la única varilla que conservaban en sus manos, una "vara elevada" que, como un gnomon, señalaba las "mutaciones del Yin y el Yang". *Pero primero debemos observar que, si la relación de los semiperímetros de las áreas de los Hia* (105 + 84) *y los Yin* (70 + 56) *es igual a* (189/126 =) **3/2** *o* **9/6**, *la relación de los semiperímetros de las áreas de los Yin* (126) *y los Tcheou* (144) *es igual a* **8/7** {mientras que, por el contrario, la relación de sus áreas –cuando se mide con una unidad igual a 10 x 8–, es decir, evocando la relación 5/4, se hace aproximadamente igual (64/49) a **9/7** (=63/49)}. Conocemos el prestigio de la proporción **9/6** en la música, la adivinación y la cosmografía. También sabemos que la proporción **8/7** (relación del Pequeño Yin con el Pequeño Yang) tenía, (bajo los Yin y) en el país de los Song, un prestigio equivalente; en lugar de nombrar las líneas yang y yin de los símbolos adivinatorios *Nueve* y *Seis*,[134] se llamaban Siete y Ocho. La proporción 8/7, que ha proporcionado una de sus expresiones para las relaciones de los impares y los pares, ¿tiene, como la proporción **9/6**, una base musical o cosmológica?

La relación entre el medio perímetro del área de los Hia (189) y el medio perímetro de su vestíbulo o el área de los Yin (126) es igual a 3/2 o 9/6. Curiosamente, la escala (conocida como el *Nueve Superior*) que permitió a Sseu-ma Ts'ien justificar los símbolos numéricos de las notas, es emitida por cinco tubos de los cuales los tres primeros {45, 63 (= 60), 81} tienen un valor total igual a 189 y los dos primeros (54, 72) un valor total igual a 126. Es posible que, para mostrar una relación entre las áreas de los Yin y los Hia (cuyas proporciones están reguladas por la relación 10/8), se haya pensado en elegir dimensiones tomadas de tubos de una determinada gama. También es posible que se haya utilizado el mismo procedimiento

---

133 *Tcheou li*, Biot, *op. cit.* t. I, p. 227. Señalemos aquí que una tradición dice que el *tsing* (cuadrado de 9 campos) medía 630 arpendes (antigua medida agraria francesa que tenía entre 20 y 50 áreas) (*meou*) bajo el Yin o en el país de los Song (Cf. Maspero, *La Chine antique*, p. 110).

134 Y los tubos musicales *yang* o *yin*.

para mostrar las proporciones de las áreas de los Yin y los Tcheou (suponiendo las mismas proporciones).

Los 6 primeros tubos sonoros valen 360; 360 = 24 x 15; 15 vale tanto **8 + 7** como **9 + 6**; 24 vale 9 + 8 + 7, y también vale 10 + 8 + 6. Multiplicando 15, es decir, **9** y **6**, por 9, 8 y 7, obtenemos las longitudes de los seis primeros tubos {81 (=9x9), 72 (=9x8), 63 (=9x7); 54 (=6x9), 48 (=6x8), 42 (=6x7)} que se pueden ordenar en dos grupos *yang* (9) y *yin* (6), siendo las relaciones de dos números consecutivos iguales a (81/54 = 72/48 = 63/42) **9/6**, la proporción global 216/144, y el tubo 1º vale **9/7** (= 81/63) del 5º. Pero multiplicando 15, es decir **8** y **7**, por 10, 8 y 6, se obtienen 6 dimensiones {80 (= 8x10), 64 (=8x8), 48 (=8x6); 70 (=7x10), 56 (=7x8), 42 (=7x6)} tales que, disponiendo los números en dos grupos, el cociente global es igual a **8/7** (= 192/168) como lo son, en detalle, los cocientes de los números tomados por parejas

Entre los números así obtenidos, encontramos 70 y 56, dimensiones del área de los Yin, 80 y 64 dimensiones del área de los Tcheou {reducidas a la proporción 10 x 8 sin ningún cambio en el valor del semiperímetro (144)}, y por otra parte, estos 6 números {80, 56, 70, 48, 64, (42)} difieren muy poco de los indicados por la primera fórmula de la escala {80, 56, 72, 48, 64, (40)}. Sólo se diferencian el 70 y el 40, pero el 42 no debe considerarse muy diferente del 40, ya que se convirtió en el símbolo del 6º tubo, que debía reproducir, con la diferencia de una octava, la nota emitida por el 1º tubo (81 u 80), y, además, acabamos de ver que Tcheng Hiuan no dudó en asimilar el 72 al 70, para establecer una relación entre las áreas de los Yin y los Tcheou. Ahora, con la fórmula 80, 56, 70, 48, 64,(42), no sólo el primer número (80) vale 5/4 del quinto (64), sino que también vale 5/3 del cuarto (48) y, del mismo modo, el tercero (70) vale 5/4 del segundo (56) y 5/3 del sexto (42).

Es muy posible que *antes de derivar de un falso cuadrado* (8, 9, 12) la secuencia (9, 6, 8) que sirvió (al ilustrar la relación **9/6** y la proporción **9x7**) para perfeccionar su teoría musical, los chinos pensaron en justificar (aproximadamente) la longitud de sus tubos relacionándolos con otro cuadrado que permitía ilustrar la relación **8/7** y la proporción **10 x 8**; este cuadrado (3, 4, 5 o 6, 8, 10) es un cuadrado *justo*, y es el que da la regla del gnomon.

El prestigio de **9/6** y **8/7** como fórmulas de las relaciones de los Pares y los Impares está, quizás, ligado al hecho de que 9 y 6, 8 y 7 permiten seccionar el gran Total 360 en 6 números estimados capaces de expresar proporciones musicales Las series numéricas obtenidas por este seccionamiento son casi idénticas y, Sin embargo, se relacionan con *dos cuadrados diferentes*, uno de los cuales (8, 9, 12) conduce a la adopción de 9 x 7 como unidad de área, mientras que con el otro (3, 4, 5) esta unidad es 10 x 8.

El *K'ao Kong hi* afirma que la superficie de las zonas rituales se mide mediante esteras (9 x 7), pero esto no impide que indique las dimensiones de las áreas de los Yin y los Hia en *sin* o *p'ou*. Además, el *K'ao Kong hi* y el propio *Tcheou li* indican, por otra parte, que el estándar de las dimensiones arquitectónicas (*tou*) es el *pi sien*.[135]

---

135 *Tcheou li*, Biot, *op. cit.*, t. I, p. 490; t. II, p. 524.

El *pi sien* es una tableta de jade de forma ovalada con un diámetro medio de **9**. Ella está inscrita en rectángulo de **10** de largo y **8** de ancho. El perímetro del rectángulo es, por tanto, 36, y el contorno del óvalo 27. Estos números son significativos; muestran que el patrón de jade y, tras él, todos los cuadriláteros de proporción 10 x 8 o 5 x 4 tenían el mérito de recordar las proporciones del cuadrado y del redondel {36/27 = (4x9)/(3x9) = 4/3}. Las áreas de 9 x 7 medidas en esteras tienen un semiperímetro igual a 144 (= 81 + 63 = 2 x 72 = 16 x 9), siempre que el *multiplicador convencional* sea **9**. A la inversa, las áreas de 10 x 8, derivadas del *pi sien*, tienen un semiperímetro igual a 144 (= 80 + 64 = 18 x 8), siempre que el multiplicador sea 8, y en este caso el óvalo inscrito es (27 x 8 =) 216. La proporción 10 x 8 y el cuadrado 3, 4, 5 *están vinculados al uso del índice* **8**, al igual que la proporción 9 x 7 y el cuadrado, 8, 9, 12 *están vinculados al uso del índice* **9**.

La relación 216/144 se evoca, como sabemos, por la disposición de los 9 primeros números en un cuadrado mágico. Estos números, que valen 45, un múltiplo de 5, se pueden agrupar de forma que se obtenga el cociente 3/2 de la forma 27/18 que indica la relación entre el óvalo del *pi sien* y el semiperímetro del rectángulo inscrito. En cambio, al ser 45 un múltiplo de 9, los *nueve* primeros números pueden agruparse de forma que se obtenga la proporción 5/4 o 25/20; 25 es la suma de los cinco primeros números impares, 20 la de los cuatro primeros números pares. Sin embargo, el hecho de que el rectángulo en el que está inscrito el *pi sien* valga 36 {= (2x10) + (2x8)}, es decir, 20 + 16, permite concluir que esta figura ilustra otra agrupación de números. 16 es la suma de los *cuatro* primeros números impares {(1 + 7) + (3 + 5)} y 20 es la suma de los *cuatro* primeros números pares {(2 + 8) + (4 + 6)}. El estandarte de jade lograba una síntesis perfecta de lo Impar y lo Par: una síntesis hierogámica con intercambio de atributos ya que, en la proporción 5 x 4, lo Impar, 5, evoca la suma (20) de los números pares, y lo Par, 4, la suma (16) de los impares.

Esta síntesis perfecta también se manifiesta de otra manera; 27 (contorno del óvalo) más 36 (perímetro del rectángulo) hacen 63.

Múltiplo de 9 y de 7, 63 es una síntesis de 5 y de 4, así como de 4 y de 3. Puede evocar primero por sí mismo la relación (3/4 = 27/36) de los contornos celestes y terrestres, y la evoca aún mejor (27x8)/(36 x 8)=216/(2x144), cuando adoptamos el multiplicador 8. Sobre todo, al evocar el cociente 5/4 (=35/28), puede así recordar la proporción 5x4 (*y el cuadrado 3, 4, 5*). Una virtud inversa pertenece a 64; este múltiplo de 8 contiene 4 veces 16 y 16 = 9 + 7. 64 puede, así recordar la proporción 9 x 7 (vinculada al multiplicador 9 *y al cuadrado 8, 9, 12*). Lo indica de forma notable, porque 64 = 36 + 28. 36 (como 360) es el símbolo de la totalidad de un contorno.[136] 28 es el número de mansiones lunares. Ahora bien, el dosel circular que cubre el carro del Jefe y representa el Cielo mide 36 por su contorno y 28 arcos lo unen a la columna central, que lo une al cuerpo cuadrado del carro (Tierra).[137]

* * *

---

136 Contorno terrestre (cuadrado de lado 9), contorno celeste (circunferencia de diámetro 12 o hexágono de lado 6), o incluso contorno trapezoidal terrestre y celeste formado por un medio hexágono de lado 72 (o 3 x 72, es decir 216) y una base de valor 144 (= 2 x 72).

137 *Tcheou li*, Biot *op. cit.* t. II, p. 477.

Ahora se pueden adivinar las virtudes y los juegos de los multiplicadores 8 y 9. Pero, si las 28 mansiones lunares indican el interés del número 7, queda por comprender el significado de este número y la importancia atribuida a la proporción **8/7**, *queda sobre todo por explicar la conexión de esta proporción con el cuadrado 3, 4, 5, es decir, con el gnomon*, al que nos recuerda con razón la columna central del carro.

Los méritos del cuadrado 3, 4, 5 son alabados en un famoso panfleto cuyo título: *Tcheou pei*[138] significa: gnomon. El *Tcheou pei* (en el que encontramos la comparación del cielo y el dosel del carro) resume las enseñanzas matemáticas de una escuela de cosmógrafos llamada "Escuela del Dosel Celeste". Su tema es la idea de que las dimensiones celestes pueden conocerse a través del gnomon y del cuadrado 3, 4, 5. El gnomon se describe como una señal de bambú que, perforada en el octavo pie con un agujero de 1/10 de pie, tiene 8 pies de largo o (80+1)/10 pies. El autor, sin embargo, comienza relacionando el cuadrado 3, 4, 5 con la fórmula 9 x 9 = 81, que es considerada la primera de las reglas.

Para enseñar el cuadrado 3, 4, 5, el *Tcheou pei* comienza construyendo un rectángulo de lados 3 y 4, y luego dibuja la diagonal. El texto no contiene nada más; no se encuentra en él, como señaló Biot, ningún intento de demostrar el teorema del cuadrado de la hipotenusa. En las ediciones del *Tcheou Pei* que se han conservado, la regla del cuadrado, o más bien de la diagonal, se ilustra mediante tres figuras. Se trata de tres cuadrados de lado 7 divididos en 49 cuadraditos y que encierran, uno,

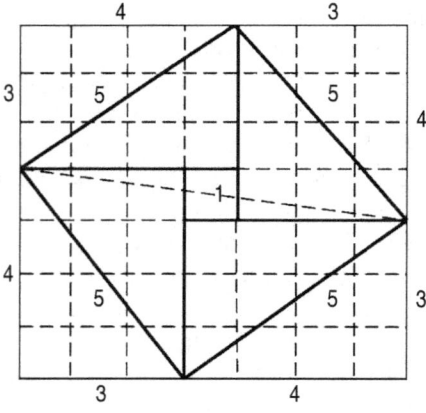

un cuadrado de lado 5 que contiene 25 cuadraditos, el otro, un cuadrado de lado 4 (16 cuadraditos) y el último un cuadrado de lado 3 (9 cuadraditos). Nadie puede afirmar que estas figuras existieran, en esa forma, en las ediciones originales. Tal y como se dibujan a veces, no parecen tener otro propósito que ilustrar para los ojos la fórmula $3^2 + 4^2 = 5^2$.

Sin embargo, están pensadas, aunque esto se ha discutido,[139] para proponer una demostración geométrica de esta fórmula. *La inserción de un cuadrado* (de lado

---

138   La traducción del *Tcheou pei*, publicada en el "Journal asiatique" en 1841, se debe a Ed. Biot, cuyo padre, el astrónomo J.-B. Biot, añadió un famoso comentario a la traducción. El escenario del *Tcheou pei* se asemeja al del rey *Houang-ti nei* y al del *Hong fan*. Presenta al hermano del rey Wen, fundador de los Tcheou, que interroga a un erudito sobre los orígenes de la ciencia de los números y la medición de las dimensiones celestes. El folleto abunda en fórmulas técnicas muy oscuras que se alternan con fórmulas esotéricas; estas últimas equivalen a afirmar que el Cielo es el círculo, la Tierra el cuadrado, y que el Círculo procede del Cuadrado.

139   A. Rey (*La science orientale*, p. 394) se basó en la descripción de Biot de las figuras del *Tcheou pei* para rebatir una interpretación sugerida por Zeuthen y retomada por Milhaud. De hecho, estas figuras, tal y como están dibujadas en las mejores ediciones del *Tcheou pei* (las del *Sseu pou ts'ong kan*, por ejemplo), justifican la sugerencia de Zeuthen.

5) *de valor 25 dentro de un cuadrado* (de lado 7) *de valor* **49** está directamente relacionada con un dato que se encuentra en el texto del *Tcheou pei: considera la hipotenusa 5 como la diagonal de un rectángulo de 3 x 4. En un cuadrado de lado 7, caben cuatro de estos rectángulos, y sus cuatro diagonales forman un cuadrado inscrito cuya superficie es la mitad de la de los cuatro rectángulos* {es decir, 4 (34)/2, es decir, 24} *más 1 cuadradito* que queda en el centro por la disposición de los cuatro rectángulos. Esta es la verificación geométrica de la fórmula: $3^2 + 4^2 = 5^2$.

He aquí la prueba de la antigüedad de esta demostración, que las figuras de las ediciones actuales dejan entrever, aun cuando la rodean de cierto misterio. Insertar los tres cuadrados 9, 16, 25 *en un cuadrado de lado 7, es sugerir la equivalencia de* **45** *y de* (9 + 16) + 25, o, en otras palabras, *la equivalencia de 25 + 25 y de* **49**; esto equivale a afirmar que *el triángulo rectángulo isósceles de lado 5 tiene una hipotenusa*[140] *que es aproximadamente 7.* Ahora bien, tanto o más que el cuadrado derecho 3, 4, 5, este cuadrado aproximado 5, 5, 7 interesaba a los chinos.

Esto les interesaba desde la antigüedad. Ya he dicho que el adivino o el jefe –y veremos que el Jefe, el Hombre Único, es idéntico al gnomon– tomaba una varilla del lote de cincuenta varillas de adivinación, que mantenía en la mano mientras operaba. Esta eliminación permitía dividir el lote (49) en dos partes, una de las cuales era necesariamente par y la otra impar. La vara que llevaba en la mano presidía la adivinación con él; este bastón de mando representaba el cuadrado central, el Centro, la Unidad –*la Unidad que no cuenta, pero que vale y hace el todo–, el distribuidor, el pivote del Yin y el Yang.*[141]

La idea de *que lo que llamamos unidad no se añade, sino que simplemente muta del Yin al Yang o del Yang al Yin, y por lo tanto se funde con el Todo o el Total en el que mutan el Yin y el Yang,* está conectada con las teorías políticas de los chinos sobre el poder universal –aunque sólo ordenador– del *Hombre Único, que, desde el Centro del Mundo, ordena todas las cosas sin interferir en ninguna cosa, sin añadir nada particular al Total que hace que sea lo que es.* Esta idea también está relacionada con la tendencia que tantas veces hemos observado *de ajustar el conjunto y determinar las proporciones reservando siempre el juego de una unidad.* Ella explica el marcado gusto de los chinos *por los cuadrados matemáticamente imperfectos, pero más eficaces para ellos que para los demás, precisamente porque conservan un cierto*

---

140 Sobra decir que los chinos atribuyen a la hipotenusa del triángulo rectángulo isósceles de lados 5 y 5 el valor 7. La figura muestra que la diagonal no se une al lado del cuadrado. Se sabe que Fou-hi es el patrón de los adivinos que utilizan 49 varitas. El emblema de Fou-hi (cf. *Civilisation chin.*, pp. 19-21) es aparentemente un cuadrado con ramas iguales. Me gustaría pensar que se trata del cuadrado 5, 5, 7 (o 10, 10, 14). El *Tcheou pei* profesa que lo redondo sale de lo cuadrado. Ahora bien, el diámetro de las ruedas (*Tcheou li*, Biot, *op. cit.*, t. I, p. 471) es 7, y 14 –o 7 x 2– mide el diámetro de la rueda cósmica de la que el Hombre, cuyo tamaño es 7, es el rayo.

141 El P. Gaubil ya había notado que la fórmula $3^2+4^2+5^2=(3 + 4)^2 +1$ está implícita en las reglas de la práctica adivinatoria establecidas por el *Hi ts'eu* (*Lettres édifiantes*, t. IX, p. 435). Los dos cuadrados mágicos superpuestos (con centros 5 y 6) comprenden un total de 18 números. Giran en torno a un pivote (11) que quizá valga como número 19; $19^2 = (4 x 90) + 1 = 360$ (+ 1, cuadrado central).

juego en su todo, y la parte, por así decirlo, del movimiento operativo, *la Obra real.*

Ya conocemos el prestigio del cuadrado 8, 9, 12. Podemos suponer que, al igual que los cuadrados, justos o aproximados, 3, 4, 5 y 5, 5, 7, se ilustró traduciendo geométricamente la fórmula $(a + b)^2 = 4 ab + (a - b)^2 = 2 ab + \{2 ab + (a - b)^2\}$ en un cuadrado de lado 17 (= 9 + 8), podemos inscribir 4 rectángulos de 8 x 9, cuyas diagonales valdrán aproximadamente 12, ya que encierran cuatro medios rectángulos de valor 72, es decir, 144, más 1 cuadrado central {siendo 1 el cuadrado de 9-8) $(17^2 = 289 = 144 + (144 + 1))$}.

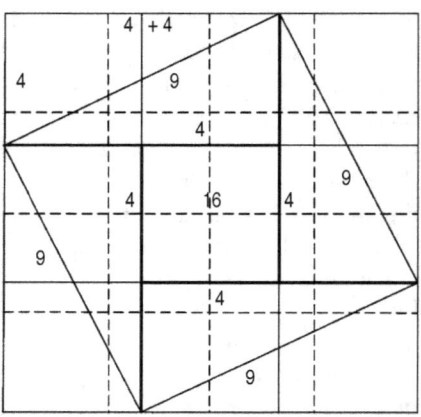

$$8^2+9^2=12^2(+1)$$

$$9^2(-1)=8^2+4^2$$

Una construcción similar, *y, además, modelada sobre una figura esencial de la geometría o la agrimensura china,* debía servir también para mostrar las virtudes del 12^2. China, la tierra de los hombres, tiene 12 o 9 provincias; siendo 12 de 3 x 4, es posible construir un cuadrado de lado 12 que puede dividirse en 9 cuadrados o 12 rectángulos. Empecemos por la división en 9 cuadrados, que es la del *Ming t'ang,* el *Cuadrado Mágico,* etc. Alrededor del cuadrado central, que *representa perfectamente la esvástica,* se dibujan *cuatro rectángulos, notables por el hecho de que su altura es el doble de su base.* Valen 4 x 8, es decir, 2 x 16. Al trazar las diagonales, las dividimos en triángulos, de valor 16, como el cuadrado central $\{(8 - 4)^2\}$. Esta construcción muestra la regla del área del triángulo (base x altura)/2 con la ayuda de un ejemplo de acuerdo con el gusto chino, ya que el área de estos triángulos se expresa mediante un cuadrado (16). *También lleva a dibujar* {ya que las cuatro diagonales encierran cuatro triángulos que valen 16 y un cuadrado que también vale **16** (es decir, 16 x 5 = 80)} *un cuadrado inscrito que se acerca al más perfecto de los cuadrados* (9^2), *ya que vale 80.* De ahí la fórmula $8^2 + 4^2 = $ (*con una precisión de una unidad*) 9^2, una fórmula valiosa, ya que da un valor aproximado de la hipotenusa de un triángulo cuya base es la mitad de la altura (cuadrado aproximado 4, 8, 9).

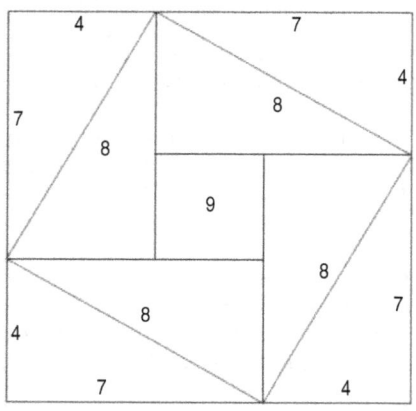

Pero aquí hay otro cuadrado aproximado, que es igualmente útil establecer, ya que puede ayudar a calcular los elementos del hexágono y, al ser similar al cuadrado 4, 8, 9, permitirá una aplicación de este último al hexágono. Si 81 (-1) = 64 + 16, 64 (+ 1) = 49 – 16. Un cuadrado de lado (7 + 4 =) 11, dividido en 4 rectángulos (4 x 7) que rodean a un cuadrado de valor 9 {= (7-4)²} nos permite verificar (con una precisión de una unidad) este nuevo cuadrado, extremadamente valioso, ya que la *hipotenusa es el doble de la base*, que es el caso de los triángulos formados por el lado de un hexágono (hipotenusa), el medio lado del hexágono (base), y la altura del trapecio formado por el medio hexágono.

Ahora hemos llegado a las razones del prestigio del cociente 8/7 y estamos muy cerca de entender la conexión entre este cociente y el cuadrado 3, 4, 5, es decir, el cociente 8 x 10 y el gnomon.

* * *

Lo redondo deriva del cuadrado, como afirma el *Tcheou pei*, pero a través del hexágono.

Si se estima que la circunferencia vale 3/4 del cuadrado en el que está inscrita, es porque el lado de este cuadrado vale dos lados del hexágono inscrito en la circunferencia. Cuando el perímetro del cuadrado es 8 y su lado 2, el hexágono y la circunferencia (como él) valdrán 6, el radic y el lado del hexágono valdrán 1, el diámetro (2 lados del hexágono) valdrá 2, y π. por tanto, se estimará en 3.

De la equivalencia establecida entre la circunferencia y el hexágono inscrito, queda, como primer testimonio, el hecho de que la rueda tiene 30 (= **6x5**) radios. Se dice que esto se debe a que la rueda está destinada a recordar el mes, es decir, la luna. Pero el símbolo de la luna es, mucho más que la rueda, el cuchillo, que está curvado; el cuchillo curvado es la luna astillada, y lo que astilló la luna es el cuchillo.[142] Para comprobar si la curvatura de los cuchillos se ajustaba a las reglas correctas, se reunían en grupos de seis y se examinaba si formaban un círculo perfecto.

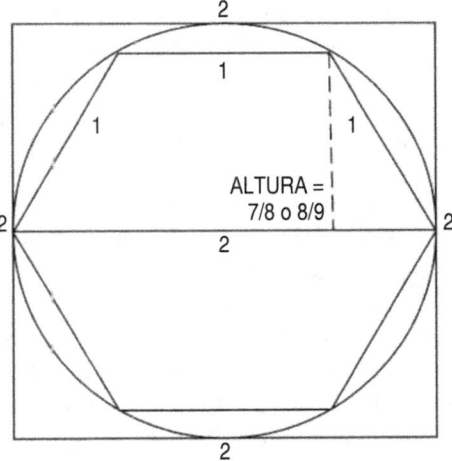

Los cuchillos debían tener un pie de largo.[143] Podemos ver que el hexágono es igual al círculo y que ambos son iguales a 6.

La fórmula π = 3 es un hecho esencial de las matemáticas y la cosmografía chinas. Ha servido y sigue sirviendo de norma para los carreteros, que en el pasado, no sólo fabricaban las ruedas, sino también las cubiertas del carro.

---

142 Sobre el tema del cuchillo y la luna astillada, véase Granet, *Danses et légendes...*, p. 535, y su nota 2; p. 533, nota 1; pp. 533 y 534.

143 *Tcheou li*, Biot, *op. cit.*, vol. II, p. 492. Según los comentarios, se trata de cuchillos para escribir. El cuchillo, un arma curva, que sin embargo se lleva en la mano derecha –aunque la derecha es *yin* y lo curvado es *yang*– es esencialmente un arma *yin*, porque es el emblema de la Luna, mientras que la espada (derecha) es el emblema del Sol. (Cf. Granet, *op. cit.*, p. 498, nota 2, *in fine*).

La Escuela del Dosel Celeste acepta que el Cielo es un dosel y que el mismo puede ser medido por medio del cuadrado 3, 4, 5; también acepta que la fórmula 9 x 9 = 81 es la primera regla, mientras que el gnomon vale 80. Con el cuadrado de 3, 4, 5, donde 5 es la hipotenusa, se puede dar al gnomon el valor 81 (= 3 x 27) u 80 (= 4 x 20), dependiendo de si la altura es 3 o 4. La hipotenusa valdrá entonces 135 (= 5 x 27) o 100 (= 5 x 20) y la base 108 (= 4 x 27) o 60 (= 3 x 20). Los números 108 y 135, 60 y 100, que están en la proporción 4/5 y 3/5, son inutilizables para quienes pretenden derivar lo redondo del cuadrado, es decir, para ilustrar las proporciones 3/4 o 3/2. El prestigio del gnomon y la pretensión de derivar lo redondo del cuadrado no están, pues, relacionados con la construcción de un triángulo rectángulo de lados 3, 4, 5 o de un triángulo isósceles de lado 5 y altura 3 o 4, con base 8 o 6.

Por el contrario, se puede derivar lo redondo del cuadrado[144] y *justificar, además, la altura del gnomon*, construyendo un *trapecio* formado por un medio hexágono y una base que vale dos lados del hexágono. Esto puede hacerse (gracias al juego de una unidad y al uso concurrente de los multiplicadores 9 y 8) si la relación entre el lado del hexágono y la altura del trapecio se establece en **8/7** o **9/8**. Lo demostraremos y así conseguiremos explicar la antigua moda de 8/7 como expresión (tan válida como 9/6) de los cocientes de los pares y los impares. También justificaremos nuestra hipótesis sobre la obtención de cuadrados, rectos o aproximados, a partir de la inserción en un cuadrado de cuatro rectángulos que engloban un cuadrado central, lo que equivaldrá a probar la antigüedad de la demostración del teorema de la hipotenusa.

Partamos del hecho esencial; para la escuela del *Tcheou pei* o del cuadrado 3, 4, 5, el Cielo es idéntico al dosel del carro. El dosel del carro está dividido en tres partes; la parte central, que vale 2 + 2, es plana y está sostenida en su centro por una columna; los dos bordes, que son curvos, miden cada uno 4. Como el dosel representa el Cielo, su contorno, análogo al contorno celeste, debe valer 36 y el diámetro (aunque los bordes del dosel sean curvos) debe estimarse igual a 12 {= (4 + 2) + (2 + 4)}. El contorno de la marquesina está formado, pues, por tres líneas consideradas iguales entre sí (4 + 4 + 4), como lo son los tres lados de un medio hexágono, pero el ángulo que forman las aristas con la parte plana no es igual a 60°; es mucho más abierto; la altura del trapecio formado, con su base, por el contorno de la marquesina, está, en efecto, fijada en 2. Este es un dato esencial,[145] al que volveremos.

Pero empecemos por construir un trapecio, cuyos tres lados forman un medio hexágono, valiendo la base dos lados. Asignemos a cada lado el valor 1, ya que los 6 lados que forman un círculo perfecto miden cada uno 1 pie. El perímetro de nuestro trapecio se descompone en 5 partes iguales, y *para que este perímetro forme un contorno total*[146] bastará con estimar 72. A partir de entonces, la base tendrá

---

144   El compás, emblema femenino, insignia de Niu-koua, hermana de Fou-hi (primer mago y portador de la escuadra) está hecho (cf. *Civ. Chin.*) de dos líneas rectas o varillas que se cruzan, formando una cruz (cruz simple).

145   *Tcheou li*, Biot, *op. cit.*, vol. II, p. 476.

146   *Ta Tai Li ki*, 66, glosas (HTKKSP, 828, p. 11a y HTKK, 705, p. 9b); *Wou li t'ong k'ao*, XXVI, pp. 20 y ss.

las dimensiones significativas de la Tierra y de. Yin (144), y el contorno del medio hexágono será equivalente a un contorno semicircular, porque tendrá las dimensiones del Yang y del Cielo.[147]

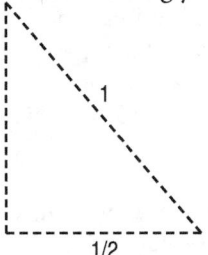 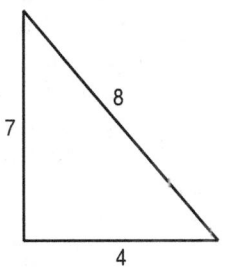 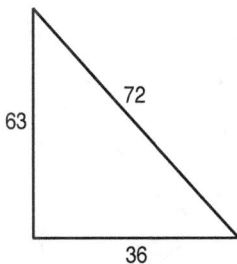

72 vale 9 x 8. Para llevar a 72 el valor de 1 de cada uno de los 5 lados del hexágono que forman nuestro perímetro, podemos proceder por dos métodos, pero siempre en dos pasos: multiplicar, primero, por **8** y luego por 9 o multiplicar por **9** y luego por 8.

Empecemos multiplicando por **8**; el *lado del hexágono* vale **8**, el medio lado 4. *Si conocemos la construcción mencionada anteriormente* (cuatro rectángulos de 7 x 4 deben formar un cuadrado de lado 11), *podemos estimar la altura del trapecio como 7*.[148] Ahora multiplique por 9; el lado valdrá 72, el medio lado 36, la altura 63, y habremos formado en el lado de nuestro trapecio un cuadrado 36, 63, 72

Pasemos al otro método y multipliquemos, para empezar, por **9**. *El lado del hexágono vale 9 y el medio lado 4,5. Si estamos familiarizados con la construcción comentada anteriormente* (cuatro rectángulos de **8** x 4 en un cuadrado de lado 12), *será muy tentador utilizar el cuadrado (aproximado)* de 4, 8, 9, porque si ahora multiplicamos el lado **9** por 8, obtendremos, como antes, 72, y también obtendremos 36 (= 4,5 x 8) por la mitad del lado {que debemos recordar (aunque estamos usando un cuadrado de 4, 8, 9) es, en este caso, la mitad de 9, es decir, 4,5}. La altura, expresada primero como **8**, de acuerdo con el cuadrado utilizado, quedará definida tras la segunda multiplicación por 64, y habremos construido en el lado de nuestro trapecio un cuadrado de 36, 64, 72, que se diferenciará del cuadrado formado por las operaciones anteriores únicamente por la sustitución de 63 por 64.

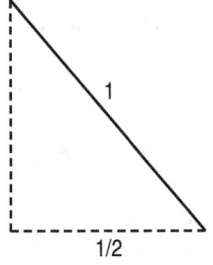 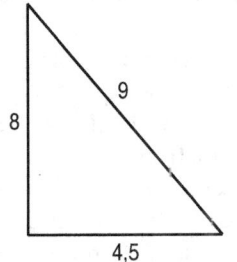 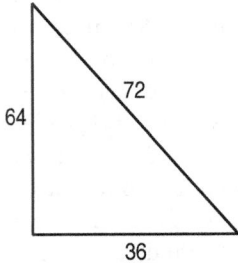

147 Granet, *Fêtes et chansons anciennes*, p. 79; *Civ. Chin.*, pp. 196, 209 y ss.

148 Lo que aquí llamamos altura corresponde al radio real de una rueda ahuecada por dentro en forma de hexágono. La relación 7/8 es la que existe entre la dimensión de un radio y la dimensión del radio de la circunferencia formada, externamente, por la llanta.

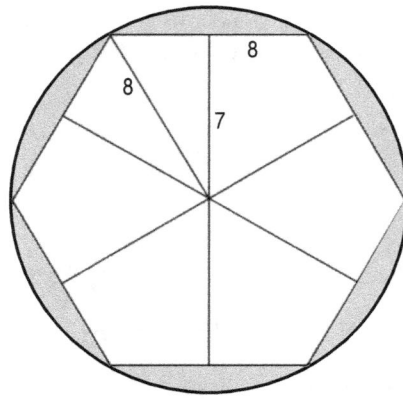

63 vale 9 x 7 y 64 8 x 8. Estas alturas son perfectamente adecuadas, ya que se trata de acomodar, entre el cuerpo y el toldo del carro, a un hombre, y *la altura del hombre* (jen), *simbolizada por el personaje juego, se estima* –preciosa vacilación– *que es igual a 7 pies o a 8 pies*, es decir, en un caso, a 63, *si el pie tiene 9 divisiones*, y, en el otro, a 64, *si el pie tiene 8 divisiones*.

Pero desde que, gracias a Tchong-li, el antiguo héroe solar que se convirtió en el patrón de los astrónomos, se cortaron las comunicaciones entre la Tierra y el Cielo,las cabezas de los hombres –ni siquiera las del Jefe (a menos que suba al polo)– ya no tocan el Cielo.

Además, un guerrero debe poder ver cuando está encerrado entre la caja y el dosel curvo de su carro. Por lo tanto, este toldo está levantado. Cuando la altura del hombre se estima en ocho pies, la columna central del carro es dos pies más alta.[149] Supongamos que es igualmente dos pies más alta cuando el hombre (sin que su altura haya cambiado, sin duda, pero cuando la medida de su altura ha cambiado, definida por divisiones de 63 pies en lugar de 64) no es más alto que 7 pies.

La altura del trapecio (en el primer método y siendo 8 *el primer multiplicador*) es 7 (rayo de la rueda cósmica), es decir, 63, ya que, para que el contorno del trapecio sea 360, el segundo multiplicador convencional debe ser 9. Como el Cielo debe estar separado de la Tierra para romper las comunicaciones, el dosel estará sostenido por una columna que será (7 + 2) x 9, es decir, 9 x 9 u 81, y tal es, en efecto, el Número del *Tcheou pei* (gnomon). Pero, si la altura del hombre o el radio real de la rueda cósmica es 8, será necesario (siendo 9 el primer multiplicador) que el segundo multiplicador convencional sea 8 para que el contorno del trapecio sea siempre igual a 360. Por lo tanto, 8 x 8, o 64, da la altura del hombre y {(8 + 2) x 8 =} 80 es la altura de la columna central: es el tamaño del gnomon (*Tcheou pei*).

El 81 viene del 63, como el 80 viene del 64. Cuando lo dividimos en 7 u 8 pies, en 63 o 64 partes, no variamos, sin duda, la altura estándar del hombre. Cuando la altura del gnomon se fija en 81, o cuando se fija en 80, ¿cambia realmente la altura real (la distancia al suelo desde el orificio perforado en la parte superior del poste)? ¿Acaso 81 sólo difiere de 80 en *una unidad que no cuenta*?

Los chinos han elegido sistemáticamente un múltiplo de 8 para indicar la altura del gnomon... Cuando los obreros de los carros construían la columna y el capitel al que fijaban el dosel, tenían cuidado de dejar una parte muy pequeña del capitel (1/100 de pie) por encima del dosel... El número 81 tiene grandes méritos, sobre todo cuando mide una altura o una señal erigida sobre una base que vale 2 x 72. ¿no sabemos que un cuadrado (9, 8, 12) para una altura de 81 y una base de 72

---

149 *Tcheou li*, Biot, *op. cit.*, vol. II, p. 476.

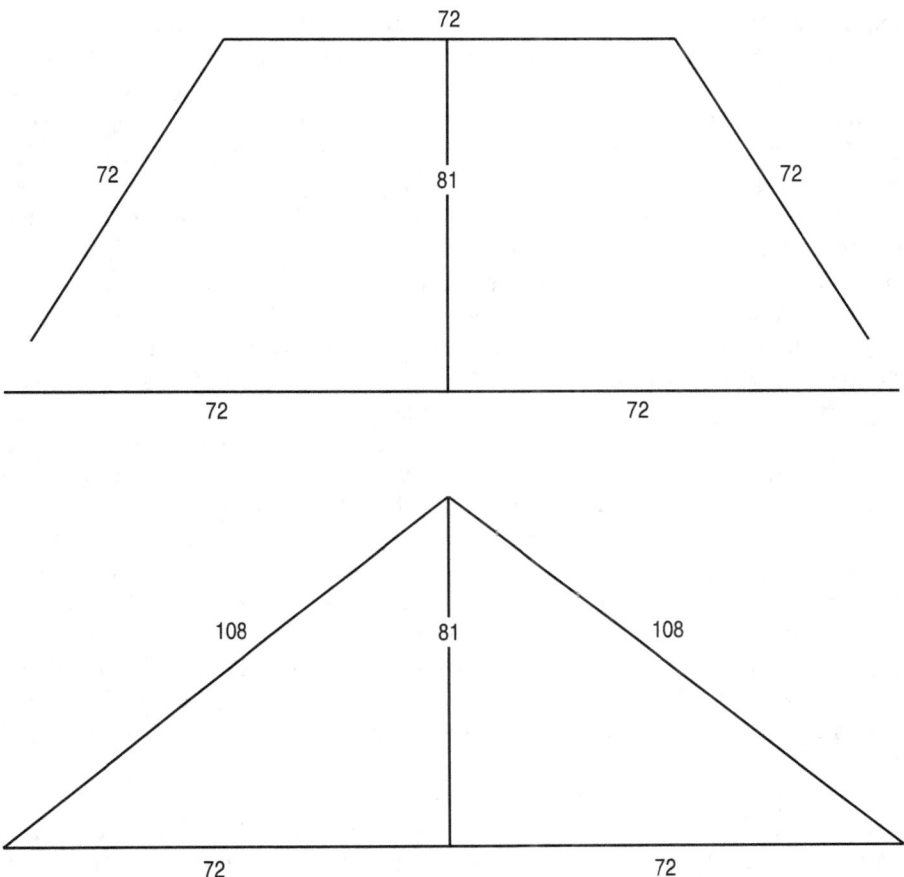

(= 12) tiene una hipotenusa que vale 108, es decir, la mitad de 216, un contorno celeste, que se puede representar, por otra parte, por tres lados de un hexágono?

La altura –o gnomon– 81 permite cambiar el perfil de una marquesina o techo de trapezoidal a triangular. {El perfil triangular se adapta perfectamente a un tejado de paja circular, como el que se dice que tenía el *Ming t'ang*. Pero los tejados de tejas, que según el *K'ao kong ki*[150] eran menos inclinados que los de paja, se asemejaban (al menos en la época de los Han)[151] a un medio hexágono o tejadillo de carroza}. De perfil triangular o trapezoidal, los tejados que valen 216 deben disponerse sobre rectángulos, cuyo semiperímetro debe ser (por tanto) 144.

Cuando el gnomon vale 81, da la anchura, mientras que 63, la altura del trapecio, da la profundidad. Hemos visto que, en este caso, la unidad de superficie (la estera) es 9 x 7, siendo el multiplicador convencional 9. La unidad es el *pi sien* (10 x 8) y el multiplicador 8 cuando el gnomon, y por tanto la anchura, es 80, mientras

---

150 *Idem, Ibid.* en el vol. II, p. 571.

151 Como muestra una terracota que representa una casa en el Museo Cernuschi, reproducida en Goldschmidt, *L'art chinois*, p. 71.

la profundidad de los edificios y la altura del trapecio es 64. En todos los casos, lo redondo (216 = 108 x 2 o 72 x **3**) se deriva del cuadrado (72 x **2**, la base del trapecio, la mitad del perímetro del cuadrado.) Y cuando el gnomon es 80, (o incluso 81 (80 + una unidad que no cuenta), el cuadrado 3, 4, 5 se encuentra en la proporción 10 x 8, (que se encuentra a su vez en las superficies de proporción 9 x 7, ya que 81 + 63 hacen 144 tan bien como 80 + 64).

Por medio de la proporción 8 x 10 y del *pi sien*, podemos pues recordar el cuadrado perfecto, 3, 4, 5, los 4 fijando la altura del gnomon en 80 o 80 (+ 1). Pero, para conseguirlo y *para ilustrar la idea de que lo redondo se deriva del cuadrado a través del hexágono*, es decir, para evocar en la forma 216/144 la proporción 3/2 o 9/6 de lo redondo con respecto a lo cuadrado, tuvimos que (lo que, por cierto, *nos permitió oponer y asimilar* las proporciones 9 x 7 y 10 x 8, y en consecuencia recordar el cuadrado 3, 4, 5) partir de la relación **8/7** (o **9/8**) del radio de la circunferencia (lado del hexágono) al radio real de la rueda (altura del trapecio dibujado por el medio hexágono). *Para obtener este resultado los Constructores* –al igual que los Músicos, cuando perfeccionaron la fórmula de la escala–, *tuvieron que emplear simultáneamente los multiplicadores convencionales 8 y 9*. Esto es lo que implica nuestra demostración. Esto es lo que afirma la tradición. Los Tcheou utilizaban esteras de 9 pies de largo para medir, pero dividían el pie en 8 pulgadas. Los Yin medían con un *sin* de 8 pies, pero dividían el pie en 9 pulgadas.[152] Además, cuando el gnomon valía 80, todavía se podía estimar que no tenía más de 2/8 del tamaño de un hombre; para estimarlo como igual al hombre-estándar (8), bastaba (80 = 10 x 8) con dividir el pie en 10 pulgadas; tal era, según se dice,[153] el sistema de los Hia.[154]

* * *

Ya sea que el Hombre (*jen*) tenga 7 pies de altura (cuadrado 4, 7, 8) o 8 pies de altura (cuadrado 4, 8, 9), su altura no varía más de lo que lo hace la altura del gnomon cuando es 81 u 80, es decir, cuando se le dan 9 veces 9 divisiones, o 10 veces 8 divisiones, u 8 veces 10 divisiones.

Los números no tienen la función de expresar magnitudes; sirven para ajustar las dimensiones concretas a las proporciones del universo.

Para cumplir perfectamente su misión, un Símbolo Numérico debe –por así decirlo–, expresar, o mejor dicho, contener dos coordenadas: una evoca la *estructura permanente* del Mundo, la otra un *estado definido* de Orden o Civilización. Los Símbolos más ricos: 3 y 2, 3 y 4, 5 y 4, 10 y 8, 9 y 6, 8 y 7, 64 y 80, 63 y 81, 144 y 216, 108 y 72... son los que ponen de manifiesto la morfología y la fisiología del Universo; *sus conjuntos están ordenados por el gran Total 360* (= **5** x 72 = **6** x 60).

La estructura del Universo o su morfología se resume en la doble expresión de las relaciones del Yang y el Yin, del Par y el Impar: **9/6** y **7/8**. Hemos visto que y esto es pasar –por el intermediario del hexágono– del cuadrado al círculo) llegamos a

---

152   Véase el *Tou touan* de Ts'ai Yong, en *Han Wei ts'ong chou*.

153   *Ibid.*

154   Se afirmaba, bajo los Souei, que el *Ming t'ang* de los Tcheou era cuadrado; se medía, se decía, de norte a sur con 7 *longitudes* de esteras, es decir, 7 x 9 = 63, y de este a oeste con 9 *longitudes* de esteras, es decir, 9 x 7 = 63.

la relación {7/8 (u 8/9)} del radio real de la rueda cósmica (el Hombre-Estándar, 7 u 8, el *jen*: altura del trapecio) al radio de la circunferencia (lado del hexágono), para pasar a la relación (**9/6**) del Contorno celeste (medio perímetro del hexágono) a la Base terrestre del hexágono. A través de este pasaje se expresa la fisiología del Universo: la alternancia rítmica de lo *recto* y lo *curvo*, del Yin y el Yang. Lo que hace posible el paso es el uso conjugado de multiplicadores que, considerados como clasificadores del Espacio-Tiempo, son válidos como Símbolos dinásticos. Estos Símbolos permiten representar en términos diferentes y sin embargo *asimilables* {proporciones 8 x 10 o 9 x 7, semiperímetros 81 + 63 u 80 + 64 (ambos iguales a 144)} la estructura del Universo caracterizando una época de la civilización. La sucesión de los diferentes órdenes dinásticos de la Civilización {esta sucesión está regulada por un *ritmo musical*, es decir, por la secuencia, 9, 6, 8 (siendo el 6 el emblema numérico de los Hia, el 8 el de los Yin, el 9 el de los Tcheou)} no altera la estructura del Mundo. La permanencia de esta estructura se pone de manifiesto al tener cuidado de elegir, para los índices de las divisiones de las distintas unidades de medida, *números que puedan combinarse de tal manera que –sólo cambiando el orden de las manipulaciones– el resultado*, con la aproximación de una unidad, *no se modifique.*

En lugar de utilizarse para medir, los números se utilizan para contrastar y asimilar. Sirven para integrar las cosas en el sistema formado por el universo. *Las cosas no se pueden medir. Tienen sus propias medidas. Son sus medidas.* Son como la herramienta o el artesano las hace. Su medida es la del trabajador, como la medida del Mundo es la del Jefe, el Hombre Estándar. La construcción de carros es la más noble de las artes,[155] pues el carro, el cuerpo y la capota, son la Tierra y el Cielo. La estructura del carro (dosel y columna) ilustra las relaciones **9/6** y **8/7**, y lo que manda en el detalle de las proporciones (longitud de los brazos, altura del dosel) es la talla del guerrero;[156] pero –al igual que las dimensiones reales de la obra de alfarería dependen de las dimensiones reales del torno utilizado por el alfarero[157]– el artista que construye los carros determina todas las medidas utilizando únicamente el mango de su hacha.[158] El mayor triunfo del fundador de la unidad imperial (Che Houang-ti se jacta de ello en sus inscripciones y, tal vez, se jacta de sí mismo)[159] fue conseguir que los cubos de los carros de todo el Imperio –todos los carros, incluso antes de él, se construían utilizando los mismos números proporcionales–, tuvieran *efectivamente* el *mismo* calibre.

Hay, en la concepción china de los Números, una admirable conciliación del más estricto conformismo, o sentido del estilo, de la fantasía, y del *más celoso in-*

---

155 *Tcheou li*, Biot, *op. cit.*, vol. II, p. 462.

156 *Ibid.*, vol. II, p. 463. Si la altura del hombre es de 8 pies, la altura de la caja por encima de sí mismo es 4; la altura del toldo (2 x 4) + 2; el palo de parada (que puede inclinarse contra las paredes de la caja, teniendo 6,6, para que sobresalga por), 4; el palo de lucha: 8 x 3, etc.

157 *Ibid.*, vol. II, p. 539. Obsérvese la observación de los intérpretes: "El torno del alfarero puede determinar la forma cuadrada y redonda de los objetos".

158 *Ibid.* en el vol. II, pp. 574 y ss.

159 *Civ chin.*, p. 119.

dividualismo. Esta concepción permite (al margen de sus usos prácticos) utilizar los Números con el único fin de poner de manifiesto la estructura del Mundo y los sucesivos órdenes de civilización a través de los cuales se expresa el ritmo de la vida universal. Para los que multiplican las clasificaciones numéricas, para los que evitan adoptar un único sistema de división para todas las unidades de medida, para los que caracterizan cada unidad con un tipo especial de división y se cuidan de utilizar conjuntamente modos de división complementarios, los Números sirven para indicar relaciones y proporciones, sin impedir ni la manipulación de las relaciones ni *un cierto juego de proporciones*.

Los números no son más que símbolos; los chinos evitan ver en ellos los signos abstractos y constrictivos de la cantidad.

V. Funciones clasificatorias y protocolarias de los números

Cuando los intérpretes chinos quieren justificar las dimensiones (10 x 8) de *pi sien*, señalan que todas las antiguas unidades de medida se derivan del cuerpo humano, y luego añaden: la mano, medida desde el pulso, vale 10 (pulgadas) en los hombres y 8 en las mujeres. Así, el par (8 o 4) rige las dimensiones de los paños (que hacen las mujeres), {e incluso (en principio) de los objetos manufacturados (que son *yin*)}. También preside la división de las superficies y sobre todo de los volúmenes:[160] el Yin es hueco. En cuanto a las longitudes que están relacionadas con la talla estándar, el gnomon, el Jefe, merecen ser expresadas por un número *yang* (Impar).

El uso principal de los números pares e impares es distribuir todas las cosas en categorías *Yin* y *Yang*. A esta función clasificatoria se une inmediatamente una función protocolaria. El Yang prevalece sobre el Yin; lo Impar es una síntesis de lo Impar y lo Par.

Podemos resumir la concepción china de los Números recordando una fórmula de los etimologistas indígenas. Para explicar que una bruja puede ser designada por el símbolo gráfico (*wou*) que significa "bruja", pero que merece, por otra parte, poseer una designación (*hi*) propia, dicen: la bruja es *yin*, el hechicero es *yin-yang*. La expresión *yin-yang* nunca ha dejado de designar al hechicero, ni éste ha dejado –privilegio que deriva de la práctica de la hierogamia–, de ser hombre y mujer al mismo tiempo, y mujer a voluntad. El Impar contiene al Par y puede producirlo. En él y a través de él *mutan* los impares y los pares.

Las virtudes de *pi sien*, hecho de 10 (mano de hombre) y 8 (mano de mujer), residen en que su diámetro medio está hecho de 5 y 4, cuya síntesis es 9. El 11

---

160 *Tcheou li*, Biot, *op. cit.* t. II, p. 504. El estándar de capacidad es una especie de campana de bronce (que debe emitir el mismo sonido que el *houang tchong*, el tubo inicial), cuadrada por dentro (*yin*), redonda por fuera (*yang*). El interior mide 1 pie cuadrado y contiene un *fou*, o 64 *cheng*. La parte inferior de la campana, que es hueca, contiene un *teou* (4 *cheng*) y las asas de la campana miden el *cheng*. Cuatro *teou* hacen un *kiu* (16 *cheng*); cuatro *kiu* (64 *cheng*) hacen un *fou*.

{síntesis del 5 y del 6 (y también de cada una de las 5 parejas formadas por los 10 primeros números)}, el 7 {síntesis del 3 y del 4 (circunferencia inscrita y medio perímetro del cuadrado exinscrito)}, el 5 {síntesis del 3 y del 2 (media circunferencia y lado del cuadrado)} pueden servir de símbolos para las cosas *yang*, que también son *yin-yang*. Ninguno de estos números puede hacerlo tan bien como el 9. Si el 9 es 5 + 4, también es 3^2, y el 3, que es la *primera síntesis* del Yang y el Yin, también es el *primer número*.[161]

Solo el Uno es siempre el Todo,[162] y el Dos es, en esencia, sólo la Pareja. Dos es la Pareja caracterizada por la *alternancia* (y la *comunión*, pero no la *suma*) del Yin y el Yang. Y el Uno, el Todo, es el pivote, que no es ni *yin* ni *yang*, pero a través del cual se ordena la alternancia del yin y el yang; es el cuadrado central, *que no cuenta, pero que* (como el cubo del que los autores taoístas dicen que, gracias a su vacío, puede hacer girar la rueda)[163] *ordena el giro* de la esvástica dibujada por los cuatro rectángulos entre los que se divide el gran cuadrado, el Espacio Entero; es el Indivisible que no se puede añadir, porque no es una síntesis de pares e impares; es la Unidad que no puede valer 1 porque es el Todo y, además, no puede distinguirse del Dos, porque en ella se reabsorben todos los aspectos contrastantes y se oponen, pero también se unen, la Izquierda y la Derecha, la Parte Superior y la Parte Inferior, la Parte Anterior y la Parte Posterior, lo Redondo y lo Cuadrado, todo el Yang y todo el Yin. Toda la Unidad y la Pareja, el Todo, si queremos darle una expresión numérica, se encuentra en todos los Impares y, en primer lugar, en el 3 (: *Uno* más *Dos*). 3, como veremos, vale como expresión apenas debilitada de la unanimidad.

La serie de números comienza, pues, en el 3.[164] No es una serie continua, porque los números se agrupan inmediatamente en dos bandas opuestas. Una serie continua sólo podría utilizarse para el recuento. En la práctica, los chinos llevan mucho tiempo contando bien. Pero lo que sus sabios piden a los Números es que las series del *yin* y el *yang* les proporcionen clasificadores para agrupar a los seres jerárquicamente en categorías antitéticas. Desean, sobre todo, distinguir mediante símbolos adecuados las agrupaciones pares e impares, e indicar, en primer lugar, la más perfecta de estas agrupaciones. De ahí la importancia, atestiguada por sus usos rituales, de la doble progresión 3, 9, 27, 81, y 8, 16, 32, 64. El primer mérito de esta serie doble es evidente:[165] opone, en dos ocasiones, dos cuadrados cuya suma evoca otro cuadrado {$9 + 16 = 5^2$ y $81 + 64 = 12^2$ (+ 1)} e invita a construir dos cuadrados (ambos esenciales, aunque uno sea aproximado). Otra razón de prestigio: 3 + 9 + 27 + 81, como 8 + 16 + 32 + 64 = 120 y juntos hacen 2/3 de 360. Cuando

161 El *Chouo wen* define 3 como el camino (*tao*) del Cielo y la Tierra. 3 es una síntesis comparable a la de 11 (cfr. *supra*, en este mismo capítulo, ap. II).

162 *Yi* (Uno) da la idea de indivisibilidad más que de unidad. Usado adverbialmente, *yi* significa 3 enteramente, completamente.

163 *Lao tseu*, P. Wieger, *Les Pères du système taoïste*, p. 27.

164 Sobre la 3, véase Granet, *La Polygynie sororale et le Sororat dans la Chine féodale*, p. 27 e *Id, Danses et légendes…* (Índice).

165 El tubo inicial (que, como el gnomon, vale 81) se opone al patrón de capacidad (que, como hemos visto, vale 64).

nos enfrentamos a estas dos series, formadas por los pares más perfectos e impares, los 120 que faltan para completar 360 sólo faltan en apariencia. 120 esposas y 120 ministros deben estar al lado del Rey. El Hombre Único (cuya túnica está bordada con 12 insignias, con 12 colgantes de jade en su gorro ceremonial) vale *por sí solo* lo mismo que todo el grupo de sus vasallos y todo el grupo de sus vasallas; vale lo mismo que estos dos grupos que son sólo su Izquierda y su Derecha y, como amo de las 12 Provincias, vale también el gran Total 360, en el que no cuenta por 1, como tampoco cuenta por 1 la Reina en el grupo de las 120 esposas, debido a las hierogamias que la reabsorben en el Señor, no se distingue del Hombre Único, el Mago Supremo: Pareja *Yin-Yang*.

Lo Impar contiene y produce lo Par, que nunca es más que una doble proyección (derecha e izquierda, *yin* y *yang*) de lo Impar. Ni lo impar ni la unidad se *suman* al Par. Centran lo Simétrico y lo transforman en Impar. Ni lo Impar ni la Unidad se *suman* a lo Impar: transforman una disposición centrada en una simétrica. Estas *mutaciones* son sólo cambios de aspecto, cambios de forma, verdaderas metamorfosis; no parecen implicar un cambio cuantitativo. Además, todos los pares son igualmente válidos como expresiones de una disposición simétrica, y todos los impares como expresiones de una disposición jerárquica. Así que los Impares siguen siendo válidos como expresiones del Total, es decir, de la Unidad considerada bajo un aspecto más o menos complejo. Uno es el Total, y el todo Impar, que es una especie de Total, es Uno.

Sin pensar en una adición, sino evocando una distribución diferente del conjunto, un cambio interno de organización, lo Impar *opera* el pasaje del Par al Impar o del Impar al Par. El paso de Par a Impar no es el de Ilimitado a Limitado o de Indeterminado a Determinado, es el paso de Simétrico a Centrado, de No Jerárquico a Jerárquico. Este pasaje se hace sin sugerir una representación propiamente cuantitativa. Lo Doble (Yin) y lo Indiviso (Yang), lo Cuadrado (Simétrico) y lo Redondo (Centrado) se producen mutuamente (*cheng cheng*), o más bien se alternan rítmicamente. El ideal geométrico[166] sería una asimilación (tras una oposición) de

---

166 El famoso diagrama del *T'ai ki* (el Supremo Gobernante; sobre la palabra *ki*, Gobernante, cfr. *infra*, cap. IV) es una ilustración de este ideal. La figura pretende mostrar la unión del Yin y el Yang al producir los 10.000 seres. El Yin (oscuro) y el Yang (claro) están encerrados en un círculo del que cada uno ocupa la mitad. La línea que los separa y que serpentea al-rededor de un diámetro está formada por 2 semicírculos, cada uno de los cuales tiene un diámetro igual a la mitad del diámetro del gran círculo. 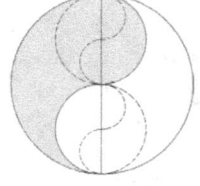 *Esta línea es, por tanto, igual a la media circunferencia.* El contorno del Yin, como el del Yang, es igual al contorno que los encierra a ambos. Si se sustituyera la línea divisoria por una línea formada por cuatro semicírculos del doble del diámetro, seguiría valiendo lo mismo que el semicírculo; lo mismo ocurriría si se continuara la operación, y la línea sinuosa tendería a fundirse con el diámetro: *3 se fundiría con 2.* El *T'ai ki* es mencionado por el *Hi ts'eu* (donde aparece en relación con la disposición octogonal de los trigramas) en el párrafo donde se nombran el *Lo chou* y el *Ho tou* (*Yi king*, L., p. 373); es probable que, desde la época de Hi ts'eu, el *T'ai ki* haya sido imaginado como la forma indeterminada (no puedo decir el límite) hacia la que tienden la *línea fuerte* (impar, 3 media circunferencia, 3 lados del hexágono), es decir, el Yang, y la *línea*

lo Recto y lo Curvo, del Diámetro y el Medio Círculo, de 2 y 3, es decir, la prohibición de prestar un valor a 1.

* * *

La asimilación y oposición de lo Par y lo Impar, lo Simétrico y lo Centrado, muestra suficientemente que la ciencia de los Números no se distingue de un conocimiento geométrico. Este conocimiento tiene su origen y sus aplicaciones en la morfología social.

Los chinos ven en los Números dos conjuntos de Símbolos capaces de caracterizar (jerarquizando) las diversas modalidades de agrupación que se engloban en las categorías del Yin y del Yang. Sus Sabios, rechazando una concepción aritmética de la unidad, evitan ordenar los Números en una serie continua formada por adiciones sucesivas de 1. No sienten la necesidad de considerar la serie numérica como ilimitada; prefieren imaginarla como un conjunto de series finitas capaces (las diez primeras en particular) de representar ciclos. Los símbolos numéricos les parecen destinados a evocar el dispositivo de un conjunto finito, es decir, a evocar el contorno de este conjunto enunciando las divisiones de este contorno. El arte de los números es la especialidad de los Maestros del Calendario, que se encargan de descubrir puntos de referencia en el cielo y de dividir el contorno celeste en sectores. Poco les importa dividirlo en sectores *iguales*; por el contrario, una concepción aritmética de la unidad se los impediría. Su primer deber es conciliar las clasificaciones y entrelazarlas de manera que se puedan extraer de estos entrelazamientos posibilidades de juego.

El Cielo, además de su Cumbre (es el Palacio Central, el Palacio de la Unidad Suprema. *T'ai yi*, ¿cuenta como 1? ¿no cuenta?), incluye 4 cuartos, pero cada uno de ellos no corresponde a 90°. El Palacio del Este está a 70° 50' y el del Oeste a 75° 40'; y el del Norte a 101° 10' y el del Sur a 112° 20'.[167] Cada cuarto está dividido en 7

---

débil (par, 2, diámetro, 2 lados del hexágono), es decir, el Yin. Un tema gráfico similar al del *T'ai ki* se encuentra en la iconografía antigua; es el motivo del dragón abrazando la columna {sobre el tema de la ascensión y su relación con la idea de *ki* (cima) y de tao; cfr. *supra*, en este mismo Libro, cap. IV}. El diagrama del *T'ai ki* aparece, como los diagramas del *Lo chou* y del *Ho t'ou*, sólo bajo los Song. Sólo los hallazgos arqueológicos podrán decir si es más antiguo. En cualquier caso, los elementos de esta construcción gráfica existían desde la antigüedad. Las joyas de jade, que los japoneses llaman *magatama* (una de estas joyas es, con el Espejo y la Espada, uno de las tres *protectores* de la familia imperial) tienen una forma que no parece ser diferente del medio *T'ai ki* (parte Yang o parte Yin). Se acaban de encontrar *magatamas* en el sur de Corea, adornando los collares de un hombre y una mujer. La literatura china antigua no menciona estos jades con forma de gancho, pero sí se refiere a la luna creciente como una "luna con forma de gancho". La luna está asociada al jade. El diagrama del *T'ai ki* se consideraba un emblema de las fases de la luna durante los Song.

167 L. De Saussure, *Les origines de l'astronomie chinoise*, p. 100. Una figura (p. 101) muestra la desigualdad de las 24 mansiones. La media de los palacios equinocciales y solsticiales es: 73°15' y 106°50', es decir, aproximadamente 73 y 107 (*ibíd*). La proporción es de aproximadamente 108/72 o 9/6. El invierno, desde el solsticio hasta la fiesta de la comida fría, duraba (incluyendo los 3 días de esta fiesta) 108 días. Kouan tseu (cap. 3), partiendo de una división del año en 30 períodos de 12 días (15 para el verano y la primavera, 15 para el invierno y el otoño) atribuye 96 días a la primavera y al otoño, y sólo 84 días al verano y al invierno; en este caso

sectores y todo el ecuador está dividido en 28 mansiones, que difieren mucho en extensión y de las cuales dos {*Fa* (hoy *Chen*, la Espada de Orión) y *Chen* (la Espada de Orión, hoy *Tsouei*} ocupan la misma región del Cielo. Si hay 7 mansiones por trimestre, es sin duda porque el asterismo del Palacio Central (la Osa Mayor), residencia de la Unidad Suprema, tiene 7 estrellas.[168] En un pasaje del *Chou king* (que Sseu-ma T'sien se ha encargado de conservar), se dice: "Los Siete Rectores y las Veintiocho Mansiones, los Tubos (= Música) y el Calendario, el Cielo los utiliza para poner en comunicación (*t'ong*) las influencias (*k'i*) de los Cinco Elementos y las Ocho Direcciones (los Ocho Vientos)"?[169] Además, el autor (experto en el campo del Calendario) ha dedicado un capítulo entero de las *Memorias Históricas* a mostrar cómo, conectando entre sí, la clasificación por 8 (Vientos) y la clasificación por 28 (Mansiones) están también vinculadas a la clasificación por 12 (Tubos y Meses).[170] Sseu-ma Sien añade, en el perímetro del Cielo, los 8 vientos a las 28 mansiones, luego divide el conjunto en 4 cuadrantes. 28 + 8 hacen 36, es decir, 4 veces 9. Sseu-ma Ts'ien concede, pues, a cada uno de los cuadrantes 7 mansiones más 2 vientos, sin sentirse obstaculizado por el hecho de que las 7 mansiones de un sector no sean en ningún caso iguales a 90°. Así, en el detalle de las equivalencias establecidas entre los Meses, los signos cíclicos, los Vientos y los Tubos, hay numerosas singularidades. La más curiosa es que el quinto mes, que es *el mes del Solsticio de Verano*, está relacionado con tres Mansiones que dependen del Viento del Sureste, mientras que el *Viento del Sur* (y las dos Mansiones vinculadas a él) corresponden a un sitio simple y el sexto mes, el último del Verano, está vinculado al Viento del Suroeste con el que comienza el Otoño y el sector Occidental.[171] Nada de esto preocupa a Sseu-ma Ts'ien, uno de los Maestros del Conocimiento de los Tiempos. {Por otra parte, se empeña en señalar que una de las mansiones del Sur (se llama *e*) tiene 7 estrellas; tiene 7, dice, porque el 7 es el Número del Yang (y del Sur = Fuego)}.[172]

Conciliar y entrelazar clasificaciones heterogéneas –con la esperanza de que su superposición facilite la manipulación de los símbolos y, en consecuencia, la mani-

---

los sectores equinocciales son mayores que los sectores solsticiales. Obsérvese que Kuoan tseu opone la primavera al verano y el otoño al invierno según la proporción 8/7.

168 *SMT*, III, p. 311.

169 *SMT*, III, p. 301. Los intérpretes dicen que los Siete Rectores son el Sol, la Luna y los Planetas; pero en otro pasaje del *Chou king*, donde se mencionan los Siete Rectores, parece que esta expresión, al menos para Sseu-ma Ts'ien, significaba la Osa Mayor. (Cf. *SMT*; I, p. 58 y nota 2). *T'ong*, poner en comunicación, evoca la idea de circuito; *k'i* (influencia), respiración, la idea de ritmo. La frase del *Chou king* quiere sin duda despertar el sentimiento de un doble ritmo circular terrenal (Elementos y Vientos) y celestial (Mansiones y Rectores). Obsérvese esta antigua mención de los 5 Elementos y su conexión con los 8 Vientos.

170 *SMT*, III, pp. 293 y ss.

171 *SMT*, III, pp. 308, 309 y cuadro de la página 302. ¿El hecho de que el viento sur no corresponda a ninguno de los 12 meses debe relacionarse con la existencia teórica de un 13° mes? Este 13° mes se asigna a un período posterior al 7° mes, al final del verano. Dividiendo 360 entre 28 se obtiene aproximadamente 13 (364 = 28 x 13).

172 *SMT*, III, p. 308.

pulación de la realidad– tal es el trabajo, tal es el ideal del astrónomo. Los números tienen, para él, una virtud prima: *saben representar las diversas combinaciones que, desglosadas, pueden atribuirse a los elementos de un conjunto, y también permiten combinar entre ellas estas combinaciones.* Por lo tanto, después de haber confiado a los Números la misión de calificar las composiciones, no dudamos en pedirles, tratándolos como signos cíclicos, que caractericen las posiciones. No es una función muy diferente de las que cumplen como símbolos de las diversas disposiciones cíclicas a las que, *según el caso*, conviene referirse; cuando un número figura en un sitio, es como símbolo del dispositivo impuesto, en este caso particular, por tales o cuales características circunstanciales del Espacio-Tiempo.[173] Puestos al servicio de una cosmografía y de una geometría cuyo dato primordial es que el Tiempo y el Espacio forman juntos un medio concreto, los Números sirven sobre todo para representar las formas circunstanciales de *la Unidad o, más bien, de lo Total.*

Es al 3, el Primer Número, el Número Perfecto (*tch'eng*), al que están ligados todos los grandes sistemas de clasificación: las clasificaciones por el 5, así como por el 6, el 4 y el 7; las clasificaciones por el 8, así como por el 9, el 10 y el 12 (y por el 24, el 36, el 60, el 72, etc.).

Notablemente, son los mitos relativos a los Patronos de la Astronomía y el Arte de los Calendarios los que pueden poner de manifiesto un hecho instructivo: la geometría de los eruditos encargados de ordenar el Tiempo y el Espacio está (como todo el sistema de clasificaciones numéricas) modelada sobre la morfología, sobre la disposición de la sociedad china cuando comienza a ordenarse por un principio de jerarquía. Todas las clasificaciones chinas están vinculadas a una formación cuadrada –que es una formación militar– y al diseño, que evoca la idea de redondez y giro, de una simple cruz o una esvástica.

Ya he mostrado, a propósito de la disposición centrada atribuida al Tiempo y al Espacio,[174] cómo la *disposición entrecruzada* (que permite dividir el Universo en 4 sectores y situar, como principio de toda jerarquía, en el Centro, y darle el emblema 5, la Unidad, Total y pivote del Total) *deriva de un enfrentamiento en batalla, 3 contra 3*, (donde volvemos a encontrar, con la imagen de un eje, el recuerdo de las justas y de la antigua organización dualista de la que surgió la concepción de una categoría de Pareja, primer modelo de clasificaciones numéricas). Lo he demostrado utilizando el mito de *Hi-ho*,[175] que es el Sol, la Madre de los Soles, la Pareja Solar, pero que también es el 3 Hi y el 3 Ho. Yao el Soberano (que a su vez tenía la apariencia de un Sol) utilizó esta doble trinidad de tal manera que dibujó una gran cruz; enviando a los cadetes de los Hi y los Ho en misión a los cuatro Polos, mantuvo cerca de él, enmarcando el Centro a la manera de una Izquierda y una Derecha, al mayor de los Hi y al mayor de los Ho, encargados de dirigir el Sol y la Luna, el Yang y el Yin, pues los Hi y los Ho, todos los 6, son astrónomos además de adivinos. La Unidad, una y doble, izquierda, centro y derecha, delante, centro y detrás, se proyecta, como vemos, como una doble trinidad, acuartelada en una cruz,

---

173 Cfr. *supra*, en este mismo captíulo, ap. I.
174 Cfr., en este mismo Libro, el cap. I.
175 Granet, *Danses et légendes…*, pp. 252 y ss.

pero de tal manera que fija al Mundo un Centro, ya sea oponiendo (el conjunto que vale 5) a 1, el Centro, la cruz que separa 4 sectores, ya sea oponiendo (el conjunto que vale 7) a 4 (la circunferencia, es decir el Cuadrado) 3 (el pivote, es decir el Círculo); 4, 5 y 7 (en cuanto la Unidad se descompone en 6) pueden expresar la forma y la organización del Universo. Un tema similar se encuentra en el mito de Tchong-li. Tchong y Li también son astrónomos, y Tchong-li[176] sigue siendo el Sol. Al igual que Hi-ho, Tchong-li es uno, pero también es la mitad de una Pareja, su mitad *derecha*, ya que se dice que Wou-houei, hermano de Tchong-li (y abuelo de seis nietos que salieron del cuerpo de su madre, tres por la izquierda y tres por la derecha), sólo poseía la mitad *izquierda* del cuerpo.[177] Sin embargo, sólo Tchong-li es una pareja fraternal: Tchong y Li. Uno de estos hermanos gobernaba el Cielo y el otro la Tierra, e incluso, es de estos prudentes astrónomos de donde data la separación de la Tierra y el Cielo, de lo Bajo y lo Alto. Pero a veces se dice que Tchong y Li no son hermanos. Tchong, en todo caso, forma parte de un grupo de 4 hermanos –que sólo cuentan como 3–; dos de ellos, dedicados al *Norte* (Yin), son sólo una pareja; los otros dos, genios del Este y del Oeste, enmarcan esta doble unidad; a este trío se opone el único Li, que, al no proyectarse triplemente, sólo comanda un cuarto del horizonte, sólo un sector del Mundo, el del *Sur*, es cierto, del Fuego y del Yang. Aquí están los puntos de la encrucijada y cuatro héroes a cargo de las cuatro direcciones; en el centro, junto al Soberano que debe poseer la Virtud del Cielo, se colocará un quinto héroe, a cargo de la Tierra (*Heou-t'ou*). La Virtud de la Tierra pertenece al Ministro que es segundo del Soberano y que, siendo uno y triple, se llama "Tres Duques", al igual que los decanos y jefes de los pueblos se llaman "Tres Ancianos". Nada puede mostrar mejor las virtudes que autorizan al 3, el Impar, a ser el símbolo maestro de cualquier dispositivo que exprese una organización jerárquica.[178] Además, podemos ver que, en la clasificación por 5, incluso cuando tiende a desprenderse de la clasificación por 6, queda algo del antiguo dualismo: la unidad central conserva un valor de *pareja*.

Las huellas del dualismo siguen siendo visibles cuando el progreso del Impar y el principio jerárquico conducen al reinado de las clasificaciones por 9 y 10. Si en el Cielo, Hi-ho, Madre de los Soles, tiene 10 hijos, en la Tierra, un Soberano como Yao (que tiene la apariencia del Sol) tiene él mismo 9 o 10 hijos.[179] Yao hizo que su vasallo (o doble), el Gran Arquero, matara a 9 Soles que, impidiendo su acceso al poder, pretendían usurpar, en el Cielo, el lugar del único Sol entonces cualificado para distribuir la luz y la sombra. También hizo que Chouen, su ministro y doble, matara (o al menos desterrara) al mayor de sus hijos, de los cuales sólo (8 o) 9 eran dóciles. La oposición 1 a 9 no es más que otro aspecto de la oposición 1 a 3 o 3 a 3. Cuando el Imperio y el Mundo están desordenados, se pueden ver 1 y 9 Soles luchando entre sí; normalmente la batalla es entre el Sol naciente que va a reinar

---

176 Granet, *op. cit.* pp. 254 y ss.

177 *Ibid.*, nota 599.

178 *Civ. chin.*, pp. 221 y ss.

179 Granet, *Danses et légendes*, p. 253, nota 570, nota 975, nota 583. Los 19 Soles se asignan a cada uno de los 10 días del ciclo deario.

en el Cielo y el Sol descendente se demora en volver a, en la Tierra, el Poniente;[180] tanto si los jugadores se cuentan por 2 como por 10 (1 frente a 9), la justa marca una oposición de lo Alto y lo Bajo. Pero si, al menos en uno de los campos, los jugadores son 9, es que el 9 marca, como un plano, las divisiones del Espacio. La clasificación por 10 (= 9 + 1) sale de la clasificación por 9, de la que deriva también la clasificación por (9 - 1 =) 8. Cuando un Soberano no delega cuatro astrónomos en los Polos, destierra[181] un cuadrado de Genios malvados (que, por otra parte, equivalen también a un doble trío); en este caso, como contrapartida necesaria, el Hombre único se rodea de una doble banda de Genios benéficos; encarga a los Ocho Eminentes que presidan las cosas de la Tierra (*Heou-t'ou*: este es el título del Genio del Centro y de la Tierra cuyo emblema es el 5), y confía a los Ocho Excelentes el cuidado de difundir las 5 Enseñanzas en las 4 direcciones. Todos ellos, *en dos niveles diferentes*: material o moral, terrenal o celestial, cumplen su tarea por delegación de la autoridad central (5 = Centro). Sin embargo, el mero hecho de que en cada grupo haya 8, demuestra que su actividad es periférica. Ejercen su actividad no sólo en los cuatro puntos cardinales, sino también en los cuatro puntos angulares, es decir, en el dominio de los ocho Vientos y de los ocho Trigramas; en los ocho cuadrados que, colocados uno al lado del otro, forman los cuatro rectángulos que dibujan una esvástica alrededor de un cuadrado central, eje del Mundo. Cuando la Unidad Suprema dispone la rosa octogonal de los Trigramas y los 8 símbolos numéricos alrededor del perímetro del cuadrado mágico, se apoya, según se nos dice, dos veces en el centro (5 y 10).[182] Es decir (una nueva huella del dualismo primitivo) que el Centro y la Unidad *misma* son dobles, que un plano celeste se superpone al plano terrestre, un Superior a un Inferior, y que finalmente el Centro, *siendo un pivote*, une el Cielo y la Tierra. Así, el Soberano necesita una doble banda de 8 auxiliares para propagar su doble virtud central. La clasificación por 8 (o 2 x 8) está relacionada, al igual que la clasificación por 10, con la división del cuadrado en 9 casillas. Y lo mismo ocurre (como he mostrado en relación con el *Ming t'ang*, sus 8 habitaciones exteriores y sus 12 vistas del horizonte) con la clasificación por 12. La oposición de la Tierra y el Cielo recuerda el primer dualismo, pero todas estas clasificaciones muestran el progreso de la idea de jerarquía. Este progreso está vinculado al éxito de lo Impar. En lugar de proyectarse triplemente sólo dos veces, para terminar al principio sólo frente a un par de unidades triples, la Unidad Central se proyecta triplemente, hacia adelante, hacia el centro, hacia atrás;[183] el cuadrado ya no está simplemente delineado, por el trazado de una simple cruz; está totalmente limitado por las ramas de la esvástica; el Universo ya no tiene 4 Sectores y 1 Centro (clasificación por 5 Elementos): tiene 9 provincias, 1 centro y 8 direcciones, vientos o trigramas (clasificación por 8).

---

180 *Ibid.*, pp. 377 y 399.

181 *Ibid.*, pp. 238, 277.

182 Cfr. *supra*, en este mismo capítulo, ap. II.

183 Al repetirse esta triple proyección en dos planos, las 9 Provincias de la Tierra corresponden a las 9 Regiones del Cielo.

Hi-ho, patrón de los adivinos, maestro del Yin y del Yang, comanda los 8 Vientos y los 8 Trigramas, al igual que el Sol y patrón de los astrónomos, comanda el juego de luces y sombras. Hay una pareja Hi-ho –como hay, entre los Trigramas, una pareja K'ien-K'ouen, padre y madre de los 3 Trigramas femeninos, que son hermanas, y 3 Trigramas masculinos, que son hermanos–, y hay igualmente 3 hermanos Hi y 3 hermanos Ho. Los Hi y los Ho siguen siendo considerados los Maestros del Sol y de la Luna.[184] La Madre de los Soles (que son 10) no se distingue, míticamente, de la Madre de las Lunas (que son 12). Ambas tienen el mismo marido. Este Soberano, que fue el padre de Tres Cuerpos, también engendró Ocho Héroes que inventaron la Danza y la Música.[185] Cuervo o liebre, el Sol y la Luna tienen tres patas. El Sol en su día debe pasar por 16 estaciones; para presidir la Noche, hay, como para ayudar a un Soberano, una doble banda de 8 Genios.[186] Las danzas antiguas enfrentaban a los bailarines 3 contra 3; más tarde, en los coros de baile, los bailarines se enfrentaban 8 contra 8.[187] Incluso sabemos que hubo una vez una cofradía de bailarines en la que, según se dice, se bailaba por 2 y 3, es decir, sin duda, por 8 y 9. La cofradía tenía, de hecho, 81 o 72 miembros que representaban o bien (9 x 9) las 9 Provincias del Mundo, o bien (9 x 8) estas 9 Provincias de nuevo, o bien) (8 x 9) los 8 Vientos y los 8 Trigramas, recordando, en un caso, la Unidad Central y el Número del gnomon (81-80) y en el otro la división del Total (360) en 5 partes.

El origen de las grandes clasificaciones se encuentra en los mitos que suelen estar relacionados con el Sol y con familias de Soles, porque las clasificaciones numéricas interesaban sobre todo a los astrónomos y, además, el Sol es el emblema del Gobernante. Estos mitos no son más que una fabulación de justas y dramas rituales. La geometría de estos ballets refleja la estructura y la disposición de la sociedad antigua. Las clasificaciones esenciales {por el 6 y el 5 (teoría de los Elementos), por el 8 y el 9 (Vientos y Provincias)} señalan, tras el reinado de la bipartición (Yin y Yang: categoría de la Pareja), el advenimiento del privilegio masculino y del privilegio de los Impares. La formación cuadrada y la formación por 3 caracterizan la organización urbana y militar. La ciudad y el campamento tenían un distrito izquierdo y un distrito derecho que rodeaban la residencia del jefe, cuyos jefes comandaban las legiones izquierda y derecha; los ejércitos se oponían, 3 legiones a 3 legiones, el ejército real solo tenía 6 legiones. Las ciudades y campamentos tienen 9 o 12 distritos.[188] El mundo tiene 9 o 12 provincias; el *Ming t'ang* {tanto si tiene 5 salas (cruz simple) como 9 salas (esvástica)} contiene 9 lugares sagrados y proyecta

---

184 Granet, *op. cit.*, nota 595.

185 *Ibid.*, p. 264. Del mismo modo, el soberano Tchouan-hiu (*Ibid.*, p. 243, nota 4) tenía 3 hijos, dicen algunos, 8 hijos, dicen otros. También tenía un hijo que era una tortuga de tres patas. Este último rasgo se acerca tanto al tema de la danza por 3 (sobre 1 pie) como al de los calderos de 3 patas. El búho de tres cuerpos (*Ibid.*, p. 523) (que se opone a la tortuga de tres patas (*Ibid.*, p. 248)) es la doble y 1 antítesis del cuervo de tres patas (temas del Sol y del Amigo del Sol, *Ibid.*, pp. 527 y ss.).

186 Granet, *Danses et légendes…*, p. 264.

187 *Civ. Chin.*, p. 300.

188 Granet, *Danses et légendes*, pp. 616 y ss, nota 1667; *Civ. Chin.* p. 229.

12 miradas en el horizonte; pero ¿no se puede dividir el cuadrado de 3 x 4 en 9 cuadrados, 8 de los cuales están en el borde? y, dividido en 16, ¿no tiene, en sus 4 lados, 4 casillas, de modo que permite 2 x 8 miradas al horizonte?[189] La ciudad, el campamento, la batalla, las justas de cofradías ilustraban geométricamente las virtudes de los números 8 y 9, 5 y 6, 10 y 12 destinados a servir de multiplicadores y clasificadores privilegiados, ya que los astrónomos podían utilizarlos (y combinarlos) de forma que dividieran 360 en (5, 6, 8, 9, 10. 12 o 30, 36, 40, 45, 60, 72...) sectores.[190]

Aparte de la categoría de Pareja (vinculada a la idea de confrontación y alternancia simple, así como a la imagen de un eje lineal), todas las clasificaciones numéricas se derivan –6 {cruz simple, (6 o) 5 dominios, 4 sectores} y 9 {esvástica, (10 o) 9 dominios, 8 sectores} que sirven de intermediarios– del 3, el Impar, creador del Cuadrado y emblema de la Curva, síntesis del Doble y del Indiviso, Número *yin-yang*, Número masculino, principio de jerarquía, símbolo del Total Nominal, primer Número.

* * *

En China, las clasificaciones numéricas controlan todos los detalles del pensamiento y la vida. Al combinarlos y entrelazarlos, se ha construido un vasto sistema de correspondencias. La división de las cosas en los distintos Elementos y Trigramas ocupa el primer lugar en este sistema, pero otras clasificaciones, también de base numérica, se enredan, complicando (o incluso invirtiendo) las correspondencias y los antagonismos. Como resultado de estos enredos y del uso infinito de clasificadores numéricos, acaban por no tener más que una especie de valor mnemotécnico; sólo ayudan de forma puramente externa y escolástica a conectar los detalles de las realidades con el sistema del Mundo. Así ocurre, por ejemplo, cuando el *Hong fan*[191] divide la actividad gubernamental en 8 secciones (alimentos, mercancías, sacrificios, obras públicas, instrucción, justicia, hospitalidad, ejército) o cuando el *Tcheou li*[192] clasifica en categorías numéricas las atribuciones del Ministro del Cielo (6 ministerios, 8 reglamentos, 8 estatutos, 8 principios de emulación, 8 principios de moralidad, 9 clases de trabajadores, 9 ingresos, 9 gastos, 9 tributos, 9 principios de autoridad...). No es necesario insistir en la persistente moda de las clasificaciones numéricas; pero el prestigio que siguen ejerciendo demuestra que, si los chinos clasifican por medio de índices numéricos, es porque creen que estos

---

189 Cfr., en este mismo capítulo, el ap. IV.

190 Me gustaría creer que Biot no se equivocó al afirmar que las mansiones fueron primero 24 y no 28 {los 24 husos primitivos están relacionados con la división horaria del día y los 4 husos adicionales (8, 14, 21, 28) están relacionados con el año tropical}. Sobre este punto, véase A. Rey, *La Science orientale*, pp. 377 y ss. La cuestión, que es controvertida, no entra en el objeto de este trabajo. Me limitaré a señalar que el clasificador 7 (vinculado a la idea de eje, al tamaño humano y al tamaño del rayo de la rueda cósmica) se utiliza sobre todo para medir el tiempo ritual debido a la fórmula 10 = (3 + 4) + 3 = 3 + (4 + 3). 7 no es un divisor de 360. Cuando se cuentan 28 mansiones, hay que combinarlas, en cuanto el contorno del Cielo se va a dividir en sectores, con los 8 Vientos porque 28 + 8 = 36.

191 *SMT*, IV, p. 219.

192 *Tcheou li*, Biot, *Le Tcheou li, ou les Rites des Tcheou*, t. I, pp. 43 y ss.

índices son capaces de informarles de alguna manera sobre la naturaleza de las cosas.[193] Los números empezaron por tener un papel lógico más eficaz. Se utilizaron para ajustar las cosas y las medidas de cada cosa a las proporciones cósmicas, para mostrar que todo encaja en el Universo. El Universo es una jerarquía de realidades. A la función clasificatoria de los Números se añade inmediatamente una función protocolaria. Los números permiten la clasificación jerárquica de todas las agrupaciones reales.

Una regla domina el uso protocolario de los Números. Esta regla puede ayudar a entender la concepción que los chinos tienen de la unidad y de la serie numérica. Las técnicas rituales a veces colocan en primer plano números pequeños y a veces grandes. Mientras que las deidades secundarias, que son numerosas, tienen derecho a una multiplicidad de víctimas, al Cielo se le sacrifica un solo toro; el Cielo es uno y sólo se le sacrifica a él, el Hombre Único, el Soberano. La cantidad, además, tiene poca importancia para el Cielo y las demás deidades que se conforman con la "Virtud" (*tö*) de las víctimas. Pero la multitud de gente común come todo lo que puede (comen, es cierto, sólo las porciones que no son nobles). Los propios nobles no están satisfechos hasta el tercer plato. Un señor se conforma con el segundo plato y el rey con el primero. Sin embargo, veintiséis jarrones de madera llenos de vituallas se colocan ante el soberano, sólo dieciséis en la mesa de un duque, doce en la de un señor feudal, ocho o seis para un gran oficial de primer o segundo rango... Podría multiplicar los ejemplos. Basta con decir que el principio de estas reglas numéricas fue definido claramente por los chinos. A veces "el gran número (o tamaño) es una marca de nobleza: es que el corazón se vuelve hacia afuera... (a veces) el número pequeño (o el tamaño pequeño) es una marca de nobleza: es que el corazón se vuelve hacia adentro".[194] Es decir, la jerarquía se expresa por medio de números seleccionados, recorriendo la serie numérica en una u otra dirección, con un pensamiento dominado alternativamente por un sentido de expansión o de concentración, por la idea de lo *completo*, que son muchos, o de lo *total*, que es uno.

El mismo principio se encuentra en el uso constante de múltiplos en las técnicas rituales. La serie impar: 3, 9, 27, 81, que parece estar naturalmente ligada a la unidad, es por ello casi siempre preferida a la serie par: (4), 8, 16, 32, 64. En la mayoría de los casos, se utiliza para hacer sensible un vaivén rítmico entre lo simple y lo complejo, combinando al mismo tiempo representaciones espaciales y temporales. Sabemos que un rey tiene 120 esposas, sin incluir a su reina, que es una con él. Este séquito femenino puede dividirse en cuatro grupos, o cinco si se incluye a la reina. Estos grupos, desiguales en *tamaño*, son también desiguales en *valor*, pero a la inversa. Las esposas del rey tienen tanto menos nobleza cuanto más grande y, en consecuencia, más distante del Señor es el grupo al que pertenecen. Por lo tanto, hay 81 mujeres de 5º rango, 27 de 4º rango, 9 de 3º rango, 3 de 2º rango, aunque solo la reina comparte la nobleza del rey. Vistos en el espacio, estos

193 Cfr. el Libro III, cap. II, sobre el papel de los índices numéricos en la teoría del microcosmos.

194 *Li ki*, C., I, p. 550.

grupos, por así decirlo, encajan unos con otros. Una especie de ritmo concéntrico[195] regula su vida en el Tiempo. Dividido por 9 en 9 secciones, las menos nobles de las mujeres reales se acercan al Señor al principio y al final de las lunaciones, una de las nueve primeras y una de las nueve últimas noches del mes. Las mujeres de cuarto y tercer rango son igualmente convocadas al rey en secciones de nueve y dos veces al mes, pero para noches más centrales. Al grupo de tres mujeres de segundo rango, a las que el Señor también admite en su presencia en dos ocasiones, pertenecen las noches 14 y 16, ambas cercanas a la noche santa en la que la luna, toda ella, se enfrenta al sol. Es durante esta única noche, pero es durante toda esta noche, que la reina permanece, sola, en presencia del Hombre Único. Un uso comparable de los números se encuentra en la famosa ceremonia del arado de primavera.[196] El Soberano ara primero, pero sólo hace tres surcos. Los tres duques del palacio aran tras él, cada uno de ellos con cinco surcos. Después de ellos vienen los nueve ministros; cada uno de ellos ara nueve surcos, deben abrir 81 surcos. Más numerosos en el trabajo, también tienen una tarea más larga. Su tarea es secundaria; sólo repiten, prolongan y celebran la única obra eficaz, la Obra Real; la Tierra queda fecundada en cuanto el Hombre único ha arado en ella. Y, del mismo modo, ¿qué cuentan las 120 esposas y sus uniones multiplicadas? Es cierto que la fecundidad real, diluida, se extiende rítmicamente, alcanzando finalmente, con las 81 últimas mujeres, las partes más pequeñas del Universo; pero todo el Universo está fecundado; se da un ritmo único a la vida universal tan pronto como la Pareja Real, invitando a la Luna y al Sol a enfrentarse a horas fijas, se ha unido. Si el protocolo gusta de utilizar series de múltiplos, es porque éstos, a la vez que indican un cierto ritmo, evocan una naturaleza o una disposición del Total, que permanece idéntica, incluso cuando se considera bajo el aspecto Completo y en todo el detalle de su composición. Todos los múltiplos son básicamente equivalentes o, al menos, su magnitud importa poco, y, sin embargo, los números sirven para estimar; pero no es la cantidad lo que cuenta en lo que estiman, es el valor, cósmico y social a la vez, de las agrupaciones que etiquetan; es la dignidad o la parte de poder de las categorías que permiten clasificar.

No es importante, por tanto, en número, el tamaño que tengan. Para jerarquizar, para señalar, por así decirlo, un *ritmo jerárquico*, no importa que se pase por la serie numérica o por una serie de múltiplos en un sentido o en otro. Formar parte de un grupo de 81 mujeres es estar lo más alejada posible del amo y recibir de él sólo favores diluidos; pero poseer 81 mujeres equivale a gobernar las 9 Provincias y a concentrar en uno mismo una autoridad total. Un simple noble puede alimentar a 9, 18 (= 2 x 9) o 36 (= 4 x 9) personas si es de 1º, 2º o 3º rango; un gran prefecto puede alimentar a 72 (= 9 x 8), un ministro a 288 (= 9 x 32), un príncipe a 2880 (= 9 x 320).[197] Los números saben expresar dignidad, porque señalan la importancia del grupo al que sirven. También saben expresarlo indicando un coeficiente de poder o mucho prestigio, es decir, un *valor social*.

---

195 Cf. Granet, *La polygynie sororale…*, pp. 37 y ss. Cf. en este mismo Libro, cap. I.
196 *Li ki*, C., II, p. 335.
197 *Ibid.*, I, p. 326.

Esta es, por ejemplo, la función de los cuatro números impares 3, 5, 7, 9. La habitación donde el jefe recibe y come forma una plataforma elevada de 3 pies, si es un simple oficial; de 5 pies si es un gran oficial, de 7 si es un señor, de 9 si es el rey.[198] Cuando el rey muere, se usan 9 conchas de cauri[199] para cerrarle la boca; se lo llora continuamente durante 9 días; se sigue llorando durante 9 meses, se patalea en series de 9 saltos; finalmente, después del entierro final, se repiten las ofrendas 9 veces.[200] Los señores, los grandes oficiales, los funcionarios sólo tienen derecho a 7, 5 o 3 ofrendas, cauríes, saltos, meses o días de llanto. Su cuerpo es más rápidamente preparado para el entierro final; se disuelve tras un menor esfuerzo. Se necesita menos tiempo y menos gestos rituales para ayudarles a pasar de la vida a la muerte; la vitalidad es menos poderosa cuanto más baja es la dignidad. La sociedad feudal es una sociedad militar; el prestigio, el rango y la dignidad se ganan mediante concursos y pruebas. Las pruebas más importantes son las de tiro con arco. ¿No se llama a los feudatarios "arqueros"? En el tiro con arco, uno puede demostrar su habilidad o lealtad (todo es uno) y la calidad de su voluntad disparando sus flechas en el momento adecuado (porque la competición se hace con música) y directamente al blanco. Cuando uno las dispara con fuerza, demuestra su vitalidad, su valor: el poder de su genio. Por tanto, los arcos se construyen teniendo en cuenta la voluntad (*tche liu*) y la vitalidad (*hiue k'i*)[201] de su destinatario. Para apreciar la dignidad que merece el destinatario, basta con estimar la fuerza de su arco. Los arcos más fuertes son menos curvados. Por eso es necesario, para formar un círculo perfecto, tomar 9 de ellos, si se trata de arcos que solo un rey podrá utilizar; pero se completará la circunferencia con 7 arcos de señores, 5 arcos de grandes oficiales o 3 arcos de oficiales.[202]

Lejos de pretender que los Números sean los signos *abstractos* de la *cantidad*, los chinos los utilizan para *representar la forma* o *estimar el valor* de unas u otras agrupaciones que pueden presentarse como agrupaciones de cosas, pero que uno siempre tiende a confundir con agrupaciones humanas. Los Números describen la forma o el *valor* de las cosas, porque indican la *composición* y el *poder* del grupo humano al que estas cosas pertenecen. Expresan, en primer lugar, la parte de poder que le corresponde al Jefe a cargo de una agrupación humana y natural.

Los Sabios pueden, pues, representar mediante los Números el orden protocolario que rige la vida universal. Son las reglas sociales las que les permiten concebir este orden. El orden de la sociedad es feudal. Una lógica jerárquica inspirará así

---

198   *Ibid.*, I, p. 547.

199   Cauri es el nombre común de un grupo de caracolas marinas pequeños y grandes, moluscos gasterópodos marinos de la familia *Cypraeidae*; éstas eran usados como moneda de concha en China y otros lugares (N. del T.).

200   *Ibid.*, II, p. 184; II, p. 548; II, p. 141; II, p. 543. Los oficiales y los grandes oficiales son enterrados en el tercer mes; su templo ancestral consta de 3 capillas (tienen 3 antepasados a los que rinden culto personal). Los señores tienen 5 capillas en su templo; son enterrados en el 5º mes; el rey tiene 7 capillas; es enterrado en el 7º mes. El llanto continúa dos meses después del entierro final (desde el rango de gran oficial): de ahí los números, 3, 5, 7, 9.

201   *Tcheou li*, Biot, *op. cit.*, II, p. 596.

202   *Ibid.*, II, p. 596.

todo el sistema de clasificaciones numéricas y la propia idea que se tiene de los Números.

* * *

Los números tienen una función lógica; tanto clasificatoria como protocolaria. Etiquetan las agrupaciones jerárquicas. Las etiquetas numéricas sirven para calificar el valor de cada agrupación en su conjunto; permiten estimar el contenido y la tensión del grupo, su cohesión, su concentración, es decir, el poder de animación que señala su líder. Los escenarios de los ballets o de las justas bailadas arrojan luz sobre el papel geométrico o cosmológico de los números; las reglas de construcción de los arcos utilizados para probar a los Jefes explican la función de los números cuando se utilizan para estimar, no estas magnitudes, sino los valores. En ambos casos, se observa que la misma idea domina las concepciones chinas; aunque la noción de unidad aritmética o de suma permanece en segundo plano, los Números aparecen como Símbolos que representan *los aspectos* –más o menos nobles– *de la totalidad*, de la eficacia, del poder. Estos símbolos, más que diferenciarse cuantitativamente entre sí, se oponen, se corresponden, se evocan o se eligen. Todos los pares son el Par, todos los impares son el Impar y, gracias a los Impares, son posibles las mutaciones de los Pares y los Impares. Los números pueden sustituirse entre sí y, siendo diferentes en tamaño, pueden ser equivalentes;[203] todos los juegos son posibles, ya que el sistema de división de las unidades puede variar. Pero las mutaciones, las sustituciones y las equivalencias están controladas por una idea fundamental. A partir del 3, el primer Número, todos los símbolos numéricos son etiquetas de los Muchos, es decir, aproximaciones del Completo (*tsin*). 3 es sólo una síntesis. Sólo el Uno, que contiene al Dos, la Pareja, la Unidad Comunitaria, expresa perfectamente el Total, que es el Todo. El Total, Yi, el *Todo*, es el poder universal de animación que pertenece al Jefe, al Hombre Único. Toda la concepción china de los Números (como hemos visto, la concepción del Yin y el Yang, y como veremos, la concepción del Tao) proviene de representaciones sociales, de las que no ha pretendido abstraerse en absoluto. Para terminar, podemos concluir con una anécdota.

El *Tso tchouan* relata los debates de un consejo de guerra:[204] ¿debemos atacar al enemigo? Al Jefe le seducía la idea de luchar, pero debía comprometer la responsabilidad de sus subordinados y seguir su consejo primero. Doce generales, incluido él mismo, asistieron al Consejo. Las opiniones estaban divididas. Tres líderes se negaron a entrar en combate; ocho querían ir a la batalla. Estos últimos son la mayoría y lo proclaman. Sin embargo, la opinión que reunió 8 votos no prevaleció sobre la que reunió 3. 3, es decir, casi la *unanimidad*, que es algo muy diferente de la *mayoría*. El general en jefe no luchará. Cambia de opinión. La opinión a la que se adhiere dándole su único voto se impone entonces como opinión *unánime*.[205]

---

203 Cfr., en este mismo Libro, el inicio del cap. III.
204 *Tso tchouan*, C., II, p. 59.
205 Sobre la necesidad de unanimidad en los Concilios, véase *Civ. Chin.* pp. 326 y ss.

Capítulo IV
EL TAO

Al igual que la clasificación bipartita del Yin y el Yang, las clasificaciones numéricas derivan su valor de un sentimiento de unidad comunitaria o, si se quiere, del Total. Este sentimiento es el que experimenta una agrupación humana cuando se presenta a sí misma como una fuerza intacta y completa; surge y se exalta en las fiestas y asambleas; un alto deseo de cohesión prevalece entonces sobre las oposiciones, los aislamientos, las competencias de la vida cotidiana y profana. El más simple y permanente de estos antagonismos y solidaridades se ha traducido en la concepción del Yin y el Yang como una pareja antitética, pero unida por la más perfecta de las comuniones. Las clasificaciones por 6 y 5, 8 y 9, corresponden a un progreso de la necesidad de cohesión. Parecen estar vinculadas a una organización más compleja de la sociedad y a la idea de una unión federal. Ya sea que sugieran la imagen de una asamblea militar en una plaza, o una disposición de batalla, o las divisiones del campamento, la ciudad o la casa de las asambleas masculinas, es una organización feudal lo que traen a la mente. Al igual que los grupos feudales, las agrupaciones orientadas de realidades activas, de las que los Cinco Elementos y los Ocho Vientos son símbolos, no se limitan a enfrentarse y comulgar entre sí; estos sectores del Mundo se organizan en torno a un Centro del que parecen haber dependido desde el principio. Es porque los hombres ven en su Jefe al autor de una distribución armoniosa de todas las actividades, humanas o naturales. El Soberano ordena el Mundo y lo anima; por el mero hecho de celebrar su Corte en el centro de la confederación, todo coexiste y perdura en el Universo. La atribución de la autoridad total a un personaje, que preferimos llamar el Hombre Único, va acompañada de la concepción de un poder regulador. Este poder es imaginado, de forma más o menos realista, bajo el aspecto de un principio de orden supremamente eficaz: el Tao.

* * *

De todas las nociones chinas, la idea del Tao no es la más oscura, sino aquella cuya historia es la más difícil de establecer, tan grande es la incertidumbre sobre la cronología y el valor de los documentos al respecto. La práctica de llamar taoístas o seguidores del Tao a los defensores de una doctrina considerada muy definida puede hacer creer que la noción de Tao pertenece a una escuela concreta. Pero creo que debe adscribirse al ámbito del pensamiento común.

Todos los autores, taoístas y no taoístas, utilizan el término Tao para señalar un conjunto de ideas que siguen siendo muy similares, incluso en sistemas cuya orientación es muy diferente. En el corazón de todas las concepciones del Tao están las nociones de Orden, Totalidad, Responsabilidad y Eficiencia.[1] Los escritores considerados taoístas están marcados por el deseo de eliminar de estas nociones todo lo que puedan contener de representaciones sociales. Lejos de atribuir la concepción original del Tao a los autores que a veces se denominan "Padres del Taoísmo", creo que ellos la presentan con el aspecto más alejado de su valor original. Estos pensadores utilizan la palabra Tao para expresar el Orden efectivo que domina –un *poder indefinido*– sobre el conjunto de las realidades aparentes, permaneciendo, a su vez, rebelde a toda realización determinada. Sin embargo, cuando llegan a ilustrar esta idea, a menudo se contentan con evocar el *arte total* que permite a un Jefe –generalmente Houang-ti[2] que es su patrón, pero que también es el primer Soberano de la historia china– gobernar el Mundo y el Imperio. El Tao, el único principio de todos éxito, es para ellos el arte de gobernar.

Este arte, para los autores de la Escuela llamada confuciana, es también un arte soberano que abarca todo el conocimiento. Ven en el Tao la Virtud propia del hombre honrado (*kiun tseu*); éste, como el Príncipe (*kiun*), se enorgullece de no poseer ningún talento particular.[3]

Los taoístas, por su parte, oponen la palabra *tao* a varios términos (*chou, fa*) que significan "recetas, métodos, reglas" y que recuerdan los procedimientos de los técnicos especializados.[4] Esto no impide poseer, con la ayuda del Conocimiento total que implica el Tao, el Genio que permite triunfar en la astronomía o en la física, ser un Inmortal o comandar tal o cual provincia de la naturaleza.[5] Al dar

---

1   En 1913, acerqué la noción de *tao* a la de *mana* (en *Coutumes matrimoniales de La Chine antique*). Todas mis lecturas desde entonces me han confirmado en la idea de que esta comparación era correcta. Al igual que el concepto de *mana* permanece latente en las sociedades más arcaicas y sólo comienza a expresarse en las civilizaciones más evolucionadas, la idea de *tao*, latente en China desde la época en que se concibieron los símbolos del Yin y el Yang, sólo surgió cuando los chinos adoptaron una organización jerárquica; lleva la marca de ésta.

2   Véase, por ejemplo, *Tchouang tseu*, en L. Wieger, *Les Pères du système taoïste*, p. 287, ibid., p. 417.

3   Este es el tema principal del *Tchong yong* (*Li ki*, C., II, pp. 427 ss; *Civ. Chin.*).

4   *Tchouang tseu*, capítulo T'ien hia, Wieger, *op. cit.* pp. 499 y ss.

5   *Tchouang tseu*, Wieger, *op. cit.*, p. 255, y *Houai-nan tseu*, II; Granet, *Danses et légendes...*, nota 1428.

estos ejemplos, Tchouang tseu quiere hacer visibles las posibilidades indefinidas que confiere el Tao. Es notable que los tome prestados de la mitología común. En un antiguo himno en honor de Heu-tsi, el Príncipe de la Cosecha, el poeta proclama que este Héroe "poseía la Virtud (Tao) de ayudar (a la Naturaleza)":[6] conseguía hacer crecer todo lo que plantaba. Lo más probable es que la palabra *tao*, en el lenguaje mítico y religioso, expresara la idea de una eficacia indeterminada en sí misma, pero que era el principio de toda eficacia.

Los "Padres del Taoísmo" apenas utilizaban la palabra *tao* sin relacionarla con la palabra *tö*. Para ellos, este término designa la Eficiencia cuando tiende a particularizarse. La doble expresión *tao-tö*[7] nunca ha dejado de transmitir, en el lenguaje común, la idea de Virtud, pero no en el sentido puramente moral de esta palabra. *Tao-tö* significa "prestigio", "ascendencia principesca", "autoridad efectiva".[8] *Tö*, en el lenguaje de los mitos, es la cualidad de los genios más completos, más reales.[9] Es sin duda el deseo de analizar, oponiéndolas, dos nociones, en principio no muy distintas, lo que ha llevado a dar a *tö* el valor de "virtud específica" y a señalar con este término, en el lenguaje filosófico, la idea de una Eficacia que se singulariza al realizarse. Mientras que *tö* despierta sobre todo el sentimiento de los éxitos particulares, *tao* expresa el Orden total que expresa el conjunto de los logros.

El Tao (o Tao-tö) es la Eficiencia, pero se caracteriza por su acción reguladora, en la medida en que se funde con un principio soberano de organización y clasificación.

* * *

El primer significado de la palabra tao es "camino"; éste es también el significado de la palabra *hing*, que hemos llegado a traducir como "Elemento".

Al igual que ocurre con las nociones de Yin y Yang, los estudiosos que se han esforzado por interpretar *hing* y *tao* en términos europeos se dividen en dos grupos: unos no dudan en reconocer en el Tao y los Elementos un principio actuante y fuerzas naturales;[10] otros, sin más vacilación, ven en los Elementos sustancias y en el Tao también una sustancia, pues lo convierten en la suma del Yin y el Yang, que también serían sustancias.[11]

Estas afirmaciones divergentes suelen estar relacionadas con las opiniones sobre la cronología de los documentos.

Para muchos estudiosos, la "teoría de los cinco elementos" es de reciente invención (siglos III-II a.C.). Si se alude a ella en el *Hong fan*, es porque este documento

---

6   *Che king*, C., p. 351; Granet, *Le dépôt de l'enfant sur le sol*, p. 31.

7   Aunque incluimos al final de este libro una tabla que muestra las equivalencias entre distintos tipos de romanización, dada la importancia del término tao-tö", indicaremos sus equivalencias a continuación. Utilizando el sistema de romanización Wade-Giles, *tao-tö* se escribe *tao-te*, utilizando Pinyin sería *dao-de*. Es muy conocido el nombre del libro atribuido a *Lao tseu* (*Lao tseu* en Wade-Giles, también *Lao tze*; y *Laozi* en Pinyin): *Tao-tö-king*, escrito como *Tao Te Ching* en Wade-Giles y *Daode Jing* en Pinyin (N. del T.).

8   *Civ. Chin.* p. 278; Granet, *Fêtes et chansons anciennes*, pp. 79, 197.

9   *Civ. Chin.*, pp. 21, 25.

10   *SMT*, Introducción, p. CXLIV.

11   Maspero, *La Chine antique*, pp. 483, 440.

es en sí mismo reciente o porque ha sido interpolado.[12] Según Chavannes, la moda de la teoría sólo puede remontarse a Tseou Yen (siglos IV-III a.C.). Podemos atribuir a Tseou Yen mucho genio y toda clase de invenciones; sólo lo conocemos por unas pocas líneas, agregadas por Sseu-ma Ts'ien a la biografía de Mencio.[13] Se deduce que Tseou Yen había fundado una escuela muy floreciente en Ts'i.[14] Se dice que patrocinó la idea de que los Elementos se suceden *destruyéndose* unos a otros. Si ésta fuera efectivamente la teoría primaria, se podría concluir, como hizo Chavannes, que los Elementos "son grandes fuerzas naturales que se suceden destruyéndose unas a otras".[15]

Una observación de Chavannes va más allá de esta hipótesis. El asumió que la teoría de los Cinco Elementos (*wou hing*) expuesta por Tseou Yen coincidía con la teoría de las Cinco Virtudes (*wou tö*: cinco eficiencias), que floreció por la misma época.[16] Esta última sirvió de marco a los políticos que utilizaron las tradiciones míticas o populares para reconstruir la historia antigua de China. Querían mostrar que los acontecimientos, tanto en el orden histórico como en el orden natural, se ordenan por una sucesión de tipo cíclico; toda Virtud (*tö*) agotada debe ser sustituida por otra Virtud cuyo tiempo debe reinar. La idea, sin duda, no era nueva –la noción de Tao (o Tao-tö), como veremos, al menos en cuanto la utilizan los teóricos de la adivinación, implica el concepto de sucesión cíclica–, sino sólo la forma en que se presenta. Al insistir en las ideas de destrucción y triunfo, se tendía a justificar el espíritu de conquista que se había hecho muy poderoso durante el período que precedió a la fundación de la unidad imperial.[17]

Tal vez tengamos derecho a declarar reciente la teoría de los Cinco Elementos cuando la relacionamos con la teoría, así entendida, de las Cinco Virtudes.[18] Pero hay que añadir (tal es el interés de la comparación) que los Elementos, cuando caracterizan una Virtud dinástica, aparecen como Símbolos. Decir que se suceden por la vía del triunfo es decir que, para definir su Virtud emblemática, una Dinastía debe elegir el Elemento que se opone, en la rosa cuadrangular, al Elemento adoptado por la Dinastía vencida. Hay que concluir, no que los Elementos son fuerzas naturales, sino que son válidos como Rubricas Simbólicas.[19]

¿La "teoría de los Cinco Elementos realmente comenzó con la idea de una sucesión asegurada por el triunfo"?

Los intérpretes indígenas coinciden en que el "orden de triunfo" de los Elementos deriva de su orden de producción. Esto último se refleja en la disposición

---

12   *Ibid.*, nota 684.
13   *SMT*, cap. LXXXIV (cf. nota 450).
14   *SMT*, Introducción, p. CXLIV.
15   *SMT*, Introducción, 1. c.
16   *GTS*, Introducción, nota 230.
17   *Civ. Chin.*, pp. 42 y ss. Sobre la historia tradicional y sus marcos, véase *Ibid.*
18   Véase más arriba la relación que se establece entre la teoría de las 5 Virtudes, las reglas del culto ancestral y las divisiones del grupo familiar.
19   Los Ts'in, que se atribuían el símbolo del agua, daban honor al negro, a la severidad, etc., y adoptaron, para la división de la unidad, el índice o clasificador 6; 6 pies equivalían a un paso, los carruajes tenían 6 caballos. Cfr. M. Granet, *op. cit.*, p. 49.

orientada atribuida a los Elementos por el *Hong fan*. La disposición del *templo* lleva a colocar el Agua (1) en el Norte, el Fuego (2) en el Sur, la Madera (3) en el Este, el Metal (4) en el Oeste y la Tierra (5) en el Centro. Hemos visto que este orden resulta de la fórmula de la escala {10, 7, 9, 6, 8, (5)}. Para establecer una equivalencia entre los símbolos numéricos de los tubos que se suceden y las estaciones que también se suceden en un orden fijo y de las que se puede decir que se suceden, fue necesario atribuir a los diferentes sitios, a partir de un punto determinado del horizonte (el Sur, por ejemplo), y en orden, los símbolos 7, 9, 6, 8. Este orden impuesto facilitó la unión de las Notas y las Estaciones-Direcciones, por un lado, con los Elementos, por otro.

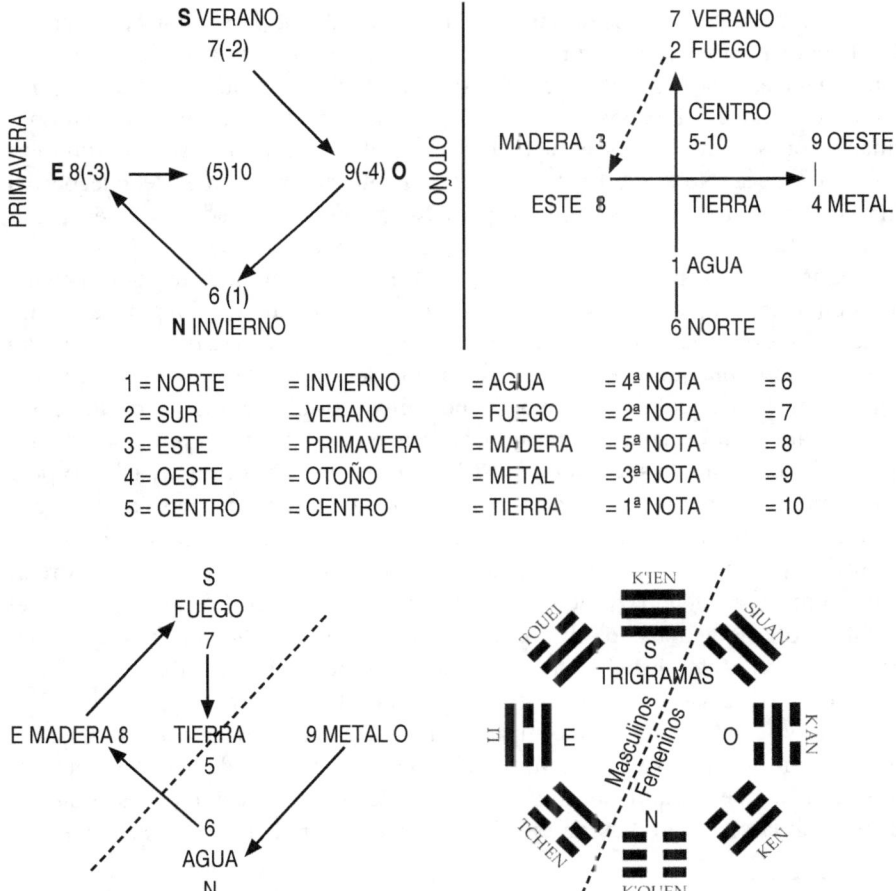

1 = NORTE	= INVIERNO	= AGUA	= 4ª NOTA	= 6
2 = SUR	= VERANO	= FUEGO	= 2ª NOTA	= 7
3 = ESTE	= PRIMAVERA	= MADERA	= 5ª NOTA	= 8
4 = OESTE	= OTOÑO	= METAL	= 3ª NOTA	= 9
5 = CENTRO	= CENTRO	= TIERRA	= 1ª NOTA	= 10

Estos últimos, en efecto, se distribuyen en dos parejas (Agua-Fuego, Madera-Metal), cada una de ellas formada por términos antitéticos, y la atribución de una dirección a los dos términos de una de estas parejas estaba, *de antemano*, indicada. El fuego "tiende hacia arriba" y hacia arriba es lo mismo que hacia el sur, mientras que el fuego bien puede caracterizar el verano, la estación cálida. El agua "tiende hacia abajo", y Abajo es el Norte, mientras que el Agua bien puede caracterizar el Invierno, que es una estación sin agua; porque las Aguas entonces desaparecen de la Tierra y se encuentran en el fondo del Norte del Mundo. El centro se adaptaba perfectamente a la nota inicial emitida por este tubo patrón y, en consecuencia, a esta misma nota rebajada en una octava; la pareja congruente 10-5 se colocó, pues, en el centro de la cruz. Dado que la segunda nota y el par congruente 7-2 fueron asignados al Sur, el orden de las Estaciones y de las Notas exigía la asignación del par 6-1 al Norte. Si, por lo tanto, se comenzaba asignando el Elemento Agua al Fondo y al Norte-Invierno, el orden impuesto permitía asignar el Elemento Fuego, antitético, predispuesto a ser asimilado al Verano, al Sur y a la Parte Superior. La 3ª nota, 9, y la pareja 9-4 debían ir necesariamente al Oeste, y al Este, la 5ª nota, 8, y la pareja 8-3; la pareja antitética de Elementos formada por el Metal y la Madera debía, en consecuencia, repartirse entre estos dos sitios opuestos. La Madera podía colocarse ventajosamente en el Este y vincularse a la Primavera, mientras que era fácil imaginar razones para vincular el Elemento Metal al Otoño y convertir los símbolos del Oeste[20] de las Notas (7, 9, 6, 8), respectivamente en los símbolos del Fuego y del Sur-Verano, Metal y Oeste-Otoño, Agua y Norte-Invierno, Madera y Este-Primavera y 10, (con el número congruente 5) que va en el Centro, 5 y los cuatro números pequeños de las parejas congruentes (2, 4, 1, 3) podrían indicar legítimamente el orden de las asignaciones simbolizadas por la disposición del *templo*. La solidaridad de los dos órdenes de enumeración de los Elementos no es dudosa; el indicado por el *Hong fan*, que obedece a la disposición del *templo*, y el asumido por el *Yue ling*, que es el orden conocido como "la sucesión de los Elementos por producción".

Podríamos aprovechar este hecho para reivindicar una cierta antigüedad a favor de "la teoría" de la sucesión de los Elementos por producción, y ello no porque el orden de enumeración seguido por el *Hong fan* (cuya fecha siempre puede ser rebajada) parezca estar de acuerdo con esta teoría. Es, por el contrario, una anomalía que se encuentra en este último, que supone la antigüedad del orden seguido por el *Hong fan*. Aunque es fácil decir que el Fuego (Verano) produce el Metal (Otoño) que licua, los chinos dicen que el *Fuego produce la Tierra* y la Tierra produce el Metal. Estas metáforas no son del todo absurdas {los minerales se encuentran en la Tierra, y ésta se cultiva después de que se haya prendido fuego a la broza y se haya reducido a cenizas la Madera; se puede decir (en rigor) que el Fuego la produce}. Pero implican que el orden de sucesión de los Elementos ya no se considera estrictamente equivalente al orden de producción de las notas. En lugar de situarse, como dictaría este último orden, entre la Madera (Primavera) y

---

20   Si la disposición transversal (*Ho t'ou*) de los números, las notas, las Estaciones-Direcciones y los Elementos merece ser considerada como una imagen del mundo, es porque rompe la coherencia de los diversos sistemas de clasificación. Esta imagen parece eficaz, porque muestra que el orden de producción de los símbolos musicales reproduce el orden natural de las estaciones y tiene en cuenta una oposición de los elementos que también parece natural. Son los números los que ponen de manifiesto la coherencia, de ahí su prestigio y el de las clasificaciones numéricas.

el Fuego (Verano), la Tierra (Centro) se sitúa entre el Fuego y el Metal. Este orden (Madera, Fuego, Tierra, Metal, Agua) se explica por una regla del Calendario. Es entre el Verano y el Otoño que se inserta el mes ideal,[21] cuya duración convencional corresponde a la postura mantenida por el jefe (*pivote* del Tiempo) en el centro de la Casa del Calendario. Este mes sin duración probablemente no es una invención muy reciente; implica una división del año que agrupa el otoño y el invierno, la primavera y el verano, como si el año estuviera atravesado por un eje N-E - S-O. análogo al eje que separa los trigramas masculino y femenino en la disposición de Fou-hi.[22] El uso, sin embargo, corresponde a una innovación; el final del verano y el comienzo del otoño están, como este mes sin duración, vacíos de cualquier tipo de fiesta religiosa. Por el contrario, una estación en el *centro* (= Tierra) de la Casa del Calendario parece mucho más apropiada para el jefe al final de la Primavera (= Madera). Es entonces el momento de una serie de fiestas, quizás las más importantes del año, y estas fiestas implican una especie de retiro, ya que han sido llamadas las fiestas del "alimento frío".[23] Incluían la ceremonia de trasladar las chimeneas al aire libre; el fuego, en invierno, se había mantenido en el interior de los edificios de adobe o de las viviendas subterráneas, y bien podía decirse, que al inaugurar la Estación Cálida *la Tierra produce el Fuego*. Además, en el momento en que la savia sube y alimenta las plantas, el Jefe, como veremos, debe permanecer inmóvil en el *Centro* del Espacio, situándose entre la Tierra y el Cielo. Por muy grande que sea la antigüedad del orden de producción de los Elementos, que se ajusta tanto al orden de las Estaciones como a las reglas de la morfología estacional china, no reclamaremos para él ninguna primacía. El orden del triunfo está estrechamente asociado al mismo. Resulta de la oposición cardinal de los elementos Fuego-Agua y Madera-Metal, una oposición ilustrada y respetada por la disposición en cruz que pone de manifiesto el orden de producción.

Algunos occidentales admiten, siguiendo a los intérpretes chinos, que la idea de producción y la de oposición o triunfo son igualmente antiguas. Por otra parte, conceden al *Hong fan* una cierta antigüedad.[24] Pero en lugar de concluir, como parecen invitar el texto y la disposición del *Hong fan*, que los Cinco Elementos son los rubricas que presiden un determinado sistema de clasificación, profesan que "deben haber existido, por tanto, varias teorías" sobre ellos. Así, toman partido contra la idea de Chavannes y, negándose a ver en los Elementos fuerzas naturales,

---

21   Cfr. *supra*, en este mismo Libro, cap. I.

22   Cfr. *supra*, en este mismo Libro, cap. III, ap. II.

23   La "Cuaresma" china comienza el tercer día del tercer mes (último mes de la primavera), 105 días, se dice, después del solsticio de invierno. (Hemos visto que 105 caracteriza al Norte, en el cuadrado mágico con centro 6). A las fiestas de la temporada baja, la estación de los muertos que termina cuando los vivos devuelven las almas de los muertos a sus moradas subterráneas y se preparan para reanudar el trabajo de la vida secular, le sigue un periodo de inanición casi voluntaria; es el momento elegido para los diversos juegos (columpio, pértiga) destinados a asegurar el éxito de las cosechas.

24   Maspero, p. 440.

los convierten en "cinco sustancias reales".[25] Sin embargo, el intérprete que utiliza esta expresión reconoce la autenticidad de dos importantes pasajes del *Hong fan*. En uno de ellos, cada elemento se define por un determinado sabor; este sabor pretende ser la "propiedad física" de la "sustancia real" que es el elemento correspondiente; el fuego, por ejemplo, "produce amargura". El otro pasaje[26] está dedicado a las "Cinco Actividades (*wou che*)", que "producen" cinco tipos de Virtudes. Se cree que las "actividades" corresponden a los Elementos. ¿Se dirá que estas Cinco Actividades, Gesto, Habla, Vista, Oído y Voluntad, son sustancias (reales)? y, en lo que producen, veremos "sus propiedades morales"? Los Cinco Sabores que aparecen en el sistema de correspondencias conservado en el *Yue ling*, y las Cinco "Actividades" del *Hong fan* son la primera evidencia de un gran sistema de correspondencias establecido entre el macrocosmos y el microcosmos, del que hablaremos más adelante. ¿No vemos que los Cinco Elementos son las grandes Rubricas de un sistema de correspondencias, que no hay necesidad de tratarlos ni como sustancias ni como fuerzas, que son, ante todo, los símbolos de las Cinco agrupaciones de realidades emblemáticas distribuidas en los Cinco Sectores del Universo?

En la expresión *wou hing*, la palabra "cinco" (*wou*) tiene quizás más significado que la palabra *hing* traducida como "Elementos".

Los *wou hing* están siempre asociados a los *wou fang* y a los *wou wei*. Los *wou wei* son las cinco posiciones cardinales y, en el lenguaje de Hi ts'eu, las cinco posiciones marcadas cada una por un par de números congruentes.[27] Los *wou fang* son las cinco direcciones, o más bien los cinco sectores formados por el Centro y los cuatro Orientes, cuando se consideran en una disposición cuadrada, pues *fang* significa 'cuadrado'. El propio *Hong fan* evoca, al enumerar los Elementos, la imagen de una encrucijada. Los Cinco Elementos deben ser vistos, por tanto, como símbolos de una distribución general de las cosas en un Espacio-Tiempo donde el *templo* delimita cuatro áreas y marca un centro.

Conocemos la importancia de la clasificación por 5, que está vinculada a la clasificación por 6. El *Hong fan* opone a las Cinco Felicidades las Seis Calamidades, y los mismos Cinco Elementos a veces se cuentan como Seis. Se mencionan en un capítulo del *Chou king*, de cuya autenticidad y antigüedad no cabe dudar. Este capítulo contiene el texto de una arenga que se dice pronunció antes de una batalla el hijo de Yu el Grande,[28] donde acusa al enemigo de haber despreciado los Cinco Elementos y los Tres Reguladores.[29] Los glosadores no se ponen de acuerdo sobre lo que eran los Tres Reguladores; parece que la expresión pertenece al arte

---

25   *Ibid.*, p. 440. Maspero escribe: "(Los elementos) son simplemente las cinco sustancias reales que llevan estos nombres (Agua, Fuego, Madera, Metal, Tierra), y tienen las propiedades físicas de las mismas." No estoy seguro de entender a Maspero y el significado que le da a la expresión "sustancia real" cuando, por ejemplo, la aplica al Fuego.

26   Esta es la sección II del *Hong fan*; sigue inmediatamente a la sección sobre los Cinco Elementos. (Cf. Libro III, cap. II).

27   Cfr. *supra*, en este mismo Libro, el cap. III, ap. II.

28   *SMT*, I, p. 164.

29   Hemos visto que 3 cuenta como la mitad del total de 6.

del Calendario y que debe compararse con la expresión *wou ki*; esta última, en el *Hong fan*,[30] designa a los Reguladores del año. Podría ser que los Tres Reguladores se refieran a una clasificación por 6, vinculada a la clasificación por 5. El principal interés de la arenga en la que se mencionan los Cinco Elementos reside en el hecho de que fue recitada en un campamento, y que se dirigió a los Seis Jefes y a las Seis Legiones del ejército real; es dibujando un *templo* como se construyen los campamentos y las ciudades. Cuando los Elementos se cuentan como Seis, el Elemento Tierra puede duplicarse sustituyendo la Comida y la Bebida, o simplemente acoplarse a los Cereales;[31] hay, además, 5 o 6 Cereales, como hay 5 o 6 Animales Domésticos o 6 Animales Domésticos y 5 Animales Salvajes. Significativamente, al menos cuando se cuentan como seis, los Elementos se asimilan a los seis *Fou*. *Fou* significa "almacén".

La idea de una distribución y clasificación concretas no puede ser mejor evocada.

Las nociones de Yin y Yang también evocan la idea de una distribución y clasificación concreta. El yin y el yang son los símbolos de dos agrupaciones opuestas y alternas caracterizadas por su ubicación en el espacio-tiempo. En esta concepción se expresaba una organización de la sociedad basada en una doble morfología y en el principio de rotación. El yin y el yang pueden aparecer tanto como un par de fuerzas alternas como un grupo bipartito de realidades antagónicas; no pueden describirse únicamente como fuerzas o sustancias. Lo mismo debe ocurrir con los Elementos. Utilizados como sub-rubricas bajo el dominio del Yin y el Yang, un par de rubricas maestras, a veces pueden parecerse, si no a fuerzas, al menos a principios activos, y a veces, si no a sustancias, al menos a agrupaciones de realidades activas. Vinculados tanto las Estaciones como a las Direcciones, se alternan o se oponen, se combaten o se suceden pacíficamente. Sin embargo, los teóricos que han especulado sobre ellos, los han considerado principalmente como símbolos dinásticos o rubricas capaces de especificar un determinado orden del Espacio-Tiempo. Que los Elementos sean la Madera, el Metal, el Fuego, el Agua y la Tierra es, al fin y al cabo, un hecho secundario y una cuestión de nomenclatura o de metáforas; la idea principal de la concepción (me abstengo llamarla "teoría") es la de una agrupación en sectores, no simplemente enfrentados, sino unidos a un centro. ¿Los elementos son fuerzas o son sustancias? No tiene sentido tomar partido en este debate escolar. Lo esencial es observar la disposición entrecruzada de los elementos.

---

30   *SMT*, IV, p. 221.

31   *Tso tchouan*, C., III, p. 380, e *Ibid.*, I, p. 468. Los seis almacenes se mencionan junto a los 9 cantos; estos últimos están relacionados con las 5 notas y, en consecuencia, con los 5 Elementos. Podría multiplicar los ejemplos de solidaridad de las clasificaciones por 5 y 6 (véase Granet, *Danses et légendes…*, Índice de las palabras Cinco y Seis). No obstante, señalaré un pasaje del *Chouen tien* (*SMT*, I, pp. 59-61); ningún texto es más venerable. Habla de un sacrificio a los Seis *Tsong* (normalmente considerados como los Seis Dominios o Agentes Celestiales, los Elementos) e, inmediatamente después, de una distribución de las Cinco Insignias (a las Cinco Categorías de oficiales).

Esta disposición es fundamental, al igual que la imagen de dos campos a ambos lados de una especie de eje sagrado es fundamental en la concepción del Yin y el Yang.

¿Con qué se relaciona el diseño del *templo*? Esta es la primera pregunta. ¿Por qué los chinos llamaban *hing* a los símbolos de los distintos sectores del mundo? Este es el segundo punto del problema. Debemos decidir si es correcto traducir *hing*, "camino" por "Elemento". Se podría, sin ignorar el valor de la palabra, porque *hing* expresa las ideas de conducirse y actuar, *wou hing* por "Cinco Agentes". Esta es la traducción que nos viene a la mente cuando tratamos los Elementos como fuerzas naturales. Cuando los tratamos como sustancias, y nos dejamos dominar por el hecho de que el nombre dado a cada uno de los Elementos parece evocar un aspecto de la materia (agua, madera, etc.), podemos retener más válidamente la traducción "Elementos"; en este caso, convendría explicar la fortuna de una palabra elegida para expresar una noción tan alejada, a primera vista, de su significado original. Para nosotros, que vinculamos la noción de Elementos a la idea de *cardo*, si justificamos nuestra interpretación, habremos justificado, al mismo tiempo, la traducción de la palabra *hing* por el término que ya se ha utilizado para traducir στοιχετον.

Tao significa: "Camino". Es el mismo conjunto de hechos que dará lugar a las imágenes a partir de las cuales los chinos comenzaron a designar con dos palabras que despiertan la idea de "camino" las cinco rubricas cardinales y el gran principio de orden y clasificación.

Las palabras *hing* y *tao* evocan la imagen de un camino a seguir, una dirección a dar a la conducta. *Tao*, en particular, trae a la mente la mejor conducta y la más regular, la del Sabio o Soberano. Estos significados derivados han permitido a los comentaristas dar una interpretación puramente moral a fragmentos literarios impregnados de pensamiento mítico. Algunos de estos fragmentos, en los que se encuentran formas poéticas, siguen siendo muy instructivos.

Han llegado hasta nosotros algunos fragmentos de una gesta versificada cuyo héroe es Yu el Grande. Uno de ellos puede ayudar a entender la relación entre las palabras *hing* y *tao* y los primeros valores metafóricos de estos términos.

Se trata de los trabajos de Yu. Todo fundador de una Dinastía tiene que hacer el trabajo de un demiurgo. Sin embargo, nadie estaba tan cualificado como Yu para organizar el Mundo. Sabemos que su paso era la norma para medir la longitud y que una tortuga le llevó los Nueve Tch'eou del *Hong Fan*, la imagen del Mundo. Hay que recordar que *tch'eou* sugiere la imagen de surcos trazados, que significa dominio y límites de la tierra y que la misma palabra puede designar cartas adivinatorias. La tortuga no salió sola de las aguas para favorecer a Yu el Grande. Si el Héroe logró superar la Inundación, fue gracias a un Dragón que fue capaz de abrir un camino hacia las Aguas haciendo dibujos en el suelo. La palabra *tao*, "camino", apenas se distingue de una palabra con una pronunciación similar, que en sí misma significa "abrir el camino, poner en comunicación". Cuando un gobernante está capacitado para gobernar, como Yu, se dice que el Cielo le "abre el camino" (*k'ai Tao*). Con esto se quiere decir que el Cielo le autoriza a restablecer las buenas costumbres, y un Príncipe o un Sabio está en efecto obligado, la mayoría de las veces mientras viaja, a construir el Mundo con su Virtud. Pero en los tiempos míticos, cuando el Cielo le abrió el Camino (*Tao*), un Héroe tuvo, en un sentido más realista de la palabra, que construir todo el Universo. Así es como Yu, recorriendo la Tierra de los Hombres, consiguió ajustarla a su verdadera medida.

Se nos dice que *teniendo en cuenta las estaciones*, "abrió (*k'ai*) las 9 Provincias (del Mundo), hizo que los 9 Caminos (*tao*) se comunicaran, embalsó los 9 Pantanos y niveló las 9 Montañas".[32] Al describir los detalles de estas obras, se utiliza la palabra *tao* para expresar la idea de que Yu sabía cómo hacer fluir los ríos.[33] La misma palabra se encuentra al principio de una descripción detallada de los Ríos y Montañas, despertando ambas ideas de atravesar y poner en orden: Yu "*tao* (atravesando y poniendo en orden) las 9 Montañas..., *tao* (atravesando y poniendo en orden) los 9 Arroyos".[34] Cuando el Héroe terminó de arreglar las 9 Provincias para que el Mundo, en las 4 direcciones, pudiera ser habitado y cultivado, encontró que también había puesto los Seis *Fou* en perfecto orden. Se sabe que los Seis *Fou* son los Seis Almacenes {a saber: los Cinco Elementos (*hing*), más los Cereales}. Yu inmediatamente *distribuyó las tierras* (dominios) y los nombres de las familias, y luego gritó: "¡Que tomen (mi) Virtud (tö) *como guía! Que no se desvíe de mis Caminos* (hing)".[35]

La fórmula utilizada por Yu debe considerarse como una declaración de advenimiento. Corona el trabajo mítico en el que se ha gastado la virtud del Héroe (*tô*) para trazar los Caminos (*tao*). Sin duda, la conexión entre la palabra *hing* (si no seguimos la glosa que, como es natural, le da el significado moral de "conducta") y *tö* (si no le damos el significado moral de "Virtud" y si recordamos que es un equivalente de *tao*) es significativa. Tal vez se justifique la hipótesis de que la palabra *tao* comenzó evocando la imagen de una *circulación real* cuya finalidad era delimitar, mediante un trazado de caminos (*hing, tao*), los conjuntos de realidades (herencias, nombres, símbolos, insignias) que debían distribuirse entre los fieles de las Cuatro Direcciones y a los que se asignaban los Cinco Elementos como rúbricas.

Esta hipótesis permite atribuir al significado original de la palabra *tao* su significado de poder regulador y orden efectivo. También permite comprender el valor de las expresiones *Wang Tao* y *T'ien Tao*: el Orden (el *Tao*) Real o Celestial.

Es circulando por la Tierra que el Soberano, imitando la marcha del Sol, llega a verse considerado por el Cielo como un Hijo.[36]

Tal es la tradición ritual atestiguada por un antiguo poema que trata de explicar el título de Hijo del Cielo y el principio del Poder Real.[37] Cuando, a su vez, quieren definir el Poder Real, los Maestros del Calendario declaran que el papel del Jefe es instituir los Cinco Elementos y las Cinco (categorías de) Oficiales, para asignar a los hombres y a las deidades (*chen*) *tareas bien distintas*.[38] Al dividir las funciones,

---

32   *SMT*, I, p. 101.

33   *SMT*, I, p. 127.

34   *SMT*, I, pp. 135 (n. 1) y 140.

35   *SMT*, I, p. 146.

36   El camino circular del Sol se llama "Vía Celestial (Tao)".

37   *Che king*, C., p. 424.

38   *SMT*, III, p. 323. Traduzco aquí por "dioses" la palabra *chen*, que designa todos los poderes sagrados, los jefes, así como las divinidades a las que sólo podían rendir culto.

al clasificar las cosas y los seres, el rey evita una mezcla de actividades vulgares y divinas, un contacto desordenado entre el Cielo y la Tierra.[39] El contacto entre la Tierra y el Cielo sólo puede establecerse de forma útil y espléndida a través de la intermediación del Soberano, único dueño del culto público. Recorre el Imperio en dirección al Sol (*T'ien tao*), para ajustar, tanto las Direcciones como las Estaciones, las Insignias de los fieles a las Virtudes simbólicas de los cuatro cuartos del Mundo; demuestra así que es capaz de hacer reinar un Orden celeste (*T'ien Tao*) sobre "la Tierra de los Hombres (*T'ien hia*)". Merece ser llamado Hijo del Cielo (*T'ien tseu*), pues ha demostrado que posee la Vía Celestial (*T'ien Tao*). Merece ser llamado Rey-Soberano (*Wang*) cuando demuestra que posee la Vía Real (*Wang Tao*); para ello debe demostrar que es el Hombre Único y la única Vía por la que el Cielo, el Hombre y la Tierra pueden comunicarse.

Entre los dos temas del *T'ien Tao* y el *Wang Tao*, sólo hay una diferencia de apariencia. Ambos están relacionados con la misma concepción ritual. El desarrollo de la poesía épica y de la literatura política hizo aflorar la idea de *T'ien Tao*, mientras que la idea de *Wang Tao* se mantuvo más cercana a la expresión lírica que habían recibido primero los hechos rituales. Al obligar al soberano a ir a comprobar las insignias de los feudatarios en los cuatro extremos del Imperio, para marcar las extremidades de una gigantesca encrucijada, la poesía épica encontró el material para una narración heroica en la que pudieron incorporarse muchos mitos, y en particular el del Mundo Salvado de las Aguas. A los relatos de estas labores épicas se unieron, como es natural, descripciones de geografía administrativa; tal es el origen de una de las obras más antiguas de la literatura erudita, el famoso *Tributo de Yu*, donde los temas administrativos se entrelazan con pasajes poéticos.[40] Magnificado por la poesía, el tema de la caminata imperial conservó todo su prestigio durante siglos. El fundador del Imperio chino, Che Houang-ti, y el gran gobernante Han, el emperador Wou, no dejaron de emprender grandes viajes; ambos quisieron poner en orden el Imperio construyendo un inmensa cruce de caminos de Norte a Sur y de Este a Oeste.[41] El tema lírico del Camino Real en sí mismo ha persistido durante mucho tiempo; pero, disfrazado con fórmulas místicas, se expresa en la ambición de muchos potentados de subir a los cielos. Sin embargo, es posible reconstruir los hechos rituales que este tema tradujo por primera vez.

La leyenda épica de la caminata real se corresponde con otra leyenda, más cercana a la verdad ritual. Los Soberanos envían delegados a los Cuatro Polos o, un tema más dramático y a la vez más real, expulsan a Cuatro Genios del Mal de las Cuatro Montañas Cardinales, mientras reciben como invitados a los vasallos de las Cuatro Direcciones dirigidos por sus Jefes llamados Cuatro Montañas. Para ello abren las cuatro puertas de su ciudad o campamento. Así se inaugura un reinado o una nueva

---

39   *SMT*, III, p. 325. Este tema está relacionado tanto con los mitos de la separación del Cielo y la Tierra como con la distinción entre ritos religiosos (públicos y de interés público) y ritos mágicos (privados y con fines particulares).

40   *SMT*, I, pp. 103 y ss.

41   *Civ. Chin.*, pp. 119, 140.

era.[42] Las tradiciones relacionadas con el *Ming t'ang* están vinculadas a esta leyenda. El *Ming t'ang* no es sólo la Casa del Calendario donde se inauguran todos los periodos del Tiempo; es también el lugar donde los vasallos se forman en un cuadrado; como lo hacen en toda reunión militar, alrededor del montículo cuadrado del Suelo, llevando cada uno la Insignia apropiada a su Dirección.[43] Tanto si se parte de cinco salas como de nueve, el plano del *Ming t'ang* reproduce el plano de los campamentos y las ciudades, y por tanto el plano del Mundo y sus Nueve Provincias; no importa que este plano dé la idea de una simple cruz o de una esvástica. Basta con que el Soberano circule por la Casa del Calendario para que esta cruz se ponga en marcha y el Sol y las Estaciones sigan el Orden o Camino celestial (*T'ien Tao*). Hemos visto que hubo un tiempo en que los chinos dibujaban, con ayuda de los números, la cruz de los números impares superpuesta a la cruz de los números pares, al igual que una plancheta cuadrada (la Tierra) y una plancheta redonda (el Cielo) se superponían en un instrumento utilizado por los adivinos y estaban conectadas por un *pivote*.

Ahora bien, para calificar el 11, *síntesis hierogámica de los números centrales 5 y 6, que representan la Tierra y el Cielo, se decía que este número constituía en su perfección* (tch'eng) *la Vía* (Tao) *del Cielo y de la Tierra*.[44]

¿No es la Vía Real (*Wang Tao*) el eje que parte del Centro del *Ming t'ang*, el pivote alrededor del cual, hinchada o simple, gira la cruz cuando el rey, imitando al Sol en su recorrido, recorre la Casa del Calendario? O más bien, ¿no es el Hombre Único, maestro del Tao celeste y real, quien es este eje y este pivote?

La palabra "rey" (*wang*) se escribe con un signo compuesto por tres líneas horizontales que representan, según los etimólogos, el Cielo, el Hombre y la Tierra, que se unen en el centro por una línea vertical, porque el papel del rey es unir. Las tradiciones conservadas sobre los símbolos gráficos no son, en este caso, menos instructivas que las tradiciones conservadas sobre los símbolos numéricos. Para cerrar el invierno, los antiguos chinos celebraban un festival que servía para renovar la Virtud del Jefe o para establecer un Rey del Año.[45] Incluía muchos juegos y pruebas, ya que un Jefe debe demostrar su Virtud triunfando en los juegos públicos. Hubo un desafío de beber; después de emborracharse, uno tenía que ser capaz de *mantenerse erguido*. Había pruebas sexuales; los primeros jefes, que parece que llevaban el título de "Gran Intermediario", eran los responsables de la fertilidad universal y, desde tiempos inmemoriales, los chinos han pensado que el Sol *se pierde* (*T'ien tao*) si el Rey no se acuesta, en el momento adecuado, con la Reina. Sin duda había otra prueba de resistencia; el Jefe, patinando cojeando o inmóvil como un tocón, esperaba y provocaba la subida de la savia.[46] Había, sobre todo, una prueba en el palo de mayo. Este poste se erigía en el centro de la Casa

---

42   Granet, *Danses et légendes...*, pp. 238 y ss.

43   Cfr. *supra*, en este mismo Libro, el cap. I.

44   Cfr. *supra*, en este mismo Libro, el cap. III. ap. II.

45   Menciono brevemente aquí algunos hechos a los que me reservo el derecho de volver en otro libro. Véase *Civ. Chin.*, pp. 223 y ss.

46   La expresión *jen tao* (palabra por palabra: el camino del hombre) designa el acto viril. El Tao no es, en sentido estricto, un poder creador, pero es el emblema del ritmo de la vida universal.

de los Hombres que era el prototipo del *Ming t'ang* y que era una casa subterránea, pues, cuando se llegaba a la cima del poste, se podía amamantarse del Cielo –así es como se llega a ser un Hijo del Cielo–, o mejor dicho a la Campana Celestial, pero los pezones de la "Campana Celestial" (son las estalactitas) cuelgan de los techos de las cuevas. Al ganar la prueba de la ascensión, el nuevo Hijo del Cielo merecía, *convertido en el vínculo entre el Cielo y la Tierra*, imponer su estatura en el *gnomon*, su medida en el *tubo patrón*; se había identificado con la Vía Real.

Los chinos han conservado algún recuerdo de este ascenso triunfal; desde tiempos inmemoriales, siempre han soñado que ascendían al Cielo, o incluso que se amamantaban de él, y, además, se dice que acceder al trono es "ascender a la cima" (*teng ki*).

Ahora bien, la 5ª Rubrica del *Hong fan* –es la Rubrica central, y sabemos que cuando la tortuga lo llevó a Yu, el *Hong fan* era un cuadrado mágico con un centro de 5– tiene como emblema el *Houang Ki* o el *Wang Ki*, "la Cúspide Augusta o Real".[47]

Estos términos suelen traducirse como "la más alta (*ki*) (Perfección) del Soberano (*Wang* o *Houang*)". Sin embargo, una venerable glosa, que los chinos atribuyen a K'ong Ngan-kouo, interpreta esta expresión como "*la gran Vía* (Tao) *Central*". Cualquier glosa, lo sé, es sospechosa, incluso cuando se atribuye a Kong Ngan-kouo. Pero, por un golpe de fortuna, un poema aparentemente antiguo ha sido incorporado al texto de la 5ª Sección del *Hong Fan*; este poema recuerda la notable declaración de Yu citada anteriormente: "¡Que no haya desviación de mis Caminos (hing)!" y es imposible no entenderlo como una declaración de advenimiento. Lo traduzco palabra por palabra:

> ¡Nada que se doble! ¡Nada que se incline!
> ¡Sigue la equidad real (*Yi*)!
> ¡No hay afecto especial!
> ¡Sigue el Tao Real!
> Ningún odio en particular.
> ¡Sigue el camino real (*lou*)!
> ¡Nada que se incline! ¡Nada faccioso!
> El Tao Real, ¡qué amplio es!
> ¡Nada faccioso! ¡Nada que se doble!
> El Tao Real, ¡que está unido!
> ¡Nada que gire hacia atrás! ¡Nada que se doble hacia los lados!
> ¡El Royal Tao es recto!
> ¡Únete a quien posee el Ki!
> ¡Corre hacia el que posee el Ki![48]

No puede garantizarse que éste sea el texto de la proclama que el afortunado ganador de la prueba real pronunció a los fieles desde lo alto del poste. Pero es un

---

47   Dentro del signo *houang* está el signo *wang* (imagen del contacto). Los términos *houang* y *wang*, que pueden traducirse como "augusto", pertenecen a la nomenclatura política (la historia china conoce los Tres Augustos y las Tres (Dinastías) Reales (cfr. M. Granet, *op. cit.*, parte I, cap. I)) y a la nomenclatura religiosa; los padres son llamados augustos, *houang* o *wang*, cuando, después de su muerte, han ascendido a la Corte del Soberano Celestial.

48   *SMT*, IV, p. 222.

hecho que quien posee el *Tao* Real es también "quien posee el *Ki*" y que *Ki* significa *cúspide* y también *viga de cumbrera*. También es un hecho que el poeta no ve ninguna diferencia entre *Ki* y *Tao*, ni entre las ideas de *Tao, Lou* y *Yi*. Al igual que *hing* (Elemento) y *tao, lou* significa "camino", pero sólo en el sentido material de la palabra; ¿acaso "el *tao* real", que se describe como "amplio" o "unido", no evoca también una imagen material? En cuanto a *Yi*, la equidad, es una virtud, pero que bien puede relacionarse con todos estos términos concretos; es la virtud que inspira el respeto por lo tuyo y lo mío y que debe presidir la distribución de las *suertes*, los nombres o rangos (*ming*) y la herencia (*fen*).[49] Ahora, ¿qué es el *Houang ki*, emblema de la 5ª Sección, centro del *Hong fan*? En las asambleas feudales, el soberano recoge y luego redistribuye las 5 Insignias. ¿No es el *Wang ki* o el *Tao* Real el principio –equitativo, cuando se toma en sentido moral– de la distribución de los feudos y de las 5 Insignias entre los vasallos venidos de las Cuatro Direcciones al Centro de la confederación? Notemos aquí que los "Padres del Taoísmo" imaginan al Tao bajo el aspecto de una especie de distribuidor responsable (es a través de él que un ser es –no se dice: dios, mesa o cuenco, sino– espada de precio o espada vulgar)[50] y que Tchouang tseu ve en el *Tao* "el *Ki* de todas las cosas: *Tao, wou tche Ki*".[51] La conexión entre los dos términos es tanto más notable cuanto que cierra un pasaje en el que el *Tao* es considerado a la vez como el medio y el centro de las equivalencias y los contrastes, de las atracciones y las repulsiones, de las hierogamias alternas que constituyen la evolución *giratoria* del universo. No puedo negarlo; para los intérpretes (o autores) del *Hong fan* que pensaron en citar este viejo poema, la idea que pretendía expresar era, en efecto, la de una perfección moral, hecha de imparcialidad, de elevación, de rectitud; en resumen, de la perfección que implica la posición central de un Jefe situado por encima de todas las facciones, de todas las agrupaciones particulares. Pero queda por explicar todo este conjunto de metáforas y decir por qué las palabras elegidas para designar una Perfección central y completa son a veces *ki*, viga de cumbrera,[52] a veces *lou*, camino, o *tao*, que pueden

---

49   Cfr. *infra*, Libro IV, cap. I, ap. III.

50   *Tchouan tseu*, Wieger, *Les Pères du système taoïste*, p. 257. Nótese la idea de jerarquía.

51   *Ibid.*, p. 439. En el centro de esta concepción están los temas del *potlatch* y la unión comunitaria.

52   Aunque no parece haber pensado que tal traducción debiera estar justificada, el P. Wieger (*Histoire des croyances religieuses et des opinions philosophiques...*, p. 61) ha interpretado la expresión: *houang ki* como "pivote": "El rey –dice en su interpretación del *Hong fan*– es el pivote en torno al cual gira todo en la tierra, como en el Cielo todo gira en torno al polo, sede del Soberano de lo alto". Estas expresiones muestran que el P. Wieger ha basado su interpretación en ideas comunes en la época Han. El procedimiento puede parecer abusivo, pero si ha conducido a una interpretación correcta, es porque las ideas en uso bajo los Han, tal como las expresa Sseu-ma Ts'ien, por ejemplo, se derivaban directamente de las concepciones antiguas. Sseu-ma Ts'ien escribe (*SMT*, III, p. 342): la Zarza {(La Osa Mayor) cuyas 7 estrellas corresponden a los 7 Rectores (ver pp. 235, 242, 321)} "es el carro del Soberano; *se mueve en el Centro*; gobierna las 4 Direcciones; separa el Yin y el Yang; determina las 4 Estaciones; equilibra los 5 Elementos; hace evolucionar las divisiones del Tiempo y los grados (del Cielo y del Espacio); *fija las diversas cuentas*". Sseu-ma Ts'ien (*Ibid.*, 339) afirma en otro lugar que *T'ai yi* (la Unidad Suprema, cfr., en este Libro, el cap. III, ap. II) reside en la Estrella Polar que se llama *Tien ki: la Cúspide del Cielo*.

describirse como "amplio" y "unido". ¿Por qué, sobre todo, todas estas imágenes que parecen evocar el espectáculo de una estación vertical –la que se impone a los bebedores para la prueba de la bebida– o la visión de un poste vertical?

Cuando los jefes fundaban una capital y determinaban la encrucijada por la que les llegarían los tributos de las Cuatro Direcciones, tenían que observar el juego de luces y sombras (el Yin y el Yang) y plantar un gnomon.[53] El misticismo político de los chinos siempre ha mantenido el principio de que en la capital de un gobernante perfecto, en el mediodía de pleno verano, el gnomon no debe dar ninguna sombra.[54] Los mitos son aún más instructivos. En el centro mismo del Universo –donde debería estar la Capital perfecta– se levanta un Árbol maravilloso; une las Nueve Fuentes con los Nueve Cielos, el Mundo de las Nieves con su Cima. *Se llama el Leño Erecto* (Kien-mou), *y se dice que al mediodía nada que se encuentre cerca de él perfectamente erecto, puede proyectar una sombra.* Tampoco nada de lo que hay allí produce un eco.[55] Gracias a una síntesis (que es perfecta, porque resulta de una hierogamia), todos los contrastes y alternancias, todos los atributos, todas las insignias se reabsorben en la Unidad central.

Las expresiones *Houang* (o *Wang*) *Ki* y *Wang Tao* adquirieron juntas un valor moral, y *Tao*, como *Ki*, entró en el lenguaje de los sabios. Todos estos términos evocan las ideas de Perfección y Virtud Reales; pero el *Tao* se convirtió en el símbolo del Orden eficiente sólo después de haber señalado un complejo de imágenes y sentimientos muy concretos. Si el *Tao* (camino) pudo asumir el significado de Eficiencia, Virtud, Autoridad, sugiriendo al mismo tiempo la idea de un Orden total enteramente conforme al orden celestial, es porque la inauguración de un poder principesco fue acompañada de una distribución de las cosas de este mundo entre los grupos sometidos a un nuevo Jefe que repartió entre ellos los Sectores del Universo. Para proceder a este reparto, el Jefe tuvo que someterse a una prueba de investidura. Antes de ir a distribuir las Insignias circulando sobre la tierra a la manera de un Sol (*T'ien Tao*), debía, para merecer el título de Hijo del Cielo y Hombre Único, elevarse, recto y fundido con el eje del Mundo, sobre la Vía (*Wang Tao*) a través de la cual, en los momentos sagrados, el Cielo y la Tierra entran en comunión.[56] El *Tao* se convirtió en el emblema de una Orden soberana después de haber representado, en un primer momento, el pivote –mástil o gnomon– en torno al cual giran tanto la sombra como la luz.

* * *

Si estoy en lo cierto y si *tao* {camino, vía central, (*gnomon*)} y *hing* {camino, elemento, (στοιχετον)} se explican conjuntamente a partir de la imagen de un pivote y una circulación, se entenderá fácilmente la más antigua de las definiciones eruditas

---

53   *Civ. Chin.*, p. 265.

54   *Civ. Chin.*, p. 229.

55   Granet, *Danses et légendes…*, nota 767. El tema del árbol del sol o del árbol hueco siempre está relacionado con la idea de una residencia real. Donde reside el Rey crece el árbol de la Vida.

56   El Tao es el 11, la unidad total que resuelve en sí mismo lo Par y lo Impar, el Cielo y la Tierra, el 5 y el 6.

de Tao. Es la que da el *Hi tséu* y que ya hemos encontrado:[57] "*yi yin yi yang tche wei Tao*: un (aspecto) yin, un (aspecto) yang, eso es el Tao".

Ahora sabemos que debemos entender: "*todo* yin, *todo* yang, eso es el Tao". El Tao es un Total compuesto por dos aspectos que también son totales, porque se sustituyen *totalmente* (*yi*) el uno al otro. *El Tao no es su suma, sino el regulador* (no digo: la ley) *de su alternancia*.

La definición del *Hi tséu* nos invita a ver en el Tao una Totalidad, por así decirlo, alterna y cíclica. La misma Totalidad se encuentra en cada una de las apariciones, y todos los contrastes se imaginan sobre el modelo de la oposición alternante de la luz y la sombra. Por encima de las categorías del Yin y el Yang, el Tao desempeña el papel de una categoría suprema que es, en conjunto, la categoría del Poder, la Totalidad y el Orden. Al igual que el Yin y el Yang, el Tao es una categoría concreta; no es un Primer Principio. De hecho, preside los juegos de todas las agrupaciones de realidades actuantes, pero sin ser considerado ni como sustancia ni como fuerza. Desempeña el papel de Poder regulador. No crea seres: los hace ser como son. Regula el ritmo de las cosas. Toda la realidad se define por su *posición* en el Tiempo y el Espacio; en toda la realidad está el Tao; y el Tao es el ritmo del Espacio-Tiempo.

En las concepciones registradas en el *Hi tséu*, el conocimiento del Tao se funde con la ciencia de las ocasiones y los lugares a los que el arte adivinatorio da la clave. Al aprender a discernir las situaciones propicias en cada caso particular, este arte desarrolla el sentido de la organización del Mundo; da a conocer los detalles y el conjunto. Por tanto, es una prerrogativa del Rey, del Príncipe (*Heou*), del gran hombre (*Ta jen*), del caballero (*kiun tseu*).[58] Los reyes, los príncipes, los grandes hombres y los caballeros mandan a la clase baja (*siao jen*), la gente pequeña, porque la ciencia adivinatoria les permite adquirir una Sabiduría que no se distingue de la Santidad; este Conocimiento activo es el Tao.

Al poseer el Tao se puede ordenar el Tiempo y el Espacio, se sabe, se gobierna en cuanto se inicia en el juego de los Símbolos adivinatorios. Estos símbolos, como hemos visto, agotan la realidad. El orden del Mundo abarca 11.520 situaciones específicas designadas por la palabra *wou*, que se aplica tanto a las cosas como a sus símbolos.[59] Las 384 líneas de los Hexagramas evocan concretamente o más bien suscitan el conjunto de las realidades aparentes de las que son la realización simbólica. Cada línea por sí sola connota un conjunto de estas realidades: 24 o 36, según sea débil o fuerte, *yin* o *yang*. Por tanto, cada línea tiene el valor de una rubrica simbólica. Sin embargo, en sí misma sólo es el símbolo más simple del Yin

---

57   Y explicado a partir de un tema mítico donde se habla del K'ong-sang, el Árbol de la Mora Hueca, Árbol Solar y Real, Árbol de la Vida.

58   La expresión *Ta jen* pertenece al lenguaje místico y designa al Héroe que conoce los secretos del poder personal (Cf. *Civ. Chin.*, p. 421). La expresión *kiun tseu* pertenece al lenguaje ritual. Se utilizó sucesivamente para designar al caballero, luego al hombre honrado (cf. *Civ. Chin.*, p. 263), que debe su autoridad a la ciencia de los ritos. Todas estas expresiones son utilizadas para cada una, indistintamente, por los tratados que forman el *Yi king*. La distinción entre las corrientes místicas y las ortodoxas estaba lejos de realizarse en los siglos IV-III a.C.

59   Cfr. *supra*, en este mismo Libro, cap. III, ap. II.

o del Yang, de lo Par o de lo Impar, de lo partido o de lo continuo. Pero se define y singulariza por el lugar que ocupa en un determinado hexagrama. Es, pues, su situación en el conjunto de símbolos lo que especifica los atributos de cada una de estas categorías concretas que son las 192 líneas *yang*, las 192 líneas *yin*. Estos atributos se revelan cuando examinamos el lugar que ocupa la línea en uno de los 64 hexagramas. Se procede a este examen considerando sucesivamente las líneas vecinas del mismo hexagrama, o comparando dos líneas homólogas de dos hexagramas. Vemos entonces que se sustituye un símbolo por otro, lo que se expresa diciendo: cuando dos líneas, una débil y otra fuerte, intercambian sus lugares, se produce (*cheng*) una sustitución (*pien houa*).[60]

Este paso de un símbolo a otro, que se considera una sustitución, es el índice, o, más exactamente, es el signo activo, la *señal*, de una *mutación* (*yi*) que tiene lugar en el curso real de las cosas. "Producciones alternas (*cheng cheng*), eso son las mutaciones.[61] Esta fórmula pretende implicar que cada una de las apariencias que queremos ver realizadas es el producto (*cheng*) de la apariencia que ella misma debe producir (*cheng*). La idea aprendida de la mutación se basa en representaciones similares a las que hemos analizado en relación con la alternancia de las formas (animales) bajo la acción alternante de las categorías Yin y Yang.[62] No son las cosas las que cambian, es el Espacio-Tiempo, que les imparte su ritmo. La palabra *houa*, que se utiliza para señalar las alternancias de formas {y que designa también las mutaciones reales operadas por los magos (*houa jen*)}, aparece en la expresión *pien houa*, que se utiliza para expresar la sustitución de un símbolo adivinatorio por otro símbolo adivinatorio. El término *pien* da por sí solo la idea de una transformación cíclica. El *Hi ts'eu* lo utiliza para expresar la alternancia de aspectos de los que una puerta, hecha para abrirse y cerrarse, puede despertar la idea.[63] Es esta alternancia la que, para los adivinos, constituye el Tao.

Así, en el lenguaje técnico de la adivinación, la palabra *Tao* expresa la regla esencial que se encuentra en el fondo de todas las mutaciones –tanto las reales como las de los símbolos– porque preside globalmente todas las mutaciones. El Tao aparece, pues, como el Principio de Orden que preside tanto la producción – por vía de alternancia– de las apariencias sensibles como la manipulación –por vía de sustitución– de las rubricas simbólicas que señalan y dan lugar a las realidades. Es todo junto (pues entre el orden técnico, el orden real, el orden lógico, no hay que distinguir) el Poder de regulación, que se obtiene manipulando los símbolos, el Conocimiento eficaz que preside las sustituciones de los símbolos, el Orden activo que se realiza, mediante mutaciones perpetuas, en la totalidad del Universo. Estas mutaciones se realizan siempre, real o simbólicamente, sin cambio real, sin movimiento, sin gasto. Los autores chinos insisten en el significado de la palabra *yi*

---

60 *Yi king*, L., p. 350.
61 *Ibid.*, p. 356. Legge traduce: "La producción y la reproducción es lo que se llama (el proceso de) cambio". El significado literal de la expresión "*cheng cheng*" es: (el) producto que produce (a su vez su productor)".
62 Cfr. *supra*, en este mismo Libro, cap. II.
63 Cfr. *supra*, en este mismo Libro, cap. II.

(mutación), que evoca la idea de "facilidad" y excluye la de trabajo. Las realidades y los símbolos *mutan*, y nosotros los *mutamos* sin gastar energía en ello.

* * *

El pensamiento mítico, y con él las diversas técnicas que se utilizan para ordenar el Mundo, está impregnado de la creencia de que las realidades son generadas por símbolos. El trabajo de reflexión realizado por los teóricos del arte adivinatorio ha llevado, al darle un giro sistemático, a reforzar esta disposición de la mente china. Concibiendo el Tao como un principio de Orden que gobierna indistintamente la actividad mental y la vida del Mundo, se admite uniformemente que los cambios que se pueden observar en el curso de las cosas son idénticos a las sustituciones de símbolos que se producen en el curso del pensamiento.

Una vez aceptado este axioma, ni el principio de causalidad ni el principio de contradicción podrían ser llamados a tomar el papel de principios rectores, no porque el pensamiento chino se complazca en la confusión, sino, por el contrario, porque la idea de Orden, la idea de un Orden eficiente y total, lo domina, reabsorbiendo en él la noción de causalidad y la noción de género. Cuando partimos de las ideas de mutación y de Virtud eficiente, no hay razón para concebir una lógica de la extensión, ni una física experimental, y conservamos la ventaja de no obligarnos, al imaginar parámetros, a quitar al Tiempo y al Espacio su carácter concreto.

La idea de mutación quita todo interés filosófico a un inventario de la naturaleza en el que se propone constituir series de hechos distinguiendo antecedentes y consecuentes.

En lugar de registrar una sucesión de fenómenos, los chinos registran alternancias de aspectos. Si dos aspectos les parecen vinculados, no es a la manera de una causa y un efecto, sino les parecen *emparejados* como el lado derecho y el lado izquierdo, o, por utilizar una metáfora que se utiliza desde la época de *Hi ts'eu*, como el eco y el sonido, o, de nuevo, la sombra y la luz.[64]

La convicción de que el Todo y cada una de las totalidades que lo componen tienen un carácter cíclico y se resuelven en alternancias, domina tan bien el pensamiento que la idea de sucesión es siempre superada por la de *interdependencia*. Por lo tanto, no hay ningún problema con las explicaciones retrógradas. Un señor así no podía, en vida, obtener la hegemonía, pues se nos dice que, *tras su muerte*, se le sacrificaban víctimas humanas.[65] El fracaso político y un mal funeral son aspectos de la misma realidad, que es la falta de virtud del príncipe, o mejor dicho, son signos *equivalentes*.

Lo que se complacen en registrar no son causas y efectos, sino manifestaciones concebidas como singulares, aunque injertadas en la misma raíz, siendo el orden de aparición poco importante. *Igualmente expresivas, parecen ser sustituibles.* Un río que se seca, una montaña que se derrumba, un hombre que se transforma en mujer, etc., anuncian el fin inminente de una dinastía.[66] Se trata de cuatro aspectos de un mismo acontecimiento, un orden obsoleto desaparece, dejando paso a uno

---

64   *Yi king*, L., p. 369.
65   *SMT*; II, p. 42; Granet, *Danses et légendes.* ., p. 105.
66   *Civ. Chin.*, pp. 29 y 30.

nuevo. Todo es digno de mención, ya sea como precursor o como confirmación de un signo (o serie de signos), pero no hay razón para buscar una causa eficiente.

Cuando se establece una relación, nunca se piensa en *medir* los términos puestos en relación. Lo que se considera no son fenómenos, y no es necesario tomar en cuenta su orden de magnitud. Sólo son señales para las que las evaluaciones cuantitativas de tamaño o frecuencia tienen poca importancia. Las señales de advertencia más útiles son las más singulares, las más tenues, las más raras, las más furtivas. Un pájaro que destruye su nido[67] proporciona la pista (física y moral) de un desorden del Imperio cuya gravedad es extrema, ya que falta el sentimiento de piedad doméstica, incluso en las bestias más humildes. Por lo tanto, las apariciones más leves merecen ser catalogadas, y las más extrañas son más valiosas que las más normales. El catálogo no pretende revelar secuencias, sino que se elabora con la intención de revelar solidaridades. En lugar de considerar el curso de las cosas como una serie de fenómenos que pueden medirse y luego relacionarse, los chinos sólo ven en las realidades sensibles una masa de señales concretas. La tarea de enumerarlas no corresponde a los físicos, sino a los cronistas, la Historia ocupa el lugar de la Física, igual que ocupa el lugar de la Moral.[68]

Lejos de pretender aislar los hechos de las condiciones de tiempo y espacio, los chinos los consideran sólo como signos que revelan las cualidades propias de tal o cual Tiempo y Espacio. No piensan en registrarlas relacionándolas con un sistema uniforme e inmutable de puntos de referencia. Intentan no olvidar nada que pueda revelar su *valor local*. Para registrarlas, utilizan indicaciones de tiempo, espacio y medida, que son propias de una época concreta del mundo, de un sector o rubrica específica.[69] Multiplican los sistemas de clasificación, luego multiplican el entrelazamiento de estos sistemas. Evitan todo lo que sería comparable y sólo se centran en lo que parece ser sustituible. Evitan todo lo que pueda llevar a medir en unidades abstractas. Los números se utilizan menos para sumar unidades iguales que para representar concretamente, para describir y situar y, finalmente, para sugerir la posibilidad de mutaciones justificadas por la identidad o equivalencia de los símbolos numéricos. El principio es identificar *por referencia a las rubricas*, sin abstraer ni generalizar y más bien singularizando, reservando sin embargo, gracias a las polivalencias simbólicas, amplias posibilidades de sustitución. Las solidaridades concretas son infinitamente más importantes que las relaciones abstractas de causa y efecto.

El conocimiento consiste en construir colecciones de singularidades evocadoras. El jardín del rey o su parque de caza deben contener todas las curiosidades animales y vegetales del universo. Las que ningún buscador ha podido encontrar están, al fin y al cabo, realmente ahí, esculpidas o dibujadas. Las colecciones pre-

---

67   *Ts'ien Han chou*, 27 b[1], pp. 4b y ss.

68   El capítulo citado en la nota anterior contiene un gran número de pistas del tipo señalado anteriormente. La mayoría de las Historias Dinásticas contienen capítulos similares, extremadamente largos, que pretenden dar la clave de muchos hechos históricos importantes.

69   Cfr. *supra*, en este mismo Libro, el cap. I y el cap. III, ap. IV. A cada época dinástica le corresponde un sistema de medidas (*Civ. Chin.*, pp. 27, 29, 31, 49) y de denominaciones.

tenden ser completas, sobre todo en lo que se refiere a las monstruosidades, porque no se reúne tanto para saber como para poder, y las colecciones más eficaces no están formadas por realidades, sino por símbolos. Quien posee el símbolo actúa sobre la realidad. El símbolo ocupa el lugar de la realidad. Se trata, pues, de realidades y hechos, no de advertir secuencias y variaciones cuantitativas, sino de poseer y tener a disposición rubricas simbólicas y cuadros de recurrencias constituidos pensando sólo en las interdependencias de los símbolos.

Cuando una apariencia concreta parece *llamar* a otra apariencia, los chinos creen que están en presencia de dos signos coherentes que se evocan mutuamente por un simple efecto de *resonancia*;[70] ambos dan testimonio del mismo estado, o más bien del mismo aspecto del universo. Cuando una apariencia *muta* en otra, esta mutación sirve de señal a la que otras señales deben responder al unísono. Indica el advenimiento de una nueva *situación concreta*, que comprende un conjunto indefinido de manifestaciones coherentes. En cuanto a la forma en que se produce esta sustitución, que no es un cambio, se sabe que toda mutación afecta al Total y es, en sí misma, total. No hay que buscar una medida común entre dos símbolos que atestiguan dos aspectos concretos del Mundo entero. La consideración de las segundas causas no tiene interés; no tiene aplicación. Lo que explica todo el detalle de las apariencias no es un detalle de causas, es el Tao.

El Tao no es en sí mismo una causa primera. Es sólo un Total eficaz, un centro de responsabilidad, o, de nuevo, un entorno responsable. No es un creador. Nada se ha creado en el Mundo, y el Mundo no ha sido creado. Los héroes que más se parecen a los demiurgos se limitan a organizar el universo.[71] Los gobernantes son responsables del Orden del Mundo, pero no son sus autores. Cuando tienen Eficacia, consiguen, en un área determinada y durante una época determinada – determinada según su Autoridad–, mantener un Orden de civilización al que está vinculado el Orden de las cosas. El Tao es sólo la sublimación de esta Eficiencia y de este Orden. Para dar una regla a la acción y hacer el mundo inteligible, no es necesario distinguir entre fuerzas, sustancias, causas, y molestarse con los problemas que conllevan las ideas de materia, movimiento y trabajo. El sentimiento de la interdependencia de las realidades simbólicas y sus logros aparentes es suficiente en sí mismo. Nos invita a reconocer solidaridades y responsabilidades. Prescinde de la necesidad de concebir una Causa, pero también de buscar causas.

Estas características de su pensamiento no impidieron que los antiguos chinos mostraran grandes aptitudes mecánicas; la perfección de sus arcos y carros lo atestigua. Pero así es como se imaginan el progreso de un invento. Cuando uno de sus filósofos quiere explicar la invención de la rueda, dice que la idea fue suministrada por las semillas voladoras que giran en el aire.[72] Rechazando las explicaciones me-

---

70 *Tchouang tseu*, Wieger, *Les Pères du système taoïste*, p. 419.

71 *Civ. Chin.*, pp. 20, 22, 27.

72 *Houai-nan tseu*, p. 17. En la historia de la ciencia occidental, lo que más ha interesado a los chinos no es, quizá, la manzana de Newton, sino la anécdota de los dos gateras que el físico hizo. La idea de que el gato más pequeño mereciera tener un hueco para él, y que fuera más chico, atrajo a los chinos, sin duda porque era placentera. No se dice que no les parezca profundo.

cánicas, el pensamiento chino no busca ejercitarse en un dominio que sería el del movimiento y la cantidad. Se limita obstinadamente a un mundo de símbolos que no quiere distinguir del universo real.

Para conocer el Universo, basta con enumerar las señales. Pero, si a cada símbolo le corresponde una realidad singular, cada símbolo posee un poder de evocación indefinido. Por una especie de efecto directo, suscita una serie de realidades y símbolos sustituibles. Esta *virtud contagiosa* de los símbolos difiere radicalmente de la participación de las ideas. No hay límites para la idoneidad de los diferentes símbolos. En consecuencia, no vemos ninguna ventaja en clasificar las ideas o las cosas por géneros y especies. Como no se puede dar un sentido relativo al principio de contradicción, no se utiliza. En lugar de clasificar los conceptos, se trata de ordenar las realidades, o más bien los símbolos, que parecen más reales porque se consideran más eficaces, y se trata de ordenarlos, teniendo en cuenta su eficacia, en un orden jerárquico.

La distinción entre Identidad y Otredad queda superada por la antítesis de lo Equivalente y lo Opuesto. Las realidades y los símbolos surgen por simple resonancia cuando son equivalentes; se producen rítmicamente cuando son opuestos. El mundo y el espíritu obedecen simultáneamente a una regla única, que parece, en principio, sostenerse en dos fórmulas. Estas no son *lo semejante produce lo semejante* y *lo opuesto sale de lo opuesto*, sino *lo equivalente se alinea con lo equivalente y lo opuesto responde a lo opuesto*. Estas dos fórmulas, que no implican la idea de género más que la de causa, expresan ambas el mismo sentimiento; cada una de las apariencias del Universo o de los pasos del pensamiento resulta, como el Universo mismo, de la interdependencia de dos aspectos complementarios.

El Yin y el Yang no se oponen en la forma del Ser y el No Ser, ni siquiera en la forma de dos Géneros. Lejos de concebir una contradicción entre dos aspectos, se admite que el *yin* y el *yang* se complementan y perfeccionan (*tch'eng*) mutuamente, tanto en la realidad como en el pensamiento. En la multiplicidad de las apariencias, unas (las que pueden manifestarse simultáneamente), vinculadas por una solidaridad simple y distante, son equivalentes (*t'ong*) y se contagian sin confundirse; las otras (las que contrastan juntas) son opuestas, pero están unidas por una interdependencia comunitaria que se manifiesta por su sucesión cíclica (*cheng cheng*). Los chinos evitan confiar al principio de contradicción la función de ordenar la actividad mental. Atribuyen esta función al principio de armonía (*ho*: unión armónica) de los contrastes. El Orden efectivo que rige el pensamiento y la acción está formado por contrastes, pero excluye la posibilidad de los opuestos tanto en sentido absoluto como relativo. No es necesario constituir géneros y especies. El Orden se realiza constituyendo agrupaciones de símbolos que tienen el valor de rubricas activas. Todas estas rubricas se turnan en la obra (los distintos Elementos alternan sus reinados, así como el Yin y el Yang); las clasificaciones más detalladas

---

– Las casas antiguas se abrían con una puerta hecha a la medida del cabeza de familia; ¡ay del padre cuyo hijo, nacido en los días más largos del año, no era inmediatamente ejecutado! Este hijo crecería indebidamente y, en cuanto su altura superara la apertura de la puerta, mataría a su padre (Granet, *Danses et légendes...*, p. 532).

sólo sirven para traducir un sentimiento más complejo del Orden y un análisis (más avanzado sin llegar nunca a ser abstracto) de las realizaciones rítmicas de este Orden en un Espacio y un Tiempo enteramente compuestos de partes concretas.

La representación china del Universo no es ni monista, ni dualista, ni siquiera pluralista. Se basa en la idea de que el Todo se distribuye en agrupaciones jerárquicas en las que se encuentra en su totalidad. Estas agrupaciones se distinguen únicamente por el poder de la Eficiencia que les es propio. Vinculadas al Espacio-Tiempo jerárquico tanto como singularizadas, se diferencian, por así decirlo, por su contenido, y más aún, por su tensión; vemos en ellas realizaciones más o menos complejas, más o menos diluidas, más o menos concentradas de lo Efectivo. El conocimiento tiene como objeto, en primer lugar, un plan de desarrollo del Universo que parece realizarse a través de una distribución jerárquica de rubricas concretas. Del mismo modo que se abstienen de clasificar conceptualmente por género y especie, los chinos no tienen gusto por el silogismo. ¿Qué valdría la deducción silogística para un pensamiento que se niega a privar al Espacio y al Tiempo de su carácter concreto? ¿Cómo podemos afirmar que Sócrates, siendo un hombre, es mortal? En tiempos venideros y en otros espacios, ¿es cierto que los hombres mueren? Por otro lado, uno puede decir: Confucio ha muerto, por lo tanto yo moriré; hay pocas esperanzas de que alguien merezca mayor fortuna en la vida que el más grande de los Sabios. La lógica china es una lógica del orden o, si se quiere, una lógica de la eficacia, una lógica de la jerarquía. El razonamiento preferido de los chinos ha sido comparado con la paradoja sorites,[73] pero, salvo algunos dialécticos,[74] y los primeros taoístas que trataron de derivar de la antigua idea de Total la noción de Infinito o, al menos, de lo Indefinido,[75] este razonamiento no se resuelve en una cadena de condiciones; tiende a poner de manifiesto la circulación de un principio de Orden a través de las diversas realizaciones, más o menos perfectas, y, en consecuencia, jerarquizadas, de esta Totalidad que debe encontrarse en cada una de sus manifestaciones.[76] Prescindiendo del razonamiento inductivo o deductivo, los chinos se esfuerzan por poner orden en el pensamiento de la misma manera que introducen el orden en el Mundo, es decir, en la Sociedad. Dan a sus símbolos y rubricas una disposición jerárquica a través de la cual se expresa la autoridad de cada uno de ellos.

Ni el principio de contradicción ni el de causalidad tienen el imperio atribuido a las reglas rectoras. El pensamiento chino no los niega sistemáticamente, ni siente la necesidad de darles dignidad filosófica. Los chinos se aplican a distinguir como se aplican a coordinar. Pero, en lugar de aislar por abstracción de tipos y causas, buscan establecer una jerarquía de Eficiencias o Responsabilidades. Las técnicas

---

73   Masson-Oursel, *Etudes de logique comparée; Id, La démonstration confucéenne*, y Granet, *Quelques particularités de la langue et de la pensée chinoises.*

74   Cfr. *infra*, el Libro IV, cap I, ap. II.

75   Cfr. *infra*, el Libro IV, cap III, ap. II.

76   A continuación se ofrece un buen ejemplo de este tipo de razonamiento utilizado por los primeros confucianos para demostrar que el autoconocimiento conduce al conocimiento del universo.

de razonamiento y experimentación no les parecen merecedoras de tanto crédito como el arte de registrar concretamente los signos y enumerar sus resonancias. No pretenden representar la realidad concibiendo relaciones y analizando mecanismos. Parten de representaciones complejas y conservan un valor concreto para todos sus símbolos, incluso las rubricas cardinales. Estos símbolos y rubricas sirven para estimular la meditación y despertar el sentido de la responsabilidad y la solidaridad. Al final, conciben el Mundo como si estuviera regulado por un protocolo y pretenden organizarlo de forma ceremonial. Su moral, su física, su lógica son sólo aspectos de un Conocimiento de como comportarse que es la Etiqueta.

Cuando meditan sobre el curso de las cosas, no buscan determinar lo general, ni calcular lo probable; se esfuerzan por identificar lo furtivo y lo singular. Pero al hacerlo, pretenden captar las claves de las mutaciones que afectan a la totalidad de las apariencias, pues sólo se preocupan por el detalle para penetrar en el sentimiento de Orden. Como se mueve en un mundo de símbolos y atribuye toda la realidad a los símbolos y a las jerarquías de símbolos, el pensamiento chino se orienta hacia una especie de racionalismo convencional o escolástico. Pero, por otra parte, está animado por una pasión por el empirismo que le ha predispuesto a una observación minuciosa de lo concreto y que, sin duda, le ha llevado a realizar fructíferas observaciones.[77] Su mayor mérito es que nunca separó lo humano de lo natural y siempre concibió lo humano pensando en lo social. Si la idea de Ley no se desarrolló, y si, en consecuencia, la observación de la naturaleza se abandonó al empirismo y la organización de la sociedad al régimen de compromiso, la idea de Regla, o más bien la noción de Modelos, al permitir a los chinos conservar una concepción flexible y plástica del Orden, no les expuso a imaginar por encima del mundo humano un mundo de realidades trascendentes. Su Sabiduría, impregnada de un sentido concreto de la naturaleza, es decididamente humanista.

---

77   Si estuviéramos mejor informados sobre la farmacopea y la química de los chinos, y especialmente sobre sus invenciones en la agricultura y la cría, la creación y el uso de especies vegetales y animales, nos parecería sin duda que el empirismo de los chinos y las virtudes pedagógicas de la idea de *mutación* no carecen de valor. Se ha hablado demasiado del erudito chino que, a mediados del siglo XIX, y ciertamente por gloria nacionalista, afirmó que las semillas de las ciencias occidentales se encontraban en el *Yi king*. Esto no quiere decir que haya que creer ciegamente las afirmaciones de los estudiosos contemporáneos de que sus antepasados previeron maravillas como las actuales teorías de la curvatura del espacio o la electricidad.

Libro III
EL SISTEMA DEL MUNDO

Las ideas conjuntas de Orden, Totalidad y Eficiencia dominan el pensamiento de los chinos, quienes no se molestaban en distinguir los reinos en la Naturaleza. Toda la realidad es en sí misma completa. Todo en el universo es como el universo. La materia y el espíritu no aparecen como dos mundos opuestos. Al hombre no se le da un lugar aparte atribuyéndole un alma que sería de otra esencia que el cuerpo. Los hombres sólo son más nobles que los demás seres en la medida en que, teniendo un rango en la sociedad, son dignos de colaborar en el mantenimiento del orden social, *fundamento y modelo* del orden universal. Sólo el Jefe, el Sabio, el Honesto, destacan entre la multitud de seres. Estas ideas son coherentes con una representación del Mundo, caracterizada no por el antropocentrismo, sino por el predominio de la noción de *autoridad social*. La disposición del universo es el efecto de una Virtud principesca que las artes y las ciencias deben esforzarse por equipar. El orden protocolario se aplica tanto al pensamiento como a la vida; el reino de la etiqueta es universal. Todo está sometido a él en el orden físico y en el orden moral, que se niegan a distinguir oponiéndolos como un orden determinado y un orden de libertad. Los chinos no conciben la idea del Derecho. Proponen sólo Modelos para las cosas como para los hombres.

Capítulo I
EL MACROCOSMOS

Un hecho señala el lugar privilegiado que los chinos otorgan a la política. Para ellos, la historia del mundo no empieza antes que la de la civilización. No comienza con el relato de una creación ni con especulaciones cosmológicas. Se funde, desde el principio, con la biografía de los soberanos. Las biografías de los antiguos héroes chinos contienen bastantes elementos míticos. Pero ningún tema cosmogónico podría entrar en la literatura sin haber sido transpuesto. Todas las leyendas pretenden relatar hechos de la historia humana. La misma filosofía política les inspira. Los seres y las cosas existen y perduran gracias a la armonía (*ho*) instituida por los santos autores de la civilización nacional. Es su Sabiduría la que permite a los hombres y a los seres conformar su esencia (*wou*) y realizar plenamente su destino (*ming*). La armonía social, que se debe a la ascendencia de los Sabios, conduce, junto con la Gran Paz (*T'ai p'ing*), a un equilibrio perfecto del macrocosmos, y este equilibrio se refleja en la organización de todos los microscosmos. El predominio dado a las preocupaciones políticas[1] va acompañado de una repulsión fundamental a cualquier teoría creacionista entre los chinos.

* * *

Sólo algunas metáforas, junto con algunos fragmentos de sus leyendas, proporcionan información sobre la idea que los antiguos chinos tenían del universo. Hay pocas posibilidades de que estos datos folklóricos puedan vincularse a un sistema de pensamiento único y definido. Sin embargo, pueden señalar un hecho esencial: la concepción del mundo físico está totalmente controlada por las representaciones sociales.

El universo es el carro o la casa del jefe.

---

1   *Civ. Chin.*, pp. 19 y ss.

El mundo se compara a menudo con un carro[2] cubierto por un dosel. El dosel es circular y representa el Cielo; la Tierra está representada por la caja cuadrada que sostiene al ocupante del carro. Pero no es un carro cualquiera. Cuando decimos "la Tierra... es la gran carroza", pensamos en el carruaje ceremonial[3] en el que el Hombre Único toma asiento, y sin duda nos imaginamos al Hijo del Cielo cuando, para cumplir con el primer deber de su cargo, hace el recorrido por la Tierra de los hombres, siguiendo la ruta del Sol. En el cielo, el Sol recorre su carrera también montado en un carro.

El jefe de la carro se sitúa en la parte delantera del mismo, bajo el borde del toldo. La palabra (*hien*) que designa este lugar se utiliza también para nombrar el lugar de la sala de recepción donde, cuando celebra su corte, el Maestro debe estar de pie. Cuando se dice: "La tierra soporta y el cielo cubre",[4] esto se refiere no menos a la casa que al carro. El edificio donde el soberano recibe a los feudatarios, cuadrado en la base, debe estar cubierto por un techo circular. Es bajo el perímetro de este techo donde el Hijo del Cielo se sitúa cuando promulga las ordenanzas mensuales que ajustan los tiempos a los espacios.

El techo del *Ming t'ang* y el dosel del carro están unidos por columnas a su soporte cuadrado. Estas columnas, que se llaman las Columnas del Cielo, son bien conocidas por los geógrafos que conocen su número y ubicación. Están relacionados con las Ocho Direcciones, las Ocho Montañas y las Ocho Puertas que dan paso a las Nubes Lluviosas y a los Ocho Vientos.[5] Los Ocho Pilares, unidos a través de los Ocho Vientos a los Ocho Trigramas, que están dispuestos en un octógono, conectan el perímetro de la tierra con el perímetro circular del Cielo.

La arquitectura del Mundo se imaginó primero de forma más sencilla. Sólo había cuatro columnas y sólo se conocían cuatro Montañas cardinales. Las "Cuatro Montañas" es el nombre de los jefes a los que el Soberano encargó asegurar la paz en las Cuatro Direcciones y a los que recibió abriendo las Cuatro Puertas de su residencia,[6] Las Montañas tienen en la naturaleza un papel análogo al de los Jefes en la sociedad. Aseguran la estabilidad del universo. Desde el punto de vista mítico, no hay diferencia entre la lucha que libra un usurpador contra el soberano legítimo y el ataque a una montaña por parte de un genio maligno que se representa como un viento que sopla en una tormenta y que derriba los tejados de las casas.[7]

El único pilar famoso del mundo es una montaña, Pou-tcheou, en el noroeste del Mundo; allí está la Puerta que conduce a la Residencia Oscura; por ella sopla un viento que también se llama Pou-tcheou.[8] Durante la batalla que libró contra el Soberano Tchouan-hiu, Kong-kong, genio del Viento, a quien la Residencia Os-

---

2   Los carros antiguos chinos eran vehículos de dos ruedas, con paneles laterales y delantero, mientras que se subía al carro por atrás. Eran tirados por dos o cuatro caballos (N. del T.).

3   *Tcheou li*, Biot, *Le Tcheou li ou Les Rites des Tcheou*, p. 488; *Yi king*, L., p. 430.

4   *Li ki*, C., II, p. 475.

5   *Houai-nan tseu*, 3.

6   *SMT*, I, p. 79; Granet, *Danses et légendes...*, p. 249.

7   Granet, *op. cit.*, pp. 484, 485, 379, 437.

8   *Houai-nan tseu*, 3.

cura sirve de retiro, logró sacudir al Pou-tcheou. A esto le siguió un diluvio. El mundo sólo está en orden cuando está cerrado, a la manera de una vivienda.[9]

En el pasado, cuando Niu-koua se encargó de ordenar el Universo, "los Cuatro Polos se volcaron, las Nueve Provincias se resquebrajaron, el Cielo no lo cubrió todo, *la Tierra no soportó toda la circunferencia* (*pou-tcheou*), el Fuego ardió sin apagarse nunca, las Aguas inundaron sin apaciguarse nunca, las Bestias feroces devoraron a los hombres sanos, las Aves de Presa raptaron a los débiles. Niu-koua, entonces, fundió las piedras de cinco colores para reparar el Cielo azul; cortó los pies de la Tortuga para establecer los Cuatro Polos; mató al Dragón Negro para poner en orden el país de Ki; amontonó ceniza de caña para detener las Aguas licenciosas. El Cielo fue reparado, los Cuatro Polos se elevaron, las Aguas licenciosas se secaron, la tierra de Ki se equilibró (*p'ing*), las bestias feroces perecieron, los hombres sanos subsistieron, la Tierra cuadrada sostuvo sobre su espalda, el Cielo redondo se mantuvo abrazado", y la Unión (*ho*) se hizo entre el *Yin* y el *Yang*.[10]

En el pasado, también, las Islas de los Bienaventurados flotaban arriba y abajo con las mareas; uno no podía quedarse quieto en ellas. Sólo se estabilizaron el día en que, a instancias de un genio del mar, unas tortugas gigantes *las llevaron a cuestas*.[11] Los chinos pensaron durante mucho tiempo que podían dar estabilidad al suelo tallando tortugas de piedra y haciéndolas soportar una pesada estela. Montañas o pilares, las columnas que unen la Tierra y el Cielo dan solidez a la arquitectura que es el Universo.

Sin embargo, desde la revuelta de Kong Kong, el equilibrio ya no es perfecto. Este monstruo cornudo, lanzándose sobre el monte Pou-tcheou, lo astilló con su cuerno; "rompió el pilar del Cielo y rompió la línea de amarre (*wei*; los Ocho Amarres *pa wei*, corresponden a los *pa ki*, los Ocho Polos, las Ocho Direcciones) de la Tierra". Así pues, el cielo se inclinó hacia el noroeste, de modo que el Sol, la Luna y las constelaciones tuvieron que desplazarse hacia el ocaso, mientras que en la Tierra, que, al inclinarse en sentido contrario, estaba incompleta hacia el sureste, todas las vías de agua tomaron la dirección de este rincón del espacio.

Las fechorías de Kong-kong también se cuentan de otra manera; se dice que fue él, o Tch'e-yeou, un genio del Viento, otro Monstruo con Cuernos, quien desató el desbordamiento de las Aguas al atacar a K'ong-sang.[12] Estos mitos se refieren a una representación ligeramente diferente del Universo. K'ong-sang, la morera hueca, que se opone a K'ong-t'ong, la paulownia hueca, es, al igual que ésta, tanto un árbol hueco como una montaña: ambos sirven de refugio a los soles y de morada a los

---

9   *Lie tseu*, Wieger, *Les Pères du système taoïste*, p. 131; *Houai-nan tseu*, 3, 1 y 6; *SMT*, I, p. 11.

10   *Houai-nan tseu*, 6. A comparar con la famosa fórmula de *Lao tseu* (Wieger, *op. cit.*, p. 46), a menudo mal traducida, que evoca la producción de todas las cosas por efecto de la hierogamia del Yin y del Yang: "Los 10.000 seres son llevados a lomos del Yin y mantenidos abrazados por el Yang". (Cf. *Houai-nan tseu*, 7.)

11   *Lie tseu*, Wieger, *op. cit.*, p. 133.

12   Granet, *op. cit.*, p. 435. Este mito sirve para explicar el desajuste del mundo: la Estrella Polar no está en el cenit de la capital de los hombres.

soberanos.[13] Otros árboles se erigían como pilares celestiales: al este, el P'an-mou, un inmenso melocotonero situado cerca de la Puerta de los Genios[14]; al oeste, el árbol Jo, en el que, como en la Morera hueca, pero al atardecer, se posan los Diez Soles[15]; en el centro, el *Kien-mou* (el Leño Erecto), por el que suben y bajan los Soberanos (no decimos, en este caso, los Soles).[16]

Los chinos solían contar que sus antepasados habían empezado anidando en los árboles o alojándose en cuevas. La mayoría de las leyendas evocan la idea de una construcción columnaria, pero algunos rasgos míticos muestran que el Cielo se concibe como la bóveda de una cueva. En sus sueños de apoteosis, los Soberanos, cuando ascienden a los Cielos, llegan a lamer los pezones de la Campana Celeste, es decir, las estalactitas que cuelgan del techo de las cuevas.[17]

Humilde al principio como morada de los primeros jefes, el Mundo ha crecido, a diferencia de aquella tierra de los Gigantes que disminuía en extensión cuando el tamaño de sus habitantes se hacía más pequeño.[18] Todavía se creía en la época de los Han; que como todos los cuerpos que el aliento (*k'i*) llena, la Tierra y el Cielo han aumentado gradualmente de volumen. La distancia entre ellos ha aumentado.[19] Solían estar, cuando los espíritus y los hombres vivían en promiscuidad, tan juntos (la Tierra ofreciendo al Cielo su espalda y el Cielo sosteniéndola abrazado) que uno podía "subir y bajar" de uno a otro en cualquier momento. Tchong-li, "cortando la comunicación",[20] puso fin a estos escandalosos comienzos del universo.

* * *

Tchong-li es un héroe solar, ascendido, por la gracia de la historia, al rango de astrónomo. Los chinos nunca parecen haberse molestado en derivar una cosmogonía sistemática de sus mitos. Sus astrónomos, en cambio, tomaron prestadas la mayoría de sus teorías de las antiguas leyendas.

Ya en el siglo IV a.C. había muchos eruditos en China que se interesaban por la astrología, y se dedicaron a elaborar catálogos de constelaciones y a anotar los movimientos de las estrellas. Parece que, al menos, desde el siglo III a.C., presentaron diversas descripciones del Mundo. Sus especulaciones sólo las conocemos por breves alusiones literarias o por resúmenes bastante recientes.[21] Están muy relacionados con las tradiciones míticas.

---

13   Granet, *op. cit.*, p. 436.

14   *Ibid.*, nota 740.

15   *Houai-nan tseu*, 4; Granet, *op. cit.*, p. 305; Maspero, *Les légendes mythologiques dans le Chou king*, p. 20.

16   Granet, *op. cit.*, p. 379.

17   *Tchou chou ki nien*, 5; *Heou Han chou*, 10; *Song chou*, 27, p. 3. Sobre el tema del Árbol de la Vida, cfr. *supra*, Libro II, cap. IV.

18   *Lie tseu*, Wieger, *op. cit.*, p. 133.

19   *Louen heng*, Forke, *Lun-Heng. Ensayos seleccionados del filósofo Wang Ch'ung*, I, p. 252.

20   *SMT*, III, p. 324; *Chou king*, L., p. 593.

21   El tratado más antiguo que se conserva es el *Tcheou pei*. (Cf. Biot, *Traduction et examen d'un ouvrage chinois intitulé Tcheou pei, JA*, 1841), que data a lo sumo de los primeros Han, pero puede haber sido reelaborado bajo los T'ang. El capítulo 11 (*T'ien wen*) de la Historia de los Tsin contiene muchas citas de autores del periodo Han. Maspero (*L'astronomie chinoise*

En la época de lo dinastía Han Oriental,[22] estas especulaciones se atribuían a tres escuelas distintas. Una de ellas, tal vez la más esotérica, fue descuidada, si no olvidada; se decía que sus partidarios admitían que el Sol, la Luna y todas las estrellas flotaban libremente en el Espacio, no siendo el Cielo un cuerpo sólido.[23] Según los otros dos sistemas, los astros se adhieren al Cielo; es en su superficie resistente donde tienen sus recorridos; se mueven al ser llevados por el Cielo en su movimiento circular.

La Tierra y el Cielo están separados por vastas extensiones. Los científicos habían calculado las dimensiones del mundo con la ayuda, decían, del gnomon. Según algunos la medida del diámetro de la órbita solar es 357.000 li,[24] aunque según otros ese es el diámetro de la esfera celeste, siendo la distancia entre dos puntos opuestos de la circunferencia terrestre de 36.000 li.[25] 357 y 360 son, como hemos visto en relación con los tubos musicales, números prestigiosos; múltiplos de 7 o de 5, pueden evocar la relación 3/2 o 3/4 del círculo y el cuadrado. Las dimensiones indicadas por los científicos no tienen más interés que su tamaño. El universo, cuya inmensidad quieren hacer sentir, sigue pareciéndose al mundo creado por la imaginación mítica.

Los partidarios de la Escuela de *Houen tien* le asignan al Cielo la forma de una esfera o más bien la de un huevo.[26] Esta concepción está vinculada al tema mítico del que surgió la leyenda de Pan-kou, así como a diversos relatos de nacimientos milagrosos.[27] Varios héroes fundadores nacieron de un huevo, a veces incubado en una torre de nueve pisos que representa el Cielo. Además, la palabra "El cielo cubre" se utiliza siempre en el sentido exacto de "incubar". Totalmente envuelta por la cáscara celeste, la Tierra, como una yema de huevo, descansa sobre una masa líquida. Flota, sube, baja, se acerca o se aleja del cenit y de los cuatro puntos car-

---

avant les Han, TP, 1929, pp. 267 y ss) admite con razón, en mi opinión, que las teorías cosmográficas se remontan a los siglos IV-III a.C. (Cf. de Saussure, *Les origines de l'astronomie chinoise* y Forke, *Die Gedankenwelt des chinesischen Kulturkreises*). Dos capítulos de *Louen heng* de Wang Ch'ong (Forke, *Lun-Heng. Selected Essays of the philosopher Wang Ch'ung,* pp. 250 y ss; 258 y ss) puede dar una idea de las controversias mantenidas en la época de los segundos Han sobre la estructura del Mundo.

22   *Tsin chou,* II; *TP,* 1929, p. 334.

23   *TP,* 1929, p. 340. Abandonada durante un tiempo, esta teoría (conocida como *siuan ye*) fue reconstituida en el siglo II a.C., según la tradición oral, se dice (*TP,* 1929, p. 340). Un rastro de esto se puede encontrar en un pasaje del *Lie tseu* (Wieger, *op. cit.,* p. 79), donde la idea de que ni el Cielo ni las Estrellas son cuerpos sólidos se utiliza para tranquilizar a un hombre atormentado por el temor de que el Cielo se derrumbe (*peng:* término utilizado para la caída de una montaña y la muerte de un gobernante) y que la tierra se derrumbe.

24   El *li* es una unidad de longitud tradicional china que en la actualidad se ha estandarizado en 500 metros, aunque históricamente su valor osciló considerablemente entre distancias algo menores y mayores según los periodos (N. del T.).

25   *TP,* 1929, pp. 347 y 350.

26   *Tsin chou,* II; *TP,* 1929, p. 355.

27   *Civ, Chin., aaa, bbb*; Granet, *Danses et légendes…,* p. 449. *Lu che tch'ouen ts'ieou,* 6, § 8. La leyenda de Pan-kou es más antigua en China de lo que se sostenía. El mundo es el cuerpo de Pan-kou.

dinales, mientras que el Cielo, girando sobre sí mismo *como una rueda*, arrastra al Sol por debajo del horizonte terrestre cada tarde. La alternancia del día y la noche se explica por este movimiento del Cielo; los movimientos oscilantes de la Tierra explican la alternancia y la variedad de las estaciones. Además, dado que el cielo es ovoide y el Sol no lo abandona en su marcha, es evidente que este astro está más cerca de la Tierra por la mañana y por la tarde y más alejado de ella en el momento en que alcanza el punto álgido de su recorrido; por lo tanto parece más pequeño en el pleno mediodía, disminuyendo sus dimensiones aparentes (pero no su brillo) con la distancia.[28]

El otro sistema, sin duda más antiguo, compara el Cielo con un dosel móvil (*t'ien kai*) que cubre la Tierra. Esta última se encuentra debajo de él, sin moverse, en posición de cuenco invertido.[29] La superficie terrestre no forma una cúpula paralela a la campana celeste que la cubre. La Tierra tiene forma de tablero de ajedrez, es decir, de pirámide cuadrangular truncada.[30] La parte superior (la Tierra habitada) es plana y se encuentra justo debajo de la cresta del dosel, donde habitan la Osa Mayor y las constelaciones del Palacio Central del Cielo. Las aguas se deslizan por los cuatro lados de la pirámide; forman alrededor de la Tierra habitada los Cuatro Mares; en este sistema, como en el otro, el agua llena los bajíos del mundo. El aspecto dado a la Tierra por la Escuela del Dosel Celeste no difiere de la imagen ofrecida por el montículo cuadrado rodeado de agua en el que se hacían sacrificios en el suelo: cuando los sacrificios tenían éxito, los vapores formaban un dosel sobre el altar.[31] La variedad de las estaciones se explica, en el sistema del *T'ien Kai*, por el hecho de que el Sol viaja sobre la cubierta celeste tomando diferentes rutas que lo alejan o acercan (al centro de) la Tierra.[32] Si la noche sigue al día, es porque, arrastrado por el dosel en su rotación, el Sol se aleja sucesivamente de los cuatro lados de la Tierra, volviéndose invisible allí a su vez como resultado de su distancia.[33]

Algunos imaginaron que la bóveda celeste se inclinaba hacia el Norte, de modo que el Sol al atardecer pasaba por debajo del horizonte.[34] Esta explicación está relacionada con la leyenda de Kong-kong; el cielo se ha inclinado hacia el noroeste desde que este monstruo rompió el monte Pou-tcheou. Wang Tch'ong ha conservado una variante importante de la teoría. El Cielo se *hunde en* la Tierra hacia el Norte, por lo que el Sol, en toda la parte norte de su recorrido, debe viajar bajo tierra.[35] Esta opinión recuerda a la puerta que se abría en las afueras del monte Pou-tcheou y que conducía a la Morada Oscura.

---

28   *Louen heng*, Forke, *op. cit.*, I, p. 253; *Lie tseu*, Wieger, *op. cit.*, p. 139.
29   *Yin chou*, II; *Louen heng*, Forke, *op. cit.*
30   *Sin chou*, II; *TP*, 1929, p. 338. Maspero describe erróneamente la Tierra como una cúpula. La comparación con el cuenco invertido sólo indica la idea de convexidad. La comparación con el tablero de ajedrez es lo que da la forma.
31   *Civ. Chin.*, p. 412; *SMT*, III, p. 483.
32   *Louen heng*, Forke, *op. cit.*, I, p. 259; *TP*, 1929, p. 340.
33   *Louen heng*, Forke, *op. cit.*, I, p. 362.
34   *Ibid.*, I, p. 360.
35   *Ibid.*, I, p. 361.

La idea de que el Sol deja de iluminar cuando entra en el reino de la sombra se encuentra en la teoría de los eclipses. Estos (que pueden comenzar en el centro de la estrella así como en sus bordes) no difieren en su tipo de ciertos velos (*po*) que pueden verse en cualquier momento del mes. Los eclipses propiamente dichos se producen el primer o el último día de la lunación; entonces reina la oscuridad (*houei*), de modo que la Luna pierde su brillo durante este período. El Sol, que se une (*kiao*) a ella, está a su vez influenciado por el principio oscuro (Yin); en este caso puede eclipsarse.[36] La Luna, que en esencia depende del principio Yin, está sujeta a eclipses más frecuentes, que se pueden observar en diferentes momentos de la lunación. Lieou Hiang[37] escribió, sin embargo, (en el siglo I a.C.) que el Sol se eclipsaba cuando la Luna venía a ocultarlo, y Wang Tch'ong,[38] que no desconocía esta opinión, afirmó que se trataba de un fenómeno regular. Estas tesis no han impedido la conservación, como dogma, de la antigua idea de que los eclipses son causados por la conducta errática de los soberanos y sus esposas.[39]

Los cosmógrafos chinos aprovecharon los avances de la astronomía en el período de los Reinos Combatientes.[40] Estos avances se debían a los astrólogos que espiaban los acontecimientos celestes en nombre de príncipes ambiciosos. La conexión de estos acontecimientos con los hechos de la historia humana era el principio de toda observación. Aunque los científicos se han visto abocados a atribuir vastas proporciones al universo, no han dejado de concebir el mundo según el modelo creado por la imaginación mítica. Sus conocimientos aumentan en detalle sin la tentación de buscar explicaciones de carácter puramente físico. Los que se niegan a admitir que, hacia el Norte, la Tierra y la bóveda celeste están entrelazadas, no esgrimen ninguna consideración derivada de las ideas de movimiento de resistencia, impenetrabilidad... No ven ninguna dificultad en aceptar (mejor aún, lo utilizan en la discusión) el mito de la unión del Cielo y la Tierra.[41] Los estudiosos apenas han cambiado la representación china del universo. Los arquitectos y los poetas la han enriquecido mucho más que ellos.

* * *

En el periodo de los Reinos Combatientes (siglos V a III a.C.), los potentados feudales jugaban a ver quién tenía las mansiones más grandes, los torreones más altos y las bodegas más profundas. Sus cortes estaban llenas no sólo de astrólogos, sino de magos y poetas, ingenieros y baladistas,[42] proveedores de leyendas y de curiosidades. Gracias a todos estos aportes, la visión del Mundo se amplió,

---

36   *TP*, 1929, p. 292. *Louen heng*, Forke, *op. cit.*, I, pp. 269-270. Oscuridad (*houei*) es el equivalente de Yin (oscuro). Cfr. *supra*, Libro II, cap II.

37   *TP*, 1929, pp. 291 y 293.

38   *Louen heng*, Forke, *op. cit.*, I, p. 271.

39   *Che king*, C., pp. 235 y ss, y las notas donde Couvreur informa de las opiniones de Tchou Hi.

40   Sobre este progreso: *TP*, 1929, pp. 267 y ss.

41   *Louen heng*, Forke, *op. cit.*, I, p. 261.

42   No se puede sobrestimar el papel de los baladistas, bailarines, músicos, ilusionistas y exhibidores de curiosidades, quienes eran los portadores de una gran cantidad de leyendas, artes y conocimientos. Muchas leyendas chinas, relatadas, por ejemplo, por el rey Chan hai,

el Universo se pobló, mientras que los palacios se exaltaron y ampliaron y la corte, los parques, los estanques, los jardines se llenaron de maravillas. Mientras que las Nueve Llanuras del Cielo (*kieou ye*) correspondían a las Nueve Provincias de China, la Tierra y el Cielo, aumentando su profundidad, se escalonaban en Nueve Escalones.[43] En la parte inferior estaban las Nueve Fuentes, en la superior los Nueve Cielos. Y, en efecto, escalonando hasta nueve sus bodegas y terrazas, los Tiranos pretendían llegar a los Manantiales subterráneos así como a las Altas regiones donde en las nubes se esconde el Fuego celeste. Desde las profundidades del mundo hasta su cima suprema (*Houang ki*), el palacio parecía fundirse con el eje del universo.

Incluso cuando asume formas magníficas, la huella de sus humildes comienzos se encuentra en el universo. En el centro de las casas más pobres debía haber un sumidero bajo una abertura en la parte superior del tejado.[44] El agua entraba en la tierra a través de esta fosa y, por el agujero del techo, el humo de la chimenea se unía a las nubes de fuego en el cielo. Del mismo modo, en las profundidades del mundo hay un vasto pozo negro, mientras que en los cielos más altos hay una rendija de la que escapan los rayos.[45] El pozo negro está custodiado por un monstruo antropófago, Ya-yu. Yi el Arquero le disparó flechas asesinas, ganándose así el derecho a convertirse en el genio del centro de la casa y en el Maestro del Destino (*Sseu-ming*).[46] El inframundo de las aguas es, en efecto, la tierra de los muertos. Las libaciones llegan allí cuando se vierten en el suelo de tierra de las casas. Las "Fuentes Amarillas" en un principio se imaginaban muy cerca de las residencias humanas. En cuanto se excavó un poco la tierra y se descubrió el agua, se abrió el mundo de los muertos.[47] Los espíritus escapaban en cuanto, sobre todo en invierno, el suelo reseco se agrietaba; de vuelta a la tierra, se les oía gemir.

Las Fuentes Amarillas, en el Mundo ampliado, fueron relegadas al fondo del Septentrión; los muertos dejaron de ser enterrados en las casas, y los cementerios se colocaron al norte de las ciudades. Es un poco al oeste del norte debido (en el este que corresponde al comienzo de la estación de invierno) que se excava el abismo (el impluvio de las casas se sitúa a veces al noroeste)[48] a través del cual las Aguas que vienen de las Cuatro Direcciones desaparecen en el interior de la Tierra.[49] Un monstruo llamado a veces el Señor de la Tierra (*T'ou-po*) habita estas regiones, donde guarda una puerta dando nueve vueltas sobre sí mismo.[50] A menudo se le considera un vasallo de Kong-kong; es una serpiente de nueve cabezas;

---

presentan rasgos que revelan orígenes extranjeros, a veces muy lejanos y, quizás, también muy antiguos.

43   *Tch'ou tseu, Tien wen*.

44   *Li ki*, C., I, p. 372; Granet, *Danses et légendes...*, nota 753; *Tchouang tseu*, Wieger, *op. cit.*, p. 363. *Li ki*, C., II, p. 478.

45   Granet, *op. cit.*, p. 545.

46   *Ibid.*, p. 379.

47   *Id., La vie et la mort...*, p. 17.

48   *Li ki*, C., p. 478.

49   Granet, *La vie et la mort...*, p. 13.

50   Tch'ou tseu, Chao houen.

las nueve cabezas devoran las Nueve Montañas, y el monstruo propaga la infección vomitando pantanos.[51] Por encima del abismo se encuentran las Nueve Puertas del Cielo, custodiadas por lobos y un ser de nueve cabezas capaz de arrancar árboles por nueve mil. Los que quieren pasar por estas puertas, apresados y suspendidos boca abajo, son arrojados al abismo.[52] Pocos son los Héroes que pueden imponerse al Guardián de la Puerta del Soberano celestial. Pero los santos, debidamente entrenados en las prácticas místicas, entran en el Mundo de Arriba. Entran en él a través de la hendidura abierta en lo más alto del cielo sin que los rayos que salen disparados les hagan retroceder.[53]

Más frecuentemente visitado, el interior del Cielo es un poco más conocido que el de la Tierra. El Soberano Celeste (*Chang-ti*) tiene su corte allí.[54] Allí tiene palacios, arsenales y harenes. Sus nombres se encuentran en la tierra; son los que los jefes dan a los edificios de su capital.[55] Quienes son admitidos en la presencia del Soberano Celeste, son deleitados por una música maravillosa.[56] Se intercambian regalos con él. Cuando se le ofrece un grupo de mujeres hermosas, da las gracias confiriendo la propiedad de un himno divino.[57] Uno puede ser invitado por él a una cacería de osos,[58] pues tiene parques, así como estanques de peces, y uno puede disparar con un arco en el Cielo como en este mundo. ¿No vemos a Hi-ho, la Madre de los Soles, cabalgando en su carro, persiguiendo al Perro Celestial (*T'ien-lang*)[59] con su flecha? Las justas de los habitantes del Cielo (han conservado sus blasones mucho mejor que los humanos) parecen ser peleas de animales. Cuervos de tres patas, los Soles desaparecen cuando hay una justa de Ki-lin (unicornio) o cuando Ki-lin quiere devorarlos.[60] Del mismo modo, Tchang-ngo, la Luna, es un sapo que otro sapo devora y hace eclipsar, mientras que la muerte de King-yu (¿la Ballena?) hace aparecer los Cometas y el aullido del Tigre desata el Viento de Primavera.[61]

Sin embargo, no es en el Cielo, sino en las regiones remotas del Espacio donde las deidades tienen sus guaridas y suelen participar en las justas. Allí los dioses son atacados por héroes cuya misión es reducirlos como es debido. El Señor de los Vientos (*Fong-po*) permanece atado en el Túmulo Verde, mientras que el Señor del Río (*Ho-po*) se esconde en la sima de Yang-yu.[62] Herido, uno en el ojo izquierdo y el otro en el rodilla, fueron domesticados por el Arquero que mató a Ya-yu en su

---

51   Granet, *Danses et légendes...*, 486.
52   *Tch'ou tseu, Tchao houen*.
53   *Tch'ou tseu, Yuan yeou*.
54   *SMT*, III, pp. 339 ss.
55   *Civ. Chin.*, p. 51.
56   *SMT*, V, p. 26.
57   Granet, *Danses et légendes...*, p. 582.
58   *SMT*, V, p.27.
59   *Tch'ou tseu, Tong kiun*.
60   *Houai-nan tseu*, 3.
61   *Ibid*.
62   Granet, *op. cit.* p. 379.

cloaca y sacrificó, en las ramas de su morera, a nueve Soles indisciplinados.[63] Así, obedeciendo a un sabio Soberano, evacuó del mundo habitado todo lo que podía perjudicar a los hombres. En un mundo bien ordenado, sólo los rincones perdidos que el dosel del cielo no cubre[64] son los lugares donde se permite subsistir vagamente a los seres de naturaleza monstruosa o divina.

En el rincón nordeste del mundo, en el país de Fou-lao, un pueblo de brutos vive miserablemente, alimentándose de verduras crudas, frutas y raíces, y no conoce el sueño; se mueven sin descanso sobre un suelo abrasado que está constantemente iluminado por el Sol y la Luna.[65] Una vez, en estas tierras, flotó en el mar una especie de buey, con un cuerpo verde y una sola pata. Se llamaba K'ouei. Cuando entraba y salía del agua, produciendo viento y lluvia, hacía el sonido del trueno. Houang-ti vino a tomar su piel y tuvo la idea de golpearlo con un hueso tomado de la Bestia del Trueno. Gracias a este tambor, inspiró a todo el Imperio un temor respetuoso.[66] Más sabio aún que Houang-ti, y haciendo gala del genio civilizador que caracteriza a los verdaderos soberanos, Yao llevó a K'ouei a su corte para convertirlo en maestro de baile; dirigió, golpeando sobre piedras sonoras, los ballets bailados por los Cien Animales, finalmente domesticados.[67]

Al sureste se encuentra el Ta-ho, el abismo, inmenso y sin fondo, donde la Vía Láctea, el Río del Cielo,[68] se vierte con todos los ríos terrestres. La Madre de los Soles y la Madre de las Lunas encuentran en estas regiones el agua que cada día sirve para lavar a sus hijos, como a los recién nacidos, antes de mostrarse en el Cielo.[69]

En la esquina suroeste se encuentra la tierra de Kou-mang, donde el Yin y el Yang no unen su aliento y donde el calor y el frío, la noche y el día, no se alternan. El Sol y la Luna no brillan allí. La pobre gente que vive allí, sin comida ni ropa, en continua somnolencia, se despierta apenas una vez cada cincuenta días.[70]

Peor aún es la esquina noroeste. Esta es la tierra de las Nueve Tinieblas que el Dragón de las Llamas ilumina. De mil *li* de altura, se levanta rojo y con la mirada fija. Si abre los ojos, es de día. Si los cierra, es de noche. Si sopla, es invierno; si respira, es verano. No bebe, ni come, ni respira; el viento y la lluvia se detienen en su garganta. Cuando respira viene el Viento.[71] El Dragón de las Llamas se levanta por la noche en las orillas del Río Rojo, donde también vive Niu-pa, la Sequía, hija de Houang-ti, a quien ayudó a derrotar a Ch'e-yeou, el gran rebelde, tras lo cual fue desterrada a la horrible tierra de las Arenas movedizas.[72] Cerca está el abismo donde el Trueno es tragado por el torbellino.[73] Esta es la siniestra región de la sed,

---

63   Granet, *Danses et légendes*, pp. 512, 469.
64   *Ta Tai Li ki*, 5.
65   *Lie tseu*, Wieger, *op. cit.*, p. 111.
66   Granet, *op. cit.*, p. 509.
67   *Lu che tch'ouen ts'ieou*, 5, § 5; Granet, *op. cit.*
68   *Lie tseu*, Wieger, *op. cit.*, p. 131 y *Tchouang tseu*, *Ibid.*, p. 303.
69   Granet, *op. cit.*, p. 437; *Chan hai king*, 15.
70   *Lie tseu*, Wieger, *op. cit.*, p. 111.
71   *Chan hai king*, 8 y 17; *Houai-nan tseu*, y Granet, *op. cit.*, p. 523.
72   *Chan hai king*, 17; Granet, *op. cit.*, pp. 315 y ss.
73   *Tch'ou tseu*, *Tchao houen*.

acechada por gigantescas hormigas y avispas rojas, más grandes que calabazas, cuyo aguijón lo seca todo inmediatamente.[74]

Pero el noroeste es también el país misterioso donde se eleva el K'ouen-louen, una réplica soberbia de los cielos y de los palacios principescos.[75] Hay jardines colgantes con árboles que dan perlas o producen jade, nueve pozos de los que brota un elixir e innumerables puertas. El viento Pou-tcheou entra por una de ellas, pero otra es indistinguible, al menos en nombre, de la puerta principal de los palacios del Cielo. Y, en efecto, los que consiguen subir los sucesivos peldaños de K'ouen-louen se elevan a la inmortalidad; se nos dice que ascienden al Cielo.[76] Se afirma que el Soberano Supremo reside en K'ouen-louen. Sin embargo, la única deidad que recibe visitas allí es la Madre-Reina de Occidente, Si-wang-mou. Es una especie de ogresa con cola de leopardo, que tiene la mandíbula de un tigre y se complace en aullar como ellos. Propaga la plaga a lo largo y ancho. Vive en las profundidades de una cueva y está desaliñada como una bruja.[77] De esta diosa de la Muerte se puede obtener la hierba de la larga vida,[78] y a veces ofrece banquetes en lo alto de una torre de jade.[79]

Leyendas similares e igualmente dispares han servido para ilustrar otro tema cosmológico; todos los pueblos extraños se han situado en el borde del cuadrado de la tierra. Cuando Sseu-ma Ts'ien combina los 8 Vientos y las 28 Mansiones, no se preocupa de las dimensiones de los husos, sino que a cada uno de los 4 lados del horizonte hace corresponder 9 sitios. Houai-nan tseu imagina la distribución de los pueblos extraños alrededor del perímetro cuadrado de la Tierra; coloca 6 en el Este y 10 en el Oeste, 13 en el Sur y 7 en el Norte; todas las necesidades lógicas del filósofo quedan satisfechas en cuanto él también ha obtenido el total de 36.[80]

* * *

Tanto los filósofos como los poetas nos han transmitido estas leyendas; las utilizaron en sus argumentos mucho más que las teorías de los científicos. Los poetas que cantan los viajes épicos de los Sabios o los retozos místicos de los Héroes saben mucho del Más Allá, y también los malabaristas o chamanes que acuden desde lejos a las cortes de los tiranos. Sin embargo, la información de los baladistas y los descubrimientos de los poetas no hicieron más que añadir pintoresquismo a las representaciones chinas del mundo que los eruditos, con su gran número, contribuyeron a dotar de majestuosidad. Concebida siempre a imagen y semejanza de una vivienda principesca, ya sea una humilde mazmorra o un gigantesco palacio, la arquitectura del Universo sigue rigiéndose por las viejas reglas de los sistemas de clasificación indígenas. Sólo el parque de caza se ha enriquecido y ampliado. Es un hecho notable que si los chinos han acogido, como curiosidades rentables,

---

74   *Chan hai king*, 2; Granet, *op. cit.* pp. 386 y ss; *Tch'ou tseu, Tchao houen.*
75   *Houai-nan tseu*, 4.
76   *Ibid.*
77   *Chan hai king*, 2 y 16.
78   *Houai-nan tseu*, 6; Granet, *op. cit.*, p. 376.
79   *Mou T'ten tseu tchouan*, 3.
80   *Houai-nan tseu*, 4.

leyendas o técnicas, malabarismos o ideas manchadas de exotismo o novedad, no las han admitido en su casa. Es aún más notable que no se hayan alojado fuera de la Historia, en el tiempo vago y lejano que parece ser el apropiado para los mitos, las leyendas, nuevas o antiguas, en las que aparecen dioses y monstruos. Todo el Tiempo pertenece a los hombres y a la Historia. El Universo sólo existe realmente desde el momento en que los Sabios instituyeron la Civilización Nacional. Esta civilización reina en la totalidad de las Nueve Provincias. Circunscribiendo el Espacio dispuesto por los Santos, se extienden los Cuatro Mares Bárbaros, un espacio inorgánico, Más Allá del Espacio, al que corresponde legítimamente un Más Allá del Tiempo. Estos imprecisos márgenes del mundo real son adecuados tanto para los monstruos y los dioses como para los bárbaros. La Tierra de los Hombres pertenece a los chinos, a sus ancestros, a sus jefes. Dividieron los campos en plazas y construyeron el *templo*, que da una orientación correcta a los Nueve Cuartos de su ciudad, de su campamento, de la zona ritual donde debían oficiar. De estos usos sagrados derivan las clasificaciones que permiten ordenar el universo real y construir su verdadera representación. Los campos que se araban, el campamento donde el Jefe refugiaba, la casa sagrada donde él vivía, proporcionaban la imagen de las Nueve Provincias del Mundo, que eran inicialmente muy pequeñas, situadas entre las fronteras donde vagan las bestias divinas y los bárbaros, la cacería del Jefe.[81] Tal es el terreno donde los guerreros lograban sus conquistas, y los geógrafos y los poetas sus exploraciones. El universo ampliado ha conservado la arquitectura, tosca o espléndida, de la cueva, la cabaña, o el calabozo, que habitaron los Fundadores de la antigua China. Sus descendientes sólo aceptaban acoger en el parque reservado a sus cacerías, sus fiestas, sus juegos, todo lo que les aportaban –ideas o dioses exóticos o nuevos–, los astrólogos, los poetas y los baladistas.

---

81   *Civ. Chin.*, pp. 246 y ss.

Capítulo II
EL MICROCOSMOS

Los sabios de China siempre han odiado a los saltimbanquis. Estos, cuando se paran sobre sus manos, corren el riesgo de alterar el Mundo. Los hombres tienen pies cuadrados que deben descansar en la tierra. Son culpables si dejan de apuntar la cabeza hacia arriba; la cabeza es redonda a imagen del cielo.[1] La conformación del ser humano reproduce la arquitectura del mundo, y ambas concuerdan con la estructura social. La sociedad, el hombre, el mundo son objeto de un conocimiento global. Válido para el macrocosmos y para todos los microcosmos que caben en él, este conocimiento se constituye por el solo uso de la analogía.

* * *

Nada ilustra mejor la concepción china del microcosmos que las ideas, costumbres y mitos relativos a la izquierda y la derecha.

En China, la antítesis de derecha e izquierda no es una oposición absoluta,[2] el Yin y el Yang no se oponen en sí mismos, como el No-Ser y el Ser o lo Puro y lo Impuro. Los chinos no tienen el ardor religioso que condena la división de las cosas en el Mal y el Bien. Honramos a la derecha, odiamos a la izquierda, llamamos siniestro a todo lo que pertenece al Mal; culpamos a los zurdos y somos diestros. Los chinos son diestros como nosotros; sin embargo, honran a la izquierda, y algunos sus mayores héroes, como Yu el Grande y T'ang el Victorioso, son zurdos, y

---

1   *Tsin chou*, 23, en *Houai-nan tseu*, 7. Un jefe que posee la Virtud de la Tierra en particular tiene los pies particularmente cuadrados (*fang*); con esto se quiere decir que estos pies forman un cuadrado (*fang*) perfecto (*Tch'ouen ts'ieou fan lou*, 7; *Civ. Chin.*).

2   R. Hertz, en su brillante artículo sobre *La prééminence de la main droite*, se limitó a indicar la dificultad que el caso chino presenta para este problema.

225

otros diestros. Incluso se podría decir que son Genios de la Derecha o Genios de la Izquierda; Maestros de la Lluvia o de la Sequía, dedicados enteramente al Yin o al Yang, son declarados enfermos de hemiplejía, si no se reducen a la mitad derecha o izquierda del cuerpo.[3] Un genio terrenal o un genio celestial deben animar a los fundadores de dos dinastías sucesivas. Pero el héroe, no más que la dinastía que funda, es mejor o peor, dependiendo de si, zurdo o diestro, está poseído por la Virtud del Cielo o por la Virtud de la Tierra. Estas virtudes son complementarias. Deben turnarse en el trabajo. Además, impregnan sucesivamente a los Sabios más perfectos. Estos, como primeros ministros, ejercen funciones activas. Despliegan sus talentos en los detalles de las cosas de la Tierra. Una vez convertidos en soberanos, sólo les ocupa la preocupación por el Cielo; sólo viven para concentrar en sí mismos la Eficiencia (*tao*) superior a toda eficiencia de detalle (*tö*).[4] La Izquierda y el Cielo prevalecen de alguna manera sobre la Derecha y la Tierra, al igual que el Yang prevalece sobre el Yin, el Tao sobre el Tö, el trabajo Real sobre las tareas ministeriales. La oposición, sin embargo, se reduce a una diferencia de rango o a una distinción de empleo.

En el signo que representa la Derecha (mano + boca), los etimólogos saben leer un precepto: la mano derecha es para comer.[5] Por lo tanto, la mano derecha es adecuada para las cosas de la Tierra. El elemento "mano" se encuentra en el signo adoptado para la izquierda, unido, esta vez, a otro elemento gráfico que representa el cuadrado. La escuadra es el símbolo de todas las artes, y especialmente de aquellas religiosas y mágicas. Es la insignia de Fou-hi, el primer gobernante, el primer adivino. Fou-hi es el marido o hermano de Niu-koua, cuya insignia es el compás. Esta pareja primordial inventó el matrimonio; también para decir "buenas costumbres" se dice "compás y escuadra".[6] Los grabadores[7] representan a Fou-hi y a Niu-koua enlazados por la parte inferior del cuerpo. Niu-koua, que ocupa la derecha, aparece sosteniendo el compás en su mano derecha.[8] Fou-hi, a la izquierda, sostiene la escuadra en su mano izquierda. La escuadra, que produce el Cuadrado, emblema de la Tierra, sólo puede ser la insignia del Varón tras un intercambio hierogámico de atributos; pero dado que el cuadrado (como enseña el *Tcheou pei*) produce lo Redondo (que contiene),[9] el cuadrado merece inmediatamente ser el símbolo del hechicero que es *yin-yang*,[10] y sobre todo de Fou-hi, que es docto en las cosas del Cielo así como en las de la Tierra.[11] Por lo tanto, Fou-hi puede llevar la escuadra en su mano izquierda, la cual (con la escuadra) evoca la Obra Real, la

---

3   Granet, *op. cit.* pp. 455, 467, 551; cfr. *supra*, Libro II, cap. IV; *Tch'ouen ts'ieou fan lou*, 7.

4   *Civ. Chin.*, p. 232.

5   El dedo índice es "el dedo de comer" (y no de "mostrar", mostrar es peligroso, está prohibido).

6   Granet, *Danses et légendes…*, p. 498.

7   *Civ. Chin.*, pp. 19-21.

8   El compás traza los círculos; el elemento gráfico, que se dice que representa la boca en el signo de la Derecha, era (en la escritura arcaica) un círculo.

9   Círculo inscrito, cfr. *supra*, Libro II, cap. II y cap. III.

10   Cfr. *supra*, Libro II, cap. III, ap. IV.

11   *Yi king*, L., p. 382.

hierogamia primaria, la actividad mágico-religiosa. Los chinos no oponen fuertemente la religión a la magia, ni lo puro a lo impuro. Lo sagrado y lo profano no forman por sí mismos dos géneros bien definidos. La derecha puede dedicarse a obras seculares y actividades terrenales sin convertirse en antagonista de la izquierda. El pensamiento chino no se interesa por los opuestos, sino por los contrastes, las alternancias, los correlativos y los intercambios hierogámicos de atributos.

La infinita variedad de Tiempos y Espacios multiplica estos intercambios, estos contrastes, así como las condiciones concretas de correlaciones y alternancias. La etiqueta debe tener en cuenta todas estas complicaciones, por lo que a veces honra a la izquierda y otras veces a la derecha. Los chinos son diestros, necesariamente, pues desde la infancia se les enseña a usar la mano derecha, al menos para comer.[12] Pero también se enseña a todos los niños que deben hacer una reverencia ocultando la mano derecha bajo la izquierda; las niñas, por el contrario, deben colocar la izquierda bajo la derecha. Esta es la regla que, en tiempos normales, sirve para distinguir los sexos: la derecha es *yin*, la izquierda es *yang*. En tiempos de luto, prevalecen el Yin y la Derecha; los propios hombres saludan escondiendo la Izquierda y presentando la Derecha.[13] Una segunda prescripción muestra que la izquierda, por ser *yang*, se corresponde con la felicidad o la pompa; descubrirse el hombro derecho es declararse derrotado y prepararse para el castigo; por el contrario, se descubre el hombro izquierdo cuando se asiste a una ceremonia alegre.[14] Sin embargo, la palabra "izquierda" se utiliza para describir "caminos prohibidos" y parece, en este caso, equivalente a "siniestro". Por muy pomposa que sea la izquierda, siempre es con un apretón de la mano derecha que uno jura y hace amigos.[15] El apretón de manos puede completarse con un intercambio de sangre extraída del brazo, al parecer, del brazo derecho.[16] Por otra parte, cuando el juramento se hace valer oliendo la sangre de una víctima, la sangre se toma cerca de la oreja (para tomarla, el hombro izquierdo debe estar descubierto), y debe extraerse de la oreja izquierda, ya que es la oreja izquierda la que se corta antes del sacrificio a los prisioneros de guerra sujetos con una correa con la mano izquierda.[17] Así, mientras la mano derecha prevalece sobre la izquierda, el oído izquierdo es mejor que el derecho.

La elección entre derecha e izquierda, aunque parezca justificada por razones prácticas, se inspira en principios teóricos de clasificación. Los caballos o las ovejas, los perros o los prisioneros de guerra se ofrecen con la cuerda que los ata. Para los primeros, que, según se dice, son inofensivos, la cuerda se sostiene en la mano derecha.[18] Más peligroso que un caballo, el perro puede morder; su correa se sujeta con la mano izquierda; la mano derecha, dejada libre, puede controlar al

---

12   *Li ki*, C., I, p. 673. "Tan pronto como un niño era capaz de tomar su propia comida, se le enseñaba a usar su mano derecha".

13   *Li ki*, C., pp. 143 ,675; II,150; *Yi li*, C., p. 75.

14   *Li ki*, C., I, pp. 153, 160, 246; Granet, *Danses*..., pp. 99, 135.

15   *Civ. Chin.*, p. 353; *Tso tchouan*, C., III, p. 319.

16   *Civ. Chin.*, p. 318; *Houai nan tseu*, 11; *Lie tseu*, en Wieger, *op. cit.*, p. 147.

17   Granet, *Danses et légendes*, pp. 138, 167.

18   *Li ki*, C., I, p. 44.

animal.[19] Pero, ¿es realmente porque sigue siendo peligroso que también se sujete con la izquierda la correa de un preso al que se le corta la oreja izquierda?[20] Del mismo modo, se sostiene con la mano izquierda el arco ofrecido a un arquero cuyo lugar en el carro está a la izquierda.[21] En general, se da por la izquierda y se toma por la derecha.[22] Los regalos deben colocarse a la izquierda del príncipe, donde un oficial se encarga de entregarlos. Este intermediario se coloca a la derecha de su señor cuando éste da órdenes y éstas deben ser transmitidas.[23] Esta regla (considerada muy importante porque se refiere a la distinción entre los "historiadores de la derecha" encargados de registrar los hechos y los "historiadores de la izquierda" encargados de registrar las palabras)[24] se formula junto a un principio más pintoresco, pero no menos imperativo, sobre cómo servir el pescado fresco.[25] Si sirves pescado, pon la cola hacia el invitado; en invierno, pon la barriga hacia la derecha; ponla hacia la izquierda en verano. *El Verano, la Izquierda y el Frente* (es decir, el lado del pecho) *son yang*; el pescado, como se sirve en el Verano, parece estar correctamente dispuesto en el espacio; *todo lo que es yang* coincide: el frente, la izquierda, el verano. No parece ser lo mismo en invierno: la espalda y el dorso son *yin* y la espalda está entonces a la izquierda (*yang*). Esto se debe a que se come con la mano derecha, se empieza la comida con la derecha y es de buena educación empezar con las piezas buenas. Si la parte delantera, aunque es *yang*, está girada hacia la derecha (*yin*), es porque el vientre es *yin*; forma parte de la parte delantera pero es el fondo. Ahora, *el invierno se corresponde con el Norte y el Norte es también el Fondo*. Cuando reina el invierno, el Fondo y el Yin son los que dominan; en el pescado el vientre es la parte más gorda y suculenta. El vientre, por lo tanto, en invierno, merece ocupar el lado derecho ya que es el lugar de elección para la comida. Por supuesto, si se da a comer pescado seco, todo cambia: en primer lugar, debe presentarse con la cabeza girada hacia el invitado...

El servicio de mesa, el ritual de dar o jurar, las ceremonias tristes o alegres, la etiqueta ordena todo esto, buscando elegir lo mejor, en el detalle de los casos, entre la derecha o la izquierda. Pero es en la política donde debemos buscar el origen de los principios de etiqueta y las atribuciones primarias de la izquierda y la derecha. La política (y la lógica con ella) está dominada por una concepción feudal de la subordinación. Todo vasallo es un señor en su propia casa, y sin embargo sigue siendo un vasallo. En cada dominio, todo está fechado según los años de reinado del señor local; sin embargo, para las divisiones del año, se siguen las prescripciones del calendario real. Del mismo modo, a la hora de elegir entre la derecha y la izquierda, se tienen en cuenta las circunstancias locales, pero siempre se afirma que se hace referencia al plan organizativo del universo. El plan que se encuentra en el

---

19   *Ibid.*, C., I, p. 44; II, p. 17.
20   *Ibid.*, C., II, p. 17.
21   *Ibid.*, C., II, p. 18.
22   *Yi li*, C., p. 67.
23   *Li ki*, C., II, p. 17.
24   Granet, *op. cit.*, 70, nota 2; *Li ki*, C., I, p. 678.
25   *Li ki*, C., II, p. 21.

macrocosmos y el microcosmos, la cosmografía, la legislación, la fisiología, tiene su principio en el orden de las asambleas feudales, las pompas civiles o militares. Todos los conflictos de la izquierda y la derecha, todo el protocolo de precedencia están ligados a la distinción feudal de superior e inferior. Sólo esta distinción debe (porque la categoría de sexo domina la organización social) combinarse con la distinción de masculino y femenino, de Yang y Yin. El Jefe recibe a los vasallos de pie en su plataforma, mirando hacia el sur, quienes, mirando hacia el norte, se inclinan hacia el suelo a los pies de la plataforma. El Jefe, que ocupa la Cima, se coloca de tal manera que recibe la influencia (*k'i*) del Cielo, del Yang y del Sur. *Por lo tanto, el Sur es el Superior, como el Cielo, y el Norte es el Inferior, como la Tierra.*[26] El Superior, es decir, el Gobernante, extiende su *pecho* hacia el Sur y hacia el Yang; el Frente, como el Sur, es Yang. Da la espalda al Yin y al Norte, que son la Espalda, al mismo tiempo que son el Fondo y la Tierra. Así que la Tierra y el Yin sostienen sobre sus espaldas, mientras que el Yang y el Cielo aferran sobre sus pechos.[27] El gobernante, desde que se vuelve hacia el Sur, confunde su izquierda con el Este, su derecha con el Oeste; *por lo tanto el Oeste es la Derecha y el Este es la Izquierda.* El Líder es un Sol naciente y victorioso. También es un arquero. Cada carro está ocupado por un trío de guerreros; el lugar del conductor está en el centro, el del lancero está a la derecha; ¿cómo se pueden sujetar las riendas adecuadamente si no es desde el centro del carro? ¿Cómo (a menos que uno sea zurdo) se puede manejar útilmente la lanza si no se está situado a la derecha? Por lo tanto, el arquero está a la izquierda. La izquierda es el lugar del líder. *La izquierda es el lado honorable, y también el Este.* La Izquierda, el Este y el Levante son *yang*, como el Jefe, el Sur y el Cielo; la Derecha, el Oeste y el Poniente son *yin* como la Tierra y el Norte, como la Esposa del Jefe, la Reina o la Viuda. El palacio del príncipe heredero está en el Este (primavera) y a la izquierda, la residencia de la viuda está en el Oeste (otoño) y a la derecha. *La derecha es* yin *y pertenece a las mujeres*, a la derecha pertenecen el otoño, las cosechas y los alimentos. *La Izquierda es* yang, *pertenece a los hombres*, a la Izquierda pertenecen la actividad varonil, la actividad religiosa y las formas superiores de acción. Como el Yang, la mano izquierda se coloca arriba, y su palma cubre el dorso de la mano inferior, que es *yin*, la derecha, que empuña la lanza y mata, es la mano del soldado y no la del Jefe; pues, mientras el soldado debe dar la muerte y castigar (*yin*), el Jefe, dice Tcheng Hiuan,[28] sólo busca, con la victoria, conservar la vida y recompensar el mérito (*yang*). Sosteniendo su arco, su brazo izquierdo descubierto, en su mano izquierda, el Arquero, dondequiera que vaya, se sitúa a la izquierda: el lado del Sol naciente y victorioso.[29] El ejército lleva consigo la bandera del señor; que siempre, sea cual sea su recorrido, está orientada, como

---

26   De ahí la disposición de los diagramas chinos en los que el Sur está siempre arriba.

27   Cfr. *supra*, en este mismo Libro, cap. I. El cielo es un pecho. Por lo tanto, tiene ubres (cfr. *supra*, Libro II, cap. IV, y también este mismo Libro, cap. I). La Tierra es una espalda; por eso, cuando se sacrifica a la Tierra, se elige una colina en forma de grupa (*Civ. Chin.*, p. 412).

28   *Li ki*, C., II, p. 19.

29   *Yi li*, C., pp. 123, 125, 144. En las justas de tiro con arco, los arqueros derrotados deben mantener sus arcos sin tensar y cubrirse el hombro izquierdo.

el señor, hacia el Sur: el banderín rojo del Sur le precede.[30] El Yang y el Este están constantemente a su izquierda; el Ejército es sólo el campamento o la ciudad que se mueve, sin perder nunca su orientación. La legión izquierda, comandada por el jefe del distrito izquierdo de la ciudad, está siempre a la izquierda y siempre en el Este, ya que el distrito del Este está, para el Señor, a la izquierda.[31] Los ejércitos tienen tres legiones; el Soberano tiene tres primeros ministros que se llaman "los Tres Duques". Están ante él mirando al Norte, pero en ellos se ve una triple emanación de su Virtud. Como si estuvieran, a la manera del Hombre Único, mirando al Sur, la izquierda, para ellos, es el Este. El duque de la izquierda manda, pues, en el Este del Imperio.[32]

La regiones del Mundo reportan al Jefe. En todas partes el Este es la izquierda, ya que el Este está a su izquierda. Pero el Jefe, el superior (*changh*) es el que está por encima. Es sólo para el Superior –para el Cielo y su emanación, el Jefe; para el Jefe y sus emanaciones, los Tres Duques– que la izquierda es el lado honorable. Para los inferiores, para lo bajo, para la Tierra, el lado honorable es siempre el Este, ya no es la izquierda. Al pie de la plataforma del jefe, los vasallos se vuelven hacia el Norte y se alinean de Este a Oeste; el más noble está a la derecha. Los vasallos, sin embargo, son jefes en sus casas. En sus propias casas se colocan en la parte superior y miran hacia el sur. El amo de la casa tiene su lugar encima de los escalones orientales de la sala de recepción, a la izquierda; a la derecha y encima de los escalones occidentales está el lugar de la señora de la casa; la izquierda es siempre *yang*, la derecha es siempre *yin*.[33] Los hombres y las mujeres, sin embargo, salen de sus casas. En las vías públicas, el centro de la carretera pertenece a los carros. Los hombres deben caminar por la derecha, es decir, por el Oeste, dejando, por razones de modestia, que las mujeres caminen solas por la acera izquierda y el Este.[34] Tal es la regla, y el *Tcheng Hiuan* afirma que los hombres ocupan, con la derecha, el lado más honorable; ellos son, de hecho, vasallos, quienes, dondequiera que vayan, permanecen, por esencia, vueltos hacia el Norte. Todo cambia cuando vuelven a sus casas y todo vuelve a cambiar cuando se acuestan. Cuando uno se acuesta, es la orientación propia del Fondo y de la Tierra la que se impone. La esposa extiende su estera en el rincón donde se guardan las semillas cosechadas en otoño y almacenadas en el oeste; toma prestada su fertilidad y les da la suya. La estera de la esposa está justo contra la pared del Poniente. El marido abandona el lado oriental para pasar la noche; su estera, sin embargo, se coloca al este de la de la esposa. Cuando se acuestan a dormir, los esposos no pueden colocar sus cabezas en dirección al Sur, pues así es como se disponen los muertos en el Mundo Inferior; sólo los muertos no temen volver sus pies hacia el Norte, donde están sus hogares. La mujer, por tanto, perma-

---

30   M. Granet, *op. cit.*, p. 291; *Li ki*, C., I, p. 55.

31   M. Granet, *op. cit.*, pp. 229, 271.

32   Granet, *Danses et légendes*, nota 1089; *Li ki*, C., I, p. 89. Cf. *Tso tchouan*, C., III, p. 598.

33   En tiempos de luto todo cambia: el principal doliente se encuentra en el Oeste; las mujeres se colocan en el Este (*Yi li*, C., p. 498).

34   *Li ki*, C., I, p. 319; *Houai-nan tseu*, 11. Los carruajes de un convoy funerario también ocupan la izquierda y el este de la carretera (*Yi li*, C., p. 513).

nece en el Oeste, pero durante la noche ocupa la izquierda y el hombre la derecha. Todas estas inversiones están dictadas por la estructura feudal de la sociedad, por la subordinación de la mujer al hombre, por la subordinación del vasallo al señor. No impiden que la izquierda sea fundamentalmente *yang*, ni que la derecha sea fundamentalmente *yin*. Un médico no puede equivocarse si quiere saber el sexo de un niño antes del nacimiento. Será un niño si el embrión se coloca a la izquierda, una niña si está a la derecha.[35]

La distinción de Superior e Inferior, que tiene principalmente un valor político, lleva a dar, según la ocasión, preeminencia a la izquierda o a la derecha. La cosmografía, la fisiología y la historia demuestran la corrección del principio que determina sus atribuciones. El primer deber del Jefe es desplazarse por el *Ming t'ang* o el Imperio a imitación del Sol. Partiendo del Norte, debe desplazarse hacia el Este para que la Primavera suceda al Invierno. Lo hace, colocándose primero de cara al Sur (y al Centro) moviéndose de cara al Centro, es decir, *avanzando a la Izquierda*. La marcha hacia la izquierda, *de acuerdo* (*chouen*) con el orden de los caracteres cíclicos, es la marcha real, la del Sol y el Yang. Esta es la dirección adecuada para las cosas de arriba. La cosmografía china admite que el Cielo es levógiro, la Tierra dextrógira.[36] La marcha hacia la derecha, *la dirección opuesta* (*yi*), se impone para las ceremonias funerarias que se relacionan con el mundo de abajo.[37] Esta marcha, en la que es evidente la preeminencia de la Derecha, se impone al Yin como a la Tierra. La fisiología lo demuestra. Uno de los grandes principios de esta ciencia es que los números 7 u 8 ordenan la vida femenina o masculina;[38] los hombres terminan su vida sexual a los 64 años, las mujeres a los 49; los niños echan sus dientes a los 8 meses; cambian los dientes a los 8 años; se vuelven púberes a los 16 años; las niñas, que alcanzan la pubertad a los 14 años, echan o pierden sus primeros dientes a los 7 meses y a los 7 años; el 7, emblema del Joven Yang, preside el desarrollo de las mujeres que son *yin*; el 8, emblema del Joven Yin, el desarrollo de los hombres, que son *yang*. ¿De dónde viene esta virtud? El 8 corresponde a la primavera (*yang*, izquierda) y al signo *yin* de la serie duodenaria; el 7 al otoño (*yin*, derecha) y al signo *chen*; el signo *sseu* marca el lugar de la concepción; el embarazo dura 10 meses. Ahora bien, se recorren 10 estaciones cíclicas[39] yendo de *sseu* a *yin*, si la marcha es hacia la izquierda, en dirección al Sol y al Yang (masculino) (ver la figura en la siguiente página).

También se cuentan 10 estaciones, pero a condición de seguir el sentido contrario, para ir de *sseu* a *chen*; el movimiento es dextrógiro. Es el adecuado para un embrión femenino; *llevado en el lado derecho, este embrión realiza su giro avanzando hacia la derecha*. Del mismo modo, partiendo del Norte, para encontrarse en *sseu*, el lugar de la concepción, el hombre y la mujer (los hombres se casan a los 30 años, las mujeres a los 20) deben recorrer, el primero 30 estaciones, la otra 20 estaciones,

---

35   *Heou Han chou*, 121b, p. 4ª.
36   *Louen heng*, en Forke, *Lun-Heng...*, vol. I, p. 265. *Tch'ouen ts'ieou fan lou*, 12.
37   *Li ki*, C., I, p. 146.
38   Granet, *La vie et la mort...*, p. 3.
39   El término chino de recuento incluido.

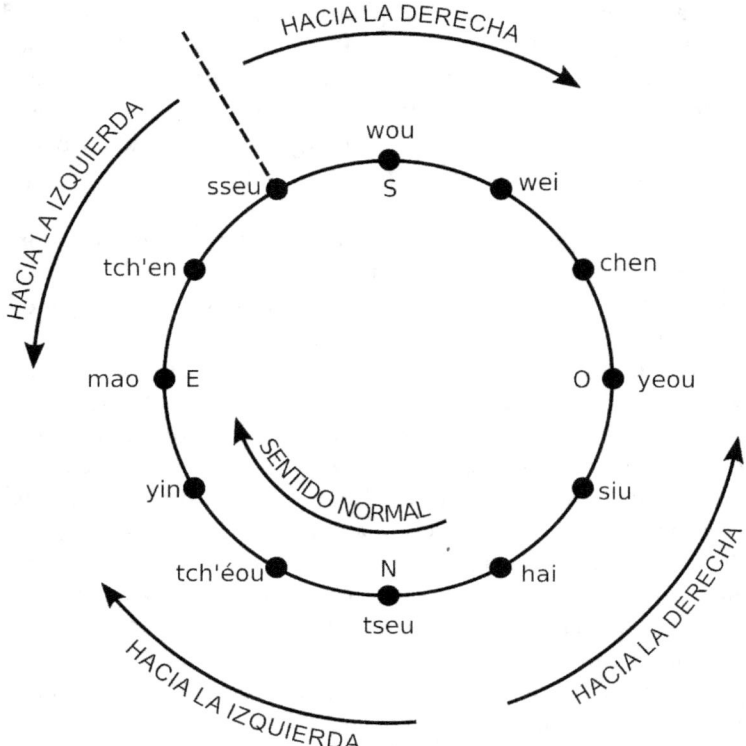

si avanzan, el primero a la izquierda, la segunda a la derecha. La marcha hacia la izquierda, propia de las cosas de lo Alto y del Yang, caracteriza también a los héroes animados por el genio del Cielo. Aquellos animados por el genio de la Tierra y el Yin están destinados a caminar hacia la derecha. La historia contiene pruebas convincentes de ello. Caminar hacia la izquierda es caminar con el pie izquierdo hacia adelante, sin que el pie derecho sobrepase al izquierdo.[40] Así caminaba T'ang el Victorioso, que sólo tocaba la Tierra con pies diminutos, tanto lo poseía la Virtud del Cielo. También salió por el pecho (*yang*) del cuerpo materno. Yu el Grande, que salió por su espalda (*yin*), poseía, con pies muy grandes, la Virtud de la Tierra. Por lo tanto, caminaba en la dirección que le corresponde al Yin, con el pie derecho hacia adelante, sin que el pie izquierdo sobrepasara al derecho.[41]

---

40   Cuando uno camina hacia la izquierda y tiene que subir una escalera, empieza con el pie izquierdo, el pie derecho se une al izquierdo en el primer escalón y vuelve a empezar con el pie izquierdo: esto es lo que debe hacer un invitado. El dueño de la casa, en cambio, empieza con el pie derecho, aunque tenga que subir los escalones del este, es decir, los de la izquierda. Cuando presenta a su invitado, debe caminar hacia el este a través del patio hacia la derecha. Es cuando conduce al visitante de vuelta que ambos pueden utilizar, en Oriente y en Occidente, el paseo a la izquierda o a la derecha, que es apropiado para estos sitios del espacio (*Li ki*, C., I, p. 19).

41   *Tch'ouen ts'ieou fan lou*, 7; Granet, *Danses et légendes*, p. 549. El paso de Yu, que ha seguido siendo famoso, siempre ha sido utilizado por los hechiceros para sus hazañas mágicas;

El pecho y la parte delantera, el Este y la Izquierda, pertenecen al Yang, a lo Masculino, a lo Superior y al Cielo; la espalda y la parte trasera, el Oeste y la Derecha, pertenecen al Yin, a lo Femenino, a lo Inferior, a la Tierra. La distinción de Alto y Bajo, metáfora política fundamental, introduce una doble asimetría en la sociedad, pero también en el macrocosmos y en el microcosmos. La izquierda se impone por arriba, la derecha por abajo. Un mito explica esta antítesis. Los médicos que lo relatan lo consideran el primer principio de su arte.[42] Dado que las fechorías de Kong-kong y la ruptura, en el Noroeste del Mundo, del Monte Pou-tcheou han hecho que el Cielo y la Tierra se inclinen en direcciones opuestas, el Cielo, derrumbado hacia el Poniente, sólo está totalmente lleno a la izquierda (Este), precisamente donde se derrumbó. La Tierra se derrumba dejando un gran vacío. Todo Oriente está dominado por la influencia del Cielo y del Yang. Occidente, en cambio, está dominado por el Yin, porque la Tierra permanece sola, mientras que el Cielo está ausente. Esta disposición arquitectónica puede encontrarse en el microcosmos. Para el cuerpo humano, en Occidente (me refiero a la derecha), falta el Cielo (me refiero al Yang) y abunda la Tierra (me refiero al Yin). El yin, en la parte inferior del cuerpo, que está cerca de la Tierra, es el que reina; por lo tanto, los chinos son y deben ser diestros en lo que respecta a las manos y especialmente a los pies. En cambio, en lo que respecta a los ojos y las orejas (situados en la parte superior del cuerpo), son y deben ser zurdos; en Oriente (me refiero a la izquierda) el Yin es deficitario como la Tierra, pero el Yang abunda, como el Cielo. Por eso es apropiado cortar la oreja izquierda de los enemigos o arrancarles el ojo izquierdo.[43] Por eso, para comer las cosas de la Tierra hay que usar la mano derecha, que es la que actúa, pero mata y se oculta,[44] mientras que la izquierda es el lado honorable por el que todo hombre (en tiempos normales) debe avanzar y presentarse, siendo la mano izquierda la que se presenta al saludar.[45]

* * *

El cielo realiza su movimiento circular en cuatro estaciones. Así pues, tenemos 4 extremidades, cada una de ellas compuesta por 3 partes. 3 meses forman una estación, 12 meses forman el año, o 360 (días), que es el número de articulaciones de nuestro cuerpo. Tenemos ojos y oídos en las alturas. ¿No tiene el Cielo el Sol y la Luna? El viento y la lluvia retozan en el universo; en nosotros retozan el Aliento (k'i) y la Sangre. Todo esto lo enseña un filósofo, uno de los mejor informados: Houai-nan tseu.[46] También sabe muchas otras cosas, por ejemplo, que el Cielo, al tener nueve pisos, tiene nueve puertas. También hay nueve aberturas en nuestro

la dirección opuesta (yi) es adecuada para la magia. En el capítulo 8 del Po hou t'ong, la conexión entre el paso, el avance a la izquierda o a la derecha, determinado por un genio celeste o terrestre, y el principio de que el Cielo es levógiro, la Tierra dextrógira, es claramente evidente.

42 Houang nei king, p. 2.
43 Granet, op. cit., pp. 378, 137 y ss.
44 Lao tseu, en Wieger, Les Pères du système taoïste, pp. 39 y 40.
45 Los vasallos, para quienes la mano derecha es el lado honorable, son considerados "los pies y las manos" del Príncipe.
46 Houai-nan tseu, 7.

cuerpo, pues estamos mejor equipados que los pájaros, que, al nacer de un huevo, tienen una abertura menos; pero sus ocho aberturas corresponden a los ocho tipos de instrumentos musicales; gracias al fénix se inventó la música. Y Houai-nan tseu[47] también sabe que poseemos 5 vísceras, pues hay 5 elementos. Son necesarios diez meses de gestación para formar el cuerpo con las 5 Vísceras y las Aperturas que gobiernan: los pulmones y los (2) ojos, los riñones y las (2) fosas nasales, el hígado y los (2) oídos, la vesícula y la boca… lo que hace, si contamos, 7 Aperturas y 4 Vísceras solamente. El arte de conciliar las clasificaciones es difícil, pero el beneficio es grande cuando conseguimos entrelazarlas: aparece el orden común del macrocosmos y del microcosmos.

La teoría de las 5 vísceras y la de los 9 (o 7) orificios muestran que la conformación del Hombre está modelada sobre la del Universo. Estas teorías se utilizaron incluso, cuando se identificaron los 5 Elementos y los 5 Planetas, para imaginar una doctrina (comparable a la astrología médica), algunas de cuyas partes pueden ser antiguas, ya que, desde tiempos inmemoriales, las 7 Aperturas parecen estar relacionadas con los 7 Rectores celestes o las 7 Estrellas de la Osa Mayor. Estas dos teorías, en cualquier caso, están vinculadas a antiguas clasificaciones mitológicas. No podemos dejar de referirnos a estas últimas cuando queremos presentar una imagen coherente de la realidad. El pensamiento, ya sea erudito o técnico, lejos de intentar liberarse de la mitología, toma prestado de ella su material simbólico y su método. El papel del erudito es derivar una escolástica de los mitos. La suma de conocimientos se constituye aumentando, por analogía, el repertorio de correlaciones. Como en la época en que se inventaron las coplas del *Che king*, el gran principio de las correspondencias e interacciones (*t'ong*) es la solidaridad que une lo natural con lo humano, lo físico con lo moral.

El *Hong fan* asume este principio. Lo ilustra estableciendo –gracias al orden seguido para la enumeración– la correspondencia de los Cinco Elementos y sus productos, las Cinco Actividades Humanas (*che*) y sus resultados, los Cinco Signos Celestiales (*tcheng*) y las indicaciones que proporcionan al marcar la repercusión en el Cielo del buen o mal comportamiento de los hombres y de la moral que el gobierno hace florecer entre ellos.

Números de orden	1	2	3	4	5
Elementos	Agua	Fuego	Madera	Metal	Tierra
	Sal	Amargo	Ácido	Acre	Dulce
Actividad humana	Gesto	Habla	Vista	Oído	Voluntad
	Seriedad	Orden	Sabiduría	Armonía	Santidad
Señales celestiales	Seriedad	Orden	Sabiduría	Armonía	Santidad
	Lluvia	Yang	Calor	Frío	Viento

---

47   *Ibid.*, 3.

Estos signos (como se muestra en la tabla anterior) traducen en símbolos materiales las "virtudes" resultantes de las Actividades Simétricas. Existe, como puede verse, una estricta correspondencia entre los Signos celestes y las Actividades humanas que ocupan el mismo rango en la enumeración. La correspondencia no puede ser menos estricta entre estas Actividades o Signos y los Elementos simétricos. En este punto, además, los paralelos en detalle son instructivos, ya que el Yang se acerca al Fuego (= Sur-Verano) y el Agua (= Norte-Invierno) a la Lluvia, que parece evocar aquí al Yin (= Oscuridad, tiempo nublado).[48]. Aunque la nomenclatura cambió posteriormente y existen, en detalle, bastantes divergencias, el sistema del *Hong fan* no ha dejado de inspirar las tablas de correspondencias a las que se remiten tanto los ritualistas como los filósofos. La lista de equivalencias nunca se da completa, porque los puntos de vista difieren y, por ejemplo, la tabla inferior, proveniente del *Yue ling* apenas cubre el ámbito de las cosas y los actos rituales.

Elementos	Madera	Fuego	Tierra	Metal	Agua
Direcciones	Este	Sur	Centro	Oeste	Norte
Colores	Verde	Rojo	Amarillo	Blanco	Negro
Sabores	Ácido	Amargo	Dulce	Acre	Salado
Olores	Rancio	Quemado	Perfumado	Olor de carne cruda	Olor a podrido
Alimentos vegetales	Trigo	Alubias	Mijo blanco	Granos oleaginosos	Mijo amarillo
Animales domésticos	Carnero	Pollo	Buey	Perro	Cerdo
Lares o partes de la casa	Puerta interior	Hogar	Impluvio	Puerta grande	Pasillo (o pozo)
Genios del Oriente	Keou-Mang	Tchou-jong	Heou-T'ou	Jou-Cheou	Hiuan-ming
Soberanos	T'ai-hao (Fou-hi)	Yen-Ti (Chen-nong)	Houang-ti	Chao-hao	Tchouan-hiu
Notas musicales	Kio	Tche	Kong	Chang	Yu
Números	8	7	5	9	6
Binomios de signos cíclicos denarios	kia-yi	pint-ting	meou-kiki ke	keng-sin	jen-kouei
Clases de animales	Con escamas	Con plumas	Con la piel desnuda	Con pelo	Con caparazón
Vísceras	Bazo	Pulmones	Corazón	Hígado	Riñones

---

48   No entiendo por qué Maspero, *La Chine antique*, (p. 442) ha omitido, al igual que P. Wieger (*Histoire des croyances…*, p.62), señalar la importancia de los Cinco Signos Celestiales. No señalarlos lleva a ignorar lo que es el *Hong fan*: una imagen rápida del sistema de clasificación chino. ¿Por qué, en cambio (debido a la traducción dada por Chavannes que tradujo *yang* por "sol iluminador"), se oculta la mención (significativa por la oposición con la lluvia) que se hace aquí del Yang?

Pero Houai-nan tseu[49] enseña, por un lado, que el Viento, la Lluvia, el Frío y el Calor se equiparaban con la acción de tomar y dar, la alegría y la ira; y por otro lado, que el Trueno corresponde al Bazo y los Riñones a la Lluvia. Los gestos y las emociones se relacionan así, a través de los Elementos y las Vísceras, con los fenómenos cósmicos o, mejor dicho, con los "signos celestes".

Direcciones	Este	Sur	Centro	Oeste	Norte
Madera	Fuego	Tierra	Metal	Agua	Agua
Viento	Aliento (k'i)		Nubes	Lluvia	Trueno
Hígado	Pulmones	Corazón	Bilis	Riñones	Bazo

Además, Sseu-ma T'sien nos dice que, a través de las Cinco Notas, las Cinco Virtudes Fundamentales estaban conectadas con las Cinco Vísceras.[50] Al igual que el *Hong Fan*, Sseu-ma Ts'ien asigna la Santidad al Centro. Ahora bien, el orden de los Elementos seguidos por el *Hong fan* deriva, como hemos visto, del orden de producción de las Notas. Por tanto, la conexión entre las Notas, los Elementos y las Virtudes puede considerarse antigua. Su vínculo común con las vísceras no debe ser menos antiguo; la técnica ritual, como atestigua el *Yue ling*, exigía que en cada estación, cuyo emblema era una determinada nota, se diera preeminencia a una determinada víscera en los sacrificios.[51] "La nota *kio* (= Este-Primavera = Madera) mueve el hígado y pone al hombre en armonía con la Bondad perfecta. Nada puede señalar tan bien la interacción emblemática y la profunda solidaridad que une lo físico y lo moral bajo el dominio del ritmo cósmico como esta frase de Sseu-ma Ts'ien.

Direcciones	Este	Sur	Centro	Oeste	Norte
Números	8	7	5	9	6
Notas	Kio	Tche	Kong	Yu	Chang
Vísceras	Hígado	Corazón	Bazo	Pulmones	Riñones
Virtudes	Bondad	Espíritu ritual	Santidad	Equidad	Sabiduría

---

49   *Houai-nan tseu*, 7. Nótese que aquí hay 6 vísceras.
50   *SMT*, III, p. 290.
51   La conexión de las virtudes cardinales con las estaciones-direcciones está, además, implícita en varios mitos; la bondad (*jen*), por ejemplo, es la virtud característica de los orientales.

Pan Kou, en su *Po hou t'ong*,[52] desarrolla ideas similares. Una distinción los complica; es la de Superior e Inferior, la de Cielo y Tierra. No falta en el *Hong fan*, donde los Cinco Signos Celestiales se oponen a los Cinco Elementos.

Direcciones	Este	Sur	Centro	Oeste	Norte
Símbolos	Estrellas	Sol	Tierra	Mansiones	Luna
Estaciones	Primavera	Verano		Otoño	Invierno
K'i	Viento	Yang		Yin	Frío
Elementos	Madera	Fuego	Tierra	Metal	Agua
Elementos corporales	Hueso	Aliento	Músculos	Uñas	Sangre
Pasiones (tö)	Alegría	Placer		Pena	Cólera

Un excelente médico pronunció un hermoso discurso para consolar a un moribundo, que se recoge en el *Tso tchouan*,[53] en el que contrastó los Cinco Sabores, Colores y Notas con las Seis Influencias (*k'i*): Yin, Yang, Viento, Lluvia, Oscuridad y Luz. Esta lista difiere poco de la lista de los Cinco Signos: Yang, Viento, Lluvia, Frío y Caliente. Un pasaje del *Kouan tseu*[54] acerca las Pasiones a las Influencias dando las correspondencias con las Estaciones-Direcciones, los Elementos, pero sin explicar las Influencias (*k'i*) del Centro. En todos estos casos, lo celestial se opone a lo terrenal. Esta oposición se encuentra en el *Li yun*[55] (donde las *Seis* o Siete Pasiones se oponen a los Seis o Cinco Deberes) indicado por los números 5 y

---

52 *Po hou t'ong*, 8.

53 *Tso tchouan*, C., III, pp. 30-39, (cf. nota 674).

54 *Kouan tseu*, 14. Las correspondencias establecidas por Kouan tseu difieren de las del *Po hou t'ong* y del *Houang-ti nei king*. Nótese la oposición de Soplo (*k'i*), que se relaciona con el Fuego, y la Sangre, que se relaciona con el Agua, y el hecho de que las pasiones se describen como *tö*, una palabra cuyo significado (virtud) recuerda al de influencia (*k'i*).

55 *Li ki*, C., I, pp. 516, 519 y ss. Tal vez los 6 *K'i* (Influencias) deban ser considerados como los productos de los 6 Tsong, de los 6 Dominios Celestiales que el *Chou king* (SMT, I, pp. 59-61) pone en relación con las 5 Insignias. Hay desacuerdo sobre la lista de los 6 Tsong, pero la Lluvia y el Viento o el Agua y la Sequía siempre se incluyen entre ellos. Un pasaje del *Tsi fa* (*Li ki*, C., II, p. 259) parece autorizar a comparar el sacrificio hecho a los 6 Tsong con los sacrificios hechos a: 1° las Cuatro Estaciones; 2° el Calor y el Frío; 3° el Sol y la Luna (Yang y Yin); 4° las Estrellas y la Lluvia (el Conde del Viento y el Señor de la Lluvia residen en dos estrellas)... *a*) Ahora bien, el texto del *Hong fan* sobre los 5 signos celestes contiene una doble dificultad; contrariamente a la mayoría de los otros epígrafes, los signos no están numerados; sin embargo, la segunda parte del texto considera 5 signos y comienza con la palabra "cinco"; *b*) la primera parte del texto contiene 6 veces la palabra *yue* (cfr. *supra*, Libro II, cap. III, ap. I), que parece indicar una lista con 6 números; el sexto *yue* precede a la palabra *che*, donde Chavannes vio un demostrativo y que vinculó a la frase siguiente. Pero esta palabra significa "estación", y vemos que el *Tsi fa* indica un sacrificio a las Estaciones, admitiendo la mayoría de los intérpretes, por otra parte, que las Estaciones figuran entre los 6 Tsong. Parece que los editores del *Hong fan* dudaron entre el 5 y el 6.

6, que son los del Cielo y la Tierra. Lo mismo ocurre en el *Po hou t'ong*, donde Pan Kou (en contraste con Houai-nan tseu) cuenta 5 (y no 6) Vísceras, pero las opone a los 6 almacenes {*Fou*: los 6 Fou, como hemos visto, son los 5 Elementos más los Granos (que duplican el Elemento Tierra)}. Los 6 almacenes del cuerpo {entrañas pequeñas y grandes, estómago, intestinos, vejiga y vesícula biliar (distinguidos del hígado, que se considera (aquí) como una víscera)} están vinculados a los 6 *Ho*, es decir, a las 6 Direcciones cuando los enumeramos dividiendo el Centro en un Superior y un Inferior. Así es como Pan Kou consigue oponer, como los Almacenes a las Vísceras, las 6 Pasiones (Ira y Alegría, Dolor y Placer, Amor y Odio) a las 5 Virtudes Cardinales. Una distinción similar desempeña un papel importante en el *Houang-ti nei king*, el breviario de la antigua medicina china. Como en el *Po hou t'ong*,[56] se habla mucho de las correspondencias entre el microcosmos y el macrocosmos. El cuadro que puede extraerse del segundo capítulo es, en detalle, a menudo contradictorio con otros pasajes del tratado; no va en detrimento del arte médico aumentar, a costa de algunas contradicciones, los paralelos simbólicos de los que se extraen los principios del tratamiento y los elementos del diagnóstico. Esta imagen no difiere mucho de la que puede extraerse del octavo capítulo de Pan Kou. Ambos distinguen entre las Virtudes y las Pasiones. Ambos muestran la importancia que se atribuía a los orificios del cuerpo humano. Así como la teoría de las Cinco Virtudes está relacionada con la de las Cinco Vísceras, la teoría de las Aperturas está relacionada con la teoría de las Pasiones. Tales son los fundamentos del conocimiento del Microcosmos.

	Este-Primavera	Sur-Verano	Centro	Oeste-Otoño	Norte-Invierno
	Hígado	Corazón	Bazo	Pulmones	Riñones
	Bondad	Espíritu ritual	Buena Fe	Equidad	Sabiduría
I	Ojos	Orejas	Boca	Nariz	
II	Ojos	Lengua	Orejas		
III	Ojos	Lengua	Boca	Nariz	Orejas

---

56   Simplifico las tablas tomadas de Pan Kou y del *Houang-ti nei king*, suprimiendo los olores, colores, etc. (de acuerdo con las equivalencias del *Yue ling*). Pan Kou da tres distribuciones diferentes para las aperturas (I, II, III), que yo aíslo. También aíslo (A, B) las correspondencias de las Pasiones y los Orientes, de las Pasiones y los Almacenes, que Pan Kou da por separado. (653b) *Yi king*, L, p. 429; Granet, *Danses et légendes…*, (note 1187). La distribución se realiza según la orientación de Wen Wang:

S

Cabeza

Boca   Nalgas

E Ojos   Orejas **O**

Pies   Manos

Vientre

N

A	Cólera	Odio	(Alto) Placer	Alegría	Amor
	Este	Sur	Centro	Oeste	Norte
B	Bilis	Intestino delgado	Estómago	Intestino grueso	Vejiga
	Hígado	Corazón	Bazo	Pulmones	Riñones

Para inventariar al Hombre, tanto física como moralmente, hubo que hacer un gran esfuerzo de ingenio; fue necesario conciliar las clasificaciones o, mejor dicho, demostrar que, tanto en el mundo humano como en el natural, el orden y la vida resultan del entrelazamiento de las clasificaciones numéricas propias de la Tierra o del Cielo.

Este-Primavera	Sur-Verano	Centro	Oeste-Otoño	Norte-Invierno
Madera	Fuego	Tierra	Metal	Agua
Ácido	Amargo	Dulce	Acre	Salado
Hígado	Corazón	Bazo	Pulmones	Riñones
Músculos	Sangre	Carne	Pelo	Huesos
Ojos	Lengua	Boca	Nariz	Orejas
Llamar	Risa	Canto	Lamentación	Gemidos
Agarrar	Agitarse	Eructar	Toser	Temblar
Cólera	Alegría	Voluntad	Tristeza	Temor
Bondad	Espíritu ritual	Buena Fe	Equidad	Sabiduría

La teoría de las aperturas no parece menos antigua que la de las vísceras. También inspira diversas prácticas rituales. La mitología lo tiene en cuenta. Podemos creer que los autores del *Hong fang* la tuvieron en cuenta. Las Actividades humanas que estos estudiosos enumeran son (aparte de la Voluntad o el Pensamiento, a los que corresponde un lugar central): la Vista y el Oído, el Gesto y el Habla. En esta concepción aparece un deseo de simetría. También aparece en la división del cuerpo humano en ocho partes (asimiladas a los Ocho Trigramas) que profesaban los maestros de la adivinación: los Ojos se asignaban al Este, las Orejas al Oeste. [^653b] El *Hong fang* sitúa igualmente el Oído en el Poniente y la Vista en el Este. Cuando se distribuyen los orificios, los Riñones se asignan al Norte y al Agua, y, tras ellos, las Orejas. Los Ojos están siempre en el Este, y la Lengua en el Sur. La Vista y el Habla ocupan igualmente el Este y el Sur en el *Hong fan*, que asigna al Norte los Gestos. El Norte es la dirección de los Riñones; éstos, como veremos, presiden la danza y la gesticulación.

Si la teoría de los orificios es antigua, las divergencias en su aplicación se impusieron desde el principio, ya que desde el principio hubo que conciliar clasificaciones divergentes. El *Po hou t'ong* es un ejemplo notable.

Este	Sur	Centro		Oeste	Norte
		Alto	Bajo		
Cólera	Odio	Placer	Pena	Alegría	Amor
Lluvia	Yin	Luz	Oscuridad	Viento	Yang

Basa su sistema de distribución en la autoridad de un adagio tomado del *Li yun*: "Las Seis Pasiones son aquello por lo que se realizan las Cinco Cualidades Naturales (*wou sing*)".[57] Sin embargo, este adagio ya no se encuentra en el *Li yun*, debido ha que sido editado desde que se incorporó al *Li ki*.[58] Por otro lado, encontramos la indicación de que existen Diez Deberes y *Siete* Pasiones, a saber: *alegría, ira, tristeza, miedo, amor, odio* y *deseo*. Los glosadores no mencionan un texto *diferente* conservado por Pan Kou, pero uno de ellos recuerda el pasaje del *Tso tchouan* sobre las *Seis* Influencias (*k'i*) Celestiales, y luego añade que, en la Tierra, corresponden a las Seis Pasiones: alegría, ira, tristeza, placer, amor y odio. Se trata de las Seis Pasiones del *Po hou t'ong*, que no se citan, prefiriendo indicar la equivalencia con los Seis *K'i*. Y se concluye: "El deseo es el placer... el miedo es la séptima pasión."[59]

Hay 6 Influencias celestiales. – Hay 6 o 7 Pasiones. – Hay 7 o 9 Aberturas. – Y si hay 6 Almacenes, sólo hay 5 Vísceras. – Difícilmente se nombran las aperturas sin decir: las 7 aperturas. Son las 7 aberturas de la cara: los dos ojos, las dos orejas, las dos fosas nasales y la boca. Las dos aperturas inferiores, que son *yin*, se mencionan raramente. Si consideramos las 9, parece fácil, en principio, distribuirlas entre las 5 vísceras. Los ojos, las orejas, las fosas nasales, los orificios *yin*, que van de dos en dos, cuentan como cuatro y la boca hace 5. Los orificios inferiores se asignan fácilmente a los Riñones, una víscera doble, y, del mismo modo, las fosas nasales a los Pulmones. Los Ojos, sin demasiada dificultad, irán con el Hígado, al que la Bilis puede servir de víscera anexa. Esto deja el Bazo y el Corazón, los Oídos y la Boca. Conferir la Boca al Bazo, víscera única y central, es muy apropiado; la Buena Fe seguirá a la Boca hacia el Centro. Por lo tanto, al corazón le corresponderán las orejas.[60] Pero, ¿es adecuado asignarlo así? El Corazón es una víscera *yang*, una víscera simple. Tiene derecho a alojarse en el Frente (*yang*), en el Pecho (*yang*),

57   *Po hou t'ong*, 8.
58   *Li ki*, C., II, p. 516. Los Diez Deberes son: el afecto fraternal y el amor filial; la bondad del hermano mayor y la sumisión del menor; la justicia del esposo y la obediencia de la esposa; la beneficencia de los mayores y la docilidad de los menores; la bondad del príncipe y la fidelidad del vasallo. Estos 10 deberes se refieren a 5 relaciones.
59   Glosa de Kong Ying-ta sobre los T'ang. Las equivalencias con las Direcciones indicadas en la tabla son las de Pan Kou.
60   Véase la tabla del *Po hou t'ong*, I. El corazón y el príncipe pertenecen a la izquierda.

en la misma Cima (*yang*) del cuerpo, como un Príncipe (*yang*).[61] ¿No es –como los Héroes del Yang y *de la Izquierda* que se estrechan hasta la Tierra– grande en lo Alto (*yang*), delgado en la parte inferior (*yin*)?[62] Las Orejas (sustituyendo a las aberturas inferiores), le irán bien (se cortan a los prisioneros de guerra cuya fuerza viril ha de debilitarse) a los Riñones alojados en el Vientre (*yin*), abajo (*yin*), (como sujetos que son "los pies y las manos del señor" y bien situadas para animar los pies a la danza.[63] Como ya no se tienen en cuenta las aberturas inferiores,[64] sólo quedan tres pares de aberturas, además de la Boca, y hay cinco Vísceras que llenar. Pero, ¿no es habitual *duplicar* lo que es *central* y la Boca no contiene la Lengua? Los Ojos quedan con el Hígado, las Fosas Nasales con los Pulmones, la Boca con el Bazo, la Lengua, el orificio de la salivación, será asignada al Corazón.[65] Para seguir contando 7 Aberturas, los Ojos, las Narices o las Orejas siempre contando respectivamente dos, bastará con contar por uno la Boca y la Lengua.

Una vez conciliadas y anidadas las clasificaciones por 9, 8, 7, 6, 5, sólo queda justificar las equivalencias. Para los doctos, este es un juego del que el curandero sacará ventaja. El Corazón es rojo; es el color del Fuego; es el color de la alegría; el Trueno es el sonido del fuego y es la risa del Cielo;[66] el Corazón preside la Risa, la Inquietud, la Alegría. Las lamentaciones y la tristeza dependen, como la tos, de los pulmones. Son el blanco, el color del otoño, el oeste, el tigre, el atardecer, la Gran Blanca (Venus) y el luto. El Oeste es la región de las Montañas y los Desfiladeros donde se precipita el Viento y de donde viene la Lluvia. La nariz, orificio de los pulmones, se eleva en lo alto de la cara; profundas cavidades la perforan; es por ella que salen los mocos; es gracias a ella que se respira.[67] Los Ojos son los orificios del Hígado, que es verde y corresponde a la Primavera, la Madera y el Viento. El viento barre las nubes oscuras, hace que las gotas de lluvia sean luminosas.[68] Estas son las palabras de los poetas. En cuanto a los fisiólogos, explican que la Madera, cuando sale del Fuego, proyecta luz y que hace que aparezcan brotes y fluya la savia cada primavera.[69] ¿No viene la luz de Oriente? ¿No tiene Oriente, como la primavera, una influencia benéfica? Los pulmones son las vísceras de la bondad...

La fisiología y la psicología se completan una vez que se han combinado la teoría de las aperturas y la de las vísceras. Pero no sirven para conocer sólo el Microcosmos, sino que conducen a un conocimiento total del Cielo y de la Tierra; las vísceras, las virtudes, los elementos, las aperturas, las pasiones y los influjos celes-

---

61   *Po hou t'ong*, 8. El *Houang-ti nei king* quiere que la espalda sea *yang*. (El Yin y el Yang, cuando se unen, no se reducen a la única posición que ocupan el Cielo y la Tierra). Por ello, alberga (cap. I) el corazón en la espalda.

62   *Po hou t'ong*, 8. cfr. *supra* en este mismo capítulo.

63   *Lie tseu*, en Wieger, *op. cit.* p. 145.

64   Ver la tabla del *Po hou t'ong* (III), y tabla del *Houang-ti nei king*.

65   *Po hou t'ong*, 8; *Houang-ti nei king*, 2 y 14; una tercera solución {tabla del *Po hou t'ong* (II)} sería dar las Orejas al Bazo.

66   *Houang-ti nei king*, 2 y 8; *Po hou t'ong*, 8; *Chen yi king*, I.

67   *Po hou t'ong*, 8.

68   *Tch'ou tseu*, 9.

69   *Po hou t'ong*, 8.

tes se corresponden. El que conoce al Hombre conoce el Mundo y la estructura del Universo, así como su historia. No es necesario crear, con gran dificultad, ciencias especiales; el conocimiento es uno. El geógrafo no ignora nada de las montañas en cuanto ha reconocido en ellas los huesos de la tierra; le dan al mundo, como el esqueleto al cuerpo, solidez y estabilidad.[70] El fisiólogo sabe enseguida que la sangre circula; conoce exactamente el papel de los vasos por los que pasan los humores corporales; le basta con haber hecho una observación: el universo está atravesado por ríos que transportan agua.[71] El pelo y los árboles, la vegetación y la pelusa son del mismo orden; los políticos lo saben muy bien, como todos los que hacen buen tiempo; pueden combinar los medios de acción; cuando se corta la vegetación de una montaña, o cuando un jefe hace el sacrificio de su pelo, las lluvias, esos humores fértiles, dejan de fluir.[72]

¡Felices son los historiadores y los psicólogos! ¿Tienen que dibujar un retrato de Kao-yao, dar su genealogía o la de Confucio y caracterizar el espíritu del Maestro? Su búsqueda pronto llega a su fin. Kao-yao fue ministro de Justicia y Chouen le encargó las investigaciones criminales; la víscera de la buena fe es el bazo; la boca depende del bazo; Kao-yao tenía una boca muy grande y la abría de par en par... como hacen los caballos o los pájaros; Kao-yao no es otro que Ta-yé, hijo de Niusieou, que concibió tragándose un huevo y cuyos descendientes (que se parecen a los pájaros) saben criar caballos.[73] Confucio descendía del Yin que reinaba en virtud del Agua; tenía una depresión en la parte superior de su cráneo (su apellido significa "hueco", su nombre personal "montículo hueco") similar a la de las colinas que mantienen una masa de agua en su cima; el agua corresponde a los riñones y al color negro; la tez de Confucio era muy negra (signo de profundidad) y su mente se caracterizaba por la sapiencia, porque la sapiencia depende de los riñones.[74]

Más afortunados aún son los filósofos y los médicos. A ellos les pertenece el maravilloso dominio de las clasificaciones mitológicas. ¡Qué material tan admirable para las personas cuyo trabajo es argumentar! Ofrece infinidad de temas para el diagnóstico o el juicio, los secretos de la terapia o la orientación moral. Uno puede encontrar en él, con la capacidad de raciocinio sobre el macrocosmos y el microcosmos, todas las recetas del buen vivir o para vivir bien y, como mínimo, los medios para obligar a aceptar que, siendo tal el curso de los acontecimientos, todo es para bien. Un príncipe de Tsin está enfermo; se llama a un sabio y a un médico; ambos concluyen que no hay nada que hacer, y la respuesta es: "Eso es muy cierto", porque los dos expertos han disertado eruditamente. El sabio, con mucha información histórica o astronómica, explicaba la acción de los espíritus y el médico, con una serie de apotegmas, hablaba del maleficio: *"Las 6 influencias (k'i) del Cielo se convierten en los 5 Sabores de abajo (en la Tierra), se manifiestan en los 5 Colores y tienen como índices las 5 Notas. El exceso genera las 6 Enfermedades. Las 6 in-*

---

70 *Louen heng*, en Forke, *Lun Heng...*, 1.
71 *Ibid.*, II, p. 250.
72 Granet, *Danses et légendes...*, pp. 285, 484.
73 *Ibid.*, pp. 373, 374. *Po hou t'ong*, 7 y 8.
74 Granet, *op. cit.*, pp. 432 y ss; *Po hou t'ong*, 7; *Louen heng*, en Forke, *op. cit.*, I, p. 304.

fluencias (*k'i*) son el Yin y el Yang, el viento y la lluvia, la oscuridad y la luz. (Bien) distribuidos, forman las 4 Estaciones; (puestas) en orden, forman las 5 divisiones (de 72 días cada una) del año. En cuanto son excesivas, hay calamidad. El exceso de Yin provoca frío; el exceso de Yang, fiebres; el exceso de Viento, enfermedades de los miembros; el exceso de Lluvia, enfermedades del estómago; el exceso de Oscuridad, trastornos mentales; el exceso de Luz, dolencias del corazón. La mujer es la cosa de Yang y de los momentos de oscuridad (la compañera de la noche). Si se usa en exceso, hay fiebre interna y trastornos mentales malignos (*kou*)... El *Kou* (maléfico) está relacionado con los excesos y los trastornos mentales. Esta palabra se escribe con los signos 'jarrón' y 'alimaña'; el (ser) alado que sale del grano (*kou*) (colocado en un jarrón) es el *kou* (maléfico).[75] El *Yi (king)* de los Tcheou dice: 'La muchacha perturba la mente del muchacho; el viento vuelca la colina', es (el hexagrama) *Kou*.[76] ¡Todas estas cosas se corresponden (*t'ong*)!" "Qué excelente médico!", exclama uno en cuanto termina este discurso, y se complace en pagar con creces la consulta.[77]

* * *

No hay nada más razonable para un paciente que acudir a una consulta con un médico locuaz y un sabio versado en historia. La fisiología y la higiene o la moral se funden con la física, o más bien con la historia, es decir, con el arte del calendario; la anatomía y la psicología o la lógica se funden con la cosmografía, la geografía o la política; y la esencia de la política es ese arte, llamado más tarde geomancia (*fong chouei*), mediante el cual los chinos pretendían ordenar el mundo aplicándole su sistema de clasificaciones, es decir, las reglas de su morfología social. La geomancia y el calendario, la morfología y la fisiología comunes al macrocosmos y al microcosmos, este es el conocimiento total y la única regla. Este conocimiento y esta regla dictan y enseñan todo el comportamiento de los hombres y las cosas. Todo ser sería rebelde y desordenado si contraviniera las más mínimas prescripciones de la etiqueta. La etiqueta es la única ley. A través de ella se realiza el orden del universo. Debe ordenar cada gesto, cada actitud de los seres, grandes y pequeños.

---

75 Este procedimiento para "alimentar el hechizo maligno" se sigue utilizando en el sur de China, al menos entre los bárbaros. "Grano" y "Maleficio" se leen: *kou*.

76 Hexagrama 18 (*Yi king*, L., p. 95) formado por el trigrama Ken (Montaña) superpuesto al trigrama Siuan (Viento). Véase *Ibid.* p. 290.

77 *Tso tchouan*, C., III, pp. 30 a 39. (Cf. *Ibid.*, p. 380).

Capítulo III
La ETIQUETA

En lugar de aplicarse a medir los efectos y las causas, los chinos enumeran ingenuamente las correspondencias. El orden del universo no se distingue del orden de la civilización. ¿Cómo se puede pensar en establecer secuencias necesarias e inmutables? Hacer un inventario de las convenciones tradicionales requiere un arte más sutil y tiene un interés completamente diferente. Saber, pues, es poder. Los soberanos, cuando son sabios, secretan la civilización. La mantienen, la propagan extendiendo un sistema coherente de actitudes a toda la jerarquía de los seres. No piensan en la limitación de las leyes, ya que el prestigio de las normas tradicionales es suficiente. Los hombres sólo necesitan modelos y las cosas son como ellos. No se atreven a ver el mundo físico como el reino de la necesidad, como tampoco reclaman la libertad para el ámbito moral. El macrocosmos y el microcosmos se contentan igualmente con mantener hábitos venerables. El universo no es más que un sistema de comportamientos, y los comportamientos del espíritu son indistintos de los de la materia. No hay distinción entre materia y espíritu. La noción de alma, la idea de una esencia enteramente espiritual que se opondría al cuerpo como un conjunto de cuerpos materiales, es completamente ajena al pensamiento chino.

* * *

Lie tseu desarrolla ampliamente la tesis de que las acciones más reales son las acciones sin contacto y sin pérdida de energía.[1] Actuar es influir. La idea de que se actúa por mera influencia no es específicamente taoísta. Una anécdota del *Tso tchouan*[2] lo demuestra. Un buen cochero es capaz de conducir un carro totalmente

---

1   *Lie tseu*, en Wieger, *Les Pères du système taöiste*, pp. 139-150.
2   *Tso tchouan*, C., III, p. 611.

cargado con partes a punto de romperse. Cambia el cochero y sólo carga el carro con un poco de madera; las partes se rompen inmediatamente; ya no tienen ninguna cohesión; ya no están influenciadas por la ascendencia de un conductor maestro. La materia y el espíritu (o más bien lo que llamamos espíritu) no forman reinos separados. Tal es la idea común en China; es, para Lie tseu,[3] una de las ideas principales de su sistema. De este modo, con toda la seriedad que puede conservar un filósofo cuando argumenta, relata complacido una escena cómica que se representaba con marionetas en tiempos del rey Mou de los Tcheou. El titiritero que las manipulaba las había hecho de cuero y madera pintada y barnizada. Estas figuras se doblaban tan bien como los hombres e incluso cantaban bien y bailaban maravillosamente. El motivo era que sus entrañas estaban llenas de vísceras de madera y no les faltaba ninguna abertura. Si les quitaban los riñones, ya no podían bailar. Si se les extirpaba el hígado, ya no podían ver. Equipadas con sus Cinco Vísceras y todas sus Aperturas, experimentaban todas las Pasiones. El rey Mou se encolerizó; las marionetas guiñaron impúdicamente el ojo a sus favoritos. Estos artefactos de demostración mágico-filosófica valían lo que valen los hombres; tenían su mismo aspecto. Cuando el Caos, habiendo dado muestras de urbanidad, mereció ser recibido entre los hombres, dos amigos (estos eran los genios del Rayo) pasaron una semana entera, abriendo una brecha para él cada día, para darle el rostro humano que merecía.[4] Al séptimo día de la operación, el Caos murió, dice Tchouang tseu. Esto significa que cada iniciación o nacimiento se asemeja a una muerte. La verdadera muerte, por el contrario, va acompañada del cierre de todos los orificios del cuerpo. Los ojos y la boca del fallecido son cerrados. Desde la antigüedad, sin duda, todas las aberturas se sellaban con jade; esta práctica es similar a la costumbre de dibujar las Siete Estrellas de la Osa Mayor en los ataúdes.[5] Conviene encerrar en el cadáver la infección funeraria y el principio mismo de la muerte. También es necesario encerrar en el criminal el principio de su delito y de su mal funcionamiento; es por precaución, más que por crueldad, que se sellan los orificios de su cuerpo.[6] En el sabio y puro, todas las aberturas se abren y funcionan libremente, las siete aberturas del rostro y las siete aberturas del corazón que les corresponden. La calidad de vida se obtiene y se conserva sólo si las primeras están bien abiertas; la santidad se obtiene en cuanto las otras están desbloqueadas o próximas a estarlo.[7] El poder de la vida alcanza su máximo cuando nada impide la endósmosis del Microcosmos y el Macrocosmos. De ahí la importancia de las aberturas.

---

3   *Lie tseu*, en Wieger, *op. cit.*, p. 145. El saltimbanqui fue recibido por el rey Mou cerca de K'ouen-louen, es decir, en Asia Central o en la región (al margen de la civilización) que es el dominio de los dioses y los magos. El saltimbanqui es un experto en el arte de las mutaciones (*houa*); es un *houa-jen* (el signo *houa* se escribe con la imagen de un hombre de pie y la de un hombre tumbado).

4   Granet, *op. cit.*, p. 544; *Tchouang tseu*, en Wieger, *op. cit.* p. 269.

5   *Civ. Chin.*, pp. 303, 360. La Osa Mayor es el emblema del corazón, que también tiene siete aperturas: *Po hou t'ong*, 8; *Houang-ti nei king*, 14.

6   SMT, II, p. 410; *Civ. Chin.*, p. 55.

7   SMT, I, p. 206; *Lie tseu*, en Wieger *op. cit.*, pp. 119, 123; Granet, *op. cit.*, p. 225.

Esta importancia, reconocida por toda la tradición, se explica por el prestigio del que siempre ha gozado en China la magia de las secreciones, excreciones y respiraciones. Las precauciones que exige la etiqueta y que parecen formar parte del cuidado de la limpieza vienen impuestas por la preocupación de no dejar que un superior sufra o un enemigo se beneficie de las exhalaciones, pérdidas o degradaciones de lo que constituye el poder de la vida. A los parientes, a los hijos[8] les corresponde recoger y ocultar cuidadosamente los escupitajos y los mocos de los padres; les corresponde recoger el último aliento, cerrar los ojos, la boca, apilar ropa sobre todos los orificios, no dejar que se pierda nada de la sustancia paterna, enterrar en el suelo de la casa las uñas, los cabellos del difunto y el agua que sirvió para lavar el cadáver.[9] Se puede actuar sobre otro (y sobre todo lo propio) en cuanto se posee una parte o un residuo de su sustancia. Al robarle una porción seleccionada, también se puede anexar a uno mismo lo que posee de vida, el poder de su vista o de su oído si uno se apodera de los ojos o los oídos, la vida en su misma fuente si se roba la primera sangre de las vírgenes o el embrión apenas formado. Estas prácticas, aún castigadas por los códigos de las dinastías más recientes, no son nuevas. No fue por crueldad ni diletantismo de tirano que Cheou-sin, el último de los Yin, destripaba a las mujeres embarazadas y se comía la carne de sus enemigos.[10] Todo gobernante, todo mago necesita recuperar el poder, la sustancia, la vida, pues debe gastar toda su vitalidad en beneficio de todos. El mago desgasta su poder cuando anima a las marionetas o hace que las piezas luchen en el tablero de ajedrez;[11] el cochero también se desgasta cuando le da cohesión a las riendas. Pero ¡cuánto más el Jefe! Él consigue, por un efecto directo de influencia (también podríamos decir, con palabras más modernas: por un efecto de espíritu a espíritu), que los caballos de su carro avancen en línea recta cuando él piensa rectamente, que las flechas de sus súbditos aciertan cuanto él piensa rectamente. Basta que el mago golpee a su enemigo con su saliva o sople sobre su sombra para que el desgraciado perezca acribillado por las úlceras;[12] en su saliva o en su aliento, el mago ha concentrado la esencia de sus virtudes mágicas. Pero la Obra Real requiere la concentración de un poder de animación verdaderamente total. El único aliento del Jefe pasa a través de todos sus guerreros; él, tocando el tambor, comunica a toda la batalla el ritmo de su propio ardor.[13] Un decreto tiene fuerza de ejecución en cuanto el príncipe ha dicho "sí"; es eficaz, en sí mismo, al instante, y no importa que en la práctica se ejecute; en este "sí" se condensa toda la virtud animadora que la práctica de la etiqueta mantiene intacta en el príncipe. Si hay una etiqueta del vestuario, del peinado, de la risa, del lamento y del coito; si el inferior, por respeto,

---

8   *Li ki*, C., I, pp. 622 y ss.
9   Yi li, C., p. 450; Granet, *Danses et légendes...*, nota 345; *Civ. Chin.*, p. 360.
10   J.-J.-M. de Groot, *The Religious System of China*, IV, p. 398. *Ta Ts'ing lu li*, 36. Se come principalmente el hígado, sede de valor (el hígado manda a los músculos, a los ojos, a la ira). Uno deshonra al enemigo si se niega a comer su hígado: es tratarlo como un cobarde.
11   *SMT*, III, p. 479.
12   Granet, *op. cit.*, (nota 760).
13   *Civ. Chin.*, p. 301.

debe a veces vestirse y a veces no. Si el jefe a veces se afeita el pelo para ofrecerlo a los dioses, a veces se viste, ceñido como una mujer, y a veces baila con el pelo suelto como una bruja; si hay que evitar bostezar, estornudar, escupir, sonarse la nariz, toser y eructar; si no hay que reír ni llorar desconsideradamente, sino que en tiempos de luto hay que lamentarse en voz alta; si se hacen amigos riendo o sonriendo; si el padre debe reír cuando da el derecho a la vida a su hijo pequeño; si el niño debe reír en cuanto recibe un nombre de su padre y llorar para merecer este nombre; si es peligroso para una mujer soltar una risa o contenerla; si debe ocultar su sonrisa velando su boca con las mangas y si nunca debe robar un suspiro a un hombre; si es necesario entregarse o mantenerse; si el Jefe de la familia debe ser el único al que se le puede confiar el cuidado del niño; si el Jefe, que a veces debe gastarse por completo, toma más precauciones que ningún otro para permanecer hermético y mudo, es porque el cuerpo, por todos sus orificios, deja penetrar y deja escapar; sabe retener, proyectar e incluso capturar, la sustancia que es poder, el poder que es sustancia, lo que hace el ser y lo que hace ser.

Todos los autores, no sólo los taoístas, coinciden en el principio de que las actividades, las pasiones y las sensaciones desgastan al ser y disminuyen su sustancia y su poder. Todos admiten que los orificios del cuerpo son los órganos de los sentidos, que las Pasiones y las Actividades (o Virtudes) dependen de los *Almacenes* (*fou*) o de las Vísceras a las que se da el nombre de *Graneros* (*tsang*), y que Vísceras, Almacenes y Aberturas se corresponden entre sí. Mientras que los chinos confunden las ideas de *sustancia* y de *poder* en la idea del Ser, dan, como podemos ver, una importancia extrema al alimento. El valor de un individuo se ve en el número de vasallos que puede alimentar,[14] y lo que constituye su autoridad es la forma en que se alimenta; es el lote de comida que se le asigna. La respetabilidad, la riqueza de la mesa, la abundancia de la vida, la calidad de la eficiencia, son cosas relacionadas, indistintas. Podría decirse (para usar nuestro lenguaje) que sólo los nobles tienen alma; sólo ellos tienen antepasados que merecen ser alimentados. Los nobles, los jefes, los dioses son ricos en sustancia y poder; son proveedores de alimentos. Lo que poseen en abundancia, hacen alarde de darlo y lo desprecian para sí mismos. Todos los alimentos son suyos; sólo toman la esencia (*tsing*) o la virtud (*tö*).[15] Se contentan con oler o saborear. La vida en ellos se fortalece y se espiritualiza al mismo tiempo. De hecho, la dosificación formal de la comida va acompañada de la etiqueta en la mesa.[16] El que come de acuerdo con la etiqueta refina y aumenta, da cuerpo y ennoblece, reconforta, completa y condensa en sí mismo una vitalidad de esencia más sutil y de contenido más rico. Sólo el Rey tiene "el precioso alimento", dice el *Hong fan*; él es el centro, el pivote del Mundo.[17] Los médicos combinan los sabores para él[18] y su primer ministro –el mejor ministro es el que sabe cocinar–[19]

---

14   Cfr. *supra*, Libro II, cap. III, ap. V.
15   Granet, *op. cit.* nota 52; p. 88, nota 2.
16   *Civ. Chin.*, pp. 283, 330, 334.
17   *SMT*, IV, p. 225.
18   *Tcheou li*, Biot, *op. cit.*, I, p. 94.
19   Granet, *Danses et légendes…*, pp. 419, 420.

alimenta la Virtud Real (*Wang Tao*)[20] en la persona del Soberano; organiza el tributo de tal manera que no falta nada para conformar el alma del maestro, es decir: Sostener una Autoridad que, digna del Universo, sea la más completa posible y la más única, la menos material y la menos perecedera; tal, en fin, que se pueda ver en ella el foco de una radiación no disminuida. Para conservar intacto este principio de influencia, basta con recoger, en el momento y lugar adecuados, la esencia de todo lo que es vida en el universo. El primer ministro envía para su amo berros del pantano de Yun-mong, judías *yun* del monte Yang-houa y, de las profundidades de K'ouen-louen, la marsilea de cuatro hojas.[21] Enseña a los médicos cómo deben "combinarse y unirse los sabores (*tiao ho*)".[22] Las salsas, según la temporada, serán a base de vinagre, vino, jengibre o sal, pero siempre ligadas a la miel, porque lo dulce corresponde a la Tierra, que está en el Centro.[23] El trigo se comerá en primavera con cordero y una salsa de vinagre, porque el cordero tiene un olor rancio, y el ácido, que va con lo rancio, es adecuado para la primavera, que "afloja" y durante la cual es necesario "recoger".[24] Además, el Este es el lugar de los Músculos que dependen del Hígado, que el Ácido, "producido" por la Madera, "produce" a su vez (así lo decreta el breviario de medicina).[25] Combinando las carnes de los 5 (o 6) Animales Domésticos, los 5 (o 6) Alimentos Vegetales, los 5 Olores y los 5 Sabores, las 5 Vísceras[26] se repararán según un ritmo conforme al Orden del Mundo, y los expertos podrán verificar su buen estado inspeccionando las 9 Aperturas y examinando, con la ayuda de los 5 Sonidos y los 5 Colores, las 5 Exhalaciones (*k'i*).[27] Sería un indicio nefasto y una prueba de un desarreglo del Microcosmos y del Macrocosmos si, en invierno, cuando el Hijo del Cielo debe ponerse adornos negros, no tuviera la tez negra, es decir, el color de los riñones, pues debe predominar la influencia (*k'i*) de los riñones (ya que la comida de invierno de las estaciones saladas, el mijo y el cerdo). Por las mismas razones, en invierno la voz debe emitir la nota *yu*. "El hombre es el corazón del Cielo y de la Tierra, el gobernante de los 5 Elementos; cuando, alimentado por los 5 Sabores, distingue las 5 Notas y se pone los 5 Colores, ¡entonces tiene vida!".[28] Los nobles "se comen su feudo";[29] el Hombre Único, temporada a temporada, se come el Universo. Almacena, a su debido tiempo, en los 5 Graneros de su cuerpo, la esencia de las cosas más exquisitas que produce la vida universal. Recoge la vida en su máxima frescura de las 5 estaciones orientales. Él alimenta su ser con las primicias. "Los granos que contienen tienen vida", dice

---

20   *Ibid.*, p. 41.
21   *Lu che tch'ouen ts'ieou*, 14, § 2. (Helechos similares a los tréboles de cuatro hojas –N. del T.).
22   *Houai-nan tseu*, 20.
23   *Tcheou li*, en Biot, *op. cit.*, I, p. 94, y nota en la p. 96.
24   *Ibid.*, I, p. 94. Vea las tablas.
25   *Houang-ti nei king*, 2.
26   *Yue ling* y *Tcheou li*, en Biot, *op. cit.*, I, p. 93.
27   *Tcheou li*, en Biot, *op. cit.*, I, p. 96.
28   *Li ki*, I, p. 520.
29   Granet, *op. cit.*, nota 180.

el *Che king*.[30] La vida se extrae, más poderosa, del alimento vivo fresco,[31] cuando se extrae de él en su frescura, que es tan pura, que, para el impuro, entonces es un veneno mortal. Las entrañas de un príncipe malvado, en cuanto come trigo nuevo, se convierten en podredumbre y estiércol;[32] las del sabio permanecen limpias y la pureza aumenta en él con la vida cuando se sacraliza saboreando, a semejanza de los dioses, la virtud (*tö*) de las ofrendas estacionales. Si la vida está en la comida, en la comida también hay un principio de muerte y corrupción. Cada comida es una prueba, y más aún cada bebida, pues la bebida es un extracto, un extracto de vida o un extracto de muerte, que ejecuta al culpable y reconforta al bueno.[33] Por lo tanto, es en el momento de la renovación cuando la etiqueta impone al Jefe la prueba decisiva de la bebida. Debe mostrarse capaz de asegurar la continuidad de los cultivos, la perpetuidad de la vida. Merecerá seguir siendo el Jefe, será aclamado al grito de "Diez mil años",[34] si el éxito de la prueba demuestra que, para él, la vida no es venenosa. Si bebe tanto como debería y se mantiene erguido,[35] es porque es puro y que, a través de la renovación de su vitalidad, coincide con el Macrocosmos.

Sólo los Jefes parecen tener "alma". La alegría y las fiestas sagradas mantienen su poder, rejuvenecen su sustancia y sintonizan sus vida con el ritmo del universo. Los chinos no creen que el alma dé vida al cuerpo; más bien creen, se podría decir, que el alma sólo aparece tras un enriquecimiento de la vida corporal. Pero es mejor evitar la palabra "alma", a la que no corresponde nada en chino si se quiere dar el significado de esencia únicamente espiritual. Las palabras *kouei* y *chen*, que se traducen como "demonios" o "aparecidos" y "espíritus" o "dioses", se refieren a manifestaciones tangibles. Piedras que hablan, jabalíes que matan, dragones que luchan,[36] los *kouei* o *chen* aparecen siempre de forma material. Los propios antepasados sólo beben y comen porque las ceremonias de culto les permiten reencarnarse en el cuerpo de uno de sus descendientes. Para merecer el nombre de *chen*, hay que tener un lugar reconocido en la jerarquía feudal; hay que ser honrado con un título nobiliario, como lo son el Duque del Trueno y el Conde del Viento. Por el contrario, un señor puede, por ser el jefe de un culto, ser llamado *chen*.[37] La palabra es apropiada para cualquier persona investida de autoridad religiosa. Hablamos de *kouei* cuando se produce un acontecimiento inesperado, perturbador e ilícito. Los sabios no creen que las piedras hablen, que los dragones justen y luchen, que los muertos vuelvan para matar a sus enemigos.[38] Este último caso es el que parece

---

30   *Che king*, C., p. 441.
31   "Cheng", "vivo", se dice de los alimentos frescos.
32   *Tso tchouan*, C., II, p. 85.
33   Ningún veneno debe tener un dominio sobre lo puro. De ahí la idea de que el contenedor puede neutralizar el efecto del contenido. Esta idea parece estar en el origen de los primeros intentos de la alquimia china (*SMT*, III, p. 465), que propuso por primera vez hacer un plato de larga duración, cuyo recipiente destruye la nocividad del contenido.
34   "Año" significa "cosecha".
35   Ver *supra*, Libro II, cap. IV.
36   *Tso tchouan*, C., III, p. 153; I, pp. 143, 533; Granet, *Danses...*, p. 558.
37   Granet, *op. cit.*, p. 344.
38   *Tso tchouan*, C., II, pp. 153, 302, 141.

darse con más frecuencia; los sabios calman la emoción del público autorizando un sacrificio; cualquier ser que coma se apacigua. Nombrados regularmente, cada uno de los *chen* recibe una porción ceremonial de comida y vida; al igual que los nobles que comen en la plataforma del Jefe, viven en la corte del Soberano de arriba, desde donde pueden oler el humo de los sacrificios. Todos los que no reciben un tributo estacional de ofrendas, los espíritus irregulares que no figuran en las listas de protocolo, los antepasados al final de su carrera cuyo *nombre* (*ming*) ha sido asumido por los vivos, los muertos vulgares que nunca han *merecido tener un nombre* (*ming*), todo esto (que la palabra *kouei* puede designar) sólo se alimentan ocasionalmente. Se trata de seres cuyo lugar está en el mundo de abajo y que ya no deben salir de las Fuentes Amarillas. Sin embargo, escapan si, por desgracia, el suelo se agrieta.[39] Para devolverlos al subsuelo, apaciguados, bastará con humedecer el suelo haciendo que la libación penetre en él; esta libación, como en los sacrificios a la Tierra, se hará con la sangre que mana de la carne cruda. Sólo los *chen* tienen derecho a las *exhalaciones* (*k'i*) que se escapan de las carnes cocinadas. Alimentados de forma diferente y desigual, ni los *chen* ni los *kouei* tienen la plena vitalidad (*cheng*) que caracteriza a los hombres, ampliamente dotados de Sangre (*hiue*) y Aliento (*k'i*). Los maestros de la adivinación admiten que el fin y el principio, la muerte y la vida dependen del juego del Yin y el Yang, de las combinaciones de la Oscuridad (*yeou*) y la Luz (*ming*), de las justas y de la unión del Cielo y la Tierra. "Son el *Tsing* (Esencia) y el *K'i* (Aliento) los que constituyen los Seres (*wou* = los 10.000 seres; el Hombre no tiene un lugar especial); son los *viajes del Houen* los que son (el principio) de las alternancias (de estado de los seres), y es así como podemos distinguir los aspectos esenciales de (lo que es) *kouei* o *chen*[40]." Cuando se le preguntó sobre *kouei* y *chen*, Confucio, o así se dice, respondió: "El Aliento (*K'i*) es la plena perfección (*cheng*) de (lo que es) *chen*; el *Po* es la plena perfección de (lo que es) *kouei*".[41] Los chinos, de hecho, oponen Sangre y Aliento, *Houen* y *Po*. La fórmula atribuida a Confucio muestra que *Houen* no se distingue del Aliento. *Po* no se distingue de la Sangre. Una famosa definición (atribuida a Tseu-tch'an de Cheng (534 a.C.), y que sin duda expresa concepciones muy antiguas), hacía del *Po* el principio de la vida embrionaria, apareciendo el *Houen* sólo después del nacimiento,[42] es decir –los ritos lo demuestran– cuando el padre, riendo y haciendo reír al niño, le ha comunicado su aliento *dándole un nombre* (*ming*). La muerte tiene lugar cuando el *Houen* sale de viaje y, en cuanto se advierte que el Aliento se ha ido, se llama al *Houen* para que vuelva (gritando el *ming*) y se intenta atraparlo en lo alto del tejado, antes de que suba a unirse al Cielo luminoso. En cuanto al *Po* (el niño recién nacido toma vida de la tierra), vuelve (*kouei*) a la tierra y entonces se convierte en *kouei*. El cuerpo debe pudrirse y desintegrarse en lo Inferior, en la

---

39 Esto sucede: durante el invierno, la estación *yin*, la estación de los muertos; en tiempos de sequía; cuando una dinastía menguante perturba el orden del mundo; se oye entonces el gemido de los *kouei* (los sabios dicen: el pueblo).

40 *Yi li* (*Hi ts'eu*), L., pp. 353-354.

41 *Li ki* (*Tsi yi*), C., II, p. 289.

42 *Tso tchouan*, C., III, p. 142.

Oscuridad (Yin), y todos los olores son emanaciones (*tsing* = las Esencias que el *Hi tséu* opone al *k'i*, a los Alientos) que provienen de los cuerpos enterrados; así se dice que se expresó Confucio, y añadió que el *K'i* se eleva hacia lo Superior para brillar allí. Si nos vemos obligados a traducir las palabras *houen* y *po*, debemos decir que *Houen* es el alma-aliento y *Po* el alma-sangre; pero aparte de la impropiedad de la palabra "alma", el uso del singular ciertamente da lugar a un malentendido. *Houen* es el *K'i* (es decir, el Aliento), y es el *K'i*, las Influencias, las Exhalaciones, y el *Po* es la Sangre, pero es el *Tsing*, la Esencia, y el *Tsing*, las Emanaciones. En efecto, en el *k'i* y el *tsing*, que constituyen los seres (seres de todo tipo), como en la Sangre y el Aliento que constituyen lo vivo, debemos ver parejas complejas. Son parejas porque la antítesis del Yin y el Yang domina el pensamiento; son parejas complejas porque por debajo de la categoría de Pareja hay otras categorías numéricas, clasificaciones por 5 y 6, por 7, por 8 y 9... La teoría de las "almas viscerales"[43] no está atestiguada antes de la era cristiana, pero la conexión de las Pasiones –llamadas *tsing* al igual que las Emanaciones[44]– con las Vísceras es un hecho antiguo, así como la correspondencia establecida entre las Pasiones y Emanaciones y los *K'i*, Influencias o Exhalaciones del Cielo, Exhalaciones de las vísceras y orificios del cuerpo. Los *Kouei* y los *Chen* no son almas incorpóreas. *Houen* y *Po* no son dos almas, una material, la otra espiritual; debemos ver en ellos las rubricas de dos conjuntos de principios de vida, algunos de los cuales pertenecen a la Sangre y a todos los humores del cuerpo, otros al Aliento y a todas las exhalaciones del organismo. Algunos son *yang*, porque el padre proporciona el aliento y el nombre, otros *yin*, porque la madre proporciona la sangre y el alimento. Los segundas proceden de la Tierra, que soporta y nutre; los primeras, del Cielo, que abraza y calienta[45] y al que asciende el humo caliente de las ofrendas, mientras que el suelo, que se humedece con las libaciones, se engorda con los productos de la descomposición de los cuerpos. La Tierra los devolverá en forma de alimento, pues la vida se alterna con la muerte, y todo vuelve a la vida como todo vuelve (*kouei*) a la muerte, un orden cíclico y un ritmo quinario que preside las reencarnaciones así como el retorno de las estaciones.

* * *

Rechazando cualquier postulado espiritualista, la psicología china es una psicología del comportamiento que se adapta a una actitud moral.

Los misioneros de hoy reconocen fácilmente que en China no se encuentra ningún vestigio de la idea de una caída o falta original.[46] Pero sus predecesores estaban tan preocupados por decidir si, en la concepción china, la naturaleza humana era fundamentalmente buena o mala, que impusieron a los sinólogos la traducción de la palabra "naturaleza" del término "*sing*". *Sing* se escribe con la clave de

---

43   J.-J.-M. de Groot, *The religious system of China*, vol. II, pp. 46, 47.
44   Entre estas dos palabras, *tsing* (pasiones o emanaciones, esencias) y *ts'ing* (parte clarificada de un líquido), sólo hay una diferencia superficial de ortografía.
45   *Li ki*, C., II, p. 84. El cielo se compara con el Padre. "Cubre" la Tierra y "cubre" a todos los seres.
46   P. L. Wieger, *Histoire des croyances...*, p. 714.

"corazón" (que sugiere un significado puramente moral) añadida al signo de "vida". Este último símbolo gráfico es el que da la pronunciación del conjunto. Es el elemento significativo. *Sing* se utiliza para describir la suerte de la vida que caracteriza a un individuo. También se utiliza cuando se quiere hablar de la *personalidad* o, mejor dicho, del conjunto de dones que constituyen –tanto física como moralmente, dominios indistintos– la *individualidad* y el *valor* de un ser. Por ello, a menudo es difícil mantener la traducción "naturaleza" o incluso "carácter" (en el sentido moral de la palabra) para *sing*. La dificultad se pone de manifiesto cuando hay que traducir una frase que no pretende definir –los chinos nunca definen– sino transmitir lo que es *sing*. "El hombre está *compuesto* de elementos materiales y de un alma inteligente", escribe el P. Couvreur;[47] Chavannes[48] escribe: "El hombre tiene, por nacimiento, sangre y respiración, un corazón y una inteligencia". Estos dos traductores pretenden reproducir la misma frase, cuyo significado es el siguiente: "El es un *sing* {una individualidad, un conjunto de dones vitales (principalmente) constituidos por} de sangre, de aliento, de voluntad (el corazón), de sapiencia". El uso de la palabra "corazón", que designa (la sede de) la voluntad (*tche*) porque es el nombre de la víscera central, y de la palabra *k'i*, símbolo del Aliento, pero también del ardor, del temperamento, de la energía, muestra suficientemente que hay ninguna intención de oponer las facultades del espíritu a los principios de la vida corporal. El corazón y la sabiduría se refieren, más que a la vida espiritual, a las funciones de gasto más o menos distinguidas de las funciones de recuperación; la voluntad y la sabiduría emplean y utilizan la fuerza vital, que se nutre (entre otros elementos) de la sangre y el aliento. Esta frase tomada del *Yo ki* merece ser confrontada con el aforismo del *Hi ts'eu* citado anteriormente: "Los seres (*wou*) están hechos de *tsing* (y) *k'i*", es decir, de Exhalaciones y Emanaciones que provienen del Cielo donde reina el Aliento (*k'i*), y de la Tierra que produce las Esencias (*tsing*) nutritivas. Los médicos ven en *tsing* (y *k'i*) lo que se inhala o exhala; llaman *tsing-k'i* a los líquidos fértiles del cuerpo humano.[49] En cuanto a la palabra *wou* (ser, símbolo), se refiere a todos los seres que llamamos animados e inanimados, pues todo lo que se simboliza es. En cuanto hay un un "símbolo", hay un "ser". También se admite que todo, y por ejemplo, tanto la Tierra como el Cielo, tiene un *sing*,[50] es decir, un ser y un modo de ser. Cada individualidad es un complejo y corresponde a una determinada combinación de elementos. Los componentes (*tche*) nunca son concebidos como únicamente espirituales o únicamente corpóreos. *Mei tche* se utiliza para las buenas cualidades, *tche k'i* para el estado de ánimo o el carácter, *ts'ai tche* para los talentos naturales; *ts'ai li* se llama la fuerza para mantenerse erguido y procrear, y *Tien tche* se llaman las facultades procreadoras o, igualmente, una naturaleza celestial, y *tche* (elementos) puede significar "naturaleza" o "apariencia" cuando se trata de una pieza de piedra o metal. Toda "naturaleza" (*sing*) es, pues, el producto de una determinada dosificación y de una combinación más o menos ar-

---

47 *Li ki*, C., II, p. 71.
48 *SMT*, III, p. 261.
49 *Houang-ti nei king*, 1; Granet, *Fêtes et chansons…*, pp. 7 y ss.
50 *Li ki*, C., II, p. 52; *Tso tchouan*, C., III, p. 380.

moniosa (*ho*) –como los caldos con los que se alimentan los Jefes[51]– de elementos
que pertenecen al Agua, al Fuego, a la Madera, al Metal, a la Tierra y que pertenecen al Yin o al Yang. Son las proporciones de la dosificación las que caracterizan
la "naturaleza" íntima (*tchong*, interior, equivalente a *sin*, corazón) de un ser; esta
"naturaleza" es el resultado de una imbricación (*kiao*) de las Exhalaciones (*k'i*) del
Yin o del Yang que se califican como débiles o fuertes (a la manera de las líneas de
los Hexagramas),[52] o también de *ts'ing* y *chou* (a la manera de los sonidos); *chou*
evoca lo pesado, lo espeso, lo mezclado, lo oscuro, lo bajo; *ts'ing* (= *tsing*, esencias,
emanaciones), lo tenue, lo claro, lo límpido, lo agudo, lo ligero.[53] Es, pues, a una
oposición de lo sutil y lo grosero y no a una oposición de espíritu y materia a lo
que se refieren las distinciones que se establecen, no digo entre sustancias, sino
entre los estados o, mejor dicho, los aspectos *rítmicos* asumidos por los elementos
cuya combinación produce el ser y la personalidad. Así, el *sing*, el modo de ser,
corresponde a una cierta aptitud del ser, a una suerte de vida perteneciente a un
determinado temperamento. Un hombre que de niño mamó con avidez y tomó
demasiada leche a causa del *k'i* (Aliento) con el que fue dotado, nunca tendrá una
complexión (*sing*) equilibrada; vivirá como un enfermo y morirá pronto.[54] Otro
que está enfermo porque su voluntad (*tche*) le impone un gasto demasiado grande,
dado su *k'i* (su capacidad de recuperar el aliento), podrá recuperarse; se pondrá
bien si encuentra un médico que le ayude a cambiar su corazón (*sin*: corazón, y
voluntad: *tche*, son indistinguibles) con el corazón de otro paciente cuyo *k'i* en relación a *tche* sea sobreabundante; pero, tan pronto como la operación tenga éxito,
ambos, habiendo cambiado sus sentimientos (*sin* = corazón), también tendrán que
cambiar sus esposas, hijos, casa y situación social.[55] Como vemos, hay "naturale-
zas" buenas, otras malas y otras mejorables...

La vitalidad, la complexión y el destino difieren entre los hombres. El hombre
(como los demás seres) está hecho del *sing* del Cielo y de la Tierra; obtiene de la
Tierra su sangre, sus humores fértiles y nutritivos, como la savia; obtiene del Cielo
su aliento cálido y sutil; obtiene de ambos el *ritmo* –latido del pulso y respiración– que sostiene o más bien constituye la vida en él. Pero es el Cielo (honrado
como un padre, dotado de autoridad, alabado por su permanencia y unidad) el
que distribuye las suertes, los rangos, la duración de la vida, los destinos; la palabra *ming* ("*ming*" significa ordenar y a menudo se confunde con otro "*ming*" que
significa "dar un nombre") significa todo esto. El aliento, que viene del Cielo, varía
sobre todo en su poder; la sangre, que se nutre de la Tierra, varía sobre todo en su
composición. Al Cielo está unida la *personalidad*, a la Tierra la *individualidad*, que

---

51   M. Granet, *Civ. chin.*, p. 282.

52   *Li ki*, C., II, p. 73.

53   Ver *supra*, Libro II, cap. II. La oposición de *chou* y *ts'ing* (heces y líquido clarificado)
conduce (por una imagen tomada de la fabricación de bebidas) a la antítesis de Bajo y Alto
(pesado y ligero), de Yin y Yang (oscuro y claro).

54   *Lie tseu*, en Wieger, *Les Pères du système taoïste*, p. 147.

55   *Ibid.*, p. 141. El médico opera sólo después de haber anestesiado a los dos pacientes
adormeciéndolos, durante tres días, con vino mezclado con veneno.

depende de la infinita variedad de Espacios. La unidad del Cielo, sin embargo, es bastante relativa; se diversifica según las estaciones; el Tiempo sólo tiene continuidad en los momentos sagrados en que se inaugura; a los momentos ricos en duración se oponen los períodos en que la duración se agota. Cuando reina un orden de civilización nuevo y duradero, el gobernante puede repartir feudos durante mucho tiempo y el Cielo puede repartir mucha longevidad; los hombres viven hasta la vejez y, además, todo dura cuando un gobernante sabio establece en el mundo un orden que merece ser permanente. El valor de la personalidad disminuye cuando el Imperio y el Cielo pierden su unidad; en tiempos de decadencia, la variedad de Espacios contamina el Tiempo; la duración de la vida se acorta; aparecen los monstruos; la individualidad se desarrolla abusivamente y perjudica a la personalidad; más exactamente, los temperamentos se vuelven singulares y el poder vital inmediatamente disminuye. Esto no quiere decir que los chinos odien a los monstruos o desprecien por completo a los especialistas. Hay, como hemos visto, ocasiones y sitios en los que el propio Jefe debe ser sólo diestro o zurdo. El hombre sabio utiliza todos los climas. Sabe aprovechar el ardor de los sureños, en quienes el k'i prevalece hasta tal punto que sólo pueden comer verduras crudas.[56] Sabe utilizar a los jorobados (numerosos en Occidente) cuyas espaldas se asemejan a un saco {pues el otoño (= Occidente) es la época de la cosecha}; llevarán, inclinados hacia delante, las piedras sonoras, mientras que, inclinados hacia atrás, seres de espaldas cóncavas golpearán las campanas de bronce.[57] Además, la mayoría de los Héroes, como los arcos, tensos o aflojados, se doblan hacia delante o hacia atrás.[58] Lo ideal, sin embargo, es que el Jefe sea recto como un gnomon. El sabio utiliza todas las edades. Sabe utilizar, como brujas, para controlar el tiempo, a las ancianas cuya menstruación les ha hecho perder una buena parte de su sangre; casi reducidas a la respiración, dobladas hacia atrás, estiran sus fosas nasales hacia el Cielo, de modo que, temiendo obstruir con agua un orificio hecho para aspirar el Aliento, el Cielo se prohíbe a sí mismo hacer caer la lluvia.[59] El sabio también sabe cómo utilizar a los tísicos cuyos esputos agotan la sangre, y admite que los hechiceros (e incluso los jefes) se entrenan para obtener, con la emaciación, una sobreabundancia de k'i. Tolera, pero vigila –porque son peligrosas pero pueden utilizarse ocasionalmente– las individualidades excesivas que indican alguna deficiencia o hipertrofia. Envía a expertos a buscar emanaciones que puedan delatar el poder incipiente de un genio rival.[60] Emplea a los historiadores para catalogar las deformidades físicas en las que el arte de los fisonomistas sabe ver signos de fortuna o pruebas de talento.[61] También cuenta con etnógrafos y geógrafos que le informan sobre las complexiones que dependen de la estructura del suelo o del tipo de vida. "Las complexiones (ts'ai) varían según el Cielo y la Tierra, Frío y Caliente, Húmedo y Seco. En las amplias

---

56   *Li ki*, C., I, p. 295.
57   *Kouo yu*, 10.
58   *Louen heng*, en Forke, *op. cit.*, 1, p. 304.
59   Granet, *Danses et légendes…*, p. 315; *Houang ti nei king*, 1.
60   *SMT*, III, p. 331; *Civ. Chin.*, p. 54.
61   *Louen heng*, en Forke, *op. cit.*, I, pp. 304 y ss.

llanuras y en los largos valles, la construcción es diferente.⁶²" La moral también difiere. Las tribus de las cuatro direcciones del Imperio "tienen cantos, modos de ser, que varían", porque "los cinco sabores se combinan de diferentes maneras" y la diversidad de alimentos hace a los hombres débiles o fuertes (como las líneas de los Hexagramas), pesados o ligeros (como los sonidos y las partes de una bebida), lentos o vivaces; unos son carnívoros, otros frugívoros, y si estos últimos son ligeros y estúpidos, los otros son valientes y atrevidos… El hombre sabio permite que existan en los márgenes del mundo aquellas formas de vivir y de ser que no se ajustan a la etiqueta. No desdeña a los individuos con un genio excéntrico, si puede mantenerlos a raya o domesticarlos. Para él y su familia, busca la complexión equilibrada que acompaña a un destino rico. Cuando espera un hijo, impone a su mujer un estricto retiro y una supervisión constante; esto se llama "educar al embrión".⁶³ Si es un hijo del rey el que va a nacer, se siguen las costumbres bajo la invocación de T'ai Sseu, la irreprochable esposa del rey Wen. (T'ai Sseu, durante su embarazo, nunca se permitió, ni siquiera en privado, ninguna indulgencia; nunca se puso de pie sobre una pierna, ni se sentó torcida en su estera; evitó cualquier risa fuerte e, incluso en caso de enfado, se abstenía de imprecar). Tres meses antes del nacimiento, el maestro de música acudió, con un diapasón, a montar guardia a la izquierda de la puerta; el gran mayordomo (primer ministro y jefe de la cocina) se situó a la derecha, con un cazo en la mano. Cuando la reina pedía música, si no era una melodía adecuada, el maestro de música enredaba las cuerdas de su guitarra y se hacía el ignorante; cuando pedía comida, si no era un plato adecuado, el gran mayordomo doblaba su cucharón y decía que no se atreve a servírselo al príncipe heredero. Así, cuando hubiera nacido y antes de recibir el nombre (*ming*) que definiría su destino, se comenzaba por determinar, con la ayuda del diapasón, cual de las cinco notas lo hacía llorar y (por un proceso que desconocemos) cuál de los cinco sabores le convendría, así podían estar seguros de que los alientos y los jugos nutritivos, la potencia y la sustancia, la suerte de la vida y su complexión, todo en él será de la mejor calidad.⁶⁴

Veremos, al hablar de los taoístas, y las prácticas de la *larga vida*, que la Santidad se adquiere sometiéndose a una gimnasia rítmica y entrenando lo que llamamos las funciones nutritivas, sexuales y respiratorias… Este ritmo beatífico es utilizado a veces por los seguidores heterodoxos del Tao para obtener, con dones mágicos, ciertos talentos especiales. Todos los verdaderos sabios admiten, sin distinción de escuelas, que el primer deber de todo ser es buscar un desarrollo completo de su temperamento. Algunos místicos afirman estar libres de los límites que las tradiciones imponen al destino humano. Pero en el caso de todos los demás, son las reglas tradicionales del arte de vivir las que permiten a cada persona sacar el máximo partido de su suerte en la vida y de su complexión. Cuidar el *ming* y el *sing* es proteger la personalidad y la individualidad en conjunto, o sea, defender –dentro de los límites permitidos por el protocolo y la organización jerárquica de la socie-

62 *Li ki*, C., I, p. 295.
63 *Ibid.*, I, pp. 295, 296; *Ta tai Li ki*, 80.
64 *Sin chou*, 10; *Ta tai Li ki*, 48.

dad– un conjunto de poder debidamente medido y calificado. En la medida en que existe una psicología y una metafísica chinas, su función es glorificar la etiqueta.

* * *

El maestro de música tiene derecho al lado izquierdo, el lugar de honor, y el cocinero se enfrenta a él a la derecha.[65] Los chinos apenas distinguen la sustancia del poder; todas sus nociones están dominadas por las ideas de ritmo y autoridad social. De ahí la importancia que conceden a los Ritos y a la Música; los contraponen como los dos aspectos complementarios de la Etiqueta. Los ritos establecen las distinciones necesarias entre los hombres y todo lo que depende de ellos. La música obliga a todos los seres a vivir en buena armonía.

"Los Ritos –dijo (al parecer) Tseu-tch'an[66]– son las delimitaciones (propias) del Cielo, las distribuciones equitativas (*yi*) (propias) de la Tierra, la conducta que conviene a los hombres. El Cielo y la Tierra tienen sus propios límites y los hombres los toman como modelos (*tsö*); se basan en el brillo (estrellas) del Cielo; se basan en la complexión (*sing*) de la Tierra. Cuando se producen los 6 *k'i* (Influencias, Exhalaciones) y se ponen en actividad los 5 Elementos, las Exhalaciones forman los 5 Sabores, se manifiestan por los 5 Colores y se simbolizan por las 5 Notas. Si hay un exceso (en su uso), se produce confusión y problemas. Los hombres pierden entonces la complexión propia de cada uno (*sing*). Los Ritos sirven para preservarla. Hay 6 Animales Domésticos, 5 Animales Salvajes, 3 Animales de Sacrificio que sirven para la presentación de los 5 Sabores; hay 9 Símbolos, 6 Ornamentos, 5 Dibujos para presentar los 5 Colores; hay 9 Canciones, 8 (Instrumentos Musicales correspondientes a los 8) Vientos, 7 Sonidos, 6 Tubos *yang* (y 6 Tubos *yin*) para presentar las 5 Notas; hay (las relaciones de) señor (a) vasallo, (de) superior (a) inferior, por las que se toman como modelo las distribuciones equitativas (*yi*) (propias de) la Tierra; hay (las relaciones de) marido (a) mujer, (del) exterior (y del) interior que sirven para delimitar[67] las dos (clases de) seres (*wou*: esencias, realidades simbólicas); hay (las relaciones de) padre (a) hijo, (de) hermano mayor (a) hermano menor, (de) tía (a) tía menor, (de) yerno (a) suegro, (de) aliados por matrimonio, (de) cuñados, que sirven para simbolizar los brillos del Cielo (las relaciones de los astros); hay los actos de gobierno, los trabajos del pueblo, que sirven para obedecer a las 4 Estaciones; están los castigos, las penas, que inspiran a las personas a respetar las prohibiciones y que corresponden (*lei*) a las destrucciones del Trueno y del Rayo; está la dulzura, el afecto, la benevolencia, la concordia, que sirven para imitar la fuerza productiva del Cielo y su acción nutritiva.[68] Los hombres tienen (las 6 Pasiones, a saber:) Amor, Odio, Alegría, Ira, Pena

---

65 La mano derecha es la mano de comer, cfr. *supra* en este mismo Libro, cap. II.

66 *Tso chuan*, C., III, p. 379. Sobre Tseu-ch'an, cfr. *infra*, Libro IV, cap. I, ap. IV.

67 Aquí se utiliza la misma palabra (delimitar) que antes se usó en relación con el Cielo. Los dos Seres (las dos rúbricas emblemáticas) son el Yin y el Yang, femenino y masculino.

68 ¿Esta acción nutritiva es la del Cielo o la de la Tierra?

y Placer, que nacen de los 6 *k'i* (Influencias Celestiales, Exhalaciones). Por lo tanto (los Sabios) han tomado, después del estudio, para regular las conveniencias y correspondencias para regular los 6 *Tche* (Voluntades, Impulsos). La tristeza provoca gemidos y lamentos; el placer, cantos y bailes; la alegría produce benevolencia; la ira, peleas y riñas. El placer nace del amor; la ira del odio. Por lo tanto (los Sabios), después de estudiar, han puesto en uso y, de buena fe, han ordenado, Recompensas y Castigos {palabra por palabra: (distribuciones de) Felicidad (y de) Desgracia}, Cargas y Castigos. La vida es una cosa amada; la muerte, una cosa odiada; una cosa amada da placer; una cosa odiada da dolor. Cuando el Dolor y el Placer son bien utilizados, puede haber armonía {entre (la complexión del) hombre} y la complexión del Cielo y la Tierra; y esto es lo que hace que (la vida) dure mucho."

Los ritos son el fundamento del Orden (social y cósmico): a través de ellos se logra una *distribución equitativa* (yi) *de las porciones* (fen) *de la autoridad social*.

"El cielo y la tierra son los principios de la vida... Lo que distingue (a los seres) es que los que son nobles sirven noblemente (mientras que) los viles sirven en tareas viles; conviene que los grandes sean grandes, y los viles viles".[69]

"La música es lo que une a la gente (*t'ong*); los Ritos son los que diferencian (*yi*). De la unión resulta el afecto mutuo; de las diferencias el respeto mutuo... Permitir que las pasiones (*tsing*) entren en armonía, dar a los modales bellas apariencias, tales son las funciones de la Música y los Ritos."[70]

En cuanto la música se pone en marcha,

"las relaciones sociales se observan bien; los ojos y los oídos ven y oyen bien; *se establece un equilibrio armonioso entre la sangre y el aliento*; la moral está civilizada; la tierra de los hombres es pacífica."[71]
"De la Música resulta *la unión armoniosa del Cielo y de la Tierra*, y de los Ritos el recto ordenamiento del Cielo y de la Tierra; cuando hay unión y armonía, todos los seres (*wou*) obedecen la acción civilizadora (del Hijo del Cielo); cuando hay recto ordenamiento, todos los seres conservan su lugar distinto (asignado a ellos). La música obtiene su rendimiento (civilizador) del Cielo; los Ritos toman prestada de la Tierra su (capacidad) reguladora. (Si se exigiera) demasiada regulación, se desarrollaría el espíritu de anarquía; (si se exigiera) demasiada eficiencia, se desarrollaría el espíritu de dominación... La esencia (*tsing*) de la Música es conseguir que las relaciones (entre los seres) no creen desorden, lo que, mediante la satisfacción y la alegría, el contento y el amor, invita a la acción. Mantener sin desviaciones un justo y correcto equilibrio,[72] ésta es la complexión (*tche*: elementos cons-

---

69   *Ta Tai Li ki*, 42.
70   *Li ki*, C., II, p. 55; *SMT*, III, p. 245.
71   *Li ki*, C., II, p. 78.
72   Palabra por palabra: "Centro, recto, sin desviación". Cfr. *supra*, Libro II, cap. IV.

titutivos) de los Ritos que, a través de la gravedad y el respeto a sí mismo, a través del respeto a los demás y la docilidad, ayudan a regular."[73]

"Cuando la Música es perfecta, no hay más rebelión; cuando los Ritos son perfectos, no hay más peleas."[74]

"La guitarra tiene 81 pulgadas de largo; la cuerda más larga toca la nota *kong* (81); está colocada en el centro: es el Príncipe. (La cuerda de la nota) *chang* (72) se extiende a la derecha; las demás se colocan, una en relación con la otra, según el orden de sus dimensiones, sin ningún error; por lo tanto, los vasallos y el príncipe están en su lugar."[75]

"*Kong* (81, centro) es el príncipe; *chang* (72, oeste, derecha), los vasallos; *kio* (64, este), el pueblo; *tche* (54, sur), los asuntos de Estado; *yu* (48, norte), los recursos (del pueblo, designados aquí por la palabra *wou*: los diez mil seres).[76] Cuando, en las 5 Notas, no hay ninguna perturbación, todo está armoniosamente modulado. Si (es de la nota) *kong* (que viene la) perturbación, (las modulaciones son) duras: (es porque) el príncipe es arrogante. Si (es de la nota) *chang* (que viene el) problema, (las modulaciones dan la imagen de) inclinación: (significa que) los oficios se cumplen mal. Si (es de la nota) *kio* (que viene el) problema, (las modulaciones son) penosas: (es que) el pueblo se vuelve rebelde. Si (es de la nota) *tche* (que viene el) problema, (las modulaciones son) quejumbrosas: (es que) los asuntos de Estado son abrumadores. Si (es a partir de la nota) *yu* (que vienen los) problemas, (las modulaciones dan la imagen de un) precipicio: (es que) el pueblo carece de recursos. Si el problema viene de que todas las notas se invaden unas a otras, (es que) ¡el estado perecerá incesantemente!".

"Las notas y la música agitan la sangre y sus conductos, ponen en movimiento los espíritus vitales (*tsing chen*, esta expresión puede significar humores fértiles) y dan armonía y rectitud al corazón."[77]

"Si uno se desvía por un momento de los Ritos, sólo hay crueldad y arrogancia en el exterior; si uno se desvía por un momento de la Música, sólo hay libertinaje y perversión en el interior. La música permite al sabio (*kiun tseu*) aumentar (entre los hombres el sentimiento de) la distribución equitativa (*yi*)."[78]

---

73   *Li ki*, C., II, p. 60; *SMT*, III, p. 249.

74   *Li ki*, C., II, p. 57.

75   *SMT*, III, p. 291. Se observará que la derecha (oeste) es el lugar asignado a los vasallos. Por lo tanto, Chang debe asignarse a Occidente (derecha).

76   *Li ki*, C., II, p. 48. Si comparamos estos datos con los proporcionados por el texto anterior tomado de Sseu-ma Ts'ien, vemos que la cuerda central equivale al tubo inicial (81); los demás equivalen, pues, a la longitud de los 4 tubos siguientes. *Chang* (72) está a la *derecha*, es decir, en el Oeste; se deduce que *kio* (64) está a la *izquierda*, es decir, en el Este. Todo esto está de acuerdo con las indicaciones del *Yue ling* y el ritual de la izquierda y la derecha (cfr. *supra*, Libro III, cap. II).

77   *SMT*, III, p. 290.

78   Granet, *Le langage de la douleur d'après le rituel funéraire de la Chine classique*.

Estas citas se explican por sí mismas. Los Ritos y la Música se encargan de inculcar a los chinos el respeto a las distinciones protocolarias y a la armonía tradicional resultante de una distribución jerárquica de las suertes. Los Ritos y la Música, además, les comunican, como un consuelo supremo, el sentimiento de que obedecer la Etiqueta permite a los individuos integrar rítmicamente cada uno de sus gestos en el gran sistema rítmico de comportamientos que constituye el Universo. Así se hace posible la endósmosis del microcosmos y el macrocosmos; de esta endósmosis surgen, con la vida, la individualidad y la personalidad. La etiqueta recibe así el valor combinado de la higiene y la moral: la moral no se distingue ni de lo fisiológico ni de lo físico.

La expresión formal de los sentimientos, precisamente porque se hace con la ayuda de símbolos acordados y gestos obligatorios, tiene la virtud de disciplinar las pasiones. Los ritos de duelo chinos lo demuestran claramente.[79] La pena, en el duelo por ejemplo,[80] debe expresarse en momentos determinados, según un ritmo que el protocolo define teniendo en cuenta el valor social del fallecido. Se expresa a través de gestos, vestimenta, estilo de vida y cuarentena meticulosamente regulados. La propia forma de llorar –aullando sin cesar, o sin dejar de lamentarse, o bajando la voz tras una triple modulación, o, finalmente, adoptando simplemente un tono lastimero– era algo impuesto, controlado. Nada se dejaba a la inspiración del momento; todo impulso personal, toda fantasía, era severamente censurada y descalificada, tanto si se hacía poco como si se hacía mucho. Un hombre que había perdido a su madre lloraba como un niño:

> "Que tenga un duelo (*ngai*), pues que tenga pena (*ngai*)", dijo Confucio. "Pero sería difícil de imitar, y el principio de los Ritos es que deben ser obedecidos; por lo tanto, es necesario que sea posible ajustarse a ellos. Para las lamentaciones y los saltos, debe haber una medida."[81]

Todos los gestos del luto pretenden evacuar la impureza contagiosa de la muerte; todos los gestos del dolor tienden a evacuar una impresión de horror o de miedo: todos pretenden hacer inofensivo el dolor. Dos discípulos de Confucio vieron una vez a un hombre afligido que saltaba como un niño lamentando un objeto perdido. Uno de ellos dijo que no le gustaba el uso de los saltos. Prefería un dolor menos exuberante. El otro dijo:

> "Hay ritos para moderar las pasiones; también hay ritos para excitarlas desde fuera. *Dar rienda suelta a las propias pasiones es imitar la conducta* (tao) *de los bárbaros*. La conducta prescrita por los Ritos difiere de esto. Cuando un hombre es feliz, su aspecto es alegre; está alegre y canta; canta y se contonea; se contonea y baila. Baila y el dolor le llega. En las garras del dolor suspira; suspira y se golpea el pecho; se golpea el pecho y salta. Fijar una medida y unas reglas, ese es el objeto de los Ritos. Un hombre muerto nos

---

79   *SMT*, III, p. 291.
80   Dolor y luto se dicen con la misma palabra.
81   *Li ki*, C., I, p. 161.

inspira horror (textualmente: odio). Es incapaz de todo: nos distanciamos de él. Los Ritos prescriben envolverlo en un sudario, en ropas… para que dejemos de tener horror…".[82]

"Cuando un hijo se lamenta y salta y mueve sus miembros, calma su corazón y deja caer su aliento (*k'i*)."[83]

El salto ceremonial le permite restablecer cierta regularidad rítmica en su respiración y sus latidos.

La gran virtud de los Ritos (y de la Música) reside en el ritmo regular que imponen a la gesticulación y a las funciones vitales. Cuando los modales del ser se rigen por la Etiqueta, el ser se ennoblece y merece perdurar. Si hace suyo este simbolismo, el individuo incorpora la civilización nacional en él. Entonces podrá ser recibido entre los hombres. Ha adquirido una personalidad.

* * *

El hombre le debe todo a la civilización; le debe el equilibrio, la salud, la calidad de su ser. Los chinos nunca consideran al hombre aislado de la sociedad; nunca aíslan a la sociedad de la Naturaleza. No piensan en situar un mundo de esencias puramente espirituales por encima de las realidades vulgares; tampoco piensan, para magnificar la dignidad humana, en atribuir al hombre un alma distinta de su cuerpo. La naturaleza forma un solo reino. Un único orden preside la vida universal: es el orden impuesto por la civilización.

Este orden surge de la costumbre. En la sociedad que los hombres y las cosas forman en común, todo se distribuye en categorías jerárquicas. Cada categoría tiene su propio estatus. El régimen no es en ningún caso el de la necesidad física, ni el de la obligación moral. El orden que los hombres aceptan venerar no es el de la ley; tampoco piensan que se puedan imponer leyes a las cosas; sólo aceptan reglas o más bien *modelos*. El conocimiento de estas reglas y patrones forma el conocimiento y da poder. Determinar relaciones y jerarquías, establecer, por categorías, teniendo en cuenta las ocasiones y los rangos, modelos de conducta y sistemas de corrección, eso es el Conocimiento. El poder es distribuir rangos, lugares, calificaciones; es dotar a todos los seres de su forma de ser y de su aptitud para ser. Principio del poder regulador que pertenece al jefe, de los talentos ordenadores que posee el erudito, de la autoridad ejemplar que posee el sabio, la Etiqueta inspira el conjunto de las disciplinas de la vida o del saber actuar que constituye el Orden universal.

¿Qué queda para ocupar la actividad de los fundadores de Sectas o Escuelas?

En cuanto a las ideas, la pasión por la ortodoxia prevalecerá en todos. Las ideas sólo sirven para justificar las prácticas al vincularlas al sistema de nociones comunes. Ningún sabio discutirá el carácter concreto del Espacio y del Tiempo ni verá en los Números los símbolos de la cantidad. El juego de los números, el entrelazamiento de las clasificaciones numéricas, las justas del Yin y del Yang proporcionarán a todos los símbolos suficientes para que el comportamiento de la Naturaleza y

---

82　*Ibid.*, C., I, p. 217.
83　*Ibid.*, C., II, p. 553.

del hombre parezca tener un *ritmo regular* y un *orden inteligible*. Esto es suficiente para una metafísica que se niega a distinguir entre materia y espíritu, que prefiere la idea de *modelo* a la de *ley*, que sólo se interesa por las jerarquías, las conveniencias y las formas de ser. Ningún progreso en lo que llamamos conocimiento puede moverlo o enriquecerlo.

Sólo a algunas grandes mentes del campo taoísta se les ocurrirá (aprovechando los hallazgos de exploradores y astrónomos, pero utilizando lo legendario o lo teórico con la misma facilidad que lo confirmado) utilizar la idea de que el mundo es inmenso para ilustrar el tema del poder indefinido que confiere la Santidad. Incluso entonces, la idea sólo sirve para justificar, en aras de la polémica, un sistema de prácticas, una actitud corporativa. Las enseñanzas rivales no buscan primero distinguirse por una doctrina original; les basta con procurarse una *receta*. En cuanto ya no se trata de ideas, sino de prácticas, la pasión por lo singular se impone y, con ella, el espíritu de secta. Toda empresa presenta sus conocimientos como una especie de secreto de explotación. Pero cada disciplina afirma también que es la única capaz de equipar al Universo y a quienes lo gobiernan, a la Civilización y a quienes la producen. Los especialistas proponen un cierto método que corresponde a la mejor manera de ser, una manera de gobernar que constituye la única manera de gobernar; los secretos más específicos se dan siempre como panaceas, por lo que las enseñanzas sectarias acaban adquiriendo un alcance doctrinal. Vienen a defender, junto con un conjunto de recetas, un sistema de actitudes que parece proceder de una concepción más o menos definida. En el campo taoísta, comienzan procurando recetas para una larga vida; terminan presentando una concepción parcialmente nueva y, en ciertos puntos, muy audaz de la Santidad y la Eficiencia. En la corporación de los Legistas, se comienza abogando por recetas de regulación; se termina con una idea revolucionaria y potencialmente fructífera del Derecho y el Poder Principesco. Así, a partir de diversas preocupaciones empresariales y técnicas surgió un conjunto de problemas filosóficos sobre los que, durante algún tiempo, se ejerció el pensamiento chino.

El número de estos problemas ha seguido siendo reducido. El interés que despertaron no duró. Apenas tocan nada más que la moral, o mejor dicho, la política. Siempre vuelven a plantear, en términos más o menos nuevos y siempre con fines prácticos, la gran cuestión de la relación entre el Microcosmos y el Macrocosmos, entre el Individuo y la Civilización. Como atestiguan las soluciones propuestas, toda la actividad de pensamiento que han provocado estos problemas ha estado determinada por una crisis social en la que podría haberse hundido el sistema feudal y la concepción tradicional de la etiqueta. Sin embargo, el orden feudal se mantuvo básicamente vivo. La agitación filosófica que hace tan interesante el periodo de los Reinos Combatientes condujo al triunfo de la escolástica. Un conformismo arcaizante reforzó el prestigio de la etiqueta y de todo el viejo sistema de clasificaciones, comportamientos y modales.

Libro IV

SECTAS Y ESCUELAS

ue durante el periodo menos conocido de la historia china cuando el pensamiento filosófico alcanzó su mayor éxito. Estos siglos (V a III a.C.), calificados por los historiadores nativos como una época de anarquía,[1] deben ser considerados como uno de los grandes momentos de la historia china.[2] China intentaba liberarse del régimen feudal; bajo este régimen, la civilización china se había formado y difundido ampliamente; quedaba por hacer de China una Nación y crear allí un Estado. Para preparar el Imperio, se crearon vastos reinos que colisionaron durante los siglos V, IV y III a.C. El país se desarrolló, se pobló, conoció grandes guerras, hubo una gran mezcla de poblaciones y clases, hubo violentas oposiciones entre nobles y advenedizos, ricos y pobres, todo se puso en cuestión: destinos, rangos, herencias, tradiciones, costumbres; no se dudó en tomar prestadas, incluso de los bárbaros, técnicas, ideas, símbolos, formas de ser;[3] todo cambió y todo innovó. Los déspotas estaban al acecho de todo tipo de conocimientos. Acogieron, vinieran de donde vinieran, a los defensores de las técnicas, a los inventores de estratagemas, a los dadores de consejos, a los poseedores de recetas. Abundaban los gremios, las sectas y las escuelas.

Algunas eran acogidas, subvencionadas y patrocinadas por príncipes; otras eran libres, a veces fijas, a veces errantes; algunas tenían una vasta clientela; otras se reducían a un maestro rodeado de algunos aprendices; a veces la enseñanza era exclusivamente técnica; a veces dominaban las artes liberales; a veces el maestro enseñaba especialidades que pueden parecer bastante diversas: como retórica, ba-

---

1   *Civ. Chin.*, p. 42.
2   *Civ. Chin.*, pp. 90 y ss, 101 y ss.
3   *Civ. Chin.*, pp. 104, 310.

lística y beneficencia.[4] Lo que constituía la unidad del grupo, tanto si se asemejaba a una secta como a una corporación, era un tipo de vida particular y sobre todo de vestimenta. Se pertenecía a la Escuela de Tseou, se afirmaba estar bajo el patrocinio de Confucio en cuanto se llevaba un gorro redondo y unos zapatos cuadrados; era mostrarse como un experto en las cosas del Cielo (redondas) así como en las de la Tierra (cuadradas), un experto capaz de llevar la armonía tanto al Macrocosmos como al Microcosmos, ya que todavía se cuidaba de adornar el cinturón con amuletos que daban todas las notas de la escala.[5] Si uno estaba apegado a Mö tseu, tenía que conformarse con zuecos y paños gruesos, como afirma el *Tchouang tseu*.[6] ¿Un discípulo, a su vez, hacía de maestro? Inmediatamente adoptaría una señal de reunión. Yin Wen tseu, seguidor de Mö tseu, y entonces jefe de la escuela, eligió el "gorro del monte Houa" como tocado.[7] ¿Pertenecía a alguna de las sectas que abogaban por el retorno a la naturaleza? Uno se reducía a comer sólo bellotas y castañas; el uniforme era entonces la piel de una bestia, lo que, además, no impedía practicar las artes, ya que un sabio, vestido con piel de ciervo, se divertía tocando el laúd.[8]

La incorporación a una secta o a una Escuela no parece haberse diferenciado del ingreso en una clientela. El patrón que uno elegía no comunicaba sus recetas a menos que uno viniera, con todos los suyos, a ponerse bajo su recomendación. Después de siete días de ayuno purificador, el receptor era invitado a la mesa del Maestro; tal es al menos el procedimiento descrito en un pasaje del *Lie tseu*.[9] El aprendiz iba a vivir cerca del maestro. Tomaba el título de *men jen*, que designa a los clientes, a los que se reúnen cerca de la puerta (*men*) del Maestro para recibir la enseñanza diaria. El vínculo de vasallaje así creado se reflejaba en la obligación de llevar luto; este deber se imponía tanto al maestro como al aprendiz.[10] Este último no se familiarizaba inmediatamente con el Maestro. Lie tseu permaneció mucho tiempo sin recibir una sola mirada de su maestro. Al cabo de cinco años le dieron una sonrisa y al cabo de siete años le dieron una estera.[11] Al terminar el aprendizaje, el discípulo era dado de alta y se le daba una merienda. A veces, el jefe aprovechaba la ocasión para intentar retener a su cliente haciéndole saber que no había revelado la última palabra de su talento.[12] Por supuesto, la enseñanza se pagaba (la cuantía de las cuotas escolares variaba según el caso). No parece que se distribuyera a todos con la misma liberalidad. Confucio, por ejemplo, en la lección de canto, no la hacía repetir "si fue bien", pero entonces se tomaba la molestia de "acompañarse a sí mismo".[13]

---

4   Enseñado, *se dice*, por Mö tseu.
5   *Tchouang tseu*, en Wieger, *Les Pères du système taoïste*, p. 383.
6   *Ibid.*, p. 501.
7   *Ibid.*, p. 503. El monte Houa es una montaña sagrada, rica en ermitaños.
8   *Ibid.*, 373; *Lie tseu*, en *Ibid.*, p. 75.
9   *Lie tseu*, en Wieger, *op. cit.*, p. 149.
10 *Li ki*, C., I, p. 146.
11 *Lie tseu*, en Wieger, *op. cit.*, p. 85.
12 *Ibid.*, p. 143.
13 *Louen yu*, L., p. 69.

"No explicaba nada a quien no mostrara un gran deseo de aprender; cuando había mostrado un aspecto de un tema, si no respondían (testificando que habían vislumbrado) los otros aspectos, no repetía su lección."[14]

Daba la impresión (o eso se afirma) de que detrás de sus detalladas enseñanzas había un principio de sabiduría suficiente para penetrar en todo.[15] Sus discípulos le creían:

"¡Las enseñanzas del Maestro sobre las Artes Liberales pueden aprenderse! Pero las palabras del Maestro sobre la Vía Celestial (*T'ien tao*) así como sobre las complexiones (*sing*) y las suertes (*ming*) no pueden aprenderse!".[16]

Sin embargo, de los 3.000 aprendices, solo hubo 72 (72 exactamente: es el número típico de hermandades) que comprendieron plenamente las lecciones de Confucio. A uno de ellos le gustaba decir:

"Cuando había agotado todas mis capacidades, todavía había algo que estaba muy alto, y cuando quería alcanzarlo, no encontraba el camino".[17]

Esta afirmación es tanto más significativa cuanto que la hizo un seguidor de la Escuela que se considera como la que ha impartido la enseñanza más positiva y con los pies en la tierra. A los aprendices entusiasmados por la esperanza de que un día se les revelara "el único principio que hace que todas las cosas se entiendan",[18] se les dispensaba el conocimiento de la manera algo escasa y de apariencia ventajosa que caracteriza a las enseñanzas esotéricas.

Sería bastante inútil tratar de trazar en detalle la historia de las ideas en este período fructífero pero casi desconocido. Cuando Che Houang-ti fundó la unidad imperial, quiso destruir el recuerdo de la época feudal. Hizo quemar los "Discursos de las cien escuelas".[19] De la mayoría de los maestros famosos no quedan más que sus nombres u obras apócrifas. Las pocas obras que se han conservado –auténticas sólo en parte– no contienen casi nunca una declaración dogmática, ni un relato histórico, ni un ensayo sobre la historia de las escuelas y especialmente de las ideas. Muchos pensadores son conocidos sólo por las declaraciones de sus oponentes. ¿Los citaron exactamente? ¿Los interpretaron de buena fe? Las polémicas se inspiran en preocupaciones de prestigio; el sentimiento del valor propio de las ideas aparece poco; los maestros buscan menos mostrar la originalidad doctrinal que hacer brillar la eficacia de la panacea que preconizan. Confucio se expresaba con medias palabras y Tchouang tseu con alegorías.[20] Enseñaban una Sabiduría más que una Doctrina; decían tener patronos venerables, que les prestaban una sabiduría completa, un conocimiento total. Desde sus inicios, toda Escuela debe

---

14   *SMT*, V, p. 405.
15   *SMT*, V, p. 407.
16   *SMT*, V, p. 412,
17   *SMT*, V, p. 413.
18   *SMT*, V, p. 367.
19   *Civ. Chin.*, p. 50.
20   *Tchouang tseu*, en Wieger, *op. cit.*, p. 449.

pretender no ignorar nada. Los maestros viajan y se reúnen para competir por el talento; los discípulos se desplazan de una escuela a otra, recogiendo todas las habilidades.[21] El espíritu de apropiación sectaria ya ha hecho su trabajo cuando las enseñanzas aparecen presentadas en su pureza original. Las obras auténticas que poseemos datan de las últimas etapas de un período abundante en polémicas; si hubo doctrinas originales, sólo las captamos una vez contaminadas; cosa que ha sido admitida.[22] Para pretender reconstruir la historia de las "Doctrinas", habría que tener una extraña confianza en uno mismo y en los documentos. Ya es muy ambicioso tratar de distinguir las principales corrientes del pensamiento chino durante el periodo de los Reinos Combatientes. Sin apartarme significativamente de las clasificaciones propuestas en China, pero partiendo de las recetas preconizadas más que de las teorías defendidas, distinguiré tres corrientes. Intentaré describir las nuevas aportaciones, primero técnicas y luego teóricas, de los pensadores que defendieron las verdaderas recetas de gobierno, bien público y santidad –el orden seguido está determinado por un hecho histórico difícil de discutir. Fueron los esfuerzos de los gobiernos de los potentados (algunos de los cuales desempeñaron el papel de déspotas ilustrados) por construir el Estado sobre un orden social renovado los que dieron lugar a la competencia corporativa y a las polémicas sectarias que marcaron los siglos V, IV y III a.C. Muchas ideas fructíferas fueron entonces brillantemente defendidas, aunque ninguna de ellas consiguió cambiar profundamente la mentalidad de los chinos.

---

21   *Lie tseu*, en Wieger, *op. cit.*, p. 95.
22   (Leang K'i-tch'ao) Liang Chi-Chao, *History of Chinese political thought*, p. 37. Así, Leang K'i-tch'ao sólo pretende definir las doctrinas de las principales escuelas estudiándolas en su aspecto final justo antes de la fundación del Imperio.

Capítulo I
LAS RECETAS DE GOBIERNO

Mientras las costumbres feudales reinaron sin discusión, fue la etiqueta la que dio al "sí" principesco su eficacia y la virtud de hacer que las decisiones fueran unánimes en la corte de los vasallos, tras los consejos y las reprimendas. Dueños, no de un estrecho dominio hereditario, sino de vastos territorios conquistados a la Naturaleza o a los bárbaros, los potentados dejaron de ocuparse de los negocios convocando a los vasallos al consejo, sino que se apoyaban en un consejo secreto y llamaban a quien quisieran. Entonces comenzó la ruina del sistema feudal. Los estatutos habituales y la etiqueta tradicional perdieron su prestigio cuando los príncipes ejercieron su autoridad de una manera nueva. Hubo que encontrar nuevos fundamentos para la autoridad del Príncipe.

Sorprendentemente, las escuelas de Sabiduría que se reivindicaban como tradicionales se desarrollaron en los pueblos de los señoríos que seguían siendo pequeños y débiles, como el Estado de Lou; por el contrario, en la capital de los grandes Estados, como Ts'i, era donde vivían o venían a aprender los partidarios de un nuevo orden. La Escuela de Confucio (o de Tseou, una ciudad de Lou) estaba bajo el patrocinio del fundador de la casa señorial de Lou, Tcheou-kong, hermano del rey Wen. Cheou-kong, en su feudo, se había aplicado al reino de la etiqueta.[1] Se dice que Lu Chang, fundador de la casa de Ts'i, permitió a los habitantes de sus dominios actuar según sus costumbres.[2] Lu Chang había sido el consejero del rey Wen; fue con él con quien este fundador de la dinastía "planeó en secreto los medios para practicar la Virtud derrocando el gobierno de los Yin". Esta empresa requería un gran poderío militar y planes muy hábiles. Por eso, todos los que,

---

1 Granet, *Danses et légendes…*, p. 407.
2 *SMT*, IV, p. 40.

en generaciones posteriores, han hablado de la guerra y del poder secreto de los Tcheou han venerado a Lu Chang como el instigador de sus planes.[3] En Ts'i vivió Kouan Tchong, patrón de economistas y Legistas[4]; Yen Tseu, enemigo de Confucio, realista político, fértil en estratagemas;[5] Tseou Yen, inventor (así se dice) de la teoría de la sucesión por violencia y del triunfo de los Elementos y de las Dinastías, teoría que, por otra parte, se remonta a Lu Chang.[6] En Ts'i también vivieron, se quedaron o pasaron Yin Wen tseu, el Maestro de la Escuela de los Nombres; Chen Tao, el jurista; T'ien P'ien "con la boca divina"; Song Kien, de la Escuela Mö tseu; Chouen-yu K'ouen, el bufón; Mencio, que pretendía ser el continuador de Confucio; quizá también Tchouang tseu, el gran taoísta;[7] y el propio Siun tseu, al que se refiere la ortodoxia. Si la Escuela de la Puerta de Tsi en Lin-tso, la capital de Ts'i, de la que el rey Siuan (342-322 a.C.) era el gran mecenas, acogía a los eruditos por "centenas", los príncipes de Ts'in, Ch'ou y Wei lograron atraer a su corte a un gran número de estos vendedores de sabiduría.

Sin embargo, los déspotas, que trabajaban para suplantar a los últimos reyes Tcheou,[8] trataban sobre todo de atraer a su corte a políticos hábiles en la elaboración de planes y en hacerlos triunfar.

I. El arte del éxito

Los políticos son los grandes héroes de la historia en la época de los Reinos Combatientes. En épocas anteriores, el *Tso tchouan*, el *Kouo Yu* y el *Chou King* muestran asesores privados en la escena. Pero las hazañas de estos últimos casi llenan por sí solas los Discursos de los Reinos Combatientes.[9] Estos personajes, que ofrecen de buen grado sus servicios a todos los estados, proceden de todos los ámbitos de la vida. Entre ellos hay bufones[10] y músicos profesionales, como el maestro K'ouang, que fue poderoso bajo el mando del duque P'ing (557-532 a.C.) de Tsin.[11] También hay historiadores y astrólogos como Mo de Ts'ai, consultado por Chao Kien-tseu (512 a.C.) [12], y Po, que (en 773 a.C.) informó al primer príncipe de Cheng sobre el arte de elegir un territorio donde su casa pudiera prosperar.[13] Incluso hay comerciantes, como Fan Li, que fue ministro de Keou-tsien, rey de Yue (496-465 a.C.); Sseu-ma Ts'ien ha dedicado una biografía romántica a este aventurero.[14] Además, casi todos estos personajes, especialmente diplomáticos y milita-

---

3   *SMT*, IV, p. 36.
4   *Civ. Chin.*, p. 103.
5   *Civ. Chin.*, p. 324.
6   Cfr. *supra*, Libro II, cap. IV; *SMT*, IV, p. 37 (glosa).
7   *SMT*, V, pp. 258-260.
8   *SMT*, II, p. 171.
9   *SMT*, V, 1, p. 3.
10 *Tso tchouan*, III, p. 755; *SMT*, cap. 126.
11 *SMT*, III, p. 289.
12 *SMT*, IV, p. 125; *Tso Chuan*, C., III, p. 452.
13 *SMT*, IV, p. 450; *Kouo yu*, p. 16.
14 *SMT*, IV, p. 439.

res, fueron los héroes de alguna Gesta, como Wou K'i, general de Wei[15] o Sou Ts'in, el desertor, que pasó de Ts'in a Chao.[16] A muchos de ellos se les atributyen distintas obras, como el panfleto en el que Li K'ouei (o Li K'o –no se sabe si se trata de uno o dos personajes–) enseñaba a un príncipe de Wei (424-385 a.C.) los medios para triunfar.[17] La más interesante de *estas falsificaciones* es el *Kouan tseu*, atribuido a Kouan Tchong, un sabio semilegendario del siglo VII a.C., y que puede haber sido escrito en torno al siglo IV-III a.C.[18] De hecho, sólo quedan rasgos folclóricos de todos los héroes, reales o imaginarios, de estos tiempos oscuros. Sin embargo, Han Fei tseu ha conservado algunos aforismos atribuidos a uno de los maestros de la Política, Chen Pou-hai, que fue ministro de un príncipe Han (358-353 a.C.).[19] Son muy valiosos para ayudar a comprender las ideas, en parte nuevas, de los políticos. Dos palabras los resumen (casi intraducibles): *chou*, recetas, métodos, artificios, y *che*, condiciones, situaciones, circunstancias, fuerzas, influencias.[20]

Nuestra palabra "casualidad" es, quizás, la menos errada para traducir la palabra "*che*". Las diversas situaciones y condiciones de tiempo y lugar contienen oportunidades cuya influencia y fuerza debemos estar en condiciones de captar para arriesgar el destino con el máximo de posibilidades. La importancia de esta idea se explica por el carácter concreto que se atribuye universalmente al Espacio y al Tiempo y por la naturaleza del problema político que se planteaba entonces. Los déspotas vivían en un estado de expectación revolucionaria. Todos ellos se preparaban para usurpar el rango de Hijos del Cielo, es decir, para imponer un nuevo orden en la civilización. Ahora bien, cambiar la más mínima cosa es cambiarlo todo; y captar la más mínima señal de cambio es aprovechar la oportunidad de un cambio total. Después de haberse tomado (pues arriesgaba su trono) infinitas molestias para que sus parientes aceptaran su decisión, un rey de Tchao que quería adoptar el vestuario de los hunos concluye diciendo: hay que "buscar la ventaja" en todas partes; "el mérito que se tiene en ajustarse a las costumbres no basta para elevar a un hombre por encima del siglo".[21] Los potentados mantenían

---

15   *SMT*, V, p. 148 y cap. 63.

16   J. Escarra y R. Germain, Études asiatiques (publicado con motivo del XXV aniversario de la École française d'Extrême-Orient, 1925) II, pp. 141 ss.

17   Wieger, *Histoire des croyances…*, p. 236; Maspero, *La Chine antique*, p. 520.

18   P. Pelliot, *Meou tseu, ou les Doutes levés*, p. 585. El trabajo que tenemos, quizás reelaborado bajo los Han, sigue siendo rico en datos arcaicos.

19   La obra que se le atribuye se ha perdido desde la época Han, Maspero, *La Chine antique*, p. 521.

20   J.J.L. Duyvendack, *The Book of Lord Shang*, pp. 96 y ss. Leang K'i-tch'ao ha insistido con razón en la importancia de las ideas señaladas por estos dos términos que su traductor (éste, más que una traducción, ha dado un resumen interpretativo) creyó poder traducir al inglés por las palabras: "Favouritism" y "Despotism" (Cf. Leang K'i-tch'ao, *History of Chinese political Thought*, p. 116 y J. Escarra y R. Germain, *La conception de la loi et les théories des légistes à la veille des Ts'in*, pp. 28 y ss.) Es ciertamente un abuso hablar, como lo hizo Leang K'i-tch'ao, de una "Escuela del *chou*" y de una "Escuela del *che*", sobre todo cuando se quiere concluir que *chou* y *chi* anotan ideas absolutamente opuestas y sin embargo profesadas por los mismos hombres (Escarra y Germain, *op. cit.*, p. 32).

21   *SMT*, V, p. 84.

a especialistas de todo tipo como asesores políticos; los empleaban a todos para que estuvieran atentos a las señales favorables. Habría sido una falta imperdonable confundir la oportunidad, un crimen perderla, un crimen no "solicitarla" (*kieou*) en el momento adecuado.[22] Reprochar a los políticos el fatalismo, como hizo Han Fei tseu y como se repitió después de él, es hacer una crítica puramente engañosa.[23] No tienen idea de que gobernar es dejarse llevar por el curso de las cosas. Su arte, por el contrario, consiste en *utilizar el Destino tentándolo*. En este punto siguieron la opinión común. Los chinos admiten, por ejemplo, que un sueño es una fuerza real. Por lo tanto, debe dar lugar a la realidad; sin embargo, no interfiere en el curso de las cosas hasta que es tratado como una realidad; hasta entonces, su eficacia permanece nula; uno cuyo sueño es un presagio de muerte y que, al principio, con prudencia, no le hace caso, continúa viviendo durante tres años, pero muere el mismo día en que, creyendo que ha agotado el tiempo, hace interpretar su sueño y finalmente lo hace realidad.[24] De la misma manera que cambiar los símbolos es revolucionario, capturar los signos es interferir. Los Príncipes que emplean a los Políticos para señalar las oportunidades del azar, en cuanto solicitan la suerte, se arriesgan a aumentar y también a disminuir su Destino. Cualquier uso de las circunstancias implica una apuesta por el destino donde el jugador es también la apuesta. La idea no era nueva, pero los políticos, al cultivar el deseo de tentar constantemente a la suerte, debilitaron el prestigio del que gozaban las normas consuetudinarias y la idea de estatus. Sin la menor noción de determinismo, y simplemente porque disminuyeron el dominio de las costumbres, hicieron que la mente china, por un tiempo, se resistiera menos a la idea de las leyes (válidas bajo tales o cuales condiciones).

Los elementos circunstanciales del éxito varían en extremo. Por muy diversas que sean las prescripciones de la etiqueta, siempre están orientadas a mantener el statu quo. Un príncipe, ávido de crecimiento, necesita tener siempre nuevos medios de éxito. La función de los políticos profesionales es proporcionarle una receta de éxito adecuada (*chou*) para cada oportunidad de la suerte (*che*). El gran Patrón de los Políticos es Wang Hiu, "el Maestro del Valle de los Demonios", una figura probablemente legendaria; no se sabe nada de él, salvo que se le consideraba el inventor del sistema de alianzas y ligas de barrera por el que se explica la diplomacia de los Reinos Combatientes (aparentemente como una idea tardía).[25] El único principio de los políticos parece ser el interés del momento combinado con el desprecio de las tradiciones y la fe jurada; el pasado no es vinculante ya que las circunstancias lo cambian todo. Todo lo que el folclore político puede enseñarnos es que los chinos eran maestros en el arte de debilitar a un rival dándole una oportunidad inoportuna para crear una oportunidad favorable para ellos.[26] Posiblemente

---

22   Granet, *Danses et légendes...*, notas en las páginas 85, 85, 88, 91.
23   Escarra y Germain, *op. cit.*, p. 34.
24   *Tso tchouan*, C., II, p. 158.
25   Wieger, *Histoire des croyances...*, p. 236; M. Granet, *Civ. chin.*, pp. 110, 44.
26   *Civ. Chin.*, 38, 39; Granet, *op. cit.* nota 178.

este arte fue expresado en fórmulas. Keou-tsien, rey de Yue, después de haber utilizado al político Wen Tchong, le permitió suicidarse; le regaló una espada y le dijo:

> – Me enseñaste las Siete Recetas (*chou*) para luchar contra Wou; tres me bastaron para triunfar sobre Wou; quedan cuatro Recetas en tu poder; ve a probarlas, te lo ruego, con el rey, mi predecesor.[27]

Los glosadores enumeran estas Siete (o Nueve) Recetas; son (en apariencia) sólo trucos vulgares (por ejemplo, el rival es inducido a debilitarse por los gastos lujosos o por el gusto por las mujeres), pero todo está en el arte, enteramente personal, que las implementa; la precaución tomada por Keou-tsien lo muestra muy bien. Las recetas políticas no son diferentes de todas las demás recetas, trucos del oficio que no se pueden enseñar, puro conocimiento operativo. Un hechicero hace que su hijo aprenda sus fórmulas; éste sabe recitarlas muy exactamente, pero no producen ningún efecto.[28] Un carretero, a los setenta años, sigue haciendo sus ruedas solo; no ha podido transmitir su arte a sus hijos.[29] De la misma manera, el arte de hacer planes políticos con éxito corresponde a una vocación; toda receta es, en esencia, secreta (*yin*) y privada (*sseu*). En este punto, de nuevo, no hay nada original en los principios del arte político; sin embargo, también han llevado a una nueva concepción: a saber, la distinción entre costumbre (o Ley) y arte gubernamental. Sólo el Príncipe –de hecho, al Consejo Privado– debe conocer los *che* y los *chou*, las situaciones de las que puede surgir el poder, el saber hacer que hace surgir el poder de las situaciones. Han Fei tseu reprochará sin duda a Chen Pou-hai el haber descuidado la Ley y los reglamentos en favor de las Recetas, pero reconocerá que, si bien las Leyes –publicadas y permanentes– son necesarias para una buena administración, la autoridad principesca y la eficacia gubernamental tienen su principio en el poder que las Recetas –mantenidas en secreto–, derivan de las condiciones circunstanciales.[30]

II. EL ARTE DE LA PERSUASIÓN

Al impulso innovador dado a las ideas chinas por los políticos se sumó, en los siglos IV y III a.C., el que intentaron darle los dialécticos y los lógicos. El Sr. Forke ha llamado la atención sobre escritores a los que ha calificado de sofistas, sugiriendo una conexión muy legítima con Grecia.[31] Los chinos tienden a confundir en una sola Escuela, que es llamada Escuela de los Nombres (*ming kia*), a los lógicos cuyas

---

27 *SMT*, IV, p. 432.

28 *Lie tseu*, en Wieger, *Les Pères du système taoïste*, p. 197. Estas fórmulas de encantamiento se designan con la palabra "Números" y se califican como *chou* (Recetas).

29 *Tchouang tseu*, Wieger, *op. cit.* p. 317: "La boca no puede decir (en qué consiste el arte). ¡Hay un número!" Es decir, una fórmula operativa que sólo se puede apropiar por intuición y gracias a una vocación previa. Nótese que la idea de Número evoca no lo determinado o lo mecánico, sino el Arte, sino lo Efectivo.

30 *Han Fei tseu*, 43 y 40; Escarra y Germain, *op. cit.*, pp. 28 y 30.

31 Forke, *The Chinese Sophists*, *JRAS*, *Études asiatiques*, pp. 1 y ss. El estudio de los sofistas fue retomado brillantemente en China por Hou Shih (*The development of logical method in*

preocupaciones parecen haber sido muy diversas. Algunos fueron conducidos a la Lógica por la Retórica o la Erística; otros, por preocupaciones políticas y morales, cuando no jurídicas. Estos últimos son los representantes de una antigua lógica indígena. No hay forma de demostrarlo, pero me atrevería a creer que los primeros representan una tradición de origen extranjero que, además, no ha logrado aclimatarse en China.

La más sectaria y combativa de las escuelas antiguas es la de Mö tseu. Se ha comparado con una orden de caballería que había asumido la misión de ayudar a los oprimidos; incluso podría compararse mejor con una congregación de hermanos predicadores. Sus miembros se propusieron devolver la sabiduría a los príncipes que se habían desviado por la ambición. Eligieron como adversarios a los asesores perniciosos hábiles para conseguir apoyo. De ahí la importancia atribuida a la enseñanza de la retórica; todos los miembros de la Escuela conservaban modelos de homilías cuya redacción se atribuía al Maestro. Al menos desde mediados del siglo IV, algunos de ellos formaron congregaciones separadas {los *Pie-mö*: (discípulos) separados de Mö (tseu)} que se dedicaron a la Erística. Es poco probable que hayan inventado la cosa y que hayan sido los primeros en merecer el nombre de disputadores (*Pien-tchö*). El folclore histórico nos muestra, mucho antes del siglo IV a.C., a los disputadores hablando en consejos privados.

Dejar al adversario *boquiabierto* mediante la bufonada es uno de los temas significativos de la literatura[32] de estos siglos de disputa, y aún más significativo es el uso de las apologías y las alegorías descaradas.[33] Todo ello parece provenir de una sabiduría pregonada cuya inspiración internacional aún se siente. Los sofistas chinos sólo tenían un pequeño número de paradojas. Todo lo que queda de ellas son algunas listas. En cuanto a sus oponentes, lo único que se ha conservado es una lista de ejercicios escolares destinados a preparar a los discípulos para que no se quedaran callados ante un contendiente profesional. Este último utiliza las paradojas de las que tiene el secreto para forzar la atención, reducir al silencio y, finalmen-

---

ancient China, pp. 111 y ss.). Véase también Suzuki, *A brief history of early Chinese philosophy*, pp. 57 y ss, y *TP*, 1927, pp. 1 y ss.

32   Por ejemplo, en un libro como el *Yen tseu tch'ouen ts'ieou*, escrito en torno a los siglos IV y III a.C. y atribuido a Yen tseu (finales del siglo VI, principios del V a.C.), cuya tradición lo hace enano y consejero de un príncipe de Ts'i, amante de los enanos y de los bufones (Maspero, *La Chine antique*, nota 980; Granet, *Danses et légendes...*, pp. 171 y ss).

33   Es decir (*SMT*, IV, p. 387) un intento diplomático antes de la batalla; el objetivo es persuadir al general enemigo para que no luche, para que no haga nada excesivo. El enviado cuenta con una disculpa. Varios criados sólo tienen una copa de vino para ellos; en lugar de compartirla, juegan con ella: el primero que saque una serpiente se la beberá. El más rápido se lleva la copa, pero se jacta: "Todavía tengo tiempo de añadir los pies". Se le retira la copa: "Una serpiente no tiene pies; ahora que le has hecho pies, ya no es una serpiente". Compárense las paradojas (que parecen implicar una distinción entre esencia y accidente) queridas por los discípulos de Mö tseu como: "Un carro es de madera; montar en un carro no es montar en madera", o "Un gallo de pelea no es un gallo", o "Matar a un ladrón no es matar a un hombre". Este último tema fue utilizado por Mencio (L 231) para evitar una respuesta directa y peligrosa en uno de sus ejercicios retóricos en la corte del rey Siuan de Ts'i.

te, deslizar una opinión. El rey K'ang de Song prohibió que nadie hablara de nada delante de él, excepto de la valentía y los golpes de fuerza: "Tengo conocimientos (*tao*) sobre estos temas", le dijo un sofista. Propone, y el rey acepta, hablar sobre los golpes de fuerza que a veces tienen éxito y a veces fracasan. De esta manera, lleva al rey a consentir que se le hable de lo que puede hacer que las cosas tengan éxito. El sofista no tarda en retomar que lo que puede tener éxito es la etiqueta y el amor a la paz. Aquí está, despotricando sobre temas prohibidos... Se retira triunfante sin esperar a que el rey encuentre algo que replicar.[34] ¿Prevalecerá la guerra o la paz en los consejos de Wei? Se introduce un sofista:

– ¿Sabes lo que es una babosa?
– Sí –dijo el rey.
– En el cuerno izquierdo de la babosa está el reino de los Agitadores; en el cuerno derecho, el de los Brutos. Todo el tiempo están peleando por sus territorios y luchando entre sí. Los cadáveres se cuentan por miles. Quince días después de una derrota, vuelven a la batalla.
– ¡Ineptos! –dice el rey.
– Que su Alteza por favor encuentre algún fundamento para ellos. ¿No cree que en los cuatro lados, y tanto en el Superior como en el Inferior, no hay límites?[35]
– No hay ninguno.
– ¿No sabe retozar a gusto (*yeou sin*) en lo que no tiene límites? ¿No le parece entonces irrelevante que haya o no reinos que se limiten entre sí?
– Ciertamente.
– Entre estos reinos delimitados está (su estado de) Wei. En Wei está Leang (su capital). Su Alteza está en Leang. ¿En qué se diferencia del Rey de los Brutos?
– No hay diferencia –dijo el rey.

Y el sofista se retiró triunfante, dejando al príncipe aturdido y como perdido.[36]

Los sofistas a los que estos relatos retratan favorablemente formaban parte, al parecer, del séquito de Houei tseu (o Houei Che), oriundo de Wei, donde vivió y sirvió (se dice) como ministro del rey Houei (370-319 a.C.). ¿Era Houei tseu, el más famoso de los dialécticos chinos, amigo de la paz, como los sofistas que le rodeaban? La inducción es probable. ¿Debería llevarnos a vincular a Houei tseu con la escuela de Mö tseu? ¿Podemos ir más allá y afirmar que toda la dialéctica de

---

34 *Lie tseu*, en Wieger, *Les Pères du système taoïste*, p. 103.

35 El espacio es uno e indivisible como el cuerpo de la babosa.

36 *Tchouang tseu*, L., H, p. 118; Wieger, *op. cit.* p. 433 Compárese la siguiente anécdota de *SMT*, V, p. 155. El príncipe heredero de Wei va a luchar. Un hombre pide ser recibido por él. Dice que tiene una receta que, en cien combates, da cien veces la victoria. Presentado, dice algo así (lo resumo): Si sales victorioso y te anexionas un territorio, nunca serás más que el rey de Wei; si eres derrotado, perderás Wei; "tal es mi receta para cien victorias en cien batallas". En otras palabras, no tiene sentido luchar para ampliar un territorio. En esta paradoja, que conserva aquí su forma popular, podríamos encontrar, como en las demás, una teoría sobre el carácter indefinido del espacio.

Houei tseu tendía a dar un fundamento metafísico a la doctrina del amor universal que se atribuye a Mö tseu? Se dice que la base de esta metafísica es "la teoría, de origen taoísta, de la identidad esencial de las cosas y los seres".[37] De hecho, a Houei tseu sólo se le conoce por la calumnia taoísta contra él.[38] Le acusaron de poseer sólo conocimientos falsos (tao) y de hablar sin preocuparse por la realidad. Hay un exceso en el relato de que Houei tseu "había estudiado la ciencia de su tiempo, la astronomía, la astrología, la ciencia del Yin y del Yang, los Números, etc.",[39] con el único pretexto de que Tchouang tseu se burlaba de él porque, sin dudar ni reflexionar, hablaba de todas las cosas, indefinidamente, un día que alguien se divirtió preguntándole por qué no se caía el cielo, por qué había viento, lluvia, truenos... Por mucho que se quiera informar a los lectores, conviene decirles en primer lugar que lo único que queda de Houei tseu es un pequeño número de anécdotas irónicas y una lista de sus principales temas paradójicos.

Una de ellas (V) ha dado muchas dificultades a los traductores:[40]

> "La distinción (yi) entre lo que se acerca (t'ong) más (ta) y lo que se acerca (t'ong) menos (siao) es el mínimo (siao) de acercamiento (t'ong) y distinción (yi); (lo que) en todos los seres es enteramente próximo (t'ong) y enteramente distinto (yi) (corresponde) al máximo (ta) de acercamiento (t'ong) y distinción (yi)".

Este enrevesado aforismo no es más que una forma picante de formular la distinción (los glosadores no ven otra cosa) entre aspectos correlativos e independientes. Los aspectos correlativos (la vida y la muerte, la felicidad y la infelicidad, el frío y el calor, el día y la noche, el descanso y el movimiento...) están vinculados y son complementarios (mínimo de distinción), pero se perciben sucesivamente (mínimo de acercamiento). Los aspectos independientes (como lo blanco y lo só-

---

37   Maspero, La Chine antique, p. 532.

38   Lo que queda del Houei tseu está contenido en el capítulo 33 del Tchouang tseu (L., II, pp. 229-232), al que se añaden algunas anécdotas (Wieger, op. cit., pp. 215, 221, 249, 347, 349, 351, 419, 431, 445, 451 y 507-509).

39   Maspero, La Chine antique, p. 531.

40   Legge (Tchouang tseu, II, p. 229) traduce: "(Cuando se dice que) las cosas muy parecidas son diferentes de las cosas un poco parecidas, esto es lo que se llama hacer poco de acuerdos y diferencias; (cuando se dice que) todas las cosas son completamente diferentes, esto es lo que se llama hacer mucho de acuerdos y diferencias". Wieger, op. cit. p. 507: "La diferencia entre una semejanza grande y una pequeña es la pequeña semejanza-diferencia; cuando los seres son totalmente semejantes y diferentes, es la gran semejanza-diferencia." Maspero, (op. cit., p. 533): "(Decir que) lo que tiene muchos puntos de identidad es diferente de lo que tiene pocos puntos de identidad es lo que se llama Pequeña Identidad y Disimilitud; (decir que) todas las cosas son enteramente idénticas (entre sí) y enteramente diferentes (entre sí) es lo que se llama Gran Identidad y Disimilitud." Maspero añade: "En estas condiciones, toda distinción era ilusoria, y así se fundó el principio de Mö tseu del amor universal sin distinción:"Ama todas las cosas por igual, el mundo es uno". La frase entrecomillada es la traducción de la décima paradoja de Houei tseu, que yo entiendo así:"Si el afecto se extiende a los detalles de los seres, el Universo (literalmente: el Cielo y Tierra) es (ya) un solo cuerpo."

lido) están unidos (por ejemplo, en una piedra) en el mismo objeto (máximo de aproximación), aunque son totalmente separables (máximo de distinción).

"Unir (*ho*: unir a la manera de dos mitades, de hecho inseparables) lo cercano y distinguible (*t'ong yi*: los aspectos complementarios), separar (*li*: dividir como partes adherentes pero distinguibles) lo blanco y lo sólido (los aspectos independientes)",

tal es el trabajo del sofista.[41]

Los dialécticos discuten sobre lo par y lo impar, sobre lo que es similar y lo que es diferente (*t'ong yi*), sobre lo blanco y lo sólido,[42] pero de lo que se enorgullecen es de dejar clara, "como una casa sobre un fondo de cielo, la separación (*li*) de lo sólido y lo blanco".[43] El imperio de las categorías Yin y Yang, combinado con el prestigio ritual de un sistema indefinido de correspondencias, tiende a impedir que los chinos reduzcan todo a los contrastes. Separar el blanco del metal o el negro del agua lleva a la ruina de la etiqueta, a liberar el pensamiento de ella, a permitir la reclasificación de las cosas que debe conllevar una reorganización del orden social. De ahí el éxito de los sofistas en la corte de los déspotas ilustrados. Ya sea que hubieran hecho el descubrimiento ellos mismos o que tuvieran el mérito de comprender el valor de las ideas importadas, los dialécticos supieron cómo dar a sus discursos un nuevo atractivo. Aprendieron a abstraer y a jugar con nociones abstractas.

Reaccionando en extremo contra la tendencia china a no escapar de lo concreto y a razonar sin oponerse a las contradicciones, hicieron abstracciones y utilizaron el principio de contradicción otorgándole un valor absoluto. Este realismo abstracto les llevó a imaginar un montón de paradojas que implicaban un análisis estrictamente formal de las ideas de magnitud, cantidad, tiempo, espacio, movimiento, continuidad, unidad y multiplicidad... Pero, mientras la Quinta Paradoja de Houei tseu indica el principio de todas las paradojas inspiradas en una noción abstracta de calidad, las paradojas que pretenden agotar las realidades físicas se expresan sin ningún intento de sistematización.

"(I) La grandeza extrema (y tal que no deja) nada fuera (de sí) es el todo (*yi*: unidad, total) más grande; la pequeñez extrema (y tal que no retiene) nada dentro (de sí), es el todo (*yi*) más pequeño. – (II) (Aquello que) no tiene espesor y no puede ser añadido (*tsi*: acumular) tiene mil estadios de altura. – (III) El cielo no es más alto que la Tierra; una montaña es tan plana como un pantano. – (IV) El Sol, cuando llega a su mediodía, llega a su ocaso y cuando un ser llega a su nacimiento, llega a su muerte... – (VI) El Sur se extiende

---

41 *Tchouang tseu*, L., I, p. 387.
42 *Ibid.*, II, p. 220.
43 *Ibid.*, I, p. 317. La palabra *li* tiene el significado de separar, distinguir, cortar; en la lengua del *Yi king*, se dice de las cosas adheridas; indica las separaciones hechas sobre lo que está unido por asociación (*ping*). No entiendo cómo se ha podido traducir como "hacer una síntesis de..." (Maspero, *op. cit.*, p. 536) y escribir (*T.P.*, 1927, p. 63): "Esta operación (de la mente) es, para usar la expresión kantiana que traduce exactamente la palabra *li*, una síntesis."

sin límite y, sin embargo, tiene límites. – (VII) Hoy voy a Yue y sin embargo llegué allí ayer. – (VIII) Los anillos encadenados pueden separarse. – (IX) Conozco el centro del Mundo: está al norte de Yen (extremo norte) y al sur de Yue (extremo sur). – (X) Si el afecto se extiende a los detalles de los seres, el Universo (palabra por palabra: Cielo y Tierra) no es (más que) un solo cuerpo."[44]

"Houei tseu escribió lo suficiente para cargar cinco carros, pero sus conocimientos eran engañosos y sus palabras carecían de sentido". Este es el juicio de Tchouang tseu, que vio muy bien el principio común a todas estas paradojas, a saber, la aplicación de una división agotadora a todas las cosas concretas. Se divirtió mostrando a Houei tseu, el abstracto, obligado a admitir, en términos concretos, la ineficacia de su principio:

> "El rey de Wei –dice Houei tseu, que acaba de contar a Chiang tseu su desventura– me había dado las semillas de una gran calabaza. Las sembré y crecieron hasta convertirse en frutos tan grandes que podían contener cincuenta fanegas. Hice (cortándolos por la mitad) lavabos para mi inodoro. Eran tan pesados que no podía levantarlos. Los dividí (de nuevo) para hacer recipientes para beber. Los (trozos de) corteza seca eran todavía demasiado grandes y, además, inestables, no retenían el líquido; sólo eran objetos inútiles y grandes. Como no me servían de nada, los corté en pedazos".[45]

Los chinos no se mostraron muy favorables al realismo abstracto de Houei tseu y sus seguidores o rivales. El más conocido es Kong-souen Long, que también vivió en Wei hacia finales del siglo IV a.C. Su principal discípulo, según el Lie tseu, fue el príncipe Meou de Chong-chan.[46] Kong-souen Long destacó en:

> "disfrazar los deseos humanos y transformar las intenciones. Siempre pudo triunfar en la discusión, pero sin poder convencer profundamente".[47]

Parece haber abusado de la distinción de aspectos independientes, empleándola en demostraciones por el absurdo con ocasión de temas paradójicos: "un perro

---

44   *Tchouang tseu*, L., II, p. 229. Tchouang tseu discute el principio de todas estas paradojas. Cf. *ibid.*, I, pp. 181 y ss, pp. 187 y ss.

45   *Tchouang tseu*, L., I, p. 172.

46   *Lie tseu*, en Wieger, *op. cit.* p. 127. Tchouang tseu (*Ibid.*, p. 419) lo hace rival de Mö tseu, Yang tseu, los seguidores de Confucio y el propio Houei tseu. Compara estas cinco enseñanzas con las cinco notas de un laúd desafinado. En el capítulo 33 del *Tchouang tseu*, se dice que Kong-suen Long y otros sofistas no hacían más que superar las paradojas de Houei Tzu, el único gran inventor. No veo ninguna base para la opinión (Maspero, *La Chine antique*, p. 535) de que Kong-souen Long fue el inventor del tema de la "divisibilidad indefinida", que es esencial en Houei tseu. Kong-souen Long, al que se ha identificado con Tseu-che, discípulo de Confucio, y que quizás era un sofista viajero, es conocido por un pequeño panfleto que ha llegado hasta nosotros en bastante mal estado. Se ha traducido parcialmente (Tucci, *Storia della filosofia cinese antica*, p. 44 y ss); la interpretación dada en la *Histoire des croyances religieuses* del P. Wieger… (pp. 218 y ss.) es engañosa.

47   *Tchouang tseu*, L., II, p. 231 (Wieger, *Tchouang tseu*, p. 509).

blanco es negro", "un caballo blanco no es un caballo", porque un perro negro y un perro blanco son ambos perros, un perro blanco es un perro negro; y, si es blanco, un caballo sólo puede considerarse un caballo si se acepta confundirlo con un caballo negro o un caballo bayo, de modo que ningún caballo blanco, negro o bayo es un caballo. Estos juegos dialécticos pretendían prohibir cualquier calificación equiparando todas las calificaciones y, después de haberla utilizado con demasiado rigor, negar el principio de contradicción en favor de un relativismo absoluto. Asombraron, pero cansaron, a sus contemporáneos. Sólo unos pocos iniciados, como el Príncipe de Tchong-chan, estaban dispuestos a reconocer su profundo significado. "Un caballo blanco no es un caballo (indica) la distinción (*li*) entre el objeto (o más bien el símbolo de un objeto: *hing*) y la calificación". "Quien tiene (deseos) no tiene (un) corazón (sede del deseo), significa: (sólo) la ausencia de deseos permite la unificación del corazón".[48] "Quien tiene (dedos) no consigue (tocar), significa: no habría que tener dedos para conseguir (tocar) del todo". "(El tema:) un cabello soporta treinta mil libras (sirve para ilustrar la idea de) *che* (fuerza, condiciones de influencia)",[49] y "(El tema:) una sombra no puede moverse (o 'la sombra de un pájaro que vuela no puede moverse'), (la idea de) cambio (*kai*: cambio y no movimiento)."[50]

El príncipe de Tchong-chan también admiró la paradoja de la flecha, pero no la comentó. Sin embargo, esta es (desde varios puntos de vista) la paradoja más interesante de Kong-souen Long, y la que tiene una interpretación menos incierta. Hay dos variantes pintorescas. El tema de la flecha sigue al de la sombra inmóvil y se enuncia así:

> "Cualquiera que sea la velocidad de la punta de la flecha y de la flecha (*tsou che*),[51] hay tiempo (para que no se muevan y no permanezcan en su sitio".[52]

---

48   Este tema está más cerca del taoísmo que de la doctrina de Mö tseu.

49   Otro tema taoísta: la influencia sin contacto. (cfr. Libro III, cap. III).

50   *Lie tseu*, en Wieger, *Les Pères du système taoïste*, p. 128.

51   Se podría traducir "flecha con punta" (pero no punta de flecha); probablemente no es gratuito que la fórmula comience con esta expresión invitando a distinguir la cabeza y el cuerpo de la flecha, distinción importante para la explicación por la cadena de flechas. (Comparar con la cadena de anillos, que se puede dividir).

52   Esta paradoja ha sido traducida y glosada sin tener en cuenta las ilustraciones concretas que provienen del propio Kong-souen Long. – Legge traduce (*Tchouang tseu*, L., p. 230): "Tan rápida como es la *punta de la flecha*, hay un *momento* en que no vuela ni está en reposo". – Wieger, (*op. cit.*) "una flecha que da en el blanco ya no avanza y no se detiene". – Maspero (que reprocha a Hou Che "hacer ininteligible la paradoja" al entender: "la flecha tiene momentos tanto de movimiento como de reposo" se traduce a sí mismo "el movimiento rápido de una flecha es (la sucesión de) momentos en los que no está ni parada ni en movimiento" (*La Chine antique*, p. 537). No he podido entender el sentido de la discusión instituida en la nota 2 de esta página, ni saber en qué datos chinos se puede basar uno para interpretar la paradoja al escribir "en movimiento; si se toma como unidad el espacio que recorre la flecha desde el arco hasta la meta, se detiene si se toma como unidad el espacio ocupado por la flecha y se considera no todo el camino sino cada una de estas unidades por separado".

Así es como Kong-suen Long ilustró este acertijo. Una vez le dijo a Kong Ch'ouan:

> – Un maestro arquero tiene el poder de hacer que la punta de una segunda flecha toque la cola de la flecha lanzada anteriormente; lanzadas en fila y encontrándose unas con otras, todas sus flechas se suceden, las puntas y las colas se tocan sin interrupción, de modo que, desde la primera hasta la última, unen continuamente el blanco con la cuerda del arco y parecen ser una sola.

Kong Ch'uan se quedó boquiabierto…

> – No hay razón para sorprenderse, dijo Kong-souen Long. Un aprendiz de P'eng-mong (patrón de los arqueros), cuyo nombre era Hong-ch'ao, se enfadó un día con su mujer y quiso asustarla; cogió el arco de cuervo, la flecha Hi-wei, y le apuntó a los ojos; la flecha rozó las pupilas sin que los ojos parpadearan, y cayó al suelo sin levantar polvo.[53]

Lanzada con potencia y maestría, la flecha, pura velocidad, se mueve, y se detiene, velocidad abolida, sin producir nunca ningún efecto. Entre el absoluto de la velocidad y la nada de la velocidad *que se suceden*, la *diferencia* es total, pero es nula –pues cuando termina su curso sin siquiera caer, moverse o *hacer que se mueva*, la flecha sigue en vuelo–, y está inmóvil cuando pasa tan rápido que, al igual que si no pasara ni se moviera, tampoco hace que se mueva nada. Además, la inmovilidad perfecta y la movilidad extrema están absolutamente fusionadas: la cadena de flechas que va del arco al blanco es a la vez móvil e inmóvil, inmóvil ya que, mientras todo se mueve, nada se ha movido, la cola permanece en la cuerda mientras la punta llega a la meta, móvil ya que todo se mueve, nada se mueve, la punta está al final de su recorrido mientras la cola recibe toda su velocidad de la cuerda.

El interés de este tema paradójico radica en que no sólo trata de la divisibilidad indefinida del tiempo y el espacio, sino, en conjunto, de la noción de fuerza efectiva (*che*) y de cambio (*kai*). Como tal, debe compararse con ciertos temas queridos por los taoístas. La espada más poderosa –la que mata todo sin que la sangre la manche– puede cortar a un enemigo tres veces desde el cuello hasta la cintura sin el menor esfuerzo, pero el paso de la espada no ha separado nada; el cuerpo cortado permanece intacto.[54] La paradoja de la flecha también está relacionada con un importante tema mítico; la cadena de flechas del maestro arquero es el equivalente de la flecha real que establece el contacto entre el Rey y el Cielo; un contacto continuo, como el de la cuerda y la meta, pero no un contacto unidireccional; la flecha sale del tirador y vuelve a él y hay circuito e inmovilidad (igual que hay comunión pero no contacto).[55] En el fondo de las paradojas inspiradas en la idea de que todo es cambio, pero que el cambio (y, en consecuencia, el movimiento) es imposible,

---

53 *Lie tseu*, en Wieger, *op. cit.*, p. 127.
54 *Ibid.*, p. 149.
55 Sobre este tema, véase, provisionalmente, M. Granet, *Civ. Chin.*, pp. 223 y ss.

aparece un *realismo mágico* al que se vincula directamente el *realismo abstracto* de los dialécticos.

Sólo los taoístas parecen haber sacado algún fruto de los análisis que su brío dialéctico inspiró a los sofistas. Utilizaron, de mil maneras, la fórmula:

> "Una regla de un pie de largo que se reduce a la mitad cada día, (incluso) después de diez mil generaciones, no se agotará".[56]

Sin duda, el gusto de muchos escritores chinos, y en particular de Wang Ch'ong, por el sorites procede de los dialécticos. Sin embargo, los propios taoístas no tienen más que desprecio por los sofistas. Les reprochan su arrogancia, les acusan de celosos y les reprochan haber vivido sin amigos, al margen de cualquier escuela, satisfechos en cuanto encontraban una oportunidad para hablar, pensando, sin interesarse por las ideas o las cosas, sólo en tener la última palabra, felices si sus interlocutores se quedaban "con la boca abierta, la lengua pegada al paladar".[57] A lo sumo, concedieron a Houei tseu el talento para la música y el encanto de la elocuencia.[58] Tal vez sea cierto que los sofistas se preocupaban principalmente por deslumbrar y sorprender al público. Por el contrario, los últimos discípulos de Mö tseu parecen haber querido crear y formular un arte de la persuasión.[59]

Es muy difícil decir si, como se ha argumentado, estos retóricos concibieron claramente el principio de causalidad y el principio de contradicción; los aforismos en los que se encuentran estos principios parecen, leídos en el texto chino, extremadamente imprecisos.[60] Si se admitiera que fueron concebidos y formulados con cierto rigor, ¿cómo explicar que hayan podido pasar desapercibidos y no hayan tenido la menor fortuna? Del mismo modo, si fuera cierto que los lógicos ya tenían la idea de oponer la deducción (*hiao*) y la inducción (*t'ouei*), sería muy curioso que se hubieran limitado a argumentar con la ayuda de ejemplos, a desarrollar con la ayuda de analogías. Ya era una buena idea darse cuenta de que se necesitaban reglas prácticas para aprender –no a proceder por razonamiento formal, sino– a argumentar de buena fe cuando se ilustra con ejemplos (*hiao*) y se amplía utilizando la analogía (*t'ouei*); éste es, sin duda, el sentido de los términos técnicos que traje-

---

56   *Tchouang tseu*, Wieger, *op. cit.* p. 509.
57   *Ibid.*, p. 347; *Lie tseu, Ibid.*, p. 127.
58   *Tchouang tseu*, Wieger, *op. cit.* p. 221.
59   Un rastro de sus esfuerzos se ha conservado en las secciones 40-45 del *Mö tseu*, traducido por Forke (*Mo Ti, des Socialethikers und seiner Schüler philosophische Werke*); el texto está en un estado tan pobre que es casi imposible derivar algo preciso de él. Varios autores chinos contemporáneos, los señores Chiang Ping-lin, Hou Che y Leang K'i-tch'ao, se han esforzado por extraer de él los elementos de una lógica formal. Sus investigaciones, muy meritorias, se vieron quizá viciadas por un conocimiento demasiado estrecho de Stuart Mill; esto es lo que les reprochó Maspero (*Notes sur la logique de Mö tseu et de son école, T.P.*, 1927, p. 10). De hecho, surgen innumerables dificultades en cuanto se intenta precisar el valor de los términos utilizados en sentido técnico por los autores de estos tratados.
60   Maspero, *La Chine antique*, p. 540.

ron a la mente la inducción y la deducción.[61] El Sr. Forke no parece haberse equivocado al afirmar que los discípulos de Mö tseu querían hacer un trabajo práctico.

No hay que verlos como teóricos del razonamiento; sólo les interesaba el arte de conducir victoriosamente una discusión.[62] Sólo se preocupaban de las recetas oratorias. Sin embargo, no sería justo ignorar la dificultad de sus esfuerzos ni dejar de señalar su importancia teórica. El chino no marca el tiempo, el número ni el género; esto permitió formular ciertas paradojas de forma agradable, pero dificultó el análisis de los conceptos. El chino no distingue entre verbo, sustantivo, adjetivo y adverbio... En estas condiciones, es maravilloso que se haya concebido la idea de analizar las relaciones de los términos reunidos por el discurso, y no es de extrañar que el análisis no se haya llevado mucho más lejos.[63] Las discusiones sobre lo blanco y lo sólido, el caballo y lo blanco, la calificación (*ming*) y el objeto (*che*) o su símbolo (*hing*), sorprenden por su carácter inesperado y su mérito revolucionario. Tendían a arruinar un venerable sistema de clasificaciones y correspondencias. Los dialécticos estaban socavando la Etiqueta en su núcleo. Así que provocaron un escándalo y no tuvieron mucho éxito. No se impusieron a los partidarios de la vieja lógica indígena.

III. EL ARTE DE CALIFICAR

A los chinos les gusta discutir y son hábiles en ello, pero no les importa mucho la forma de razonar. Sin embargo, conceden gran importancia al arte de calificar (*ming*). Por lo tanto, agrupan, en lo que llaman la Escuela de los Nombres (*ming kia*), a todos aquellos que consideran que no son meros disputadores (*pien-tchö*), sino lógicos. El objeto de la lógica son las designaciones o calificaciones correctas.

La tradición considera a Confucio como el inventor de la lógica tradicional. Se basa en un pasaje del *Louen yu*:

> Tseu-leu dijo (a Confucio):
> – El señor de Wei propone confiarte el gobierno. ¿Qué considera que es lo primero que hay que hacer?
> – Lo principal es que las citas (*tcheng ming*) sean correctas –respondió el Maestro, y añadió:
> – "Si las designaciones no son correctas, las palabras no pueden ser correctas; si las palabras no son correctas, los asuntos (de estado) no tienen éxito;

---

61   *T.P.*, 1927, pp. 11, 26, 32.
62   Forke, *Mo Ti...*, p. 85.
63   Cfr. *supra*, Libro II, cap. III, ap. III y Granet, *Quelques particularités de la langue et de la pensée chinoises*, p. 124. Sobre el uso de analogías verdaderas y falsas en discusiones no académicas, véase Granet, *Fêtes et chansons...*, p. 64. Nótese de nuevo el parentesco de paradojas como "un ternero huérfano nunca tuvo madre" (cuando tenía a su madre, no era un ternero huérfano) que se asemejan a los chistes campesinos y a los chistes puros como el del hombre del pozo (Granet, *Danses et légendes...*, nota 1387; un hombre que quería cavar un pozo encontró a un artesano capaz, cavó su pozo y dijo: "¡He cavado un pozo! Había encontrado un hombre". Se entendió (no se expresó la anterioridad): "¡Cavé un pozo! Encontré un hombre en él").

si estos asuntos no tienen éxito, ni los ritos ni la música florecen; si los ritos y la música no florecen, los castigos y las penas no pueden ser justos; si no son justos, la gente no sabe cómo actuar. Por lo tanto, el Sabio (*kiun tseu*), cuando reparte designaciones, siempre se asegura de que las palabras puedan ajustarse a ellas y, cuando las utiliza al hablar, también se asegura de que se realicen en la acción. Que el Sabio, en sus palabras, no cometa ninguna frivolidad. ¡eso es suficiente![64]

Esta anécdota pretende aportar información sobre las relaciones entre Confucio y la casa de Wei. Tomada como tal, no vale ni más ni menos que toda la información dada por el *Louen yu* sobre el Maestro. No hay ninguna razón para afirmar que Confucio conociera o no la teoría de las designaciones correctas. Pero Confucio no importa aquí. Lo importante es señalar que la teoría es ante todo una doctrina moral y política. El buen orden depende totalmente de la corrección del lenguaje. Inventada o no, la anécdota tiene el mérito de ilustrar este principio. También tiene el mérito de revelar su base.

No es gratuito que la anécdota implique al Príncipe de Wei. El duque Ling (534-493 a.C.), con el que Confucio se relacionó, era un marido indulgente y un padre poco natural. Su esposa, la princesa Nan-tseu, era incestuosa. Su hijo mayor era un rebelde; huyó de Wei tras conspirar para matar a Nan-tseu.[65] Las palabras de Confucio aluden a estos trastornos.

– Habiendo odiado Nan-tseu al hijo heredero, el hijo y el padre intercambiaron (*yi*) sus nombres (*ming*).[66]

Así se expresa Sseu-ma Ts'ien, quien dice en otro lugar:

– Confucio dijo: 'Lo esencial es hacer que las designaciones sean correctas'. En Wei los lugares (*kiu*) no coincidían (con las designaciones).[67]

La doctrina confuciana afirma que no hay orden en el Estado a menos que en la familia principesca todo se ajuste al orden. En Wei, Nan-tseu, la esposa, no se comportó como una esposa, ni el marido como un marido, ni el padre como un padre, ni el hijo como un hijo. Esto se expresa diciendo, o bien que nadie estaba en su lugar (*kiu*), o bien que padre e hijo habían intercambiado sus designaciones (*yi ming*), puesto que las relaciones de situación estaban invertidas, era como si las propias designaciones se hubieran invertido.

Un pasaje del *Yi king* ilustra ideas similares. El trigésimo séptimo hexagrama incluye, en la *parte superior*, el trigrama que es el emblema de la hija mayor; en la *parte inferior*, el que simboliza a la hija menor.[68] Las dos "hijas", como vemos, ocu-

---

64   *Louen yu*, L., p. 127; SMT, V, p. 378.
65   *Civ. Chin.*, p. 399; *Tso chouan*, C., III, p. 585; SMT, IV, p. 205. Nan-tseu se acostó con su propio hermano.
66   *SMT*; cap. CXXX y SMT, V, p. 379.
67   *SMT*, III, p. 208.
68   Aquí el texto original peca de falta de claridad. El trigrama inferior representa a la hija del medio, no la menor (recordemos que tres de los ocho trigramas representan a tres hijas),

pan lugares en relación con sus rangos. Así, este hexagrama, que lleva el nombre de *kia jen* (la familia), evoca una familia donde reina el orden. La primera glosa revela esta enseñanza: el príncipe extiende su buena influencia a toda su familia y es estricto para evitar que sus esposas e hijos se comporten mal.[69] La segunda glosa[70] añade:

> "La esposa ocupa correctamente (*tcheng*) su lugar (*wei*: su rango) en el gineceo y, del mismo modo, el marido ocupa correctamente su lugar fuera del gineceo. Cuando el marido y la mujer están situados correctamente (en sus respectivos lugares), hay una distribución totalmente equitativa (*yi*) (de todas las cosas) del Cielo y la Tierra... (Que un) padre (merezca el nombre de) padre, un hijo (el nombre de) hijo, un hermano mayor (el nombre de) hermano mayor, un joven (el nombre de) joven, un marido (el nombre de) marido, una esposa (el nombre de) esposa! El orden (tao) de la familia será correcto (*tcheng*). ¡(Haz) que la familia sea correcta (*cheng*) y la tierra de los hombres (gozará) de un orden estable!

De este pasaje se desprende la equivalencia de las expresiones: *tcheng wei* (lugares correctos, posiciones) y *tcheng ming* (designaciones correctas, apelativos).

Dos adagios del derecho consuetudinario dejan claro el significado de esta equivalencia: "Las apelaciones (*ming*) son el gran principio ordenador de las relaciones humanas". "Cuando (en la familia) las denominaciones (*ming*) son manifiestas, se respetan las reglas de la separación de los sexos".[71] Estos adagios se utilizan para justificar una regla de moral sexual cuya importancia es extrema en la organización de la familia: los cuñados y las cuñadas no pueden estar de luto los unos por los otros, y no puede haber conversación entre ellos; no podrían, puesto que pertenecen a la misma generación, y la cuñada mayor, por ejemplo, no podría llamarse "madre", ni podrían llamarse otra cosa que "esposa" y "marido", lo que no sería menos grave que establecer relaciones maritales entre ellos. Las denominaciones dictan la moral porque las denominaciones dan lugar a la realidad; es necesario, pues, que correspondan exactamente a las distinciones de sexo y de generaciones, de atribuciones y de rangos, que constituyen la base del orden doméstico. Habría promiscuidad si una cuñada fuera llamada "esposa". Hay incesto si padre e hijo "intercambian designaciones". Cuando un padre despoja a un hijo de su novia, deja de ser padre y desciende al rango de sus propios hijos. Lo contrario ocurrió cuando un hijo se casó con su madrastra.[72] Los etnógrafos chinos expresan violentamente su desprecio por los bárbaros del Norte o del Sur, donde padres e hijos (*tseu*: hijos

---

aunque indudablemente, esa hija es más joven que la hija representada por el trigrama superior, que es la mayor (N. del T.).

69   *Yi king*, L., p. 136. Una canción del *Che king* (Granet, *Fêtes et chansons...*, p. 10, verso 12 y su nota) se interpreta como una ilustración del tema: una buena esposa sabe poner un orden adecuado en la familia (*kia jen*).

70   *Yi king*, L., p. 242. Primer apéndice del *Yi king*.

71   *Li ki*, C., p. 780 y *Yi li*, Steele, *I Li, or the Book of Etiquette and Ceremonial*, II, p. 29.

72   *Civ. Chin.*, pp. 368, 369.

o hijas) viven juntos o van al baño juntos. Los moralistas fulminan contra lo que llaman bailes modernos, en los que no sólo se mezclan hombres y mujeres, sino incluso padres e hijos (o hijas), es decir, los diferentes sexos y las generaciones opuestas pierden su estatus adecuado. Estos sentimientos son violentos porque son relativamente nuevos. Son fruto de una transformación de la organización domés-tica y de la sustitución de la promiscuidad propia de la familia numerosa por la disciplina de la familia patriarcal.[73] Podemos ver que, histórica o no, la anécdota en la que se muestra a Confucio expresando la regla de las designaciones correctas con motivo de los desórdenes domésticos de la casa principesca de Wei, tiene el mérito de expresar con mucha precisión el valor original de esta regla.[74] Además de una regla de pensamiento, es una regla de acción.

Esta regla siempre ha conservado el carácter imperativo de un precepto moral. Suele formularse (más o menos como en el *Yi king*) a la manera de un *breve man-damiento*, repitiendo dos veces, para darle toda su fuerza, una palabra que ya vale por sí misma. Cuando se grita: "¡Príncipe, (ser) príncipe! ¡vasallo, (ser) vasallo! ¡padre, (ser) padre! ¡hijo, (ser) hijo!...", está claro que las palabras se utilizan para animar realidades. Hemos visto, con respecto al lenguaje, que designar (*ming*) las cosas es darles la individualidad (*ming*) que las hace ser. También hemos visto que la civilización se creó cuando los primeros Sabios dieron a todos los seres sus de-nominaciones correctas.[75] En el origen de la teoría de las denominaciones –como en el origen de las paradojas dialécticas– se encuentra una especie de realismo mágico.

Mientras que los dialécticos disfrutaban abstrayendo y trastocando las ideas recibidas, los lógicos trataban de preservar el valor concreto y tradicional de los símbolos. Al menos en sus inicios, la teoría de la denominación correcta está le-jos de ser una mera teoría de la "predicación correcta", como afirman los críticos chinos (cuando hablan en inglés). Si sólo se hubiera tratado de evitar la confusión verbal y las calificaciones incorrectas, es difícil ver cómo, distribuyendo sólo los nombres, se podría haber esperado introducir el orden entre los hombres y, ade-más, en la Naturaleza.

La doctrina de los nombres correctos es una doctrina de orden.

Su éxito se explica por el prestigio del que goza la Etiqueta. Las tradiciones chinas ciertamente no distorsionan los hechos cuando vinculan esta doctrina a las técnicas del Ceremonial; esto lleva, de hecho, muy legítimamente, a admitir que fue profesada por Confucio. "En el pasado, los nombres (*ming*) y los rangos (*wei*) eran diversos, por lo que los ritos (*li*, honores rituales) se calculaban (*chou*)[76] de

---

73   *Civ. Chin.*, p. 443.
74   Otra anécdota (*Louen yu*, L., p. 120; *SMT*, V, p. 305) hace que Confucio pronuncie en circunstancias similares la fórmula "¡príncipe, príncipe! vasallo, vasallo!" que ilustra la doctrina de las designaciones correctas.
75   *Li ki*, C., II, p. 269. Cfr. *supra*, Libro I, cap. I, ap. II.
76   Cfr. *supra*, Libro II, cap. I, ap. V.

forma diferente (según los rangos y los nombres). Confucio dijo:"Lo principal es hacer que los nombres sean correctos...".[77]

Mientras reinen el orden y la Etiqueta feudales, la corrección en el habla y, a partir de ella, la corrección lógica, son inseparables de la corrección en el vestir y, en consecuencia, de la corrección moral. El axioma de que el comportamiento del universo depende de la conducta de los príncipes no se discute. No hay orden en las cosas y en los pensamientos si el gobernante, para quien el discurso es un acto más que para cualquier otro, no califica (*ming*) nada a la ligera y no inviste (*ming*) a nadie sin cumplir el protocolo. Todo caballero (*kiun tseu*) o todo sabio (*kiun tseu*) debe, al igual que un príncipe (*kiun*), esforzarse por adecuar su vestimenta a su estatus, es decir, al rango (*wei*) y al nombre (*ming*) con el que está investido (*ming*). *Ming* (nombre personal) se utiliza para designar al individuo y su parte de honor, su suerte en la vida (*ming*) y su herencia (*fen*), el conjunto de sus pertenencias, la totalidad de sus atribuciones. Es un principio ritual que nadie debe salirse de sus atribuciones (*cheou fen*). "Cuando la Etiqueta se extiende a todo, las atribuciones (*fen*) (de todos los seres) permanecen fijas (*ting*)".[78]

El orden feudal tiene un segundo principio. Príncipes y vasallos viven bajo el control de la historia.[79] Son los escritores oficiales de los anales quienes, utilizando las normas tradicionales, nombran y *califican* sus acciones. Los *honran* y *deponen* por la mera virtud de los términos que utilizan para designarlos y juzgarlos a ellos y a sus acciones.[80] La escritura histórica es válida como juicio; confirma o modifica, para la eternidad, los estatutos.

Un notable pasaje del *Tchouang tseu*[81] vincula a la noción de *Tao-tö* (Eficiencia Primaria) las de *jen* y *yi*,[82] que ordenan la conducta del caballero (*kiun tseu*). De ellos derivan el respeto a las atribuciones (*fen cheou*), (la concordancia de) realidades y (nombres) (*hing ming*), la distribución (correcta) de los cargos, la discriminación (exacta) de los hombres y sus obras, la distribución (correcta) de *las aprobaciones y desaprobaciones* (*che fei*; textualmente: sí y no), las *recompensas y los castigos*.

> "Cuando está claro (el principio) de las recompensas y los castigos, los más estúpidos saben lo que se espera de ellos, los nobles y los viles mantienen sus rangos (*wei*), los buenos y los malos hacen lo mejor, pues no ha faltado el *fen* (distribución) de los talentos teniendo en cuenta los *ming* (nombres, dignidades), para que los superiores sean servidos, los inferiores alimentados, (el

---

77   *Ts'ien Han chou*, 30, p. 15. Nótese la conexión entre *ming* y *wei*, ya sugerida por el primer apéndice del *Yi king*. El *Han chou* clasifica, en la Escuela de los Nombres, a Yin Wen tseu junto a Houei tseu y Kong-souen Long.
78   *Li ki*, C., I, p. 515.
79   *Civ. Chin.*, p. 288.
80   Granet, *Danses et légendes...*, p. 64.
81   *Tchouang tseu*, L., pp. 336-337.
82   Sobre estos términos, cfr. en este Libro, el cap. II, ap. I.

conjunto) de los seres gobernados y (cada) personalidad cultivada (*sieou chen*). ... y esto es lo que se llama la Gran Paz, la perfección del gobierno".[83]

Tchouang tseu (antes de pasar a su crítica) expone aquí las ideas que acercan la Escuela de los Nombres a la Escuela de las Leyes vinculándolas a las teorías atribuidas a Confucio sobre la eficacia del *jen* y el *yi*.

Otro pasaje del *Tchouang tseu*[84] insiste, de manera significativa, en este último punto. Habla de la enseñanza libresca en honor a la Escuela de Confucio y afirma que el *Tch'ouen ts'ieou* se utilizaba para explicar el *ming* y el *fen*, es decir, para aprender a calificar y distribuir, a repartir y a juzgar. Esta es la idea que los chinos se han formado y conservado del *Tch'ouen ts'ieou*;[85] no ven en esta obra una simple crónica del país de Lou; admiten que Confucio se hizo cargo de la redacción de los cronistas oficiales. El Maestro tuvo cuidado, sopesando sus palabras "incluso con más cuidado que cuando juzgaba los juicios, de rebajar lo que debía rebajarse". Parece que obtuvo la aprobación de Tseu-hia, un juez difícil. Sin embargo, declaró que, si se le alababa o se le culpaba en tiempos futuros, sería por culpa del *Tch'ouen ts'ieou*.[86] Interpretadas a la luz de lo que informa el *Tchouang tseu*, estas tradiciones son instructivas. No en vano, Confucio era llamado un rey sin reino; se había arrogado el derecho de distribuir honores y cualidades (*ming*). Desde que en China no sólo había vasallos que hablaban en nombre de sus señores, sino sabios o escritores que juzgaban en su nombre, el tema de la corrección del lenguaje adquirió un nuevo significado. Era un axioma, reinando la Etiqueta, que, distribuidos por la gracia del Príncipe, los lotes de honores y pertenencias asignados, con nombre, a los individuos, eran correctamente asignados. Surgirá un problema. ¿Qué derecho tiene un simple individuo a juzgar a otro individuo? ¿Cuáles son las recetas que permiten al hombre común calificarse correctamente?

El problema de los juicios individuales y la relación entre el Yo (*wo*) y el Tú (*tseu*), combinado con el de Esto (*ts'eu*) y Aquello (*pei*), preocupó a los dialécticos. Tchouang tseu, viendo a los peces retozar, exclamó:

– ¡Este es el placer de los peces!

– Tú no eres un pez –dijo Houei tseu–; ¿cómo sabes lo un pez considera placentero?

– Tú no eres yo –replicó Tchouang tseu–; ¿cómo sabes que no sé lo que hace placentero a un pez?

---

83   Este pasaje debe compararse, incluso en la forma, con un famoso pasaje del *Tai hio*. En este pasaje, Tchouang tseu pasa a criticar la doctrina de los nombres (que relaciona con la doctrina de los castigos y las recompensas de la Escuela de Derecho); concede a los nombres y a las leyes sólo una eficacia de detalle, una eficacia meramente técnica. "Hablar de realidades y nombres, de castigos y escarmientos, es mostrar que se conocen los instrumentos de gobierno y no el principio (*tao*) de gobierno... es ser sólo un dialéctico".

84   *Tchouang tseu*, L., II, p. 216.

85   Woo Kang, *Les trois théories politiques du Tch'ouen ts'ieou*, 1, pp. 77 ss.

86   *SMT*, V, p. 422.

– Yo no soy tú, y ciertamente no puedo conocerte, pero ciertamente tú no eres un pez, y todo esto concurre a probar que no puedes saber lo que le da placer a un pez.[87]

Los sofistas profesaban un subjetivismo total; se proponían arruinar las ideas recibidas. Los seguidores de Mö tseu tenían un ideal de uniformidad y paz social.

"Lo que un ser es, lo que se sabe de él, lo que se da a conocer de él, puede diferir",[88]

concedieron, pero postularon que las denominaciones (*ming*) deben ser eliminadas de la discusión (*pien*). Mientras no haya confusión en su aplicación, es decir, mientras el lenguaje no sea deliberadamente incorrecto, las calificaciones (*ming*) corresponden al objeto (*che*). Si no hay confusiones de las que sean responsables el Yo o el Esto, las calificaciones pertenecen realmente al Esto.[89]

Esta, al menos, parece haber sido la opinión de Yin Wen tseu. Este sabio llegó a basar el valor de los juicios en la opinión, cuyas decisiones son válidas en cuanto la sociedad es lo suficientemente estable como para hacer posible el uso correcto del lenguaje.[90] Yin Wen tseu parece haber sido considerado un seguidor de Mö tseu. Los taoístas, sin embargo, hablaban de él con cierta indulgencia:

"Liberarse de las costumbres, despreciar los ornamentos, no desatender a los individuos, no obstinarse contra la multitud, desear la tranquilidad del Imperio para que los hombres vivan su suerte en la vida (*ming*) hasta el final, estar satisfecho en cuanto los demás y uno mismo tengan lo suficiente para vivir... esta era la regla que seguía... Yin Wen tseu... En su trato con los demás, fueran cuales fueran las disputas, mostraba amenidad; soportaba los insultos sin sentirse ultrajado; buscaba, en medio de las reyertas, ayudar, evitar la agresión, impedir las batallas. Recorrió el Imperio, reprendiendo a los grandes, adoctrinando a los pequeños; nadie en el mundo lo acogía; nunca se arredró y perseveró."[91]

¿Era Yin Wen tseu, como Mö tseu, un predicador de la paz? ¿Era un ecléctico, influenciado tanto por el taoísmo como por los legistas? Es muy difícil decirlo. No sabemos nada de él, salvo que probablemente vivió a finales del siglo IV a.C. y (quizá) permaneció en Ts'i en la época del rey Siuan (343-324 a.C.). Su obra, que se ha perdido varias veces y se ha reconstruido con la ayuda de citas (sobre todo en torno al siglo XI de nuestra era), ha llegado hasta nosotros en forma de un opúsculo incoherente. No es ni mucho menos seguro que todos los elementos sean auténticos; hay graves contradicciones; el estilo no muestra ninguna unidad y no

---

87   *Tchouang tseu*, L., I, p. 392.
88   *Mö tseu*, 41.
89   Masson-Oursel y Kia Kien-tchou, *Yin Wen-tseu*, p. 570. Es curioso observar que el *Mö tseu* (41) utiliza la expresión: *denominación correcta* en relación con la distinción entre Esto y Aquello.
90   *Ibid.*, p. 585.
91   *Tchouang tseu*, L., II, p. 221.

hay forma de determinar, para los términos más importantes, si se utilizan siempre con el mismo valor técnico. En particular, se corre el riesgo de traicionar al autor si, confundiéndolo con un lógico puro, se traducen las expresiones *fen* y *ming fen*[92] como "especificidad" o "especificidad de los nombres". Del conjunto del texto, tal y como ha llegado hasta nosotros, parece deducirse que el sentimiento dominante del escritor es el horror a la confusión y a la indistinción, pues éstas son fuentes de disputa.

Un primer remedio para la confusión es lógico o más bien lingüístico; hay que definir los significados y distinguir el Esto del Eso.[93] Pero también es necesario distinguir entre los juicios que atribuyen a los objetos propiedades (*fen*) de aplicación indefinida y que deben tener un fundamento en el Eso, y los juicios, totalmente dependientes del Yo, que implican preferencias y aversiones.[94] Para obtener la paz social, a una *disciplina del lenguaje* que permita nombrar correctamente (*ming*) y garantice la objetividad de las predicciones debe añadirse una disciplina de la moral que garantice, con estimaciones justas, una distribución de los honores (*ming*) y de los destinos (*fen*) que tenga la virtud de impedir cualquier usurpación.[95]

Los calificativos (*ming*) honoríficos y peyorativos deben distribuirse eficazmente entre los buenos y los malos, los juicios apreciativos constituyen un arte cuyo objeto es precisamente evitar las discusiones y las disputas.[96] Existe, pues, una política de los nombres (*ming*) que los utiliza como premios o castigos para establecer condiciones (*fen*), de modo que el comerciante, el artesano, el labrador o el noble no puedan abandonar su estado; "*su nombre los limita*", y "los inferiores no pueden ejercer su ambición", contentándose cada uno con su lugar, bueno o malo.[97] Yin Wen tseu pide que se condene a muerte a los sofistas cuyos conocimientos no les impidan ser viles (pues la elocuencia sirve para corromper, adular y engañar), y a todos aquellos que "son héroes entre los hombres viles" capaces (por sus talentos personales y sus "conocimientos peligrosos"), "de embellecer la injusticia y perturbar a la multitud".[98] En efecto, "los nombres (que) distribuyen (asignan) correctamente los rangos" pueden servir (mal utilizados) para fomentar la ambición y la usurpación; la facultad de calificar y honrar con nombres debe seguir siendo, por tanto, una prerrogativa principesca,[99] pero con dos reservas. El Príncipe está obligado a ser benéfico y, si debe, manteniendo las condiciones (*fen*) fijas (*ting*), evitar que "los que son inteligentes y fuertes" sean arrogantes, también debe evitar no hacer un uso adecuado de los talentos que le corresponden (*fen*) a los individuos.[100] Por otra parte, el Príncipe, aunque debe esforzarse por seguir siendo la

---

92 Masson-Oursel (*op. cit.*) ha hecho una traducción muy cuidadosa de este panfleto, pero en la que no se distinguen suficientemente los distintos usos técnicos de las palabras.
93 Masson-Oursel, *op. cit.* p. 570.
94 *Ibid.*, pp. 570-571.
95 *Ibid.*, p. 577.
96 *Ibid.*, p. 570.
97 *Ibid.*, pp. 572, 576, 579.
98 *Ibid.*, pp. 574, 590, 588, 589.
99 *Ibid.*, pp. 585, 586.
100 *Ibid.*, pp. 597, 577, 576.

única fuente de liberalidades, no tiene derecho a tener favoritos y a actuar según su propio corazón.[101] Por lo tanto, debe evitar gobernar utilizando a los hombres. Sólo debe gobernar mediante los *nombres* (es decir, distribuyendo imparcialmente rangos, honores, atribuciones) y las *leyes* (es decir, sometiendo a los "seres de toda condición" a decisiones "uniformes").[102]

La originalidad de Yin Wen tseu parece resumirse en el esfuerzo que hizo para distinguir las estimaciones de las meras calificaciones. Sin embargo, incluso para él, definir o calificar, estimar o clasificar son artes interrelacionadas. Su práctica sólo es posible si la sociedad es lo suficientemente estable como para que las opiniones sean uniformes. El ideal del lógico es, por tanto, la estabilidad social y la conciliación de los conflictos bajo el imperio de la ley. Ya no es la etiqueta la que da autoridad al juicio; no puede ser el individuo; debe ser el acuerdo de los individuos; esto depende de la imparcialidad del Príncipe. *La autoridad lógica pertenece al Príncipe como fuente de toda paz y estabilidad.* El arte de calificar se confunde con el arte de legislar. Es indudable que Yin Wen tseu, *como lógico*, ha sido clasificado entre los defensores de la Escuela de los Legistas. Para estos últimos, igual que para él, las designaciones (*ming*), como las atribuciones, los rangos y las herencias, no dependen de los estatutos consuetudinarios; éstos no pueden dotarlas ni de estabilidad ni de universalidad, ni siquiera de flexibilidad y eficacia: pero todo ello puede provenir de la autoridad del Príncipe, autor de la ley y soberano evaluador de los datos circunstanciales (*che*).

Esta es la doctrina que casi triunfa con Che Houang-ti. El gran emperador estandarizó la escritura, publicó un diccionario oficial y escribió en sus estelas: "He puesto orden en la multitud de seres y he sometido a prueba los actos y las realidades: cada cosa tiene el nombre que le conviene."[103]

IV. El arte de legislar

Bajo el epígrafe: *Escuela de Derecho* (*fa kia*), se agrupan los escritores que se ocupaban principalmente de la administración y cuyo ideal era ser los hombres del Príncipe.[104] Se distinguen de los Políticos. Estos últimos se ocupaban principalmente del éxito de las combinaciones diplomáticas. A los Legistas, en cambio,

---

101 *Ibid.*, p. 595.

102 *Ibid.*, pp. 586, 587.

103 *SMT*, II, p. 188. Se ha dicho que la expresión *tcheng ming* (hacer correctas las designaciones) significaba primero: corregir los caracteres de la escritura (*SMT*, V, nota 439). La escritura sólo se uniformizó con Che Houang-ti, y fue durante la época de los Reinos Combatientes cuando probablemente se formó el Κοινη del que surgió el chino. La explicación de *tcheng ming* como "corrección de los caracteres de la escritura" es ciertamente una idea tardía. El uso correcto de las designaciones vocales o gráficas no tenía como objetivo principal lograr la difusión universal de un sistema de simbolismo. Se trataba simplemente de tomar prestada de la etiqueta, antes de tomarla de la ley, la autoridad para emitir un juicio. La orden impuesta a la multitud de seres es una orden administrativa.

104 El *Ts'ien Han chou* (30, p. 15a) relaciona la Escuela de Derecho con los Administradores (*li kouan*) y las Doctrinas de los Políticos (30, p. 16b) con los Diplomáticos.

les interesaban las recetas de las que los Estados podían sacar su fuerza interna. La organización del territorio y del ejército, la economía y las finanzas, la prosperidad social y la disciplina eran sus temas favoritos. Mientras que los sofistas, enemigos de todo el sistema de tradiciones, parecen haber sido los mejores auxiliares de los políticos o diplomáticos, los administradores o Legistas se apoyaban en los lógicos (*ming kia*), dominados por la idea de un orden estable. Los primeros pensaron en aprovechar las convulsiones del mundo feudal para empujar a sus amos hacia la hegemonía; los segundos, en su afán de justificar flamantes prácticas administrativas, se vieron abocados a imaginar una nueva idea: la de la soberanía del Príncipe y de la Ley. Tuvieron que administrar territorios que a veces habían sido conquistados por la diplomacia y la guerra, u otras veces arrancados a los bárbaros, o recuperados de la propia naturaleza gracias a iniciativas principescas. En este caso, no estaban obligados por la tradición, ni por los estatutos consuetudinarios. Las órdenes del conquistador eran la ley. Los administradores querían que estas órdenes fueran la ley en el antiguo dominio de su señor y que cualquier costumbre o estatuto no tuviera valor ante la voluntad del Príncipe.[105] Es posible que sus ideas tomaran un giro más teórico después de haber servido como temas para los debates académicos desde Tsi a Lin-tsö. No se formaron en la ociosidad de estas discusiones de palabrería,[106] sino directamente en el trabajo administrativo. El vínculo orgánico entre ellos es un sentimiento que proclama su origen y su valor técnico. Lo que justificaba el imperio de la etiqueta era la eficacia que se le prestaba. Lo que permite declarar la ley como soberana es la *realización efectiva* (*kong yong*) de la práctica administrativa cuando se basa en las leyes.

No hay manera de indicar el progreso histórico de las ideas en el campo de los Legistas. Conocemos bastante bien la vida del último de ellos, Fei de Han, llamado Han tseu o Han Fei tseu. Se dice que pertenecía a la casa principesca de Han y que, tal vez, fue alumno de Siun tseu. Sirvió a los príncipes Han y luego a los de Ts'in. El futuro Che Houang-ti lo admiraba y luego lo encarceló con permiso para suicidarse, pues se dice que el ministro Li Sseu, que había sido su compañero de estudios, lo calumnió por celos.[107] Han Fei tseu murió hacia el año 233 a.C., dejando una obra en 53 capítulos. Efectivamente el *Han Fei tseu* conserva 53 capítulos, pero varios, tras perderse, han sido reconstruidos; la crítica no ha logrado aún separar las partes falsas de las restantes; en el texto, mal establecido y a veces incomprensible, abundan las interpolaciones.[108] Otra obra, el *Chang tseu*, o *Chang kiun chou* (Libro del Señor de Chang) es un conjunto, realizado en fecha desconocida (quizá entre los siglos III y VI de nuestra era), de piezas, algunas de las cuales quizá se remontan

---

105 *Civ. Chin.*, pp. 424, 104.

106 Véase, en sentido inverso, *Chine antique*, de Maspero, p. 516, y (menos categóricamente) *The book of Lord Shang*, de Duyvendack, p. 72.

107 *SMT*, cap. 63.

108 Parte de la obra fue traducida al ruso por Ivanov en 1912 (Public. de la Facultad de Lenguas Orientales de la Academia de San Petersburgo).

al siglo III a.C.[109] Se supone que es obra de Wei-yang (o Yang de Wei), ministro del duque Hiao (361-336 a.C.) de Ts'in. Se le atribuyen los decretos revolucionarios[110] que abrogaron el sistema feudal en Ts'in; nombrado señor de Chang[111] tras un éxito militar, fue destituido a la muerte de su señor; se había equivocado al obligar al príncipe heredero a respetar las leyes.[112] El patrono más antiguo de los Legistas, Kouan tseu, sólo se conoce por leyendas[113]. No se conserva nada auténtico de varias obras, escritas sin duda, como el *Kouan tseu*, hacia el siglo III a.C., y colocadas, también, bajo el nombre de antiguos héroes de la Ley, como Teng Si, ministro de Tcheng, que fue (dicen algunos) ajusticiado[114] por su rival Tseu-tchan, otro Legista, al que el *Tso tchouan* presenta frecuentemente.[115] Tseu-tch'an, cuya muerte, se dice, hizo llorar al pueblo de Tcheng y al propio Confucio, y a quien la historia elogia por su amor al prójimo y su beneficencia, había caído en desgracia al principio porque intentó luchar contra las asociaciones privadas.[116] Al delito de intentar aumentar la fuerza del Estado, los Legistas añadieron otra villanía. Estos indiscretos siervos del Príncipe exigían que se trabajara y que los graneros estuvieran llenos, a fin de proveer las necesidades de los ejércitos y los tiempos de hambruna. Sin duda, exigían mucho a los campesinos. Sin embargo, cuando sus compatriotas aseguran que el "pueblo (*min*)" les odiaba, hay que recordar que esta palabra (*min*) significa "las grandes familias" y designa, no a la plebe (*chou jen*), sino a quienes se consideraban los pares del señor. En la época de los Reinos Combatientes, algunos países chinos tenían un régimen similar al de las Tiranías. El Príncipe lucha contra la nobleza y las costumbres feudales. Trata de aumentar los ingresos y el poder militar del Estado dando la tierra a los campesinos. Estos dos principios de la administración tiránica están vinculados a la teoría de la "eficiencia" y a la práctica de la publicación de leyes. Esta última sirvió como punto de partida para las reflexiones de los administradores y la primera fue la base para la doctrina de los Legistas sobre la soberanía del Príncipe y de la Ley.

A falta de hechos históricos que puedan aportar información sobre la evolución de las ideas que marca el *Han Fei tseu*, el *Tso tchouan* relata dos anécdotas que su simetría hace dignas de interés. Después de haber repartido tierras a varios nobles para conciliar un partido entre ellos, Tseu tch'an, ministro de Tcheng, instituyó una nueva jerarquía, distinguiendo cada rango con una vestimenta; luego procedió a

---

109   El Libro del Señor de Chang ha sido traducido íntegramente, con gran cuidado, por Duyvendack (*op. cit.*), quien se ha esforzado (pp. 141 y ss) en distinguir estilísticamente las piezas de diferentes épocas.

110

111   *SMT*, III, p. 316.

112   *Civ. Chin.* pp. 43, 222; *SMT*, II, pp. 62 y ss. El libro de Duyvendack contiene una traducción de la biografía de Wei-yang escrita por Sseu-ma Ts'ien, pp. 8 y siguientes.

113   Granet, *Danses et légendes*..., (índice).

114   *Yi king*, L., p. 350.

115   Véase *supra*, Libro II, cap. II y M. Granet, *Civ. Chin.*, p. 106. Sobre el desastroso destino de los Legistas en la época del emperador Wou de los Han, véase *Ibid.*

116   *Civ. Chin.* p. 43. La historia nunca ha perdonado a los Legistas por este crimen, como tampoco ha dejado de deshonrar los ataques de Mö tseu al espíritu del patronazgo.

un reparto de tierras y estableció entre los vecinos un vínculo de compañerismo militar (*wou*). Algunos de los grandes le ayudaron; los otros fueron "derribados". Después de algunos disturbios e incluso algunas canciones satíricas, todo se calmó. Cinco años después, Tseu-ch'an fijó los impuestos sobre la tierra; le llamaron escorpión; exigía demasiado para el Estado. Dos años más tarde (535 a.C.), fundió calderos para inscribir leyes penales (*hing pi*); un sabio le amenazó inmediatamente con fuegos celestiales y, efectivamente, se produjo un incendio en Tcheng. El sabio recordó que los antiguos gobernantes se contentaban con instituir castigos (*hing*) y escarmientos, para infundir terror en los corazones de los malvados; no promulgaban leyes penales (*hing pi*) por temor a desarrollar el espíritu litigioso (*tcheng sin*).

> "Cuando la gente sabe que hay una ley (*pi*) (penal), los *grandes ya no son sacrosantos* (*ki*) para ellos. Se despierta el espíritu litigioso y se apela al texto escrito (*chou*) con la esperanza de que los argumentos puedan tener éxito… ¿De qué servirán sus leyes (*pi*)? Cuando la gente sepa en qué basar su espíritu litigioso, se burlará de los Ritos. Se apoyarán en los textos escritos; desarrollarán su espíritu litigioso sobre cualquier una nimiedad. Los problemas y las demandas se multiplicarán y crecerán. ¡Los regalos para ganar jueces proliferarán!"[117]

En el año 512 a.C. (?), en Tsin, tras un éxito militar, se grabaron leyes penales (*hing*) en calderos de hierro. Estos calderos debían considerarse como propiedad común de todos, ya que cada uno debía aportar su parte de hierro. Un sabio expresó su desaprobación. Se dice que fue el propio Confucio quien dijo:

– ¡La gente se aferrará a estos calderos! ¿*Seguirán honrando a los nobles*?

Se dice que Confucio añadió que el pueblo seguiría respetando a los nobles si se conservaban en Tsin las normas de protocolo (*tou*) y los modelos de conducta (*fa*) prescritos por los antiguos príncipes, pero no si se ponían en vigor las leyes penales promulgadas en el pasado (620 a.C. ?) durante un desfile militar en el que se habían revisado los rangos y los cargos.[118]

Estas anécdotas, sea cual fuere su valor histórico, revelan dos hechos importantes. 1° En China (como en otros países, por la misma época y por razones similares), la aristocracia se dividió en dos partes: algunos nobles se preocuparon por salvar los privilegios feudales, otros favorecieron el advenimiento de las tiranías. 2° Uno de los fundamentos del prestigio de los jefes feudales y de los nobles residía en su autoridad discrecional en los asuntos de disputa que surgían entre sus vasallos. Su gloria no consistía tanto en juzgar de acuerdo con las costumbres rituales, cuyos secretos sólo ellos conocían, como en asegurarse de que ninguna disputa se planteara en los tribunales. Los castigos (*hing*) se instituyeron no para ser aplicados, sino para asustar; los modelos de conducta (*fa*) se propusieron para edificar, pero no para obligar. Las prescripciones (*hing* o *fa*) se valoraban sólo por su efi-

---

117 *Tso tchouan*, C., II, pp. 549, 660 ("primero debemos satisfacer a los grandes"), pp. 661-662; *Ibid.*, II, pp. 87-88, 116 y ss.

118 *Ibid.*, C., III, p. 456; *Ibid.*, I, pp. 385 y 469.

cacia simbólica (*siang*); los moralistas decían (y siguen diciendo)[119] que tenían la virtud de prevenir mejorando las malas inclinaciones. Esto significa que cualquier conflicto se resolvía mediante un procedimiento de conciliación. El jefe conciliaba y reconciliaba o, mejor aún, el miedo del jefe (por no hablar del precio del procedimiento de paz llevado a cabo con la ayuda de regalos rituales, *li*) invitaba a los denunciantes a arreglar sus disputas entre ellos.[120] Las disposiciones penales no tenían que aplicarse; como no se manifestaba ningún delito, no había delitos. Y todo esto era una demostración de la virtud ordenadora del Jefe.[121] Sólo en un caso prevalecía el espíritu de disciplina y mando: cuando se reunían las milicias feudales. Con motivo de las guerras y los triunfos, los jefes se deshacían de los díscolos.[122] Es significativo que todas las amonestaciones en las que vemos los códigos antiguos se dice que fueron emitidas durante los desfiles militares.[123]

Cuando se instauró el régimen de las tiranías, los potentados despreciaron y temieron a la milicia feudal, que era peligrosa para ellos y no tenía fuerza contra el enemigo. Inventaron el sistema de la nación armada, siempre bajo las armas. Si daban tierras a los campesinos, era en virtud del principio: el que tiene la tierra debe servirla. Así pues, el reparto de tierras se acompañó del establecimiento de un sistema de compañerismo militar (*wou*) entre los campesinos. La disciplina de los campamentos debe imponerse entonces a lo largo de la vida social. Las advertencias promulgadas con ocasión de los desfiles militares proporcionan para Tsin –como afirma el *Tso tchouan*– la base de las nuevas leyes, concebidas, a partir de entonces, no como exhortaciones, sino como prescripciones destinadas a ser eficaces. Inscribir una ley en una caldera es advertir al culpable que será hervido;[124] es decir que la ley será aplicada. También es publicar la ley, limitando así el poder discrecional del Jefe y admitiendo, además, que la Virtud del Jefe no es suficiente para evitar el delito. Se trata, pues, de renunciar a basar la autoridad en el prestigio que alimenta la etiqueta. Significa basarse en el poder conferido por el mando militar. Cuando Wei-yang hizo que Ts'in adoptara el principio de la publicidad de las leyes, esperó a promulgar su código hasta haber obtenido un éxito decisivo en las armas. A continuación, construyó los pilares Ki. En estos monumentos triunfales se expusieron las nuevas leyes.[125]

---

119   Escarra y Germain, *La conception de la loi…*, pp. 10 ss.

120   Granet, *op. cit.*, p. 394.

121   El principio no cambió cuando las dinastías imperiales promulgaron códigos; se siguió aceptando que el mejor magistrado era aquel ante el que se presentaban menos casos.

122   Civ. Chin., p. 309.

123   *Ibid.*, p. 247; Escarra y Germain, *op. cit.* pp. 6 ss. En virtud de un prejuicio aristocrático, Leang K'i-Tch'ao no distingue entre la plebe y los bárbaros, que son los únicos sujetos, según él, al castigo. En realidad, estos castigos están reservados a los vasallos indecentes.

124   La muerte en el caldero es el castigo característico de los ministros de la guerra (*Civ. Chin.*, p. 303). Era, bajo los emperadores, el castigo de todos los malos administradores (*Ibid.*, p. 135.) Che Houang-ti se jacta de haber sumergido en él a todos los feudatarios rebeldes (*SMT*, II, p. 198).

125   *SMT*, II, p. 65. La construcción de estos pilares coincidió con el traslado de la capital (inauguración de una nueva era) y una revisión de todo el sistema administrativo.

Hasta el momento en que los legistas, al crear una justicia estatal, arrebataron a los nobles no sólo sus privilegios, sino también el prestigio que les otorgaba su papel de árbitros, las palabras *hing* (leyes penales) y *fa* (ley) tenían el significado de "modelos", o "moldes", recetas operativas o, si se quiere, preceptos medio morales, medio técnicos. Estos términos no implican ni la idea de obligación ni la de coacción.[126]

Los Legistas trataron de introducir en la idea de *fa* (ley) la noción de fuerza imperativa. Para ellos, el magistrado no es un conciliador que sólo se preocupa por la paz. Debe aplicar la ley a sus electores; debe publicarla; está obligado a declarar la ley. La publicación de la ley es lo que le da su carácter vinculante. Los primeros códigos, grabados en calderas, aún conservan algo de la *protección* dinástica. Todo cambia cuando las leyes se graban en tabletas de bambú, una innovación atribuida a Teng Si de Tcheng (500 a.C. ?).[127] Han Fei tseu escribe:

> "Las leyes deben ser recopiladas y expuestas en forma de tableta; las tabletas deben ser expuestas en buen orden en (todas) las oficinas administrativas; deben hacerse públicas entre el pueblo."

> "Hay una ley cuando los decretos y las órdenes se han publicado en (todas) las oficinas administrativas y cuando los castigos y las penas parecen *inevitables* para todas las mentes. La observancia respetuosa de las leyes se recompensa y su violación se castiga."[128]

La importancia de estas dos definiciones aumenta por el hecho de que se dan en pasajes en los que el autor contrapone *fa* y *chou*, dos términos que al principio significaban indistintamente "recetas, formas de hacer las cosas". *Fa* adquiere un significado imperativo y significa *ley* en cuanto se aplica a las normas hechas públicas, mientras que *chou* conserva su valor de *receta* porque (*chou* o) las *recetas* deben permanecer secretas. Han Fei tseu considera que las leyes (*fa*) deben regular inexorablemente la práctica administrativa. Las tareas ministeriales se resumen en la aplicación estricta de las disposiciones legales. Los administradores son sólo instrumentos de la ley; no pueden modificarla. Los ciudadanos sólo son sujetos de la ley; están obligados a una disciplina sin falta. La ley publicada reina a través de la cooperación obligatoria de todos. Cualquier infracción debe ser denunciada, cualquier acción conforme señalada. Nadie puede ocultar ni el acto justo ni el ilícito. Nadie puede eludir el castigo o la recompensa para sí mismo o para otros. No se puede tolerar la iniciativa ni la interpretación. Se equivocó el ministro de Tch'ou que condenó como mal hijo a un hombre que había denunciado el robo de una oveja cometido por su padre. Y aún más culpable fue Confucio alabando a un reincidente por deserción, con el pretexto de que tenía un padre anciano al que

---

126 Véase, en Escarra y Germain, *op. cit.* (prefacio, VIII y IX), un ejemplo notable dado por M. Padoux del hecho de que, incluso hoy en día, la ley tiene la autoridad de un consejo y no la fuerza soberana.

127 *Tso tchouan*, C. III, p. 550.

128 *Han Fei tseu*, 38 y 43.

cuidar.[129] No hay conflicto de deberes; como la ley es pública, todos están obligados a defenderla, so pena de arruinar el principio de orden. Peligrosos serían los
administradores o sujetos demasiado educados y dispuestos a argumentar fuera de
la ley escrita.

> "En la tierra de un Príncipe sabio no hay libros: *sólo se enseña la Ley; no hay
> sentencias de antiguos reyes*: sólo los funcionarios (que hablan la Ley) tienen
> autoridad."[130]

No hay discusión posible, ya que las disposiciones legales (*ming*) definen el
significado de las palabras (*ming*: vocablo o grafía). Reina el orden.

Es un orden correcto, porque es totalmente anónimo e imparcial: "Cuando los
superiores e inferiores no interfieren, los nombres son correctos", dijo Yin Wen
tseu,[131] y en las filas no hay confusión. El Príncipe –al igual que el gobernante
feudal, pero con medios muy diferentes– es un creador de jerarquía. Sólo que es
una jerarquía *militar* que nace de su poder de mando. Es el resultado de sanciones
totalmente automáticas. El gobierno tiene "dos puños", el *Hing* y el *Tö*, el poder
de aplicar sanciones negativas (*hing*) y positivas (*tö*). No son los administradores
quienes, de por sí, ni el señor quienes, en privado, promueven o degradan, es la
Ley. El Príncipe no puede intervenir en asuntos administrativos en los que sólo
rige la ley publicada. A la inversa, ningún súbdito, ningún ministro puede intervenir en los asuntos del Príncipe.[132] La alta dirección del Estado es sólo suya. Sólo
de él depende la Política; sólo a él pertenecen privadamente las Recetas (*chou*) que,
gracias al *k'iuan* {combinaciones diplomáticas que extraen de cada ocasión el peso
(*k'iuan*) que que inclina el destino hacia su propio lado} hacen posible alcanzar
el *che* (condiciones circunstanciales del éxito). "Las leyes (*fa*) son la regla de los
administradores. Las recetas (*chou*) son las riendas que lleva el Maestro".[133] Los
Legistas distinguen fuertemente del Derecho el Arte de gobierno.[134] Las recetas,
intransferibles por definición, conforman el poder personal del Príncipe; constituyen su eficacia íntima, su valor propio –grande si el Príncipe es un Santo.

Es en su concepción del Arte de gobierno donde se revela la profunda influencia que los taoístas han ejercido sobre los Legistas, por medio de los políticos.[135]
Esta influencia es más externa, si no sólo formal, en lo que respecta a su concepción del derecho. Para los ritualistas, el poder principesco, basado en la costumbre,
resulta de un Prestigio que no es privado sino patrimonial. Toda autoridad, para
los taoístas, está constituida por el poder, estrictamente personal, que proporciona
la Santidad. Los Legistas admiten que una parte de la autoridad principesca deriva

---

129 *Ibid.*, 49.
130 *Ibid.*, 49.
131 Masson-Oursel y Kia Kien-tchou, *op cit.*, p. 580.
132 *Ibid.*, p. 580.
133 *Han Fei tseu*, 44.
134 *Ibid.*, 43: "Chen Pou-hai habla de recetas (*chou*); pero Wei-yang hace leyes (*fa*)"
cf. Masson-Oursel y Kia Kien-tchou, *op. cit.*, p. 569: "Las recetas son lo que el Príncipe utiliza en
privado; los inferiores no deben ser informados sobre eso".
135 Cfr. *supra*, en este Libro, cap. I, ap. II.

de los talentos personales, pero se apresuran a limitar rigurosamente el uso de estas virtudes. De hecho, exigen al Príncipe no talentos sino imparcialidad. Han Fei tseu compara ciertamente esta imparcialidad con la del Tao, y parece argumentar como taoísta. Sin embargo, hay un abismo entre la imparcialidad subjetiva y secreta del Santo y la imparcialidad exigida al Príncipe; toda objetiva y basada en una idea militar de la disciplina, se confunde con la inexorabilidad de la ley publicada.

Los Legistas llegaron a las ideas de Príncipe y Derecho Soberano porque buscaban definir una disciplina adecuada para los grandes Estados. Al mismo tiempo que pensaban en la administración de los hombres, tenían que pensar en la administración de las cosas. Los hechos económicos y la observación de estos hechos fueron la base de su concepción. El rápido crecimiento de la población de China planteó, desde su época, un problema que nunca ha dejado de ser trágico: el de la subsistencia.

"En la antigüedad,[136] los hombres no cultivaban; los frutos de los árboles eran suficientes para alimentarse. Las mujeres no tejían; las pieles de animales eran suficientes para vestirse. No había necesidad de trabajar, pero había suficiente para vivir. Los hombres eran pocos y los recursos abundantes; el pueblo no tenía espíritu litigioso. No era necesario reforzar las recompensas ni redoblar los castigos; el pueblo se gobernaba a sí mismo. Hoy en día, cinco hijos no son mucho para un hombre; un abuelo puede contar en su vida con veinticinco nietos. Los hombres son numerosos y los recursos escasos; hay que trabajar duro para sobrevivir en la pobreza. Por lo tanto, el pueblo es litigioso. Incluso multiplicando las recompensas y aumentando los castigos, no se puede escapar del desorden".

"Si hay desorden en el estado, hay hambruna, y la población está dispersa, sin recursos… Hay recursos suficientes, y la población se mantiene, cuando las leyes se ponen en práctica".[137]

Para los Legistas, el derecho consiste en una distribución imparcial de castigos y recompensas que aumenta la producción y, en consecuencia, hace menos formidable la distribución, no de la riqueza, sino de los bienes más necesarios. Se trata de evitar que los campesinos vendan a sus hijas y, al final, se conviertan en vagabundos; el Estado se ve entonces amenazado por asociaciones privadas que pueden hacer la fortuna de algún aventurero. Ahora bien, en materia económica, dos hechos son evidentes: no se puede contar con casualidades excepcionales (y esperar, abandonando el arado, a que una liebre se enganche en las ramas donde antes se enganchaba una liebre),[138] ni tampoco se puede hacer caso omiso de las condiciones cambiantes (y utilizar, por ejemplo, un cántaro para regar el campo, después de que se hubiera inventado el balancín para extraer agua).[139] El rendi-

---

136 *Han Fei tseu*, 49.

137 *Yin Wen tseu*, en Masson-Oursel y Kia Kien-tchou, *op. cit.*, p. 31.

138 *Han Fei tseu*, 49.

139 Elijo este ejemplo porque Tchouang tseu lo utilizó para condenar las recetas perfeccionadas (Wieger, *Les Pères du système taoïste*, p. 301). Este es un punto esencial en el que se

miento (*kong yong*)[140] es el primer hecho a considerar en la administración de las cosas. También hay que tomar como base el rendimiento cuando se trata de la administración de personas.

De ahí surgen varias consecuencias. Es absurdo imitar a los antiguos. La antigüedad de un proceso habla en su contra: tiempos diferentes, leyes diferentes. Es absurdo confiar en la Virtud de los Sabios. Hay pocos sabios y se necesitan soluciones diarias. Para salvar a un hombre que se ahoga en el centro de China, no se manda a buscar al mejor nadador de Yue (el lejano sur). En lugar de esperar felizmente a la suerte o a un salvador, hay que enfrentarse a las condiciones actuales y normales, *calcular lo probable y prever lo posible*. Si quieres llegar lejos y rápido, no esperes a un cochero como Wang Leang, que puede hacer que sus caballos recorran mil estadios en un día. Calcula tus etapas teniendo en cuenta la habilidad media de los cocheros, la calidad media de los carros, y organiza los relevos en consecuencia. Un administrador no se interesa por lo excepcional y no se basa en la fortuna sino en los cálculos (*chou*: números). No pierde el tiempo buscando personas con talento que le ayuden, le basta con aplicar las leyes pensadas para el caso medio.[141]

> "En las acciones y en las palabras, la regla es la actuación (*tchong yong*). Si, después de afilar una flecha, la lanzas al azar, su punta puede golpear al saco más fino; nadie dirá que eres un maestro arquero; este (disparo) no es (el efecto de) una *regla constante*. Si un maestro arquero dispare a diez pasos sobre una diana de cinco pulgadas, no es seguro que alcance el objetivo: es una regla constante."[142]

También en la práctica se utilizan instrumentos como la regla y el compás, el peso y la balanza. Los comerciantes pesan con balanzas y estiman en pulgadas; no se basan en el juicio personal. Asimismo, si se desea obtener un retorno seguro, hay que recurrir a las leyes,[143] no a los hombres.

"La Gran Paz… no se debe al gobierno del Santo, sino al de las leyes santas".[144]

Los Legistas opusieron con fuerza el Príncipe al Sabio y la Ley (*fa*) a los Ritos (*li*); trataron de hacer prevalecer una concepción completamente objetiva de lo lícito. Lo que es lícito es lo que contribuye efectivamente a la paz social asegurando un buen rendimiento medio de la actividad productiva de los hombres.

* * *

Che Houang-ti, cuando fundó el Imperio, pensó en establecer el imperio de la Ley. El régimen no duró. Los chinos lo odiaban, reprochando a los Legistas su

---

oponen los Legistas y los Taoístas.

140   Es, en mi opinión, un grave error traducir esta expresión como "eficacia". (Véase Maspero, *La Chine antique*, p. 527). Es una cuestión de eficiencia positiva.

141   *Han Fei tseu*, 40.

142   *Ibid.*, 41.

143   *Ibid.*, 27.

144   *Yin Wen tseu*, en Masson-Oursel y Kia Kien-Tchou, *op. cit.*, p. 592.

dureza y crueldad. Los Legistas eran culpables, de hecho, de creer en la virtud única de la disciplina. Partían de una psicología más bien limitada y de un espíritu militar. Los hombres aman la vida y odian la muerte, dijo Tseu-ch'an.[145] Este es el principio del sistema de sanciones automáticas y de la jerarquía militarizada que sirve para alistar a toda la población.[146] Esta concepción es burda y rígida, pero al menos tuvieron el valor para querer aplicarla en un país cuyas grandes lacras eran el bandolerismo, el respeto concedido a todo jefe de banda, la atracción del vagabundeo y el mediocre desempeño del trabajo.[147] Los Legistas lucharon tanto contra el espíritu de la improvisación como contra el de la rutina. Querían desechar la idea del Sabio, cuya virtud lo puede todo y que es tomado por salvador en cuanto se presenta modestamente como discípulo de los Antiguos. Querían limitar la arbitrariedad gubernamental. Condenaron la incoherencia legislativa[148] y abogaron por la codificación. Defendieron el principio de que las leyes sólo son eficaces con dos condiciones: si el Príncipe se asegura de que su interés coincide con la totalidad de los intereses particulares,[149] y si, condenando el régimen del beneplácito principesco, se preocupa de adaptar las normas a las circunstancias concretas. Combinaban un ideal de disciplina con un sentimiento de evolución de las costumbres y condiciones sociales. Preferían los juicios imparciales, las evaluaciones objetivas y los argumentos concretos. Estos espíritus positivos, enamorados del rigor científico, sólo lograron un éxito fugaz. Los Sofistas no consiguieron que los chinos aceptaran la idea de que había términos contradictorios. Del mismo modo, los Legistas no lograron acreditar la noción de regla constante ni la concepción de la Ley soberana.

---

145 Cfr. Libro III, cap. III.
146 *Civ. Chin.*, p. 116.
147 Se dice que Wei-yang imaginó un sistema de permisos de tráfico para frenar la vagancia.
148 *Han Fei tseu*, 49.
149 *Yin Wen tseu*, en Masson-Oursel y Kia Kien-Tchou, *op. cit.*, p. 593.

Capítulo II
LAS RECETAS DEL BIEN PÚBLICO

Los Políticos y los Legistas son aventureros de prestigio o, como Wei-yang y Han Fei tseu, hijos de grandes familias; más que jefes de escuela, son mecenas cuyos nombres añaden autoridad a una doctrina. Ni Confucio ni Mö tseu desempeñaron un papel político. Pertenecían a esa parte de la nobleza que el régimen de las tiranías condenó a la ruina. El consejo de los fieles fue sustituido por el consejo secreto. No fueron los miembros de la nobleza local los favorecidos por los potentados. Ociosos, empobrecidos, alejados de la corte, los nobles menores solían servir como sirvientes, mayordomos o escuderos, y formaban la clientela de un noble más poderoso. A veces vivían penosamente en sus tierras, y algunos eran "sabios ocultos". A veces, cuando uno de ellos había adquirido cierto renombre, reunía una clientela de aprendices que empujaba al Maestro hacia la gloria, esperando compartir su fortuna si conseguía inspirar confianza a algún Príncipe; tal era sin duda la esperanza de los discípulos de Confucio. Pero a veces, también, esta clientela era más bien una hermandad; tal fue el caso de los seguidores de Mö tseu. A los ojos de sus seguidores, Mö tseu y Confucio aparecían como "príncipes sin dominios, jefes sin vasallos".[1] El calificativo de "Rey sin reino" se atribuyó oficialmente a Confucio cuando, con los Han, triunfó la ortodoxia confuciana. Mö tseu, a partir de entonces, sería considerado un hereje; su secta, sin embargo, al principio fue la más activa y brillante. Reclutados en los mismos círculos, los dos colegios tenían tendencias similares. Mientras los grandes y sus favoritos buscaban recetas que pudieran aumentar el poder del Estado y la eficacia de la administración, los seguidores de Mö tseu y Confucio se preocupaban únicamente por el bien público. En este entorno de nobles desafortunados, un giro conservador pronto

---

1   *Lie tseu*, en Wieger, *op. cit.*, p. 103.

distorsionó las doctrinas. Esto no demuestra en absoluto que los propios Maestros carecieran de genio y audacia. Confucio y Mö tseu aparecen como innovadores traicionados por sus seguidores. Mö tseu intentó crear una doctrina del deber social denunciando los males del espíritu clientelar. Confucio parece haber tenido la idea aún más audaz de basar toda la disciplina de la moral en un refinado sentido del humanismo.

I. Confucio y el espíritu humanista

Confucio ha sido comparado a menudo con Sócrates. Su fama, aunque menos inmediata, no fue menos duradera. Su prestigio entre sus seguidores era igualmente grande. Pero si hay, tal vez, alguna analogía en el espíritu de las enseñanzas impartidas por estos dos sabios, en cuanto a su desempeño no es posible ninguna comparación. Los chinos han reconocido en Confucio a un "Maestro para diez mil generaciones", sólo después de haberlo convertido en el patrón de una moral conformista. Ven en él el ejemplo más perfecto de la sabiduría nacional; nadie le da crédito por su pensamiento original. No hay ningún testimonio fiel sobre Confucio. Esto no es razón suficiente para conceder a la ortodoxia que el Maestro era sólo el mayor de los eruditos ortodoxos. Pero es un intento muy afortunado de intentar decir lo que era.

No sabemos nada con certeza sobre la vida de Confucio, salvo que enseñó a principios del siglo V a.C. en una ciudad de Chan-tong, quizá en la capital del estado de Lou. Fue enterrado un poco al norte de esta ciudad, y fue alrededor de su sepulcro donde se formó la aldea (K'ong li),[2] donde se guardaron sus reliquias: su gorra, su guitarra, su carro... Los más fieles de sus discípulos se quedaron allí. La tradición dice que nació en 551 a.C. y murió en 479 a.C.; estas fechas no concuerdan muy bien con las asignadas a sus descendientes, y a su nieto Tseu-sseu en particular; no hay razón para preferir una en lugar de la otra; todas ellas forman parte de la incertidumbre de la cronología china para este antiguo período. Confucio[3] pertenecía a la familia K'ong; establecidos en Lou durante tres generaciones, eran nativos de Song, emparentados con la familia principesca de ese país, y conectados a través de ellos con los reyes de la dinastía Yin; no hay razón para considerar esta genealogía como puramente ficticia; está confirmada por varios pasajes en el *Tso tchouan*, pero ninguna genealogía, especialmente para ese período problemático, puede inspirar gran confianza.[4] Se dice que Confucio nació en Tseou, una ciudad del país de Lou, de la que su padre era gobernador; que quedó huérfano a muy temprana edad, que vivió en la pobreza, que ejerció algunos trabajos humildes, que apareció en la corte, que tuvo que viajar y que regresó a su país para terminar sus

---

2   La "aldea de Confucio". *SMT*, V, pp. 436 y ss, p. 435.
3   Latinización de K'ong Fou-tseu (*fou-tseu*, maestro, es un título honorífico).
4   Granet, *Danses et légendes...*, pp. 431 y ss. Cf. *Ibid.*, p. 556.

días rodeado de muchos discípulos; no hay razón para rechazar estos datos biográficos en lo esencial, pero tampoco para aceptarlos en detalle. El *Tch'ouen ts'ieou*, la crónica del Estado de Lou, no menciona en ningún momento a Confucio, lo que no demuestra que éste nunca haya tenido funciones oficiales. Las aventuras atribuidas al Maestro, aunque llenas de contradicciones, repeticiones e imposibilidades, no son en sí mismas inverosímiles. Se afirma que Confucio enseñaba las artes liberales y profesaba una sabiduría basada en varias obras que (más o menos reelaboradas posteriormente) se convirtieron en los Clásicos chinos: el *Che king* (Libro de las odas), el *Chou king* (Libro de la Historia), el *Yi king* (Libro de la Adivinación o las Mutaciones), los Rituales (de los que surgieron el *Yi li* y el *Li ki*), el *Tch'ouen ts'ieou* (Crónica de Lou –que se dice que el propio Maestro reelaboró–) y una obra sobre música (hoy perdida). Parece cierto que, en la enseñanza impartida por los discípulos, el comentario de estas obras ocupó un lugar importante desde el principio,[5] combinado con ejercicios prácticos de buena conducta ritual; nada nos permite afirmar que la enseñanza del Maestro fuera tan libresca, o que lo fuera mucho menos. Ya no se cree que Confucio escribiera ninguna obra. Sin embargo, no hay pruebas de que la tradición se equivoque al suponer que introdujo en el *Tch'ouen ts'ieou*, mediante una ligera reelaboración del estilo, un cierto número de juicios sobre obras y personas;[6] si hizo reelaboraciones, su importancia y su significado teórico son imposibles de determinar. Los aforismos de Confucio, recogidos a finales del siglo V a.C., forman el *Louen yu*. Esta obra se perdió y luego se reconstituyó bajo los Han, medio milenio después de la muerte del Sabio. Hay razones para no sospechar de su valor.[7] Sin embargo, hay que señalar que las palabras del Maestro se dan desde el principio con una interpretación implícita; así lo sugiere la indicación de las circunstancias que motivaron estas enseñanzas; el *Louen yu* se apoya, pues, en un marco biográfico;[8] sin embargo, no fue escrito antes de que las polémicas entre hagiógrafos hubieran oscurecido los recuerdos dejados por Confucio. Otras tradiciones, incorporadas en varios capítulos del *Li ki*, dan una mejor idea de la polémica de la que surgen. No son menos instructivas ni más fiables. El aspecto discontinuo de la colección de aforismos que forman el *Louen yu* ha impuesto la idea de que el pensamiento de Confucio no era en absoluto sistemático. Por ello, las teorías expresadas en el *Tchong yong* y el *Tai hio*, dos breves tratados ahora incluidos en el *Li ki*, no se le atribuyen a él sino a *Tseu-sseu*, su nieto. De hecho, no hay manera de distinguir la enseñanza personal de Confucio de la de las primeras generaciones de sus discípulos.

Desde que Confucio fue considerado el patrón de la ortodoxia (*jou kiao*), la historia se esforzó por retratarlo como el más ortodoxo de los eruditos (*jou*). La bio-

---

5   *Tchouang tseu*, en Wieger, *op. cit.* p. 499.
6   Woo Kang, *Les trois théories politiques du Tch'ouen ts'ieou*, pp. 173 y ss.
7   *SMT*, V, p. 442.
8   Véase, para una opinión contraria, Maspero, *La Chine antique*, p. 456, nota y p. 461, nota. Véase supra, en este Libro, cap. I.

grafía escrita por Sseu-ma Ts'ien[9] se ve afectada por este sesgo; la preocupación por borrar los colores vivos impuestos por la hagiografía apenas se ve mitigada por el deseo, bastante natural para un historiador, de aparecer ampliamente informado. Pero si era menos anacrónica, la imagen del Sabio en los siglos V y IV a.C. no era menos convencional. Confucio tuvo una historia sólo después de haberse ganado el derecho a dejar una leyenda. Una vez que admitimos que no sabemos nada de la vida del Maestro, podríamos ciertamente, seleccionando los rasgos hagiográficos más exquisitos, satisfacer la piedad de quienes piden ver, aunque sea en un retrato académico, a las almas más altas del pasado cobrar vida. Me disculparás si no hablo de los paisajes de Chan-tong, del temperamento místico de sus habitantes,[10] de las historias que corrían entre ellos sobre el duque de Tcheou, que volvía a visitar a Confucio en sus sueños,[11] o sobre Yi Yin, cuya alma aún rondaba las afueras de T'ai chan, y si no menciono esa montaña sagrada cuyas líneas severas, acantilados oscuros y cedros siempre verdes pudo admirar el Maestro cuando era niño, y cuyo recuerdo lo llenó en sus últimos momentos. Entonces tuvo un momento de angustia, pensando en su obra inacabada, y gritó:

– He aquí que el T'ai chan se derrumba... la viga maestra se estropea... y el sabio se va como una flor marchita.[12]

Bastará con señalar que Confucio poseía las virtudes clásicas de los santos de su generación. Era muy alto, sólo un poco menos que Yu el Grande.[13] Era muy fuerte; podía levantar sin ayuda la barra que cerraba la puerta de una ciudad.[14] Tenía los sentidos más agudos y podía utilizarlos sin la menor fatiga; desde la cima de una montaña podía distinguir objetos a varias leguas de distancia que el mejor de sus discípulos sólo podía ver vagamente, pero con tanto esfuerzo que su pelo se volvía blanco al instante. El poder físico extremo acompañaba una especie de omnisciencia[15] en el Santo. Confucio sabía, de un vistazo, enumerar los objetos prehistóricos, identificar los huesos gigantescos, decir el verdadero nombre de las bestias más misteriosas y las concreciones más extrañas.[16] Aunque era cuestionado por todos, no respondía diciendo: "Lo sé"; sino decía: "Me han dicho que...". "Tras la desaparición del rey Wen, ¿no se depositó su perfección en este hombre?", decía ingenuamente,[17] pues creía que había recibido del Cielo, con una misión que cumplir, todos los dones necesarios para llevarla a cabo.

---

9   *SMT*, V, pp. 281 y ss. Significativamente, Sseu-ma Ts'ien clasificó la biografía de Confucio entre las monografías de las casas señoriales.

10   Los movimientos sectarios siempre han sido frecuentes en Chan-tong.

11   *Louen yu*, Legge, p. 60. "¡Cuánto, por desgracia, me desespero! Hace mucho tiempo, por desgracia, que el duque de Tcheou se me apareció en un sueño".

12   Sobre Yi Yin y Confucio, véase Granet, *Danses et légendes...*, pp. 431 y ss. *SMT*, V, p. 424.

13   *SMT*, V, pp. 338, 298. Yen tseu, su enemigo, es un enano.

14   *Lie tseu*, en Wieger, *op. cit.*, p. 189.

15   *SMT*, V, pp. 341, 312, 310.

16   Granet, *op. cit.*, p. 552.

17   *SMT*, V, p. 333.

También inspiraba una confianza absoluta a sus seguidores. Uno de ellos, en un momento de peligro, pasó por muerto; dijo, cuando volvió a aparecer: "Oh, Maestro, mientras tú vivas ¿cómo voy a morir?"[18] La poderosa esperanza de algo grande que no podía demorarse inspiraba en todos una fe que a veces se exaltaba, pero que también a veces caía hasta la negación:

– No somos rinocerontes ni tigres para estar en estas regiones desiertas,

dijo el Sabio una vez que su tropa estaba en peligro y sentía la irritación en todos los corazones.

– ¿Es mi sabiduría la que falla?
– No somos lo suficientemente sabios,

respondió un discípulo, y otro dijo:

– ¡Tu sabiduría es demasiado elevada!

Pero Confucio dijo:

– Un buen labrador puede sembrar; no es seguro que pueda cosechar...
– Tu sabiduría, oh Maestro, es muy elevada –dijo su discípulo favorito–. Así que nadie lo admite. Sin embargo, Maestro, no afloje... Si no practicáramos la sabiduría, la vergüenza recaería sobre nosotros; si la practicamos plenamente y nadie nos utiliza, la vergüenza recae sobre los señores.
– Oh, hijo de la familia Yen –respondió Confucio con una sonrisa– si tuvieras muchas riquezas, yo sería tu mayordomo.[19]

Así es como el Maestro sostenía el valor. Incluso supo asumir la culpa cuando su conducta escandalizó a su propio pueblo. Una vez tuvo la idea de entrar al servicio de un bandido que prometía tener éxito, y cortejó a una princesa que vivía mal; Tseu-lou, el más íntegro de sus alumnos, se enfadó:

– Quien que me llama a él, ¿cómo podría hacerlo sin razón? –dijo el Maestro con calma, o bien:
– ¡Si he hecho mal, es el Cielo el que me ha obligado a hacerlo! El cielo me ha obligado a hacerlo.[20]

Entre este pueblo inquieto, orgulloso de su independencia pero deseoso de servir, una de las grandes disputas era qué era mejor: retirarse del mundo con una indiferencia reprobatoria, gritar de disgusto y lanzar invectivas o servir y soportar compromisos y ultrajes manteniéndose puro. Confucio no condenó ni la altivez ascética, ni la humildad estoica, ni siquiera el profetismo estridente.

– Me diferencio de toda esta gente –dijo–; nada me conviene y todo me conviene.[21]

---

18   *SMT*, V, p. 332.
19   *SMT*, V, p. 367.
20   *SMT*, V, pp. 317 y 324.
21   Louen yu, L., p. 200.

Tenía la fe ingenua que no rechaza ninguna oportunidad y que las dificultades exaltan:

> – No podemos vivir con las bestias ni hacerlas nuestra compañía. Si no aceptamos vivir entre los hombres, ¿con quién nos haremos compañía? Seguramente, si el Imperio estuviera bien ordenado, ¿habría necesidad de que yo lo cambiara?[22]
> – Si un señor me empleara, en un año habría hecho algo; en tres años tendría éxito... Supongamos que hubiera un rey (digno del nombre de rey); sólo haría falta una generación para que se estableciera el *jen* (es decir, un orden digno de los hombres).[23]

Las anécdotas del Louen yu permiten comprender bien el espíritu y la vida de la Escuela. Imponen la sensación de que el Maestro tenía una fe en las virtudes humanas que le situaba por encima de sus discípulos. Algunos de estos relatos parecen indicar las razones de su ascenso; tal vez revelen algo de su personalidad; no son, como podría pensarse, los preferidos por la ortodoxia. El Sabio tenía movimientos de sensibilidad que los suyos consideraban contrarios al protocolo. El verdadero dolor le arrancó más lágrimas de las necesarias.[24] No se consideraba obligado por las formas rituales. Cumplir un juramento extorsionado por la violencia era, para sus contemporáneos, un medio de mejorar la reputación; para él, un juramento extorsionado no debe cumplirse.[25] No dudó en afirmar que para los puros todas las cosas son puras:

> – ¿No se dice: "Lo que es duro puede ser frotado sin desgastarse"? ¿No se dice: "Lo que es blanco, puesto en tinte, no se vuelve negro"? ¿Soy una calabaza que debe permanecer colgada sin ser comida?[26]

La doctrina del Maestro parece haber sido una doctrina de acción. Enseñaba una moral activa, y se interesaba menos por la letra de los principios que por la acción moral que pretendía ejercer. Es como director de la conciencia que parece haber alcanzado su prestigio. No dudó, en función del hombre y de las circunstancias, en dar instrucciones que resultaron contradictorias. A algunos les dijo que pensaran primero en poner en práctica los preceptos, pero a Tseu-lou, el audaz, les aconsejó que no hicieran nada sin consultar a su padre y hermano mayor. "A los rezagados, los empujo; a los fogosos, los contengo."[27] No habló para formular preceptos incondicionales, exponiéndose así a que se le negara el crédito de una doctrina firme. Prefería extraer de cada ocasión la lección de la que podía beneficiarse uno de sus seguidores:

---

22 *Ibid.*, L., p. 198..
23 *Ibid.*, p. 131.
24 *Ibid.*, p. 104; y *Li ki*, C., I, pp. 141-142.
25 *SMT*, V, p. 345.
26 *Louen yu*, L., p. 185.
27 *Ibid.*, p. 108.

– Aquí hay un hombre con el que puedes hablar; si no le hablas, pierdes a un hombre. Aquí hay un hombre con el que no debes hablar; si le hablas: desperdicias tus palabras. Sabio es quien no pierde ni un hombre ni una palabra.[28]

Pero para él la verdadera enseñanza no era la que se transmite con palabras.

– Prefiero no hablar –dijo.
– Si no nos hablas –dijo Tseu-kong–, ¿qué tendremos que enseñar nosotros, tus discípulos?
– ¿Habla el Cielo? Las cuatro estaciones siguen su curso, todos los seres reciben vida, y sin embargo, ¿habla el Cielo?[29]

La influencia del sabio, como la del cielo, es silenciosa, profunda, vivificante. Al igual que el comportamiento de los seres sometidos a la acción reguladora del Cielo, el comportamiento de los hombres está sometido al ascendiente del orden que se expresa en la conducta de los sabios. Así, se han conservado muchos rasgos que muestran el estricto control que Confucio ejercía sobre cada uno de sus gestos y su constante preocupación por tener en cuenta las situaciones y las circunstancias.[30] Tenía una manera refinada y personal de practicar la etiqueta.[31] Reconocía al hombre educado (wen: civilizado) por una cierta delicadeza elegante de modales y porte. Sostenía que, para merecer este título, había que ser activo, ávido de aprender, sin avergonzarse nunca de preguntar (incluso) a un inferior.[32] "Si tengo (sólo) dos hombres conmigo, estoy seguro de tener un Maestro",[33] decía, pues su gran preocupación era marcar que la vida en común (y mejor aún, sin duda, la vida en una Escuela) es, con el control que conlleva de los más pequeños detalles de la conducta, el principio de perfección que hace del individuo humano un hombre completo (tch'en jen).

Amar cualquier virtud "sin amar el aprendizaje" sólo conduce a la ampliación de un defecto.[34] "Los hombres difieren menos en su complexión natural (sing) que en la cultura (si) que se dan a sí mismos. Sólo el más sabio de los sabios y el peor de los tontos no cambian.[35] Cuando se ha leído una afirmación tan clara, y cuando, además, todo el Louen yu muestra la emulación que reinaba en la Escuela y la pasión con la que el Maestro la excitaba, es difícil entender que los intérpretes hayan dicho de Confucio:"El pensamiento de la mejora individual ni siquiera se le ocurre".[36] Todo el pensamiento del Sabio, y en particular su política, se resume en

28   Ibid., p. 161.
29   Ibid., p. 190.
30   Louen yu (todo el capítulo X), L., pp. 91 y ss.
31   Granet, Le langage de la douleur, p. 115.
32   Louen yu, L., p. 42.
33   Ibid., p. 66.
34   Ibid., p. 186.
35   Ibid., p. 182.
36   Maspero, La Chine antique, p. 462. Maspero añadió (p. 464): "El estudio no lo es todo, hay que saber imponerse la perfección moral" y, tres páginas más adelante (p. 467): "La perfec-

la asimilación que establece entre el Maestro y el Príncipe. Este último merece el nombre de Príncipe (*kiun*) y el primero el apelativo de *kiun tseu*, si ambos poseen el *Tao* o el *Tö* (o el *Tao-tö*), es decir, la eficacia que permite"promover a los que (ya) son buenos e instruir a los que (aún) no tienen talento, de modo que todos se *entusiasmen con el esfuerzo (k'iuan)*".[37]

Esta obligación de esforzarse y el deber de fomentarla se refieren sobre todo a la vida moral. Lo más importante para un gobierno es hacer que prevalezcan la confianza, el buen entendimiento y la probidad (*sin*). La abundancia de recursos y la fuerza militar son sólo secundarias.[38] Al igual que el Príncipe, los caballeros dignos (*kiun tseu*) no están interesados en los beneficios materiales; no buscan la ventaja (*li*).[39] Esta palabra tiene un significado muy amplio. Confucio condena no sólo la búsqueda de intereses, sino cualquier espíritu competitivo vulgar (*k'o*). El hombre honesto sólo busca superarse (*k'o*) a sí mismo,[40] "El noble (*che*: el letrado) tiende su voluntad hacia el Tao y no debe avergonzarse de estar mal vestido o mal alimentado". "El caballero (*kiun tseu*, o el hombre bueno, *chan jen*) sólo piensa en el *Tö*; la gente de poca monta (*siao jen*) sólo piensa en los bienes (palabra por palabra: de la tierra)".[41] "¿Hemos aprendido por la mañana lo que es el *Tao* y morimos por la tarde? ¡Es perfecto!" En esta orgullosa máxima se resume una moral del esfuerzo, del espíritu aristocrático, cuya originalidad está marcada por el nuevo matiz que se da a las palabras *tao* y *tö*.

El *Tao-tö*, la eficiencia principesca, ya no es concebida por Confucio como una especie de cualidad patrimonial. Sin duda, conserva la idea de que esta eficacia sólo alcanza su plenitud en el Jefe. Sólo él puede liberarse por completo de todas las preocupaciones viles. Confucio también está convencido de que sólo un caballero puede reivindicar el *Tao* y el *Tö*, porque la vida que lleva lo aleja "de la tierra", es decir, de las tareas y preocupaciones vulgares; puede pulirse practicando la etiqueta.[42] Sin embargo, el hecho es que la adquisición del *Tao* y del *Tö* es una cuestión de esfuerzo personal. Requiere una aplicación constante, un esfuerzo incesante en todo momento. No hay que eludir ni siquiera el momento de la comida.[43] A lo

---

ción de cada individuo aparece sólo incidentalmente", y finalmente (p. 479), Confucio "buscó el fundamento de la moral, fuera de la conciencia, en los Ritos, y el de las relaciones sociales, por el contrario, dentro de la conciencia, en el Altruismo". Me temo que no he entendido estas fórmulas ni lo que quiere decir Maspero cuando afirma que "el individuo, como tal, permanece completamente ajeno a su investigación" (a la investigación de Confucio). Sospecho, sin embargo, que Maspero está utilizando el término "individuo como tal" para referirse a meros particulares en contraposición al Príncipe. (cfr. *supra*, en este Libro, cap. I, ap. IV).

37   *Louen yu*, L., p. 16. La expresión *kiun tseu* significa el noble que tiene alma de príncipe (*kiun*), el caballero que es un hombre honesto.

38   *Ibid.*, p. 118.

39   *Ibid.*, p. 33.

40   *Ibid.*, p. 114.

41   *Ibid.*, p. 33.

42   Un discípulo animó a un señor a regalar a Confucio una vasta finca: "No se beneficiará personalmente", "lo que busca es el Tao propio del *kiun tseu*". (*SMT*, V, p. 387).

43   *Louen yu*, L., p. 30.

sumo, se puede esperar obtenerlo como la coronación de una vida enteramente dirigida a este fin ideal.

> – Si te preguntan por mí –dijo Confucio–, ¿por qué no respondes: 'Es un hombre cuyo esfuerzo constante le hace olvidar el comer y que encuentra en ello una alegría que le hace olvidar sus penas: no se da cuenta de que la vejez está llegando'?

Sin embargo, no se halagaba de haber alcanzado la santidad (cheng) y de merecer el nombre de jen:

> – De mí sólo puede decirse que perseveré sin cansancio y que enseñé a los demás sin desaliento.[44]

Este esfuerzo incesante merece una oración. Cuando el Maestro estuvo cerca de la muerte, los discípulos quisieron ofrecer sacrificios:

> – Mi oración ya está hecha –dijo Confucio.[45]

En el pensamiento confuciano, el Tao-tö tiende a confundirse con un ideal de perfección obtenido a través de la práctica de las virtudes puramente humanas; éstas son el jen y el yi, virtudes que sólo pueden cultivarse en contacto con otros hombres y en una sociedad educada.

La relación establecida por Confucio entre el *jen*, el *yi* y el *Tao-tö* ha sido subrayada muy objetivamente por el taoísta Tchouang tseu.[46] Además, sobre este punto, el *Louen yu* contiene las indicaciones más claras: "El Tö no es para quien vive solo; hay que tener vecinos".[47] Nada es más importante que la elección de los amigos y el mantenimiento de las relaciones amistosas (*yeou*).[48] Hay que evitar la familiaridad excesiva, los roces demasiado vivos y los consejos indiscretos. Por encima de todo, uno sólo debe asociarse con personas que sean capaces de cultivar el *jen* y el *yi* en común. Todos los defectos de los hombres provienen del grupo (*tang*) del que forman parte. No hay progreso fuera del control de un grupo de amigos, pero ¡cuidado con el espíritu partidista (*tang*)!

Sólo "el caballero tiene visión de la equidad (*yi*); la gente de pocos recursos sólo tiene visión de la ventaja (*li*)".[49] Cultivar el *yi* es tratar de adquirir una noción *plenamente equitativa* del tú y del yo, no sólo de lo tuyo y lo mío. No se trata sólo de no hacer agravios materiales y de tener en cuenta sólo los derechos, el estatus y la propiedad; todo esto ya es el deber de los simples villanos. Para las personas honestas, también se trata de estar obligadas a hacer sólo juicios justos, imparciales y *reversibles* (*chou*) sobre los demás. De esta reversibilidad (*chou*), el *Louen yu* ha dado, en tres ocasiones, una hermosa definición: "Lo que no desees (que te hagan),

---

44 *Ibid.*, p. 70.
45 *Ibidem.*
46 Véase el pasaje del *Tchouang tseu* citado *supra*, en este Libro, cap. I, ap. III.
47 *Louen yu*, L., p. 36.
48 *Ibid.*, pp. 126, 26, 31, 134, 164. La palabra rango se aplica a las escuelas y a las sectas.
49 *Ibid.*, pp. 34 y 144.

no lo hagas a los demás".[50] Este elevado sentido de la reciprocidad, constituido por escrúpulos respecto a uno mismo y a los demás, tiene una doble vertiente: respeto a los demás (*king*) y respeto a uno mismo (*kong*).[51] De la preocupación constante por la reciprocidad equitativa y el sentido de respetabilidad refinado por la práctica elegante de la Etiqueta (*li*), surge, cuando se añaden las disposiciones indulgentes y afectuosas, la virtud suprema, *jen*, es decir, un sentimiento activo de la dignidad humana.[52]

Perpetuamente interrogado sobre *jen*, Confucio dio las más diversas definiciones. Estas definiciones eran siempre concretas o más bien prácticas y se inspiraban en el deseo de tener en cuenta, en la dirección moral, las disposiciones de cada discípulo. Si estas definiciones son diversas, es porque era una virtud completa en sí misma, que ningún término podría agotar, salvo la palabra misma que la designaba. Sin esta virtud, que es definitiva y completa, y que se adquiere viviendo en una sociedad de amigos cuidadosamente seleccionados, nadie sabe cómo amar u odiar, cómo practicar la lealtad, cómo liberarse de la aprensión de la muerte o de toda ansiedad, cómo hacerse respetar, amar y obedecer, cómo mostrarse perdurable, firme, sencillo y modesto, cómo evitar la violencia, cómo superarse, cómo poseer verdadera elocuencia o verdadera valentía.[53] Se pueden indicar las primeras condiciones del *jen*: son el respeto a uno mismo, la magnanimidad, la buena fe, la diligencia y la benevolencia. Pero Confucio prefirió confesar que no podía expresar lo que es realmente el *jen*.[54] Sin embargo, una vez dijo que el hombre honesto debe amar a los demás y que si el sabio (*tche*) conoce (*tche*) a los hombres, quien posee *jen* o, mejor dicho, quien es *jen* debe amar a los hombres (*jen*).[55]

El padre Wieger afirmó que Confucio "exigía, ¿qué?... caridad, devoción... oh, nada de eso. Exigía *neutralidad de la mente y frialdad de. corazón*".[56] Así, tras exclamar: "No traduzcáis *jen* por caridad", propuso la palabra altruismo. Esto es matar dos pájaros de un tiro –y un anacronismo tiene poca importancia–, pero es sorprendente que, sin tener las mismas excusas para cometer el pecado de anacronismo que el P. Wieger (si es que tiene alguna) y otros intérpretes[57] se hayan dejado seducir por una traducción que descuida todas las definiciones del *Louen yu* y oculta dos características esenciales de *jen*: el respeto a los demás y el respeto a uno mismo. La concepción confuciana de *jen* o del hombre realizado, y que es el único

---

50   *Ibid.*, pp. 164, 41, 115.

51   *Ibid.*, p. 42.

52   *Ibid.*, p. 135.

53   *Ibid.*, pp. 30, 114, 115, 116; 126, 140.

54   *Ibid.*, p. 184, 39.

55   *Ibid.*, p. 183. (Este amor a los demás es el efecto que produce en el caballero el estudio del Tao), p.124. La palabra *jen*, que se pronuncia como la palabra hombre, se escribe con el signo hombre más el signo dos.

56   Wieger, *Les Pères du système taoïste*, p. 133. Este no es mi énfasis. El P. Wieger escribe en la pág. 135 (después de reservar la palabra caridad) este juicio sobre los discípulos de Confucio: "Amar a monopolizar las mentes, ese es su amor a los hombres." Esta fórmula se inspira en un espíritu de denigración que es, como mínimo, imprudente.

57   Maspero, *La Chine antique*, p. 464.

que merece el nombre de hombre, se inspira en un sentimiento de humanismo que puede ser desagradable, pero que no se tiene derecho a ocultar. Todo el *Louen yu* (así como el *Tchong yong* y el *Tai hio*) muestra que la idea principal de Confucio y de sus primeros discípulos (¿de Confucio, o de sus primeros discípulos? No puedo decirlo) era rechazar toda especulación sobre el universo y hacer del hombre el objeto propio del conocimiento. Para ellos, el principio de este conocimiento, el único interesante y eficaz, era la vida en sociedad, el trabajo de conocimiento, de control, de mejora perseguida en común, la cultura humanística, gracias a la cual el hombre se edifica en dignidad.

El cultivo (*sieou ki* o *sieou chen*) no se considera un mero deber de moralidad personal. Es gracias a la vida en sociedad que se establece la dignidad humana; es la sociedad la que se beneficia de la cultura alcanzada por los sabios:

> – ¡El hombre honesto (*kiun tseu*) –decía Confucio– cultiva su persona y (en consecuencia) sabe respetar (a los demás)!
> – ¿Eso es todo? –pregunta Tseu-lou.
> – ¡Él cultiva su persona y (en consecuencia) da tranquilidad a los demás!
> – ¿Eso es todo?
> – ¡Cultiva su persona y da tranquilidad a todo el pueblo[58]! Sin tener que intervenir (*wou wei*), gobernando el Imperio, esto es lo que hizo Chouen y ¿cómo? Tenía respeto por sí mismo (*kong ki*): se volvió para mirar al Sur: eso fue suficiente.[59]

El Tai hio[60] amplía este tema.

> "Los antiguos (Reyes) que querían hacer brillar el *Tö* (Eficiencia) en el Imperio, empezaban por gobernar bien su dominio; queriendo gobernar bien su dominio, empezaban por poner en orden su familia; queriendo poner en orden su familia, empezaban por cultivarse; deseando cultivarse a sí mismos, empezaban por hacer que su voluntad (su corazón) se ajustara a las reglas (*tcheng*); deseando hacer que su voluntad se ajustara a las reglas, empezaban por hacer que sus sentimientos fueran sinceros (*tch'eng*); deseando hacer que sus sentimientos fueran sinceros, empezaban por llevar su sabiduría (*tche*) al más alto grado. Llevar la propia sabiduría al más alto grado es escudriñar a los seres. Cuando habían examinado a los seres, su sabiduría era llevada al más alto grado; cuando su sabiduría era llevada al más alto grado, sus sentimientos eran sinceros; cuando sus sentimientos eran sinceros, su voluntad estaba de acuerdo con las reglas; cuando su voluntad estaba de acuerdo con las reglas, ellos mismos eran cultivados; cuando ellos mismos eran cultivados, su familia estaba en orden; cuando su familia estaba en orden, su dominio estaba bien gobernado; cuando su dominio estaba

---

58   *Louen yu*, L., p. 156.

59   *Ibid.*, p. 159. La expresión *wou wei* se da generalmente como específicamente taoísta.

60   Este tratado (*Li ki*, C., II, pp. 614 y ss) atribuido a veces a Tseu sseu, nieto del Maestro, a veces a Tseng tseu (uno de los discípulos), consta de un texto muy breve y de largos comentarios.

bien gobernado, el Imperio disfrutaba de la Gran Paz. Desde el Hijo del Cielo hasta la gente común, todos deben tener como principio: cultivar su persona (*sieou chen*)".

Este razonamiento, aunque ha sido comparado con el sorites, no se apoya en una cadena de condiciones; trata de hacer sensible la unidad de un principio de orden (el Tao-tö), uniendo, a la manera de una corriente reversible, agrupaciones jerárquicas pero estrechamente interdependientes que van desde el Individuo hasta el Universo.[61]

Asimismo, el autor del *Tchong yong*,[62] que parece dar el mismo valor a las expresiones *sieou chen*[63] (cultivar la propia persona) y *sieou Tao* (cultivar, practicar el Tao),[64] escribe:

> "El sabio (*kiun tseu*) no puede dejar de cultivarse a sí mismo (*sieou chen*); en cuanto piensa en cultivarse a sí mismo, no puede dejar de servir a sus parientes; en cuanto piensa en servir a sus parientes, no puede dejar de conocer a los hombres; en cuanto piensa en conocer a los hombres, no puede dejar de conocer el Cielo".[65]

Conocer a los hombres y cultivarse es conocerse a sí mismo, pero no por mera introspección o con vistas al mero conocimiento. Lo que el sabio se propone conocer, con vistas a regular la conducta, es el comportamiento de los individuos, que se abstiene de considerar como realidades autónomas. El individuo nunca se desprende abstractamente de los grupos jerárquicos entre los que transcurre su vida y donde adquiere, junto a la personalidad, todo lo que constituye la dignidad del hombre. No se trata de una ciencia abstracta del hombre que Confucio y sus seguidores intentaron fundar; es un arte de la vida que abarca la psicología, la moral y la política. Este arte nace de la experiencia, de las observaciones que se sugieren a quienes saben reflexionar sobre la vida en relación con los demás, a las que se añaden los conocimientos legados por los antiguos.

Este arte o conocimiento se llama humanismo. Se inspira en un espíritu positivo. Sólo tiene en cuenta los datos observables, vividos y concretos. Confucio dijo: "No quiero mirar el misterio, hacer maravillas, pasar a la posteridad como un hombre con recetas (*chou*)".[66] Se negó a hablar de espíritus: "No sabéis nada de la vida, ¿qué (podéis) saber de la muerte?".[67] "Rara vez hablaba de Ventura,

---

61 Véase Granet, *Le langage de la douleur*, pp. 178 y ss.
62 Tratado atribuido a Tseu-sseu (*Li ki*, C., II, pp. 427 y ss).
63 *Li ki*, C., II, p. 427.
64 Ibidem.
65 *Ibid.*, II, p. 450. Cf. p. 452. "Cuando uno sabe cultivarse a sí mismo (*sieou chen*), sabe gobernar a los hombres; cuando sabe gobernar a los hombres, sabe gobernar el Imperio o un Estado" "El Tao no está lejos del hombre" (p. 436). "Uno se cultiva a sí mismo con la ayuda del Tao; uno cultiva el Tao (*sieou Tao*) con la ayuda del *jen*. ¿Qué es el *jen*? Es el hombre (*jen*)" (p. 449). "Es con el hombre que el hombre se regula". (p. 436).
66 *Li ki*, C., II, p. 434.
67 *Louen yu*, L., p. 104.

Destino, *jen*"[68] y sólo en relación con casos particulares. "Se abstenía de hablar de cosas maravillosas, de hazañas de fuerza, de problemas, de cosas sagradas",[69] no por agnosticismo, ni siquiera por prudencia ritual; sólo se interesaba por lo cotidiano, lo vecinal, lo positivo. Tal vez quería desvincular a sus compatriotas de los viejos conocimientos clasificatorios, en los que la política y la física se amalgamaban oscuramente. Esperaba, sin duda, alejarlos de la especulación escolástica o mística. Parece que sólo un arte de vivir que surgiera de los contactos amistosos entre hombres educados parecía beneficioso y válido. Identificó la cultura humana con el bien público.

II. Mö Tseu y el deber social

No sabemos nada de la vida de Mö Ti (o Mö tseu). Nació en el país de Lou (o Song), quizás hizo un viaje a Tch'ou, probablemente se estableció en Lou y murió a principios del siglo IV a.C. Al igual que Confucio, Mö tseu era un noble sin riqueza. Fundó una escuela próspera, que en los siglos IV y III a.C. tuvo mucha más gloria que la escuela confuciana. Ninguna escuela se parece más a una secta. Hacia finales del siglo IV a.C., se dividió en varias camarillas que conservaron cierta unidad. Esta unidad fue al principio más estricta; la secta estaba sometida a la autoridad de un Gran Maestro (K'iu-tseu), considerado un santo.[70] No se sabe qué autoridad disciplinaria o doctrinal se le puede atribuir, pero parece que la secta tenía una organización y reconocía una jerarquía. Hasta el momento en que una camarilla separada (Pie-mö) se dedicó sobre todo a la lógica,[71] la repetición de los discursos del Maestro era el principal deber de los fieles. Estos aparecen, tal y como se nos describe, como hermanos predicadores que van a todas partes a difundir la buena palabra. Buscaban impresionar mostrando la extrema pobreza en su vestimenta. El patrón que habían adoptado no era un héroe ceremonial, como el duque de Tcheou, que inspiró a Confucio. Era Yu el Grande, que recorrió todo el Imperio para construir ríos y montañas,[72] cargando él mismo los sacos, empuñando él mismo la pala, desgastándose por el bien común, hasta el punto de no quedarle pelo en las pantorrillas, confiando en el viento para lavarse y en la lluvia para peinarse. Cualquiera que no jurara vivir a la manera (tao) de Yu no era admitido en la secta.[73] Era especialmente importante poder predicar. Por lo tanto, se enseñaba retórica a los seguidores. Se les entregaban modelos de sermones que, se dice, el Maestro había escrito. Extractos, divisiones, definiciones, refutaciones, conclusiones, repeticiones, movimientos oratorios, no faltaba nada, ni siquiera tí-

---

68   *Ibid.*, p. 80.
69   *Ibid.*, p. 65.
70   *Tchouang tseu*, L., II, p. 221.
71   Véase *supra*, en este Libro, cap. I, ap. II, y *Tchouang tseu*, L., II, p. 220.
72   Según la tradición, Mö tseu era un hábil técnico (véase *Lie tseu*, en Wieger, *Les Pères du système taoïste*, pp. 145 y 189). Las últimas secciones de Mö tseu (52-71) se refieren al arte de los asedios y la balística.
73   *Tchouang tseu*, L., II, p. 220.

tulos conmovedores: "Sobre la frugalidad", "Contra la violencia", "La voluntad del cielo", "Contra los espectáculos", "Contra las mentes fuertes", "Contra los doctos"... Estos sermones han llegado hasta nosotros, en su mayor parte, en tres borradores sustancialmente diferentes.[74] ¿Las diferencias datan de la época en que se pusieron por escrito?[75] ¿Se deben a una mala transmisión? Es difícil decidirse.[76] En el caso de Mö tseu y sus discípulos, la base doctrinal, que es más bien escasa, tiene menos interés que la fe sectaria que se percibe en ellos.

Sobre el espíritu de la secta, el *Tchouang tseu* ha conservado un juicio que concuerda muy bien con lo que se puede extraer de los documentos conservados.

> – Oponerse al gusto por el lujo, evitar el despilfarro, no buscar el esplendor en las cifras y las medidas protocolarias, someterse a reglas estrictas, prepararse para las dificultades de la vida, tales eran los principios... de Mö tseu... Escribió "Contra los espectáculos"... "Sobre la frugalidad". (Según él) los vivos no deben cantar, ni los muertos ser llorados. (Aconsejó) extender (a todos) un afecto imparcial (*fan ngai*), (considerar) imparcialmente los beneficios (de todo tipo) (*kien li*) y oponerse a las disputas (*fei teou*). Condenó la ira. Amaba el estudio, pero no quería distinciones para los eruditos...[77]

"Como señala el Tchouang tseu, este triste fanatismo y este ideal de mortificación (tseu hou) tenían pocas probabilidades de éxito en China. Sin embargo, durante casi dos siglos la secta tuvo éxito, lo que sólo puede explicarse por la crisis que atravesaba la civilización china en ese momento.[78] La moda de Mö tseu duró poco; la secta desapareció cuando Che Houang-ti fundó el Imperio. A diferencia del confucianismo, no volvió a florecer bajo los Han. Considerado durante mucho tiempo como un enemigo de la cultura, partidario de un utilitarismo mediocre, Mö tseu ha vuelto a ponerse de moda recientemente. Algunos quieren ver en él a un precursor del socialismo y otros a un alma bella que creía en Dios...[79]

Mö tseu era un conservador pesimista. Es fácil definir su actitud, pero es difícil identificar sus ideas. Este predicador estaba más interesado en convencer que en

---

74   Son estos once sermones (libros 2 a 9 de las ediciones actuales) los que forman la parte más antigua del Mö tseu. Todo el libro ha sido traducido por Forke (*Mö Ti, des Socialethikers und seiner Schüler philosophische Werke*). Muchos pasajes están muy dañados y son incomprensibles. Queda por hacer un estudio de las fuentes del *Mö tseu*.

75   Forke, *op. cit.*, p. 22.

76   Los que admiten la homogeneidad de estilo del *Mö tseu* la admiten sólo con vergonzosas restricciones (Maspero, *La Chine antique*, p. 472, nota).

77   *Tchouang tseu*, L., p. 219.

78   Tchouang tseu (en Wieger, *Les Pères du système taoïste*, p. 491) habla de una familia dividida entre los seguidores de Mö tseu y Confucio. Otro pasaje (*Ibid.*, p. 473) muestra el mismo prestigio de los dos sabios.

79   Wieger, *Histoire des croyances religieuses...*, p. 209. "Fue –dice el P. Wieger–"el único escritor chino del que se puede decir que ha creído en Dios, el único apóstol de la caridad y caballero de la ley que ha producido China. Predicó, en magníficas páginas, la necesidad de volver a la fe de los antiguos." En este ditirambo imprudente, hay, por decir lo menos, cierta frivolidad.

demostrar; hay algo demagógico en su forma de argumentar. ¿Se encontraba la misma vulgaridad en su pensamiento? Cuando hablaba del bien público, nunca apelaba a nada más que al interés propio. ¿Lo reducía todo al interés? Confucio (o sus discípulos) concebía la vida como un esfuerzo perpetuo de cultivo, que la amistad y la franqueza hacían posible, que se perseguía en la intimidad, que valía como una oración, pero una oración desinteresada. Mö tseu parece admitir, sin ninguna restricción, el principio de autoridad; son los jefes y los dioses establecidos los que determinan lo que es lícito e ilícito, y, como son ellos los que aplican las sanciones, no hay más que someterse a su voluntad si no se quiere exponer al castigo.

El punto principal de la doctrina es una visión del origen del gobierno. Destaca la primacía que otorga no al carácter social (*jen*) de los hombres, sino a su sentido estrictamente individual de lo tuyo y lo mío (*yi*). Los hombres sólo pudieron salir de la anarquía (*louan*) aceptando someterse a las decisiones de un gobernante en todos los asuntos:

> "Al principio no había gobierno, ni penas. Cada hombre tenía una idea diferente de la tuya y la mía (*yi*); un hombre tenía una; dos hombres tenían dos; diez hombres, diez; otros tantos hombres, otras tantas opiniones diferentes (*yi*). Cada hombre sólo aceptaba su propia idea de lo tuyo y lo mío y se negaba a aceptar la de los demás, de modo que (sólo había) hostilidad mutua (*fei*: negación) entre los hombres. En las familias reinaba el odio, la discordia, la división y la desunión entre padres e hijos, ancianos y jóvenes; (los padres) no podían convivir en armonía. En el Imperio, todos los hombres se odiaban como el agua y el fuego, (se odiaban) como el veneno. La energía que les quedaba, no podían utilizarla para ayudarse mutuamente. Vivían en la anarquía, como las bestias. Entonces se dieron cuenta de que la anarquía provenía de la ausencia de líderes. Eligieron al más sabio para ser el Hijo del Cielo. El Hijo del Cielo, temiendo que él solo no tuviera suficiente energía, eligió a los más sabios para que fueran sus ministros… Los ministros, temiendo no tener suficiente energía, dividieron el Imperio en señoríos, y eligieron a los más sabios para ser sus líderes… (Y así hasta los jefes de las aldeas)".[80]

Después de este contrato inicial, no queda más que someterse pasivamente a la opinión de los jefes.

> "Si uno no sabe si (una cosa) es lícita o no, debe ir al jefe; si el jefe dice que sí, todos dicen que sí; si dice que no, todos dicen que no… El jefe del pueblo es el mejor (*jen*) del pueblo… El jefe de distrito es capaz de unificar todas las ideas (de la gente) del distrito en las suyas y las mías… Es el mejor del distrito… El Hijo del Cielo es capaz de unificar en todo el Imperio la idea de lo tuyo y lo mío… Cuando el Hijo del Cielo dice sí, todos dicen sí; cuando dice no, todos dicen no".[81]

---

80   *Mö tseu*, 11.
81   *Ibid.*, 11.

El pensamiento de Mö tseu es mucho más brutal que el de los Legistas. El ideal de uniformidad (t'ong) que profesa no admite atenuantes. Hay anarquía si la uniformidad no es total y constante. A los Legistas les basta con que el Príncipe dicte la ley. Para Mö tseu, debe dictar la opinión. Este es el significado que da a la palabra yi, mientras que la palabra jen designa lo mejor, lo santo, es decir, el Jefe.82

Esta admiración sectaria del despotismo está relacionada con una concepción religiosa en la que algunos disciernen una alta piedad. Mö tseu arremete contra los de mente fuerte, a los que llama fatalistas. Socavan la moral tradicional; la piedad filial, el amor fraternal, la lealtad, la prudencia. Arruinan la buena opinión (yi), la autoridad de los reyes santos (cheng), los sabios, los mejores (jen), al sostener que la felicidad y la desgracia son una cuestión de azar.83 La felicidad y la desgracia son, en realidad, las recompensas y los castigos que otorga el Cielo. No hay pasajes más brillantes en el sermón de Mö tse que aquellos en los que deplora la decadencia de la fe ancestral. Si la criminalidad aumenta, es porque la gente ya no cree {como en los viejos tiempos, cuando "había reyes santos y (cuando) el Imperio no había perdido su buena opinión (yi)"} en la intervención de los espíritus (kouei chen) que vienen "a premiar a los sabios y a castigar a los malos".84 En Ts'i, muchas personas vieron al autor de un falso juramento corneado por el carnero que iba a ser sacrificado; cuando el rey Siuan fue abatido con flechas por el espectro de su víctima, muchos fueron los testigos; y, además, ¿cómo se puede dudar de estos milagros? fueron registrados en los Anales oficiales...85 Pero es sobre todo el Soberano de arriba, es sobre todo el Cielo al que debemos temer. El miedo a los parientes, a los vecinos, a los jefes, de los que se puede escapar, sólo es una barrera mediocre contra la anarquía. No se puede escapar de los espíritus y menos aún del Cielo. No hay bosques, desfiladeros ni refugios de los que escapar a su ira, pues su luz lo ve todo.86

El Cielo se ocupa más especialmente de recompensar y castigar a los Hijos del Cielo. Para frenar las tendencias criminales del pueblo, Mö tseu apela sobre todo a las creencias populares sobre el poder vengativo de los espíritus; para frenar los vicios de los tiranos, evoca, siguiendo a los poetas de la corte real, la idea de un Cielo justiciero, del Soberano de lo alto, el patrón dinástico. También habla de la Voluntad del Cielo (T'ien tche) en términos muy parecidos a los que utiliza para exigir una sumisión total a las decisiones del soberano:

> – La Voluntad del Cielo es para mí como la escuadra y el compás para el carretero o el carpintero. Si dice: esto es correcto, lo es; si dice: esto no es correcto, no lo es.

---

82   El ideal de la secta es la teocracia: el gran maestro considerado santo fue designado por su predecesor (Liang Chi-Chao, *History of political thought*, p. 110).

83   O más bien el uso de las oportunidades, cfr. *supra*, en este Libro, cap. I, ap. I.

84   *Mö tseu*, 29.

85   *Ibid.*, 31.

86   *Ibid.*, 26.

Confucio concebía la enseñanza moral como un estímulo amistoso y matizado para la reflexión personal. Mö tseu enseña la sumisión a la Voluntad Celestial y utiliza una especie de catecismo para adoctrinar:

– ¿Cómo sabemos que el Cielo ama a todos los hombres?
– Porque los ilumina a todos uniformemente.
– ¿Cómo sabemos que los ilumina a todos de manera uniforme?
– Porque los tiene todos uniformes (para los fieles).
– ¿Cómo sabemos que los tiene todos uniformes (por fieles)?
– Porque todos lo alimentan uniformemente.
– ¿Cómo sabemos que todos lo alimentan uniformemente?
– Entre todos los comedores de arroz, no hay ninguno que no críe bueyes, ovejas, perros y cerdos, que no prepare arroz y vino de arroz para ofrecer al Soberano de arriba y a los Espíritus.[87]

Es difícil decidir si Mö tseu añadió a la concepción utilitaria de la religión que se expresa en sus sermones los sentimientos de piedad que está de moda atribuirle. En cualquier caso, hay un largo camino entre esta piedad y el "positivismo" confuciano que prohíbe cualquier oración interesada.

Ver en Mö tseu un sucesor de Confucio, atribuirle "un pensamiento más profundo que el de su predecesor" y definir su originalidad por una menor "devoción a los antiguos",[88] es, creo, apreciar su "doctrina" no sin prejuicios y de forma superficial. Es cierto que Mö tseu hace un gran uso de los términos *jen* y *yi*; hace uso de su prestigio, pero les da un valor muy diferente al que les asigna Confucio. Para Confucio, el bien público se basa en el esfuerzo personal de cultivo que hace del individuo un hombre completo en cuanto adquiere un sentido matizado de tú y yo. Para Mö tseu, la distinción entre el tú y el yo es el principio de todas las plagas sociales. No es el individuo lo que le preocupa, sino el bien público, que no distingue de la buena moral de antaño. Sólo había conocido el régimen de las tiranías, del que Confucio sólo vio los primeros comienzos. Mientras que los Legistas trataban de oponer el interés del Estado y la ley soberana a la buena voluntad del déspota, Mö tseu exigía una sumisión total a las autoridades establecidas, ya que no podía haber buenas costumbres si el poder de coacción del jefe era limitado. Pero el propio gobernante debe obedecer a la moral, y el papel de los sabios es recordárselo. De ahí la necesidad de la predicación y su finalidad: conseguir el bien público haciendo que los príncipes, amenazados por la ira divina, se adhieran a las buenas costumbres y las impongan a sus súbditos.

Aquí viene lo que se suele llamar la doctrina del amor universal. Se presenta como una doctrina moral pura. Sin embargo, lo que domina es únicamente la idea de orden social, o más precisamente el horror a la miseria. La expresión *kien ngai* (que se traduce como "amor universal") se opone a *pie ngai*, que designa el afecto parcial, el que se limita al entorno inmediato: *kien ngai* es *el afecto imparcial* que no está distorsionado por el *espíritu de clientela*, que no se transforma por el *espíritu*

---

de clan en egoísmo, o mejor dicho, en una *odiosa pasión de rivalidad*. Un hecho característico (y ya bien señalado por el *Tchouang tseu*),[89] es que Mö tseu siempre une el *kien ngai* con el *kien li*, el *pie ngai* con el *tseu li*. *Tseu li* es la voluntad de reservar todos los beneficios para uno mismo o para el grupo cercano; *kien li*, por el contrario, es no ser parcial en la atribución de las ventajas y los bienes de este mundo. Mö tseu profesa que todo –y todos– sufren en cuanto hay espíritu de lucro (*tseu li*) y espíritu de clan (*pie ngai*).

El interés bien entendido se funde con el interés público para aconsejar una distribución de beneficios y afectos que no esté inspirada en sentimientos estrechos, sino en un sentido de imparcialidad (*kien li, kien ngai*). "El que ama (*ngai*) a los demás será amado a su vez; el que beneficia a los demás se beneficiará a su vez". "A un príncipe que sólo sabe apreciar (*ngai*) su propio dominio, y no tiene ningún afecto por los dominios de los demás, nada le impide utilizar todo el poder de su dominio para atacar los dominios de los demás. A un jefe de familia que sólo sabe cuidarse a sí mismo… nada le impide… apoderarse de (lo que pertenece a) otros", de ahí las usurpaciones, los bandolerismos, los robos. Pero si "todos los hombres se tuvieran afecto mutuo, los fuertes ya no harían presa de los débiles, los que son numerosos no violarían a los que son menos numerosos, los ricos no intimidarían a los pobres, los inteligentes no engañarían a los simples…"[90] La imparcialidad en el afecto no perjudica los afectos personales; al contrario, les añade una especie de garantía. Un príncipe, un padre que sólo aprecia su propio patrimonio, su propia familia, ¿por qué no habría de amarse sólo a sí mismo? Pero si un hijo aprecia a su padre, ¿no debería desear asegurarle el beneficio del afecto y la imparcialidad de los demás?

Mö tseu da como fundamento del orden social no el refinado sentido de la reciprocidad (*chou*) que Confucio hace surgir de los contactos amistosos entre hombres educados, sino el antiguo deber feudal y campesino de ayuda mutua. Sobre este punto, vuelve a referirse a la sabiduría registrada en los poemas del *Che king*: "¡Si me dieras un melocotón, te debería una ciruela!" "¡Cada palabra trae una respuesta, cada beneficio exige un pago!"[91] Así, admite que nada es más fácil de practicar que esta ayuda mutua, al menos si, como en los viejos tiempos, los dirigentes dan buen ejemplo. Para que el espíritu de ayuda mutua y de comprensión imparcial produzca todo su efecto, debe reinar universalmente, imponiéndose a todos, y en primer lugar a los propios dirigentes.

Se impone, pues, un doble deber a todos, y en primer lugar a los grandes; el trabajo y la economía. El pensamiento de Mö tse, al igual que el de los Legistas, está dominado por el temor de ver al hombre carente de recursos; sólo que, en lugar de fomentar la producción con vistas a aumentar la fuerza del Estado, condena el acaparamiento, y más aún el lujo, el desarrollo de la fiscalidad y el aumento del poder militar. Afirma con contundencia que la guerra es sólo un bandoleris-

---

89   Cfr. *supra*, en este Libro, cap. II, ap.II, la cita del *Tchouang tseu*. Liang Chi-Chao (*op. cit.*, pp. 98 y ss.) ha insistido con razón en este hecho.

90   *Mö tseu*, 14 y 15.

91   *Ibid.*, 1; *Che king*, C., p. 381.

mo sin beneficio real. Impide que los dos beligerantes produzcan bienes útiles; arruina al propio vencedor; alistar soldados es dejar los campos sin trabajadores, a las muchachas sin maridos; y sin embargo, para perpetuarse, la sociedad necesita alimentos y niños. Al despojar a la gente incluso de las necesidades de la vida, los impuestos arruinan el gusto por el trabajo. Además, el lujo que los impuestos permiten mantener en las cortes de los tiranos no sólo es un gasto improductivo, sino un estímulo a la ociosidad. La templanza trabajadora debe ser la norma común. Está mal despilfarrar; una prenda es suficiente si protege el cuerpo; es un pecado añadir bordados. Todo el trabajo de los artesanos debe ser regulado para que sea útil, controlado para evitar la pérdida de tiempo. Está mal estar ocioso; hay que prohibir los gastos suntuosos del luto, así como un luto demasiado largo; tres meses son suficientes para el luto. ¿Por qué hay que prohibir a las viudas volver a casarse antes de tres años? Es un error recrearse; los rituales y las fiestas, los juegos y los espectáculos sólo sirven para disminuir el excedente necesario para la práctica de la ayuda mutua. Cada hombre debe utilizar todas sus fuerzas pensando en el bien común. Primero debe buscar ser autosuficiente. "Si le quedan fuerzas, debe usarlas para aliviar a los demás. Si le sobra algo, debe compartirlo con los demás."[92]

La predicación de Mö tseu, muy cruda en su expresión y su apariencia, parece, la mayoría de las veces, apelar sólo interés propio; tiene un sabor más duro y poderoso que una simple doctrina de amor al prójimo. Las desgracias de la época, el espectáculo de la miseria material, llevaron a este conservador a extraer de la vieja idea de la ayuda mutua dos ideas nuevas, revolucionarias, cuyo fracaso proclama su audacia, si no su mérito. Poseído por un sentido del bien público, atacó tanto el espíritu de la anarquía como el del clan. Comprometió la idea del deber social que inspira su moral vinculándola a una utopía conservadora y a la apología de la mortificación, del trabajo sin descanso, de la disciplina más frugal. Sus compatriotas le han reprochado su falta de humanidad, su desprecio por los sentimientos individuales más profundos, su aparente desprecio por el ideal confuciano de vida educada y cultura personal. Algunos han comprendido muy bien que la predicación de Mö tseu tendía a instituir un despotismo basado en una organización sectaria.[93] En general, se contentan con culparle de subordinar los deberes familiares al deber social. Todos sentían, pero ninguno decía expresamente, que la doctrina de Mö tseu había fracasado no sólo porque chocaba con un ideal de individualismo, sino sobre todo porque denunciaba el espíritu de clan y veía en él un principio de anarquía.

---

92   *Mö tseu*, 11.
93   Liang Chi-Chao, *op. cit.*, p.110.

Capítulo III
LAS RECETAS DE SANTIDAD

Un insidioso adversario le preguntó una vez a Mö tseu por qué se tomaba la molestia de correr detrás de los hombres:

– Una chica guapa se queda en casa y tiene cuidado de no salir; los hombres siempre la buscan. ¿Ella vendrá a nosotros? Si así fuera nadie le prestaría atención.

– Vivimos –respondió Mö tseu– en un siglo corrupto. Hay muchos que buscan chicas guapas. Una chica guapa no necesita salir de su casa para ser buscada. Pero en estos tiempos los que buscan la bondad son pocos. Si no hay hombres que se tomen la molestia de ir a exhortarlos, la gente no prestará atención.[1]

Las facultades proselitistas y retóricas de Mö tseu se contraponen a la vida autocomplaciente y reservada de los sabios del taoísmo. Sin preocupación, viven en soledad o, en medio de los hombres, se refugian en el éxtasis. No se preocupan por reclutar seguidores. Si hacen conversos, es por el efecto de la enseñanza silenciosa. Buscan la santidad de forma tan desinteresada que no tienen idea de beneficiar a los demás o a sí mismos de ninguna manera.[2] Son ascetas, pero odian la mortificación. Son creyentes, pero no les importan los dioses, los dogmas, la moral o las opiniones. Son místicos, pero nunca hubo oraciones o efusiones más frías o impersonales que las suyas. Son, al menos no lo dudan, los únicos verdaderos amigos del hombre, pero no se preocupan por las buenas obras. Conocen, dicen, la verdadera forma de dirigir al pueblo; sin embargo, lanzan su más duro sarcasmo

---

1   *Mö tseu*, 48.
2   *Tchouang tseu*, en Wieger, *Les Pères du système taoïste*, p. 423.

si oyen hablar del deber social. Han proporcionado a China formidables líderes sectarios, astutos políticos, sus más sutiles dialécticos, sus más profundos filósofos, su mejor escritor. Sin embargo, sólo valoran la modestia, la abstención, la renuncia a sí mismos. Nadie es santo, insinúan, si deja un rastro.[3]

No sabemos nada sobre la historia temprana del taoísmo, nada sobre la vida de los principales escritores taoístas, muy poco sobre la historia de las obras que se les atribuyen.

Las únicas obras antiguas que se conservan son el *Lie tseu*, el *Tchouang tseu* y el *Lao tseu* o *Tao tö king* (Libro del *Tao-tö*). En su día, este último se conoció como obra de Houang-ti (el primero de los cinco soberanos míticos) y de Lao Tan (o Lao tseu). Se trata de un libro famoso y frecuentemente citado desde finales del siglo IV a.C. Es posible que haya sido reelaborado (las citas antiguas no siempre coinciden exactamente con el texto actual), pero es poco probable que sea la obra de un falsificador en el siglo II a.C. Esta opinión, apoyada por H. Giles, sólo tiene un hecho a su favor: el libro no tiene secuencia y poca unidad. Por razones puramente místicas, se ha dividido en 81 o 72 capítulos. De hecho, sólo se observan divisiones de versos; se compone de una sucesión de apotegmas mezclados con pasajes versificados, reunidos sin duda (más o menos en su orden actual) desde principios del siglo IV a.C. o finales del siglo V a.C. Hay que admitir que este libro, traducido y retraducido, es propiamente intraducible.[4] Al parecer, las breves frases que lo componen estaban destinadas a servir de temas de meditación. Sería inútil intentar atribuirles un único significado, o incluso un significado en particular. Las fórmulas eran valiosas por las múltiples sugerencias que contenían. Tenían uno o varios significados esotéricos, hoy indistinguibles; las glosas que pretenden explicarlos son francamente mediocres y externas.

El *Lao tseu* parece ser una especie de breviario destinado a los iniciados. El *Lie tseu* y el *Tchouang tseu*, menos herméticos, son obras de tendencia polémica; ambos están compuestos principalmente por relatos simbólicos, apologías y discusiones.[5]

Sin embargo, el *Tchouang tseu* es la obra de un escritor muy personal. Es posible que esta obra haya sido ampliada en algunos pasajes e incluso capítulos, debido a los discípulos imbuidos del pensamiento del Maestro y entrenados para imitar su estilo. Bajo los Han, contenía 52 capítulos; hoy contiene 33. No se sabe si se han perdido 19 capítulos o si se han modificado las divisiones de la obra. Compuesto hacia finales del siglo IV a.C., quizá ampliado en detalle y sin duda aumentado en sus últimos capítulos (sobre todo el último) durante el siglo III a.C., el *Tchouang tseu* es, en general, un documento fiable y relativamente fácil de interpretar. Sin embargo, Tchouang tseu tenía demasiado genio para que su obra pudiera considerarse una declaración neutral de las doctrinas vigentes.

---

3   *Lao tseu*, en Wieger, *op. cit.*, p. 37, y *Tchouang tseu, ibid.*, p. 233, *ibid.*, p. 487.

4   Una de estas traducciones, la de Stanislas Julien, (1842) merece ser mencionada; perfectamente concienzuda, no traiciona el texto, pero tampoco permite entenderlo.

5   *Tchouang tseu*, L., II, p. 227.

No es seguro que el *Lie tseu* pueda ayudar a no confundir el taoísmo con el pensamiento de Tchouang tseu. El *Lie tseu* es una recopilación hecha, quizás, a imitación del *Tchouang tseu*. ¿Se debió a seguidores que pertenecían a la misma camarilla? ¿Por discípulos de una enseñanza rival? No creo que podamos definirlo. Esta obra, que carece de unidad, puede haber sido ampliada con interpolaciones hasta alrededor de la época cristiana, si es que no fue recompuesta por completo. Bajo los Han, el *Lie tseu* comprendía ocho secciones, al igual que en la actualidad. Una de las presentes secciones (la séptima, enteramente dedicada a Yang tseu)[6] da cuenta de las teorías de un pensador muy independiente. El libro está repleto de valiosos relatos que aportan información sobre las ideas y prácticas favorables en los círculos taoístas. Desgraciadamente, es imposible determinar si el período al que se refieren son los siglos III, II a.C., o el principio de la dinastía Han.

Lie tseu es el héroe de algunas anécdotas del *Tchouang tseu*. ¿Es un maestro legendario, un personaje real? No hay forma de responder a esta pregunta. ¿Había un personaje llamado Lao Tan? Una anécdota hagiográfica, famosa desde la época de Tchouang tseu, cuenta que Lao tseu recibió la visita de Confucio, su hermano menor, a quien se dice que mortificó.[7] Después de haber sido archivista en la corte de los Tcheou, se dice que Lao Tan o Lao tseu se retiró al sur de Chan-tong. Se dice que abandonó China para realizar un misterioso viaje a Occidente.[8] Se agrega que en esta ocasión conoció a Kouan Yin tseu, otro famoso maestro, del que no se conserva nada.[9] Son muchos los maestros o patrones del antiguo taoísmo que son nombrados en el *Tchouang tseu* o el *Lie tseu*; en ninguno de los casos hay forma de saber si eran algo más que un nombre. Sólo Tchouang tseu[10] parece ser una persona real; sin embargo, no se sabe nada de su vida, salvo su nombre (Tchouang tseu) y que quizá nació y vivió en Wei hacia finales del siglo IV a.C. No es imposible que hiciera un viaje a Tch'ou y otro a Ts'i, donde habría conocido a los maestros de la Academia Lin-tsö. En cualquier caso, estaba admirablemente informado de todas las ideas en boga. Pocos chinos eran más curiosos y abiertos. Nadie fue más libre y objetivo en sus juicios. En esto, al menos, fue un perfecto taoísta; no queda ningún rastro de su vida, salvo un libro que brilla por su genialidad y fantasía.

Tchouang tseu vivió en el norte de China, como también Lao Tan (si es que existió). La hipótesis simplista y gratuita que opone el taoísmo al confucianismo como dos filosofías, la primera nacida en el sur de China y la segunda en el norte, no merece ser discutida. Hace tiempo que se sostiene que el taoísmo, antes de convertirse en "una mezcla de burdas supersticiones", comenzó como una "doctrina

---

6   Cfr. *infra*, en este capítulo, ap. II.
7   *Tchouang tseu*, en Wieger, *op. cit.*, p. 313.
8   *Lie tseu*, en Wieger, *op. cit.*, p. 107.
9   *Tchouang tseu*, en Wieger, *op. cit.*, p. 357.
10   *SMT*, cap. 63. Legge (*Texts of Taoism*) ha dado una traducción concienzuda, pero externa y formal, del *Tchouang tseu* (y del *Lao tseu*). El padre Wieger ha publicado una especie de paráfrasis del *Lao tseu*, del *Lie tseu* y del *Tchouang tseu* que no es muy fiel en los detalles, pero que da una idea bastante viva, aunque tendenciosa, de estas obras.

pura" ("la de Tchouang tseu y de Lao tseu"), una "filosofía" de "rara elevación".[11] Sin embargo, los "neo-taoístas" utilizan expresiones para designar sus "prácticas supersticiosas" que se encuentran en las obras del "antiguo taoísmo". ¿Debemos considerar, para salvar la hipótesis, que estas expresiones, que originalmente eran simples metáforas, fueron "tomadas posteriormente de forma literal"?[12] ¿O hay que abandonar la idea de que entre lo que se llama *neo-taoísmo* y lo que se considera un sistema doctrinal inventado por los "Padres" del *antiguo taoísmo* no existe el mismo abismo que separa la "superstición" de la "filosofía"? Hay que elegir entre estas opiniones opuestas.

Se reconoce fácilmente que el pensamiento de los primeros autores taoístas no puede explicarse sin tener en cuenta la práctica del éxtasis,[13] común en los ambientes en los que vivían. Esto es admitir implícitamente que el taoísmo tiene como punto de partida, no la pura especulación, sino las costumbres religiosas.[14] Sería curioso que el éxtasis fuera, como la gente parece pensar, la única práctica que marcó la doctrina. ¿Querríamos atribuirle únicamente, con un valor religioso eminente, una dignidad filosófica que correría el riesgo de desacreditar cualquier comparación con prácticas consideradas menos puras o menos elegantes? El éxtasis que describen los primeros pensadores taoístas cuando hablan de sus retozos místicos no difiere en absoluto de los trances y paseos mágicos a través de los cuales los hechiceros chinos, herederos de un antiguo chamanismo, aumentaban su santidad, incrementaban su poder vital y refinaban su sustancia. Estos eran también los objetivos de toda una serie de prácticas conocidas como las prácticas de la larga vida. El éxtasis es sólo una de ellas. Si lo separamos del conjunto, ¿creemos que podremos ver mejor su verdadero alcance? ¿Y que descubriremos su interés preciso si nos limitamos a comparar la mística china con la cristiana o la musulmana? Todos los "Padres" del taoísmo hacen numerosas alusiones al arte de la larga vida. Por ejemplo, al leer a Siun tseu[15] se observa que los taoístas no fueron los únicos en reconocer su valor. Es una disciplina que podría calificarse de nacional. Todavía hoy se honra, incluso entre los más humildes, y está vinculada al pasado religioso más antiguo de China. Los ritos de la larga vida están vinculados a las fiestas de la *larga noche*.[16] No es posible considerarlos en detalle aquí. Lo importante es indicar su espíritu. Constituyen un ascetismo que tiende a un ideal de vida natural, libre, plena y alegre.

El apego de los taoístas a esta disciplina explica su oposición a Confucio, su desprecio por Mö tseu y su mayor éxito con los humildes y los grandes que con la

11   *SMT*, Introducción, p. XVIII.
12   Wieger, *op. cit.* notas 105 y 118.
13   Maspero, *La Chine antique*, p. 493.
14   Granet, *La religion des Chinois*, p. 142; *Id., Remarques sur le Taoïsme ancien, As. maj.*, 1925, p. 146 y ss. Me reservo para otra obra un examen detallado de los usos religiosos y estéticos de los que surgió el misticismo taoísta; en las páginas siguientes, sólo puedo indicar algunas de las conclusiones a las que me ha llevado este examen.
15   *Siun tseu*, sección 2.
16   Sobre estas fiestas, véase, provisionalmente, *Civ. Chin.*, pp. 223 y ss.

clase media de los funcionarios. Al elogio, aunque sea moderado, de la restricción ritual, a la apología brutal de la mortificación, a cualquier moral de la etiqueta, del honor, del sacrificio o del deber social, los taoístas respondían con un alegato místico de la libertad pura, que, para ellos, se confunde con el poder pleno y la santidad.

I. EL ARTE DE LA LARGA VIDA

La santidad, para los *neo-taoístas*, es esencialmente el arte de no morir. Ya en la época cristiana se imaginaba que el éxito perfecto en este arte estaba sancionado por una verdadera apoteosis. Se decía que el príncipe de Houai-nan era capaz de subir al cielo seguido por toda su casa e incluso por sus animales[17] (pues la santidad no está reservada a los hombres). El emperador Wou (140-87 a.C.) habría abandonado de buen grado a toda su familia y al propio Imperio, si un Dragón hubiera estado dispuesto a arrebatarlo y llevarlo al Cielo como sucedió con Houang-ti, el patrón supremo del taoísmo.[18] El emperador Wou trató de entrar en comunicación con los genios; envió misiones a K'ouen-louen y al Mar del Este para descubrir el camino al Paraíso. Lo mismo había hecho Che Houang-ti, quien, desde finales del siglo III a.C., aceptó vivir, a escondidas de todos, en la parte trasera de su palacio, para atraer a los genios hacia él y encontrar la droga que impide la muerte. Deseaba "durar tanto como el Cielo y la Tierra", "entrar en el agua sin mojarse y en el fuego sin quemarse".[19] Los mitos relativos a la hierba de la vida parecen muy antiguos,[20] al igual que las historias sobre las Islas o Montañas de los Bienaventurados. Los "Padres" del taoísmo conocían muchos paraísos, y también profesaban que ni el agua ni el fuego, ni las bestias malignas, podían hacer nada contra los santos.

Tchouang tseu considera estrechos de miras a quienes tratan esas creencias como fábulas y se niegan a creer, por ejemplo, en las maravillas de las islas Kou-che.

> "Viven genios (*chen jen*) cuya carne y piel son frescas y blancas como el hielo y la nieve. Tienen la exquisita elegancia de las vírgenes. Se abstienen de comer cereales. Aspiran el viento y beben el rocío. Son llevados por el aire y las nubes, arrastrados por dragones voladores. Retozan fuera de los Cuatro Mares (más allá del Espacio). Su poder (*chen*) se ha concretado (*ying*: como el agua cuando forma cubitos de hielo), de modo que puede preservar a los seres de la peste y dar cosechas y años prósperos... ¡Nada puede hacer nada (contra el Santo)! ¡Un diluvio que se elevara a los cielos no lograría ahogarlo, ni quemarlo una sequía que licuara los metales y las piedras, que tostara las llanuras y las montañas!"[21]

---

17   *Louen heng*, en Forke, *Lun-Heng...*, I, p. 335. Lieou Ngan (Houai-nan wang), príncipe de la familia imperial, fue obligado a suicidarse en el año 122.
18   *Civ. Chin.*, pp. 57, 419 y ss.
19   *Civ Chin.*, pp. 51, 418.
20   Granet, *Danses et légendes...*, pp. 314, 344, 376.
21   *Tchouang tseu*, L., I, p. 171. Cfr. *Lie tseu*, en Wieger, *op. cit.*, p. 83.

"El Hombre Supremo (*tche jen*) tiene tal poder (*chen*) que no se le puede calentar prendiendo fuego a un inmenso arbusto, ni se le puede enfriar congelando los más grandes ríos; los truenos más violentos arruinarán las montañas, los huracanes desatarán los mares sin poder asombrarlo, ¡pero él, que es llevado por el aire y las nubes, y que toma por corceles al Sol y a la Luna, retoza más allá del Espacio (fuera de los Cuatro Mares)! Y la muerte y la vida no hacen ninguna diferencia para él. Y qué le importa lo que pueda perjudicar o ser útil."[22]

"Sé –dice Lao tseu– que quien es experto en cuidar su vida (*che cheng*), no se encontrará en sus viajes con rinocerontes ni tigres, y en la batalla no tendrá que apartar de él las armas. ¡Un rinoceronte no encontraría en él ningún lugar donde clavar su cuerno, ni un tigre donde hundir sus garras, ni un arma donde hacer penetrar su filo! ¿Y por qué? *¡No hay lugar en él para la muerte!*"[23]

El poder puro, el poder libre, *un Santo es sólo la Vida*. Es la vida que retoza, el poder que juega. Empecemos, sin embargo, por señalar que posee los poderes mágicos que los emperadores posteriores trataron de obtener, y que en la antigüedad eran obligatorios para los jefes y chamanes.

Exponerse a los elementos en el monte, no ser conmovido por los rayos y los huracanes, salir victorioso de diversas pruebas de agua y fuego, éstas son las hazañas que se exigían a los primeros magos, al igual que se les exigía, cuando eran tomados como líderes, que fueran capaces de expulsar la peste y hacer crecer las cosechas.[24] La apoteosis que corona estos trabajos es en sí misma una hazaña suprema. Mucho antes de la época en que los emperadores soñaban con completar su carrera en el cielo, sus humildes predecesores se sometían anualmente a la prueba de la ascensión y conocían el arte de subir a los cielos.[25] Tchouang tseu no inventa ninguna metáfora, sino que evoca antiguas creencias cuando nos dice que, "cansados del mundo", "después de mil años de vida", "los hombres supremos (*tche jen*) se elevan al rango de genios (*sien*) y, montados en una nube blanca, alcanzan la morada del Soberano en lo alto".[26] El rey Mou, como otros héroes de la antigüedad,[27] fue llevado a los cielos. Un relato en el *Lie tseu* muestra que debió este favor al poder de un mago (*houa jen*) que lo llevó, aferrado a su manga, a retozar (*yeou*) con él, llevándolo primero al Palacio de los Reyes Magos (*houa jen*). Luego lo condujo a la "Ciudad de la Pureza", donde, en un paisaje paradisíaco –con oro, plata, perlas y jade–, el Soberano (de lo Alto) ofrece espectáculos de cuento de hadas. Finalmente, más allá del Sol y la Luna, lo condujo a un mundo de puro deslumbramiento.[28]

---

22   *Tchouang tseu*, L., I, p. 192.
23   *Lao tseu*, L., p. 93.
24   Granet, *op. cit.*, pp. 280 y ss, 199 y ss, 466 y ss.
25   Cfr. *supra*, Libro II, cap. IV.
26   *Tchouang tseu*, L., I, p. 314.
27   Granet, *op. cit.*, p. 562.
28   *Lie tseu*, en Wieger, *op. cit.*, p. 107.

Estos "largos paseos" (*yuan yeou*), estos "retozos espirituales" (*chen yeou*) eran la especialidad de las brujas y hechiceros que los potentados, y luego los emperadores, mantenían en su corte.[29] Los poetas oficiales cantaban sus hazañas en un lenguaje que no difería mucho del de los filósofos taoístas.[30] A Che Houang-ti y al emperador Wou les gustaba que se refirieran a ellos con términos (*tchen, ta jen*), dando a entender que poseían el ascendiente debido a la práctica de las artes mágicas y la asociación con los genios.[31] Los pensadores taoístas reclaman para sí mismos o para sus maestros privilegios y títulos similares, que comparten con los habitantes de esos paraísos a los que sólo se puede acceder corriendo o caminando con la mente (*chen hing, chen yeou*).[32] *Ta jen* (Grandes Hombres), *Tche jen* (Hombres Supremos), *Tchen jen* (Hombres Verdaderos), *Cheng jen* (Hombres Santos), *Chen jen* (Hombres-genios)…, así son estos títulos. Recuerdan a los puestos o rangos de un colegio de chamanes. Algunos maestros son llamados *Tö jen* (Hombres de *Tö*), mientras que el Tao es llamado Maestro (*Che*) o Maestro Celestial (*T'ien che*) y el discípulo saluda al Maestro que le confiere una iniciación con el nombre de *T'ien* (Cielo).[33] Las teorías místicas de los "Padres" del taoísmo se elaboraron en un entorno en el que (como pruebas de iniciación a diversos grados de santidad) se enfrentaban a brujos, adivinos, taumaturgos: todos los maestros de las artes esotéricas.[34]

De todas estas artes secretas, el taoísmo nunca ha dejado de ser el inspirador o el refugio, pues todas ellas (incluida la alquimia),[35] tienen como objeto principal aumentar el poder de la vida que da la Autoridad y constituye la Santidad.

Estas artes, por su propio objeto, forman un todo. No hay ninguna que no se sepa utilizar con vistas a una "larga vida". A las prácticas, sin embargo, que apuntan esencialmente a dar, con un excedente de poder vital, el ascendiente que confiere la autoridad (son las prácticas que explican los éxitos aristocráticos del taoísmo) se oponen, en cierto modo, las prácticas que apuntan ante todo a obtener que no haya en el Santo "ningún lugar para la muerte". Estas son las prácticas que han asegurado la fortuna del taoísmo entre los humildes, y de hecho se inspiran menos en un ascetismo con fines aristocráticos que en una comprensión campesina del arte de vivir.

Constituyen una especie de *higiene santificadora*, conocida, en la antigüedad, como *yang cheng*, el arte de nutrir (o aumentar) la vida. Diversas técnicas (die-

---

29   *Civ. Chin.*, p. 422.

30   Cfr. *supra*, LIbro I, cap. II, e *infra*, en este capítulo, ap. II.

31   *Civ. Chin.*, pp. 418, 420.

32   "Ni los desfiladeros ni las montañas detienen sus pasos; es una carrera del espíritu"; "ni los carros ni las barcas podrían llevarla, es un retozo espiritual" *Lie tseu*, en Wieger, *op. cit.*, p. 82).

33   *Tchouang tseu*, L., I., pp. 168, 324, 332, 299, 303; II, 97.

34   Una anécdota común al *Tchouang tseu* (L. I, pp. 262 y ss) y el *Lie tseu* (en Wieger, *op. cit.*, p. 95) puede dar una idea de estas justas: el vencido pierde prestigio y discípulos, al igual que el jefe derrotado en las justas chamánicas pierde sus derechos a la jefatura (Granet, *op. cit.*, p. 282: lucha entre Chouen y su hermano).

35   Cfr. *supra*, Libro II, cap. III.

téticas, sexuales, respiratorias, gimnásticas) se basan en este arte. Objeto de una enseñanza más o menos esotérica, estas disciplinas pueden haberse enriquecido a lo largo de los siglos con recetas más o menos refinadas y más o menos secretas, pero sería un gran error considerarlas como disciplinas recientes o que consisten únicamente en "prácticas supersticiosas". Los maestros del taoísmo apreciaban su valor, y apenas hay ninguno que no pueda relacionarse con ritos o mitos antiguos. Debo limitarme a indicar aquí (sería demasiado largo y sobrepasaría el alcance de mi tema hacer una demostración) que un gran principio domina estas diversas técnicas. Para aumentar o simplemente conservar su vitalidad, todo ser debe adoptar un *régimen que se ajuste al ritmo de la vida universal.*

Todas estas técnicas son el resultado de una sistematización de las reglas estacionales de la vida rústica, cuya ley principal era la alternancia entre periodos de actividad alegre y periodos de inanición, restricción y obligaciones. De ahí se desprende, en particular, la idea de que el ayuno sólo es válido como preparación para la fiesta popular. Las privaciones, lejos de estar inspiradas por el deseo de macerar el cuerpo, tienden únicamente a purgarlo de todo lo que puede ser venenoso, maligno, semilla de muerte. No se trata de mortificarse, sino de tonificarse; no de enflaquecer, sino de entrenarse y adquirir (por así decirlo) una forma atlética. La idea del juego domina todo este ascetismo, cuyo ideal es el flujo libre y los estados ilimitados de la edad de oro o de la infancia.[36]

> "Para conservar la vitalidad (*wei cheng*) –dice Lao tseu–,[37] hay que ser como el bebé recién nacido; sus huesos son tiernos, sus músculos son flexibles, ¡y sin embargo aprieta con fuerza! Todavía no sabe nada de la unión sexual, ¡y sin embargo su pene está erecto![38]

> "Todo el día grita, ¡y sin embargo su garganta no se vuelve ronca! Todo el día mira, y sin embargo sus ojos no parpadean."

El niño es sólo la vida:

> "¡Ninguna bestia venenosa lo muerde! ¡Ningún animal feroz se apodera de él! ¡Ningún pájaro voraz se lo lleva!"

Sometidos por igual (pues el nacimiento es una iniciación y la iniciación un nacimiento) a la prueba de la exposición en el monte, el héroe y el recién nacido son igualmente invulnerables. La vida se constituye o se renueva a través del estrecho contacto con la Naturaleza.

En los paraísos, los genios viven mezclados con las bestias.[39] Los santos (a diferencia de los sabios confucianos que no aceptan ser reducidos a la sociedad de los rinocerontes y los tigres) buscan y saben obtener la familiaridad de los animales.[40] Profesan que todos los seres que tienen sangre y aliento no pueden diferir mucho

---

36   *Lie tseu*, en Wieger, *op. cit.*, p. 137.

37   *Lao tseu*, L., p. 99. Comparar *Tchouang tseu*, L, II, p. 80.

38   El texto presenta aquí dos lecciones; yo sigo la adoptada por Legge.

39   *Lie tseu*, en Wieger, *op. cit.*, p. 101; *Tchouang tseu*, ibid., p. 275.

40   Cfr. *supra*, en este Libro, cap. II, ap. I y en el *Lie tseu* (*ibíd.*, p. 93).

en sentimiento e inteligencia.[41] Lejos de pensar en humanizar a los animales y menos aún en domesticarlos, les enseñan el arte de evitar los efectos nocivos de la domesticación que impone la vida en sociedad. Los animales domésticos mueren prematuramente.[42] Igualmente los hombres, a quienes las convenciones sociales les prohíben obedecer espontáneamente el ritmo de la vida universal. Estas convenciones imponen una actividad continua, interesada y agotadora. El ejemplo de los animales que hibernan demuestra que es necesario, por el contrario, alternar períodos de vida lenta y de retozo libre. El Santo se somete al retiro y al ayuno sólo para conseguir, a través del éxtasis, escaparse a "largos paseos". Los juegos vigorizantes, enseñados por la Naturaleza, preparan esta liberación. Uno se entrena para la vida paradisíaca imitando los retozos de los animales. Para santificarse, primero hay que volverse estúpido, es decir, aprender de los niños, los animales y las plantas, el arte sencillo y alegre de vivir sólo por el bien de la vida.

Al bailar, los brujos entran en trance y se dejan llevar por el éxtasis. Los santos que han penetrado en los más altos secretos y merecen el título de "Cielo" no dejan, ni siquiera cuando enseñan, de "saltar como gorriones, mientras se golpean las nalgas".[43] Para alimentar la vida y "obtener el Tao", a la manera de P'eng-tsou, que consiguió durar más de setecientos años, hay que realizar ejercicios de flexibilidad (*tao yin*) o, mejor aún, bailar y retozar a la manera de los animales.[44] Tchouang tseu y Houai-nan Tzu mencionan algunos de los temas de este ascetismo naturalista. Se recomienda imitar la danza de los pájaros cuando estiran las alas, o la de los osos cuando se contonean estirando el cuello hacia el cielo. Con la ayuda de esta gimnasia, los pájaros practican el vuelo y los osos se convierten en perfectos escaladores. También hay mucho que aprender de los búhos y los tigres, que son expertos en doblar el cuello para mirar hacia atrás, y de los monos que saben colgarse boca abajo[45]… El primer beneficio de estos juegos es que proporcionan la ligereza indispensable para quienes desean practicar la levitación extática.

También sirven para *refinar la sustancia* (*lien tsing*). Son, de hecho, una *disciplina de la respiración*. Permiten ventilar todo el cuerpo, incluidas las extremidades. Si el aliento (*k'i*), dice Tchouang tseu, se acumula en el corazón, le sigue la enfermedad; o la pérdida de memoria, si permanece en las partes inferiores del cuerpo; o la ira, si permanece en las partes superiores. Quien desee evitar las pasiones y los mareos debe aprender a respirar no sólo por el gaznate, sino con todo el cuerpo, desde los talones.[46] Sólo esta respiración profunda y silenciosa refina y enriquece la sustancia. Además, la respiración es necesaria, tanto durante la *hibernación* como durante el éxtasis.[47] Al respirar con el cuello relajado o tenso, se consigue, por así decirlo, amortiguar el Aliento y depurar su poder vital. El objetivo supremo es es-

---

41   *Lie tseu*, en Wieger, *op. cit.*, p. 101.
42   *Tchouang tseu*, en Wieger, *op. cit.*, p. 273.
43   *Tchouang tseu*, L, I, pp. 300 y ss.
44   *Ibid.*, I, p. 245; I, 265.
45   *Houai-nan tseu*, 7; *SMT*, cap. 105.
46   *Tchouang tseu*, L. II, p. 19 y I, p. 238.
47   *Ibid.*, I, p. 176.

tablecer una especie de circulación *interior* de los principios vitales, de manera que el individuo pueda permanecer perfectamente *estanco* y someterse a la prueba de la inmersión sin sufrir daños. Uno se vuelve *impermeable*, autónomo, invulnerable en cuanto posee el arte de alimentarse y respirar, en un circuito cerrado, como un *embrión*.[48]

El niño recién nacido debe a este arte, que aún no ha olvidado, no sólo el secreto de poder deambular sin cansarse ni fatigarse, sino también la flexibilidad de sus huesos y músculos. Hemos visto que Lao tseu consideraba perfecto el poder viril del niño pequeño, que no sufre pérdida de energía vital.[49] Este tema está vinculado a todo un ascetismo sexual que, desde antes de los Han, había dado lugar a numerosas publicaciones bajo el patrocinio de diversos héroes taoístas.[50] Se enseñaron varios métodos, todos ellos destinados a aumentar la longevidad y basados no en un ideal de castidad sino en un ideal de poder. Además, el folclore nos habla de una especie de prueba sexual impuesta al Santo. Rodeado de muchas vírgenes o acostado sobre una de ellas, no debía "cambiar de color".

Para refinar el aliento vital, así como la energía viril, hay que respetar primero –como hacen los animales y las plantas, cuya savia sólo circula durante la estación de verano– el ritmo que rige la vida del Universo y hace que el Yin y el Yang se alternen y se perfeccionen mutuamente. La gimnasia respiratoria sólo es provechosa por la mañana. Los ejercicios de relajación sólo tienen un efecto positivo en primavera. Los brotes jóvenes son entonces muy flexibles. La primavera es la estación de las danzas rústicas que alientan *el ascenso de la savia y ayudan a la renovación*; las flexiones suaves de los tallos en ciernes se mimetizan bajo el aliento fértil del cielo. Sólo estos bailes y retozos gimnásticos pueden conservar la flexibilidad original. Cuando ésta desaparece, la muerte triunfa en los humanos que se *anquilosan*, como en las plantas que se *lignifican*. Lo que es duro y resistente se desgasta y perece. Sólo lo que sabe doblarse permanece invulnerable y vivo.[51]

Ideas similares inspiran un sistema dietético que no prescribe el ayuno constante o incluso la sobriedad. Prohíbe alimentarse de cereales, como hace el hombre común,[52] pero invita a saborear el jugo de las cosas. Aconseja beber el rocío fructífero. No prohíbe las bebidas alcohólicas. Los considera extractos de vida. Un adulto, no se lesionará más que un recién nacido al caer (aunque sea desde lo alto de un carro e incluso sobre suelo duro) si la caída tiene lugar cuando está ebrio; esto se debe a que, gracias a la embriaguez, su poder vital (*chen*) está intacto (*ts'iuan*).[53] La embriaguez nos acerca a la santidad, pues, como la danza, nos prepara para el éxtasis.

---

48   La expresión "respirar a la manera de un embrión" no parece aparecer antes de los Han, pero el *Lao tseu* (L., pp. 53; 95, 100) contiene alusiones muy precisas a esta práctica.

49   *Lao tseu*, L., p. 53.

50   *Ts'ien Han chou*, 30, p. 338b; *Tchouang tseu*, en Wieger, *op. cit.*, pp. 360 y 357.

51   *Lao tseu*, L., pp. 118, 120.

52   *Tchouang tseu*, L., II, p. 171.

53   *Ibid.*, II, p. 14; *Lie tseu*, en Wieger, *op. cit.*, p. 87.

Sólo el éxtasis puede mantener el poder de la vida (*chen ts'iuan*) perfectamente intacto. La santidad, es decir, la vida plena, se alcanza en cuanto, refugiándose en el Cielo (*ts'ang yu T'ien*), el Santo consigue mantenerse en un estado de embriaguez extática o, mejor dicho, de apoteosis permanente.[54] Habiendo alcanzado el punto en el que no es más que un poder puro, imponderable, invulnerable y totalmente autónomo, el Santo se mueve libremente a través de los elementos, ninguno de los cuales puede dañarlo. Atraviesa impunemente los cuerpos sólidos. *Toda la materia es porosa para él.* El vacío que ha creado en sí mismo, gracias al éxtasis, *se extiende en su favor a todo el universo.*[55]

Los maestros místicos afirman que este estado de *gracia mágica* es *el estado de la naturaleza*, el del ternero recién nacido. Las hazañas más bellas son obra de quienes se han quedado en lo más sencillo.[56] Sin embargo, de la lectura de Lie tseu o Tchouang tseu se desprende que esta perfecta simplicidad es el resultado de un entrenamiento sistemático. Para llegar a ser un maestro en el arte de la levitación o en el arte del éxtasis, es necesaria una larga práctica, así como sucesivas iniciaciones. Lie tseu (que se encargó de encomendarse a los mejores maestros) nunca consiguió mantenerse en estado de trance durante más de quince días. Sin embargo, le costó nueve años de aprendizaje obtener la receta (*chou*) que le permitió "montar el viento". Cuando hubo recuperado la sencillez original,

"su corazón (voluntad) se cristalizó (*ying*), mientras que su cuerpo se disolvió y sus huesos y carne se licuaron. Ya no sentía que su cuerpo estuviera apoyado ni que sus pies se sostuvieran en nada. Iba con el viento hacia el este y hacia el oeste como una hoja o una *rastrojo marchito*, sin poder ver si era el viento el que le arrastraba o él mismo el que arrastraba al viento".[57]

Merece la pena recordar la expresión "rastrojo marchito, vendaval vacío", que se utiliza en relación con las excursiones aéreas, pues al representar al santo en éxtasis, nunca se dice que su corazón sea como ceniza apagada y su cuerpo como madera muerta. ¿Qué ha sido de la joven flexibilidad que las prácticas de la larga vida pretenden conservar? La madera muerta evoca la rigidez cataléptica. Todo lo que en el individuo es el principio de la muerte ha sido, por así decirlo, evacuado en la envoltura corporal (*hing*), que se ha convertido en un cadáver, mientras que la flexibilidad, intacta, se ha concretado, con toda la vida, en lo que el lenguaje místico llama el doble (*ngeou*: la mitad, el compañero) y el lenguaje común el aliento-alma (*houen*).[58] El ser no es entonces más que un aliento que se mezcla con el soplo vivificador del Universo y, libre, juega en el viento.

---

54   *Tchouang tseu*, en Wieger, *op. cit.*, pp. 251, 259, 289, 265, 325.
55   *Ibid.*, p. 357.
56   *Ibid.*, p. 391; Lie tseu, *Ibid.*, pp. 85, 89.
57   *Tchouang tseu*, en Wieger, *op. cit.*, p. 211; *Lie tseu, Ibid.*, p. 85.
58   *Ibid.*, pp. 159, 215. El niño recién nacido, como el santo en éxtasis, tiene un cuerpo y un corazón comparables a la madera muerta y a la ceniza apagada: por eso es todo flexibilidad (*Ibid.*, p. 407).

Así, el asceta santificado puede, sin temor a ningún obstáculo, sin ninguna colisión, sin que nada le canse o desgaste, retozar (*yeou*), cabalgando sobre la luz, en la inmensidad del vacío: el Aliento del Universo es a la vez vacío y luz, calor y vida.[59] En relación con estas ideas hay una metáfora popular que los místicos utilizan cuando dicen que la muerte no tiene poder sobre ellos.

> "Se decía que el Soberano (de arriba) cuelga (el fardo) y luego lo desata... El fardo arde, la llama se transmite..."[60]

Como principio de flexibilidad y calor vital, el Aliento, que el éxtasis sirve tanto para refinar y concentrar como para liberar, escapa de lo que ahora es sólo muerte y "ceniza apagada", para unirse a la vida pura y a la luz.

Así, lo que no podemos llamar alma[61] se exterioriza y se separa de lo perecedero, pues no es una entidad espiritual: es –calor, fluidez, vacío luminoso– sólo el principio universal, sutil y concreto, de la vida. Empezando por los retozos libres y los juegos vigorizantes, a través de los cuales el ser se refina doblándose al ritmo del Universo, el ascetismo de la larga vida termina en una iluminación de la que el Santo obtiene, con todos los dones del Mago, un poder de vida ilimitado.

II. La mística de la autonomía

Además de toda una serie de recetas para la vida y la santidad, enseñadas sin duda por maestros rivales, que son muy diversas, aunque se inspiran en la misma fuente, está la doctrina de la "Escuela del Tao". Esta expresión, establecida por el uso, no es feliz. La idea del *Tao* no es propia de los maestros del taoísmo, y ellos, más que profesar una doctrina, se han limitado a defender una Sabiduría. Esta sabiduría es de tendencia mística, lo que no implica que sea en absoluto favorable al personalismo y al espiritualismo. Sería una traición mayor que cualquiera de las otras enseñanzas favorables en la antigua China si, al exponerla, uno se dejara llevar por el uso de la palabra "Dios" o la palabra "Alma". El "taoísmo" de Lao tseu y Tchouang tseu es una especie de *quietismo naturalista*.

Vomitar tu inteligencia[62] es, en principio, la única regla de la Sabiduría. Todo dogma es perjudicial. No hay buenas obras. Sólo el silencio y la quietud (*tsing*) son eficaces.

> "¡Te diré lo que es el Tao Supremo (*tche Tao*)! Retirada, retirada, oscuridad, oscuridad; ¡ésta es la culminación del Tao Supremo! Crepúsculo, crepúsculo, silencio, silencio. ¡No mires nada, no oigas nada! Mantén tu poder vital (*pao chen*) abrazado, permanece en quietud. ¡Tu cuerpo (no perderá) su corrección (nativa)! Mantén tu tranquilidad (*tsing*), mantén tu esencia (*ts'ing*). ¡Disfrutarás de una larga vida! Que tus ojos no tengan nada que ver, tus

---

59   *Tchouang tseu*, en Wieger, *op. cit.*, pp. 259, 305, 325, 331, 287, 289, 223.
60   *Tchouang tseu*, L., pp. 201, 202.
61   Maspero (*La Chine antique*, p. 494), no temía traducir la palabra *k'i* (aliento) como alma.
62   *Tchouang tseu*, en Wieger, *op. cit.*, p. 289.

oídos nada que oír, tu corazón nada que saber. Tu poder vital preservará tu cuerpo, ¡tu cuerpo disfrutará de una larga vida! Vigila tu interior, apártate del mundo exterior, saber muchas cosas es perjudicial..."[63]

El quietismo de los sabios taoístas está expresamente conectado, como vemos, al antiguo ideal de la larga vida. Estos sabios, sin embargo, parecen haber sido reformistas, como lo fue Confucio, pero en un entorno diferente. También ellos querían basar la sabiduría en el conocimiento del hombre. Pero Confucio parece haberse propuesto liberar la psicología de un antiguo conocimiento mágico-religioso, al tiempo que exaltaba la virtud educativa de la etiqueta. Los "Padres del Taoísmo", en cambio, se preocupan por distinguir el conocimiento psicológico de la ciencia del comportamiento regido por las convenciones sociales, mucho más de lo que se preocupan por separarlo de las especulaciones sobre el Universo. Tienden a ver la sociedad (actual) no como el entorno natural de la vida humana, sino como un sistema espurio de restricciones. No es la compañía de los mayores, la conversación de la gente honesta, el control mutuo, no es la amistad o la observación lo que puede dar información sobre la naturaleza humana. *La meditación solitaria es el único camino hacia el conocimiento y el poder (tao)*:

"Conocer a los demás es sólo ciencia; *conocerse a uno mismo es comprensión*."[64]

La civilización degrada la naturaleza; todo es convencional en lo que a observación se refiere. La dialéctica sólo tiene un interés negativo; demuestra la arbitrariedad de todo conocimiento que no se debe a la sola meditación. Esto último es suficiente para el Santo. Más allá de lo artificial, le hace aprehender la realidad y la vida a la vez. Sólo tiene que encerrarse en sí mismo: "olvidando en la quietud (*tsouo wang*)" todo lo que es conocimiento convencional, purifica su corazón (*sin tchai*) de todos los falsos deseos y tentaciones que la sociedad ha inventado. Así, restablece en sí mismo la perfecta simplicidad (*p'ouo*), que es el estado nativo de todo ser y del universo entero. Para encontrar al hombre natural y a la Naturaleza dentro de uno mismo, sólo hay que volver a ser uno mismo y

"conservar en paz la esencia de la vida que es propia de uno mismo (*ngan ki sing*)".
"No pases por tu puerta, conocerás todo el imperio. No mires por la ventana; el *Tao celestial* se te aparecerá."[65]

La meditación no se agota en el conocimiento. Purifica y salva. Pero la salvación no es más que un retorno a la naturaleza, y no es de lo que llamamos materia de lo que el aprendiz de santo busca liberarse. Sólo el *siglo* (*che*), no el mundo, merece el nombre de atolladero. Lo que es impuro y la semilla de la muerte es lo artificial, lo adquirido; todo aquello por lo que la civilización ha deformado y distorsionado la naturaleza. Todo invento, toda supuesta mejora, no es mejor que un crecimiento

---

63   *Ibid.*, p. 287.
64   *Lao tseu*, L., p. 75.
65   *Ibid.*, L., p. 89.

molesto. Es más bien un tumor nocivo.[66] La naturaleza no debe ser violada, especialmente con el pretexto de rectificarla. Lo que está curvado debe permanecer curvado. No intentes acortar las patas de la grúa ni alargar las del pato. Si fuera artificial, cualquier técnica de larga vida sería perniciosa, y cualquier tendencia a la mejora sería condenable si estuviera inspirada en prejuicios morales. Lo peor sería tratar de unir por *jen* y *yi*, por estos vínculos, estas redes, estos pegamentos, estos falsos barnices que son los ritos, las leyes, la etiqueta, de los seres que sólo pueden subsistir a condición de seguir siendo ellos mismos. Uno "pierde su naturaleza (*sing*)" si se apega a las costumbres; uno "se destruye a sí mismo" si se apega a otros seres.[67] El "yo (*tseu*)" no debe dejarse contaminar por el "otro (*pei*)". Por el contrario, es aconsejable "refugiarse en tu propio *tö* (esencia específica) (*tsang yu ki tö*),"[68] pues esto es "refugiarse en lo Celestial (*tsang yu T'ien*)", es decir, en la Naturaleza.

La oposición de *T'ien* y *jen* (que no es lo humano, sino lo social, lo civilizado) es el centro de la doctrina de Lao tseu y Tchouang tseu. Difiere totalmente de una oposición entre lo divino y lo humano.[69] La meditación, e incluso el éxtasis, no pretenden dar acceso a una sabiduría trascendente. Revelan al hombre lo que es, lo que puede seguir siendo, si la civilización (*jen*) no borra en él el tao, el tö, el T'ien, es decir, su propia esencia (*sing*), pura de toda contaminación. Así, el verdadero Hombre (*T'chen jen*) es *aquel* que, rehuyendo de sus semejantes, *no tiene compañeros*: "Aquel que no se reúne con otros hombres (*ki jen*) es igual al Cielo". También se puede decir de él que "retoza en la verdad", que "la puerta del Cielo se abre para él", que "es un Hijo del Cielo", que "se iguala al Soberano (de arriba)".[70] Son fórmulas míticas, que no deben inducir a error; la meditación taoísta no busca el consuelo en el más allá. Es estrictamente solitaria. *Su ideal es la autonomía.* Sólo los malvados están solos, dirían de buena gana los seguidores de Confucio.[71] Sus oponentes hacen de la autonomía absoluta la condición de la salvación y de la vida misma. Es *sólo para uno mismo*, es *sólo por uno mismo* que el Santo debe vivir.

La salvación y la santidad se alcanzan en cuanto el yo (*tseu*), liberado de todo compromiso con los demás, no es más que vida y espontaneidad pura (*tseu jan*). Reducido a sí mismo, el individuo es igual al Universo, pues la espontaneidad de la que ahora hace su única ley es la única ley del *Tien* o del *Tao*. El que sabe permanecer autónomo posee el *T'ien tao*, la Vía, la Virtud celestial.

En efecto, es *tseu jan*, la espontaneidad, o mejor dicho, es un poder total de realización espontánea que es la característica del Cielo así como del Tao. *T'ien* (lo Celestial, que se opone a *jen*, Civilización) evoca una idea que la palabra "naturaleza" puede transmitir, y en la medida en que parece correcto traducir φυσις por

---

66   *Tchouang tseu*, cap. VIII, cap. IX.
67   *Tchouang tseu*, L., I, p. 373.
68   *Ibid.*, I, p. 274.
69   Véase, a la inversa, Maspero, *La Chine antique*, p. 495.
70   *Tchouang tseu*, en Wieger, *op. cit.*, pp. 325, 261, 233, 333, y L., p. 367, nota 2.
71   Cfr. *supra* en este Libro, cap. II, ap. I.

naturaleza, sigue siendo este término el que mejor expresará la noción taoísta de Tao.[72]

Partiendo de la idea común de que el Tao señala el poder universal de realización del que el poder regulador del Gobernante es, en el orden humano, la más alta expresión, los Maestros Taoístas prestaron a esta noción un valor más intelectual, si no más abstracto. En la noción de Tao se resumía el sentimiento religioso y al mismo tiempo familiar de la estrecha simpatía y la completa solidaridad que une a la naturaleza y al hombre. Para las escuelas que se ocupan de la acción política o moral, el orden natural, concebido según el modelo del orden social, parece emanar del jefe, guardián responsable de los estatutos y las costumbres. Pero el pensamiento de los maestros taoístas está menos influenciado directamente por la política que por las artes mágicas. La idea de que el hombre no forma un reino en la naturaleza va acompañada de un sentimiento muy fuerte por la *unidad del mundo*, y esto es aún más poderoso en su pensamiento que en el de todos los demás sabios chinos. Los adivinos caracterizaban todas las *mutaciones* (*yi*), reales o simbólicas, como *fáciles* (*yi*); se producen, decían, sin gasto de energía. Los magos presentaban las hazañas más milagrosas de la fuerza como *efectos directos* de un genio operativo inagotable. Es de estas concepciones, combinadas con la creencia (medio popular, medio sabia) de que el Cielo, invariable, imparcial, permanece inmutablemente en sí mismo, mientras gobierna las cuatro estaciones, de donde se deriva la tesis esencial del taoísmo: el Tao (como el Cielo, es decir, la Naturaleza) se imagina como el *principio* inmanente de la *espontaneidad universal*.

Por tanto, se caracteriza inicialmente por una especie de indiferencia e indiferenciación totales. Está "*vacío* (*hiu*)", vacío de *preformaciones* así como de prejuicios; no impide ninguna iniciativa libre; ninguna individuación se enfrenta a él, que es lo Innombrable (el Total incapaz de retener ninguna especificación). El Tao (el Cielo, la Naturaleza) no es *vinculante*, sino desvinculado, pero imparcial; *anima el juego y se sitúa fuera del juego*. Su única regla es el *wou wei*, la *no-intervención*. Ciertamente se piensa que actúa, o más bien que es activo, pero en el sentido de que *irradia incansablemente una especie de vacuidad continua*. Como principio global de toda coexistencia, forma un *medio neutro* que, por lo tanto, favorece el flujo y reflujo indefinido de las interacciones espontáneas.

Algunos taoístas (como se desprende del *Lie tseu*) hacen poca distinción entre el entorno interactivo del Tao y el mundo de las acciones mágicas. Cuando insisten en la *continuidad* (*kiun*) del Universo y la contraponen a la simple *contigüidad*,[73] están pensando sobre todo (en lo que llamaríamos acciones de mente a mente) en los trucos de magia, en los trucos de operación, en los juegos de los ilusionistas. Es gracias al continuo cósmico, es gracias al Tao, –de hecho, es gracias a su propia eficacia (*tao*)– que un pescador (cuyo sedal está hecho de un solo filamento de seda) saca enormes peces de un profundo abismo y que un guitarrista (con sólo

---

72 Legge, *Texts of Taoism,*, Introd., pp. 12 y ss.
73 El P. Wieger (*op. cit.*, p. 139) fue el primero en proponer la traducción de *kiun* por continuidad (a veces dice: "continuidad mística" (*Ibid.*, p. 142)), pero sin señalar el carácter mágico de esta noción.

pulsar una de sus cuerdas) consigue, si le place, que las cosechas maduren desde los primeros días de la primavera, o en pleno verano, que la nieve caiga y que los ríos se congelen. Poderes similares son adquiridos, dice expresamente el *Lie tseu*, por aquellos que conocen los secretos del malabarismo ilusorio (*houan*), por aquellos que conocen la ciencia de las *transformaciones* (*tsao houa*).[74]

Se suele decir que el *Lie tseu* es una obra del taoísmo que ya ha decaído, pero es un hecho que las acciones sin contacto ni gasto de trabajo son uno de los temas favoritos de Tchouang tseu. Y lo que es más sorprendente, utiliza las palabras *tsao houa* para describir el Tao. Algunos intérpretes no dudan, en este caso, en traducir *tsao houa* por el *Creador*, precisamente con motivo de un pasaje en el que Tchouang tseu muestra al Tao *mutando* un brazo izquierdo en un gallo y un brazo derecho en una ballesta.[75] Nada es más ajeno a los pensadores taoístas que la tendencia creacionista o personalista. No separan las ideas de espontaneidad (*tseu jan*) y no intervención (*wou wei*), impersonalidad y autonomía. Precisamente porque ven en el Tao sólo el principio inmanente y neutro de toda realización espontánea, han tendido, especialmente Tchouang tseu, a convertirlo en el principio del *desarrollo natural* de las cosas y, en consecuencia, de su *verdadera explicación*.

Se ha caracterizado su esfuerzo diciendo que querían liberarse de las concepciones animistas que dominaban la mente china en su época.[76] Sería más preciso no hablar de animismo, sino de magia. Al intelectualizar, por así decirlo, la idea del Tao e insistir en las nociones de impersonalidad e imparcialidad, los Maestros taoístas trataron de interpretar como principio de explicación racional lo que hasta entonces sólo se había concebido como el principio concreto y total del Orden o el medio eficaz de las acciones mágicas. Sin embargo, no se les ocurrió vincular a la idea del desarrollo natural de las cosas una técnica de experimentación. Por muy poderosa que fuera la inspiración naturalista que les animaba, seguían estando, al igual que sus adversarios, bajo la influencia de las preocupaciones *humanistas*. Sólo pensaron en defender una determinada forma de entender la vida. Su idea del Tao o de la naturaleza de las cosas se explica por su gusto por la meditación {que combinaban (al menos en el caso de Tchouang tseu) con un gran interés por la dialéctica} al menos tanto como por sus conocimientos de magia o física.

La noción de continuidad está ligada, en el *Lie tseu*, a la tesis de que el Espacio y el Tiempo no están limitados.[77] Cuando quiere dejar entrever lo que puede ser el Tao, Tchouang tseu también insiste en esta tesis. Lo ilustra abundantemente mediante alegorías o anécdotas míticas, por un lado, y, por otro, mediante una argumentación nutrida de temas tomados de los sofistas.[78] Como estos últimos, Tchouang tseu profesa un relativismo riguroso, pero alejado de cualquier realismo abstracto.

---

74   *Lie tseu*, en Wieger, *op. cit.*, p. 109.

75   Maspero, *La Chine antique*, p. 502.

76   Esta es la tesis que sostiene Hou Che en un panfleto titulado *Houai-non wang chou* (Shanghai, 1931).

77   *Lie tseu*, capítulo V.

78   *Tchouang tseu*, cap. I, cap. II, cap. XVII.

Para él, el mundo se resuelve en un flujo de apariencias concretas, ocasionales, singulares, entre las que no hay medidas comunes, salvo las externas, humanas, artificiales. Todas las sensaciones tienen tanta o tan poca realidad como las demás. Todo juicio es sólo un juicio de valor, una estimación siempre arbitraria. En mi sueño, soy una mariposa; me despierto y soy Tchouang tseu. ¿Quién soy yo? ¡Tchouang tseu soñando que es una mariposa! ¿Una mariposa que se imagina que es Tchouang tseu?[79] Estas dos apreciaciones sucesivas dan testimonio de una transformación (*wou houa*) de la que no se puede decir si es real o imaginaria. Del mismo modo, no es posible establecer una distinción definitiva no sólo entre los términos vecinos, sino también entre Esto y Aquello, la existencia y la inexistencia, la vida y la muerte, lo bello y lo feo, lo útil y lo perjudicial, el bienestar y el malestar. De hecho, no son *términos realmente opuestos*, son simplemente *juicios contrastados*, totalmente subjetivos, meramente momentáneos. Tumbarse en el barro sólo es insalubre para tal o cual persona en tal o cual momento.[80] La humedad, el calor, sólo existen para los que tienen calor o se sienten mojados y *sólo en el momento* en que lo sienten. El Todo y cada ser están en perpetuo cambio. Aquí soy otro cuando pienso que soy el mismo de antes.

> "La vida del hombre entre el Cielo y la Tierra es como un caballo blanco que salta una zanja y desaparece de repente".[81]

Nacer o morir es ciertamente un cambio total e instantáneo (*kai*); no es diferente de los cambios completos de los que se compone la vida en cada momento. El individuo, como el mundo, es múltiple, y el mundo no permanece igual;[82] sin embargo, el universo es uno, y también lo es cada ser. *Los cambios completos sólo son mutaciones.*

Por lo tanto, no hay errores, ni siquiera posibilidades de errores. Por lo tanto, todas las paradojas de los sofistas pueden sostenerse como verdaderas. Siendo el Yo y el Otro, el Esto y el Aquello sólo *situaciones* diferentes, es legítimo decir que un centenario no es viejo, ni un mortinato joven, que un cabello vale una montaña, y que entre tal o cual ácaro y el Universo no existe ninguna diferencia, ni en nobleza, ni en poder, ni por edad, ni por grandeza.[83] Por otra parte, sólo hay verdades ocasionales, impermanentes, múltiples, singulares, concretas, o –lo que viene a ser lo mismo– sólo hay una verdad, *abstracta, total, indefinida*, que es el Tao: el *medio* –indiferente y neutro, impasible, indeterminado, supremamente autónomo– del conjunto de verdades transitorias, de apariencias contrastadas, de mutaciones espontáneas.

La dialéctica honrada por los sofistas permite a Tchouang tseu presentar el Tao como el medio donde se produce la síntesis de todos los antagonismos. Cuando, dejando de "permanecer confinado entre los Seis Polos del Universo y ser des-

---

79   *Tchouang tseu*, en Wieger, *op. cit.*, p. 227. Comp. *ibid.*, p. 225.
80   *Tchouang tseu*, Legge, I, p. 191.
81   *Ibid.*, II, p. 65.
82   *Ibid.*, I, p. 277; *Lie tseu*, en Wieger, *op. cit.*, p. 79.
83   *Tchouang tseu*, L., I, p. 182.

lumbrado" por el juego de luces y sombras, se decide *montar en el carro del Sol,*[84] se disfruta, desde este observatorio neutro y soberano, de un punto de vista que no es ni el de Eso ni el de Aquello, sino uno en el que Eso y Aquello sólo pueden estar unidos. Este es el punto de vista del *Centro del Anillo,* donde la vanidad de las *oposiciones* (aparentemente) *diametrales* se hace evidente. Para quien se sitúa en el centro del anillo, "no hay nada que no pueda ser *igualado (tö ki ngeou)",* quedando todos los contrastes reabsorbidos en el Orden total que los rige, pues éste es el *pivote del Tao.*[85]

Visto desde el principio indiferente de todas las realizaciones autónomas, y ya no con las preferencias apasionadas de lo pequeño sobre lo grande o de lo grande sobre lo pequeño, *lo minúsculo y lo mayúsculo se funden, pues son igualmente inmensos.* "Lo supremamente tenue (como dicen los dialécticos) es lo que no tiene apariencia sensible (*wou hing*); lo supremamente grande es lo que no se puede circunscribir. En este aforismo, que evoca sensaciones y operaciones concretas, pero se inspira en un realismo abstracto, Tchouang tseu sustituye una fórmula por aquella que afirma su tesis de que sólo cuentan las operaciones de la mente, y que no hay ni pequeño ni grande, sino sólo lo *inmenso.* Así, caracteriza lo que no tiene apariencia sensible por la imposibilidad de *dividirlo mediante el cálculo;* lo que no se puede circunscribir, por la imposibilidad de *suprimirlo numéricamente.*[86] El relativismo de Tchouang tseu es de inspiración idealista.

Con él aparece la *idea de infinito* en la filosofía china, destinada, además, a una mediocre fortuna. Lo infinitamente grande, lo infinitamente pequeño, no es lo que, materialmente, sería indivisible, o lo que, técnicamente, no se podría circunscribir; es lo que, todavía y siempre, queda por imaginar en cuanto la mente ha empezado a imaginar. A menos que uno sea una rana confinada en un pozo, una seta nacida para una sola mañana, ¿cómo no sentir que el Espacio y el Tiempo (y, con ellos, cualquier ser o situación en el Espacio-Tiempo) son ilimitados? Por muy grande que sea la extensión o la duración que se represente, siempre aparecerá una insuficiencia de grandeza, una vez que uno se ha aventurado a pensar en un más allá.[87] Piensa, por ejemplo, en el P'eng, esa inmensa ave, que sólo necesita seis meses de vuelo para elevarse en el aire a una altura de noventa mil estadios. ¿Dónde se podría (dónde podrías tú) detener su vuelo? Esta alegoría o temas míticos similares son suficientes para imponer la idea de infinito.[88] De hecho, corresponde a una necesidad de la mente. Y esta necesidad se satisface con la noción de Tao.

Totalmente indeterminado y *absolutamente autónomo,* el Tao se encuentra en todas las cosas. *Todas las cosas contienen espontaneidad, indeterminación y esas posibilidades indefinidas de mutación que pertenecen a todo ser, pues todo símbolo las contiene.*

---

84   *Ibid.,* II, p. 96.
85   *Ibid.,* I, p. 183 (ver p. 321 para un análisis de la idea de *Houang ti*).
86   *Ibid.,* I, p. 378.
87   *Ibid.,* I, pp. 164 y ss; 374 y ss.
88   *Ibid.,* II, p. p. 164.

- ¿Dónde está el Tao?
- ¡No hay nada donde no esté!
- Pon un ejemplo, será mejor.
- ¡Está en esta hormiga!
- ¿Podrías dar un ejemplo más humilde?
- ¡Está en esta hierba!
- ¿Todavía más bajo?
- ¡Está en este fragmento!
- ¿Es esto lo más bajo?
- ¡Está en este excremento!

Pero no sirve de nada preguntar por el Tao a la manera en que los expertos,[89] en los mercados, estiman un cerdo metiendo la pata, hasta donde pueden, en la grasa. "No pidas ejemplos, no hay nada donde no esté el Tao". El Tao merece ser llamado "el Supremo", "el Universal", "el Total", es decir, "el Todo-Único (Yi)".[90] Inmanente en todas las cosas (no debe decirse: animadas o inanimadas, sino: tanto las más vulgares como las más nobles),[91] señala un principio de indeterminación del que procede, para cada una de ellas, con absoluta singularidad, una completa independencia. No bastaría con decir que todo ser, como todo pensamiento, es libre, fugaz, ilimitado, o que participa de una *infinidad de poder y libertad*; a esta infinidad, no hay nada que no se iguale a sí mismo, y *para valer el Todo, basta* –para cada ser– con ser y llegar a ser; *basta con ser uno mismo*, con todas sus posibilidades.

La dialéctica y la imaginación mítica muestran que esta *infinidad inmanente* es una necesidad del pensamiento. El éxtasis, que permite sentirla en su puro esplendor, demuestra que es la única realidad, la realidad total.

"¡Oh, mi Maestro! ¡Oh, mi Maestro! ¡Tú das a todas las cosas y no intervienes por equidad (*yi*)! ¡Eres generoso con las generaciones de todos los tiempos y no intervienes por amistad (*jen*)! ¡Eres más viejo que las edades más antiguas y no eres viejo! ¡Cubres y apoyas (como) el Cielo y (la) Tierra! Cincelas y esculpes todas las apariencias y no eres un artesano. Es en ti que retozo (*yeou*) {o bien (es otra clausula); es a ti a quien le damos la nombre de *Alegría celestial*!}."

Esta es la oración (*estereotipada*) con la que termina el éxtasis taoísta.[92] Este éxtasis se alcanza mediante un entrenamiento que purga al ser de todas las contradicciones artificiales, superpuestas a su naturaleza por el contacto con los demás y las convenciones sociales. Uno conserva, en la vejez, la frescura de un niño, cuando rechaza de sí mismo primero "el mundo de los hombres", luego "toda la realidad" (externa) y, finalmente, la idea misma de "existencia". Se obtiene entonces, en una

---

89   Es decir, los sofistas cuando argumentan evocando una secuencia progresiva de divisiones reales.
90   *Tchouang tseu*, L., II, p. 166.
91   Los taoístas no se niegan a admitir una cierta jerarquía.
92   *Tchouang tseu*, L., I, p. 256. Compárese con *Ibid.*, p. 352.

luz difusa[93] que es la de la aurora (*tchao tche*), la visión de una "independencia solitaria", de modo que, "pasado y presente aniquilándose", se "entra en lo que no está vivo ni muere".[94] Así es que:

> "Dejando caer el cuerpo y los miembros, desterrando el oído y la visión, separándose de toda apariencia corporal y eliminando todo conocimiento, uno se une con aquello que *penetra en todas partes* (*ta t'ong*)[95] y da *continuidad* al Universo (*T'ien kiun*)."[96]

Gracias a la "purificación del corazón" y a la "vacuidad (*hiu*)", uno "se adhiere al Tao (*tao tsi*)".[97]

Después de haber "abrazado la Unidad (*pao yi*)" y dado que "los diez mil seres no son más que uno"[98] y puesto que él mismo ha sido capaz de "conservar la unidad en sí mismo",[99] el Santo, al no tener ya "un yo", ni actividad privada ni nombre propio (*wou ming*)"[100] se funde, indeterminado y libre, en el principio, innombrable (*wou ming*) y total, que –siendo sólo el eje, la cresta (*ki*), el pivote, el centro *vacío* del cubo de la rueda[101]– no tiene ni actividad ni existencia propia, pero fuera del cual no hay realidad, ni libertad, ni verdad, pues es la *Eficiencia Intacta* de la que, con todas las artes, proceden todas las eficiencias, el *Conocimiento Único* que, como una *luz difusa* (se llama la Luz celeste –es decir, natural– *T'ien kouang*),[102] ilumina todo, uniformemente, dando a cada cosa su verdadera apariencia.[103]

La originalidad de los maestros taoístas, o al menos de Tchouang tseu, reside en que fueron capaces de justificar una *técnica de Santidad*, dominada por un ideal de *autonomía*, combinándola con una teoría del *conocimiento*,[104] muy ajustada a los postulados de su *quietismo naturalista*.

En esta teoría, la parte de la tendencia mística no es mayor que la de la tendencia intelectualista. Considerado como el principio inmanente y neutro de todos los desarrollos libres, el Tao (aunque, en la exaltación de la visión extática, se describa como misterioso e inefable) es, ante todo, concebido como un principio de explica-

---

93   La palabra *tche* significa "penetrar" y "extenderse por todas partes de manera uniforme".

94   *Tchouang tseu*, L, I, p. 245. *Ibid.*, II, p. 145, y *Lie tseu*, en Wieger, *op. cit.*, p. 121.

95   *Tchouang tseu*, L., I, p. 257.

96   *Ibid.*, II, p. 83.

97   *Ibid.*, I, p. 209.

98   *Ibid.*, I, p. 224.

99   *Ibid.*, I, p. 229.

100 *Ibid.*, I, p. 169.

101 *Ibid.*, L., II, pp. 129 y ss; *Lao tseu*, L., I, p. 54.

102 *Tchouang tseu*, L., II, p. 83.

103 *Ibid.*, I, pp. 243 y 311.

104 Esto es sin duda lo que Hou Che quería expresar (*The development of logical method in ancient China*, pp. 142 y ss) cuando presentó a Tchouang tseu como un teórico de la lógica, tesis rechazada por paradójica por Maspero (*La Chine antique*, p. 492, nota), que concede poca originalidad a los maestros taoístas en cuanto a "sus teorías doctrinales" y ve, en "la práctica de la vida mística, su gran descubrimiento (Maspero, *Le saint et la vie mystique chez Lao-tseu et Tchouang tseu*, 7 y 9).

ción racional. Además, su indeterminación e imparcialidad (reflejadas en la frialdad impersonal de las efusiones y oraciones místicas, siempre estereotipadas en su forma) excluyen cualquier tendencia al personalismo, mientras que cualquier tendencia al espiritualismo queda excluida por la idea de la continuidad del universo.

El Tao, del que se puede decir que es a la vez Naturaleza y Razón (o, si se quiere, φύσις y λόγος), es un principio de inteligibilidad universal. La fórmula "vomita tu inteligencia" no expresa el desprecio por la actividad de la mente, sino, simplemente, el desprecio por la ciencia discursiva, por los juegos de la dialéctica, por cualquier tipo de realismo abstracto.

Los maestros taoístas no tienen ninguna dificultad en utilizar (ni, al parecer, ningún esfuerzo por perfeccionar) el sistema de clasificaciones que sus contemporáneos utilizan para ordenar el pensamiento. Admiten que el vulgo está dominado por 6 Apetitos (los de los honores y las riquezas, los de las distinciones y el prestigio, los de la fama y la Fortuna), 6 Impedimentos (los impuestos por la postura y el comportamiento, la sensualidad y el razonamiento, el temperamento y la reflexión), 6 (Sentimientos que obstaculizan) el Tö (el odio y el deseo, la alegría y la ira, la pena y el placer), 6 (Actitudes que obstaculizan) el Tao (las de evitar o anticipar, tomar o dar, adquirir conocimientos o ejercer talentos). Estas 24 disposiciones deben ser suprimidas para obtener la rectitud y la tranquilidad, la iluminación y la vacuidad.[105] También es necesario, so pena de "perder la esencia que nos es propia (*sing*)", evitar las cinco perversiones[106] que resultan del uso civilizado de los sentidos: la pintura, la música, los perfumes, la cocina y las predilecciones del corazón corrompen la vista, el oído, el olfato, el gusto y el juicio.[107] En sí mismo, el uso natural de los sentidos puede ser pernicioso, si no se intenta defender la simplicidad original (*p'ouo*) del ser frente a la multiplicidad de las apariencias. La visión, el oído, el olfato, el gusto y el conocimiento sólo merecen el nombre de *tche* (que todo lo impregna, que todo lo extiende) si ningún objeto particular los *detiene*.

Para que la percepción sea pura, debe ser difusa y referirse al total y no a los detalles de las cosas. También debe ser global, y suministrado no por uno de los sentidos, sino por todo el ser. Debe ser el resultado de una unión (*ho*) de lo que, en el individuo como en el universo, constituye el poder de la vida {el *k'i* (aliento)[108]}. El verdadero sabio "oye con sus ojos y ve con sus oídos". No es que haya encontrado el secreto de la audición paracústica o de la visión paróptica. Admite de buen grado que no es posible conmutar las funciones de los distintos órganos. Sólo sabe unir su cuerpo con su corazón, su corazón con su *k'i* (aliento), su *k'i* con su *chen* (poder vital) y el todo con el *wou* (es decir, no con la "nada", sino con el *Total indeterminado…*) Si por tanto:

---

105 *Tchouang tseu*, L., II, pp. 87, 89.

106 Las 5 perversiones provienen de los 5 Colores (que perturban los dos ojos), las 5 Notas (que perturban los dos oídos), los 5 Olores (que perturban las dos fosas nasales), los 5 Sabores (que perturban la boca) –en total siete orificios y cuatro sentidos– y los gustos y disgustos que perturban el corazón (que también tiene siete orificios).

107 *Tchouang tseu*, L., I, p. 328. *Ibid.*, p. 268, y *Lao tseu*, L., p. 55.

108 *Ibid.*, II, p. 139.

"Se produce un sonido, ya sea lejos, más allá de los Ocho Pasos del Universo, o cerca, entre las pestañas y las cejas, no puede dejar de ser informado de ello, sin saber, sin embargo, si es a través de sus oídos o a través de sus cuatro miembros que la percepción se hace o si es a través de su corazón, su vientre, o sus cinco vísceras que se informa; eso es todo.[109]

La única percepción válida parece ser la espontánea y global, que resulta de una libre fusión comunitaria. El hombre sabio se abstiene de utilizar sus ojos para ver, sus oídos para oír; se niega a hacer un uso separado de sus sentidos por temor a que los orificios que son sus órganos se obstruyan; "utiliza sus ojos sólo como utiliza sus oídos y utiliza su nariz como utilizaría su boca"; sólo así "se establece la comunicación entre lo externo y lo interno" inocentemente.[110]

Cualquier sensación parcial es agotadora y corruptora. Chocar con la multiplicidad de cosas en una parte y luego en otra de su ser agotaría al individuo. Un santo, cuyo primer deber es cuidar su vitalidad, teme estos choques, sobre todo cuando, como buen taoísta, está penetrado por la idea de que, allí donde aparece la multiplicidad, no hay fin que prever. Se cuida de no querer saber en detalle:

"¡Vivir tiene límites y no hay límites para el conocimiento! ¡Es un peligro para lo que está limitado perseguir lo que no está limitado!"([111]

En la antigua China nadie ignora que toda imagen es el resultado de un contacto, este choque puede producirse tanto en el estado de vigilia como en el sueño.[112] El santo no se permite soñar ni pensar, ni cansar sus músculos,[113] pues teme el desgaste y, más aún, el contagio. En cuanto se produce, no la unión corroborante con el Total indeterminado, sino la proximidad indebida del Otro y del Yo, se produce el choque, es decir, el desgaste, y el contacto nocivo, o, mejor dicho, la contaminación.

Para evitar estos contactos malignos y las invasiones doblemente sacrílegas que hieren la autonomía del Otro así como la del Yo,[114] los maestros taoístas deberían, al parecer, limitarse a la unión extática con el Tao, profesar el más riguroso de los subjetivismos místicos. Escapan a este subjetivismo gracias a su tesis sobre la continuidad del universo. Esta tesis también les permite librarse del realismo abstracto de los dialécticos.

Al sofista Houei tseu, que paseaba con él por el puente de un arroyo y que le reprochó que, no siendo un pez, pretendiera reconocer lo que era el placer de los peces, Tchouang tseu le respondió:

---

109 *Lie tseu*, en Wieger, *op. cit.*, pp. 117-119.
110 *Ibid.*, p. 121.
111 *Tchouang tseu*, L., I, p. 198; *Lao tseu*, L., p. 90.
112 *Lie tseu*, en Wieger, *op. cit.*, p. 109.
113 *Tchouang tseu*, L., I, p. 366.
114 *Ibid.*, I, p. 274.

"Me preguntaste: '¿Cómo sabes cuál es el placer de los peces?' Ya que me has hecho esta pregunta, es porque, primero, sabías que lo sabía. Y lo sé porque estoy en el puente del arroyo."[115]

La posibilidad de comunicación entre el Yo y el Otro es un hecho. Si, incluso para él, no fuera un hecho constante, el dialéctico sería absurdo, ya que –y precisamente sobre este hecho– cuestiona al Otro. Pero si el hecho –que autoriza la dialéctica a la vez que revela la ineficacia del razonamiento en abstracto donde está confinado– es constante, es la prueba de que existe una continuidad concreta entre todas las partes del Universo.

Para los maestros taoístas, la comunicación de individuo humano a individuo humano sólo es posible porque primero es posible la comunicación entre individuos de todo tipo. Excluido todo sesgo espiritualista, no se trata de una comunicación de alma a alma, ni de la transmisión de ideas por medio de un simbolismo artificial, como el lenguaje humano. Si el Ser puede conocer al Otro, es por la Unidad del mundo. Es gracias a la "continuidad natural (*T'ien kiun*)" que "lo verdadero (*jan*) y lo falso (*pou jan*) se distinguen (*tseu*)", se manifiestan espontáneamente (*tseu jan*).[116]

La unidad del mundo era brillante, y el conocimiento de las cosas era fácil en tiempos en que la civilización no había pervertido a los hombres deformándolos y aislándolos.

"En el pasado vivían en hermandad con los animales y eran una sola familia con los diez mil seres.

No había preocupación por la "ciencia de los detalles", sino que todos los seres se llevaban bien y se entendían, pues las propias urracas "dejaban mirar en sus nidos".[117] Por eso los sabios decían que, en lo que respecta al entendimiento, había poca diferencia entre todos los seres vivos. Por ello, se comunicaban libremente con "cuadrúpedos, aves, insectos, genios y demonios de todo tipo". Y, en efecto, el "comportamiento humano" aún no se oponía al de otros seres.[118] Pero hoy en día, la mayoría de la gente se encuentra encerrada y circunscrita por las barreras artificiales, las distinciones arbitrarias impuestas por la cultura y la etiqueta. Han perdido su simplicidad nativa. Ya no pueden entender lo único que se puede entender: el comportamiento natural (*sing*) de los seres.

Sólo algunos bárbaros escuchan todavía el lenguaje de los animales, y algunos criadores su naturaleza; ellos mismos han conservado una naturaleza simple. Es a ellos a quienes debemos pedir el secreto del verdadero conocimiento: "Manteniendo siempre el mismo talante", no dejan de ser naturales, de modo que con ellos "los tigres se creen en medio de las montañas y los bosques", en medio de la naturaleza. Una simpatía imparcial y libre[119] une al Yo y al Otro en estos casos. *Esta verdadera*

---

115 *Ibid.*, I, p. 392. Cfr. *supra*, en este Libro, cap. I, ap. III.
116 *Ibid.*, II, p. 143 (en Wieger, *op. cit.*, p. 449).
117 *Ibid.*, II, p. 278.
118 *Lie tseu*, en Wieger, *op. cit.*, p. 101, *ibid*, p. 91.
119 *Ibidem*.

comprensión es el principio del verdadero conocimiento. A quien las ama y, por pura amistad, viene a saludarlas cada mañana, las gaviotas se entregan familiarmente. Entre ellas y su amigo, el juego es desinteresado y, en consecuencia, la *comunicación íntima.* Pero si un día el hombre se acerca a ellas con el deseo de apoderarse de ellas, las gaviotas perciben esta intención secreta y huyen de inmediato.[120] Nadie puede comprender si no respeta, preservando su propia naturaleza, la naturaleza libre de los demás.

El conocimiento resulta de un acuerdo espontáneo de dos autonomías, de dos indiferencias benévolas. El agua es, pues, el símbolo de la sabiduría; ofrece la imagen de la tranquilidad, de la acogida y del desinterés. Indiferente, "flexible, que no se desgasta", que no busca ni actuar ni conocer, "el agua no tiene pretensiones"; acepta todas las formas, todos los lugares; "desciende hasta el fondo que todos desprecian"; es "la gran confluencia de todas las cosas",[121] lo que no impide que, puesto que toda impureza sólo pasa por ella (pues para el puro todo es puro), se ofrezca como una masa límpida; sólo se vuelve turbia cuando se agita, pero sus agitaciones no duran, pues no proceden de ella. Por sí misma, el agua es inerte, acogedora y pacífica. *Por lo tanto, las cosas le confían libremente su verdadera imagen.*

> "Los hombres no se miran en el agua corriente como un espejo, sino en el agua quieta; *sólo el agua quieta puede detenerlos a todos.*"[122]
> "Cuando el agua está quieta, su claridad (*ming*, que significa comprender) ilumina hasta los pelos de la barba y las cejas. Tiene un equilibrio tan perfecto (*p'ing:* paz) que la regla de nivelar se ha derivado de ella. *Cuando el agua permanece tranquila (tsing), ilumina (ming:* comprender, *iluminar) todas las cosas.*"[123]
> "El Hombre Supremo utiliza su corazón como un espejo. No se apodera ni anticipa nada. Responde a todo y *no se guarda nada.* Puede superarlo todo *sin dañar nada",* porque "si es el receptáculo de todo lo que la Naturaleza (*T'ien*) le da, no se considera su poseedor."[124]
> "*Para el que permanece en sí mismo sin limitarse a ello,* dijo Kouan Yin tseu, *las cosas se manifiestan por sí mismas y tal como son, pues su comportamiento es el del agua, su quietud la del espejo, su respuesta la del eco.*"[125]

Sólo la tranquilidad proporciona el verdadero conocimiento de la *naturaleza.* Siempre desinteresado, el Santo, sin hacer ningún esfuerzo, ni estropear nada dentro o fuera de sí mismo, refleja, inmutable y puro, pues las imágenes indefinidamente móviles que constituyen el Universo no son huellas que penetran y persisten. Conoce toda la naturaleza en su integridad. Lo sabe sin preocuparse por los detalles, pero concretamente. Tiene percepciones precisas, pero sólo son válidas en

---

120 *Lie tseu,* en Wieger, *op. cit.* p. 93.
121 *Lao tseu,* L., pp. 54, 104. 120 (en Wieger, *op. cit.,* pp. 24, 61, 53).
122 *Tchouang tseu,* L., I, p. 225 (en Wieger, *op. cit.,* p. 243).
123 *Ibid.,* L., I, p. 330 (en Wieger, *op. cit.,* p. 309).
124 *Ibid.,* L. I, 266 (en Wieger, *op. cit.,* p. 267).
125 *Ibid.,* L. II, p. 226 y *Lie tseu,* en Wieger, *op. cit.,* p. 129.

el momento. Toda abstracción, toda generalización e incluso todo razonamiento por analogía (*a fortiori*, inducción o deducción) le están prohibidos. Toda ciencia es imposible, especialmente la historia; nada puede quedar de lo que ha sido, salvo una huella. Una huella es algo muerto y no significa nada.[126] Sólo el reflejo fugaz es una imagen exacta, completa e inocente. No hay conocimiento verdadero fuera del Instante y del Total.

También hay sólo una Eficiencia total y Recetas singulares.

Cualquier supuesta técnica sólo puede ser engañosa y de principiantes.[127] Toda receta es intransferible,[128] todo conocimiento es incomunicable, al menos dialécticamente. Es gracias a la quietud que percibimos el comportamiento natural. También son comportamientos que sólo se pueden enseñar, y esto sólo se puede conseguir con la única actitud eficaz: la de la concentración desinteresada y pacífica.

Un buen jefe no se molesta en explicar los detalles del trabajo. Se conduce de tal manera que el principio de toda eficiencia se hace evidente para el discípulo. El que sabe hacer las cosas no sabe ni por qué ni cómo las hace; sólo sabe que tiene éxito, y que uno siempre tiene éxito cuando, con todo su ser, sólo piensa en el éxito. Para abatir cigarras en pleno vuelo, basta con ver sólo la cigarra en cuestión en todo el universo; no puedes fallar, aunque seas enclenque, jorobado o torcido.[129] ¿Te gustaría ser un maestro arquero? No te preocupes por las normas técnicas. Pasa dos años tumbado bajo el telar de tu mujer, y oblígate, cuando la lanzadera roce tus ojos, a no parpadear. Luego, durante tres años, ocúpate sólo de hacer subir un piojo sobre un hilo de seda, que contemplarás, de cara a la luz. Cuando el piojo te parezca más grande que una rueda, cuando sea más grande que una montaña y te oculte el sol, cuando veas su corazón, entonces toma un arco y dispara con audacia; le darás al piojo justo en el corazón, sin siquiera tocar el hilo de seda.[130] El buen herrero forja sin pensar en ello, ni en cansarse; el buen carnicero corta sin pensar en ello, ni en desgastar su cuchillo; ambos cortan o forjan espontáneamente.[131]

> "Enseñar sin palabras, ser útil sin ninguna intervención, pocos lo consiguen", y sin embargo "la palabra suprema es no decir nada (a los demás), el acto supremo es no intervenir (*wou wei*)."[132]
>
> "¡No hables! ¡Exprésate sin hablar! Hay quienes han hablado toda su vida sin decir nada. Hay quienes no han hablado en toda su vida y no han permanecido callados."[133]
>
> "El que habla no sabe", "el que sabe no habla."[134]

---

126 *Ibid.*, I, p. 361 (en Wieger, *op. cit.*, p. 329). Los libros son "el detritus de los antiguos" (*Ibid.*, I, p. 344, (en Wieger, *op. cit.*, p. 317).

127 *Ibid.*, Wieger, *op. cit.*, pp. 273, 279, 301.

128 *Ibid.*, p. 317.

129 *Ibid.*, p. 359.

130 *Lie tseu*, en Wieger, *op. cit.*, p. 145.

131 *Tchouang tseu*, en Wieger, *op. cit.*, pp. 399, 229.

132 *Lao tseu*, L., p. 87; *Lie tseu*, en Wieger, *op. cit.*, p. 187.

133 *Tchouang tseu*, L., II, p. 143.

134 *Lao tseu*, L., p. 100.

La Sabiduría y el Poder sólo pueden comunicarse a través de la *enseñanza silenciosa*, que es la única que respeta la naturaleza de las cosas y la autonomía de los seres.

El Santo sólo conoce y vive para sí mismo, pero enseña a todos y santifica a todos. Enseña y santifica por efecto directo de su eficacia. Totalmente introvertido, se abstiene de toda palabra o acción particular. No interviene en nada (*wou wei*),[135] se limita, como el Tao, a irradiar una vacuidad propicia para el desarrollo espontáneo de todos los seres.

Este *vacío beatificante* es, por así decirlo, la atmósfera del Paraíso. Son mitos sobre la Edad de Oro o las Tierras de los Bienaventurados, que sirven para ilustrar la moral y la política taoístas. Hay un país muy lejano al noroeste donde:

> "*No hay líder*; (todo se hace) *espontáneamente y eso es todo*. No hay amor a la vida ni odio a la muerte. ¡Así no hay muertes prematuras! No hay afecto por uno mismo, ni distancia con los demás. ¡Así que no hay ni amor ni odio! Ni las nubes ni la niebla detienen la vista; ni los truenos ni los relámpagos perturban el oído; ni lo bello ni lo feo corrompen los corazones; ni las montañas ni los valles obstaculizan los pasos..."[136]

En los viejos tiempos,

> "cuando los hombres se comportaban de forma natural..., y no había carreteras ni barqueros... todo el mundo se quedaba en casa sin saber qué hacía allí o salía a pasear sin saber a dónde iba. La gente bostezaba y se reía. Se daban una palmada en la barriga y se reían mucho. ¡Y estos eran sus únicos talentos!"[137]

En esta época feliz, los hombres podían permanecer en un estado de inocencia. Vivían, de hecho, sin entrar en contacto con sus vecinos, sin forjar deseos artificiales. Se mantenían autónomos.

> "Satisfechos con sus modales, pacíficos en sus hogares..., morían de viejos sin haber entablado ninguna relación" incluso con aquellos "cuyo perro oían ladrar y cuyo gallo cantaba".[138]

Algunos habitantes del Extremo Sur aún conservan este espíritu de independencia y sencillez.

---

135 *Ibid.*, p. 90.

136 *Lie tseu*, en Wieger, *op. cit.*, p. 82.

137 *Tchouang tseu*, L., I, 278-280. Esta imagen, que pretende glorificar las alegrías sencillas de las épocas sin ritos ni restricciones, ha sido utilizada para acusar a los taoístas de compartir con otros sabios chinos un "cínico desprecio por el pueblo" (Maspero, *La Chine antique*, p. 557). *Lao tseu* (Legge, p. 49) aconseja, es cierto, llenar el vientre y debilitar la voluntad, pero lo aconseja a todos y dice "el santo trabaja a favor de su vientre (que puede satisfacer) y no de sus ojos (que son insaciables)" (Legge, p. 55).

138 *Tchouang tseu*, L., I, p. 288. (Comp. *Lao tseu*, L., I, p. 122.)

"Inocentes y rústicos, mantienen el egoísmo y el deseo al mínimo. Dan, pero no piden nada a cambio (*pao*)."[139]

Estos son los principios de la verdadera moral:

"¡Sé sencillo, sé natural! ¡Reduce el egoísmo y el deseo al mínimo!"

ordena Lao tseu y añade:

"El hombre sabio mantiene la prenda del contrato, pero nunca reclama lo que le corresponde." [140]

Toda sociedad, toda moral basada en el respeto de una jerarquía autoritaria, en la ejecución forzada de contratos, en la coacción, es perniciosa y degradante.

La autonomía sin restricciones, la armonía espontánea, este es el único principio en la política, la única regla en la moral. Los ritos y las recompensas, las leyes y los castigos, y (peor aún) el servicio social y la devoción al bien público, estas abominables tesis de Mö tseu, de los Legistas, de los discípulos de Confucio, la moral del sacrificio, de la disciplina, del honor, son las fuentes de los peores desastres y de la anarquía.[141] Construida para explotar alguna pasión, esta falsa moral desata todas las pasiones. De ellos surge el gusto por la intriga, el espíritu litigioso y la pasión por dominar. Quien, para beneficiarse de ellos, se las ingenia para despertar deseos artificiales y, sin embargo, se propone frenar los deseos, no podrá lograr su objetivo. Para tener buenos soldados, ¿se glorifica el desprecio a la muerte? ¿Harás que tus hombres te obedezcan amenazando con castigarlos con la muerte? Crearás bandidos a los que no asustarás. Son las leyes las que hacen a los criminales, los reglamentos los que provocan la anarquía. El que sigue la naturaleza quiere permanecer libre y, para permanecer libre, evita todo deseo. Así es como uno permanece inocente e inofensivo... Pero sólo puede haber miseria, crimen, desorden, en cuanto se empieza, deformando la naturaleza humana, a oprimir al individuo.[142]

Sin embargo, lejos de profesar un individualismo absoluto, los maestros taoístas repudian las teorías de Yang tseu. Tchoang tseu, que ataca frecuentemente a Yang tseu, le reprocha (al igual que a Mötzu) ser uno de esos enemigos de la naturaleza que voluntariamente enjaulan al hombre como un ave de rapiña.[143]

Si estos ataques son violentos, es porque el individualismo de Yang tseu no tiene contrapartida y, además, está ligado (como el sectarismo de Mö tseu) a una tendencia pesimista. Yang tseu[144] desprecia la vida que los taoístas santifican.

---

139 *Ibid.*, II, p. 30.

140 *Lao tseu*, L., pp. 52 y 121.

141 *Tchouang tseu*, cap. X, cap. XI.

142 *Ibid.*, cap. XV, cap. XXIX, y Wieger, *op. cit.* p. 405; *Lao tseu*, L., p. 117.

143 *Tchouang tseu*, en Wieger, *op. cit.*, p. 307. Yang tseu también es mencionado junto a Mö tseu, pp. 269 y 279.

144 No se sabe nada de Yang tseu, salvo que vivió antes que Tchouang tseu y Mencio, que se opusieron a él. No ha quedado nada de su obra, si es que escribió. Muchas anécdotas en las que Yang tseu sale a escena forman el capítulo VII del presente *Lie tseu*. Es una suposición gratuita afirmar que este panfleto contiene un análisis de Lie tseu de las teorías de Yang tseu (Liang

"¡Cien años de vida es un máximo! La mitad del tiempo se pasa como un niño que se lleva en brazos y la otra mitad como un anciano que divaga. La otra mitad se divide entre el sueño y el estado de vigilia, esta última ocupada por la enfermedad, el dolor, la pena, las desapariciones, las pérdidas, los miedos y las preocupaciones. En los más o menos diez años que pueden quedar, ¡quizás no haya un momento que no tenga su preocupación!"[145]

"¡Cien años de vida es demasiado para soportar! ¡Peor sería la molestia de hacer durar más la vida!"[146]

Yang tseu condena las prácticas de larga vida (*kieou cheng*), muy apreciadas por los taoístas. Aunque culpa al suicidio sin energía. Uno puede ir, dice, hasta el final de su existencia, cuando está convencido de que el final está cerca.[147]

Este cansancio, que excluye incluso la desesperación, se opone claramente a la ataraxia taoísta. Parte del sentimiento de que el hombre no es nada y no puede hacer nada, que nada no hace nada a nada, que el aislamiento absoluto es la suerte de todos los seres. Toda la felicidad es vana, toda la gloria vana, todo el castigo indiferente. Alabados u odiados, todos acaban pudriéndose, insensibles a la gloria o a la culpa.[148] ¿Es más doloroso pasar la vida en la cárcel, atado de pies y manos, o, para evitar el castigo, privarse de todo?[149] Nadie puede hacer nada mejor que obedecer alegremente a sus instintos y circunstancias… El pastor no puede fingir que dirige el rebaño; los animales van donde quieren y el pastor los sigue. El hombre más sabio no sería capaz de imponer su voluntad a una sola oveja.[150]

No hay líderes de los hombres. No hay moral válida, ni política eficaz. Los que se presentan como héroes y pretenden sacrificarse útilmente por el bien público son impostores. Uno de los grandes temas de la secta de Mö tseu fue la hermosa historia de Yu el Grande, que consumió todo el pelo de sus piernas y todas las uñas de sus manos en beneficio del Imperio.[151] Por ello, alguien de la Escuela preguntó a Yang tseu si daría un pelo de su cuerpo para ayudar al Mundo. Sólo obtuvo esta respuesta:

– ¡El mundo, ciertamente, no se puede socorrer con un pelo!
– Pero –insistió el otro–, suponiendo que se pudiera socorrer, ¿lo harías?

Yang tseu desdeñó responderle.[152]

Chi-chao, *History of Chinese political Thought*, p. 87), o que es "un fragmento de las obras" de Yang tseu (Maspero, *La Chine antique*, p. 509).

145 *Lie tseu*, en Wieger, *op. cit.*, p. 165.
146 *Ibid.*, p. 173.
147 *Ibid.*
148 *Ibid.*, p. 165.
149 *Ibid.*, pp. 165, 175 y 177.
150 *Ibid.*, p. 177.
151 Cfr. *supra*, en este Libro, cap. II, ap. II. Se sabe que Yu, para reducir las aguas desbordadas, se consagró al río Amarillo. La devoción se hace arrojando al dios uñas y pelo (quien da la parte da el todo) (Granet, *Danses et légendes…*, p. 467).
152 *Lie tseu*, en Wieger, *op. cit.*, p. 173.

Por ello, merecía ser citado (en toda la literatura china) como el tipo del egoísta. De hecho, como individualista intransigente, simplemente se negaba a admitir que, incluso en el ámbito de las acciones mágicas (o de los mitos políticos), ningún ser podía hacer nada que fuera eficiente sobre otros seres.

Los maestros taoístas escapan al individualismo integral de Yang tseu, pero no sólo, como en el caso del subjetivismo, por su tesis sobre la unidad del universo. No son en absoluto pesimistas. Aunque huyen del orgullo humano, tienen un fuerte sentido de la dignidad igualitaria de todas las cosas. Todos, oscuramente, y el Santo, en gloriosa iluminación, participan de la eficacia indefinida del Tao. Este es el momento de recordar todo lo que la concepción del Tao debe a la noción de *eficacia mágica* –de repetir que el Santo es el heredero de los chamanes– de repetir, en fin, que toda autoridad social parecía depender de la posesión de poderes mágico-religiosos. Ni la idea de las obras piadosas ni la del bien público desempeñan el menor papel en la política taoísta. Tchouang tseu se burla de la ayuda mutua tal como la concibe Mö tseu. Termina diciendo que cuando se mata a los bandidos, no se mata a los hombres.[153] Estos sofismas sólo sirven para justificar un despotismo cruel. Y, además, uno sólo se salva individualmente. ¿Admira a los peces que, cuando la sequía vacía los arroyos, creen que pueden salvarse amontonándose en los agujeros? "En lugar de permanecer unidos para mantenerse húmedos", ¿no harían mejor en llegar a las aguas profundas de uno en uno? ¡Mejor recurso que "chorrear unos sobre otros"![154] Y, ciertamente, no es más prudente que confiar el destino de uno a un príncipe que cree gobernar preocupándose por los ritos, los precedentes y pidiendo consejo; todo esto tiene tanto efecto como una mantis que pretende detener un carro.[155] Ningún expediente político es válido, pero hay una Política y sólo hay una. Sólo *quien se salva a sí mismo puede salvar a los demás*. Al salvarse él solo, salva al mundo.

Habiéndose colocado "en el centro del anillo", "*deja que todo se cumpla*",[156] y se dedica a la Obra suprema, que es abstenerse de toda intervención (*wou wei*):

> "Su conocimiento se extiende a todo el mundo sin que piense nada por sí mismo; su talento se extiende sin límites hasta los mares interiores sin que haga nada por sí mismo."[157]
>
> "Él alimenta al Imperio. No tiene ningún deseo, y el Imperio tiene suficiente para sí mismo. *No interviene en nada, y los diez mil seres se transforman espontáneamente*. Tiene la tranquilidad del agua sin fondo y las Cien Familias permanecen en paz."[158]

Idéntica a la Santidad, la Eficiencia es exactamente lo contrario de la utilidad profana.

---

153 *Tchouang tseu*, en Wieger, *op. cit.*, p. 327.
154 *Ibid.*, pp. 253 y 327.
155 *Ibid.*, p. 301.
156 *Tchouang tseu*, Legge, II, p. 117. Cfr. *supra*, en este mismo apartado.
157 *Ibid.*, I, p. 324.
158 *Ibid.*, I, p. 308.

Sólo los árboles improductivos con troncos huecos, descartados por los carpinteros que no podrían sacar nada de ellos, crecen, prosperan, se vuelven venerables y acaban siendo ascendidos a *dioses del suelo y de la tierra*.[159] No han hecho nada para obtener este honor, y no les importa. No es su santidad oficial la que los protege. Su longevidad (*su verdadera santidad*) se debe únicamente a su absoluta inutilidad. Los hombres que pueden ser llamados "genios" (*chen jen*)[160] deben ser igualmente inútiles en el sentido profano. A un sabio, aunque huya al desierto, se le unen allí los aprendices. Pronto se forma una aldea a su alrededor que le debe su prosperidad. Ahora los aldeanos quieren convertirlo en su *dios del suelo y la tierra*. Los discípulos se alegran. El sabio se entristece… Sabe que sólo se puede tener una acción real si no se tiene éxito.[161]

Para poder hacer, además de saber, hay que estar rodeado de indiferencia y absorberse en ella.[162] El ermitaño, degradado al rango de ministro, puede ciertamente refugiarse en el éxtasis. Sin embargo, al dejar ver su poder, ha traicionado la santidad.[163] Habría hecho mejor en suicidarse.[164] La independencia absoluta, la autonomía indefectible son las condiciones de la Eficacia.[165] Para ser verdaderamente útil al mundo, es importante olvidarse de él y pensar sólo en subsistir pacíficamente.

Houang-ti una vez quiso obtener

> "la receta para dominar la esencia del mundo de forma que ayude a que la cosecha llegue y alimente a la gente, y para que el Yin y el Yang le obedezcan de forma que reconforten a los vivos… Si gobernaras el mundo de esta manera (dijo un verdadero sabio) las nubes, incluso antes de juntarse, ¡lloverían! Las plantas perderían sus hojas antes de que se volvieran amarillas. Y la luz del Sol y de la Luna se extinguiría pronto."

Después de permanecer en un retiro durante tres meses, Houang-ti se limitó a hacer preguntas sobre el arte de "*regularse a sí mismo para durar y subsistir*".

– Esa –dijo su maestro– es la verdadera cuestión.[166]

La autonomía, la vida retirada, la no intervención son los principios de Eficiencia, Majestad y Autocracia.

Identificado con el Tao a través de la práctica de la meditación solitaria, el Santo posee "la ciencia de las transformaciones (*tsao houa*); podría hacer tronar en

---

159   Un "dios del suelo y la tierra" es una deidad tutelar de una localidad en la religión popular china, el taoísmo. También se puede pedir su protección para viajar con seguridad y tranquilidad. Hay tantos como comunidades territoriales, algunos de ellas gobernando lugares deshabitados como zonas de cultivo o cementerios (N. del T.).

160   *Ibid.*, I, pp. 217 a 220.

161   *Ibid.*, II, pp. 74 y ss.

162   *Tchouang tseu*, en Wieger, *op. cit.*, p. 425.

163   *Ibid.*, p. 423. Cfr. *Lie tseu*, en Wieger, *op. cit.*, pp. 97, 125.

164   *Ibid.*, p. 463.

165   *Tchouang tseu*, cap. XXVIII.

166   *Tchouang tseu*, L., I, pp. 297 y ss.

pleno invierno, producir hielo en verano", pero no se digna a utilizar su poder.[167] Un mago desinteresado, deja que el mundo siga su camino. Permite que subsista permaneciendo él mismo imperturbable. No quiere desgastarlo, ni desgastarse él mismo. Se limita, en beneficio de todas las cosas, pero sin caridad ni orgullo, a concentrar en sí mismo una Majestad intacta. Esta soberana Majestad no se gasta en beneficio de nada, precisamente porque es indispensable para la existencia de todas las cosas. No se distingue del Poder puro, ni del "Conocimiento integral (*yi tche*)".[168] Maestro del Universo, pero condenado a seguir siendo dueño de sí mismo, el Santo

"podría elegir el día de su apoteosis. ¡Entonces no habría hombre que no quisiera seguirle! ¿Pero cómo consentiría a cuidar a los seres?"[169]

El Santo, un *autócrata desconocido*, hace su trabajo sin que nadie se dé cuenta, y este trabajo se realiza sin ningún interés en aquel de quien emana. Su Santidad se basta a sí misma y es suficiente en sí misma. Él es, y todo conserva su propia esencia. Él dura y la naturaleza subsiste.

El ideal político de los maestros taoístas parece haber sido un régimen de pequeñas comunidades campesinas. En un pueblo aislado, un santo (venerado como un dios del suelo y la tierra) puede, de la manera más modesta, ejercer sus poderes indefinidos. Tchouang tseu afirma que todo va bien en el Imperio cuando se da rienda suelta a las tradiciones locales, que él llama máximas de la aldea.[170] Sin embargo, al profesar que el Santo es igual al Universo, que toda eficacia es total en sí misma y que el principio de la Santidad o de la Eficacia se encuentra en la autonomía absoluta, los taoístas prepararon la tesis autocrática que el fundador del Imperio chino reclamó para sí mismo. Ávido de frecuentar a los genios, pero invisible para sus súbditos, Che Houang-ti pretendía animar el Imperio por su sola Majestad.[171] Esto no le impedía ordenar o castigar. Los Legistas habían aprovechado la idea de no intervención (*wou wei*) para dar un fundamento teórico a la concepción de la ley como imparcial y soberana.[172] Los taoístas detestan el castigo, la coacción y la regulación. A lo sumo, valoran las reglas flexibles que surgen naturalmente de la práctica y que se anotan en las máximas del pueblo.[173] Y sin embargo, el propio Tchouang tseu, ese decidido enemigo de toda intervención, se deleitaba imaginando algunas medidas un tanto brutales. Aconsejó amablemente que se taparan los oídos de los músicos, se sacaran los ojos de los pintores, se rompieran los dedos de los artesanos y, sobre todo, que se sellara la boca de todos los doctrinarios, sus enemigos.[174] Suprimir a todos los creadores de artificios no era,

---

167 *Lie tseu*, en Wieger, *op. cit.*, p. 109.

168 *Tchouang tseu*, L., I, p. 226.

169 *Ibid.*

170 *Tchouang tseu*, L., II, pp. 126 y ss.

171 *Civ. Chin.*

172 Cfr. *supra*, en este mismo Libro, cap. I, ap. IV.

173 La oposición de *Tchouang tseu* y Siun Tzu (cfr. *infra*, en este mismo Libro, cap. IV, ap. II) es sólo formal.

174 *Tchouang tseu*, L., I, pp. 286, 287.

en su opinión, intervenir. Si los santos del taoísmo hubieran consentido en ejercer su eficacia para restaurar la edad de oro, el retorno a la naturaleza podría haberse hecho con cierta dureza...

Oculto bajo la elegancia filosófica de los maestros más antiguos, el taoísmo más antiguo esconde una mentalidad religiosa, un espíritu sectario. Testigo de ello es el adagio invocado por Tchouang tseu: "¡Supriman a los sabios! ¡Expulsen a los eruditos! Y el Imperio estará bien regulado".[175] En realidad, al igual que otras doctrinas místicas –y tanto más cuanto que define la Santidad por la Autonomía– el taoísmo, incluso más quizás de lo que ha favorecido la autocracia, ha fomentado los movimientos sectarios. Los antiguos maestros no mostraban ningún respeto por los poderes establecidos. Para ellos era un axioma que un príncipe era indistinguible de un bandido.[176] Y era también, como consecuencia directa de su misticismo, una verdad fundamental que todo *individuo*, aunque no sea noble, aunque esté deformado, aunque esté mutilado tras la condena, es –en cuanto ha comulgado con el Tao– *un Hijo del Cielo*.[177] Una vez establecido este principio, era tan difícil que el taoísmo proporcionara el credo de una Iglesia organizada como que inspirara, sin alteraciones, una doctrina constitucional. Hostil a toda autoridad constituida, el taoísmo inspiró numerosos movimientos sectarios sin llegar a producir una religión organizada. Además, la sabiduría taoísta es un quietismo, pero un quietismo naturalista. Estaba dominado por un espíritu demasiado exclusivamente humanista como para haber desarrollado el gusto por una ciencia de la naturaleza. Por otra parte, y a pesar del *afectado* desprecio de los antiguos maestros por todo lo que es meramente técnico, estaba destinado a mantener y aumentar el prestigio de todos los conocimientos inspirados en la *magia*.

* * *

La moda del taoísmo y su valor como fuente de inspiración artística[178] está atestiguada ya a finales del siglo IV a.C. por los poemas atribuidos a K'iu-yuan. El *Yuan yeou* (El viaje lejano) es un relato sobre el éxtasis amoroso bajo la guía de un "Genio" y un "Hombre verdadero" que conducen al poeta a la "Ciudad de la pureza". Habla del Tao en términos que se encuentran en el *Lao tseu* y el *Tchouang tseu*. K'iu-yuan, poeta de la corte, sirvió de modelo durante el periodo Han a Sseu-ma Siang-jou, otro poeta de la corte,[179] al que también le gustaba cantar paseos extáticos. Está claro que, en el entorno de los potentados, la poesía de inspiración taoísta se utilizaba para magnificar las ceremonias en las que se intentaba, abriendo de par

---

175 *Ibid.*, I, p. 207.

176 *Tchouang tseu*, capítulo X.

177 *Tchouang tseu*, L., II, p. 82.

178 La antigua influencia del taoísmo en las artes plásticas parece cierta, en la medida en que se puede juzgar por los documentos. Éstos son escasos y, en su mayor parte, difíciles de localizar históricamente, por lo que la arqueología china (que está dejando de ser puramente libresca) sigue dependiendo (y el daño es mayor en este caso que para cualquier otra disciplina) de la literatura, o mejor dicho, de la amplificación literaria.

179 *Civ. Chin.*

en par para el Maestro "la Puerta del Cielo", exaltando su Majestad mediante una especie de apoteosis medio poética, medio mágica.

El *Houai-nan tseu* atestigua aún mejor el éxito del taoísmo en los círculos aristocráticos. No hay nada en esta obra compuesta que sugiera que, desde Tchouang tseu, la metafísica taoísta se haya enriquecido o renovado. El *Houai-nan tseu*[180] es una especie de enciclopedia en la que se incluye una amplia gama de conocimientos. Muestra que el taoísmo, notable desde el principio por su indiferencia a todo dogma y su facilidad de aceptación, se orienta decididamente hacia el sincretismo que, al menos en China, marca todas las ortodoxias.

Esta propensión a la ortodoxia y al sincretismo puede explicarse quizás por un mayor reclutamiento de seguidores. Parece que el taoísmo se benefició, incluso más que la Escuela de Confucio, de la ruina de la Escuela de Mö tseu (que se completó en la fundación del Imperio). Al parecer, esta es la razón del fortalecimiento del espíritu sectario que llevó a los renacimientos taoístas en torno a la era cristiana. Por poco conocidos que sean estos renacimientos, hay una religiosidad, incluso una tendencia ascética, que contrasta con el espíritu de los antiguos taoístas.

Sin embargo, en este último no faltaba la voluntad de propaganda hasta el punto de que no se encuentran, en el propio Tchouang tseu, concesiones sorprendentes al tradicionalismo religioso que reivindicaba Mö tseu. Por ejemplo, este pasaje: "¡A quien que hace el mal a la luz del día, los hombres encuentran la oportunidad de castigarlo! ¡A quien hace el mal en la oscuridad, los espíritus encuentran la ocasión de castigarlo! (Que cada acción) sea conocida por los hombres o conocida por los espíritus, ¡eso es lo que debe inspirar la conducta, incluso cuando uno está solo!"[181]

Suena como Mö tseu. Si es Tchouang tseu quien habla de esta manera, es porque no desdeña hacer volver al taoísmo a todos aquellos a los que la religiosidad de su adversario podría atraer. En cualquier caso, parece que la creencia en la retribución no era del todo ajena a la antigua sabiduría taoísta. No se introdujo en el taoísmo sólo por la influencia del budismo. El budismo chino debe más ideas al taoísmo de las que le aportó,[182] pero, desde el momento en que el budismo se introdujo en China, la tendencia sincretista del taoísmo fue lo suficientemente poderosa como para permitirle asumir muchas ideas que en parte eran nuevas para él.

---

180 Es el nombre que recibe una colección de opúsculos publicados bajo el patrocinio de Lieou Ngan, un príncipe de la familia Han, que fue rey de Houai-nan de 164 a 123 a.C. Fue un mecenas de las artes y un bibliófilo. Se le atribuye haber, si no reescrito, al menos marcado con su estilo los tratados bastante variados, pero siempre de inspiración taoísta, que forman el *Houai-nan tseu*.

181 *Tchouang tseu*, L., II, p. 83.

182 Las deudas del budismo chino con el taoísmo están bien indicadas por Pelliot (*Meou tseu ou les Doutes levés*). Comp. Hackmann, *Chinesische Philosophie*, p. 229.

Capítulo IV
LA ORTODOXIA CONFUCIANA

Los ataques de sus adversarios lo demuestran: si no en vida, al menos a finales del siglo V a.C., el nombre de Confucio era famoso en toda la Confederación China. Según la tradición, el Maestro tenía muchos discípulos. Se dice que setenta y dos habían comprendido plenamente las enseñanzas del Sabio. Sin duda, hicieron mucho por difundir la gloria de su patrón. Es menos seguro que hayan sido fieles al espíritu de su sabiduría.

Algunos de los discípulos de Confucio entraron al servicio de los príncipes que gobernaban en el noreste de China, principalmente en Lou, Ts'i y Wei. Sus carreras no son muy conocidas y no parecen haber sido muy brillantes. Es posible que hayan actuado como consejeros de estado y que hayan tenido discípulos. Sin embargo, fue en una aldea formada alrededor de la tumba del Maestro donde se perpetuó la tradición confuciana. A finales del siglo V a.C., los que se decían confucianos se mostraban agrupados en varias escuelas que reclamaban el patrocinio de Tseu-kong, Tseu-yeou, Tseu-hia, Tseng tseu y Tseu-sseu.

Este último era descendiente del Sabio. Se le atribuye la redacción del *Tchouang yong* y el *Tai Hio*, y se considera generalmente que en estas dos obras se nota una influencia taoísta. Intentan elevar el prestigio de las doctrinas filosóficas atribuidas a Lao tseu a un nivel bastante alto. También hay que admitir que en la Escuela de Confucio reinó una tendencia sincrética casi desde su fundación.

También se supone que las primeras generaciones de discípulos, y quizá el propio Confucio al final de su vida, se interesaron por el *Yi king*.[1] En todos los tratados que ahora componen esta obra, apenas se pueden encontrar más que preocupaciones morales y políticas, las mismas que predominaban en el grupo confuciano. El

---

1   *SMT*, V, p. 400.

hecho de que este grupo se interesara por la adivinación y por comentar signos o testimonios naturales es prueba suficiente de que, lejos de acentuarse, la tendencia humanista característica de la reforma confuciana se estaba debilitando.

Por otra parte, la pasión por la enseñanza mediante comentarios indica el debilitamiento del gusto por las formas pragmáticas de enseñanza a las que Confucio debía aparentemente su prestigio. El Maestro había intentado establecer el valor de la psicología positiva haciendo que sus discípulos pensaran juntos en los incidentes cotidianos. Sus sucesores enseñaron *comentando* los versos del *Che king*, así como las fórmulas del *Tch'ouen ts'ieou*, los aforismos apreciados por los adivinos y los adagios de los maestros de ceremonias. A partir de finales del siglo V a.C., se les podía acusar de apegarse sólo al conocimiento libresco y de dar valor sólo a las apariencias rituales.[2]

A medida que la inspiración humanista disminuía, también lo hacía el apego al decoro arcaico. En lugar de observar un comportamiento humano y tratar de perfeccionar el sentido de la dignidad humana, los herederos infieles del Maestro trataron de subordinar todo el conocimiento al estudio de las tradiciones rituales. Además, parece que consiguieron hacer emerger una noción destinada a un gran futuro: la de la sinceridad (*tsch'eng*). El hombre honesto debe obedecer en todo los ritos con escrupulosidad y meticulosidad. Merece ser llamado sincero si, en todo momento, tanto para sus gestos más pequeños como para sus acciones más importantes, "agota su corazón"[3] en el cumplimiento de las prescripciones rituales.

Una moral de la intención subyace, pues, al conformismo. En la terminología taoísta, el término "corazón" evoca la vida anterior. Su uso por parte de los ritualistas que reclamaban el patrocinio confuciano indica un importante avance en la tendencia sincretista que favoreció la victoria de la ortodoxia confuciana. Fue a través de su teoría de la intención ennoblecedora (*leang sin*)[4] que Mencio dio un nuevo impulso a la Escuela de Confucio.

I. Mencio: el gobierno por la caridad

Mencio (Meng tseu, finales del siglo IV a.C.)[5] parece haber sido el primer escritor de talento que consideró expresamente la doctrina de Confucio como la doctrina ortodoxa.

Nació, al igual que Confucio, en el señorío de Lou (o alrededores). Al parecer, descendía de la familia principesca de Lou. Fue educado por su madre, una mujer prudente a la que se elogia por el cuidado que puso en proteger a su hijo de las malas influencias. Es posible que haya asistido a la Escuela de Tseu-sseu y que

---

2   *SMT*, V, pp. 307, 438.
3   *Li ki*, C., II, pp. 319, 320.
4   Mencio, L., pp. 283, 284. Las expresiones *leang neng* y *leang tche* son similares a la expresión *leang sin*: talento y conocimiento nobles.
5   Legge (t. II de *Chinese Classics*) ha dado una buena traducción de las obras de Mencio. Sseu-ma T'sien dedicó una breve nota biográfica a Mencio (cap. LXXIV). Según la tradición, Mencio vivió entre el 372 y el 288 a.C.; fechas discutidas e imposibles de precisar.

luego haya intentado reclutar a algunos discípulos. Cuando tenía unos cuarenta años, fue a Ts'i. Estuvo durante algún tiempo entre los "académicos" protegidos por el rey Siuan (342-324 a.C.). No tuvo suficiente éxito para permanecer allí y se marchó para buscar el favor de varios potentados, los príncipes de Song, T'eng y Wei. Finalmente regresó a Ts'i, donde el rey Min quizás lo empleó como consejero. Deshonrado, regresó a su país natal. Permaneció allí hasta su muerte, rodeado de unos pocos discípulos, de los cuales sólo uno, Yo-tcheng K'o, tuvo fama.

Mencio no parece haber gozado de gran crédito entre sus contemporáneos. Su fama no llegó hasta que la dinastía Han se aplicó a justificar las instituciones imperiales favoreciendo la ortodoxia. Fue entonces cuando la teoría del gobierno por benevolencia esbozada por Mencio fue reconocida como la base de la política oficial.

La obra de Mencio, que es bastante breve, parece haber sido transmitida sin mucho deterioro. Es fácil de leer. Escritor brillante, Mencio es más un polemista que un pensador. Le gusta ponerse en escena y discutir con grandes personas.[6] Se presentó como un hombre que se había propuesto publicar los principios de Confucio para evitar que "las palabras de Yang tseu y Mö tseu (llenaran) el Mundo".[7] Defendió la sabiduría confuciana definiéndola como una *sabiduría intermedia*, igualmente alejada de dos utopías perniciosas. Mencio es un político, y argumenta como un retórico; los oponentes a los que ataca de frente no son los que más desea alcanzar. Sus verdaderos oponentes son los Legistas. Opone el gobierno de las Leyes al *gobierno de los Sabios*.

Los adeptos del Tao e incluso los de Mö tseu no podían tener ninguna simpatía por una doctrina que negaba el valor de la sabiduría. Mencio se dirige a ellos para ganárselos. Sólo ataca lo que puede ser extremo en sus propias tendencias. Trata de desviarles del puro individualismo (que les presenta, en Yang tseu, como un burdo egoísmo), o del fanatismo y la devoción sectaria al Bien Público (acusando a Mö tseu de negar el valor de los sentimientos domésticos). Por lo tanto, escribe (importándole poco ser justo):

> "Yang tseu parte de (cada uno) por sí mismo. No se habría arrancado ni un solo pelo en beneficio del Imperio. Mö tseu, (es) el afecto que no distingue, si tuviera que ser aplastado (desde) el cuello (hasta) el talón en beneficio del Imperio, lo habría hecho."
> "Los que dejan Mö tseu van a Yang tseu, los que dejan Yang tseu van a Mö tseu. ¡Tendrían que acudir a los literatos (*jou*: los seguidores de Confucio)![8] Sólo habría que darles la bienvenida. Los que discuten con los discípulos de Yang y Mö son como los que, persiguiendo a un cerdo cuando ya está en el establo, siguen llamándolo y persiguiéndolo."[9]

---

6 Por ejemplo, el rey Houei de Wei (muerto hacia el 323 a.C.), y el príncipe heredero de T'eng.

7 Mencio, L., p. 158 (§ 9).

8 Mencio, L., p. 340 (§ 1).

9 *Ibid.*, p. 367 (§ 2).

Mencio, en lugar de analizar críticamente las teorías, prefiere apelar al sentimiento. Avergüenza a un discípulo de Mö tseu por la tacañería de enterrar a los padres con parsimonia: ¿no es a través de ellos que comienza el afecto? Aquí el hombre vuelve inmediatamente a las *buenas ideas*.[10]

Para ganarse a sus oponentes, Mencio toma mucho de ellos. Su ortodoxia se basa en el sincretismo.

Los Legistas no esperan nada de la buena voluntad de los hombres y todo de la sola coacción. Mencio contraataca tomando prestado de los taoístas[11] su optimismo. Afirma que "el gran hombre (el *ta jen*) es el que no ha perdido su *corazón* de recién nacido".[12] Sólo que, cuando habla así, no está pensando en la simplicidad nativa que toda civilización distorsiona.[13] Quiere decir: sólo el gran hombre (es decir, el que no trabaja con sus músculos, sino con su corazón, el que vive noblemente),[14] puede, a diferencia de la "gente pequeña" (*siao jen*), porque escapa a toda actividad interesada, desarrollar libremente sentimientos naturales de benevolencia y compasión. La moral de Mencio es una *moral* (aristocrática) *del corazón*.

No hay nadie que, sin pensar siquiera en la recompensa o la alabanza, no quiera salvar a un niño que ha caído en un pozo.[15] Todos los hombres tienen "un corazón compasivo". Este es el "principio" de *jen* (de la amistad humana), mientras que el principio de la equidad (*yi*), el sentido ritual (*li*) y el discernimiento (*tche*) se encuentra en la sensibilidad del corazón a la vergüenza, la modestia, la aquiescencia o la contradicción.[16] Estos principios, comunes a todos los humanos y que permiten decir que la esencia del hombre es buena (*chan*),[17] sólo se desarrollan de forma noble y distinguida (*leang*), constituyendo las cuatro cualidades fundamentales, si los cultivamos. En el estado burdo, "ni siquiera permiten que uno sirva a sus padres". Alimentados, y transformados en *jen, yi, li* y *tche*, "permiten preservar al mundo entero de todo mal".[18]

Los hombres, según alimenten en sí mismos lo que es grande y noble o lo que es pequeño y vil, son grandes Hombres o pequeñas personas.[19] Sólo en los grandes hombres las cualidades se vuelven excelentes (*leang*). *La excelencia del corazón depende de la educación y ésta del estatus de vida.*

10   *Ibid.*, en p. 135 (§ 1).

11   Hecho notable: Mencio evita combatir e incluso nombrar a los taoístas, a los que no podía dejar de conocer; incluso puede haber conocido a Tchouang tseu en Ts'i.

12   Mencio, L., p. 198.

13   Véase, para una interpretación contraria, Pelliot, *Meou tseu ou les Doutes levés*, p. 561.

14   Mencio, L., p. 125 (§ 6).

15   *Ibid.*, p. 78 (§ 3). Del mismo modo, Mencio admite que (a pesar del tabú que los separa) un cuñado puede tender la mano a su cuñada, si ésta está a punto de ahogarse. La intención, el corazón, prevalece sobre las formas rituales.

16   *Ibid.*, p. 79 (§ 4-7). Estos principios son tan esenciales para el hombre como sus cuatro extremidades.

17   *Ibid.*, pp. 110 y ss.

18   *Ibid.*, p. 80 (§7).

19   *Ibid.*, pp. 292, 293 (§ 2).

"En los años buenos, la gente común es mayoritariamente honesta; en los malos, la mayoría se vuelve violenta. No es que el Cielo les haya otorgado una complexión diferente, sino que (en el segundo caso) las condiciones de vida han sido suficientes para *degradar el corazón*."[20]

Ciertamente, en ningún corazón humano están ausentes las disposiciones amistosas y equitativas (*jen* y *yi*).

"Para que los hombres pierdan la excelencia del corazón, deben ser como árboles bajo el hacha".

Pero también es necesario, para que los árboles crezcan, que día tras noche y noche tras día, la lluvia y el rocío los humedezcan. Sin una alimentación adecuada, nada crece.[21] La excelencia del corazón (*leang sin*) no es innata, en el sentido exacto de la palabra. Resulta del cultivo de una semilla de bondad, como una semilla de cebada que se beneficia de una buena tierra, de un año feliz.[22] El hombre honesto, el *kiun tseu*, el *hombre cultivado*, es el único que puede llevar la vida noble que hace florecer una naturaleza noble. Todas sus acciones se inspiran en la intención de ennoblecer su corazón.[23]

Mencio no se limita a orientar la tendencia al optimismo naturalista tan profunda en sus compatriotas hacia un ideal de cultura humanista.[24] Después de haber atraído a los taoístas hacia Confucio, sigue trabajando para atraer a los discípulos de Mö tseu hacia el Sabio.

Estos últimos atribuían una gran importancia a las condiciones materiales de vida; fue en este aspecto donde se acercaron peligrosamente a los peores enemigos de los Letrados, los Legistas. Al igual que los Legistas –y ésta es su principal originalidad, en la Escuela de Confucio– Mencio se interesó por la economía. Sin embargo, se interesó por ella con preocupaciones morales, al igual que Mö tseu, y, como éste, para defender una utopía conservadora. Aconsejó a los príncipes restaurar el sistema *tsing*,[25] abolir la propiedad individual y los impuestos, repartir la tierra periódicamente y exigir sólo servidumbre[26] o diezmos, abolir las aduanas e imponer, no impuestos sobre las mercancías, sino un simple impuesto sobre los puestos del mercado.[27]

---

20   *Ibid.*, p. 280 (§ 1).
21   *Ibid.*, pp. 283-284 (§ 3).
22   *Ibid.*, p. 280 (§ 2).
23   Mi interpretación es similar a la dada por Liang Chi-Chao, (Historia del pensamiento político, 54) y se opone a la tesis (Maspero, *La Chine antique*, p. 552) que afirma que Mencio, como los taoístas (…) admite "el carácter dualista de la mente humana". Mencio se limita a contrastar la cultura noble con la tosquedad plebeya.
24   La inspiración taoísta se manifiesta en la fórmula "El hombre, en esencia, tiende al bien, como el agua baja". Legge, p. 271.
25   *Civ. Chin.*
26   En el original francés, la palabra traducida como "servidumbre" es "*corvée*", que significa trabajo gratuito y obligatorio rendido por los vasallos a su señor (N. del T.).
27   Mencio, L., pp. 75-76 (§ 1 ss).

Mencio era hostil al régimen de las tiranías y a todas las innovaciones que sirvieron a los Legistas para introducir en China la idea de Derecho y la idea de Estado. No concebía otro gobierno que aquel en el que el asesor no es un técnico sino un hombre culto.

Sólo el gran hombre puede enderezar lo que está mal en el corazón del Príncipe.[28] Por eso, antes de cualquier medida económica, Mencio exige que el soberano "honre a los sabios y emplee a los hábiles",[29] es decir, a los eruditos inspirados en la enseñanza confuciana sobre el *jen* y el *yi*. Y, del mismo modo, cuando defiende el sistema de tenencia común y el trabajo colectivo en el campo reservado al Príncipe, añade inmediatamente que el primer deber del señor es el mantenimiento de las escuelas. Las escuelas tienen la única tarea de enseñar las (cinco tipos de) relaciones entre los hombres (las de señor a vasallo, padre a hijo, mayor a menor, marido a mujer, amigo a compañero). Esta enseñanza debe ser suficiente para que reine el "afecto mutuo"[30] entre los pequeños y para "fortalecer el país". Tiende a frenar el espíritu errante de los pequeños, siempre dispuestos a alistarse en sectas o asociaciones de ladrones. Este es el peor desastre, el que hay que temer en los años malos, cuando la gente (a pesar de su buena naturaleza) se vuelve "violenta".

"Esta es la forma de conducta (*tao*) de la gente común. Cuando tienen medios de vida seguros, tienen corazones seguros. Pero sin medios de vida seguros, no hay corazones seguros. Cuando los corazones dejan de estar seguros, no hay divagaciones y libertinajes a los que el pueblo no ceda. Se dedican a delinquir. Pero si, entonces, son perseguidos y castigados, se está atrapando el pueblo en la red."[31]

Aquí critica debidamente el talante punitivo de los Legistas. Y aquí también afirma los beneficios de la enseñanza confuciana:

"No tener medios seguros de existencia, y mantener un corazón seguro, es lo que sólo son capaces de hacer los nobles (*che*, equivalente a *jou*, letrados)."[32]

El príncipe, bien aconsejado, que practica el *jen* y no deja que los Legistas atrapen al pueblo en la red, debe proporcionar a éste sustento e instrucción. El principio del gobierno debe ser la benevolencia, su objeto el *ennoblecimiento de los corazones* de la gente pequeña, mientras que la función de la cultura moral es fortalecer en cada hombre la intención de ennoblecerse.

Este es el medio por el que, mientras intenta apartar a sus contemporáneos de la demagogia sectaria de Mö tseu y arruinar la influencia de los técnicos del gobierno

---

28   Mencio, L., p. 186. Así se aconseja "el príncipe practica el *jen* y no hay nadie que no practique el *jen*. Practica el *yi* y no hay nadie que no lo practique. El príncipe es correcto y todo es correcto. Tan pronto como (el asesor) haya hecho que el príncipe sea correcto, el país queda establecido.

29   Mencio, L., p. 75 (§ 1).

30   Mencio, L., p. 118 (§ 6-10).

31   Mencio, L., p. 115 (§ 3). Véase (*Civ. Chin.*) cómo los legisladores del emperador Wou utilizaron las leyes para "atrapar al pueblo" y esclavizarlo.

32   Mencio, L., p. 23 (§ 20).

por leyes, Mencio se esfuerza por inducir a "los déspotas ilustrados (*ming kiun, ming tchou*)"[33] a patrocinar las enseñanzas ortodoxas.

Las ideas de Mencio son menos originales que inteligentes. Tal vez sea por esto y por su falta de precisión (propicia para los comentarios) por lo que han ganado fama. De hecho, lo que hizo famoso a Mencio no fueron sus tesis retóricas, sino su actitud.

Fue el primer campeón de la ortodoxia. Fue también el primer polemista que supo presentar una moral aristocrática con colores democráticos, y el primero que supo utilizar la sofistería para cerrar la boca a los tiranos haciendo sonar viejos principios.[34] Proclamó que los que trabajan con la mente (*sin*, el corazón) deben ser mantenidos por los que trabajan con los músculos, a los que deben gobernar.[35] Fue el primero de los eruditos. Y definió el tipo.

Siempre dispuesto a dar valientes reprimendas, pero sin solicitar nunca un debate, sin dar nunca el primer paso y exigiendo siempre que se le invitara como es debido, aceptando de buen grado un cargo, pero rechazando simples regalos, orgulloso, desinteresado, preocupado por el honor y la independencia, el sabio debe, con toda su actitud, inspirar en todo el pueblo el sentimiento de que nadie, ni siquiera un príncipe, es superior al Sabio.

II. Siun tseu: el gobierno por el ritual

Siun tseu, como Mencio, no es lo que llamaríamos un escritor brillante. Sin embargo, es un pensador original y profundo. También él se vio influenciado por varios factores, aunque no trató de conciliarlos astutamente, sino que fue capaz de extraer de ellos un sistema perfectamente coherente. Defendió y consolidó en el confucianismo el sentido de lo social y el espíritu positivo.

Siun K'ouang (o Siun tseu, a veces llamado Siun-king: Siun el ministro, porque recibió un título honorífico en la corte de Ts'i) descendía de una poderosa familia relacionada con los señores de Tsin. Su vida no es muy conocida. Si se utilizaran los datos históricos contenidos en la breve biografía que le dedica Sseu-ma Ts'ien,[36] se podría atribuirle una existencia de casi ciento cincuenta años. Parece que murió a una edad muy avanzada, en torno al año 328-325 a.C. Nació en el país de Chao y visitó la mayoría de las grandes cortes, las de Ts'i, Ts'in y Ch'ou. Hacia el final de su vida dirigió una floreciente Escuela, dedicada principalmente a la enseñanza

---

33 Mencio, que evitó hablar de los Legistas, toma prestada de ellos esta significativa designación del gobernante {L., p. 23 (§ 21-22)}: "Un príncipe ilustrado fija los medios de existencia para su pueblo, de modo que cada uno tenga lo suficiente para subsistir y mantener a sus padres, esposas e hijos... de lo contrario, ¿cómo podemos pedir al pueblo que cultive los ritos y la equidad, *li-yi*?"

34 Mencio, L., p. 231 (§6). Cf. *ibid*, p. 359. Un príncipe no puede transmitir su poder: presenta un sucesor al Cielo y luego al pueblo; el Cielo y luego el pueblo aceptan. El pueblo es lo más noble, luego vienen los altares de la tierra y de la cosecha; y, por último, el príncipe.

35 Mencio L., p. 125 (§ 6) cita este adagio durante un torneo de oratoria contra Hiu-hing, un economista fisiocrático.

36 *SMT*, cap. LXXIV.

de la técnica ritual. Las ediciones actuales de su obra contienen 32 secciones, de las cuales sólo 27 (algunos dicen que 4) se consideran auténticas.[37] Muchos de sus desarrollos son sólo de interés técnico, y algunos de ellos huelen a amplificación escolástica. Pero Siun tseu fue capaz de condensar la esencia de sus tesis en unos pocos pasajes cortos y vigorosos.[38]

La originalidad de Siun tseu consiste en el esfuerzo muy reflexivo e indagador, que le llevó a constituir una moral de la perfección; esta moral de espíritu positivo y de tendencia liberal está enteramente comandada por un racionalismo humanista.

Siun tseu debe mucho a los Legistas y a los Taoístas, cuyo empirismo autoritario y esteticismo místico intentó superar. Le debe aún más a las tradiciones de sabiduría de su nación. El profundo gusto por la medida, la regla y la inteligibilidad que anima a todos sus compatriotas le dio el impulso. Sin embargo, fue el primero en situar la Razón (*Li*) en el centro del interés filosófico. Ve la Razón a la vez como un producto de la actividad social humana –pues el espíritu confuciano le inspira aún más que el espíritu de los Legistas– y un principio de objetividad, pues utiliza las tesis de Tchouang tseu, pero sin aceptar reconocer en *Li* ese germen de indeterminación universal que, para los taoístas, constituye la esencia del Tao.

Al igual que los Taoístas y los Legistas, Siun tseu parte de la oposición de lo natural y lo social. A diferencia de Mencio, no hace concesiones al taoísmo en el punto fundamental; se niega a identificar bondad y naturaleza. Se niega a hacerlo, no por pesimismo, sino, por el contrario, porque tiene una idea muy elevada de la civilización, una idea muy elevada del rango que la sociedad ha permitido al hombre alcanzar en la naturaleza.

> "Los Elementos (Agua y Fuego) tienen *k'i* (*aliento*) sin tener Vida; las plantas tienen Vida sin tener Conocimiento (*tche*); los animales tienen Conocimiento, pero no (el sentido de) Equidad (*yi*); los hombres tienen Aliento, Vida, Conocimiento y, además, Equidad (el sentido de lo tuyo y lo mío). Por eso son lo más noble del mundo. La fuerza de los hombres no es igual a la de los búfalos, ni su velocidad a la de los caballos; sin embargo, los búfalos y los caballos están a su servicio. ¿Por qué? *Es porque los hombres saben formar una sociedad* (neng kiun) *y las otras bestias no.* ¿Y por qué los hombres saben formar una sociedad? Es porque saben efectuar una distribución (*neng fen*). Pero, ¿cómo se pueden hacer estas distribuciones (*fen*)? ¡Gracias a la equidad! Cuando la equidad preside las distribuciones, hay un buen acuerdo. Del buen acuerdo surge la unidad y de la unidad surge la abundancia de fuerza. Esta abundancia de fuerza da poder, y el poder permite (a los hombres) *dominar* (*todas*) *las cosas*. Así pues, tienen mansiones donde habitan; obedeciendo el orden de las estaciones, gobiernan a los diez mil

---

37 Maspero. *La Chine antique*, p. 565, nota. (Cf. Bubs, *The works of Hsüntze*).
38 Dos secciones, ciertamente auténticas, han sido traducidas, la 22ª (sobre las designaciones correctas) al francés, por Duyvendack (*TP*, 1924), la 23ª (sobre la mala naturaleza del hombre), al inglés, por Legge, en los Prolegómenos a su traducción de Mencio. Sobre la doctrina de Siun tseu, Duyvendack ha publicado (Études de philosophie chinoise, *Revue philosophique*, 1930) un excelente análisis.

seres y hacen imparcialmente el bien (*kien li*)³⁹ a todo el mundo. Todo esto lo consiguen a través de la Igualdad de Distribución (*fen yi*). Los hombres no pueden vivir sin formar una sociedad. Pero si formaran una sociedad sin hacer distribuciones, habría luchas, anarquía, separación y, en consecuencia, debilidad. Ahora, reducidos a esta debilidad, los hombres no tendrían ningún control sobre las cosas."⁴⁰

Así pues, la sociedad es el principio de la eminente dignidad de los hombres, siendo la condición de toda la vida social (no exactamente la división del trabajo), sino el reparto de atribuciones (*fen*), es decir, de rangos así como de trabajos, de bienes así como de dignidades. Esta condición primaria de la vida social determina el objeto de la sociedad, que no es, como quieren hacer creer algunos Legistas, el simple control de las cosas o el poder de los grupos humanos. Este objeto es la constitución de una actividad propiamente moral. Para que haya una sociedad, y no una reunión anárquica, los hombres deben adquirir la sabiduría que les haga aceptar la distinción entre lo tuyo y lo mío. Deben practicar el *Yi* (Equidad). Aunque no lo harían, dejados a su propia naturaleza, se deciden a hacerlo bajo la influencia de ese conjunto de convenciones que son los Ritos (*Li*).

El poder de las sociedades y el valor moral de los seres humanos tienen un fundamento común, no natural, sino añadido a la naturaleza; la civilización, una invención de los Sabios, una invención humana, nacida de las necesidades de la vida social. El bien no está en la naturaleza; es la sociedad la que lo produce.

Este es el sentido de la famosa tesis de Siun tseu: "La naturaleza humana es mala; lo que hay de bueno en ella es artificial" (*wei*). Hay que entender, no que esta naturaleza sea *fundamentalmente* mala, sino que el bien es una contribución, una mejora.⁴¹

El mal del que habla Siun tseu no es un vicio metafísico, ni lo contrario de un Bien hipostasiado. Es sólo el egoísmo, la tendencia a no ceder, el apetito que quiere monopolizar, el deseo que opone el yo al otro y se convierte en violencia en cuanto se le quita la satisfacción.⁴² Tampoco es un mal material. La sociedad no lo suprimiría si se propusiera simplemente controlar las cosas para aumentar las posibilidades de satisfacción. Es un vicio psicológico del que la civilización, por artificio, obtiene algún beneficio, pues enseña –no a reprimir (Siun Tzu no es, como Mö Tzu o Lao tseu, un triste sectario o un místico)– sino a disciplinar y educar los apetitos. Lejos de ser un enemigo de las artes, Siun tseu cree en su virtud. Fiel a la tradición confuciana, veía la música y la danza como algo más que un mero entretenimiento. Vio en ellas una especie de entrenamiento para el buen entendimiento. Las danzas y los cantos (siempre que no sean irritantes y disolutos, como las melodías del país de Cheng) mantienen la armonía humana.⁴³ Las fiestas, en cuanto se ritualizan,

---

39 Compárese esta tesis con la de Mö tseu, *supra*, en este mismo Libro, cap. II, ap. II.

40 Siun tseu, sección 9; Liang Chi-Chao, *History of Chinese Political Thought*, p. 63.

41 Siun tseu, sección 23 (Legge, *Chinese Classics*, II, p. 82 de los Prolegómenos).

42 *Ibidem*.

43 No es imposible que Siun tseu, sin decirlo demasiado explícitamente, atribuyera una especie de valor catártico a las fiestas bailadas y cantadas. No creía en la realidad del Soberano

aplacan el apetito por la alegría y la pasión por el juego.[44] Pero para los apetitos más brutales se necesita una disciplina constante. El arte supremo que proporciona esto es la etiqueta. Sólo los ritos (*li*) pueden hacer surgir y prosperar el espíritu de equidad (*yi*). Es a través de hacer el bien que se crea el *bienestar*.

Todos los hombres tienen deseos y *comparten* los mismos deseos: comer, calentarse, descansar. *Todos los hombres son, en esencia (sing), lo mismo: este es el mal.*[45]

Los ritos son el artificio del que surge el bien. Los ritos, de hecho, permiten a los hombres aceptar una *distribución convencional de los trabajos y los recursos.*

Esta distribución, que *especializa los apetitos* y los *dosifica, tiene un primer mérito*: sin ella, no habría forma de satisfacer las necesidades.

> "¿Cuál es el origen de los ritos? Los hombres nacen con deseos. Estos deseos no pueden realizarse, y no es posible que no busquen hacerlo. Si pretenden hacerlo sin *reglas* y *medidas* de distribución y reparto, es imposible prevenir las disputas. Las disputas llevan a la anarquía, y la anarquía al agotamiento (de los bienes). Los antiguos reyes odiaban la anarquía. Por eso instituyeron los Ritos y la Equidad (*li yi*), para proceder a las distribuciones (*fen*), a fin de satisfacer los deseos de los hombres y dar (a cada uno) lo que buscaba. *Se aseguraron de que los deseos no estuvieran limitados por las cosas, ni las cosas agotadas por los deseos, sino que hubiera (por el contrario) un desarrollo simétrico en ambos lados.*"[46]

Este pasaje, al que sigue la exposición de varias *normas de protocolo*, tiene un doble interés. Demuestra que, para Siun tseu, la *distribución de actividades* que sustenta el orden social consiste menos en la distribución del trabajo que en la distribución de los empleos y los honores. Junto con la especificación de los deseos, la dosificación protocolaria de los apetitos, en primer lugar, se opone al agotamiento de las cosas por parte de los hombres y, en segundo lugar, contribuye, primero *singularizando* y luego *jerarquizando* a los individuos, a un desarrollo de las personalidades que, finalmente, hace aflorar el sentimiento de la dignidad humana.

Por otra parte (y este es su principal interés), este pasaje revela la virtud primordial de una *distribución de los puestos de trabajo*. Si de ello se desprende algo bueno, que conduce a una vida mejor, el principio del progreso reside en el carácter absolutamente *convencional* de la distribución. De una masa de hombres igualmente mediocres en sí mismos, a causa de la vulgaridad de sus apetitos que son idénticos en principio, la sociedad saca, por decreto, una jerarquía de personalidades ennoblecidas, en proporciones desiguales, por el empleo con el que se encuentran investidos. Son, pues, las simples *convenciones* sociales las que, *en sí mismas*, crean

---

de arriba, ni en la realidad de los dioses, ni siquiera de los espíritus, pero aprobaba las ceremonias que se hacían en su honor, los sacrificios al Cielo, los sacrificios al Suelo; estas ceremonias, por el hecho mismo de estar reglamentadas, sirven para purgar el corazón de los hombres de los temores o de las esperanzas que pueden perturbarlos.

44   Siun tseu, capítulo 14.
45   Sección 4, Liang Chi-Chao, *op. cit.*, p. 64.
46   Sección 19, véase *SMT*, II, p. 212.

lo *mejor* del hombre, *realizándose* este mejor en cada una de ellas por el mero hecho de que los ritos le obligan a obrar bien, es decir, a conformar su conducta a su trabajo y al rango y dignidad que éste le confiere.

Siun tseu ha demostrado así su tesis. El bien que hay en el hombre no pertenece a su naturaleza; no pertenece a la esencia común a todos los humanos (*sing*). El bien proviene de una mejora impuesta por la sociedad, la única capaz de sacar *individualidades morales del hombre en bruto*.

Siun tseu cree en la perfectibilidad del individuo, al igual que cree en el progreso material que posibilita la vida social. Sin embargo, sólo la perfección moral y la formación individual en el buen comportamiento y el buen pensamiento cuentan realmente para él. Pero todo individuo sólo puede formarse en la bondad penetrando en *li* y *yi*; aprendiendo a respetar la jerarquía de las fortunas, las dignidades y los talentos. *El principio de gobierno se funde con el principio de educación*; se gobierna por medio de los ritos, pues es por medio de los ritos que se educa. Todo hombre mejora por el mero hecho de conocer los beneficios de la *distribución convencional* a todos impuesta por la sociedad. Para ello, debe someterse a las *normas de protocolo* derivadas de esta convención fundamental. *Por tanto, el cultivo individual está condicionado a la aceptación de la conformidad moral y social.*

Así, a menudo se acusa a Siun tseu de haber introducido en la tradición confuciana un espíritu conservador del que, gracias a la teoría del *jen*, Confucio escapó.[47] Para el Maestro, la dignidad humana se adquiere a través de la reflexión moral practicada libremente en un grupo de amigos. Siun tseu parece tener una concepción menos liberal de la cultura. Mencio nombra cuatro virtudes esenciales: *jen, yi, li* y *tche*.[48] Siun tseu, omitiendo (aparentemente) *jen* y *tche*, las disposiciones amistosas y el discernimiento moral, conserva sólo *yi* y *li*. ¿Pero concibe el *li-yi*, del que hace el principio de todo bien, como un principio interno, a la manera de Mencio? Se le reprocha que hable de él en el mismo tono en que los Legistas, deseosos de utilizar sólo reglas objetivas (*fa*: ley), hablan de la escuadra o del compás.[49] Siun tseu escribe, de hecho:

"Hay que tomar como regla lo que nadie puede falsificar".[50]

Y adopta para los Ritos la definición que los Legistas dan de las Leyes.

"En la línea de tiza está la perfección de la ley... en la escuadra o el compás está la perfección de lo cuadrado y lo redondo. En los Ritos está la perfección de la conducta humana".[51]

Siun tseu cree en la necesidad de *reglas objetivas*.

---

47   Liang Chi-Chao, *op. cit.*, pp. 66 y ss.

48   Cfr. *supra*, en este mismo capítulo, ap. I.

49   Liang Chi-Chao, *op. cit.*, p. 70. Siun tseu era amigo de Li Sseu, que se convertiría en el principal consejero de Che Houang-ti, y se dice que fue el maestro de Han Fei tseu. No hay nada en su obra que sugiera que pensaba en aumentar el poder del Estado, o que era partidario de la manera autoritaria de los Legistas.

50   Sección 23.

51   Sección 21. *SMT*, III, p. 227.

Sin embargo, no hace que el bien salga de la simple coacción. No tiene una concepción estrictamente autoritaria, rígida y mecánica del bien moral o incluso social. "Un trozo de madera que está curvado debe ser ablandado y enderezado para que se vuelva recto"; del mismo modo, la naturaleza humana que no es buena "debe someterse a la acción de Maestros y Reglas o Modelos (*fa*)".[52] "La manera más conveniente de cultivarse es entablar una *relación amistosa* con un Maestro. *Cumplir con los ritos es lo siguiente*".[53] El Maestro desempeña el papel del artista; los Ritos, el de la escuadra o la línea de tiza. Pero, ¿de dónde vienen los Ritos? Siun tseu rara vez se olvida de recordar[54] que fueron los *Antiguos Reyes* o *Sabios* quienes, procediendo a la distribución convencional de los trabajos, instituyeron el *li yi*. Las reglas necesarias para la *educación moral* (*como para el gobierno*) son objetivas sin ser *externas a la humanidad*. Son imperativos, pero no ejercen una acción coercitiva o mecánica. La civilización, que condiciona las mejoras individuales, se basa en un esfuerzo colectivo de mejora, material y moral. Es la civilización la que, proporcionando reglas objetivas (*li-yi*), preside, por medio del Maestro, el progreso del bien en cada hombre, y, en consecuencia, la formación en cada individuo del *discernimiento moral* y de la Razón (*li*).

Lo verdadero no tiene otro origen que el bien. Se le escapa al vulgo, a la gente pequeña (*siao jen*), porque "lo que oyen con los oídos les sale por la boca". Sólo el santo tiene la calma interior que le permite "fijar en el corazón, extender en los cuatro miembros (asimilar a todo el ser)"[55] las enseñanzas que le harán maestro y modelo.

La única enseñanza esencial es la del buen comportamiento.[56] En efecto, "quien (sólo) permanece dentro de los límites de los ritos es capaz de pensar bien y reflexionar". Y, a la inversa, "sólo quien es capaz de reflexión y firmeza... es un santo".[57] En otras palabras: sólo la perfección moral conduce al verdadero conocimiento.[58] La perfección moral es un fruto de la civilización; del mismo modo, el conocimiento sería imposible para los hombres que hubieran permanecido frustrados y simples. Si los hombres pueden alcanzar la realidad, es porque han sido civilizados por los Antiguos Reyes, por los Sabios.[59] Estos últimos han dado a cada realidad (*che*) una designación (*ming*); esta designación es correcta (*tcheng*), porque, por el mero hecho de que resulta de una *distribución* comúnmente respetada de nombres diferentes para seres diferentes, impide, en la *práctica social*, cualquier error, es decir, cualquier discusión.[60]

---

52   Sección 23.
53   Sección 1. Compárese con la sección 23: "La naturaleza humana, al ser mala, necesita maestros y modelos".
54   Cfr. *supra*, en este mismo apartado.
55   Sección 1.
56   Siun tseu, personalmente, enseñaba los ritos y sentía cierto desprecio por la enseñanza de la poesía (*Che king*) y especialmente por la de la historia.
57   Sección 19.
58   Duyvendack, Études de philosophie chinoise, p. 387.
59   La oposición con los taoístas es absoluta.
60   Sección 22. *TP*, 1924, pp. 234 y ss.

Siun tseu, cuando retoma la antigua doctrina de las designaciones correctas, se cuida de eliminar todo lo que pueda contener de realismo mágico. Lo que constituye la propiedad de los nombres no es una eficacia que les permita convocar y suscitar la realidad. Sólo sirven para designar, pero designan con provecho. La atribución de nombres es el resultado de una convención completamente arbitraria que, precisamente por ser una convención social, se impone a todos y permite ponerse de acuerdo.

Los nombres tienen precisamente los mismos méritos que los ritos. Constituyen una *simbología* válida para los individuos como norma. Una regla objetiva, pero no externa. Las personas razonan correctamente (al igual que actúan correctamente), aprenden a pensar correctamente (al igual que aprenden a hacer correctamente), salen de la estupidez (al igual que salen de la uniformidad, es decir, del mal) ajustándose al simbolismo convencional formado por signos verbales y gestos rituales.

Los ritos y el lenguaje sirven en primer lugar, cuando se practican correctamente, para suprimir las discusiones y el desorden, las disputas y la anarquía. Practicados con delicadeza (y bajo la dirección de un Maestro cuya enseñanza penetre "en los cuatro miembros", en lo más profundo del ser), *introducen en la mente la calma que también aportan a la sociedad.* De esta calma surge el verdadero conocimiento: es la señal de que la mente está totalmente "abierta" a la Razón.

Para definir esta calma interior, Siun tseu recurre a metáforas taoístas,[61] y compara el corazón humano "con un estanque de agua". Cuando nada lo agita, el lodo fangoso permanece en el fondo. La superficie, clara y brillante (*ts'ing ming*), hace aparecer la más pequeña pestaña" a quienes la miran.[62] La "perfecta claridad y pureza" son necesarias para que el corazón obtenga una representación totalmente correcta de las realidades. Todo esto puede expresarse diciendo que el corazón debe, para eliminar el error, "mantenerse *vacío*, unificado, en *estado de quietud*". Las observaciones que siguen a estas metáforas demuestran que Siun tseu (con una orientación completamente diferente e incluso más decidida que Tchouang tseu, cuyos análisis le ayudaron sin duda) es un intelectual puro.

Lo que quiere decir con el vacío del corazón no es un vacío extático, sino un estado de imparcialidad. El error proviene de los *juicios incompletos*[63] realizados por la mente (*sin*: corazón) cuando una pasión "lo obnubila y lo obstruye" por completo. Este es el principio de la crítica de Siun tseu a las doctrinas de sus oponentes, por ejemplo, cuando reprocha a Mö tseu, Houei tseu y Tchouang tseu, que estaban "obsesionados" por la consideración de lo útil, lo expresado o lo natural, por haber olvidado la cultura o las realidades, o la civilización. Siun tseu se niega a distinguir

---

61   Esto llevó a Maspero a atribuir a Siun tseu un misticismo que choca con el conjunto de su doctrina, tan coherente (cf. Duyvendack, *op. cit.*, pp. 385 y ss); Maspero confunde el esfuerzo sintético de la mente con el estado de trance en el que la mente es transportada fuera de sí misma (en *La Chine antique*, p. 572). No hay ninguna expresión en Siun tseu (o en Tchouang tseu, que es más intelectual que místico) que justifique esta glosa.

62   Sección 21 (de la que también se extraen todas las citas siguientes).

63   Siun tseu insiste en las ilusiones de los sentidos debidas a las pasiones: "Uno confunde una roca con un tigre listo para abalanzarse si, por la noche, se deja dominar por el miedo".

entre ideas y sentimientos y entre lo bueno y lo verdadero. El juicio debe referirse a la totalidad del objeto. No tiene ningún valor si no es el resultado de un *esfuerzo de síntesis* de la mente. A diferencia de los maestros taoístas, Siun tseu no pide a la mente que refleje pasivamente el flujo de las apariencias en movimiento. Lo que él llama conocer es algo muy diferente a la mera percepción de lo instantáneo. Cuando habla de la unificación del corazón, está pensando en una *operación sintética* que completa una revisión, realizada, para no ser incompleta y parcial, con la más minuciosa atención. El zumbido de una mosca puede, según él, perturbar el juicio. La actividad de la mente, tal como él la concibe, no se parece en nada a una meditación errante o a un vuelo extático. Debe consistir en una meditación reflexiva, tenaz y seria. Su objetivo es "desatascar" la mente poniendo en orden las pasiones parciales que "cierran la puerta al Juez Supremo (*Ta Li*)".

Esto es lo que Siun tseu llama la Razón. La expresión es significativa. La palabra *Li*, utilizada mucho antes que Siun tseu para designar cualquier principio de orden, se opone a la palabra *tao*.[64] Tao evoca la idea del Poder soberano, Li la de la *administración de la justicia*, al mismo tiempo que la del trabajo bien acabado y realizado teniendo en cuenta el ajuste de las partes al todo. Siun tseu se niega a confundir la verdad con la intuición instantánea y personal. Cree que hay reglas para juzgar y que el manejo de esas reglas se adquiere con la educación. El individuo los posee después de haberse entrenado para hacer un uso correcto, y luego distinguido, del *simbolismo* (ritos y lenguaje) *convencional* que ha puesto orden en el pensamiento así como en la moral.

Sin embargo, la enseñanza de los ritos constituye la parte esencial de la formación que lleva a los individuos a concebir lo bueno y a practicar lo verdadero.

La razón (*Li*: Siun tseu escribe respetuosamente: *Ta Li*), el Juez supremo, permite al Sabio, cuando la incorpora, conocer el Mundo y gobernarlo. Aquel que logra "abrir" su mente y hacer que la posea por completo, aporta "claridad y pureza perfectas".

> "De los diez mil seres, no hay ninguno que no se le aparezca y cuyo rango no pueda estimar sin error.[65] Sentado en su casa, el Mundo se le aparece,[66] y mientras permanece en el presente, puede estimar el pasado más lejano. Penetra en los diez mil seres y conoce su esencia. Examina el orden y el desorden y comprende su principio. Él dibuja la trama y la urdimbre del universo y *distribuye a los diez mil seres sus funciones*."

Tal es el poder del gran Hombre animado por la Razón.

---

64   Siun tse (misma sección) utiliza con frecuencia la palabra *Tao* en el sentido de razón humana. "El *Tao* es la forma de actuar del hombre honesto. El *Tao* es la razón práctica; el *Li*, la razón pura y la razón práctica.

65   Apropiadamente, la lógica de Siun tseu es una lógica de jerarquía.

66   Cfr. la fórmula de Lao tseu, *supra*, en este mismo Libro, cap. III, ap. II. Siun tseu, que se reivindica expresamente como confuciano y ortodoxo, trabaja por el sincretismo.

La verdad y el bien reinan en el mundo si el Sabio lo gobierna, es decir, si el mundo se rige por los ritos, por el *li-yi* en el que la *Civilización* y la *Razón* se expresan juntas.

III. Tong Chong-Chou: el gobierno por la historia

La influencia de Siun tseu fue considerable. Esto dio un nuevo impulso al estudio de los ritos. Esta moda puede explicar el hecho de que (a pesar del desdén que los primeros Han mostraron por la etiqueta durante casi medio siglo) la literatura ritual que floreció en el siglo III a.C. haya dejado abundantes recuerdos. Una vez restablecida la moda, fue fácil reunir los elementos de los que están formados dos de los clásicos, el *Yi li* y el *Li hi*.[67] La lectura y el comentario de estos Rituales se convirtieron en la base de la enseñanza destinada a formar a personas y funcionarios honrados. Además, a partir de entonces, la gente se acostumbró a leer la historia examinando primero las acciones de los personajes antiguos para decidir si eran o no conformes con la etiqueta.

Esta colusión de arqueología y ritualismo no se ajustaba en absoluto a las ideas de Siun tseu. Espíritu positivo y crítico, ciertamente tradicionalista pero no reaccionario, Siun tseu, como buen intelectual, desconfiaba de los gustos arcaicos e incluso de la historia. Se opuso a Mencio, para quien el gobierno del Sabio debía parecerse al de Yao y Chouen. ¿Qué se puede saber, dijo Siun tseu, de estos antiguos héroes?[68] Pero, una vez consolidados en el poder, los Han trataron de justificar las instituciones de la administración imperial por medio de los precedentes. Se recordaba que Confucio había escrito el *Tch'ouen ts'ieou*, sopesando cada uno de sus términos para que contuviera un juicio, es decir, una *enseñanza ritual*. Dos escuelas de comentaristas de esta antigua crónica, la Escuela Kong-yang y la Escuela Kou-leang, fueron muy admiradas. Las disputas de sus partidarios a veces tomaban la forma de justas en el Consejo de Estado.[59]

Apareció entonces la teoría del gobierno por la historia, que iba a dar una nueva orientación a la doctrina ortodoxa. Tong Chong-chou fue uno de los grandes defensores de esta teoría.

Tong Chong-chou[70] era un erudito que pensó que tendría éxito en la administración. Sólo ocupó cargos secundarios y terminó sus días de jubilado escribien-

---

67   El *Yi li* es un manual para maestros de ceremonias, el *Li ki* una colección compuesta en la que las cuestiones rituales ocupan el mayor lugar

68   Sección 5.

69   *SMT*, Introd., p. CLI.

70   Nació hacia el año 175 y murió hacia el 105 a.C. Fue nombrado "erudito de vasta erudición" en el reinado del emperador Rey (156-141 a.C.), y bajo el emperador Wou ocupó cargos provinciales; tuvo que dimitir porque, mientras hablaba de prodigios, se permitía, según sus enemigos, criticar al gobierno de Han. Compuso tres famosos discursos en respuesta a un cuestionario del emperador Wou (*Ts'ien Han chou*, cap. 56). Sus obras, compuestas por varios artículos, conforman hoy el *Tch'ouen ts'ieou fan lou*. Cf. Franke, *Das Confuzianische Dogma und die chinesische Staatreligion*, Woo Kang, *Les trois théories politiques du Tch'ouen ts'ieou* y Hackmann, *Chinesische Philosophie*, pp. 205 y ss.

do. Se han conservado tres importantes discursos y una colección de ensayos (la mayoría de los cuales se consideran auténticos);[71] pero la parte principal de su obra consistió en comentarios destinados a ilustrar una de las interpretaciones de *Tch'ouen ts'ieou*, la de Kong-yang.

Tong Chong-chou, más que un pensador, es una figura representativa. Era hostil a los Legistas y partidario del gobierno por la benevolencia. Admitió que la naturaleza humana necesita ser perfeccionada, que la música puede ayudar, y los ritos aún más, y que, en consecuencia, el primer deber del gobierno es instruir al pueblo. Este deber es tanto más urgente cuanto más agitados sean los tiempos. Para frenar la tendencia popular a la riña y al desorden, es necesario restaurar las buenas costumbres.

Esto puede hacerse propagando la doctrina de Confucio y difundiendo las seis artes, es decir[72] las enseñanzas de los seis libros canónicos: *Che king* (libro de las odas); *Chou king* (libro de la historia); *Li king* (libro de los ritos: ¿el *Yi li*?), *Yo king* (libro de la música, ahora perdido); *Yi king* (libro de las mutaciones) y *Tch'ouen ts'ieou* (los anales). Pero también es necesario exterminar las doctrinas heterodoxas e instituir un cuerpo de intérpretes oficiales de los clásicos.[73]

Tong Chong-chou, como puede verse, era decididamente ortodoxo. Pidió (y su consejo fue seguido por los Han) que los funcionarios encargados de enseñar con el ejemplo las buenas ideas y la buena conducta fueran elegidos entre los doctos. Les exigió un noble desinterés. Los funcionarios no deben buscar la riqueza ni, sobre todo, acapararla; no deben "guardar sus bienes en cofres, como hace la gente pequeña", sino hacer circular la riqueza. Este era el deber de los nobles en la época feudal. Las obligaciones de los gobernantes son diferentes a las de la gente común, dijo Tong Chong-chou. Merece ser clasificado entre el grupo de hombres que, bajo los Han, trabajaron para crear una especie de clase oficial que viviera de la propagación de una doctrina ortodoxa. Ni Confucio, sin duda, ni Siun tseu habrían querido confundir la sabiduría con la enseñanza libresca y la moral de casta.

Siun tseu y Confucio eran moralistas de espíritu positivo y tendencia estrictamente humanista. Tong Chong-chou representa una tendencia política. Por lo tanto, este erudito se ocupó principalmente de construir una *mítica* que facilitara la tarea gubernamental y, más aún, el reinado de la casta ortodoxa en la administración.

El punto de partida de este mito es la vieja idea, en la que insistía Mencio, de que el Príncipe ejerce su poder bajo el control del Cielo y del pueblo. Esta fórmula se entendió en su día como que la iniciativa política está limitada por un conjunto de normas tradicionales dotadas de una especie de prestigio religioso. Pero, por un lado, los Legistas han demostrado que el mantenimiento de los estatutos consuetudinarios priva a la actividad social del rendimiento efectivo que necesita un Estado

---

71   Woo Kang, *op. cit.*, p. 51.

72   *Ibid.*, p. 73.

73   En el año 136, el emperador Wou creó el cargo de "eruditos con amplios conocimientos de los Cinco Libros Canónicos". En el año 124, cincuenta discípulos se sumaron a este Colegio de eruditos, destinados a convertirse en altos funcionarios.

grande, y, por otro lado, en un Estado grande, la voz del pueblo, que es la del Cielo, apenas llega al Príncipe. Los partidarios de la ortodoxia se resignan, sin duda (como debe ser), a dejar que el Estado legisle para satisfacer sus nuevas necesidades. Por otro lado, reclaman para los funcionarios –que deben ser alfabetizados, la nueva nobleza, el custodio de las viejas tradiciones– el privilegio de controlar la práctica gubernamental dando al Príncipe la voz de la sabiduría antigua.

También en este caso, una práctica corporativa está en el origen de una teoría. Se trata de la antigua práctica de la reprimenda, el deber sagrado del vasallo.[74] El gobierno por la historia era la teoría, que pretendía conceder a los "doctos y eruditos" un poder eminente: el privilegio de una especie de censura.

Las decisiones del Príncipe y sus consejeros se justificarían y condenarían utilizando los precedentes, es decir, interpretando los hechos de la historia. Estos últimos y sus decretos serán juzgados por el Cielo y el pueblo, tan pronto como un erudito, habiendo presentado un *hecho histórico*, lo haya interpretado mostrando lo que fue, en el pasado, en una *situación declarada análoga* a la actual, el juicio del pueblo y del Cielo. Esta teoría ha tenido una grave consecuencia. Ha impedido cualquier progreso del espíritu histórico en China. Ha conducido a la concepción de la historia como una *ordenación del pasado* considerada eficaz *para la organización del presente*.

Las partes más curiosas de la obra de Tong Chong-chou son aquellas en las que afirma el principio de que cada cambio de dinastía corresponde a una reclasificación de las antiguas dinastías.[75] La doctrina de los Tres Reinos y las Cuatro Modalidades están relacionadas con este principio. Las Cuatro Modalidades corresponden a cuatro tipos de instituciones que deben sucederse como se suceden las Estaciones. Del mismo modo, al Reino Negro le sucede el Reino Blanco; luego viene el Reino Rojo; después vuelve a aparecer el Reino Negro, cada uno de los cuales conlleva una fórmula particular de civilización. Toda esta historia escolástica nos permite reconstruir el pasado con una precisión asombrosa. Tong Chong-chou no duda, en virtud de una especie de determinismo inverso, en presentar como el verdadero retrato de un personaje real los rasgos característicos, según el Reino o la Modalidad que se saca a relucir, que la teoría le impone a un Fundador dinástico.[76]

Esta fabulosa construcción, que no debe desperdiciar ni estropear el folclore histórico, se vincula, mediante una glosa, a un hecho insignificante. Al ser designado un personaje secundario del *Tch'ouen ts'ieou* por un título determinado, se ve en este título (que se supone dado con intención) una indicación de los principios de etiqueta que eran realmente apropiados en el período del *Tch'ouen ts'ieou*, lo que permite restablecer en su verdadera corrección toda la historia de la antigua China, justificando, como beneficio esencial, una regla como la que se quisiera ver

---

74   *Civ Chin.*, pp. 326 y ss, 425 y ss.

75   *Tch'ouen ts'ieou fan lou*, 7; Woo Kang, *op. cit.*, pp. 111 y ss.

76   Cfr. *supra*, Libro II, cap. III, par. II.

aplicada en la actualidad.[77] Al definir cada Reino o cada Modalidad, hemos trazado el plan de gobierno necesario en tal o cual momento de la historia.

La teoría del gobierno por la historia se resume en la idea de que la historia y el gobierno dependen del arte del Calendario.

Gracias a esta idea, la ortodoxia se ha enriquecido con un conjunto de doctrinas y técnicas muy prósperas, no sin un golpe fatal para el humanismo de Confucio o Siun tseu.

Siun tseu despreciaba la adivinación, así como la historia. Repudió la especulación sobre el pasado, los dioses, el destino, lo incognoscible. Condenó la búsqueda de señales. En cuanto a Confucio, se dice que siempre se abstuvo de hablar de seres sobrenaturales y prodigios. Pero es tarea de los Cronistas registrar los prodigios y los signos; el *Tch'ouen ts'ieou* (escrito, según se dijo, por Confucio) los menciona repetidamente. Tras esta observación, la escuela Kong-yang, dirigida por Tong Chong-chou, afirmó que la historia nos permite conocer las reglas de conducta del Cielo.

El primer mérito de la historia (la de los cronistas) es que revela las conexiones entre los acontecimientos humanos y los signos, celestes o no (eclipses, terremotos, inundaciones, epidemias, hambrunas y monstruosidades de todo tipo...). Tong Chong-chou, según la crónica, mientras ejercía de gran consejero en el principado de Kiang-tou, se ocupaba de explicar, basándose en el *Tch'ouen ts'ieou*, los desastres, los prodigios y la acción del Yin y el Yang.[78] Esto, al parecer, le dio la oportunidad de criticar los actos del gobierno imperial, y así cumplir noblemente con su profesión de erudito (sustituyendo, en virtud de su erudición, su voz por la del pueblo o la del Cielo). Al ofrecer sus consejos de esta manera, no tuvo éxito en su momento, pero alcanzó una gran gloria. A finales del siglo pasado (en 1893), un reformista chino admiró en Tong Chong-chou al más grande de los discípulos de Confucio. Su doctrina le parecía capaz de conducir a China por el camino del progreso.[79]

Es cierto que Tong Chong-chou contribuyó poderosamente al éxito de la ortodoxia. Reunió a los seguidores de las Escuelas del Yin y el Yang, de los Cinco Elementos; todos los técnicos que especulaban sobre la Naturaleza. Estos eruditos arrojaron todo el folclore en el marco del antiguo sistema de clasificaciones y produjeron una escolástica. A este escolasticismo, apenas liberado de la magia, se alió la ortodoxia, infiel al pensamiento humanista y positivo de Confucio.

* * *

---

77   La glosa que sirve de punto de partida (*Kong-yang tchouan*, 11° año del duque Houan) indica que confundir los tres títulos de conde, vizconde y barón en una sola clase es adoptar el principio celestial de gobierno, pues el cielo tiene tres luminarias y las clases de nobleza se reducen entonces a tres. Si hubiera cinco (cinco elementos), entonces el principio de gobierno se derivaría de la tierra.

78   *SMT*, cap. CXXI, y *Ts'ien Han chou*, 27a, p. 5. y ss.

79   Se trata del reformador K'ang Yeou-wei (1858-1927), que fue el maestro de Leang K'i-tch'ao (cf. Woo Kang, *The Three Political Theories of Tch'ouen*, p. 164).

La solidez de la alianza se confirma en la época de la dinastía Han Oriental, con obras como el *Po hou t'ong*, escrito por Pan Kou.[80] La obra de Wang Tch'ong (el *Louen heng*), que data aproximadamente de la misma época, también muestra los efectos de la enseñanza oficial.[81] Wang Tch'ong nació pobre, siguió siendo pobre, tuvo una carrera muy mediocre, escapó de la esclavitud de los honores y escribió libremente. Siempre fue cáustico, a veces violento, y le gustaba revisar todas las ideas de su siglo. Era un espíritu fuerte. No creía en dioses, espíritus, monstruos o milagros. Los héroes confucianos apenas se imponían a él, y menos aún los santos taoístas. No respetaba la historia. No temía hablar de leyendas y textos falsificados. Desconfiaba de los libros. Y sin embargo, hay algo de libro en su escepticismo. Él, que parecía poseer las cualidades más atractivas de la fantasía y la vivacidad, ofreció poco más que observaciones pedantes. Comentó con amargura, pero sólo comentó... No salió de los textos y las enseñanzas... Desgastó su fantasía glosando glosas...

Los comentaristas abundaron en China desde el momento en que se fundó el Imperio y la Ortodoxia comenzó su reinado. Pero no fue hasta muchos siglos después cuando volvió a aparecer un pensador original. El budismo sólo se aclimató en China al volverse chino; su producto más poderoso, la doctrina mística de la secta *tch'an*, es una forma de taoísmo apenas disfrazada de simbolismo extranjero. El maniqueísmo puede haber ejercido una influencia más activa, si es que de él se originó la tendencia dualista del racionalismo de Tchou Hi, que es nuevo en China. Es a Tchou Hi (1130-1200), de hecho, y al periodo Song al que debemos llegar para ver florecer de nuevo la actividad filosófica. Este renacimiento parece tomar su savia de un antiguo fundamento; la filosofía de los Song está vinculada –sin duda más fielmente de lo que se suele enseñar– a las primeras especulaciones del pensamiento chino. Este pensamiento ahora intenta renovarse. El contacto con Occidente ha servido de impulso. Sin embargo, cuando se trata de aclimatar en su propio país nociones verdaderamente nuevas, ya que surgen de un movimiento científico totalmente nuevo para el propio Occidente, es todavía comentando ingeniosamente las obras de sus antiguos sabios como los chinos más modernistas piensan que tendrán éxito.[82]

Sería un error sorprenderse de esta fidelidad a los antiguos y del aparente letargo del pensamiento filosófico. La meditación es, para los chinos, un juego cuyo tema importa poco, pero es el juego más serio del mundo. Su pensamiento está jugando, lanzado sobre un tema de meditación, en un momento en el que puede

---

80 El *Po hou t'ong* registra el trabajo de una comisión imperial. La influencia de Tong Chong-chou es evidente.

81 Sobre Wang Ch'ong (nacido 27 d.C., fallecido hacia el año 100), se puede consultar el estudio que Forke ha puesto al frente de su traducción del *Louen heng* (*Selected Essays of the Philosopher Wang Ch'ung*). Tal vez Forke muestre una excesiva benevolencia cuando compara a Wang Ch'ong con Lucian y Voltaire.

82 Esta es la inspiración de la obra de Hu Shih (véase *The Development of Logical Method in Ancient China*) y también, pero de forma menos explícita, la de Liang Chi-Chao (véase *History of Chinese Political Thought*).

parecer que están ocupados sólo en glosar. Los dichos del *Yi king*, que traducidos parecen irremediablemente planos y vulgares, nunca han dejado de ser –como para algunos occidentales los versículos de la Biblia– un estímulo para el pensamiento más indagador y libre. En China, de hecho, el pensamiento no se dirige al conocimiento, sino a la cultura. Se acepta que todo lo que se puede estudiar ayuda a desarrollar la personalidad. Este perfeccionamiento de todo el ser a través del estudio, concebido como un juego de todo el ser, da una sensación, que es suficiente en sí misma, de libertad y crecimiento. Los antiguos sabios lo sintieron profundamente y lo expresaron muy bien. Por ello, sus obras fueron suficientes para sus compatriotas durante muchos siglos.

Constatar el triunfo de la ortodoxia y un largo parón en la producción filosófica no es constatar un adormecimiento del pensamiento. Desechando toda ciencia discursiva y preocupados sólo por la cultura, los chinos pudieron limitarse a la meditación, una vez que sus Sabios les enseñaron a sentir que el pensamiento es una fuente de liberación.

Conclusión

Los chinos piden a sus Sabios temas que conduzcan a la libre meditación, no ideas, y mucho menos dogmas. No importa si clasifican al Maestro que despierta en ellos el juego del intelecto como taoísta o confuciano; no importa si las prácticas que los preparan para la liberación de su espíritu están dirigidas a crear la impresión de autonomía incondicionada o a crear el sentimiento de la dignidad soberana del hombre. Ni el propósito real de la formación, ni el espíritu de los propios métodos difieren. Siempre se trata de entrenar a todo el ser. Ya sea que se busque la santidad o la sabiduría, ya sea que se realice por medio de juegos santificadores o ritos ennoblecedores, este entrenamiento siempre está inspirado por un deseo de liberación, y siempre se realiza en un espíritu de libertad. En el taoísmo y el confucianismo, incluso cuando degeneran en ortodoxias, incluso cuando los intereses sectarios o de casta parecen empujar al rigorismo doctrinal, el espíritu de conciliación no deja de dominar, y el eclecticismo sigue siendo la norma. El ideal, en ambos campos, es una sabiduría completa. Si la sabiduría que se propone se parece más –entre los confucianos– a una sabiduría estoica (pero más o menos desprovista de religiosidad) o, más bien –entre los taoístas– a una sabiduría epicúrea (pero poco preocupada por la ciencia), el ideal común es el auto-conocimiento completo, o más bien el auto-dominio. Este auto-dominio, y el conocimiento que aporta tanto del yo como del mundo (pues el universo es uno), se consigue mediante la liberación de los apetitos y los deseos. El resultado es una exaltada sensación de poder. En cuanto se siente dueño de sí mismo, tanto el sabio confuciano como el santo taoísta piensan que han adquirido un dominio autosuficiente que se extiende a todo el universo. Se basa en la práctica de rituales realizados con todo el corazón o juegos a los que se entrega todo el ser. Que se tomen prestados los modelos rituales de la sociedad o los temas de los juegos de la naturaleza es una cuestión secundaria, como también lo es insistir, en la polémica, en la excelencia de lo convencional o de lo natural. En el entrenamiento que purifica o ennoblece, lo importante es el esfuerzo íntimo y total para escapar de la servidumbre de los apetitos. Tanto si se consideran artificiales como naturales, si se piensa en volver a la naturaleza o en elevarse por encima de ella, si se santifica o se glorifica la civilización, si se busca obtener un naturismo taoísta o un humanismo confuciano, sólo cuenta el esfuerzo libre hacia el poder puro. Es de un juego *profundamente serio*, de un juego puro, que se espera una liberación soberana, que confiere santidad o sabiduría. No puede ser el resultado de una imposición externa, aunque sea meramente dogmática.

Los chinos han conquistado todo el Extremo Oriente con sus costumbres, sus artes, su escritura y su Sabiduría. En todo el Extremo Oriente, incluso hoy, ningún pueblo, ya sea que parezca estar caído o se jacte de ser una nueva potencia, se atrevería a negar la civilización china. Esta civilización, sea cual sea el brillo que la ciencia experimental haya prestado a Occidente, mantiene su prestigio; permanece intacta, aunque China haya perdido la superioridad que, hasta el Renacimiento, tenía sobre los países de Europa en muchos aspectos técnicos. Por muy grande que haya sido la superioridad técnica de China sobre todo el Extremo Oriente en el pasado, no es esta superioridad ni siquiera el poder de la China imperial lo que explica el prestigio chino. Este prestigio duradero tiene otros fundamentos. Lo que los habitantes del Lejano Oriente se empeñan en conservar, tras haberlo tomado prestado de la civilización china, es *una cierta comprensión de la vida*: es una Sabiduría. La autoridad moral de China comienza a establecerse en el momento en que, unificada en forma de Imperio, es capaz de hacer reinar su influencia a lo largo y lo ancho. Fue en esta época cuando los chinos parecieron decidirse a adoptar un conformismo arcaico como norma de la moral, y que (puesto que la producción filosófica se detiene en cuanto se constituyen dos ortodoxias complementarias) también parecieron resolverse a encomendarse únicamente a la sabiduría de los Antepasados. La civilización china parece haber alcanzado la madurez en ese punto. Cuando intentamos describir el sistema de conducta, las concepciones y los símbolos que parecen definir a esta civilización, tal vez, en el momento en que se muestra dispuesta a dominar durante muchos siglos a una inmensa masa de hombres, nos vemos obligados a decir en qué consiste la *autoridad moral* que se ha reconocido. No haremos esto sin recalcar lo presuntuoso que sería intentar definir el espíritu de la moral china. La regla que impone la historia de las realidades antes que la historia de las ideas y ésta antes que la historia de la literatura es más imperativa en el caso chino que en cualquier otro. Ahora bien, si nos acercamos a las cosas de China con un espíritu realista y un poco de imaginación crítica, debemos reconocer que todo lo que China parece empeñada en mostrar sobre sí misma es sólo literatura... Sin duda, tanto para la nación como para el individuo, la ortodoxia sirve, junto con el conformismo, para cobijar una vida profunda... Todo lo que constituye el fondo vivo de la civilización china –la vida técnica, el folclore– permanece oculto bajo una capa de amplificaciones literarias... Aquellos que puedan sentirse molestos por estos comentarios adulatorios sobre comentarios antiguos, en los que encontramos falsificaciones interesadas, se entregarían sin duda a una ocurrencia maliciosa si se dejaran engañar comparando estas glosas del ingenio oficial con los anuncios que no ocultan más que los secretos de fabricación... Toda civilización necesita una cierta inconsciencia y tiene derecho a una especie de modestia... Pero el hecho es que nada permite, salvo el allanamiento, penetrar en la vida real de China... Para el indiscreto, las posibilidades de una buena acogida son nulas, y las oportunidades de acertar y ver con claridad son escasas (una desgracia mayor). Si, en conclusión, debemos tratar de indicar los rasgos más notables de la civilización china, la fórmula menos imprudente será la que presente un aspecto negativo. Precisamente, debido a este aspecto, lo que voy a proponer, no tanto para definir como para situar a la más masiva y longeva de las civilizaciones conocidas, será quizá de cierto interés, al menos para los occidentales. Insistiendo en el hecho de que los chinos no se someten de buen grado a ninguna coacción, aunque sea dogmática, *me limitaré a caracterizar el espíritu de la moral china con la fórmula*: ni Dios ni Ley.

A menudo se ha dicho que los chinos no tienen religión y a veces se enseña que su mitología es tanto como inexistente. La verdad es que en China la *religión* no es –no más que el *derecho*– una *función diferenciada* de la actividad social. Cuando se trata de la civilización china, sin querer forzar los hechos en marcos que, para una u otra otra civilización, pueden parecer válidos, no se debe reservar un capítulo para la religión. El sentimiento de lo sagrado desempeña un gran papel en la vida china, pero los objetos de veneración no son (en sentido estricto) dioses. Creación erudita de la mitología política, el Soberano de Arriba sólo tiene una existencia literaria. Este patrón dinástico, cantado por los poetas de la corte real, nunca debió gozar de gran crédito entre la "gente pequeña", como parece demostrar el fracaso de la propaganda teocrática de Mö tseu. Los confucianos o taoístas no le dan importancia. Para ellos, los únicos seres sagrados son los santos o los sabios. Para el pueblo, son los Magos, los Inventores, los Jefes. La mitología china es una mitología heroica. Si los historiadores han podido, sin mucha dificultad, presentar a los héroes de las antiguas leyendas como simples grandes hombres, es porque nunca poseyeron la majestad que aísla a los dioses. La historia de este maestro de escuela bien dotado, del que los campesinos querían hacer su dios de la tierra, es significativa; no se pueden concebir dioses ajenos a los hombres, que tengan una esencia distinta a la suya. El universo es uno. Los chinos no tienen tendencia al espiritualismo. Apenas hay rastro de un animismo incoherente en las creencias populares. Creen en fantasmas, espíritus de los muertos, demonios vengadores y toda clase de duendes; a veces pueden inspirar terror, pero unos cuantos exorcismos los eliminan, e inmediatamente se convierten en objeto de buenas historias. Entre todos los sabios la incredulidad es total, mucho más risueña que agresiva. La bonhomía de las anécdotas que cuentan demuestra que proceden de un entorno campesino.[1]

---

1   Véase, por ejemplo, en Siun tseu (sección 21), la historia del niño que, caminando bajo la luna, se asustó de su sombra y, mirando hacia arriba para no verla más, vio su propio pelo, que entonces tomó por un espíritu gigante: "¡Huyó, llegó a su casa sin aliento y murió, el

La mente no se ocupa de los dioses; la clientela de cada uno de ellos es restringida, su existencia es local, momentánea: la fiesta se acaba, el dios se acaba. No hay clero organizado;[2] los dioses no tienen apoyo; *no tienen trascendencia.* Demasiado implicados en lo concreto, demasiado singulares, *también carecen de personalidad.* Y en ningún sabio, de hecho, hay tendencia al personalismo o al espiritualismo. El realismo mágico que pueda quedar en el pensamiento académico se convierte fácilmente en agnosticismo o positivismo. Cuando, aunque sólo sea para no despertarlos, se tiene cuidado de no hablar de milagros o de seres extraordinarios, la sola idea de que puedan ocurrir se destierra pronto de la mente. Los chinos adoptan una actitud de tranquila familiaridad hacia lo sagrado (si no intentan eliminarlo de su pensamiento). De ahí el sentimiento de su inmanencia, un sentimiento profundo, pero furtivo, pero impermanente. Esta *inmanencia ocasional de lo sagrado* favorece ciertamente un cierto misticismo, al igual que facilita un cierto uso *artístico* (o *político*) del folclore supersticioso. Confucio es visitado de vez en cuando por un genio familiar, los taoístas entran, de vez en cuando, en la intimidad del Tao; pero el Tao no se concibe como una realidad trascendente; El genio familiar de Confucio es sólo una figura histórica; representa una tradición impersonal de la Sabiduría, mientras que el Tao es sólo el principio impersonal de toda santidad. Los confucianos nunca permiten que nada individual se deslice en una fórmula de oración; los taoístas en éxtasis se limitan a repetir una oratoria estereotipada. Salvo Mö tseu (si hay que admitir que este predicador creía en su retórica), no hay ningún sabio chino en la antigüedad que haya pensado realmente en fundar la regla de la moral en sanciones divinas. Desterradas a un espacio y a un tiempo sin realidad, alejadas de los hombres sin ser elevadas, neutralizadas por el culto sin que haya un clero que trabaje para engrandecerlas, las divinidades, siempre ocasionales –a veces demasiado familiares y la mayoría de las veces inactivas– no ofrecen una representación suficientemente conmovedora de lo sagrado para que nos sintamos tentados a hacer de ellas el principio de la moral o de la sabiduría. La sabiduría china es una *sabiduría independiente* y totalmente humana. No debe nada a la idea de Dios.

Los chinos no tienen preferencia por los símbolos abstractos. Ven el Tiempo y el Espacio sólo como un conjunto de ocasiones y sitios. Son las interdependencias y las solidaridades las que constituyen el orden del universo. No se piensa que el hombre pueda formar un reino en la Naturaleza o que el espíritu sea distinto de la materia. Nadie se opone a lo humano y a lo natural, ni piensa en oponerse a ellos, como a lo libre y a lo determinado. Cuando los taoístas abogan por un retorno a la naturaleza, atacan a la civilización como contraria tanto al verdadero orden humano como a la sociedad dichosa aún no distorsionada por falsos prejuicios; su individualismo no es tal que oponga radicalmente lo natural a lo social. Cuando los confucianos exaltan los beneficios de los contactos amistosos o la división de funciones, su sentido de la mejora que supone la vida en sociedad tampoco les lle-

---

pobre!" O de nuevo (misma sección) sobre la gente que cocina un cerdo y golpea el tambor para exorcizar la enfermedad: "¡Aquí hay un tambor gastado y un cerdo perdido, pero no hay cura!"

2   Véase, por el contrario, Schindler, *Das Priestertum im alten China* y, siguiendo a éste, Maspero, *La Chine antique,* pp. 187 y ss.

va a oponer radicalmente lo social a lo natural. Entre el ideal taoísta de santidad y el ideal confuciano de ennoblecimiento, la diferencia es insignificante, como ya he dicho. Es la que separa los juegos de los ritos, y ninguno de los dos bandos estaría de acuerdo en negar el parentesco entre juegos y ritos, pues pretenden prestar a los juegos la eficacia de los ritos, y no tienen intención de privar a los ritos de su valor como juegos; los ritos requieren sinceridad, los juegos requieren reglas, o al menos modelos. Los taoístas insisten en el valor de la *autonomía*, los confucianos en el valor de la *jerarquía*; pero el ideal –la Edad de Oro, el Reino de la Sabiduría– que pretenden alcanzar es siempre un ideal de buen entendimiento; buen entendimiento entre los hombres, buen entendimiento con la naturaleza. Esta comprensión de las cosas y las personas es un régimen flexible de interdependencias o solidaridades que nunca puede basarse en *prescripciones incondicionales*: en Leyes. El prestigio de lo concreto, el sentimiento de lo ocasional son demasiado poderosos, el orden humano y el orden natural parecen demasiado estrechamente interdependientes para que el principio de cualquier orden sea alabado como de naturaleza obligatoria o necesaria. Ni en la naturaleza ni en el pensamiento encontramos verdaderos opuestos, sino sólo opuestos de aspectos que surgen de simples diferencias de situación. Así, el ascetismo naturalista de los taoístas no contiene ni contraindicaciones ni indicaciones formales; tampoco la etiqueta confuciana contiene prescripciones imperativas ni tabúes estrictos. *Como todo depende de la congruencia, todo es una cuestión de conveniencia.* La ley, lo abstracto, lo incondicional están excluidos –el universo es uno– tanto de la sociedad como de la naturaleza. De ahí el odio tenaz que despiertan los Legistas y también los Dialécticos. De ahí el desprecio por todo lo que presupone uniformidad, por todo lo que permitiría, la inducción, la deducción, cualquier forma de razonamiento o de cálculo constrictivo, por todo lo que tendería a introducir en el gobierno del pensamiento, de las cosas, de los hombres, algo mecánico o cuantitativo. Todas las nociones, incluso la de Número, incluso la de Destino, deben ser preservadas con algo concreto e indeterminado que reserva una posibilidad de *juego*. En la idea de regla, apenas se quiere ver nada más que la idea de *modelo*. La noción china de Orden excluye, en todos sus aspectos, la idea de Ley.

A la gente le gusta hablar del instinto gregario de los chinos, y también les gusta atribuirles un temperamento anárquico. De hecho, su espíritu asociativo y su individualismo son cualidades del país. Su idea del orden deriva de un sano y rústico sentido de la buena voluntad. El fracaso de los Legistas y el éxito combinado de los Taoístas y los Confucianos lo demuestran; este sentimiento, que se ve herido por las intrusiones administrativas, las limitaciones igualitarias y las codificaciones o reglamentos abstractos,[3] se basa (en proporciones variables, sin duda, según el individuo, pero, en general, más o menos iguales) en una especie de pasión por la autonomía y en una necesidad no menos aguda de compañía y amistad. El Estado, el Dogma y las Leyes no pueden hacer nada a favor del Orden. El orden se concibe bajo el aspecto de una Paz que las formas abstractas de la obediencia no pueden es-

---

3   Tanto en materia de medidas como en materia de dinero.

tablecer, ni las formas abstractas del razonamiento pueden imponer. Para que esta paz crezca en todas partes, es necesario el gusto por la conciliación, que requiere un sentido agudo de las conveniencias actuales, de las solidaridades espontáneas, de las jerarquías libres. La lógica china no es una lógica rígida de subordinación, sino una lógica flexible de jerarquía: querían preservar en la idea de Orden, todo lo que las imágenes y emociones de las que se originó tenían de concreto. Tanto si toma el Tao como símbolo y se ve en el Tao el principio de toda autonomía y armonía, como si se toma el Li como símbolo y se ve en el Li el principio de toda jerarquía o distribución equitativa, la idea de Orden conserva en ella misma –muy refinado, ciertamente, y sin embargo muy cercano a su fondo rústico– el sentimiento de que comprender y acordar es lograr la paz en uno mismo y en el propio entorno. Toda la sabiduría china surge de este sentimiento. Por muy mística o positiva, por muy naturalista o humanista que sea su inspiración, en todas las escuelas se encuentra la idea de que *el principio de comprensión universal se funde con el principio de inteligibilidad universal*, expresado en símbolos que siguen siendo concretos y son tanto más eficaces. Todo conocimiento, todo poder, procede del Li o del Tao. Todo gobernante debe ser un santo o un sabio. Toda autoridad se basa en la Razón.

Bibliografía

L a lista de obras que se ofrece a continuación no pretende ser una bibliografía crítica; se han mencionado artículos considerados importantes junto a obras extensas cuya consulta es menos útil.

PERIÓDICOS

As. Maj.: Asia Major
BEFEO: Bulletin de l'École française d'Extrême-Orient
ChR: China Review
JA: Journal Asiatique
JPOS: Journal of the Peking Oriental Society
JRAS: Journal of the Royal Asiatic Society
MAO: Mémoires concernant l'Asie orientale
MSOS: Mitteilungen des Seminars für orientalische Sprachen
NChR: New China Review
OZ: Ostaslatische Zeitschrift
OS: Ostasiatische Studien
Sh: Shinagaku
TP: T'oung pao
VS: Variétés sinologiques

LIBROS Y OBRAS DIVERSAS

ANDERSSON (J. G.), *An early Chinese culture*, Pekín, 1923.
– *Preliminary report on archaeological research in Kansu*, Pekín, 1925.
ARDENNE DE TIZAC (H. D'), *L'art chinois classique*, París, 1926.
ARNE, *Painted stone age pottery from the Province of Honan*, China, Pekín, 1925.
ASHTON (L.), *An introduction to the study of Chinese sculpture*, Londres, 1924.
AUROUSSEAU (L.), *La première conquête chinoise des pays annamites*, BEFEO, 1923.
BIOT (E.), *Le Tcheou li ou les Rites des Tcheou*, París, 1851.
– *Recherches sur les moeurs des anciens Chinois d'après le Che king* (*JA*, 1843).
BLACK, *The human skeleton remains from Sha kuo t'un*, Pekín, 1925.
– *A note on physical characters of the prehistoric Kansu race*, Pekín, 1925.
BŒRSCHAN (E.), *Chinesische Architektur*, Berlín, 1926.
BRETSCHNEIDER, *Botanicon Sinicum* (Publicación de la Rama China de la R.A.S., XXV).
BUSHELL (S. W.), *Chinese Art*, Londres, 1914.
CHALFANT, *Early chinese writing*, Chicago, 1906.
CHAVANNES (Ed.), *Les mémoires historiques de Se-ma Ts'ien*, 5 v., París, 1895-1905.
– *La sculpture sur pierre au temps des deux dynasties Han*, París, 1893.
– *Le T'ai chan*, París, 1910.
– *Mission archéologique dans la Chine septentrionale*, París, 1913.
– *Le jet des Dragons* (*MAO*, III), París, 1919.
– *Confucio* (*Revue de Paris*, 1903).
– *La divination par l'écaille de tortue dans la haute antiquité chinoise d'après un livre de M. Lo Tchen-yu* (*JA*, 1911).
– *Trois généraux chinois de la dynastie Han* (*TP*, 1906).
– *Les documents chinois découverts par Aurel Stein dans les sables du Turkestan*, Oxford, 1913.
– *De l'expression des vœux dans l'art populaire chinois*, París, 1922.
CONRADY, *China*, Berlín, 1902.
CORDIER (H.), *Histoire générale de la Chine et de ses relations avec les pays étrangers*, París, 1920.
DEMIÉVILLE (P.), C. R. TCHANG HONG-TCHAO, Che ya, *Lapidarium sinicum* (*BEFEO*, 1924).
– *La méthode d'architecture de LI MING-TCHONG des Song* (*BEFEO*, 1925).
– HOU-CHE, *Tch'ang che tsi* (*BEFEO*, 1924).
DUBS (H. H.), *The works of Hsüntze*, Londres, 1927.
DUYVENDACK (J. I. L.), *The book of Lord Shang*, Londres, 1928.
– *Études de philosophie chinoise* (*Rev. philos.*, 1930).
DVORAK (R.), *China's Religionen*, Munster, 1903.
EDKINS, *The evolution of chinese language* (*JPOS*, 1887).
ERKES, *Das Weltbild des Huai-nan-tze* (*OZ*, 1917).

– *Das älteste Dokument z. chines. u. Kunstgeschichte: T'ien-wen; die "Himmelsfragen" des K'üh Yuan*, Leipzig, 1928.

ESCARRA y GERMAIN, *La conception de la loi et les théories des légistes à la veille des Ts'in*, Pekín, 1925. Études asiatiques, publicado con motivo del XXV aniversario de la École française d'Extrême-Orient, París, 1925.

FORKE (A.), *Lun-Heng. Selected Essays of the philosopher Wang Ch'ung*, (*MSOS*, 1911).

– *Mo Ti, des Socialethikers und seiner Schüler philosophische Werke* (*MSOS*, 1923).

– *The world conception of the Chinese*, Londres, 1925.

– *Yang Chu, the Epicurian in his relation to Lieh-tse the Pantheist* (*JPOS*, III).

– *Geschlchte der altern chinesischen Philosophie*, Hamburgo, 1927.

– *Der Ursprung der Chinesen.*

FRANKE (A.), *Das Confuzianische Dogma und die chinesische Staats religion*, 1920.

FUIITA, *The River Huang in the Reign of Yu* (Sh., 1921).

GABELENTZ (von der), *Beitrage z. chines. Grammatik (Abhandl. d. Sachsischen Gesells. f. Wissens*, 1888).

– *Confucius und seine Lehre*, Leipzig, 1888.

GIESLER, *La tablette Tsong du Tcheou li* (*Rev. Arch.*, 1915).

GILES (H. A.), *History of chinese literature*, Londres, 1901.

– *Chuang Tsu, mystic moralist and social reformer*, Londres, 1889.

– *Lao Tzu and the Tao tê king* (*Adversaria sinica*, III).

– *The remains of Lao Tzu* (*ChR*, 1886-1889).

– *Religion of ancient China*, Londres, 1905.

– *Confucianism and its rivals*, Londres, 1915.

GRANET (M.), *Fêtes et chansons anciennes de la Chine*, París, 1919.

– *La Polygynie sororale et le Sororat dans la Chine féodale*, París, 1920.

– *La religion des Chinois*, París, 1922.

– *Danses et légendes de la Chine ancienne*, París, 1926.

– *Coutumes matrimoniales de la Chine antique* (*TP*, 1912).

– *Quelques Particularités de l'alangue et de la pensée chinoises* (*Rev.philos.*, 1920).

– *La vie et la mort, croyances et doctrines de l'antiquité chinoise* (Ann. de la Éc. des Hautes Études, 1920).

– *Le dépôt de l'enfant sur le sol* (*Rev. arch.*, 1922).

– *Le langage de la douleur d'après le rituel funéraire de la Chine classique* (*Rev. de Psychologie*, 1922).

GROUSSET (R.), *Histoire de l'Asie*, París, 1922.

GROTT (J.-J.-M. DE), *The religions system of China*, Leiden, 1892-1921.

– *The religion of the Chinese*, New York, 1910.

– *Universismus*, Berlin, 1918.

– *Sectarianism and religious persecution in China*, Amsterdam, 1903.

– *Chinesische Urkundenz. Gesch. Asiens*, 1921.

GRUBE, *Geschichte der chinesischen Literatur*, Leipzig, 1902.

– *Die Religion der alten Chinesen*, Tübingen, 1908.

– *Religion und Cultus der Chinesen*, Leipzig, 1908.

HACKMANN (H.), *Chinesische philosophie*, Munich, 1927.

HALOUN (G.), *Contribution to the history of the clan settement in ancient China* (*As. Maj.*, 1924).

– *Seit wann kannten die Chinesen die Tocharer* (*As. Maj.*, 1926).

HAUER, *Die chinesische Dichtung*, Berlín, 1909.

HAVRET y CHAMBEAU, *Notes concernant la chronologie chinoise* (*VS*, 1920).

HIRTH, *The ancient history of China to the end of the Chou Dynasty*, Nueva York, 1909.

– *Chinese metallic mirrors*, Nueva York, 1906.

HONDA, *On the date of compilation of the Yi king* (*Sh.*, 1921).

HOPKINS, *Chinese writings in the Chou Dynasty on the light of recent discoveries* (*JRAS*, 1911).

– *Metamorphic stylisation and the sabotage of signification, a study in ancient and modern chinese writing* (*JRAS*, 1925).

HU SHIH, *The development of logical method in ancient China*, Shanghai, 1922.

IMBAULT-HUART, *La légende des premiers papes taoïstes* (*JA*, 1884).

KARLGREN (B.), *Studies on Chinese phonology*, Leiden y Estocolmo, 1913.

– *Sound and symbol in China*, Londres, 1923.

– *Analytic Dictionary*, Paris, 1923.

– *On the authenticity and nature of the Tso chuan*, Göteborg, 1926.

– *Philology and ancient China*, Oslo, 1926.

– *Le protochinois, langue flexionnelle* (*JA*, 1920).

LALOY (L.), *La musique chinoise*, París.

LAUFER (B.), *Jade, a study in chinese archaeology and religion*, Chicago, 1912.

– *Chinese Pottery of the Han Dynasty*, Leyde, 1909.

– *Ethnographische Sagen der Chinesen* (en Festschrif. f. Kuhn).

(LEANG K'I-TCH'AO), LIANG CHI-CHAO, *History of Chinese political thought* (tr. por L. T. Chen), Londres, 1930.

MAILLA (Fr. DE), *Histoire générale de la Chine, traduite du Tong-kien-kang-mou*, París, 1777-1789.

MARTIN, *Diplomacy in ancient China* (*JPOS*, 1889).

MASPERO (H.), *La Chine antique*, París, 1927.

– *Les origines de la civilisation chinoise* (*Ann. de géographie*, 1926).

– *Les légendes mythologiques dans le Chou king* (*JA*, 1924).

– *Notes sur la logique de Mö tseu* (*TP*, 1927).

– *Le mot ming* (*JA*, 1927).

– *Le saint et la vie mystique chez Lao-tseu et Tchouang-tseu* (Bol. de la *Assoc. franç. des amis de l'Orient*, 1922).

– *Le songe et l'ambassade de l'empereur Ming* (*BEFEO*, 1910).

MASSON-OURSEL (P.), *La philosophie comparée*, París, 1923.

– *Études de logique comparée* (*Rev. philos.*, 1917).

– *La démonstration confucéenne* (*Rev. d'hist. des relig.*, 1916).

MASSON-OURSEL y KIA KIEN-TCHOU, *Yin Wen-tseu* (*TP*, 1914).

MAYERS, *Chinese reader's manual*.

Mémoires concernant les Chinois, par les missionnaires de Pékin, París, 1776-1814.

MESTRE (L.), *Quelques résultats d'une comparaison entre les caractères chinois modernes et les siao-ichouan*, París, 1925.

NAITO, *On the compilation of the Shoo king* (Sh., 1923).

PARKER, *Kwan-tze* (NChR, 1921).

– *Hwai-n an-tze* (NChR, 1919).

PELLIOT (P.), *Le Chou king en caractères anciens et le Chang chou che wen* (MAO), París, 1919.

– *Jades archaïques de la collection*, C. T. Loo. Paris, 1921.

– *Notes sur les anciens itinéraires chinois dans l'Orient romain* (JA, 1921).

– *Meou tseu ou les Doutes levés* (TP, 1918-19).

PLATH, *Fremde barbarische Stämme in alten China*, Munich, 1874.

PRZYLUSKI, *Le sino-tibétain* (en *Langues du monde*, París, 1924).

RICHTHOFEN, *China*, Berlín, 1877-1912.

ROSTHORN, *Geschichte China*, Stuttgart, 1923.

SAUSSURE (L. DE), *Les Origines de l'astronomie chinoise*, París, 1930.

SCHINDLER (B.), *On the travel, wayside, and wing offerings in ancient China* (As. Maj., I).

– *The development of Chinese conception of Supreme Beings* (As. Maj., 1923).

– *Das Priestertum im alten China*, Leipzig, 1919.

SCHMITT (E.), *Die Grundlagen der chinesischen Che*, 1927.

Steele (J.), *I Li, or the Book of Etiquette and Ceremonial*, Londres, 1917.

Suzuki, *A brief history of early Chinese philosophy*, Londres, 1914.

TCHANG FOND, *Recherches sur les os du Ho-nan et quelques caractères de l'écriture ancienne*, París, 1925.

TCHANG (Fr. M.), *Synchronismes chinois* (VS, 1905).

TERRIEN DE LACOUPERIE, *Western Origin of chinese civilization*, Londres, 1894.

– *Languages of China before the Chinese*, Londres, 1887.

TSCHEPE (le P.), *Histoire du royaume de Wou* (VS, 1896).

– *Histoire du royaume de Tch'ou* (VS, 1903).

– *Histoire du royaume de Ts'in* (VS, 1909).

– *Histoire du royaume de Tsin* (VS, 1910).

– *Histoire des trois royaumes de Han, Wei et Tchao* (VS, 1910).

TUCCI (G.), *Storia della filosofi cinese antica*, Bolonia, 1922.

UMEHARA, *Deux grandes découvertes archéologiques en Corée* (Rev. des Arts asiatiques, 1926).

VISSER (M. W. DE), *The Dragon in China and Japan*, Amsterdam, 1913.

VORETZCH (E: A.), *Altchinesische Bronzen*, Berlín, 1924.

WALEY (A.), *The Temple and other Poems*, Londres, 1923.

WEDEMAYER, *Schauplätze and Vorgänge der alten chinesischen Geschichte* (As. Maj., Prel. V).

WERNER (E. T. C.), *Myths and legends of China*, Londres, 1924.

WIEGER (P. L.), *Histoire des croyances religieuses et des opinions philosophiques en Chine, depuis l'origine jusqu'à nos jours*, Hien-hien, 1917.

– *Les Pères du système taoïste*, Hien-hien, 1913.

– *La Chine à travers les âges*, Hien-hien, 1920.

– *Textes historiques*, Ho-kien-fou, 1902.

– *Caractères* (*Rudiments*, V, 12), Ho-kien-fou, 1903.

WILHELM (R.), *Dchuang dsi, das wahre Buch vom südlischen Blütenland*, Jena, 1920.

– *Lia dsi, das wahre Buch vmt quellenden Urgrurnd*, Jena, 1921.

– *Lu Puch-wei, Frühling und Herbst*, Jena, 1927.

WOO KANG, *Les trois théories politiques du Tch'ouen ts'ieou*, París, 1932.

WYLIE, *Notes on Chinese literature*, Shanghai, 1902.

YUAN (Chaucer), *La philosophie politique de Mencius*, París, 1927.

ZACH (E. VON), *Lexicographische Beiträge*, Pekín, 1902.

ZOTTOLI (Fr.), *Cursus litteraturae sinicae*, Shanghai, 1879-1882.

Tablas de concordancia

Concordancia de las transliteraciones de la *Ecole Française D'extreme-orient* (EFEO), *Wade-Giles* y *Hanyu PinYin*.

Transliteración o romanización significa representar los signos de un sistema de escritura mediante los signos de otro.

Esta obra utiliza el sistema de romanización EFEO, que es el sistema de la *École française d'Extrême-Orient*. Este fue el sistema de romanización las lenguas chinas más utilizado en el área lingüística francesa hasta mediados del siglo XX, antes de ser sustituida gradualmente por el *Hanyu Pin Yin*. En el resto de occidente, desde el siglo XIX, el método de romanización más utilizado fue *Wade-Giles*. Ese método fue creado por dos estudiosos británicos, Sir Thomas Wade y Herbert Allen Giles. *Hanyu Pinyin* −normalmente conocido como *Pinyin*− es un nuevo sistema de romanización de los caracteres chinos, desarrollado por estudiosos chinos y aceptado como estándar en todo el mundo desde finales del siglo XX.

Es importante destacar que la romanización no puede identificar unívocamente a los caracteres chinos cuya pronunciación representa, porque hay muchos caracteres chinos que comparten la misma pronunciación.

La siguientes tablas muestran diferentes romanizaciones de nombres propios y textos Chinos citados en esta obra.

Las primeras dos tablas muestran distintos nombres y títulos (compuestos de varios caracteres), la tercer tabla muestra todos los grafemas de los distintos sistemas de romanización.

EFEO	Wade-Giles	PinYin	Chino
Chan hai king	Shan-hai ching	Shanhaijing	山海經
Che king	Shih ching	Shi Ying	詩經
Chou King	Shu ching	Shu Jing	書經
Chouo wen	Shuo-wen chieh-tz☐	Shuowen Jiezi	說文解字
Fong chouei	Feng shui	Feng shui	
Fou-hi	Fu-hsi	Fuxi	伏羲
Han Fei tseu	Han Fei Tzu	Hanfeizi	韓非子
Hi ts'eu	Hsi tz'u	Xi ci	
Ho tiao	He tiao	He diao	
Houai-nan tseu	Huai-nan tzu	Huainanzi	淮南子
Houang-ti	Huang Ti	Huang Di	黃帝
Kou wen	Ku wen	Guwen	古文
Kouan tseu	Kuan tzu	Guan Zi	
Kouang ya	Kuang Ya	Guangya	廣雅
Kouei tsang	Kuei tsang	Gui Zang	
Lao tseu	Lao Tzu	Lao Zi	老子
Li ki	Li Chi	Li Ji	禮經
Lie tseu	Lieh-tzu	Liezi	列子
Louen yu	Lun yu	Lunyu	論語
Lu che tch'ouen ts'ieou	Lü-shih Ch'un-ch'iu	Lüshi Chunqiu	呂氏春秋
Ming t'ang	Ming tang	Ming dang	
Mö tseu	Mo Tzu	Mozi	墨子
Ni koua	Nu wa	Nuwa	女媧
Sseu-ma Ts'ien	Ssu-ma Ch'ien	Sima Qian	司馬遷
T'ai chan	T'ai shan	Tai shan	
T'ien kan	Tien kan	Tiangan	天干i
Tao Tö king	Tao Te Ching	Daode Jing	道德經
Tcheou li	Chou Li	Zhou Li	周禮

EFEO	Wade-Giles	PinYin	Chino
Tchouang tseu	Chuang Tzu	Zhuangzi	莊子
Tch'ouen ts'ieou	Ch'un-ch'iu	Chunqiu	春秋
Tch'ouen ts'ieou	Lü-shih Ch'un-ch'iu	Lushi Chunqiu	呂氏春秋
Ti tche	Ti-chih	Dizhi	地支
Ts'ien Han chou	Ch'ien Han Shu	Qian Han shu	
Ts'in Che Houang-ti	Ch'in Shih-huang	Qin Shi Huang	秦始皇
Tso tchouan	Tso chuan	Zuo Zhuan	左傳
Wou wei	Wu wei	Wu Wei	無為
Yi king	I Ching	Yi Jing	易經
Yi li	I li	Yi l	儀禮
Yi ts'ing yi tchouo	I ch'ing I cho	Yi qing yi zhuo	
Yue Ling	Yüeh ling	Yue ling	

TRIGRAMAS DEL *YI KING*

EFEO	Wade-Giles	PinYin	Chino
K'an	K'an	Kan	坎
K'ien	Ch'ien	Qian	乾
K'ouen	K'un	Kun	坤
Ken	Ken	Gen	艮
Li	Li	Li	離
Siuan	Sun	Xun	巽
Tch'en	Chen	Zhen	震
Touei	Tui	Dui	兌

EFEO	Wade-Giles	Pinyin	EFEO	Wade-Giles	Pinyin
a	a	a	kin, tsin	chin	jin
ngai	ai	ai	k'in, ts'in	ch'in	qin
ngan	an	an	king, tsing	ching	jing
ngang	ang	ang	k'ing, ts'ing	ch'ing	qing
ngao	ao	ao	kieou, tsieou	chiu	jiu
tcha	cha	zha	k'ieou, ts'ieou	ch'iu	qiu
tch'a	ch'a	cha	kiong	chiung	jiong
tchai	chai	zhai	k'iong	ch'iung	qiong
tch'ai	ch'ai	chai	tcho, tchouo	cho	zhuo
tchan	chan	zhan	tch'ouo	ch'o	chuo
tch'an	ch'an	chan	tcheou	chou	zhou
tchang	chang	zhang	tch'eou	ch'ou	chou
tch'ang	ch'ang	chang	tchou	chu	zhu
tchao	chao	zhao	tch'ou	ch'u	chu
tch'ao	ch'ao	chao	kiu, tsiu	chü	ju
tchö	che	zhe	k'iu, ts'iu	ch'ü	qu
tch'ö	ch'e	che	tchoua	chua	zhua
tchei	chei	zhei	tchouai	chuai	zhuai
tchen	chen	zhen	tch'ouai	ch'uai	chuai
tch'en	ch'en	chen	tchouan	chuan	zhuan
tcheng	cheng	zheng	tch'ouan	ch'uan	chuan
tch'eng	ch'eng	cheng	kiuan, tsiuan	chüan	juan
ki, tsi	chi	ji	k'iuan, ts'iuan	ch'üan	quan
k'i, ts'i	ch'i	qi	tchouang	chuang	zhuang
kia	chia	jia	tch'ouang	ch'uang	chuang
k'ia	ch'ia	qia	kio, kiue, tsio, tsiue	chüeh	jue
kiang, tsiang	chiang	jiang	k'io, k'iue, ts'io, ts'iue	ch'üeh	que
k'iang, ts'iang	ch'iang	qiang	tchouei	chui	zhui
kiao, tsiao	chiao	jiao	tch'ouei	ch'ui	chui
k'iao, ts'iao	ch'iao	qiao	tchouen	chun	zhun
kiai, kie, tsie	chieh	jie	tch'ouen	ch'un	chun
k'iai, k'ie, ts'ie	ch'ieh	qie	kiun, tsiun	chün	jun
kien, tsien	chien	jian	k'iun, ts'iun	ch'ün	qun
k'ien, ts'ien	ch'ien	qian	tchong	chung	zhong
tche	chih	zhi	tch'ong	ch'ung	chong
tch'e	ch'ih	chi	ngo	e	e

EFEO	Wade-Giles	Pinyin	EFEO	Wade-Giles	Pinyin
ei	ei	ei	hiun, siun	hsün	xun
ngen	en	en	hou	hu	hu
ngeng	eng	eng	houa	hua	hua
eul	erh	er	hcuai	huai	huai
fa	fa	fa	hcuan	huan	huan
fan	fan	fan	houang	huang	huang
fang	fang	fang	houei	hui	hui
fei	fei	fei	houen	hun	hun
fen	fen	fen	hong	hung	hong
fong	feng	feng	houo	huo	huo
fo	fo	fo	yi	i	yi
feou	fou	fou	jan	jan	ran
fou	fu	fu	jang	jang	rang
ha	ha	ha	jao	jao	rao
hai	hai	hai	jě	je	re
han	han	han	jen	jen	ren
hang	hang	hang	jeng	jeng	reng
hao	hao	hao	je	jih	ri
ho, hö	he	he	jo	jo	ruo
hei	hei	hei	jeou	jou	rou
hen	hen	hen	jou	ju	ru
heng	heng	heng	joua	jua	rua
heou	hou	hou	jouan	juan	ruan
hi, si	hsi	xi	jouei	jui	rui
hia	hsia	xia	jouen	jun	run
hiang, siang	hsiang	xiang	jong	jung	rong
hiao, siao	hsiao	xiao	ka	ka	ga
hiai, hie, sie	hsieh	xie	k'a	k'a	ka
hien, sian	hsien	xian	kai	kai	gai
hin, sin	hsin	xin	k'ai	k'ai	kai
hing, sing	hsing	xing	kan	kan	gan
hieou, sieou	hsiu	xiu	k'an	k'an	kan
hiong	hsiung	xiong	kang	kang	gang
hiu, siu	hsü	xu	k'ang	k'ang	kang
hiuan, siuan	hsüan	xuan	kao	kao	gao
hiue, siue	hsüeh	xue	k'ao	k'ao	kao

EFEO	Wade-Giles	Pinyin	EFEO	Wade-Giles	Pinyin
ko, kö	ke	ge	lia	lia	lia
k'o, k'ö	k'ê	ke	leang	liang	liang
kei	kei	gei	leao	liao	liao
ken	ken	gen	lie	lieh	lie
k'en	k'en	ken	lien	lien	lian
keng	keng	geng	lin	lin	lin
k'eng	k'eng	keng	ling	ling	ling
keou	kou	gou	liu	liu	liu
k'eou	k'ou	kou	leou	lou	lou
kou	ku	gu	lou	lu	lu
k'ou	k'u	ku	liu	lü	lü
koua	kua	gua	louan	luan	luan
k'oua	k'ua	kua	liue, lio	lüeh	lüe
kouai	kuai	guai	louen	lun	lun
k'ouai	k'uai	kuai	long	lung	long
kouan	kuan	guan	lo, loue	luo	luo
k'ouan	k'uan	kuan	ma	ma	ma
kouang	kuang	guang	mai	mai	mai
k'ouang	k'uang	kuang	man	man	man
kouei	kuei	gui	mang	mang	mang
k'ouei	k'uei	kui	mao	mao	mao
kouen	kun	gun	mö	me	me
k'ouen	k'un	kun	mei	mei	mei
kong	kung	gong	men	men	men
k'ong	k'ung	kong	mong	meng	meng
kouo	kuo	guo	mi	mi	mi
k'ouo	k'uo	kuo	miao	miao	miao
la	la	la	mie	mieh	mie
lai	lai	lai	mien	mien	mian
lan	lan	lan	min	min	min
lang	lang	lang	ming	ming	ming
lao	lao	lao	mieou	miu	miu
lö	le	le	moio, mo	mo	mo
lei	lei	lei	meou	mou	mou
leng	leng	leng	mou	mu	mu
li	li	li	na	na	na

EFEO	Wade-Giles	Pinyin	EFEO	Wade-Giles	Pinyin
nai	nai	nai	p'ei	p'ei	pei
nan	nan	nan	pen	pen	ben
nang	nang	nang	p'en	p'en	pen
nao	nao	nao	peng	peng	beng
ne	ne	ne	p'eng	p'eng	peng
nei	nei	nei	pi	pi	bi
nen	nen	nen	p'i	p'i	pi
neng	neng	neng	piao	piao	biao
ni	ni	ni	p'iao	p'iao	piao
niang	niang	niang	pie	pieh	bie
niao	niao	niao	p'ie	p'ieh	pie
nie	nieh	nie	pien	pien	bian
nien	nien	nian	p'ien	p'ien	pian
nin	nin	nin	pin	pin	bin
ning	ning	ning	p'in	p'in	pin
nieou	niu	niu	ping	ping	bing
no	no	nuo	p'ing	p'ing	ping
neou	nou	nou	po	po	bo
nou	nu	nu	p'o	p'o	po
niu	nü	nü	p'eou	p'ou	pou
nouan	nuan	nuan	pou	pu	bu
nio	nüeh	nüe	p'ou	p'u	pu
nong	nung	nong	sa	sa	sa
ngo	o	o	sai	sai	sai
ngeou	ou	ou	san	san	san
pa	pa	ba	sang	sang	sang
p'a	p'a	pa	sao	sao	sao
pai	pai	bai	sö	se	se
p'ai	p'ai	pai	sen	sen	sen
pan	pan	ban	seng	seng	seng
p'an	p'an	pan	cha	sha	sha
pang	pang	bang	chai	shai	shai
p'ang	p'ang	pang	chan	shan	shan
pao	pao	bao	chang	shang	shang
p'ao	p'ao	pao	chao	shao	shao
pei	pei	bei	chö	she	she

EFEO	Wade-Giles	Pinyin
chei	shei	shei
chen	shen	shen
cheng	sheng	sheng
che	shih	shi
cheou	shou	shou
chou	shu	shu
choua	shua	shua
chouai	shuai	shuai
chouan	shuan	shuan
chouang	shuang	shuang
chouei	shui	shui
chouen	shun	shun
chouo, cho	shuo	shuo
so	so	suo
seou	sou	sou
sseu	ssu	si
sou	su	su
souan	suan	suan
souei	sui	sui
souen	sun	sun
song	sung	song
ta	ta	da
t'a	t'a	ta
tai	tai	dai
t'ai	t'ai	tai
tan	tan	dan
t'an	t'an	tan
tang	tang	dang
t'ang	t'ang	tang
tao	tao	dao
t'ao	t'ao	tao
tö	te	de
t'ö	t'e	te
tei	tei	dei
t'ei	t'ei	tei
ten	ten	den

EFEO	Wade-Giles	Pinyin
teng	teng	deng
t'eng	t'eng	teng
ti	ti	di
t'i	t'i	ti
tiao	tiao	diao
t'iao	t'iao	tiao
tie	tieh	die
t'ie	t'ieh	tie
tien	tien	dian
t'ien	t'ien	tian
ting	ting	ding
t'ing	t'ing	ting
tieou	tiu	diu
to	to	duo
t'o	t'o	tuo
teou	tou	dou
t'eou	t'ou	tou
tsa	tsa	za
ts'a	ts'a	ca
tsai	tsai	zai
ts'ai	ts'ai	cai
tsan	tsan	zan
ts'an	ts'an	can
tsang	tsang	zang
ts'ang	ts'ang	cang
tsao	tsao	zao
ts'ao	ts'ao	cao
tsö	tse	ze
ts'ö	ts'e	ce
tsei	tsei	zei
tsen	tsen	zen
ts'en	ts'en	cen
tseng	tseng	zeng
ts'eng	ts'eng	ceng
tso	tso	zuo
ts'o	ts'o	cuo

EFEO	Wade-Giles	Pinyin	EFEO	Wade-Giles	Pinyin
tseou	tsou	zou	ts'eu	tz'u	ci
ts'eou	ts'ou	cou	wa	wa	wa
tsou	tsu	zu	wai	wai	wai
ts'ou	ts'u	cu	wan	wan	wan
tsouan	tsuan	zuan	wang	wang	wang
ts'ouan	ts'uan	cuan	wei	wei	wei
tsouei	tsui	zui	wen	wen	wen
ts'ouei	ts'ui	cui	weng	weng	weng
tsouen	tsun	zun	wo	wo	wo
ts'ouen	ts'un	cun	wou	wu	wu
tsong	tsung	zong	ya	ya	ya
ts'ung	ts'ung	cong	yen	yan	yan
tou	tu	du	yang	yang	yang
t'ou	t'u	tu	yao	yao	yao
touan	tuan	duan	ye	yeh	ye
t'ouan	t'uan	tuan	yin	yin	yin
touei	tui	dui	ying	ying	ying
t'ouei	t'ui	tui	yeou	yu	you
touen	tun	dun	yu	yü	yu
t'ouen	t'un	tun	yuan	yüan	yuan
tong	tung	dong	yue	yüeh	yue
t'ong	t'ung	tong	yun	yün	yun
tseu	tzu	zi	yong	yung	yong

www.ingramcontent.com/pod-product-compliance
Lightning Source LLC
Chambersburg PA
CBHW061133120626
46546CB00005B/1759